哲學研究叢書・學術思想叢刊

牟宗三哲學：
二十一世紀啟蒙哲學之先河

盧雪崑　著

目次

導論
牟宗三哲學
──二十一世紀哲學之啟蒙

第一節　「二十一世紀啟蒙哲學」之提出

　　牟宗三先生是一位融會古人慧識而獨創系統的創造性的哲學家，乃真能洞識哲學之本質而開闢中國哲學與西方哲學會通之宏規的第一人。

　　吾近幾年講「二十一世紀啟蒙哲學」，而牟宗三先生正是開二十一世紀啟蒙哲學之先河者。何以故？牟宗三哲學乃人類理性本性之揭示、澄明與弘揚之學；而二十一世紀正是人類社會進展至高度物質文明卻因缺乏理性指導而陷入重重危機的時代。人類已高度發展其知性，而理性之眼卻仍未張開。知性發達所成功的科學連同物質文明固然使人類逐步擺脫落後、貧窮之困境，而步入文明、富裕的時代；然無疑，人們於今日高度物質文明中，已然感到無方向及至失序的危機。有鑒於此，牟師宗三先生早就提出：哲學要對時代有擔當。此即曾子曰：「士不可以不弘毅，任重而道遠。」（《論語》〈泰伯第八〉）牟先生一生為彰顯人類理性之光明與力量而奮鬥不懈，致力於將中國哲學復歸至其本有的理性本性之學的深度與高度。其宗旨就是要透過哲學之奠基，而指示當今時代應當朝向之大道。此所以，吾人可說，牟宗三哲學乃二十一世紀啟蒙哲學之先聲。每一個人，只要對這個時代懷有危難意識，抱有對吾人及吾人子孫後代負責之時代擔當的志向，必須讀牟宗三哲學，也必能讀懂牟宗三哲學。並且，我們中華民族要在天下滔滔之失序的亂世中走上自己開闢之大道，我們的社會要

奠基於一個根於理性本性之哲學以得以公平、和睦、富裕與健旺；我們就必須通過牟宗三哲學向前行。因之，吾人可說，於全社會推廣牟宗三哲學，對每一位有識之士而言已責無旁貸。

「二十一世紀啟蒙哲學」之提出，乃是與十七世紀末至十八世紀歐洲啟蒙運動比較而言。現代文明起始於歐洲啟蒙運動及工業革命和科學發展，不必置疑，那場啟蒙運動乃人類歷史變革的創闢性里程碑，它推動整個世界向現代化急速轉型。但時至今日，現代文明的急速擴張已將全世界推入巨大危機之深淵：金融風暴、核能威脅、環境污染、資源爭奪、恐怖活動，乃至由美國挑起的單邊主義經濟路線，已令人們的生活動盪不安；農藥濫用、基因改造食物、假藥假貨充斥市場，人們每時每刻為身體健康憂心忡忡，已然觸及到人的生存問題；而時代潮流似乎稍稍地蔓延著一種放棄生育之趨向，基因工程之發明甚至宣稱改造人種，此在在威脅到人類存亡絕續。如此種種，不一而足，人人自危卻避無可避。早已有有識之士對今天身處的時代作出反思，卻不得要領。

拙著《康德的批判哲學——理性啟蒙與哲學重建》[1]，副題「理性啟蒙與哲學重建」正是意在標明：康德批判哲學之全部工作就在「理性啟蒙」，通過揭明人類理性之本性而重建哲學。另一拙著《孔子哲學傳統——理性文明與基礎哲學》[2]即在論明：孔子哲學乃人類理性本性之學，此哲學傳統代表著人類的理性文明，此乃可經由康德批判哲學之本義來考察、說明的，故與康德哲學一同堪稱為「基礎哲學」。吾人可指出，牟宗三哲學之本務正是彰顯人類理性之本性，牟先生這項工作是通過研究中國哲學（以孔子哲學傳統為主幹）與康德哲學，以及二者之會通而臻致的。

---

[1] 盧雪崑著：《康德的批判哲學——理性啟蒙與哲學重建》，臺灣：里仁書局，2014年。之後行文簡稱《康德的批判哲學》

[2] 盧雪崑著：《孔子哲學傳統——理性文明與基礎哲學》，臺灣：里仁書局，2014年。之後行文簡稱《孔子哲學傳統》。

第二節　基礎哲學：孔子哲學傳統與康德哲學

一旦經由批判揭明，理性機能乃與感性和知性構成的經驗之最高統一，並提出，通過自由概念而來的意志立法，即意志自律，乃理性之本能，由之可說，理性之真實使用是實踐的。康德以非凡的識見指出西方傳統一直以來以理智混同理性而排除理性的地位，歸根結柢完全是因為人們不曾想到：每一個人的意志就是在其一切格準中制定普遍法則的意志；也就是說，從來沒有自覺到：每一個人的理性本有在意欲機能中立法的能力。因此，在西方文明中，種種臆測的理智體系層出不窮，卻從來未能成功建立整全的理性本性之學，也從未建立根源自理性立法的道德。

康德批判哲學揭明，理性根本就是每一個人自身具有的在意欲機能中立法的能力。亦即：人有一種決定「應當是什麼」的機能並名之為「理性」，而與那僅僅關涉於外在給予的對象「是什麼」的知性區別開來。若人看不到在知性之外還有一種「獨立不依於經驗而追求一切認識的理性機能」，一味只知發展我們的知性，而不知人有理性，甚至肆意扼殺人性中的理性萌芽，那麼，人只會鼠目寸光地死盯住經驗事物；人類文明再發達，人類也不過如單眼巨人，瞎了理性的眼，也就失去目的與方向。

純粹的實踐的理性（自由意志）獨立不依於自然因果性而頒布法則，即自由的法則，亦即道德法則。依照孔子哲學傳統來說，就是本心（仁）頒布天理。依此，我們可以說，純粹的實踐的理性（自由意志），也就是本心（仁）作為人的實存之本質，此即孔子言「仁者人也。」（見《中庸》第二十章），孟子亦言「仁也者，人也。」（《孟子》〈盡心章句下〉）用康德的詞語表達，就是人的超感觸之本性（übersinnliche Natur）（KpV 5:43）。康德指出：這超感觸之本性是我們的本性的道德的稟賦（moralischen Anlagen unserer Natur）（KpV

5:163），是我們的本性的道德分定（moralischen Bestimmung unserer Natur）（KpV 5:122），是我們的意志自由自律和不依於整個自然的機械性之獨立性及心靈偉大（KpV 5:153）。

牟師宗三先生在《智的直覺與中國哲學》一書中就指出：「康德說法中的自由意志必須看成是本心仁體底心能。」[3]並說：「當本心仁體或視為本心仁體之本質作用（功能良能 essential function）的自由意志發布無條件的定然命令時，即它自給其自己一道德法則時，乃是它自身之不容已，此即為『心即理』義。」[4]孔子哲學傳統中所言「仁」、「本心」、「良知」與康德所言「自由意志」，指表同一的人之創造力──創造人自身為道德的存有，及創造世界為道德的世界。「道德的世界」，用儒家哲學傳統的詞語表達，就是「大同」，用康德哲學的話來說，就是人類倫理共同體。此乃人類及宇宙之終極目的（圓善）。哲學所究問之「極」即在此。人之創造道德的世界的能力，用孔子的話來說，就是：「人能弘道，非道弘人也。」（《論語》〈衛靈公第十五〉）孟子說：「仁也者，人也。合而言之，道也。」（《孟子》〈盡心章句下〉）依照康德哲學，圓善是道德法則所決定的意志之必然的客體。（KpV 5:4）「經由意志自由產生圓善」（KpV 5:113），人根於其意志自由，必然產生圓善，圓善作為終極目的乃每一個人朝向之目的。道德的人必定以在世界上實現圓善為己任，哪怕此終極目的是多麼遙遠。

吾人援用康德的批判學說以說明：本心（仁）作為一種「能夠獨立不依於外來的決定原因而起作用」的自由因果性，就包含著法則之概念。儘管就文字上並找不到孔子明文說及「仁」之普遍立法，但吾人有文獻的根據說明，孔子言「仁」之為高層的意欲機能，它是人的

3　牟宗三著：《智的直覺與中國哲學》（臺北市：臺灣商務印書館，1971年），頁200。

4　牟宗三著：《智的直覺與中國哲學》，頁194-195。

道德行為的超感觸的根源，人的行為的超越的標準由之而出。孔子說：「夫仁者，己欲立而立人，己欲達而達人。」(《論語》〈雍也第六〉)「己欲立而立人，己欲達而達人」乃是人的一切實踐活動的超越的標準，即堪稱為最高的道德原則；又，孔子說：「克己復禮為仁，一日克己復禮，天下歸仁焉。為仁由己，而由人乎哉。」(《論語》〈顏淵第十二〉)「克己復禮」根於人心之「仁」，乃是依於最高的道德原則（天理）為決定行為的根據的最高格準。如牟師宗三先生說：「這超越的標準，如展現為道德法則，其命於人而為人所必須依之以行，不是先驗的、普遍的，是什麼？這層意思，凡是正宗而透徹的儒者沒有不認識而斷然肯定的。」[5]用康德的詞語表達，根於「仁」的超越的標準就是「行為一般的普遍合法則性」，(Gr 4:402) 它的表達式就是：「我絕不應當以別的方式行事，除非我也能夠意願我的格準應當成為一條普遍的法則。」(Gr 4:402) 以此，我們可以指出：仁（本心）以其自身所立之天理，顯示出適用於一切人的那種普遍性，它對一切人具有一種「無條件的實踐的必然性」。仁（本心）包含「無條件的實踐的必然性」之標準，此即孔子曰：「富與貴，是人之所欲也；不以其道得之，不處也。貧與賤，是人之所惡也；不以其道得之，不去也。君子去仁，惡乎成名？君子無終食之間違仁；造次必於是，顛沛必於是。」(《論語》〈里仁第四〉)「志士仁人，無求生以害仁，有殺身以成仁。」(《論語》〈衛靈公第十五〉) 孟子曰：「如使人之所欲莫甚於生，則凡可以生者，何不用也？使人之所惡莫甚於死者，則凡可以辟患者，何不為也？由是則生而有不用也，由是則可以辟患而有不為也，是故所欲有甚於生者，所惡有甚於死者。非獨賢者有是心也，人皆有之，賢者能勿喪耳。」(《孟子〈告子上〉) 此即牟先生說：「凡這些話俱表示在現實生命以上，種種外在的利害關係以

5　牟宗三著：《心體與性體》（一），《牟宗三先生全集》第5冊，頁124。

外，有一超越的道德理性之標準，此即仁義、禮義、本心等字所示。人的道德行為、道德人格只有毫無雜念毫無歧出地直立於這超越的標準上始能是純粹的，始能是真正地站立起。」[6]吾人也可以說，以上所引孔孟的話所表示的就是康德所論道德法則具有絕對的必然性。用康德的話說，道德法則具有的必然性並不是材質地、經驗地決定成的，而毋寧是表示一種道德的定言律令的無條件命令，一切包含有具體內容的行為之堪稱為道德行為都必定出自於以此無條件命令為根據的格準。康德說：「當一行為從義務而作成時，這意志必須被意願一般之形式原則所決定，因為它被撤除掉一切材質原則。」（Gr 4:400）。

　　孟子依據孔子言「仁」包涵的理性在高層的意欲中絕對需要的普遍性，直下從「心」說「仁」，曰：「仁，人心也。」（《孟子》〈告子章句上〉）「仁也者人也，合而言之道也。」（《孟子》〈盡心章句下〉）唯獨依據此根源洞見，孟子能提出：「理義」乃是「心之所同然者」。孔子言「仁」遍及人倫之常，天地群物之序的法則性、普遍性和必然性。孟子恰切把握孔子言「仁」包含的「仁心」之立法性及普遍有效性，他提出：「心之所同然者何也，謂理也義也。」（《孟子》〈告子章句上〉）又說：「詩曰，天生烝民，有物有則，民之秉彝，好是懿德。孔子曰，為此詩者，其知道乎。」（《孟子》〈告子章句上〉）「民之秉彝」乃「好是懿德」之超越根據，「秉彝」就是執持天則、常道（普遍法則）。孔子曰「為此詩者，其知道乎」，可見孔子言「仁」是通天則、常道（普遍法則）的。依孟子所論，「本心」（仁）首要作用是為人的行為立普遍法則，此正顯本心自立道德法則之義。儘管《論語》並未有「仁」與「心」合言「仁心」，孔子並無分解地論說「仁」的諸涵義，此乃聖人立教之圓融，然此並不妨礙我們指出：「仁」乃人的道德心，其首出義在其包含的超越標準之普遍立法性中。此所以孟

6　牟宗三著：《心體與性體》（一），《牟宗三先生全集》第5冊，頁124。

子出而點明：仁即本心，而心之同然在根於心之理義。依據孟子此義，宋明儒言「心即理」。

「心即理」指明一個道德實踐上的事實，這個實踐的命題涵著說：本心就是立普遍法則（理）的能力。這種立普遍法則的能力，用康德的詞語表達就是在意欲機能中立法的理性。「理」字意指天理（道德法則），絕非朱子所言「即物而窮其理」之於事事物物上求之「定理」。如王陽明指出：「朱子所謂格物云者，在即物而窮其理也。即物窮理是就事事物物上求其所謂定理者也，是以吾心而求理於事事物物中，析心與理而為二矣。」（《傳習錄中〈答顧東橋書〉，第135條）[7]

康德通過批判考慮證明純粹實踐理性就是人自身在意欲中立道德法則的自由意志，我們由此可指出，康德所言純粹實踐理性（自由意志）就涵著作為道德實踐根據的道德心義，實踐理性作為在人類心靈機能中與意欲力合而為一的機能，其首要作用是人為自身的行為立普遍法則。作為最高認識力的理性因著與意欲機能綜和，它就從原來只是「理」的不具推動力的思辨理性進而為自身就是作用因的實踐理性。純粹實踐理性既是立道德法則的意志（心），又是道德法則本身（理），純粹實踐理性（意志自由）與無條件的實踐法則（道德法

---

7 王守仁撰，葉鈞點註：《傳習錄》，臺北市：臺灣商務印書館。1967年。本書所標《傳習錄》條目編碼依照鄧艾民《傳習錄注疏》（臺北市：法嚴出版社。2000年）又，王陽明曰：「虛靈不昧，眾理具而萬事出，心外無理，心外無事。」（《傳習錄》上，第32條）「這心之本體，原只是箇天理，原無非禮。這箇便是汝之真己，這箇真己是軀殼的主宰。」（《傳習錄》上，第122條）劉蕺山曰：「人心大常而已矣。」（《劉子全書》卷七〈語類七〉〈原旨‧原道下〉）又曰：「常心者何？日用而已矣。居室之近，食息起居而已矣。其流行則謂之理，其凝成則謂之性，其主宰則謂之命：合而言之，皆心也。」（同前揭文）陽明說：「聖人無所不知，無非知個天理。」象山說：「東方有聖人出，心同理同，東方有聖人出，心同理同。」「人同此心，心同此理。」中國聖賢所講無非都是「人類理性立法之學」。用張載的話來說，就是：「為天地立心，為生民立命。」（語見：《張載集》之〈朱軾康熙五十八年本張子全書序〉，北京市：中華書局，1978年，頁396。）

則）互相涵蘊。（KpV 5:29）而這正是儒者所言「心即理」之根本義。

但學者們鮮有能理解康德為「理性」正名的深刻意義及重大貢獻。如果我們嘗試從辭源學的視野，一瞥「理性」一詞在西方哲學史中使用的含義之變遷，馬上會發現，歷來哲學家們對理性的理解都各持己見。柏拉圖以為人類理性「必須千辛萬苦地透過回憶（這回憶稱為哲學）去喚回舊有的、如今已極其模糊的理念」，（A313/B370）並以之製造出一個孤立於可感的現象界之外的可知的理型世界。亞里士多德則致力於消除這種二元對立，將理性理解為「人類靈魂特有的形式」，並開啟了西方哲學史上以概念、判斷、推理等思維形式歸屬理性的理論認識傳統。但亞里士多德的經驗論立場畢竟無法解答為由理性自身的本性提出的種種問題，「因為理性所使用的原理既然超出一切可能經驗的界限，就不再承認經驗的試金石。」（Aviii）如此一來，人類理性陷入獨斷唯理論與獨斷經驗論的無休止紛爭的困境中。直至中世紀神權時代，基督教神學出來，「理性」變成一種對於神意和最高的普遍原則的理解力，而不容置辯。不過，歐洲啟蒙運動一舉粉碎了「理性」曾擁有過的魅力及神秘力量。康德出來，經由三大批判對歷來西方學者對於「理性」認識所處的蒙昧狀態和二律背反的困局作出周全考察，從而為理性正名：理性作為一種自然機能，乃是每一個人所稟有的心靈機能，一方面，它作為心靈機能中認識機能的最高認識力，起到把感性與知性的綜和活動帶至最高統一的軌約作用，另一方面，它的真實使用在於在意欲機能中立普遍法則，因而作為心靈機能中的高層意欲機能。此所言「理性」是就全人類而言。用康德本人的話說，「只有一種人類的理性。」（MS 6:207）人類的共同的理性之本性、原則和使用是通過對「那獨立不依於經驗而追求一切認識的理性機能一般」進行批判考察而得到確立的。

但是，學者們深受西方哲學傳統的舊有思維模式所影響，乃致長久以來一直不能理解康德為「理性」正名的深刻意義及重大貢獻。依

照西方哲學的唯理論傳統，「形式的」就是純理的，其來源是獨斷地自明的（由哲學家宣稱的諸種理性的特殊直觀或前定和諧）；感覺屬於心，只是心理學的，「在感官裡只有幻象」。（A854/B882）這種思維模式製造出理性與感性的根本割裂，由之製造出根本分割開的兩個世界──被宣稱為真的純理世界和被貶視為模糊的幻象的感官世界。康德一生批判工作的努力就是要揭露這種思維模式的虛幻性。遺憾的是，長久以來，學者們不理解康德的思維模式之革新，一如固舊地以傳統唯理論的舊思維模式解讀康德所言「理性」，並據之指責康德「製造理性與情感二分」、重理性而賤視情感。

漢學界流行各種因襲西方哲學傳統舊思維模式以及對康德哲學之誤解而製造的學說，一方面將康德視為唯理論者，另一方面將孔孟哲學視為基於情感的經驗倫理學，依照這種思路，孔孟哲學與康德哲學非但不可相通，簡直就是相牴觸的兩套學說。但是，吾人必須見到：康德的批判哲學絕非哲學史上諸多「主義」之一種，而是「人類心靈機能整體通貫的解剖工程」。拙著《康德的批判哲學：理性啟蒙與哲學重建》第一篇「康德哲學──人類心靈機能整體通貫的解剖工程」就論明：「康德的批判哲學是與一項人類心靈機能剖解的艱鉅工作同步進行的。經過醞釀期、構思期，每期幾乎花費十年，然後又花費十數年，一磚一瓦、一層一層地建構起一座穩固的宏偉哲學大廈，同時就一步一步展開一幅人類心靈機能的精密解剖圖。這種曠日持久而首尾通貫的哲學工作在哲學史上可說獨一無二。」[8]康德自己說：我的體系總是一致的，而且，如果我有時不能正確地確定某個對象的研究方法，那麼，只要我能夠回顧一下認識和與此認定相關的心力各要素的全貌，就能找到我所期待的答案。（KGS 10:514）[9]又說：

8　同註2，頁1029-1030。

9　An Carl Leonhard Reinhold. 28. u. 31. Dec. 1787.

在諸命題本身以及此諸命題之證明方面，正如該計畫之形式與
完整方面，我不見有什麼可更變處。所以如此，這部分是由於
在把它們供獻給公眾之前，我已使它們受長期的檢驗，部分是
由於我們所要處理的東西的性質，即純粹思辨理性的本性，它
包含一個真的結構，在此種結構中，每一東西是一「機件」，
全體是為了每一個，而每一個亦是為了全體，是故即使是最小
的不圓滿，不管它是錯誤，抑或是缺陷，亦必不可避免地在使
用中洩露其自己。這個系統，如我所希望，將盡未來世保持此
不可更變性。此不是自負使我有理由如此確信，而是透過「結
果之同等」而實驗地得到的明據使我有理由如此確信，所謂
「結果之同等」即是不管我們從純粹理性的最小成素進到它的
全體，抑或是逆反之，從全體（因為這全體亦是通過純粹理性
之終極意圖在實踐的東西中被給予）進到每一部分，結果皆相
同。任何試想去更動哪怕是最小的部分，必立刻發生矛盾，不
只是這個系統的矛盾，而且是普遍的人類理性矛盾。
（Bxxxvii-xxxviii）

　　康德提供了人類心靈機能整體通貫的解剖圖，作為人類自我瞭解
以及一切人類科學的依據，乃是真正的哲學之建立所不可或缺的，正
如科學的醫學不能缺少一幅縝密精確的人體解剖圖。康德為建立真正
能作為科學的哲學，他於人類心靈機能——認識機能，快樂與不快樂
之情感，意欲機能——整體通貫的解剖工作中，周全地考慮了「理
性」，此所言「理性」是就全人類而言。用康德本人的話說，「只有一
種人類的理性。」（MS 6:207）人類的共同的理性之本性、原則和使
用是通過對「那獨立不依於經驗而追求一切認識的理性機能一般」進
行批判考察而得到確立的。據此，我們能夠說，一切堪稱理性本性之
學（哲學），無論出自哪一個民族，起源於哪一個時代，皆必須亦必

定能經得起康德經由批判所確立之標準。吾人贊同牟宗三先生提倡孔子哲學傳統與康德哲學會通之真知灼見，根據即在此。[10]

　　吾人提出「二十一世紀啟蒙」，將是一場啟發人的理性本性的啟蒙運動，而哲學之本質正在於它是理性本性之學，因此，我們也可以說，二十一世紀之啟蒙，將是哲學啟蒙。而正如上文所論已闡明，真正與哲學這門學問本質地相關的，就是孔子哲學傳統和康德哲學。近年來，吾依據數十年哲學研習之心得總結出：孔子哲學傳統和康德哲學堪稱為「基礎哲學」。所謂「基礎哲學」，意謂為一切哲學流派奠基的哲學。「哲學」作為人們「尋根究極」的學問，以區別於一切擱置根源及終極問題不論，只研究時間空間中物事的科學。從這個意義來看，吾人就能指出：唯獨孔子傳統和康德真正地如理如實地解答了這個本質的哲學問題。概括地說，人類一切學問的根源歸於人本身的心靈機能，而且這個根源不是在心靈機能之經驗的性格，而是在其超越的性格。[11]這個根，用康德的詞語講，就是自由意志，用孔子傳統的詞語講，就是孔子所言「仁」，即孟子所言「本心」。

　　孔子言「仁」作為人的實存之本質，此即孔子言「仁者人也。」（《中庸》第二十章），儘管孔子沒有提出「性善說」，然孔子言「性相近也，習相遠也。」（《論語》〈陽貨第十七〉）「性相近也」，意即：

---

10 不必諱言，牟師宗三先生有時亦不免受到西方康德學界對康德諸種偏見的影響。

11 「超越的」（transzendental）這個哲學詞，吾人採用康德使用該詞所給予之意義：「『超越的』這個詞並不意味著超過一切經驗的甚麼東西，而是指雖然是先驗的（a priori），然而卻僅僅是為了使經驗認識成為可能的東西說的。」（Proleg 4:374）用王陽明的話來理解：「良知不由見聞而有，而見聞莫非良知之用，故良知不滯於見聞，而亦不離於見聞。」（《傳習錄》中，第166條）良知天理不是由經驗歸納得來，此即陽明言「不由見聞而有」、「不滯於見聞」；也就是說，本心良知先於經驗而有，即是「先驗的」。而良知天理應用於經驗而普遍有效，此即陽明言「不離於見聞」、「見聞莫非良知之用」。據此，我們可以言本心良知的超越的性格。依照康德，也就是意志的超越的性格。我們的意欲機能固然有其經驗的性格，亦即受制於自然因果律，但同時也具有超越的性格，即獨立不依於外來的決定原因而起作用。

人之本性相近。孔子言「性相近」之「性」，用孔子本人的話說就是：「人之生也直。」（《論語》〈雍也第六〉）依此，我們可以說「性相近」意思同於孟子所言「凡同類者，舉相似也」。「性相近」的意思可與人禽之辨的「幾希」相通，亦即「同類者，舉相似」的「相似」。孔子直透本源，實在已從根本上標舉「仁」作為人的真實存有性，而與因後天條件不同之差異而言「習相遠」的感性層的「性」區別開。孟子深得孔子直透人心之根本而言「仁」之旨，明確提出：「仁，人心也。」（《孟子》〈告子章句上〉）

以「本心」（仁）言性，道「性善」，孟子言「本心」乃是人自身具有的一種真實的高層的意欲機能，它與「耳目之欲」、「趨利避害」、「懷生畏死」等自然欲望區別開，而為管轄人的一切意欲的能力，此為人的道德本性，而與「小體」（物交物、口腹之欲）而論的「性」區別開。康德通過艱鉅的批判，揭明自由意志作為人的「超感觸之本性」（道德的稟賦）與人的「感觸之本性」區別開。無論是孔子採用「直透本源」的方式，孟子更多地採用的是論辯的方法，抑或康德採用的是批判之進路，路數有別，然突顯人的道德實存以為人的真實本性則是共同的。

「自由意志」（本心：仁）恰如一顆根於人性的種子，在個人那裡，甚至在一個民族的生命那裡，它可能潛藏未發，也可以腐爛掉，苗而不秀，秀而不實的情況並不罕見；但就人整個族類而言，這顆種子總是要發芽，總是要在人的生命中，在現實的社會生活中生根、開花結果。這就是康德說：根於人的意志自由之動力，人類必從原始狀態進至文明化，最後進至道德化。用孟子的話說，「四端之心」我固有之，「惻隱之心，仁之端也；羞惡之心，義之端也；辭讓之心，禮之端也；是非之心，智之端也。人之有是四端也，猶其有四體也。……凡有四端於我者，知皆擴而充之矣，若火之始然，泉之始達。苟能充之，足以保四海；苟不充之，不足以事父母。」（《孟子》〈公孫丑

上〉) 本心操存得住，修身、齊家、治國、平天下，皆由之擴充成就。

人稟具本心（仁），故孔子揭明：「仁者人也。」(《中庸》第二十章) 並據此能提出：「人能弘道，非道弘人也。」(《論語》〈衛靈公第十五〉)「仁者人也」、「人能弘道」，即透極至人的終極關懷——大同（依康德，即圓善、目的王國）在人世間之實現。真正哲學（理性本性之學）尋根究極的工作之闡明，簡要地說，就在「仁者人也」、「人能弘道」這八字真言。吾人今日提出「二十一世紀啟蒙哲學」，其義亦在此八個字。

第三節　王道：孔孟倡導「弘文興教」與康德論教育之理念

吾人今日提出以孔子哲學傳統和康德哲學為「基礎哲學」進行一場二十一世紀之啟蒙，具體地說，就是要通過推廣孔子哲學傳統和康德哲學，以啟發每一個人之自我教化，以及實施普遍的社會教化。《論語》〈子路第十三〉記載：「子適衛，冉有僕。子曰：『庶矣哉！』冉有曰：『既庶矣，又何加焉？』曰：『富之。』曰：『既富矣，又何加焉？』曰：『教之。』」孔子傳統重視社會教化，就是要啟發每一個人依自身本心天理而行，過「仁義禮智」的生活，以達到「天下平」之社會秩序。通過教化，啟發每一個人自覺依自身之人心之仁而成就自己為仁者，以建立一個和諧的人類倫理社會，向著實現一個保障全人類永久和平與福祉的倫理共同體，及臻至統天地萬物而言的道德世界之共同理性目標而前進。此堪稱真正的政治理念、人類政治社會的原型；任何背離此原型而宣稱「民主」者，實質上只能稱之為歷史性的民主制，形形色色的歷史性的民主制，若缺乏最高的民主理念作為其根據，必定流於「假民主」：以程序的「民主」，掩蓋其綁架民意以實現利益集團對國家權力之掌控之實。

　　孟子接續孔子提倡的王道大旨而論「道揆」與「法守」。「道揆」就表示說：一個真正由全體人民作「主」的社會（即一個真正稱得上「天下為公」、「天下人之天下」的社會），必定是全體人民自覺自願遵循「大道」而行的社會；依此，吾人可指出：一個民主社會必須以啟發大眾自身稟具之人心之仁為教化之務。此之為「道揆」。「法守」就是說：一個民主社會必須依「法」保障每一個人的自由，同時與每一個他人的自由共存。此即意謂：一個真正的民主社會，其立法的最高依據必須依於「道」，也就是說，依於共同的理性目標；而不能由特定的利益群體或個人利益決定。

　　孟子政治哲學重視人的教化，乃將「法守」建基於「道揆」的唯一正當途徑。唯賴社會教化成就每一個人自覺自身為自由（即依於天理）的實存，人始能夠擺脫其特定的社會地位之個人利益的拘限，而真正作為社會、國家之主人。此所以孟子說：「善政，不如善教之得民也。善政民畏之，善教民愛之；善政得民財，善教得民心。」（《孟子》〈盡心章句上〉）孟子答「滕文公問為國」，其中說：

　　　設為庠序學校以教之：庠者，養也；校者，教也；序者，射
　　　也。夏曰校，殷曰序，周曰庠，學則三代共之，皆所以明人倫
　　　也。人倫明於上，小民親於下。有王者起，必來取法，是為王
　　　者師也。（《孟子》〈滕文公章句上〉）

　　「三代共之」之學，旨在教人「明人倫」，此乃民眾和睦、社會太平之根基也。刑政固然是人類社會所無可避免的一種規範人的行為的手段，但一個真正體現人民作主的社會，絕不會是一個只以刑政手段整治人的社會；相反，一個真正的民主社會，必定要致力於向最低限度地使用刑政手段而趨，即：透過社會教化，讓每一個人保住自身之尊嚴而自覺遵天理而行，也就是說，組成真正的民主社會者，乃

「天民」，並非只是一般所謂「公民」即足矣。

　　孟子說：「有天民者，達可行于天下而後行之者也。」（《孟子》〈盡心章句上〉）又說：「無敵于天下者，天吏也。」（《孟子》〈公孫丑章句上〉）一個真正的民主社會之實現，從根本上說，唯賴「善教」以培養「天民」、「天吏」，亦只有「天民」、「天吏」始能夠組成一個有著同一個理性目標而共同作主的社會。任何以個人或集團利益為依歸的政治制度，儘管也宣稱為「民主制」，卻忽視人的教化，只視人作為僅關心個人利益者。以如此狹隘的思維模式而求實現民主，不啻緣木求魚矣。

　　為君以德，為民以德。此乃華夏文明自古以來的理性核心，同時是政治之原則與原型之所繫。試問：若總統候選人都無「德」，那麼，全民投票選總統的民主程序意義何在呢[12]？為民以德，無非是每個人自覺其本心（人心之仁），以顯自身之「良貴」。此即牟先生言「尊生」：「尊生不是尊其生物的生，而是尊其德性人格的生，尊其有成為德性人格的可能的生。」[13]又說：「儒家的德化的治道，其最高最後之境界即是『各正性命』，各正性命的境界中，視每一個人為一圓滿具足之個體人格」、「即視人人自身皆為一目的，由其德性的覺醒即可向上奮發，完成其自己」[14]。此所以孔子說：「道之以德，齊之以禮，有恥且格。」（《論語》〈為政第二〉）也就是以「仁者人也」教人

---

12 美國人說：總統選舉是從兩個爛蘋果中選一個沒有那麼爛的。臺灣人說：總統選舉是選一個壞的，或是選一個笨的。固然，有人說：有選總比沒選好。但政治哲學就停在這種流俗見識的水平嗎？或者就如一些西方政治學家所言，民主政治根本就不需要政治哲學，對於現行民主制之反思與批評，在西方已經不鮮見，只不過國人中追隨西方者，其步伐總是遠遠滯後而已。

13 牟宗三著：《政道與治道》，《牟宗三先生全集》第10冊，頁31-32。

14 牟宗三著：《政道與治道》，《牟宗三先生全集》第10冊，頁32-33。若國人明白「德」之本義，則不會視「正德」、「德治」、「教化」為「極權」，妨礙民主、自由。

育人，啟發人之自尊。非徒以刑政阻止人的犯罪行為[15]。

　　牟先生論儒家的「德化的治道」，總括來說是兩面之結合：從治者方面說，「說讓開散開」，「表示仁者的精神」；從每一個人來說，「說『就個體而順成』」[16]。先生說：「以上是儒家根據仁德所建立的政治上的最高律則。[17]就理性之內容表現而言，每一個人的道德理性（仁、本心）自身就要求完善自己的人格，此即自我教化；而全社會亦自發要求一個健旺向上的、和睦的、合適於人之尊嚴地存在的人類倫理共同體（即道德的社會），此即是說，社會自發推動弘文興教。此所以，孔子傳統之「教化」，乃成全每一個人自身即是「目的」的「成人之教」，絕非所謂「洗腦」、思想箝制。「教化」，乃是肯定、尊重每一個體，以其本有之本心之仁，成就其為真實、豐厚的「實存的生命」。「社會教化」，就是促進一個倫理共同體，在其中，每一成員之關係既是「對列」的，同時是「隸屬」的。「對列」並非對立，而是意指每一個人乃是稟有「良貴」的獨立主體；「隸屬」則表示天序之秩，人倫之常，即人與人在「親親、尊尊」的倫常中真實存在。由此可見，「正德」為本，實乃任何合乎理性之原型的政治體制之根柢。

　　今日西方後現代的種種弊端，以及從西方學者對其自身文明之缺失的批判看來，中華民族要回到自家的孔子傳統，以「仁者人也」、「人能弘道」為核心，以收教化與凝聚十四多億人心之效，以圖民族

---

15 現代政治排除人的道德教化，用孔子的話說，就是：「道之以政，齊之以刑，民免而無恥。」（《論語》〈為政第二〉）刑政能阻嚇人免於犯法，但不能啟發人自覺自己的羞恥心。刑政，也就是法治，屬於經驗界，用康德的話說，屬於知性立法範圍；德與禮屬於自由領域，亦即每一個人依於本心之仁的天理而「由仁義行」的領域，用康德的話說，就是人自身的立法理性之使用管轄的領域。唯獨「道之以德，齊之以禮」，人始能保有尊嚴，顯其自身之「良貴」。於現實社會中，我們不反對法治制度的建立與完善；但不能據之擯棄「道之以德，齊之以禮」。而毋寧說，二者並行，後者立本，然前者亦是人類社會不可或缺的治標的手段。

16 同註13，頁134。

17 同前註。

復興之大業。中華民族要憑自身的能力和孔子傳統，走出一條全新的真正符合民主、自由的現代化道路，此外別無假借可尋。實在說來，我們需要一個二十一世紀的啟蒙運動。用康德的話說：真正的啟蒙是啟發每一個人「以自己的理性不是被動地，而是任何時候自己立法」。（KU 5:294）如我們一再申論，孔孟哲學乃是理性本性之學，我們要有一個啟蒙運動，就是要有一個復興孔子哲學傳統的自我教化和社會教化。

　　國人中有受西方現代意識形態影響者，以為倡導「理性」、「人性尊嚴」有違民主精神，提倡自我教化和社會教化必然會威脅個人自由、取消私人空間。究其實，他們未能瞭解，西方傳統根本未達到真正的理性高度，西方後現代主義所反對的「理性」、「人的內在本性」、「本質主義」等其實是落在西方傳統獨斷論脈絡中而言者，與孔子哲學傳統及康德通過三大批判論明的「理性本性」根本不是一碼事。真正理性乃是每一個人自身稟具的機能。依康德批判考察論明：「理性是一種要把它的全部力量的使用規律和目標都遠遠突出到自然本能之外的能力，……。理性需要有一系列也許是無法估計的世代，每一個世代都得把自己的啟蒙留傳給後一個世代，才能使它在我們人類身上的胚芽，最後發揮到充分與它的目標相稱的那種發展階段。」（KGS 8:19）西方自由主義者標舉個人自由的至高無尚的地位，卻反對倡導理性；他們忽略了這樣一個事實：若人不運用自身的理性，則個人在運用其自由時只關注自己，無約束的自由使人們處於「相互加諸自身的困境」。（KGS 8:22）人的自私的動物性傾向誘使他「對他的同類濫用自己的自由」，儘管人作為有理性者「也希望有一條法律來決定所有人的自由界限」。（KGS 8:23）

　　所謂倡導理性與德治必定要損害個人的自由，其實是不知所謂的淺薄之談。須知，理性與道德是每一個人的自由與他人的自由共存的根源。啟蒙，「亦即在一切事物中公開地使用自己的理性的自由。」

（KGS 8:36）「對其理性的公開使用必須在任何時候都是自由的，而且唯有這種使用能夠在人們中間實現啟蒙。」（KGS 8:37）理性而損害個人的自由，實屬無稽之談。理性的視野與私人視野並行不悖，沒有人有權以理性為由干涉別人的私人視野，只要他同時不放棄理性的視野。私人視野，亦即特別的和有條件的視野，是多種多樣的；人除了個人性、多樣性之外，必須有共同的視野，以達至人與人之間的普遍傳通。

在《實用人類學》中，康德就提出：「生理學的人類認知關涉大自然使人成為什麼的研究，實用的人類認知則關涉人作為自由行動的生物使自己成為或者能夠並且應當使自己成為什麼的研究。」（Anthro 7:119）《學科之爭》第一篇的一個「附錄」[18]論及哲學，說：「它應該按照人的一切組成部分，如人所是和應當是的那樣，亦即既按照人的自然決定性，也按照人的道德性關聯和自由關聯來展示人。」（SF 7:69）又說：「理性的批判出現了，並且決定了在世界裡一種完全主動的實存。人自身就是他的所有表象和概念的源初的創作者，並且應當是他的一切行動的唯一的創作者。前一個『是』和後一個『應當』導向人身上的兩種完全不同的決定性。因此，我們也在人身上覺察到兩個完全不同的部分，也就是，一方面是感性和知性，另一方面是理性和自由的意志，它們相互之間是有根本區別的。」（SF 7:70）康德批評舊哲學使人在這個世界上成為機器，「必須完全依賴世界或者外部事物和情景，給人在世界裡指定了一個完全錯誤的觀點；因此，它幾乎使人成為世界的一個純然的被動的部分。」（SF 7:69-70）

康德論教育之理念與孔孟倡導「弘文興教」之宗旨相同。在《論教育》一書中，康德提出：我們需要有「一種把人裡面的所有自然稟

---

18 這個附錄題為「論宗教中的一種純粹的神秘主義」，它的作者是卡爾‧阿爾諾德‧威爾曼斯，原文是作者附在其博士論文後的一封信。康德引之為附錄，並加了一個注腳（SF 7:69）。

賦都發展出來的教育的理念」。（KGS 9:445）「把整個人類導向其定分的教育。」（KGS 9:446）康德恰當地指：「動物自動地滿足自己的定分，但並不認知它。」（KGS 9:445）人則不同，人必須追求達到自己的定分，「但如果他對自己的定分連一個概念也沒有，這就不可能發生。」（KGS 9:445）此所以康德哲學及孔子哲學傳統皆首先揭明：人不僅具有作為動物品種的人性，同時具有作為道德品種的人性。康德說：「自然在我們身上為兩種不同的目的而奠定了兩種稟賦，亦即作為動物品種的人性以及作為道德品種的人性；〔……〕人類自身將會使自己突破他們自然稟賦的野蠻性的，但在超越它的時候人類卻須小心翼翼不要違背它。這種技巧，人類唯有在遲遲地經過了許多次失敗的嘗試以後才能夠獲得。」（KGS 8:117）。

　　人類是具有理性的物種，正是理性的力量使人類從原始野蠻發展至文明化，也正是理性的力量，必定要使人類進展至道德化。這條必然的道路表明的是人類整體的趨勢，是有理性的世界公民（Weltbürger）根據一種預定的計畫而行進。（KGS 8:17）人性的不斷啟蒙正是要破除那種以自利原則壓倒道德原則而作為社會（包括政治、經濟）發展動力的錯誤假設，讓人的理性從那種死盯在經驗上的鼠目寸光的桎梏中解脫出來。

　　人類必須有繼續不斷的啟蒙，「透過不斷的啟蒙，開始奠定一種思想模式，這種思想模式能使道德辨別的粗糙的自然稟賦隨著時間推移而轉變為確定的實踐原則，從而使那種受感性逼迫的社會整合終於轉變成一個道德的整體。」（KGS 8:21）在〈世界公民觀點下的普遍歷史理念〉[19]一文中，康德揭示：人類的意志自由畢竟依照自由之法則創造人類整體由壞到好的進步，從野蠻人的無目的狀態進展到文明化，最後還要達至道德化，儘管道德化仍言之過早。（KGS 8:26）透

---

19 Kant, "Idee zu einer allgemeinen Geschichte in weltbürgerlicher Absicht" (1784), KGS 8:15-31.

過不斷的啟蒙，人逐步擺脫本能之主宰，擺脫他具有的要求自己單獨化（孤立化）的癖好，以及想要全依己意擺布一切的非社會的特性；人類從原始野蠻發展至文明，但人類的進展不會在此止步，它必定要進展至道德化；既然人類是具有理性的物種，「這個物種就永不死亡而且終將達到他們的稟賦之圓滿發展。」（KGS 8:20）

　　人類的道德稟賦儘管總是蹣跚在後面，卻總有一天會趕過那些在其急速的進程中自己絆倒自己的東西。（KGS 8:332）

　　在孔子傳統中，「教化」乃是「以德治天下」於治道方面的核心。「教亦是順人性人情中所固有之達道而完成之，而不是以『遠乎人』，『外在於人』之概念設計，私意立理，硬壓在人民身上而教之。」[20] 故無理由詆毀儒家教化為意識形態之強行灌輸[21]，牴觸自由之核心價值[22]，亦不能曲解為以宗教干擾政治[23]。儒者推動的教化，

---

20 牟宗三著：《政道與治道》，《牟宗三先生全集》第10冊，頁138。牟先生說：「在這裡說教化，亦有其內容表現上的最高原則以限制之。此即是『先教後教』，⋯⋯。」「若落在政治上，此對人要寬，第一是『先富後教』。⋯⋯第二是教以起碼普遍的人道。過此以往，非所應問，非所能問。即不能在政治上責望人民作聖人。」（同前揭書，頁139）

21 國人經歷意識形態之高壓，但凡談到儒家「教化」，容易產生錯誤之聯想。這種「恐懼」心理需要時間以治療，也必須從「理」上講明白。儒家「教化」是「教以起碼普遍的人道」。意識形態的強行灌輸，「吊掛人民而離其命根，所謂牽人以從己、立理以限事，皆非王道之德治。」（牟宗三著：《政道與治道》，《牟宗三先生全集》第10冊，頁131。）

22 如牟先生指出：「教化」之謂「教」，即孟子說：「父子有親，君臣有義，夫婦有別，長幼有序，朋友有信。」（《孟子》〈滕文公章句上〉）「此皆起碼而普遍的人道，非外在的概念與理論而加於人民者，乃是根於人性人情之實事與實道，故曰『達道』。教者不過教此。難說人如其一人，不應有此也。⋯⋯。不得謂為妨礙自由也。」（牟宗三著：《政道與治道》，《牟宗三先生全集》第10冊，頁139。）

23 打破「政教合一」乃是西方近代政治現代化的重大成就，有學者以此為理由反對儒家教化，將之混同於西方之「政教合一」。牟先生指出二者之不同：西方之「政教合一」，其所謂「教」是「宗教」之教，「牽涉信仰問題，故後來有『信仰自由』之爭取。而在中國，信仰自由根本不生問題。政治上的教化之教根本不甚過問及此，亦不甚干涉及此。其所過問的只是『起碼而普遍的人道』方面之教。」（牟宗三著：《政道與治道》，《牟宗三先生全集》第10冊，頁140。）

是「德治」下「全幅敞開的社會」中，透過啟發社會自發而實現的。「德」就是孔子言「人者仁也」之「仁」，亦即每一個人自身稟具的本心天理之創造能力——創造自身為道德的存在，並依著天理而相互感通而創造道德世界。每一個人都願意自己及自己的後代生活在這樣一個世界中[24]。

　　依孔孟之教施行「德治」、「教化」，「德」之為德、「教」之為教非壓迫扭曲人性，而是順人性之倫常教人育人。用康德的話說，就是：「把整個人類導向其定分的教育。」（KGS 9:446）「孩子們受教育，應該不僅適合人類當前的狀態，而且適合人類未來更好的狀態，也就是適合人性的理念及其整個定分。」（KGS 9:447）因此，我們需要有「一種把人裡面的所有自然稟賦都發展出來的教育的理念」[25]。（KGS 9:445）「理性需要有一系列也許是無法估計的世代，每一個世代都得把自己的啟蒙留傳給後一個世代，才能使它在我們人類身上的胚芽，最後發揮到充分與它的目標相稱的那種發展階段。」（KGS 8:19）

---

24 如康德在《實踐的理性批判》中論明：「理性的實踐使用的興趣在於就最後的和完整的目的而言決定意志。」（KpV 5:120）此即表示：一個人作為道德者不僅關心他自己個人的行為如何能成為德性的，也就是說不僅關心他自己個人的德行，還要關注他會在實踐理性的指導下為自己創造一個怎麼樣的世界，而他自己作為一個成員置於這一世界中。（Rel 6:5）在《基礎》一書中康德提出道德律令，其三程式之一就是：「通過我們的所作所為」將「目的王國」之理念實現為「自然王國」。（Gr 4:436）在其中，「有理性者就其本性而言作為目的，從而作為目的自身。」（Gr 4:436）在《實踐的理性批判》中，康德就說：「純粹實踐理性法則之下的判斷力規則是這樣的：問一問你自己，如果你打算做的行為會通過自然法則而發生，而你自己本身是這個自然的一部分，那麼你是否把它看作是通過你的意志而可能的。」（KpV 5:69）並且，他指出：「事實上，每個人都在按照這條規則來評判行為在道德上是善的還是惡的。」（KpV 5:69）

25 如康德說：「這樣一來就（由於普遍性）證明了人類全體的一種特性以及同時（由於無私性）證明了人類至少在稟賦中的一種道德特性；這種道德特性使人不僅可以希望朝著改善前進，而且就他們的能力目前所能及而言，其本身就是一種進步。」（KGS 7:85）「理性是一種要把它的全部力量的使用規律和目標都遠遠突出到自然本能之外的能力，並且它不知道自己的規劃有任何的界限。」（KGS 8:19）

　　孔孟倡導的「教化」無非就是康德所論「啟蒙」：「亦即在一切事物中公開地使用自己的理性的自由。」（KGS 8:36）「對其理性的公開使用必須在任何時候都是自由的，而且唯有這種使用能夠在人們中間實現啟蒙。」（KGS 8:37）所以，如牟先生說：「知識分子思想上的自覺是很重要的，依此而發動文化的力量、教育的力量來創造這個東西；這就是我們現代化的道路。」[26]今日，儒者談時代使命，重中之重的工作就是要「發動文化的力量、教育的力量」，抗衡社會上流行的貶視「教化」，宣揚無法則之自由的風氣。理直氣壯地倡導以孔孟之教推動社會教化，依照人的完整定分培育人。

　　孔孟倡導之「教化」與康德提出的教育理念若合符節。無人能憑空說中國現代化的道路具體如何，但可以確定的是，人的教化和社會重建是當務之急。有剛健奮發的國民，始有健康和諧的社會，有此兩者方能談中華民族如何富強，如何復興。此可見，國人當務之急在復興孔子哲學傳統。

　　儒者以自我教化為根本，以推動社會教化為本務。「教」者，以道德教人育人，以保育、啟發每一個人內在的「普遍的人性」。於此，所謂「泛道德主義」是污枉失實之詞[27]，所謂要求民主，道德要「讓開一步」、「下降凝聚」，[28]皆屬淺陋之見。「道德」乃每一個人本

26　牟宗三著：《政道與治道》，《牟宗三先生全集》第10冊，頁29。

27　如牟先生指出：中國以前政治上的教化，「其所過問的只是『起碼而普遍的人道』方面之教。」並不「精微地苛求」。（牟宗三著：《政道與治道》，《牟宗三先生全集》第10冊，頁140。）「此只是維持一般的人道生活上的規律。」（同前揭書，頁139）「不能說成『泛道德主義』」。（同前揭書，頁140）

28　楊澤波教授說：「第一，必須堅持『讓開一步』，不再固守『仁者德治』的政治模式，從道德層面退出身來，對過去的傳統進行一個大的變革。第二，必須『下降凝聚』，……不再將政治的希望完全寄託在道德上，……」（楊澤波：〈民主視野下的梁漱溟與牟宗三〉，《第十一屆當代新儒學國際學術會議論文集》（2015年10月），頁456）儘管楊教授最後補一條「攝智歸仁」。但其言「仁」只是「倫理心境」，與道德心之自律而言的「道德」毫不相干。

心之自律，是孔子哲學傳統之拱心石。令道德讓開，還談什麼孔子傳統？儒者處於貶視道德（即忽視人的普遍人性）的現代社會，理直氣壯地彰顯人的道德性，正是當務之急。若儒者忽視自身之自我教化，放失其以孔子傳統推動社會教化之責，何以區別於一般政客？又如何能自稱以儒者身分行政治事功[29]？記得牟師宗三先生說：

> 我忠於我的所信，一直地貫徹下去。我走的是孔子的路，我的立場是純粹哲學的立場。這就是中國文化的立場。我和唐（君毅）先生都是這個立場，就是孔子的立場。這樣就行了，就可以安身立命。你在這個時代就可以頂得住。在這個時代上哪裡找這種人呢？這種青年人找不出來了嘛。我剛才叫你們好好地讀書，不是叫你們憑空唸書呀。在這個時代，你後面還是要有一種文化意識做你的動力。若沒有文化意識，這一套你也不要讀了，你讀不進去的。你就是讀純粹哲學，後面也要有文化意識。（總389，7）[30]

---

29 近些年，中國大陸上興起政治儒學，注重儒家對社會政治事務的參與。蔣慶先生的「三院制」方案、貝淡寧的賢人院、姚中秋的「得君行道」；學術領域方面興起梁啟超研究、康有為研究，都表現出一種要求儒家政治事功的方向。但吾人願意提出忠告，儒者首先作為孔子之徒，務必把握孔孟之學的理性本性之核心，以孔孟政治學「人者仁也」、「人能弘道」、「大同世界」為型範。若只以歷史上的官儒為做法對象，則恐怕很難擔當起儒者於新時代應負起之使命。楊澤波教授介紹蔣慶先生的「三院制」：「以通儒院代表超越神聖的正當性，庶民院代表人心民意的正當性，國體院代表歷史延續的正當性。」（楊澤波：〈民主視野下的梁漱溟和牟宗三〉，頁457）又介紹貝淡寧先生的「兩院制」：「即包括一個通過民主選舉出來的下議院，以及一個由競爭性考試為基礎選出來的代表所組成的上議院。」上議院又稱為「賢士院」。（同前揭文，頁458）且不論這一類離開對現實政權性質之認識而設想國家政制的做法是否空談，僅就「通儒院」、「賢人院」之說來看，實在是無根之談。「儒者」、「賢人」非自稱即可，大陸上要產生「儒者」、「賢人」為核心的社會力量，看來道路還很漫長。

30 「總」字表示《鵝湖月刊》總號，後隨首個數字為總期數，第二個數字為頁碼。以下同，不再作說明。

第四節　牟宗三哲學：一個客觀地建立的創造性的哲學體系

　　牟師宗三先生的哲學生命是創造性的。然先生的哲學絕非個人想像力建築之宮殿，也並非僅僅是思想家心中閃爍的智慧之光彩，亦不是形形色色心靈境界說之系統，而是基建於對中西哲學（中國哲學，尤以儒家哲學為重；以及西方哲學，尤以康德哲學為重）的客觀瞭解，通古今中外諸哲人之慧解而成就的一個創造性的哲學體系。用先生自己的話說，就是「誦數古人已有之慧解，思索以通之」。[31]又，先生說：

> 我一生都是做客觀瞭解。我讀書的時候重視客觀瞭解，到現在我還是做客觀瞭解。我現在翻譯康德的《判斷力之批判》，就是瞭解他講美學這一段，那很複雜的。我還是要好好瞭解，一句一句瞭解。我寫那麼多的書，都是客觀瞭解呀。我自己沒有憑空一套思想呀，我的思想都是從客觀瞭解裡面比對出來的。第一步是比對，第二步是達到一定的結論，就是達到必然性。這就是客觀瞭解。因為我比較虛心，我沒有甚麼偏見，客觀瞭解方面的能力我比其他人強。我首先要瞭解你，我贊成不贊成是另一回事。因此不存偏見。譬如說，我不是佛弟子，但是我能客觀瞭解佛教。相信佛教的人也不一定瞭解到我這個程度。我也不一定是道家，但瞭解道家沒有超過我的。我瞭解道家的態度經過好多修改呀。任何一個大學派，你一開始總可以瞭解幾句嘛。你們現在對於道家也可以瞭解一些嘛，但那一點瞭解沒有用的，不算的。要隨時修改、隨時正視，好好地瞭解。每一個觀點逐一衡量，看它哪一個觀點能站得住。（總389，7）

---

31 牟宗三著：《圓善論》（臺北市：臺灣學生書局，1985年），頁xiv。

牟先生通過對中西哲學之客觀瞭解，逐一衡量，其哲學體系之展開同時就是依人類理性本性之學（孔子哲學傳統及康德哲學）的根本義作出客觀的判教的過程。據此，吾人肯斷：牟宗三哲學體系是客觀地確立了的，其中容或仍有論證上的細節問題可商榷，但其宗旨、大端與判教標準是依據人類理性本性之學的本質而無可置疑地決定了的。無疑，吾人注意到大陸學界出現倒牟學之風，然究其實，不少思想史專家學者，乃至一些有著哲學教授頭銜的學者，缺乏真正的哲學思維訓練，欠缺對哲學文獻作客觀瞭解之共識。這批專家學者分為兩類：一類是以思想史的、社會學的立場來反牟，他們忽視或根本不承認牟宗三體系作為哲學體系，因而他們不能把握哲學之為人類理性本性「尋根究極之學」的根源洞識，故而反對牟先生對孔孟大義依哲學本旨作究極的說明，並以此為判準將荀子、伊川、朱子排除出孔子哲學傳統之外。中國人民大學國學院教授梁濤先生近年主張「統合孟荀」，提出「新四書」（《論語》、《禮記》、《孟子》、《荀子》）[32]，梁濤先生作為荀學專家，其重視《荀子》、《禮記》，從其個人本務來看固然是無可厚非的，若要講荀子儒，當然於思想史、制度史、社會史各方面也會有貢獻；梁先生沒有弄明白，牟先生將荀子排除出孔子哲學傳統之外，其根據不在荀子講「禮」，而在其忽略孔子所論作為道德根據的「仁」之大旨，用牟先生的話說，就是「大本不正」、「大源不足」。梁先生說：「我多次強調，儒學的基本問題是仁與禮的關係問題，這一問題在理學家那裡又表現為天道性命與禮樂刑政的問題，今天討論儒學仍不應迴避儒學的這一基本問題。」[33]不得不指出，梁先生未能注意，荀子未及孔子言「仁」之大旨，又如何能談得上論孔子傳統之「仁與禮的關係」呢？若理學家於孔子言「仁」、孟子言「本心」不

---

32 見梁濤著：〈中國哲學的新思考——《中國哲學新思叢書》序〉，收入梁濤主編：《中國哲學新思叢書》，北京市：中國人民大學出版社，2018年。

33 同前註。

得正解，其論「天道性命與禮樂刑政」又以何為依據呢？實在說來，離開孔孟哲學之大本大源而論「仁與禮」、「禮樂刑政」，只能是社會史、制度史諸學術領域的研究，豈能與孔子哲學傳統之研究混同？學者們大可依其學術本務之不同，而研究各種各樣的「儒學」，然豈能推翻孔子哲學傳統之共識？！吾人不必反對，荀子「性惡論」可有多種解釋，然無論如何解說，荀子未及孔子言「仁」之大旨這根本點是客觀肯斷了的，梁先生作為一位嚴肅的學者豈能輕率地指責牟先生「對荀子的貶斥」，以為牟先生「在孟子、荀子誰是正統的問題上爭來爭去」？並武斷地主張「統合孟荀」？更有甚者，梁先生提出「新四書」（《論語》、《禮記》、《孟子》、《荀子》），吾人不得不指出，「四書」（《論語》、《孟子》、《中庸》、《大學》）表示自孔子一根而發的一個孔子哲學傳統，用牟先生的話說，對於四書五經「講了兩千多年，有共同瞭解」（總383，2），「兩千多年來，一代一代都有共同關心的問題嘛。這表示每一個時代對於儒家這個學問的共識。」（同前）也就是說，「四書」乃是兩千多年來孔子哲學傳統的一個共識，「根據就是那些經典」，這表示每一個時代的人對那些經典中每一個重要的句子、核心的觀念都考量過了。如今，梁先生提出「新四書」，無異於要推翻這個共識。他說，依據其研究郭店竹簡子思的遺籍，「從孔子經子思到孟子、荀子，實際是儒學內部分化的過程。」[34]據梁先生此說，憑一些新發現的遺籍，竟就能一舉推翻孔子傳統的共識；依其說，孔子成了一個「孤源」，孔子之後全是「儒學內部分化」，如此一來，還談什麼孔子傳統？！若憑個人成見就能打掉孔子哲學傳統之共識，那麼，任何一種妄作皆可任意在學術舞臺上輪番登場了，此豈不是一個沒有共識的時代！

還有一類是大陸哲學界的學者，大陸上稱為「六○後學者」。自

---

34 同前註。

一九七七年大陸施行思想解禁政策開始，一批大陸學者受牟先生的影響，研究牟宗三哲學，並據之進入儒家和康德研究。這批學者中不乏有人當初視牟先生為偶像來崇拜，然終於因為哲學思維訓練不足，對儒家和康德哲學的文獻無法作客觀瞭解，故只陷入各種枝問題之糾結中而失掉共識，無法把握住牟宗三哲學之大旨；最終紛紛提出對牟宗三哲學的反省和檢討。復旦大學楊澤波教授是其中最為突出者。楊先生著五卷本《貢獻與終結──牟宗三儒學思想研究》[35]，及後經梁濤先生提議壓縮出一個簡寫本，題為《走下神壇的牟宗三》[36]。吾人不得不指出，楊先生著五卷本將牟先生的哲學劃分為「坎陷論」、「三系論」、「存有論」、「圓善論」、「合一論」，完全不能表示出牟宗三哲學作為人類理性本性之學的體系性關聯之特質，而僅僅是將學界中一直流行的五個問題鋪陳出來，以發其一己之見而已。這套新著不過是楊先生一向以來的著作及論文的結集，其學術風格給吾人留下的印象就是：標新立異、多自造新詞而無哲學概念之嚴格性，盡是似是而非之論而缺乏客觀的瞭解和判準。楊先生自稱已經摸索出一種道德哲學研究的新方法，稱為「三分法」，「把人與道德相關的要素劃分為欲性、仁性、智性三個部分。」[37]楊先生視倫理心境為「仁性」，人的生存為「欲性」，學習和認知的官能為「智性」，[38]我們可以指出，這不過是一種散列的、無關聯的、對人類特殊構造的隨意條例。豈可取代康德通過三大批判而作出的人類心靈機能的通貫整體的考論？！他也隨處採用從牟先生那裡拿來的詞語如「作為心體的道德本心」、「理性思

35 楊澤波著：《貢獻與終結──牟宗三儒學思想研究》，上海市：上海人民出版社，2014年。

36 楊澤波著：《走下神壇的牟宗三》，收入梁濤主編《中國哲學新思叢書》，北京市：中國人民大學出版社，2018年。

37 楊澤波著：《孟子性善論研究（再修訂版）》〈第一版前言〉（上海市：上海人民出版社，2016年），頁6。

38 楊澤波著：《牟宗三三系論論衡》（上海市：復旦大學出版社，2006年），頁276。

維」等來講孔孟，卻無知於「本心」、「理性」作為道德哲學的核心字詞，含著立普遍法則之義，亦即含著普遍必然性之義。究其實，他將「道德本心」理解為心理學意義的心，而在他心目中的「理性」不過是管轄經驗領域的知性而已。儘管楊先生的大著也使用許多哲學詞和討論不少哲學命題，然卻處處顯得與哲學思維格格不入，他提出「欲性、智性、仁性」三分法，但這種「三分法」根本不是有哲學依據之劃分，可見其哲學訓練不足。[39]

在大陸改革開放之初，牟宗三哲學在大陸學術界發生重大的影響，然畢竟因缺乏客觀瞭解，故對牟宗三哲學之為人類理性本性之學的根本義不能相契，結果是因不理解而起反動。就吾所知，鄭家棟教授《當代新儒學論衡》一書就提出所謂儒家傳統智慧「知識化」之詰難，其大著一開首的〈沒有聖賢的時代——代序論〉中說：「知識化的儒學所關注的是本體而非工夫，是系統的整全而非實踐的篤實，『工夫』反成為了可有可無的東西。知識化將使儒學偏離其作為聖學的整體精神。」[40]上世紀末，大陸上就流行所謂「後牟宗三時代」、「牟宗三研究從熱門到過氣」的說法。在這批學者看來，牟宗三哲學已經過時。

梁濤先生在其大作〈中國哲學的新思考——《中國哲學新思叢

---

39 對於楊澤波該等說法的批評，詳論見盧雪崑著：《孔子哲學傳統——理性文明與基礎哲學》（臺北市：里仁書局，2014年），頁684。

40 鄭家棟著：《當代新儒學論衡》（臺北縣：桂冠圖書股份有限公司，1995年），頁5。牟先生所論「道德的形而上學」是吸納康德批判哲學之洞見而自建的哲學系統，並不是照搬康德的述語來套中國傳統哲學，也並非跟從西方哲學的分類架構來講「形而上學」，其本旨是論明並確立孔子哲學傳統作為人類理性本性之學的。此乃聖學之大本大源的根本問題，是「先立其大」的正端緒的工作，豈是鄭家棟教授所謂「是系統的整全而非實踐的篤實，『工夫』反成為了可有可無的東西」？！「先立其大」，言工夫始能是道德實踐的工夫，道德主體本身就要求工夫，豈有大本立而無工夫？！對於楊澤波該等說法的批評，詳論見盧雪崑著：《孔子哲學傳統——理性文明與基礎哲學》，頁757-762。

書》序〉中提出「儒學的現代轉化」，並指出內地（大陸）儒學研究
的一種趨勢：「從閱讀牟先生等港臺新儒家的著作開始接受和理解儒
學的基本價值，又從反思牟先生等港臺新儒家的學術觀點開始嘗試建
構內地（大陸）新儒學的研究範式。」[41]吾人不必置疑，大陸的儒學
研究已經在醞釀一場巨大轉變，然這場轉變何去何從？

第五節　小結

　　無疑，早年大陸上出現過的牟學崇拜熱當該結束了，牟宗三從來
就不是什麼神壇上的神。如我們一再論明，牟宗三哲學作為人類理性
本性之學，除非學者們從根本上反思何謂「理性」，以理性的思維模
式取代頭腦裡固執著的形形色色的偏見與混雜無章的思維方式，否則
他們所謂對牟宗三哲學的反省和檢討，皆不得要領。如吾人所見，學
者們追隨西方傳統的舊思維模式，一味重複西方傳統中困於舊思維的
形形色色的說法，以不求甚解、斷章取義、拿來主義的方式對待康德
哲學，混雜著近代西方哲學流行的各種學派主張，流於一般的經驗倫
理學、情境倫理學、親情倫理學，依照諸種成見而構成所謂對牟宗三
哲學的反省和檢討，[42]前景堪憂。

---

41 同註32。

42 如大陸學者唐文明教授跟隨黑格爾派的觀點，把康德的自律道德理解為「一種律法
　　主義思想」，並據此批評牟宗三先生「挪用康德式的自律概念來詮釋儒家思想而導
　　致對儒家美德倫理傳統的系統性扭曲」。（唐文明著：《隱秘的顛覆──牟宗三、康
　　德與原始儒家》，北京市：生活‧讀書‧新知三聯書店，2012年，頁4。）「將儒家
　　倫理精神化約為道德主義」（同前揭書，頁5）。唐教授根本未有理會康德道德哲學
　　的創闢性洞識，只是一味重複西方傳統中困於舊思維的形形色色的說法。他以西方
　　舊傳統中的「道德主義」來理解「道德」，他說：「道德主義對道德的實質性理解」
　　是「純粹自覺自願的為他主義傾向」（同前揭書，頁42）。究其實，學界流行一種盲
　　目挪用西方名目繁多的學派、思潮來形成成見的風氣，唐教授只是其中佼佼者而
　　已。他們一窩蜂地追捧西方，卻從不以批判的眼光認真看清西方是什麼，也沒有想

以目前大陸學術界所呈散漫無歸，大本不明的現狀來看，大陸的儒學界要轉變，唯賴致力於做好人類理性本性之學的奠基工作。要對孔子哲學傳統有客觀的瞭解，對康德徹底顛覆西方傳統舊思維的全部批判工作有通盤研究，而吾人可指出：牟宗三哲學在這兩方面的工作都是指導性的。吾視之為二十一世紀啟蒙哲學之先聲。撰《牟宗三哲學：二十一世紀啟蒙哲學之先河》，意在為啟蒙時代之來臨盡一己綿薄之力，並期願孔子哲學傳統復歸到中華民族生命之主體中，以展示幸福與永久和平的新時代之遠景。

　按：本書有志於發揚牟宗三先生之哲學、師生之慧命而付
　　　梓，無奈正值疫情爆發之際，不便往來於各處核查引文
　　　出處，故文內幾處註解有引用多版本之情形。

過要弄明白，康德通過全部批判的艱鉅工作所徹底顛覆的西方傳統的舊思維到底是什麼。如此一來，當他們不分青紅皂白地把儒家投進西方的大醬缸裡攪和，泡製出來的就只能是謬種了。

第一章
儒家道德的形而上學之奠定

第一節　牟宗三先生的最大貢獻在道德的形而上學之奠定

　　今天，吾人提出：「牟宗三哲學開二十一世紀啟蒙哲學之先河」，當務之急是講明牟宗三哲學體系之性格，對牟宗三哲學之架構作一客觀的理解並作出客觀的衡定。據此，吾人始能如理如實地回答何以儒家哲學研究之方向與前途必須奠基於牟宗三哲學。

　　無人能懷疑，牟宗三先生作為一位融會古人慧識而獨創系統的創造性的哲學家，然何以說：牟先生乃真能洞識哲學之本質而開闢中國哲學與西方哲學會通之宏規的第一人，則在學界仍未有深入研究，可說遠未達至共識。於此，吾人或可指出，牟先生哲學之成果貢獻應分開兩大方面：一是以絕對的唯心論為奠基而通儒釋道三教的精神哲學之體系；一是以儒家道德的形而上學為拱心石的純粹的哲學體系。

　　關於牟先生的精神哲學之體系，貫串著先生生平一系列著作，其體系之根本依據——自由無限智心，於《現象與物自身》一書正式確立，而此精神哲學之體系的圓滿完成於《圓善論》。吾人可說，此精神哲學之體系是圓滿自足的；其他人可以不接納絕對的唯心論，因而可以不喜歡、甚或反對牟先生的精神哲學之體系，但這無礙於客觀地肯定牟先生此體系作為哲學史上的一種富創建性的學說，從而客觀地評價牟先生此體系於人類哲學領域的貢獻。[1]

1　此如康德一方面經由《純粹的理性批判》指出，柏拉圖「以為感觸界（Sinnenwelt）對於知性的限制太多，就索性離開感觸界而鼓起觀念的雙翼，冒險地超出感觸界而

　　不必諱言，牟先生的絕對的唯心論是非批判的。用牟先生本人的話說，他採用的進路「不是從下面說上去，乃是從上面說下來」。[2]但此並不妨礙吾人肯定牟先生奠基於絕對的唯心論所創建的精神哲學之體系的成果與貢獻。此體系即牟先生名之為「圓善論」的圓善學說系統。

　　然愚意以為，牟先生的哲學貢獻不止於建立圓善學說系統，先生之哲學洞識亦不僅就在絕對的唯心論。儘管牟先生本人表示：「圓教

　　進入純粹知性的真空裡去。」（A5/B9）另一方面，肯定柏拉圖「十分清楚地說明了我們的認識力感到的需要」，這就是：「遠遠高於只依照一綜和統一去拼綴出顯相以便能夠去把這些顯相解釋成經驗，我們的理性很自然地鼓起勇氣把它自己提高到這樣一些認識上，這些認識遠超過經驗能給予的任何對象，以至於沒有一個所予的經驗對象能夠與之相合，但是，縱然如此，這些認識仍有其實在性，而絕不是純然的幻覺物。」（A314/B371）康德指出柏拉圖的完全獨特的功績之處在：「柏拉圖首先在一切實踐的東西中，亦即在一切以自由為依據的東西中，發見他的理念。」（A314/B371）當一個人推舉一個德行的典範，那麼，他自己的頭腦中必定要有一個據以衡量這一典範的真正的原本，「這原本就是德行之理念，就這一理念而言，經驗的一切可能的對象都僅僅充當實例（理性的概念所要求的東西在一定程度上具有可行性之證明），而不充當原型。」（A315/B372）「所有關於道德的價值或者無價值的判斷仍然憑藉這一理念才是可能的；因此，它必然是向道德的圓滿性的任何接近的根據。」（A315/B372）康德把柏拉圖比喻為在空中自由翱翔的輕盈鴿子，當它感受到空氣的阻力時，便想像在沒有空氣的空間裡飛行必定更為容易。儘管有如此的批評，但他對柏拉圖的貢獻是肯定的，絕沒有因為不同意其「理型論」而抹煞他的功績。康德說：「柏拉圖不僅在人類理性顯出其真正的因果性的地方，在理念成為（行動及其對象的）起作用的原因的地方，也就說，在德性中，而且就關於自然本身而言，都正確地看出了它們從理念起源的清晰的證明。」（A317/B374）又說：「理念畢竟是完全正確的，這就將這種最大值提昇為原型，以便根據它使人們的法律狀態越來越接近最大可能的完善。」（A317/B374）

2　先生自道，此進路違反一般之「通途」。依康德批判哲學所論，「超越的理念僅僅有助於在條件序列中直至無條件者，亦即直至原則的上昇。」（A337/B394）康德指明，「就向有條件者的下降而言」，所形成的一個理念只是「一個思想物」，「這樣一個概念不是超越的理念。」（A337/B394）他舉例：「如果我們關於（進展的）這樣一種綜和的絕對的綜體——例如關於世界一切未來的變化的整個序列——形成一個理念，這就是一個思想物」，「它只是任意地設想出來的。」（A337/B394）孔子「踐仁知天」、孟子「盡心知性知天」，並非這種自上而下的進路。

成則圓善明。圓聖者體現圓善於天下者也。為人極之極則矣。哲學思考至此而止。」[3]吾人不難見到，牟先生受佛教哲學天臺宗啟發，從圓教講圓善，乃精神哲學之進路，宗旨在修養至心靈之最高境界。牟先生的「圓善論」所依據的圓教宗旨在：儒聖、真人、佛之圓境。此即牟先生說：「指導人通過實踐以純潔化人之生命而至其極者為教。」[4]

無疑，牟先生本人以「圓善論」為其哲學體系命名，且以此為「人極之極則」。然吾人可指出，牟先生以天臺宗為主要依據建立的圓善學說體系，屬於精神哲學，其根本義旨與道德的形而上學不同。而牟先生本人一再論儒家的道德的形而上學，先生論儒家的道德的形而上學乃受到康德論自由意志的影響，並且據此提出康德哲學是會通中西文化的最佳橋樑。事實上，牟先生長期從事康德哲學與中國哲學會通的工作，為實現一個中西文化系統的大綜和奠定了基石，[5]指示了方向，籌劃了規模。

然不必諱言，因西方康德學界長期對康德哲學之種種詰難與曲解，牟先生作為第一輩吸收康德哲學的中國哲學家，有著諸多困難與限制（包括德文中譯方面的難以精準，多失於粗疏），也受到學界流行之種種錯解之影響；儘管如此，牟先生以其哲學慧識，仍然把握住康德之通識與洞見，愚意以為，此通識與洞見即康德證立的「意志自

---

3 牟先生說：「至聖神位，則圓教成。圓教成則圓善明。圓聖者體現圓善於天下者也。此為人極之極則矣。哲學思考至此而止。中間餘義詳見《現象與物自身》，復見下附錄之補文。」（牟宗三著：《圓善論》，《牟宗三先生全集》第22冊，頁324。）又，頌曰：「中西有聖哲人極賴以立圓教種種說尼父得其實」（同前）。

4 牟宗三著：《圓善論》〈序言〉，《牟宗三先生全集》第22冊，頁3。牟先生全句是：「凡足以啟發人之理性並指導人通過實踐以純潔化人之生命而至其極者為教。」愚意以為，佛家之要旨不必在「啟發人之理性」，而道家則不必涉及道德理性。故冒昧對先生語作刪減。

5 第二屆儒學國際會議（1992年12月）前夕，受臺灣「鵝湖」朋友所託訪問牟宗三先生，先生特別談及「中國文化發展中的大綜和與中西傳統的融會」。是次訪問記錄即以此為題發表於1992年12月20、21日臺北聯合報副刊。

由」，及根源自「意志自由」，貫串三大批判而最終展示的一個唯一的真實的普遍性的形而上學。借用牟先生在《現象與物自身》序中的話說：此「不只是他（康德）個人主觀的、一時的靈感，而乃是代表著一個客觀的、最高的而且是最根源的問題。」[6]

誠然，依牟先生本人在《現象與物自身》序中明文表示，他所把握到的康德之通識與洞見乃「現象與物自身（物之在其自己）之超越的區分」，並且，先生認為康德未能對其提出的超越區分作出充分證成，先生說：「現象與物自身（物之在其自己）之超越的區分只是隨文點到，未曾事先予以清楚而明確的證成。」[7]不過，愚意以為，經由第一批判，康德作出「顯相與物自身的超越區分」以及將「所有對象一般區分為現象與智思物」，此超越區分通過「超越的感性部」及「超越的分解部」作出充分證成。[8]如康德本人指出，此乃哲學思維模式的革命，藉此徹底顛覆了西方傳統的舊有思維模式。然值得注意，康德第一批判所作超越區分之工作完全是為了建立一門唯一的真正科學的形而上學做預備。事實上，經由第一批判作出的思維模式的革命，康德摧毀了西方傳統一切舊有的形而上學，將思辨形上學規定為只有軌約的用途，而指示必須轉到實踐的領域去尋求真正科學的真實的形而上學；而此後的第二批判、第三批判，以及一系列道德哲學著作，乃至宗教哲學著作，通貫一體地展示出一個「以普遍的形而上學之名來實現」的體系（KU 5:168）。此「普遍的形而上學」乃基於

6　牟宗三著：《現象與物自身》〈序〉，《牟宗三先生全集》第21冊，頁3。

7　牟宗三著：《現象與物自身》，頁1，《牟宗三先生全集》第21冊，頁1。又，先生說：「以如此重大之義理，就一系統言，如此基本之前提，而卻事先不提出來予以釐清，這在表達方式上是有缺憾的。」（同前）

8　顯相與物自身之超越區分的揭示是在「超越的感性部」中經由空間、時間之表象的性狀之考量而直接證明了的。而經由「超越的分解部」對範疇的推證，康德揭示：純粹知性概念（範疇）只是些思維形式，它們基於直觀，並當它們綜和統一的功能應用於此直觀之雜多時，才獲得了客觀實在性（B150）。依此解釋了純然地思之的對象，即智思物是何以可能的。

意志自由的實踐形而上學。吾人亦可見，牟先生提出的道德的形而上學，其義與康德之形而上學新論相通。故此，愚意以為，恰切地說，康德的一個客觀的、最高的而且是最根源的通識與洞見在意志自由及建基其上之形而上學。[9] 牟先生之最大貢獻亦在其把握到這個最高的而且是最根源的通識與洞見，並依據此洞識勾劃出儒家道德的形而上學之規模。

儘管不必諱言，牟先生依從康德學界之權威定見而誤以為意志自由只是一個「預設」，未能用力於通貫康德全部著作而研究康德的奠基於意志自由而「以普遍的形而上學之名來實現」的體系，然先生早就以敏銳的洞見揭示出：「康德說法中的自由意志必須看成是本心仁體底心能。」[10] 先生說：「在自由意志處，則見人的創造性與無限性。」[11] 又說：「自由自主自律的意志是本心仁體之本質的功能，當它

9　關此詳論見拙著：《物自身與智思物——康德的形而上學》（臺北市：里仁書局，2010年）、《康德的批判哲學——理性啟蒙與哲學重建》（臺北市：里仁書局，2014年）。

10　牟宗三著：《智的直覺與中國哲學》（臺北市：臺灣商務印書館，1971年），頁200。《牟宗三先生全集》第20冊，頁258。

11　牟宗三著：《智的直覺與中國哲學》，《牟宗三先生全集》第20冊，頁458，先生說：「在感性論與分析部底範圍見人的有限性，非創造性，但在自由意志處，則見人的創造性與無限性，儘管康德不承認人可有智的直覺以知之，然這個範圍卻是由實踐理性而保留在那裡。」我們知道，牟先生批評康德不承認人可有智的直覺，以及把自由意志說成是一「設準」。（同前揭書，頁249）但如我們在前面相關章節中已論明，先生所用「智的直覺」作為他本人的專用哲學詞，其義不必同康德哲學專詞「理智的直觀」；並且，康德論「自由之理念」為一「設準」，意在表明其並不在直觀中展現，因而並不是理論的認識，他並沒有把「自由意志」也作為設準，康德明文指出，「意志作為意欲機能，因而作為自然機能。」（KU 5:172）「而只有它的因果性（自由）被思為是智性的。」（A561/B589）我們根本沒有理由以為康德會視一種自然機能為設準。尤其重要的是，康德已一再論明，「自由」不必等待任何直觀之證明，它不是眼前呈現的東西，但不因此就是虛說的，因為在實踐之事中，我們直接意識到道德法則，康德揭明：「正是我們直接意識到道德法則（一旦我們為自己擬定了意志之格準），它自身首先呈現（darbietet）給我們。」（KpV 5:29）「所以道德法則就逕直導致（führt）自由概念。」（KpV 5:30）「道德首先向我們揭示自由的概念。」（KpV 5:30）無疑，牟先生不必按照康德所論來建立自己的哲學系統，這完全

自給其自己一法則時，它即悅此法則，此即它感興趣於此法則，它給就是它悅，這是本心仁體之悅。它悅如此，這就是生發道德之力量。」[12]並據此提出儒家成德之教乃是道德的形上學。[13]明乎此，則吾人可指出，牟先生從康德把握到的最高的而且是最根源的通識與洞見當該是「道德的形上學」之慧識。儘管不必諱言，牟先生作為第一代會通中西哲學的哲學家，首先從西方哲學傳統入手，難免有時會受西方哲學傳統影響，對於康德那種顛覆傳統的批判思維未必一下子接納，況且依中國哲學傳統，並無西方傳統獨斷論引發的二律背反問題，儒家道德的形而上學經由孔子「踐仁知天」、孟子「盡心知性知天」確立宏規，則是一建永建的，真實而無虛幻。故牟先生亦未措意於康德哲學那種步步考察、步步確立的艱難的批判進程，而以之為「強探力索」。

今日，學者們若有志於承接牟先生之哲學慧識，將其與康德批判哲學之通識與洞見融會在一起，以確立一個融通康德與孔子哲學傳統而成就的真實的形而上學，還有大量的工作要做，仍需後人接續不斷的努力。

第二節　牟宗三確立孔子哲學傳統之道德的形而上學

吾人提出，「牟宗三哲學開二十一世紀啟蒙哲學之先河」，並指明，儒家哲學研究之方向與前途必須奠基於牟宗三哲學。其依據在牟先生之道德形而上學之通識與洞見，此通識與洞見正是二十一世紀人類發展急需要之純粹哲學的根基所在。

是一位創闢性的哲學家應有的自由。此並不妨礙我們嘗試按照康德批判哲學對人類心靈機能整體之考察來說明孔子哲學傳統，亦不必以此為否定先生之成就和貢獻。

12 牟宗三著：《智的直覺與中國哲學》，《牟宗三先生全集》第20冊，頁251。

13 牟宗三著：《心體與性體》（一），《牟宗三先生全集》第5冊，頁184。

　　吾人可以說，牟先生於「儒家哲學」之研究已經客觀地提出了指導性的標準，即：孔子哲學傳統之道德的形而上學。並據此為準，闡釋了孔子「踐仁知天」、孟子「盡心知性知天」之義理規模，及至宋明儒者接續孔孟道德的形而上學之規模而一根而發的九大家：周敦頤[14]、張載[15]、程顥[16]、胡宏[17]、陸九淵[18]、王守仁[19]、劉宗周[20]。先生明示：

> 根據《論語》講「踐仁知天」，《孟子》講「盡心知性知天」，《中庸》講誠，《易傳》講「窮神知化」，這四部書是一根而發。一根而發決定甚麼呢？就決定儒家的道德的形上學。（《先秦儒學大義》，總385，6）

　　牟先生對於孔子哲學之傳承系譜的確定乃依「儒家的道德的形上學」為判準。亦即依純粹的哲學的根本義而論，並非從一己私意、個人喜好而劃分派系。依康德批判哲學所論，「形而上學這個名稱也可以指全部的純粹的哲學，包括批判在內，〔……。〕」[21]純粹的哲學乃理性本性之學，故康德能夠肯斷：只能夠有一種純粹的哲學。他如理指出：「既然客觀地看只有一種人類的理性，就不能有多種的哲學，亦

14　周敦頤（1017-1073），字茂叔，後人稱為濂溪先生。

15　張載（1020-1077），字子厚，世稱橫渠先生。

16　程顥（1032-1085），字伯淳，世稱明道先生。

17　胡宏（1102-1161），字仁仲，號五峰，人稱五峰先生。

18　陸九淵（1139-1193），字子靜，學者稱象山先生。

19　王守仁（1472-1528），字伯安，世稱陽明先生。

20　劉宗周（1578-1645），字起東，學者稱蕺山先生。

21　康德說：「這樣它（形而上學）就包括對一切能夠先驗地認識的東西的研究，以及對構成這類純粹的哲學的各種認識模式的系統的東西的闡述，但與一切經驗的理性使用區別開，同樣也與數學的理性使用區別開。」（A841/B869）又，康德提出：「一切哲學，就其依據的是經驗的根據而言，人們可以把它們名為經驗的哲學，而把僅僅依先驗原則闡明其學說的哲學名為純粹的哲學。〔……〕如果它被限制在一定的知性對象上，就稱為形而上學。」（Gr 4:388）

即：按照原則建立的真正的哲學體系只可能有一種。哪怕人們可以各自對同一個命題作如此多種多樣的，並且經常是自相矛盾的哲學思考。」（MS 6:207）在這個意義上，康德有資格說：「在批判哲學出現之前根本沒有哲學。」（MS 6:207）並且康德可以就經由批判而展示的純粹的哲學說：「這個系統，如我所希望，今後也將保持此不可變更性。」（Bxxxviii）也可以說，經由批判而展示的形而上學是普遍的持久不變的形而上學。

在《任何一種能夠作為科學出現的未來形而上學導論》（簡稱《導論》，1783年出版）一書之〈序言〉中，康德表明，「無可避免地要按照一種前所未聞的方案對傳統的形而上學進行一番完全的改革，甚至另起爐灶，無論這將引起人們怎樣的反對。」（Proleg 4:257）如吾人所見，康德對於純粹理性的全部能力作出縝密周全而通貫一體的考察，經由這項工作為形而上學（純粹的哲學）提出它的可能性所根據的條件，從而拯救形而上學，使形而上學從此成為一門有其確定標準、衡量尺度及使用的能夠得到普遍、持久承認的學問。

無疑，康德的批判工作是創闢性的，獨一無二的，它通過對「人」內部最深層而又同時是超越的自己作細密考察，向每一個人發出人類心靈革命的呼喚，它揭明人共同稟有的理性，呼喚每一個人勇於運用自己之理性，致力於在世界上實現一個每個人願意生活在其中的世界，即道德的世界，康德又稱之為「終極目的」、自由合目的性與自然合目的性結合的「目的王國」。

簡而言之，通過第一個批判（《純粹的理性批判》），康德將曾在西方哲學史上獨占形而上學之名的思辨的形而上學裁定為僅僅作為軌約的用途，並限制於理論的哲學之領域。[22]因著對理性之理論使用的

---

22 西方傳統的形而上學從未能走上確當之途。康德指出，形而上學的獨斷論就是缺乏對純粹理性加以批判，就憑著一種空想的思辨理性提出對於超感觸的東西之認識。獨斷論者以為「單按照原則，只從一些概念即可推進純粹知識」、「只從概念去進行

限制，康德提出理性之實踐使用，並經由第二個批判（《實踐的理性批判》）對實踐的理性作出批判考察，而闡明純粹的理性在意志中根源上先驗地立法乃實踐之事中的事實，康德稱之為理性事實。[23]並且，因著理性在意志中立道德法則為實踐之事中的事實，即揭明，「自由」經由道德法則呈露（offenbaret）自身。（KpV 5:4）[24]同時，自由「作為一種特殊的因果性」，「其實在性可以通過純粹的理性的實踐法則，並遵循這些法則在現實的行動中得到證實，因而可以在經驗中得到證實。」（KU 5:468）可以指出，如康德本人所言，一旦通過「批判理性的全部實踐機能」，闡明純粹的理性「現實上是實踐的」，（KpV 5:3）那麼，憑藉純粹的實踐理性這種機能，「超越的自由也就被確立起來，並且是就絕對的意義而言。」（KpV 5:3）隨後，康德提出，「圓善」是道德法則所決定的意志之必然的客體，（KpV 5:4）並論明：上帝和不朽之理念作為圓善的條件，「也就是我們的純粹的實踐理性的純然實踐使用的條件。」（KpV 5:4）由此，康德說：「藉著自由之概念，上帝和不朽之理念獲得了客觀的實在性和權限，甚至獲得了假定它們的主觀的必要性（純粹的理性之需要）〔……。〕」至

純粹知識，而從不研究理性用什麼方法，憑什麼權利可獲得這些概念」。（Bxxxv）康德揭示出：正是這種獨斷的僭妄製造出形而上學史上種種令形而上學名譽盡失的虛幻。康德的全部批判工作就是致力於破除這種根深柢固的源自理性獨斷之誤用的虛假要求。詳論請參見拙著：《物自身與智思物——康德的形而上學》第六章。

23 關此見：KpV 5:29-30。

24 康德經由《實踐的理性批判》闡明：道德法則揭明了屬於我們的意志（實踐理性）機能有一種智性性格之因果性（自由），從我們知道的道德法則（KpV 5:4），及其作用在感觸界產生的結果，康德就能夠說：「在思辨理性的一切理念中，自由是唯一我們先驗地知道（a priori wissen）其可能性者。」（KpV 5:4）「因為它是我們知道的道德法則的條件。」（KpV 5:4）他說：「自由是道德法則的存在根據（ratio essendi）。而道德法則是自由的認識根據ratio cognoscendi」（KpV 5:4），也就是說，我們經由理性在意志中立道德法則立刻認識到自由。

此，吾人可見，康德已經由批判確立起形而上學的三個理念。[25]「自由」已被批判地證明為人的意志機能之智性性格之因果性，由之堪稱為「純粹理性體系的整個建築的拱心石」。（KpV 5:3）最初在第一個批判，甚至連「自由」之可能性也沒有證明，僅僅證明了自由與自然並行不悖。[26]進至第二個批判，經由對實踐的理性之批判，從我們知道的道德法則（KpV 5:4），及其作用在感觸界產生的結果，康德就論明：「在思辨理性的一切理念中，自由是唯一我們先驗地知道（a priori wissen）其可能性者。」（KpV 5:4）尤為重要的是，康德論明，進至實踐領域，在一切東西中唯有人之主體作為物自身（睿智者）考量，就著其意志自由連同其因果性的法則（道德法則）說，它是決定地和確然地被認識（bestimmt und assertorisch erkannt）。（KpV 5:105）人在自身的道德踐履中自會領悟，他的整個理性能力裡面唯獨實踐能力幫助他越出感觸界而獲得關於超感觸的秩序和聯結的認識，認識到他自己的人格性（Persönlichkeit）屬於純粹的知性界（Verstandeswelt），甚至也認識到他作為物自身如何能夠在智性界活動的方式之決定。（KpV 5:106）

　　不必諱言，在《實踐的理性批判》連同其先導論文《德性形上學的基礎》一書中，康德使用「設準」一詞作為對「自由」作論證的一個手段，在《實踐的理性批判》之「辯證論」中又將「積極地考量的

---

25 康德說：「上帝、自由與心靈不朽是這樣一些課題，解決這些課題是形而上學的一切準備之目的所在，是其最後的與唯一的目的。」（KU 5:473）

26 在《純粹的理性批判》處理「純粹的理性之二律背反」那一章裡，康德本人強調，在這裡並不是要闡明那作為包含我們的感觸界之諸顯相的原因的能力之「自由」的現實性（Wirklichkeit），就連這「自由」的可能性也完全不想證明，因為自由在這裡僅僅作為超越的理念處理，而我們根本不可能從純然的先驗概念中認識任何實在根據和任何因果性之可能性。（A558/B586）在這裡唯一已然能夠做到，也是唯一關心的事是表明：「出自自由的因果性與自然至少並不相衝突。」（A558/B586）

自由」與上帝和不朽一併作為「純粹實踐理性的設準」。[27]不少學者據此以為康德視意志自由是虛而不實的闇冥的彼岸，即使在實踐方面也不能作實存之肯定。其實，依筆者理解，康德使用「設準」一說之用意在於提醒人們注意，意志自由不是在任何直觀中表象的，[28]康德本人表明，在這裡，他把「設準」理解為「一種理論上在其本身不可證明的命題」。[29]（KpV 5:122）正因此，康德得以推翻企圖從理論上證明「意志自由」之實存的獨斷途徑，而轉至實踐的領域去尋求從「能夠」（Können）成為「是」（Sein）的（KpV 5:104）進程之實現。也就是說，康德不停止於第二批判證明「自由」作為人的意志之因果性而使人作為道德之實存，以及產生其客體——圓善，還要進至最後一個批判（《判斷力批判》），在那個批判裡，康德首先借助對反思的判斷力之批判考察，揭明應用於藝術的、人類心靈中「快樂或不快樂之情感」之先驗原則——合目的性原則，由之揭明，一種先驗的純粹的情感（包含在自然的合目的性及實踐理性之終極目的中）。此所以康德本人表明，這個批判的工作是要對「以普遍的形而上學之名來實現的一個體系（ein solches System unter dem allgemeinen Namen der Metaphysik）」的地基作出深入的探勘。[30]（KU 5:168）如所周知，康德在前兩個批判裡將判斷力之立法問題，亦即情感之根基問題擱置不論。不過，學者們大多並未留意《判斷力批判》通過對於審美判斷之

---

27 康德說：「這些設準就是不朽之設準、積極地考量的自由（作為一個〔本質〕物就其屬於智性的世界而言之因果性）之設準，及上帝存在之設準。」（KpV 5:132）

28 康德說：「自由概念在它的客體中表象物自身，但卻不是在直觀中表象的。」（KU 5:175）

29 康德說：「我把設準理解為一種理論上在其本身不可證明的命題，但它卻不可分離地附屬於無條件有效的先驗的實踐法則。」（KpV 5:122）

30 康德說：「批判必須事先對這座大廈（案：指以普遍的形而上學之名來實現的一個體系）的地基作出如此深的探勘，直到不依賴於經驗的諸原則之能力的最初基礎所在的位置，以便大廈不在任何一個部分上沉陷，這沉陷是會不可避免地導致整體的坍塌的。」（KU 5:168）

考察而揭明「快樂或不快樂之情感」的基礎這一工作在康德新形而上學體系之建構中的不可或缺的地位。[31]通過「快樂或不快樂之情感」的深入探勘，得以論明「在客觀上賦予出自自由的合目的性，與我們根本不能缺乏的自然合目的性結合」有實踐的現實性，（Rel 6:5）此結合正是圓善（終極目的）關涉到的問題。康德經三大批判展示的全新的形而上學是統合自然之合目的性與出自自由之合目的性而規劃出的。我們可以見到，《判斷力批判》的第二部分「目的論判斷力的批判」就是通過從自然目的論至道德目的論之研究，最後歸到道德目的論之根據上完成了三個形而上學的理念（上帝、自由和心靈不朽）及其主題[32]之探究。康德說：

> 在這三個理念中，自由之理念是唯一的一個超感觸者之概念，
> 它的客觀的實在性（憑藉在它之中被思想的因果性）通過它在
> 自然中可能的結果而在自然身上得到證明。正因如此，那自由
> 之理念使其他兩個理念與自然相聯繫為可能，並亦使此三個理

---

31 無疑，康德強調知性立法與理性立法皆完全不能建立於情感上。慣於用割裂的非通貫的頭腦解讀康德的學者，因此批評康德把「情感」從理論認識及實踐認識之領域排除出去，並輕率地認為康德論「共感」只與美學相關。其實，依照筆者理解，《判斷力批判》不能被視作一部旨在講美學之書，寧可說，在這個批判中，美學判斷之探究只是一個入手，而目的在挖掘出「以普遍的形而上學之名來實現的一個體系」的那「植根很深的最初的基礎」，（KU 5:168）那就是自然之純然形式之適合於目的和我們主體的諸認識機能之活動的和諧一致，以及由之而生之愉悅；以及「理性作為高層的機能為意欲機能決定終極目的，這終極目的同時也就伴隨著對客體的純粹的理智的愉悅」。（KU 5:197）康德說：「每一意圖的達成都伴隨著快樂之情。」（KU 5:187）合目的性就產生一種愉快，因此，康德把合目的性的先驗原則歸於快樂或不快樂之情感。（KU 5:197）「若無此種愉快即使最通常的經驗亦不可能。」（KU 5:188）愉快可在那些異質的法則之與我們的認識機能相和順中被感覺到。（KU 5:188）

32 康德說：「上帝、自由和心靈不朽是如此一些課題，解決它們是形而上學的一切準備的目的，是形而上學的最後的及唯一的目的。」（KU 5:473）

念為了一個宗教而相互聯繫起來為可能。這樣，我們自身內就
具有一原則，它有能力把在我們之內的超感觸東西之理念，而
因之也把我們之外的超感觸東西之理念，決定為一種認識，哪
怕只在實踐的意圖中才是可能的。（KU 5:474）

經由《判斷力批判》，通過道德的目的論，終極目的（圓善）連同道
德的世界創造者之理念在目的論的聯繫中得到說明，至此，康德通過
對判斷力的批判考量，因著合目的性原則的提出，對於圓善及其兩個
條件（上帝和不朽）作出批判的證成。我們知道，早在《純粹的理性
批判》的第二版「序言」及最後的「超越的方法論」中，康德已經提
出，有使命「用理性的實踐的材料」去占領形而上學的場地。（Bxxii）
他明確提出，「形而上學劃分為純粹的理性之思辨的使用之形而上學，
及純粹的理性之實踐使用之形而上學。」（A840/B869）並已指明形而
上學的三個對象，亦即三個主命題（Kardinalsätze）——自由，心靈不
朽及上帝，[33]以及明確地把這三個主命題的真實性和客觀實在性置定於
實踐的領域，（A798-800/B826-828）亦即道德的領域；並且也已經提
出圓善之理想（Ideal des höchsten Guts），（A804/B832）由之展示出
道德充極發展至一個純粹的道德宗教的進路；並且，康德也已經提出
「圓善」，他說：「幸福只有在與依其德性而值得幸福的有理性者之德
性有確切的比例時，才構成一個世界之圓善，這個世界就是我們在其
中必定依照純粹實踐理性的箴言來置定我們自己的世界。」（A814/

---

33 康德說：「形而上學研究的本來目的只有三個理念——上帝、自由和心靈不朽。這
　　三個理念如此相互關聯，以致第二個概念（自由）和第一個概念（上帝）聯結時，
　　就應該導向第三個概念（心靈不朽）作為一種必然的結論。形而上學這門科學此外
　　所研究的一切都只是用作為它的手段，以達到這三個理念和它們的實在性，形而上
　　學並不為了自然科學的緣故而需要這些理念，而是為了越出自然。以便在我們從經
　　驗直接地給予我們的東西推進到心靈學、世界學，並從那裡出發推進到上帝之認識
　　時，完成我們偉大的設計。」（B395）

B842）並據之提出「至上的原因」，即上帝，他說：「於此，用一種至上的原因的所有充足性裝備起來的獨立理性，按照最完善的合目的性建立、維持和完成事物的普遍秩序。」（A814/B842）最後，康德也已經提出終極目的（Endzweck）作為「人的全部分定」（als die ganze Bestimmung des Menschen）。（A840/B868）在作為自由的體系而稱之為智性界，即道德界裡，「諸目的的系統的統一不可避免地導致萬物的合目的性的統一，萬物按照普遍的自然法則構成一個大全，正如前一種統一按照普遍和必然的德性法則構成了這個大全。」（A815/B843）實在說來，康德已經在「純粹理性實踐使用的形而上學」這門科學的界線上，也在其整個內在結構方面勾勒出它的整體輪廓。不過，康德並不像傳統上的獨斷論者那樣，「只依照理性自己早已使用的原則，單從概念（哲學概念）來推進某種純粹的知識，而從不研究理性達到這些知識的方式和權利。」（Bxxxv）依照批判哲學的精神，「一門徹底有根據的形而上學作為科學，必須按照體系最嚴格的要求而斷然地發展出來。」（Bxxxvi）而這門作為科學的形而上學體系在它能夠提供給大眾之前，必須對於人類心靈機能全部能力及諸能力間的關聯作出嚴謹周全的批判考量。

我們可以說，在最後一個批判（《判斷力批判》），康德考察了人類心靈的目的之能力。依康德所論，只有人具有向自己提出目的之能力，（MS 6:392）人所具有的支配目的之能力就是純粹的實踐理性。（MS 6:395）人自身提出圓善，並被道德法則命令著要努力實現圓善作為終極目的，因之我們人自己「才能夠配得上是一個創造的終極目的。」（KU 5:469）因此，我們就初次有了一個根據，至少是根本的條件去視世界為一個按照目的而聯繫在一起的全體，並視之為一個目的因的系統。這個目的因的系統就是康德所論「目的王國」。並且，我們就能夠依據一條原則（道德原則）來思想一個作為目的王國至上根據的第一原因的本性和種種特性。（KU 5:444）我們把它思想為

「道德的目的王國中的立法的元首（Oberhaupt）」，以使圓善成為可能；把它思想為「全知的」，以便我們存心（Gesinnung）內最隱微的東西對它都不會隱藏；把它思想為「全能的」，以便有可能使整個自然都與這個最高目的相一致；把它思想為「全善的同時又是公正的」，因為這兩者是道德的特性；乃至其他一切超越的，在與終極目的的關係中被預設的特性，如永恆性、無所不在等等，都必須視為屬於它。這些屬性必須被思想為和那個本身是無限的道德的終極目的結合在一起，因而是與之相符合的。這樣一來，道德的目的論就能夠完全獨立地提供出適合於一種神學的一個唯一的世界創造者之概念。（KU 5:481）據此，「上帝」獲得其在一個唯一的真實的形而上學中的內容。

在《純粹的理性批判》，康德論明，上帝作為我們的理性的理想之對象，我們可以允許稱之為根源者、最高者、必然者、全能者、全知者、永恆遍在者等等，但是，這些詞語絕不指表一個現實的對象，我們對上帝的實存仍然完全無知。但人們把這個只是單純表象的理想製作成客體，接著又實體化，甚至人格化。（A583/B611）透過「純粹的理性之理想」第四章「論上帝存在的本體論證明的不可能性」、第五章「論上帝存在的宇宙論證明的不可能性」、第六章「論自然神學的證明的不可能性」，康德否決了思辨理性要求越出經驗而認識「上帝」的僭妄之舉。不過，康德並不像他那個時代的其他啟蒙思想家那樣否決「上帝」信仰，而是轉進至實踐領域，為「上帝」信仰確立道德的證明，這項工作是經由《實踐的理性批判》、《判斷力批判》逐步而通貫一體地完成。簡言之，首先由《實踐的理性批判》批判地闡明「自由之理念經由道德法則呈露（offenbaret）自身」，（KpV 5:4）此即由道德法則作為意志自由之認識根據（KpV 5:4）而證實意志自由之實存。隨之，康德論明「圓善」是「道德法則所決定的意志之必然的客體」，（KpV 5:4）而「上帝和不朽之理念」作為「把道德上被決定的意志運

用到其先驗地被給予的客體（圓善）之條件。」（KpV 5:4）並提出它們從道德的原理出發而成為「純粹實踐理性的設準」。（KpV 5:132）儘管康指明，此二設準「只是就主體遵循其客觀的然而實踐的法則而言乃是必要的認定」，（KpV 5:11）但它們不再像在第一批判那裡所論的僅僅是懸而未決的概念，「只是能夠被思想的東西。」（KpV 5:6）而是一種「真正的和無條件的理性必要性」。（KpV 5:11）「心靈不朽」作為實踐理性透過「持存」之設準而建立「心靈之最後的主體」，[34] 在純粹的理性宗教中起到一種推動人致力保存「與道德法則相切合的」存心的真實作用，因而它在理性信仰中實化而顯示本身為一種實在的力量。「上帝」作為「至上的原因」被設定，它就「包含幸福與德性〔Sittlichkeit〕兩者間之準確的諧和之根據（Grund）」。（KpV 5:125）因此，它在純粹的理性宗教中作為「元始者的神學概念」〔dem theo-logischen Begriffe des Urwesens〕獲得了意義。（KpV 5:133）而「元始者」就理論的理性而論，只作為純然的超越的理想。此即康德提出：「道德法則透過圓善作為純粹實踐理性的客體和終極目的之概念導致了宗教，也就是說，導致了一切義務是神的誡命的認識。」（KpV 5:129）至《判斷力批判》，因著合目的性原則的提出，康德通過道德的目的論之確立，讓道德的世界創造者之理念在目的論的聯繫中得到說明，在這個批判第八十七節「論上帝存在之道德的證明」，首先論明這樣一種道德的目的論，「它一方面必然與自由的立法學相聯繫，另一方面必然與自然的立法學相聯繫。」（KU 5:448）並闡釋了「理性從那種道德的目的論及其與自然目的論之關係之神學」推進。我們見到，康德將對「終極目的之理念」的推證歸到「目的論判斷力之批判」，並且把「在我們自己裡面發現的一種道德的目的論」

---

34 康德說：「持存（Dauer）是在作為實踐理性的整個目的的圓善中與道德法則相切合所需要的，實踐理性通過這種持存之設準建立了那個心靈之最後的主體（letzten Subjekts）。」（KpV 5:133）

（KU 5:447）向一種「為自然與我們裡面的德性的那種聯繫」（KU 5:448）而必須假定「一個道德的世界原因」（KU 5:450）的道德的目的論推進。依據這步推進，我們才有一種道德神學及道德的宗教，可稱之為批判的神學和宗教學。實在說來，《單在理性界限內的宗教》所論道德的宗教是建立於「上帝存在之道德的證明」的根據上的。

依以上簡述，吾人見到，康德經由三大批判確立起形而上學的三個理念，並解決了它們的課題，據此，吾人有理由指出，此過程即是康德宣稱要建立的唯一的科學的形而上學之逐步展示。儘管康德本人並沒有勾勒出一個形而上學的整體藍圖。不過，吾人見到，康德在構建其全新的形而上學的過程中，使用過種種名稱：「純粹的理性之實踐的使用之形而上學」，[35]（A840/B869）可簡稱為「實踐[36]的形而上學」／「一門徹底有根據的形而上學」[37]（Bxxxvi）／純粹理性的（科學的）系統，[38]（A841/B869）亦稱為「作為科學的形而上學」／「普遍的形而上學」（KU 5:168）等等。

無疑，康德在《純粹的理性批判》之「超越的方法論」第三章「純

---

35 康德說：「形而上學劃分為純粹的理性之思辨的使用之形而上學，及純粹的理性之實踐的使用之形而上學。」（A840/B869）

36 「實踐」一詞在人們日常通俗的使用中，大多意指行動之事而與理論、學說相對。而依照康德，「實踐者」一詞就哲學之意義來說，只包含「道德上實踐的者」。康德說：「所謂實踐者，就是指通過自由而成為可能的一切東西。」（Praktisch ist alles, was durch Freiheit möglich ist.）（A800/B828）康德將「依照自然概念而為實踐的者」與「依照自由概念而為實踐的者」（KU 5:171）嚴格區分開。他指出：「因為如果規定因果性的概念是一個自然概念，那麼這些原則就是技術上實踐的；但是，如果規定因果性的概念是一個自由概念，那麼這些原則就是道德上實踐的。……前一類原則屬於（作為自然學說的）理論哲學，而後一類完全獨立地構成第二部分，也就是（作為道德學說的）實踐哲學。」（KU 5:172）

37 康德說：「一門徹底有根據的形而上學作為科學，必須按照體系最嚴格的要求而斷然地發展出來。」（Bxxxvi）

38 康德說：「純粹理性的（科學的）系統，是出自純粹理性並系統關聯起來的全部的（真的和虛構的）哲學認識，也就是形而上學。」（A841/B869）

粹理性的建築術」中對於形而上學之組構作出過說明：形而上學這個
名稱也可以指全部純粹的哲學，包括批判在內，這樣它就包括對一切
能夠先驗地認識的東西的研究，也就是對構成這類純粹的哲學的各種
認識模式的體系之展示。形而上學在純粹理性之思辨的使用和實踐的
使用中被劃分為兩部分，要麼是自然形而上學（Metaphysik der Natur），
要麼是德性形而上學（Metaphysik der Sitten）。[39]（A841/B869）若依
據這個說明，吾人實在無法見到儒家的形上學與康德的形上學有相對
當之處。故筆者須首先聲明，今論「牟宗三確立的儒家道德的形上學
與康德實踐的形而上學通而為一」，特就康德的全部工作向我們展示
形上學的另一條脈絡而言。這條脈絡依照對於形而上學三個理念（自
由，以及上帝、心靈不朽）之考論而成立道德的、並伸展至道德的宗
教的，而二者合而為唯一的真實的形而上學。

關於康德展示的唯一的真實的形而上學，上文已作簡述。則吾人
可對照牟先生確立的儒家道德的形上學，以指出兩者間一一對當之
處。如牟先生指出：康德「並無『道德的形而上學』一詞」。[40]愚意以
為，康德不使用「道德的形而上學」一詞，理由當在其規劃的唯一的
真實的形而上學並不停在道德的範圍，還要進一步伸展至宗教。而牟
先生使用「道德的形而上學」一詞，如先生本人聲明，其所謂「道德
的形而上學」，「意即由道德的進路來接近形上學，或形上學之由道德

39 形而上學兩大領域的區分是學者們熟知的，自然形而上學之研究包括《純粹的理性
批判》、《任何一種能夠作為科學出現的未來形而上學導論》，以及《自然科學的形
而上學始初根據》；德性形而上學之研究包括《基礎》、《實踐的理性批判》，以及
《德性形而上學》。康德以《實踐的理性批判》（連同《基礎》）為基礎寫出《德性
形而上學》，照理他也要以《純粹的理性批判》及《自然科學的形而上學始初根
據》為基礎寫出一部《自然形而上學》。但如我們所見，康德未寫出這樣一部著
作。在《遺著》（Opus postumum）中，他就提及正計畫寫一部書題為《從自然科學
之形上基礎轉到物理學》。

40 牟宗三著：《心體與性體》（一），《牟宗三先生全集》第5冊，頁11。

的進路而證成者。」[41]事實上，牟先生明文表示康德雖無「道德的形而上學」一詞，「卻並非無此學之實。」[42]先生有見及康德「由意志之自由自律來接近『物自身』（Thing in itself），並由美學判斷來溝通道德界與自然界（存在界）。」[43]先生說：「吾人以為此一套規劃即是一『道德的形而上學』之內容。」[44]並表明其依據先秦儒家「成德之教」之弘規規劃一個「道德的形上學」，依據在康德。先生說：

> 宋明儒者依據先秦儒家「成德之教」之弘規所弘揚之「心性之學」實超過康德而比康德更為圓熟。但吾人亦同樣可依據康德之意志自由、物自身，以及道德界與自然界之合一，而規定出一個「道德的形上學」，而說宋明儒之「心性之學」若用今語言之，其為「道德哲學」正函一「道德的形上學」之充分完成，使宋明儒六百年所講者有一今語學術上更為清楚而確定之定位。[45]

儘管吾人見到，牟先生依據儒家「成德之教」之弘規規劃一個道德的形上學，並不依循康德的批判之進路，而是採用直透本源的方式。但此並不妨礙吾人肯斷，牟先生建立的儒家的道德的形上學與康德經由批判展示的實踐的形而上學同為唯一的普遍的形而上學。因二者同為理性本性之學，亦即純粹的哲學。純粹的哲學只能有一種，它是基於人類共同的理性而尋根究極之學，其「根」是人所共同的道德創造實體——本心（仁），即康德言「意志自由」；其「極」是人所共同的道

---

41 同前註。

42 同前註。

43 同前註。

44 同前註。

45 牟宗三著：《心體與性體》（一），《牟宗三先生全集》第5冊，頁12-13。

德創造實體充其極創造自由與自然結合的道德世界——儒家言「天地萬物為一體」、「大同」，即康德言「目的王國」、「人類倫理共同體」。

雅斯培在《偉大的哲學家》一書中說：

> 康德一步一步地使他苦心經營的發展能符合科學的方法。測試、駁斥、再測試，這種有系統的工作對那些已提出且已完成的完創性思想概念並不需要，但是要將此種原創性思想轉換成清晰的思想則需要此種工作。康德並不滿足於用格言式的說明來表達他的深刻洞識，他要求整個體系的清晰性，這種體系一旦完成，可以把一種充分的存有意識（Seinsbewuβtseins）傳達給別人，而別人亦能再設定其運作。這樣的一種工作需要長久的努力，因為對每一個東西都要考慮它與所有其他東西的關係；而在讀者方面也需要長久的努力才能理解這種體系。[46]

吾人可借用雅斯培的話說，儒家哲學是一種「原創性的思想」，經由聖賢創闢的心靈彰顯生命中內在而真實的普遍性、無限性、神聖性，大體說來是以「格言式的說明」來表達其深刻洞見的，而不是思辨的。用牟先生的話說，「它們是天地玄黃，首闢洪濛中的靈光、智慧」、「這靈光是純一的，是直接呈現的，沒有問題可言，亦不容置辯」，它們是「創造的靈魂」，直下是生命的實感，是「直接的靈感的」、「簡易明白、精誠肯斷」[47]。但康德處於一個完全不同的文化傳統，此傳統「缺乏那原始而通透的具體智慧」，令康德「無一個具體清澈、精誠惻怛的渾淪表現之圓而神的聖人生命為其先在之矩矱」。[48]

---

46 Jaspers-Karl, *Die Grossen Philosophen* (R. Piper & Co Verlag München, 1957), S.591；中譯見：賴顯邦譯：《康德》（臺北市：久大文化公司，1992年），頁288-289。

47 牟宗三著：《五十自述》（臺北市：鵝湖出版社，1989年），頁81-82。

48 牟先生語。見牟宗三著：《心體與性體》（一），《牟宗三先生全集》第5冊，頁144。

實在說來，康德面對一個固若金湯的獨斷論傳統，以及哲學史上悠久的臆測的理智系統造成的形而上學之虛妄，他不得不毅然開闢批判哲學之路途，也就是，每一個哲學上的肯斷，必須通過對人類心靈機能作縝密、周全、通貫之考量、分解、衡定，而確立。

　　無疑，康德批判哲學之路艱難曲折，容易令人生畏、望而卻步。不如儒家哲學真實而具體，用牟先生的話說，「這是一個結論，不是一個問題。」[49]、「在聖人之開發此智慧原是自天而降，不是經過概念分解的，所以也可以說很簡易。」[50]然而，如牟先生本人也指出：「但就一般人之瞭解這一關言，卻並不是容易的。」[51]現代人若生命外馳，難有「對生命的實感」，對傳統中聖人生命「那原始而通透的具體智慧」更懵然無知。要瞭解牟先生規劃的儒家道德的形而上學之宏規，實在也很難。在歷史的流變中，要保住聖人創闢心靈之智慧，實需要學問的骨幹以「十字打開」。此所以牟先生亦指出：「他（康德）的分解工作之功績是不可泯滅的。」[52]先生說：「所以他只有停在步步分解建構的強探力索之境了。可是他這步步分解建構強探力索地前進卻正是向儒家這個智慧形態而趨的。我看他的系統之最後圓熟的歸宿當該是聖人的具體清澈精誠惻怛的圓而神之境。」[53]

第三節　論牟宗三確立的儒家道德的形上學與康德實踐的形而上學通而為一

　　不過，牟先生實在並不大措意於康德的批判那種「步步分解建構強探力索地前進」的整體工作，對於康德多有批評。儘管如先生本人

49　牟宗三著：《心體與性體》（一），《牟宗三先生全集》第5冊，頁180。

50　牟宗三著：《心體與性體》（一），《牟宗三先生全集》第5冊，頁120。

51　同前註。

52　牟宗三著：《心體與性體》（一），《牟宗三先生全集》第5冊，頁144。

53　同前註。

表明，他關於道德的形而上學之洞識乃啟發自康德，而其儒家的道德的形而上學之規劃也是依據於康德。近二十多年來，吾一直就牟先生對康德的批評作思考，回到康德批判工程的整體脈絡中理解康德。最終達至一個結論：儒家的形而上學與康德的形而上學雖進路不同，然二者同為理性本性之學，相得益彰，若合符節。

實在說來，現今吾人有志於接續牟先生提出並一生為之奮鬥的通過康德實現中西哲學會通之志業，首要的工作就是經由通貫把握康德批判哲學之體系，以化解牟先生於學界長久以來對所謂康德難題形成的糾結。簡括來說，可由牟先生所論道德的形而上學之三義入手。

牟先生提出：宋明儒之大宗成就「道德的形上學」，由道德理性三義而見出。第一義：「把那道德性之當然滲透至充其極而達至具體清澈精誠惻怛之圓而神之境」，「或更具體一點說，都是對應一個聖者的生命或人格而一起頓時即接觸到道德性當身之嚴整而純粹的意義。」第二義：「同時亦充其極，因宇宙的情懷，而達至其形而上的意義。」第三義：「復同時即在踐仁盡性之工夫中而為具體的表現。」[54]牟先生說：

> 必須把一切外在對象的牽連斬斷，始能顯出意志底自律，照儒
> 家說，始顯出性體心體底主宰性。這是「截斷眾流」句，就是
> 本開頭所說的關于道德理性底第一義。其次，這為定然地真實
> 的性體心體不只是人的性，不只是成就嚴整而純正的道德行
> 為，而且直透至其形而上的宇宙論的意義，而為天地之性，而
> 為宇宙萬物底實體本體，為寂感真幾、生化之理，這是「涵蓋
> 乾坤」句，是道德理性底第二義。最後，這道德性的性體心體
> 不只是在截斷眾流上只顯為定然命令之純形式義，只顯為道德
> 法則之普遍性與必然性，而且還要在具體生活上通過實踐的體
> 現工夫，所謂「盡性」，作具體而真實的表現，這就是「隨波逐

---

54 牟宗三著：《心體與性體》（一），《牟宗三先生全集》第5冊，頁120-121。

流」句，是道德理性底第三義。這是儒家言道德理性充其極而為最完整的一個圓融的整體，是康德所不及的。道德性的實理天理之與實然自然相契合以及「道德的形上學」（不是「道德底形上學」）之澈底完成，都要靠這三義澈底透出而可能。[55]

此三義亦見於《宋明儒學綜述》第七講：

> 在形而上（宇宙論）方面與道德方面都是根據踐仁盡性，或更具體一點說，都是對應一個聖者的生命或人格而一起頓時及接觸到「道德當身」之嚴整而純粹的意義（此是第一義），同時亦充其極，因宇宙的情懷，而達至其形而上的意義（此是第二義），復同時即在踐仁盡性之工夫中而為具體的表現，自函凡道德的決斷皆是存在的、具歷史性的、獨一無二的決斷，亦是異地而皆然的決斷，〔……〕。因而儒者仁義之具體表現，必曰仁精義熟，由「敬以直內，義以方外」而達至「圓而神」的境地，方是真實而具體的道德（此是第三義）。[56]

關於第一義，即「道德性當身之嚴整而純粹的意義」。牟先生稱之為「截斷眾流」義。對於此義之說明，用先生的話說，「是對應一個聖者的生命或人格而一起頓時即接觸到」的。牟先生明言，「在此三義中，第一義即融攝康德《道德底形上學之基本原理》[57]中所說之一

---

55 牟宗三著：《心體與性體》（一），《牟宗三先生全集》第5冊，頁143。

56 牟宗三著：《宋明儒學的問題與發展》（臺北市：聯經出版事業公司，2003年），頁104。

57 《道德底形上學之基本原理》為牟師譯，康德原著*Grundlegung zur Metaphysik der Sitten*。在牟宗三先生譯註《康德的道德哲學》（臺北市：臺灣學生書局，1983年）一書中，牟先生譯該書書名為《道德底形上學之基本原則》。愚意以為先生的中譯是意譯。究其實，"Metaphysik der Sitten" 中，"der Sitten" 是第二格（屬格）名詞，

切。」[58]此義即「康德所講的自由自律的意志」,「故其所透顯所自律的道德法則自然有普遍性與必然性,自然斬斷一切外在的牽連而為定然、無條件的」。不過牟先生批評康德,說:「他只對於實踐理性之第一義能充分地展現出來(亦只是抽象地思考的)。」[59]、「他的辨解路數可以簡單地這樣列出,即:他由道德法則底普遍性與必然性逼至意志底自律,由意志底自律逼至意志自由底假定。」[60]從牟先生本人明白表示看來,他對康德所論「意志自律」、「意志自由」之理解是只根據《德性形上學的基礎》(簡稱《基礎》)一書而作出的。但吾人必須指出,康德學界大多數學者將僅作為先導論文的《基礎》一書從康德的《實踐的理性批判》分割開來,視為康德對「意志自由」作出的獨立論證,因此誤解「自由」在康德始終只是一個「假定」。[61]亦正因

不是帶 "von" 的介詞短語,中譯時不用所有格助語詞,以資識別。英語中沒有這種語法構造,以帶 of 的短語譯之,牟先生中譯據此英譯而以「底」字表示「前置詞表所有格者」。且牟先生依據英譯,英語中並無 "Moralität" 與 "Sitten" 的嚴格區分,故絕大多數中譯都將該二詞混譯作「道德」。牟先生的中譯亦無例外。如此一來,康德原文「德性形上學」就被轉換成「道德底形上學」。此外,"Grundlegung" 中譯基礎,而不是「基本原則」。依上述種種考慮,康德這本書之書名筆者譯之為《德性形上學的基礎》。按照康德本人的說明,此書乃為其日後出版的 *Die Metaphysik der Sitten*(《德性形上學》)一書作準備。康德在此書之〈序〉中表明:「我決意日後提供一部《德性形而上學》,如今先發表這本《基礎》,誠然,除了一種純粹的實踐理性之批判之外,德性形而上學終究沒有其他的基礎。」(Gr 4:391)

58 牟宗三著:《心體與性體》(一),《牟宗三先生全集》第5冊,頁121。

59 同前註。

60 牟宗三著:《心體與性體》(一),《牟宗三先生全集》第5冊,頁137。

61 牟先生就是只依據《基礎》一書,說:「這裡我們可以看出,康德的抽象思考,步步分解建立的方式,就道德言道德,是只講到理上當該如此,……。事實上,我們是否有這樣的『意志』呢?我看,康德亦只是作到理上當該有,否則真正的道德不能講。至於這樣的意志是否有一真實,是一「呈現」,康德根本不能答覆這問題。但如果不能答覆這問題,則空講一套道德理論亦無用。但道德是真實,道德生活亦是真實,不是虛構的空理論。所以這樣的意志也必須是真實,是呈現。(儘管在感覺經驗內不能呈現)」(牟宗三著:《心體與性體》(一),《牟宗三先生全集》第5冊,頁137-138。)

此，他們完全忽視康德批判的方法由兩部分組成：首先對先驗的概念
作形而上的解釋（或推證），繼而作超越的解釋（或推證）。事實上，
康德關於「自由」之論證工作也分兩步完成：第一步是《德性形上學
的基礎》的工作；第二步則進至《實踐的理性批判》完成。缺乏通貫
整體思路的學者將康德於《實踐的理性批判》，經由對實踐的理性之
批判考察，提出道德法則作為「意志自由」之推證原則的論證工作抹
去；康德所論「意志自由」經由道德法則呈露自身，也完全被忽略。
如此一來，他們就執意認為在康德體系中，「自由」始終只是一個
「設準」。

　　牟先生認為，康德只有「道德底形上學之基本原理」[62]與「實踐
理性批判」所建立的道德的神學，而卻無（至少未充分實現）「道德
的形上學」。[63]可見牟先生視《實踐的理性批判》一書僅為「道德的神
學」之建立，而忽略該批判工作之目的在於完成對「意志自由」之論
證。如今，吾人回到康德的整體脈絡，講明「意志自由」是經由《實
踐的理性批判》揭明：每一個人的理性在其意志中立普遍法則，即立
刻意識到自由，此事實即證實意志自由之實存，並且作為人的道德實

62　先生在《心體與性體》（一）中對《基礎》（*Grundlegung zur Metaphysik der Sitten*）
　　一書題名加註語，說：「『道德底形上學』（Metaphysics of Morals）實即是『道德之
　　形上的解析』（Metaphysical Exposition of Morals）」（頁135-136）。沒錯，《基礎》一
　　書只是抽象地思考的的主要任務是從事道德概念之分析工作。但是，把書名中
　　"Metaphysik der Sitten" 譯做「道德底形上學」，並因之以為 "Metaphysik der Sitten"
　　實即是「道德之形上的解析」，恐怕不妥。德文 "Metaphysik der Sitten" 乃「德性形
　　而上學」之義，這是康德此後於一七九七年出版的一部著作之書名，指德性之先驗
　　認識體系。在《基礎》之〈序〉中，康德已講明：在倫理學的經驗部分之先必須首
　　先建立一德性形而上學（Metaphysik der Sitten）（Gr 4:390），而《實踐的理性批判》
　　的工作就是要為「德性形而上學」奠定基礎（Gr 4:391），《基礎》一書則作為這項
　　基礎工作的先導論文。我們實不能把《基礎》從康德的道德哲學整全體系中分割出
　　來，然後只據該書所論就批評康德「只是抽象地思考的」、僅僅「由意志底自律逼
　　至意志自由底假定」，並由之斷言康德只有一個「道德底形上學」。
63　牟宗三著：《心體與性體》（一），《牟宗三先生全集》第5冊，頁144。

存之主體，而為人的超感觸的本性。[64]將康德學界長久以來對康德意志學說執持的種種誤解及由之形成的糾結一一解開，則吾人不難見到，康德論「意志自由」與孔子言「仁」，孟子承接孔子言「仁」之本旨實義而言「本心」，其義一也，皆函「道德當身」之嚴整而純粹的意義，且皆為人之道德實存，亦即人之智性的本性，即孟子言「大體」。儘管如牟先生所言，康德在其傳統中「缺乏那原始而通透的具體智慧」[65]，「無一個具體清澈、精誠惻怛的渾淪表現之圓而神的聖人生命為其先在之矩矱。」[66]不過，愚意以為，批判哲學不必從那如牟先生說「原是自天而降」的聖人之智慧開始，實在說來，批判哲學之為批判哲學，是從每一個人皆有的心靈機能之考察為根據的。作為理性之整全體系之拱心石的「自由」也是從每一個人具有意志立法（即意志自律）之能而證實的，也就是康德指明：「一旦為自己擬定了意志的格準」，「立刻就直接意識到道德法則最先呈現（darbietet）給我們」。（KpV 5:29）並且，理性把它展現為完全獨立不依於任何感觸條件的決定根據，「所以道德法則就逕直導致自由概念。」[67]（KpV

---

64 此義已於前面相關章節詳論。亦可參見拙著《康德的自由學說》（2009年）第三章〈自由與意志──「意志自由」的先驗性之闡明〉、第四章〈意志自由與道德法則──自由之超越推證〉，及第五章〈論意志自由作為人的超感觸的本性而堪稱人的真正主體──意志自由之存在論證〉。

65 牟宗三著：《心體與性體》（一），《牟宗三先生全集》第5冊，頁144。

66 同前註。

67 簡括地說，康德論證自由的理路是這樣的：首先論明：自由和無條件的實踐法則（道德法則）是互相涵蘊的，「是相互引導（weisen）也相互返回（zurück）的。」（KpV 5:29）並且，康德表明：在這裡，他不問「自由和無條件的實踐法則」二者在事實上是否各不相同，也不問是否無條件的法則與積極的自由概念是完全同樣的。（KpV 5:29）他只是要指出：我們關於無條件的實踐之事的認識「不能從自由開始」。（KpV 5:29）理由是：自由的最初概念是消極的，所以我們不能直接意識到自由；而且也不能從經驗中推論出自由概念，因為經驗讓我們只認識到顯相之法則，也就是只認識到自然的機械作用，因而無自由可言。（KpV 5:29）依據道德法則與自由為交互性概念，康德就能指出：我們能夠從道德法則開始，以道德法則為

5:30）究其實，康德開拓出自由概念之領域，所確立的是實踐的認識，實踐的認識不能也不必要依賴任何直觀，在這個領域，就「我們關於無條件的實踐之事的認識」而論，道德法則是首出的。（KpV 5:29）康德指出，人因著自立道德法則而在自身中認識到自由，他舉例：一個人即使面臨處死的威脅，他也能拒絕作偽證以誣告他人。儘管他不敢肯定他會如何做，但是必定毫不猶豫地承認，拒絕作偽證對於他終究是可能的。「因此他作出判斷，他之所以能做某事，是由於他意識到他應當作這事，並且在自身中認識到自由，而無道德法則自由原本是不會被認識到的。」（KpV 5:30）此即孟子說：「由仁義行」（《孟子》〈離婁章句下〉）、「所欲有甚于生者，所惡有甚于死者」。[68]（《孟子》〈告子章句上〉）

　　吾人可指出，康德以道德法則為首出，從每一個人具有意志立法（即意志自律）之能來確證「自由」。孔孟亦如是。孔子言「我欲仁，斯仁至矣。」（《論語》〈述而第七〉）「夫仁者，己欲立而立人，己欲達而達人。」（《論語》〈雍也第六〉）其言「我欲仁」、「己欲立」、「己欲達」，乃從每一個人稟具的高層的立法的意欲機能相關，「己欲立而立人，己欲達而達人。」即出自每一個人之人心之仁的最高道德原則。顯見孔子言道德實根據每一個人稟具的機能而論，此即孔子言「仁者，人也」（見《中庸》第二十章〈哀公問政〉）孟子說：「仁也者，人也。合而言之，道也。」（《孟子》〈盡心章句下〉）

自由之推證原則。當揭明道德法則乃人類理性在意欲機能中立法的事實，意志自由作為道德法則存在之根據也就被證明為實存的，而且作為人的智性的本性。

68 牟先生說：「正宗儒家肯定這樣的性體心體之為定然地真實的，肯定康德所講的自由自律的意志即為性體心體之一德，故其所透顯所自律的道德法則自然有普遍性與必然性，自然斬斷一切外在的牽連而為定然、無條件的，因此才能有『存心純正，不為別的，但為義故』的道德行為，如：『有殺身以成仁，無求生以害仁』，『所欲有甚於生者，所惡有甚於死者』等語之所示。」（牟宗三著：《心體與性體》（一），《牟宗三先生全集》第5冊，頁142。）

　　牟先生提出，道德的形上學之第一義，即「道德性當身之嚴整而純粹的意義」，「是對應一個聖者的生命或人格而一起頓時即接觸到」的，固然不錯。然愚意以為，「道德性當身」之哲學闡明須以道德法則（天理）為首出，從每一個人具有意志立法（即意志自律）之能來確證。此即孟子「本心」乃從「人皆有之」立論，孟子曰：「心之所同然者何也，謂理也義也」（《孟子》〈告子章句上〉），「仁義禮智根於心」（《孟子》〈盡心章句下〉）可見孟子從「根於心」的，一切人「心之所同然者」的理義，即道德法則之能來說「本心」。唯獨經由每一個人自發的「所同然」的理義（道德法則），「本心」始能於自立法則中呈現自身。離開人之主體之自立法則的活動，吾人無法說什麼「本心」。

　　吾人可說孟子以理義（天理）為首出，理義（天理）從「人皆有之」的「本心」之立法活動說，而非只從聖人之人格處說。此即孟子說：「聖人與我同類者。」（《孟子》〈告子章句上〉）「本心」之立法活動是於一切人而有效的。孟子說：

> 惻隱之心，人皆有之；羞惡之心，人皆有之；恭敬之心，人皆有之；是非之心，人皆有之。惻隱之心，仁也；羞惡之心，義也；恭敬之心，禮也；是非之心，智也。仁義禮智，非由外鑠我也，我固有之也，弗思耳矣。（《孟子》〈告子章句上〉）

> 生亦我所欲，所欲有甚于生者，故不為苟得也；死亦我所惡，所惡有甚于死者，故患有所不辟也。……是故所欲有甚于生者，所惡有甚于死者，非獨賢者有是心也，人皆有之，賢者能勿喪耳。（《孟子》〈告子章句上〉）

吾人可指出，康德所言「直接意識到道德法則」、「迳直導致自由概

念」，就表示一種「人皆有之」的直接的道德覺識，就逕直導致自由之意識。孟子言「四端之心」、「所欲有甚于生者，所惡有甚于死者」之心、「仁義禮智根于心」（《孟子》〈盡心章句下〉）同樣是一種「人皆有之」的直接的道德覺識，每一個人在此直接的道德覺識中呈現其本心。孟子引伊尹言「使先知覺後知，使先覺覺後覺」（《孟子》〈萬章章句上〉），此中言「覺」之首出義、根本義當該意指本心對自立天理之自我活動之覺識。這種道德覺識是智性的，用陽明的詞語說，可稱之為本心良知之「明覺」，也可以用牟先生的詞語言一種「智的直覺」[69]，此僅就儒家言「智的直覺」即「人皆有之」的直接的道德覺識，它產生自本心之自我立法活動，而非先行於本心立法而有。

　　依以上簡論，吾人即化解長久以來康德學界對於康德論道德所形成的誤解與成見，以此解開牟先生以為康德論道德性「只是抽象地思考的」[70]、「形式主義」[71]、「康德視意志自由為不可解明的一個設

---

69 但吾人須分辨清楚，於本心對自立天理之自我活動之覺識言一種「智的直覺」，此所言「智的直覺」根本並非康德所言「理智的直觀」（intellektuelle Anschauung）。牟先生言「智的直覺」，其中「智的」即「智性的」（intelligible），不能混同「理智的」（intellektuell）。其次，牟先生使用「智的直覺」一詞通儒釋道三家而立論，吾人須注意其中儒家義與其他兩家的區別，於儒家使用「智的直覺」一詞意指本心明覺於「自我立法」中產生的道德覺識，而釋道兩家並無立法義。如牟先生指出，儒家言「道德本心之誠明所發」就是「康德所謂『心之自我活動的智的直覺』」。（牟宗三著：《智的直覺與中國哲學》，《牟宗三先生全集》第20冊，頁242。）又，牟先生說：「自由自律的意志就是道德覺情這個本心。它不但是理性，且亦是明覺。其自我立法之理性一面（康德說純粹而實踐的理性自我立法）就是其明覺之作用。……明覺之自我立法，其立之，即是覺之，它是在覺中立。它立之，它即感受之，它是在立中感受。它覺，它感受，即在此覺與感受中，轉出智的直覺。」（牟宗三著：《現象與物自身》，《牟宗三先生全集》第21冊，頁81。）

70 牟宗三著：《心體與性體》（一），《牟宗三先生全集》第5冊，頁121。

71 同前註，《牟宗三先生全集》第5冊，頁145。黑格爾以其絕對的理念論之主張抨擊康德所論自由只是主觀的、形式主義的，對後世學者產生既深且遠的影響。詳論見拙著《康德的自由學說》（2009年），第三篇第二章第二節「評黑格爾貶斥康德所論自由只是主觀的形式主義」。

準」[72]等所造成的糾結。而見出牟先生提出的儒家道德哲學與康德哲學會通之真實性與必然性。若誤解不消除，糾結不解開，則先生所洞見的儒家道德哲學與康德哲學之共同的根源慧識不可避免要遭受懷疑主義之破壞，而先生提出的中西哲學會通之路途亦障礙重重而難以移除。

關於道德的形上學之第二義、第三義，依牟先生所論，由「道德當身之嚴整而純粹的意義」、「同時亦充其極，因宇宙的情懷，而達至其形而上的意義（此是第二義）。」[73]先生稱之為「涵蓋乾坤」義。「復同時即在踐仁盡性之工夫中而為具體的表現」[74]，此是第三義，先生稱之為「隨波逐浪」義。不過，先生以為對於第二義與第三義，康德根本不能接觸到。先生說：「康德對於實踐理性之思想義理並未充其極。他缺乏一個『道德的形上學』，因而他只對於實踐理性之第一義能充分地展現出來（亦只是抽象地思考的），可是對於第二義與第三義，則因自由只是一被預定之理念，不是一呈現之故，根本不能接觸到。這樣遂使他的全部道德哲學落了空。」[75]但是，先生所云「自由只是一被預定之理念，不是一呈現」，實在說來，是由於只依據《基礎》一書而下定論，且先生視《實踐的理性批判》不過建立一「道德的神學」，關此形成之糾結，前面相關章節已詳加討論，予以化解。

如今，吾人要克服因不通貫的思考而製造的成見，就必須要把康德一系列著述分別處理的論題正確地放置到一個形而上學新論的整體論述的恰當位置上。事實上，《基礎》（1785）一書只是首先作出「自

---

72 牟宗三著：《心體與性體》（一），《牟宗三先生全集》第5冊，頁146。

73 牟宗三著：《宋明儒學的問題與發展》（臺北市：聯經出版事業公司，2003年），頁104。

74 同前註。

75 牟宗三著：《心體與性體》（一），《牟宗三先生全集》第5冊，頁184。

由」之形而上的解釋（即說明其先驗性），繼而進至《實踐的理性批判》（1788）之第一卷第一部分第一章，作出超越的解釋（即說明其合法性，也就是說明其客觀有效性）。自由之成功推證達至的結論，用康德在《判斷力批判》中的話說，就是：「自由的實在性可以通過純粹理性的實踐法則，並遵循這些實踐法則在現實的行動中得到證實，因而可以在經驗中得到證實（dartun）。」（KU 5:468）自由之成功推證同時也就是人作為自立並自我服從道德法則的有理性之道德者之說明，也就是人作為睿智者（Intelligenz）及物自身之實存之說明。吾人須注意，《實踐的理性批判》並不止於作出自由之成功推證。自由意志一旦被確證為人的道德主體，康德就進一步在第二章「純粹的實踐的理性之對象的概念」中論明：「實踐理性的唯一客體就是善和惡，人們理解前者為意欲機能的必然對象，而後者為憎惡的必然對象。」（KpV 5:58）依此進一步提出「圓善」是道德法則所決定的一個意志的必然對象，（KpV 5:3）而圓善之概念是「作為純粹實踐理性的客體和終極目的」。（KpV 5:129）因著「圓善」作為「終極目的」之提出，吾人見到康德進至《判斷力批判》論明：自由概念把其法則所提薦的終極目的（圓善）實現於感觸界，因此，一個因其意志自由而作為睿智者的人的世界就一方面作為純然的自然稱為感觸界，另一方面作為自由的體系稱為智性的道德界，於此，在終極目的下意志的諸目的的完滿的系統的統一就不可避免地導致萬物的合目的性的統一，也就是達至一個萬物按照普遍的自然法則與按照普遍和必然的道德法則構成的大全（das groβe Ganze）。

　　《判斷力批判》透過反思判斷力之合目的性原則之提出，進至目的論之研究，其努力指向：自然合目的性與自由合目的性結合之實現，以及揭示：具有自由意志的人作為有理性的道德者乃創造的終極目的。此即通過道德的目的論，康德論明人作為道德的實存及其實踐活動在世上的創造性。「圓善是純粹實踐理性的對象，亦即純粹意志

的整全對象。」（KpV 5:109）只有純粹的實踐理性能先驗地提供終極
目的（圓善）。並且，康德揭明：「唯有道德法則必須被看作是使圓善
及其實現或促進成為客體的根據。」（KpV 5:109）圓善包含在道德法
則中，因此，道德法則（包含著圓善）命令人致力於在世上實現終極
目的，亦即致力於第二自然的創造活動。至此，康德論明了稟具意志
自由的人不僅作為道德的主體，同時就是創造第二自然的宇宙論的實
體。吾人可以說，康德實在展示了一個道德創生實體的宇宙論。[76]並
且，吾人可見，康德展示的此宇宙論根本不同於西方傳統哲學的「本
體宇宙論」（onto-cosmology）。後者已於《純粹的理性批判》中遭批
判所推翻。[77]

　　如牟先生指出：「西方的存有論大體是從動字『是』或『在』入
手，環繞這個動字講出一套道理來即名存有論。」[78]康德將這種西方
傳統中源遠流長的本體宇宙論限制於思辨的理性之軌約的使用，而轉
至純粹的理性之實踐的使用領域，批判地確立一個真實的創造實體

---

76 從個人由道德義務而行來說，並不需要一個目的，道德行為就是行其所當行；但
　是，每一個人為自己的所作所為在整體上設想一個可以由理性加以辯護的終極目
　的，這不可能是無關緊要的。（Rel 6:5）終極目的是依照自由之概念而來的結果，
　正是意志自由所從出的道德法則要求實現通過我們而可能的終極目的。在終極目的
　之關聯中，一個人作為道德者不僅關心他自己如何成為道德的，還要關注他會在實
　踐理性的指導下為自己創造一個怎麼樣的世界，而他自己作為一個成員置於這一世
　界中。（Rel 6:5）人依照道德法則的要求去實現終極目的，也就是要實現一個道德
　的世界，康德稱之為第二自然，（KU 5:275）也就是一個目的王國。

77 於《純粹的理性批判》中「論上帝存在的本體論證明的不可能性」那一章裡，康德
　指出：「"Sein" 不是一實在的謂詞〔……〕，邏輯地說來，它只是一判斷的系詞。」
　（A598/B626）「如果我們通過純粹範疇去思維實存，我們就不能給出任何一點標識
　使它與那純然的可能性區別開。」（A601/B629）並判定：「一個如此著名的本體論
　的（笛卡兒學派）證明，從概念出發證明一個最高的本質物，是全部白費力氣和勞
　作。」（A602/B630）在「論上帝存在的宇宙論證明的不可能性」那一章裡指出，在
　種種宇宙論的論證中，「諸多玄想之原理聚集在一起」，思辨的理性在此使用其「全
　部的辯證的招數」，完成的卻是「超越的幻象」。（A606/B634）

78 參看牟宗三著：《圓善論》，《牟宗三先生全集》第22冊，頁327-330。

（意志自由），並以之為動源建立一個以自由意志產生的終極目的（圓善）及其實現於世界（包括自身是目的之天地萬物自身在內）的創造的宇宙論。吾人可稱之為真實的創造實體之宇宙論。並依據此義指出，此真實的創造實體之宇宙論即唯一的實踐的形而上學，此與牟先生依據孔子踐仁知天、孟子「盡心知性知天」而論的道德的形而上學若合符節。

孔孟所言本心（仁），用牟先生的話說，「它是萬物底創生原理或實現原理，是乾坤萬有之基，是造化底精靈。」[79]此義於康德就是「意志自由」自立道德法則而為道德的主體，因其產生圓善（終極目的）並促進圓善在世上實現，即同時就是道德目的論下統天地萬物而為言之道德世界的創造實體。用孔子的話說就是：依據「仁者人也」（見《中庸》第二十章〈哀公問政〉），而必至「人能弘道」（《論語》〈衛靈公第十五〉）亦即孟子言「擴充」（《孟子》〈公孫丑章句上〉：「凡有四端於我者，知皆擴而充之矣，〔……〕）、「反身而誠」，「萬物皆備於我矣。」（《孟子》〈盡心章句上〉）儘管康德的批判進路複雜、曲折，而儒家的智慧圓融、直透本源，故簡潔無曲。然愚意以為，簡潔有簡潔之好處；而複雜、曲折亦有其不可或缺的理由。尤其於人失其本心，不認天理，更輕蔑聖人之世，如何得如牟先生所云「是對應一個聖者的生命或人格而一起頓時即接觸到」？於此時，康德經由對人自身心靈機能之批判考察，步步論明人作為道德主體同時就是道德世界的創造實體，不僅講明實踐的形上學之可能根據，且揭明其對於全人類之前途（終極目的）的必要性與必然性，實為不可或缺。牟先生本人也說：「他（康德）的分解工作之功績是不可泯滅的。」[80]儘管牟先生嫌康德「強探力索」，但亦明白表示：「他這步步分解建構強探

---

79 牟宗三著：《現象與物自身》，《牟宗三先生全集》第21冊，頁96。
80 牟宗三著：《心體與性體》（一），《牟宗三先生全集》第5冊，頁144。

力索地前進卻正是向儒家這個智慧形態而趨的。我看他的系統之最後圓熟的歸宿當該是聖人的具體清澈精誠惻怛的圓而神之境。」[81]

如上文已講明，康德是通過《判斷力批判》對自由之因果性與自然之因果性二者的關聯作出批判的說明的。但牟先生對此大不以為然。先生批評康德將「意志之因果性」與「自然因果」視為「兩不相屬」，說：「他的屬於純睿智界的意志之因果性與屬於感覺界的自然因果並非是直貫，乃是兩不相屬，而需有一第三者為媒介以溝通之，這是他的哲學中之一套。」[82]而先生認為，在康德那裡，「意志之因果性」與「自然因果」是兩個獨立的世界，無法直貫。他說：「這兩個世界如何能接合呢？這在宋、明儒者的學問裡，本不成問題。〔……〕，如是，則意志之目的論的判斷本是可以直貫下來的。如其如此，則它自然而然地即與自然系統之自然因果性相接合，這是一個結論，不是一個問題，〔……〕。」[83]但依康德批判哲學來說，在自然概念的領域，知性對於作為感取客體的自然是先驗地立法的，由之確立可能經驗的理論認識；在自由概念的領域，理性對於自由和它自身作為主體所含有的超感觸的因果性先驗地立法，由之確立一個無制約的實踐的認識。（KU 5:195）這兩個不同的領域有著各自不同的概念、原則及範圍，因此，就如有一道巨大的鴻溝區分超感觸的東西和諸顯相，並且割斷了兩大領域的一切相互影響。康德指出：「自由概念在自然的理論認識方面不能決定什麼事，而自然概念在自由的實踐法則方面也不決定任何事。」（KU 5:195）但他明示：自由之因果性因著通過自由並一致於自由的諸形式法則而在世界中產生結果，也就是由超感觸者產生一種帶有感性的後果，這就表明自由與自然的一種相關。事實上，自由概念意想把其法則所提薦的終極目的（圓善）實現

---

81 同前註。

82 牟宗三著：《心體與性體》（一），《牟宗三先生全集》第5冊，頁179。

83 同前註，頁181。

於感觸界。通過判斷力之批判，康德揭示出判斷力的合目的性原則，通過這個使終極目的之可能性被認識，並且只有這個終極目的才能在自然裡以及在它和自然諸法則的諧和中成為現實。（KU 5:196）也就是說，人類要致力於在世界上實現圓善，道德固然是根本之動源，就此而言，人的道德行為就是行其所當行；但行為落在自然界，意志自由產生的結果必須依照自然法則。就此而言，康德恰當地指明：「阻抗或者促進並不存於自然和自由之間，而是存於作為顯相的前者和後者的作為感觸界中的顯相之結果之間。」（KU 5:195）因此，愚意以為，牟先生指出，意志之因果性「就是『承體起用』的一種因果性」。[84]就人的道德行為而言，此言不虛。[85]但就終極目的（圓善）要實現於世界上而論，卻看來忽略了現實進程之困難與阻礙。究其實，若僅就道德行為而論，固然不必考慮現實上的艱難險阻，就只是依自立道德法則而行其所當行。然若不考慮現實上的限制，則根本無由論從道德必然擴展至宗教。

　　究其實，牟先生只看到康德在《實踐的理性批判》論及「道德的神學」，[86]而忽略康德在那個批判裡帶出「道德的神學」，關鍵點在於由意志自由產生「圓善」，因著「圓善」之實現而論現實上人致力於向終極目的（圓善）而趨的進程中的限制而必定要有理性的信仰物（心靈不朽、上帝）。心靈不朽、上帝作為信仰物而被設定即構成「道德的神學」。由此可見，康德所論「道德的神學」只是附屬於其

84　同前註，頁178。

85　牟先生的「圓善論」所依據的圓教宗旨在：儒聖、真人、佛之圓境。即就修養至心靈之最高境界而論德福一致。用先生的話說，就是：「指導人通過實踐以純潔化人之生命而至其極者為教。」（牟宗三著：《圓善論》〈序言〉，《牟宗三先生全集》第22冊，頁3。）

86　牟先生認為康德「只有《道德底上學之基本原理》（*Fundamental Principles of the Metaphysic of Morals*）與《實踐的理性批判》所建立的『道德的神學』（moral theology）」。關此見牟宗三著：《心體與性體》（一），《牟宗三先生全集》第5冊，頁144。

圓善學說，而就康德的圓善學說即實踐的智慧學，也就是實踐的形而上學而言，吾人實可說，「道德的神學」只是康德形而上學新體系的一個附屬。

但牟先生並不注意康德一再強調一個純粹的道德宗教（包含「道德的神學」）乃由道德充極發展而至。先生批評康德，說：「他的屬於純睿智界的意志之因果性與屬於感覺界的自然因果並非是直貫，乃是兩不相屬，而需有一第三者為媒介以溝通之，這是他的哲學中之一套。同時還有另一套，即在『先驗地給與意志』的最高福善這個對象之上所設定的『上帝存在』與『靈魂不滅』這兩個設準，這是屬於『道德的神學』的。這兩套不相統屬，造成許多支離。」[87]究其實，康德已論明，「上帝存在」與「靈魂不滅」只是意志自由產生的客體（圓善）之條件，此二者只有與意志自由一起並通過它始能獲得持存和客觀的實在性。（KpV 5:4）。可見在康德的系統中，根本無所謂不相統屬的兩套。並且也沒有所謂三個散列的本體。[88]康德明確指出：

> 有三個純粹的理性理念：上帝、自由與不朽。在這三個理念中，自由之理念是超感觸東西的唯一概念，它的客觀的實在性

---

87 牟宗三著：《心體與性體》（一），《牟宗三先生全集》第5冊，頁179。

88 牟先生以為在康德的系統中，上帝、不朽的靈魂與意志自由是三個散列的本體。依先生所見，在康德的系統內「就上帝，不滅的靈魂，與自由意志，這三者而言，我們不知究竟誰是唯一的本體。因此，只可虛籠地把它們說為是『本體界』者，而不能著實地直說為是『本體』。」（牟宗三著：《現象與物自身》，臺北市：臺灣學生書局，1975年，頁44。《牟宗三先生全集》第21冊，頁46。）在中國大陸學者的康德著作中譯本中，"Noumena"一詞譯做「本體」。牟宗三先生指出：「我們不能把"Noumena"一詞直譯為『本體』。因為我們通常想『本體』（不是當作範疇看的那個常體）是一，意即形而上的實體。」（同前）不過，先生畢竟還是以「本體」去想康德所言「智思物」，為免因詞語混用產生的誤解，愚意以為，須區別開三詞的中譯："Noumena"一詞譯做「智思物」；"substance"一詞譯做「本體」，該詞在康德批判哲學中意指：當作範疇看的那個常住不變者，而並非傳統西方哲學中形而上學的實體；"reality"一詞譯做「實體」，乃形而上學的詞語。

（憑藉在它之中被思想的因果性）通過它在自然中可能的結果而在自然身上得到證明。正因如此，那自由之理念使其他兩個理念與自然相聯繫為可能，並亦使此三個理念為了一個宗教而相互聯繫起來為可能。這樣，我們自身內就具有一原則，它有能力把在我們之內的超感觸東西之理念，而因之也把我們之外的超感觸東西之理念，決定為一種認識，哪怕只在實踐的意圖中才是可能的。（KU 5:474）

吾人實在沒有理由以為康德主張三個形而上的實體（reality）。事實上，依康德批判所論明，意志自由是唯一的道德創造實體，因其產生圓善（終極目的）而就統天地萬物而為言的道德目的論下必然擴展至純粹的道德宗教而論，這個道德創造實體就擴展至包含兩個信仰物在內的道德的宇宙創生實體，此乃統道德主體與道德世界而為言者，非有三個實體，而又不礙言同一實體分別言之不同分際的三種含義。此三者乃綜和之一，而非邏輯上的 A=A 也。此理同於孟子言「盡心知性知天」，離開「心」，無從言「性、天」；然不言「性、天」不能充分展現「心」之全幅含義與作用。心、性、天乃綜和之一，此不礙分別說，「心」乃道德創生實體，乃呈現原則；「性」乃本心之成就之持存，乃實現原則；「天」乃道德主體（本心）之無限性擴充至統天地萬物而為言的合道德秩序與宇宙秩序而為言，而為宗教意義的最高者。「天」之神聖性即道德主體（本心）之神聖性的絕對性，吾人尊「心」、「尊性」，即尊「心」、「性」之神聖性，尊「天」即尊由道德心性擴充至的統道德秩序與宇宙秩序為一的最高者。此即孔子言「畏天命」，孟子言「事天」所顯示的，由道德充其極而必然包含的宗教意義。吾人可說，孟子承孔子「踐仁知天」言「盡心知性知天」與康德同樣是「由道德道路而契接的形上學」，同樣因現實上實現終極目的（大同、目的王國）的限制而從道德擴展至一個純粹的道德宗教。

　　吾人見到，牟先生論儒家的道德的形而上學有兩套說法：一是依據孔子「踐仁知天」、孟子言「盡心知性知天」，此進路是自下而上，由人的道德實踐的進路入。孔子言「仁」，孟子言「心性」，是每個人自己能把握的，牟先生說：「你懂得這個，你自然就懂得天。」（總388，10）並解釋：這種懂得「是通過實踐的理性」，「所以叫做 moral metaphysics」。（總388，10）但牟先生認為，「天是甚麼意思，這在孔孟是不太清楚的」，「只不過承認有這麼一個超越意識。」（總389，2）因此，牟先生提出另一種講法，也就是採取自上而下的進路，「從上面由道體說性體」，「故直下從『實體』處說也。」[89]依據在《中庸》、《易傳》。牟先生認為，通過這種自上而下的講法始能瞭解「甚麼是天」這個問題。牟先生說：

> 那麼，甚麼是天呢？那個超越意義的「天命」、「天道」究竟是甚麼呢？具體的表示在哪裡呢？這就要通過《中庸》、《易傳》來瞭解，天命就是一個絕對的實體。天地萬物後面有一個絕對性的創造性的實體，這就叫做 creative reality，也叫做 metaphysical reality，宗教的意義完全沒有了。（總389，2）

　　儘管牟先生本人表明，兩種說法是「一圓圈之兩來往」[90]，但依牟先生所論，實在認為孔孟之進路未完滿，因其以為「天是甚麼意思，這在孔孟是不太清楚的」，（總389，2）故必須「再往前發展」，進至「《中庸》講『誠』，以至於《易傳》講『窮神知化』」。（總389，2）牟先生明文表示：「先秦儒家本來是從論孟一步一步地向中庸易傳

---

89 牟先生說：「大抵先秦後期儒家通過《中庸》之性體與道體通而為一，必進而從上面由道體說性體也。此即是《易傳》之階段，此是最後之圓成，故直下從『實體』處說也。」（牟宗三著：《心體與性體》（一），《牟宗三先生全集》第5冊，頁38。）

90 牟宗三著：《心體與性體》（一），《牟宗三先生全集》第5冊，頁38。

發展，〔……〕。先秦儒家是從論孟向前發展，一根而發至中庸易傳，這叫『調適上遂』。」[91]

依牟先生所論，《中庸》、《易傳》為「圓滿頂峰」。愚意以為先生此「頂峰」說有可商榷處，即使擱置《中庸》、《易傳》是否較《孟子》晚出的問題不論，吾人仍可就關涉於道德形上學的問題提出三點可商榷處：一、孔孟道德的形上學包含由言「天」而顯的宗教意義，此從孔子言「畏天命」，孟子言「事天」可見。此義不見於《中庸》、《易傳》。[92]據此，吾人可說，孔孟道德的形上學中，「天」乃從道德伸展至宗教而擴展至的。不一定要依《中庸》、《易傳》那樣擴大至「本體宇宙論」而言「天」。儘管也有一個宇宙論歸屬於其下。二、《中庸》、《易傳》首先自上言「天地萬物後面」的「一個絕對性的創造性的實體」，此即「本體宇宙論的進路」講形而上學，儘管並非把道德建基於宇宙論，而如牟先生所論，《中庸》、《易傳》「一定是『宇宙秩序即是道德秩序』」[93]，「背後的底子還是 moral。」[94]但愚意以為，吾人仍須明確指出：《中庸》、《易傳》之「本體宇宙論」必須由孔子言「仁」及後來孟子承孔子本旨而言「本心」來決定，[95]始可決定其為一個道德的本體宇宙論，而跟董仲舒宇宙論中心那一套區別開

---

91 牟宗三主講，盧雪崑整理：〈宋明理學演講錄〉（一）。收入牟宗三著：《宋明儒學的問題與發展》，頁149。牟先生又說：「北宋諸儒則是直接由《中庸》、《易傳》之圓滿頂峰開始漸漸向後返，返至於《論》、《孟》。」（牟宗三著：《心體與性體》（一），《牟宗三先生全集》第5冊，頁46。）

92 用牟先生的話說，依《中庸》、《易傳》，「天地萬物後面有一個絕對性的創造性的實體，這就叫做creative reality，也叫做metaphysical reality，宗教的意義完全沒有了。」（總389，2）

93 牟宗三著：《中國哲學十九講》（臺北市：臺灣學生書局，1983年），頁82。

94 同前註。

95 牟先生說：「道德的創造性不是後來憑空想出來的。道德的創造性當年首先提出來justify，是孔子、孟子。近代說"moral creativity"的那個根本的原義定在孔子所講的『仁』，孟子所講的本心。」（總379，8）

來。[96]吾人不能說先有外在的「於穆不已」之天命實體、乾元、道體，然後「由孔子之仁與孟子之心性彰著而證實之」。[97]三、道德的創造性的根本的原義定在孔子所講的「仁」，孟子所講的「本心」。並且，孔孟並非只講「仁」、「本心」，[98]事實上，孔子「踐仁知天」、孟子「盡心知性知天」已展示一個包含宇宙論的道德的形上學之宏規。[99]此形而上學之宏規圓滿自足。不必要進至《易傳》才「全部朗現」。[100]依此，吾人認為，儒家的道德的形上學之「圓滿頂峰」在孟子。而《中庸》、《易傳》的「本體宇宙論」附加到孔孟確立的道德的形上學所包

---

96 牟先生說：「董仲舒是宇宙論中心，就是把道德基於宇宙論，要先建立宇宙論然後才能講道德，這是不行的，這在儒家是不贊成的，《中庸》、《易傳》都不是這條路。」（牟宗三著：《中國哲學十九講》，頁76。）

97 見牟宗三著：《心體與性體》（一），《牟宗三先生全集》第5冊，頁45。愚意以為，吾人物要恰切地把《中庸》、《易傳》及其後繼者所論乾元、天道性命通而為一而收歸孔孟「心、性、天一」之形上學規模中。

98 牟先生說：「近代說"moral creativity"的那個根本的原義定在孔子所講的「仁」，孟子所講的本心。當用在《易傳》這個地方，moral creativity向天地萬物方面實現，成一個形而上學。成一個形而上學的時候就不能光講《論》的那個『仁』，《孟子》講的良知、本心。《易傳》要擴大，就要從這個moral creativity講onto-cosmological process，講cosmological becoming。」（總379，8）此令人生誤解，以為孔孟只講「仁」、「本心」，還不足以形成一個形而上學，故必須進至《易傳》講本體宇宙論的進程，形上學始得以完成。

99 吾人不必否認，若與《中庸》、《易傳》相比觀，孔孟之本體宇宙論趣味很淡，然獨立的一個本體宇宙論並不是儒家道德的形而上學之要點。但也不能說，孔孟完全沒有宇宙論的表述。孔子言：「天何言哉？四時行焉，百物生焉，天何言哉！」（《論語》〈陽貨第十七〉）孟子言「萬物皆備於我」、「上下與天地同流」（《孟子》〈盡心章句上〉），又，孟子引《詩》〈大雅‧烝民〉「天生烝民，有物有則。民之秉彝，好是懿德。」云：「孔子曰，為此詩者，其知道乎。」以上所引皆為關涉到宇宙論的語句。

100 牟先生認為，要瞭解《易傳》，形而上學始得以「全部朗現」。牟先生說：「你要瞭解孟子就讀我的《圓善論》，……。然後再瞭解《易傳》。那麼，moral metaphysics就全部朗現了（fully realize）。到《易傳》全部朗現，就是講「天命不已」，就是以潤物為用。」（總388，10）

含的宇宙論中，使其宇宙論顯充盈飽滿。[101]

　　如上所述，吾人可見，依孔孟踐仁知天、盡心知性知天確立的儒家的道德的形而上學，如同康德批判地展示的實踐的形而上學，皆從道德主體（本心、仁，或曰意志自由）立法而顯其為創造實體，既創造人自身為道德實存者，同時又創造圓善為人的終極目的，並由促進圓善實現於世界而伸展至純粹的道德的宗教。儒家的道德的形而上學，如同康德的實踐的形而上學，不僅是道德，也不只是形而上學的，因其包含圓善（終極目的）並且包含促進其實現於世界，故亦可說是一個「圓善學」體系，康德本人就表示贊同古人將「實踐的智慧學」理解為哲學，[102]「即作為一種圓善的學說。」（KpV 5:108）他說：「如果我們讓哲學這個詞保留它的古代意義，即作為一種圓善的學說，那就好了，只要理性致力於在其中使圓善成為科學。」（KpV 5:108）

　　通過三大批判艱鉅工程展示的創闢性的形而上學，不再是西方哲學史上的一種學院概念（Schulbegriff），[103]而是一種宇宙概念（Welt-

---

101 無疑，依照傳統的西方哲學，形而上學包括本體論與宇宙論。但依康德批判地建立的形而上學，必須從道德主體之進路入，通過道德主體作為道德創造的實體在世界上實現來論道德世界之生成過程。故不需要先於道德的一套本體論與宇宙論，並且，以自然目的論為根據的宇宙論在形而上學中不再占有重要位置。誠然，如牟先生所言，《易傳》展示一個「最漂亮的宇宙觀，光明俊偉的宇宙觀。」吾人可以說，《易傳》完滿地建立起一個本體宇宙論，而且並沒有像西方哲學傳統中許多本體宇宙論那樣純然是思辨的，而是以人的道德實踐作說明的。儘管吾人可以判定，《易傳》、《中庸》並不能單獨成立一個道德的形而上學之規模，恰當的做法是，以孔孟「心、性、天一」之形上學規模為準，而將《易傳》、《中庸》展示的宇宙論收歸其中作補充說明。

102 儘管康德指出，古人並未作出一門科學的圓善學說。

103 康德說：「迄今為止哲學的概念只不過是學院概念，也就是說，是關於僅僅被當作科學來尋求的一種認識體系（System der Erkenntnis）的概念，所當作目的的無非是這種知識（Wissen〔s〕）的系統的統一性，從而只是認識在邏輯上的完善性。」（A839/B867）

begriff: conceptus cosmicus）。康德說：「宇宙概念是指涉及每一個人都必然有興趣的（jedermann notwendig interessiert）那種東西的概念。」（A840/B868）吾人可指出，康德的創闢性的形而上學（亦即純粹的哲學）是宇宙概念的，康德說：「哲學就是關於一切認識與人類理性的本質的（wesentlichen）目的（人類理性的目的論）之聯繫的科學。」（A839/B867）此即決定，其關切點並不停在「理性之理論的認識」，而真正關注的是「理性之實踐的認識」。「理性之實踐的認識」不僅僅決定對象及其概念，「還要使其成為現實」。[104]（Bix）顯然，康德的創闢性的形而上學包含一切形而上學的對象之「成為現實」的問題，明乎此，則吾人沒有理由以為康德將形而上學的三個對象只視為純然的理念、空洞的設準；只講「定言命令之純形式義」，而缺乏「實踐的體現工夫」。[105]

事實上，《實踐的理性批判》第二部分「純粹的實踐的理性之方法論」就可以視為康德提出的工夫論。於此，他論及「人們能夠怎樣使純粹的實踐的理性法則進入人的心靈及影響其格準，也就是使客觀的實踐的理性在主觀上成為實踐的方式。」（KpV 5:152）亦即：「僅僅通過義務的純粹表象就使純粹的理性之客觀的實踐的法則成為主觀地實踐的。」（KpV 5:153）並且，勾勒出「建立和培養真正的道德存心的方法。」（KpV 5:153）在那裡，康德論及「對於道德格準的連續

---

104 康德說：「現在，只要在科學中有理性，那麼在這科學裡就必須有某種東西是先驗地被認識的，這種認識能夠以兩種模式關聯到其對象，要麼只是決定這些對象及其概念（這對象必須從別處被給予）；要麼不僅決定對象，還要使其成為現實。前者是理性之理論的認識，後者是理性之實踐的認識。」（Bix-x）

105 牟先生說：「最後，這道德性的性體心體不只是在截斷眾流上只顯為定然命令之純形式義，只顯為道德法則之普遍性與必然性，而且還要在具體生活上通過實踐的體現工夫，所謂『盡性』，作具體而真實的表現，這就是『隨波逐流』句，是道德理性底第三義。這是儒家言道德理性充其極而為最完整的一個圓融的整體，是康德所不及的。」（牟宗三著：《心體與性體》（一），《牟宗三先生全集》第5冊，頁143。）

而嚴格的遵守」。（KpV 5:152-153）他提出：我們的心的「對於純粹的道德興趣的接受性」，應當「恰當地置於人心（Herz）」，作為「行善的最強大的動力」。（KpV 5:152）

康德還論及：「人們感受自己的尊嚴時賦予人心一種甚至出乎其所料的力量，以掙脫一切想占支配地位的感性依賴性，〔……〕。」（KpV 5:152）他提出「純粹的道德的動機」：它不僅是「依照不變的格準的實踐的一以貫之的思維模式」的動機，而且，「它使人感受到自己的尊嚴」。此即康德說：「通過在我們的自由之意識中尊敬我們自己」，「任何善的德性的存心都能夠植根於這種尊敬上」，「這是防止心靈受不高尚的和使人敗壞的衝動入侵的最好的甚至是唯一的守護者。」（KpV 5:161）一旦建立起這種尊敬，沒有任何東西比人「在內部反省中在自己眼中」是不道德的更為令人害怕。」（KpV 5:161）以上所述同於儒者「存心」、「盡性」、「慎獨」、「戒慎恐懼」之工夫。

究其實，康德並不僅限於個人的成德修養而論工夫，不僅停在個人日常生活論實踐理性之真實使用，他提出「道德法則要求實現經由我們而可能的圓善」（Rel 6:5），即把實踐理性之真實使用擴展至每一個人為實現自由合目的性與自然合目的性結合以在世上建立目的王國之不懈努力的進程。同樣，孔孟「成人之教」是通著「王道之學」的；所謂「內聖外王之道」是也。「仁者，人也」就包含「人能弘道」（見《論語》〈衛靈公第十五〉）。本心（仁）成就人自身為道德者，並且創造世界為道德世界（大同世界）。乃至天地萬物為一體的道德目的論下的宇宙整全。此乃儒家道德的形上學即實踐的智慧學本有之義。

簡括言之，經由《純粹的理性批判》、《基礎》、《實踐的理性批判》，康德首先從邏輯的可能性，繼而就道德概念之分析，以及最後歸到純粹實踐理性的事實而建立及證成了「超越的自由」，由此奠定了他的自由學說體系之基礎。進而，通過《判斷力批判》論明稟具意志自由的人作為世界的終極目的，即在道德的目的論下，意志自由擴

展至統自由與自然而言之創造實體。在這項人類自我認識以及自我置定的偉大成果上，康德進而在宗教學、倫理學、政治歷史哲學，以及教育學等各個領域展示意志自由（不僅是每一個人身上，且顯現於全人類意志自由的作用之整體）的作用，即展示實踐理性之全部的真實使用。[106]

如以上所述，康德經由三大批判展示的實踐的形而上學，因著包含一個圓善學說在內，就堪稱為實踐的智慧學，亦因著圓善作為終極目的要實現在世上，必然要遭到來自自然的阻礙及面對人自身的限

---

106 在《單在理性界限內的宗教》，康德以人的意志自由為根據，提出基於道德的理性的宗教。此可以說是實踐理性之使用見於宗教方面。在《德性形而上學》，於探究我們的行動的概念和判斷的道德 —— 實踐領域，康德整理出一個先驗原則的體系，這個體系包括法權學（Rechtslehre）和德行學（Tugendlehre）。於此，法權（Recht）之概念及德行之概念「既是一個純粹的概念，同時又是運用到在經驗裡所遇到的具體事例而提出的概念」，因而整個體系「考慮到經驗中的事物的多樣性和差異性」。（MS 6:205）也就是說，此先驗原則的體系包含「最高原則落實到經驗中的具體應用」。在一系列歷史、政治論文中，康德展示了「自由概念」，亦即實踐理性之使用於歷史、政治領域。康德在〈世界公民觀點之下的普遍歷史理念〉（以下簡稱〈普遍歷史理念〉）一文中展示了一個以「人類意志自由的作用之整體」為根基的獨特的歷史觀，它揭示人類史是在自由與自然之張力下發展的，而人類意志之自由以其法則頑強地作用於自然，並趨向與自然諧和一致，這使人類史成為預告的歷史。它是道德史，「涉及人類結合的全體（不是各個個人的，而是全體人們的聯合）」。（KGS 7:87）康德提出的人類歷史之理念，它告訴我們人類基於意志之自由在朝向世界之終極目的的進程中將致力於創造什麼，展示出自由之合目的性與自然之合目的性結合之實現進程。在〈永久和平論〉中，康德提出「公民體制」和「永久和平」之理念。（KGS 8:349）康德的政治理念建基於人類意志的自由，體現「超越的自由」之實踐運用，以圓善（終極目的）為其努力趨近之目標。他的政治理念體現出人的自然本性與自由稟賦之結合，以及指導著這二者的發展。在康德講授教育學的一部講演錄（《教育學》〔Pädagogik〕，1803年）中，康德提出教育藝術的一個原則，「它就是：孩子們受教育，應該不僅適合人類當前的狀態，而且適合人類未來更好的狀態，也就是適合人性的理念及其整個定分。」（KGS 9:447）他提出我們需要有「一種把人裡面的所有自然稟賦都發展出來的教育的理念」。（KGS 9:445）他說：「把人性從其胚芽展開，使得人達到其定分，這是我們的事情。」（KGS 9:445）

制。唯獨有阻礙、有限制，實踐的形而上學必擴展至包含道德的信仰物（心靈不朽、上帝），即包含純粹的道德的宗教。此義同樣見之於經由孔子踐仁知天、孟子盡心知性知天而確立的儒家的道德的形而上學。二者皆為包含圓善實現於世界之終極目的的實踐的智慧學故也。

關於「心靈不朽」之信仰。於康德所論，「心靈不朽」作為理性上的信仰物，無非是一個「持存（Dauer）」之設準，康德說：「『持存』是在作為實踐理性的整個目的的圓善中與道德法則相切合所需要的，實踐理性通過這種持存之設準建立了那個心靈之最後的主體（letzten Subjekts）。」（KpV 5:133）「心靈不朽」作為形而上學的概念，同時作為純粹的道德宗教的信仰物，它在現實中起到一種推動人致力保存「與道德法則相切合的」存心的真實作用。同樣，儒家言德性之「純亦不已」[107]、「盡心」，即包含此義。[108]宋儒張橫渠說：「知死之不亡者，可與言性矣。」（《正蒙》〈太和篇〉）又，明儒劉蕺山曰：「此心在人亦與之無始無終，不以生存，不以死亡。故曰：堯、舜其心至今在。」（《劉子全書》卷之十，〈學言上〉）此所言「心」之「不以生存，不以死亡」，正可通過康德所論通過「持存」之設準建立心靈之最後的主體來理解。[109]

關於「上帝」之信仰。於康德所論，「上帝」無非是從「無私地經由不偏不倚的理性」出發，產生「圓善的第二個元素（即與德性相

107　《中庸》曰：「《詩》云：『維天之命，於穆不已。』蓋曰，天之所以為天也。『於乎不顯，文王之德之純。』蓋曰，文王之所以為文也，純亦不已。」

108　孟子言盡心知性，張橫渠承接孟子，從「心能盡性」，（《正蒙》〈誠明篇〉）言「成性」，「成性」就是在「盡心」中成。

109　此見康德理性的思維。此理性的思維體現於孔子，就是：「知之為知之，不知為不知，是知也。」（《論語》〈為政第二〉）孫星衍輯《孔子集語》卷二〈孝本二〉記載：「子貢問孔子：『死人有知無知也？』孔子曰：『吾欲言死者有知也，恐孝子順孫妨生以送死也。欲言無知，恐不孝子孫不葬也。賜欲知死人有知將無知也，死除自知之，猶未晚也。』」《禮記》〈檀弓上〉云：「孔子曰：『之死而致死之，不仁而不可為也，之死而致生之，不知而不可為也。』」

配稱的幸福）的可能性」，而導向的一個設準。（KpV 5:124）上帝的實存的設準，「同時就是一個源始的圓善的現實性的設準。」（KpV 5:125）同樣，吾人可指出，於孔子哲學傳統中，關於「天」之信仰，是從本心仁體（即康德言無私的、不偏不倚的理性）出發伸展至的，此即孔子「踐仁知天」、孟子「盡心知性知天」中所言「天」包含之義。

依康德言，每一個人自身於道德踐履中「由義務行」，即孟子言「由仁義行」，為了正當地行為，道德法則（天理）就足夠了。但是，從道德產生終極目的（圓善），「道德法則要求實現通過我們而可能的圓善。」（Rel 6:5）[110]同樣，依孔孟，「踐仁」、「盡心知性」之道德踐履必包括「人能弘道」、於世界實現「大同」之終極目的。就在人致力於在世界上實現圓善（大同）的不停息的進程中，人必定遭遇限制。吾人可以說，正因為人有限制，道德才必定伸展至宗教。若人是無限制的，則宗教無由而生。關於何以從道德法則（天理）要求實現通過我們而可能的圓善（大同）必定產生「上帝」（或曰「天」）之信仰，簡述如下：

> 康德指出，人因著意志自由而為神聖的，但現實上人的能力畢竟是有限制的。因著意志自由，每一個人有能力單由自己意志之立法而有純粹的道德行為；但人卻感到需要在一個公正無私的最高者眼中其行為是純粹的、道德的。就「配得幸福」而言，我們人需要完全公允的判斷，他需要感到自己的判斷是公

---

110 康德提出，人「為自己的所作所為在整體上設想一個可以由理性加以辯護的終極目的」，這不可能是無關緊要的。（Rel 6:5）一個尊重道德法則的人，不僅關心他自己如何成為道德的，還要關注他會在實踐理性的指導下為自己創造一個怎麼樣的世界，而他自己作為一個成員置於這一世界中。（Rel 6:5）人依照道德法則的要求去實現終極目的，也就是要實現一個道德的世界，康德稱之為第二自然，（KU 5:275）也就是一個目的王國。

允的，「如同由一個局外人作出，但同時又會感到理性強迫他
承認這一判斷是他自己的判斷。」（Rel 6:6）[111] 此即儒者所言
「對越在天」。「對越在天」並非意謂先有一「天」在人心之
外，而本體宇宙論地作為存在界的創生實體。究其實，即使聖
人（如孔子）亦感到有「誠可鑒天」的需要。[112]《論語》〈憲
問第十四〉記載：「子曰：『莫我知也夫！』子貢曰：『何為其
莫知子也？』子曰：『不怨天，不尤人。下學而上達。知我者
其天乎！』」可知，孔子亦有嘆「莫我知也夫」之時。[113] 而

---

111 我們人有時會懷著虛偽的動機而行善，事實上，「我們從未能完全測透我們的行動
的秘密動力」；然而「只有行動的那些不為人看到的內部原則」才構成行動的真正
道德價值。（Gr 4:407）因此，我們需要設定一位全知者（上帝），「它在一切可能
的場合和在全部未來中認識我的行為，直至我最內在的存心。」（KpV 5:140）

112 「誠可鑒天」並非意謂有一外在的審判者以不同於每一個人自身的本心天理為原
則來審判人。關於「設想一個（與一般的人，亦即）與自己不同的他者」作為公
正的審判者，康德有透徹的說明。在《德性形而上學》中有一章題為「論人對自
己的義務，作為天生的自我審判者（angebornen Richter über sich selbst）」。（MS
6:437）他說：「人的良心在一切義務裡都將必須設想一個（與一般的人，亦即）與
自己不同的他者，作為他的行為的審判者。」（MS 6:438）「當行動已作成，在良
心中的起訴人（Ankläer）首先到來，隨同到來的是辯護人（Anwalt）」，這時，「良
心作出有法權效力的判決，即宣布他無罪或者譴責他，就此結束訴訟。」（MS
6:440）這一切都是在「同一個人」的內部的良心法庭內發生的，「自我，既是起訴
人但也是被告，是同一個人。」（MS 6:439）正因此，為了避免理性陷入自身矛
盾，我們視自己的「立法的主體」為一個不同於我們作為感取者的他者。康德指
明：這個「他者」無非是：「作為道德的、從自由概念出發的立法的主體，其中人
服從於一種他自己為自己立的法則（作為智思物的人〔homo noumenon〕）。」（MS
6:439）孔子哲學傳統言「良知」之良心義中也可見出有這種「內部的良心法庭」
的意思，如劉蕺山說：「心是鑒察官，謂之良知最有權。人但隨俗習非因而行有不
慊，此時鑒察仍是井井卻已做主不得。」（《劉子全書》卷之二，〈學言下〉）

113 如陽明說：「昔者孔子之在當時，有議其為諂者，有譏其為佞者，有毀其未賢，詆
其為不知禮，而侮之以為東家丘者，有嫉而沮之者，有惡而欲殺之者；晨門、荷
蕢之徒，皆當時之賢士，且曰『是知其不可而為之者歟！鄙哉硜硜乎，莫己知
也，斯已而已矣』。雖子路在升堂之列，尚不能無疑於其所見，不悅於其所欲往，
而且以為迂，則當時之不信夫子者，豈特十之二三而已乎？」（《傳習錄》中，

「知我者其天乎」，正表達孔子「對越在天」的道德感，同時就包含一種宗教信念於其中。明道說：「君子當終日對越在天也。」（《二程全書》〈遺書第一〉。見《宋元學案》〈明道學案〉）蕺山說：「直是時時與天命對越也。」（〈學言上〉）此可通康德所論：信仰神的人，「把有良心想像成在一個與我們自己有別、但卻對我們來說最親密地在場的神聖的者（道德上立法的理性）面前負責，並且使自己的意志服從正義的規則。」（MS 6:440）「在此對人來說，純然是『把人的所有義務評判為神的命令的一個原則』。」（MS 6:440）這樣一個「上帝概念」，「任何時候都包含在那種道德的自我意識中。」（MS 6:439）倘若人沒有這種道德的自我意識，就根本不會有「一切義務作為神的命令」這回事，因而也就不會有真正的宗教。同樣，本心（仁）是統天地萬物而普遍立法的，在普遍立法中全宇宙和諧一體、共同實現，在這個意義上，「仁」充其極至「天」；而人心「萬物一體」之仁必「知天命」、「畏天命」。無非意謂視根自本心之理義作為天之命令而知之，敬畏之。無根據認為理性思維的儒者自以為知道及敬畏一個外在自存潛存的「天」。

依康德所論，人因自身作為感取的實存而不可避免的限制，把自身作為道德的實存而稟有的普遍立法和無偏私的審判能力設想為「一個局外人」，我們可以指出，這是一種「如同」的道德的宗教思維模式。如劉蕺山說：「君子終日凜凜如對上帝。」（《劉子全書》卷之二，〈學言上〉）這種道德的宗教思維模式的特點在：它對「神」之存在與否存而不論，其關切不在外在的「神」的實存，而在人自身與自

〈答聶文蔚〉，第171條）此可見有理由把「配得幸福」之裁判交付於「天」。事實上，有德者「誠可鑒天」，此外不必求知於人。

已設定的「神」之間的道德的關聯。這種道德的宗教思維模式見於孔子。孔子曰：「祭神如神在。」（《論語》〈八佾第三〉）「務民之義，敬鬼神而遠之，可謂知矣。」（《論語》〈雍也第六〉）

此外，即使一個人（理性的存有）完全遵循道德法則而行，但他不能擔保別人同樣依照道德法則而行。康德指出，即使一個理性的存有者本身嚴格地遵守由定言律令決定的格準，但他無法指望，其他每一個理性的存有者也都會堅守這些格準。（Gr 4:438）而圓善（終極目的）之實現於世界上，必定是一切人結合在一個「目的王國」。道德不會只是個人品德修行的事。據此，康德提出，目的王國之元首的理念，即「上帝」之信仰。它作為目的王國中的元首是一個完全獨立無依待的東西（völlig unabhängiges Wesen），它是我們必須假定（annehmen）的一個更高的，道德的，最神聖的和全能的東西（Wesen），它是「人之外的一個有權威的道德立法者的理念,（Rel 6:6）「因為本身為如此多的性好（Neigungen）刺激的人，雖然能夠有一種實踐的純粹的理性理念，但卻並非如此輕易地就能夠使其在自己的生活模式中具體地發揮作用。」（Gr 4:389）事實上，人（即使是最好的人）會墮入惡，在把各種動力納入自己的格準時，顛倒了它們的道德的次序，（Rel 6:36）[114]人類的全體要在歷史進程中逐步擺脫理性不成熟帶來的罪惡和災難，就必須結合成一個目的王國，我們把一個依照道德法則發布命令的最高理性設定為目的王國之元首，從而對每一個人有約束力。

道德不僅是人類尊嚴的唯一根源，同時由之導出「不同的有理性者透過共同的法則形成的系統結合」,（Gr 4:433）亦即一個目的王

---

114 人有其自然稟賦，畢竟也依賴於感性的動力並把它們納入自己的格準。（Rel 6:36）關鍵在於人採納格準的主從關係，「即他把二者中的哪一個作為另一個的條件」。（Rel 6:36）在道德踐履中，感性稟賦與道德稟賦並非對立的，而毋寧說，二者是在道德次序中相結合的，一個人之所以是惡的，在於他「把各種動力納入自己的格準時，顛倒了它們的道德次序」。（Rel 6:36）

國。依康德所論，「每一個有理性者都必須通過自己的意志的一切格準而把自己視為普遍立法者，以便從這一觀點出發來評價自己以及自己的行為；這樣的有理性者的概念就導出一個依存於它而且極有用的概念，也就是一個目的王國的概念。」（Gr 4:433）所謂「王國」是指不同的有理性者因共同的法則而成的系統的聯結，一個目的王國就是一切目的在系統中連結的一個整體。（Gr 4:433）孔孟所論王道大同，可以說就是康德所論目的王國。吾人必須假定一個道德的全能的最高者作為目的王國之元首。為此，每一個人的意志自由之立法才充極擴充至一切人之上的一個「有權威的道德的立法者的理念」。（Rel 6:6）吾人可稱之曰「上帝」，或「天」。但此絕不意謂有一個外在的東西作為元首給人立法。如康德明示：「有理性者必須總是在一個經由意志自由而為可能的目的王國中視其自己為立法者，不管他身為成員，抑或是元首。」（Gr 4:434）每一個人敬畏並遵從目的王國之元首的命令，無非就是敬畏並遵從自身意志自由所立之道德法則。吾人視根自人自身的道德法則為目的王國之元首的命令，無非是要讓道德法則任何時候「到達人的意志和實行之堅定性」。（Gr 4:389）

康德揭示：人類需要並且必然要有宗教，理由在於必須通過宗教，「把人類作為一個遵循德性法則的共同體，在它裡面建立一種力量和一個國度，它將宣布對惡的原則的勝利，並且在它的統治下保證一種永恆的和平」。（Rel 6:123）在《宗教》一書中，他提出這種共同體，名之為「倫理的 — 公民的社會」，或者名之為「倫理的共同體」。建立這種共同體也就是：「建立一個持久存在的、日益擴展的、純粹為了維護道德的、以聯合起來的力量抵制惡的社會。」（Rel 6:94）他說：「因為只有這樣，才能期望善的原則對惡的原則的勝利。在道德上立法的理性，除了它為每一個個人規定法則之外，還樹立起一面德行旗幟，作為所有熱愛善的人的集合地，以便他們都聚集在這面旗幟下，並且這樣才對不間斷地侵襲他們的惡獲得優勢。」

（Rel 6:94）康德指明，如果找不到任何手段來建立這樣一個聯合體，「那麼，無論單個人想要如何致力於擺脫惡的統治，惡都要不停地把他滯留在返回到這種統治的危險之中。」（Rel 6:94）

康德指出：「由於德行義務關涉人的整個族類，所以，一個倫理共同體的概念總是關涉到一個所有人的全體的理想。」（Rel 6:96）正是這個理想要求一個最高的道德者之理念，康德名此最高的道德者為「上帝」，並說：「一個倫理共同體的概念是一個在倫理的法則下的上帝子民的概念。」（Rel 6:98）此見出，在宗教方面，康德的創闢性建樹扎根於人的意志之自由及由之而決定的人類全體之分定（終極目的）的實現。康德宣告：「唯一真正的宗教所包含的無非是法則，即這樣一些實踐的原則，我們能夠意識到它們的無條件的必然性，我們因此而承認它們是由純粹的理性啟示的（不是經驗性的）。」（Rel 6:107）「每一個人都能夠從自身出發，憑藉他自己的理性認識作為他的宗教的基礎的上帝意志；因為神明之概念本來就只是出自對這些法則的意識和理性要假定一種力量的需求，這種力量能夠為這些法則帶來在一個世界上可能的而又與道德上的終極目的一致的全部效果。」（Rel 6:104）任何歷史性的宗教實在說來並不配稱為宗教，而只是諸如此類的信仰，康德說：「可能有多種多樣的信仰，但只有一種真正的宗教。」（Rel 6:107）「只按照純粹的道德法則來規定上帝的意志之概念。」（Rel 6:104）「是純粹道德的。」（Rel 6:104）唯獨純粹的道德立法「使上帝的意志最初被寫進我們心中」，它是「真正構成真宗教自身的東西」。（Rel 6:104）據此，我們可以說，「天命」僅僅按照本心天理來決定的。此即劉蕺山說：「道，其生於心乎！是謂道心。」（《劉子全書》卷之七，〈原道上〉）孔子哲學傳統中「天」所包含的宗教就是康德所論真正的宗教，即道德的宗教。道德的宗教之確立，堪稱宗教信仰史上一個根本的扭轉，從個體命運與彼岸之終極關懷轉到人類整體終極目的之關切。它區別於一切只關注每一個體之今生趨

吉避禍，以及個人的死後終極託付的形形色色的歷史性信仰。

再者，如康德指出：在我們人類中，個人不能預期自然方面將有助於他對於幸福的期望。（Gr 4:438-439）在世上行動著的人並不是世界和自然本身的原因。在我們人這裡，感性作為理性使用於自然對象的主觀條件是不可或缺的。因此，「在應當和做之間，在由於我們才成為可能的東西的實踐的法則和由於我們才成為現實的東西的理論的法則之間」，（KU 5:403）有所區別。「道德上絕對必然的行為在物理上被視為完全偶然的（亦即應當必然發生的事情卻常常不發生）。」（KU 5:403）此所以，康德提出：理性的必要的格準就是「不要忽略在自然產物上的目的原則」。（KU 5:411）並提醒：「理性無限重視的就是不放棄自然在其產生中的機械作用，〔……〕。」（KU 5:410）「一種根本不考慮自然機械作用的純然目的論說明模式使得理性陷入狂熱。」（KU 5:411）為此，在圓善的理想中，一個「自然的至上原因」必須被設定。康德說：「因此，唯有假定自然的一個擁有與道德的存心相符合的因果性的至上原因，世上的圓善才是可能的。」（KpV 5:125）「自然的至上原因，只要它必須為了圓善而被設定，就是這樣一個通過知性和意志成為自然的原因（因而是自然的創造者），亦即上帝。」（KpV 5:125）也就是說，為了「與德性相配稱的幸福的可能性」，必定要以自然與自由的和諧一致為條件，因而必須設定一個「自然的至上原因」（上帝），它「依照道德法則發布命令」，「同時又作為自然的原因」。[115]於此所言「自然」是指人類在意志自由推動下創造的第二自然，而並非一般所言天造地設的自然。

依孔子哲學傳統，我們也可以說，在本心（仁）決定人作為道德實存的定分中，天理向我們啟示了一個不依賴「物交物」的超感觸界

---

115 早在《純粹的理性批判》，康德就提出，德福一致作為「圓善的理想」，「只有當我們把一個依照道德法則發布命令的最高理性同時又作為自然的原因而置於根據的位置上時，才可以有希望。」（A810/B838）

的生命，把我們的實存決定於「萬物一體」的道德目的秩序下的世界。依照這種實存的決定，人類整體必定要成為這種「道德目的秩序的世界」的創造者，並且，為著這個世界在世上實現，人類整體作為「目的王國」（即大同社會、人類倫理共同體），我們置定「最高者」（天），作為這個共同體的「元首」，將根源於每一個人的普遍立法歸於它，以便共同遵守。此外，我們還將它視為「自然的至上原因」，也就是，它不但被置定為一個依照源於人自身的道德法則發布命令的最高理性，「同時又作為自然的原因」。（A810/B838）在這裡，我們並非自以為知道「天」是自然本身的創造者而作為真實起作用的原因，而毋寧說，它作為「道德的願望」，「以便也在與道德的內在立法及其可能的實現的聯繫中把自然表象成合目的的。」（KU 5:448）依此，我們為自己確立一個作為世界創造之終極目的的「原型」，「它一方面必然與自由的立法學相聯繫，另一方面必然與自然的立法學相聯繫」，（KU 5:448）而我們以此為目標，亦即：朝向自由合目的性與自然合目的性的和諧一致而努力。於此，「自然」既不是作為「顯相之總集」的自然，也不是天造地設的自然本身，而是道德目的秩序下的「自然」。

　　儒者不妄言天何所是，亦不妄稱可以有能力知道天的啟示。此所以孔子云：「非道弘人也。」（《論語》〈衛靈公第十五〉）「天何言哉！」（《論語》〈陽貨第十七〉）但人以「萬物一體」之仁心開創道德的世界，並不是奧秘，故孔子云：「人能弘道。」（《論語》〈衛靈公第十五〉）用康德的話說，我們人除了對無窮與無盡的宇宙表示驚嘆和敬畏，還驚嘆和敬畏「心中的道德法則」。（KpV 5:161）人與宇宙的連接「僅僅是一種偶然的連接」，唯獨道德法則從我的「人格性」開始，不僅直接與「我的實存的意識」聯結起來，而且這種聯結「是處於普遍的和必然的聯結中」。（KpV 5:162）「透過我的人格無限地提昇了我作為睿智者的價值，在這個人格裡面，道德法則向我展現了一種獨立於動物性，甚至獨立於整個感觸界的生命，至少是從憑藉這個法

則對我的存在的合目的性之決定中可以得出的，這種決定並不局限於
此生的條件和界限，而是無限延續的。」（KpV 5:162）本心（仁）決
定人作為道德的實存，也就必然擴展至決定宇宙為道德目的秩序下的
「自然」，即產生一個對於「自然的至上原因」（天）的希望和崇敬，
由之伸展至純粹的道德宗教。本心（仁）的決定是無限的，道德源於
此，宗教亦源於此。

　　孔子哲學傳統中言：「上天之載，無聲無臭，儀刑文王，萬邦作
孚。」（《詩》〈大雅・文王〉）「有命自天，命此文王。」（同上）「天
生烝民，有物有則，民之秉彝，好是懿德。」（《詩》〈大雅・烝民〉）
「維天之命於穆不已，文王之德之純。」（《詩》〈周頌・維天之命〉）
「天命有德。」（《書》〈虞夏書・皋陶謨〉）「天敘有典」、「天秩有
禮」、「天命有德」、「天討有罪」。（同上）「惟天監下民，典厥義」、
「天既孚命正厥德。」（《書》〈商書・高宗肜日〉）孔子說：「天何言
哉？四時行焉，百物生焉，天何言哉！」（《論語》〈陽貨第十七〉）
「唯天為大，唯堯則之。」（《論語》〈泰伯第八〉）「天生德於予，桓
魋其如予何！」（《論語》〈述而第七〉）孟子說：「誠者，天之道
也。」（《孟子》〈離婁章句上〉）「順天者存，逆天者亡。」（同上）
「且天之生物也，使之一本。」（《孟子》〈滕文公章句上〉）「《書》
曰：『天降下民，作之君，作之師。惟曰其助上帝，寵之四方。』」
（《孟子》〈梁惠王章句上〉）「《詩》云：『畏天之威，于時保之。』」
（《孟子》〈梁惠王章句下〉）「天之生此民也，使先知覺後知，使先覺
覺後覺也。」（《孟子》〈萬章章句上〉）「昔者堯薦舜于天而天受之，
暴之于民而民受之，故曰『天不言，以行與事示之而已矣。』」（同
上）「〈太誓〉曰：『天視自我民視，天聽自我民聽。』」（同上）

　　吾人可以指出，以上所述語句中所言「天」可依據康德的理性思
維模式來理解：「天」無聲無臭，於穆不已，而被思想成為物則民彝的
「至上的原因」，「全善的而又盡公道」，以道德為至上標準，主宰世

上的倫常秩序。但「天」並不是被視之為離開人的「行與事」，無關於「民視」、「民聽」的一個外在的潛存自存的客體。吾人置定「天」，就如其為一個「無私的意志」，「一種特殊的意志決定，亦即由一切目的之整體的理念來決定」，（KGS 8: 280）根據此決定，「我們與世間的物處在於某些道德的關聯之中」，那麼，我們處處都必須服從道德的法則；而且必須「以一切機能去促成這樣一種關聯」，以致力在世上實現「一個符合最高的德性目的的世界」。（KGS 8: 280）「用一種至上的原因的所有充足性裝備起來的獨立理性，按照最完善的合目的性建立、維持和完成事物的普遍秩序」。（A814/B842）依這種理性的思維模式，我們可以把一個「元始者」、「至高的源始的善」、「至上的原因」思想成為：「全能的」，「這樣，它可以使整個自然都適合於最高的目的。」（KU 5:444）但這絕不意謂有一個就像在歷史信仰中超絕地實存於人之外而掌控人類和萬物的「上帝」那樣的全能主宰者，一切都在祂的掌控之中。而毋寧說，人在自己的本心天理及道德定分中就「蘊藏著某種昇華心靈、並導向神明本身的東西」（Rel 6:183），這種神明我們稱之為「天」，唯獨憑藉人自己的本心（仁）的神聖性及其立法的純粹性，我們標舉「天之尊」。明乎此，我們不必以為孔子言「畏天命」是視「天」為超絕的「人格神」，同理，也不必以為康德圓善學說中的「上帝」是某些特定歷史宗教中的「人格神」。

　　依康德所論，若不論道德法則要求人在世界上實現圓善，並不需要設定上帝。同樣，於孔子哲學傳統，若不論及「人能弘道」，那麼，不必言「天之尊」。道德本身不需要一個「天」的信仰，人自身本心（仁）之機能是充分足夠的，[116]但就天理包含著命令每一個人致力於

---

116 康德說：「道德既然建立在作為自由的，正因為自由而通過自己的理性把自己束縛
　　在無條件的法則上的人之概念上，那麼，就不需要為了認識人的義務而有另一種
　　在他之上的東西的理念，也不需要為了遵循人的義務而有不同於法則自身的另一
　　種動力（Triebfeder）。」（Rel 6:3）

在世上實現大同世界而論，事情就不僅關涉個人的道德行為，而必定也關涉到自然。為此，我們需要一個「天」，它代表自然與道德的結合，天地萬物隸屬於其下；我們人標舉它作為原型，以凝聚一切人致力於在現實的自然中創造合道德目的的第二自然，亦即在世上實現大同世界；人對「天」的信念並不要求對於它有任何的直觀中的給予，而就實踐而言也不需要這種直觀。因為我們自身本心（仁）根本與「天」是否實存毫不相關，我們依照本心天理在經驗界行動，天理之定言命令對我們來說，就如同親眼見到代表最高道德者的「天」那樣有效，此有效性並不亞於假如能夠對「天」的概念作出客觀的決定。[117]在這個意義上，我們可以提出，儘管儒者不妄言天何所是，不妄測一個外在的潛存自存的天，但於孔子傳統，「天之尊」的地位是不可忽略的。[118]此所以劉蕺山批評學者「不覿性天之體」，（《劉子全書》卷之五〈聖學宗要‧陽明王子‧拔本塞源論〉）「動言本體，終無著落。」（《劉子全書》卷之八〈說‧中庸首章說〉）此即針對王門後學「天之尊」不立而發。[119]

---

117 如康德提出，人作為在道德法則之下的實存，就是「我們自己的主體」，即：「通過道德法則將自己決定為智性的者（有自由能力）」，並且，「認識到自己是依照這種決定在感觸界中如同當下親眼所見的那樣活動的。」（KpV 5:105）他說：「對諸客體的直觀在實踐的課題中根本不構成其要素。」（KpV 5:45）又說：「不是客觀地決定作為因果性形式的自由之性狀，而是確切地說依照自由之理念使行為之規則對每個人都成為命令，其有效性並不亞於假若已作出客觀的決定那樣。」（KU 5:404）

118 牟先生恰切地指出：「須知在成德之教中，此『天』字之尊嚴是不應減殺者，更不應抹去者。如果成德之教中必函有一『道德的形上學』，則此『天』字亦不應抹去或減殺。須知王學之流弊，即因陽明于此稍虛歉，故人提不住，遂流于『虛玄而蕩』或『情識而肆』，〔……〕。」（牟宗三著：《心體與性體》（一），《牟宗三先生全集》第5冊，頁52。）

119 王陽明貢獻在明確提出「心即理」，揭明本心（仁）作為道德創造實體。而不足處在對於孟子「盡心知性知天」之說明只重「心」，而對「盡」字理解不夠充分，「性」、「天」在心之擴充不已的進程中的獨立意義得不到闡發。蕺山明文斥責王學流弊，說：「今天下爭言良知矣。及其弊也，猖狂者參之以情識，而一是皆良；

「天之尊」固然根於「心之尊」，若非本心自立天理之神聖性乃人自身之神聖性，若非每一個人尊敬自身之本心，根本無從言「天之尊」；用康德的話說，敬畏上帝，無非是敬畏人自身立道德法則的神聖性。但吾人不能忽略，於人致力於在世界上實現圓善的歷史進程中，「天之尊」必定伸展至道德的宗教之意義。宗教之不可或缺性，可以說是根於人的神聖性與現實上人的限制性之間的張力。

牟先生提出：「儒家唯因通過道德性的性體心體之本體宇宙論的意義，把這性體心體轉而為寂感真幾之『生化之理』，而寂感真幾這生化之理又通過道德性的性體心體之支持而貞定住其道德性的真正創造之意義，它始打通了道德界與自然界之隔絕。這是儒家『道德的形上學』之徹底完成。」[120] 不錯，先生洞見到本心仁體、性體乃打通「道德界與自然界」之根本所在；然愚意以為，此僅是兩界溝通之本體論上的根源說明，吾人仍須進至現實上，兩界溝通的歷史進程，從而正視兩個不同領域之溝通不可避免要面對的障礙，以伸展至宗教上的「最高者」（天）作為人不已地致力於兩界溝通，在世界上實現王道大同的保障。

康德的批判哲學就是如理如實地揭示人類主體以兩層觀點看待自己而開闢的兩個領域，以及由之而產生的張力。一方面，人因著意志自由而為神聖的，但另一方面現實上人不可避免地受到感性的影響和自然條件的限制。自然之領域與自由之領域因著不同的概念、原則及

超潔者蕩之以玄虛，而夷良於賊。」（《劉子全書》卷之六，〈證學雜解〉，解二十五）泰州學派言良知在日用間流行，自然有平常之美；王龍谿透悟本體，「天命之性，純粹至善，神感神應，其機自不容已，無善可名。」（《天泉證道紀》）自性流行，常做個羲皇上人。可謂玄妙之境。然此所言諸種美妙之說，恐怕一概都把孔孟義理中「人能弘道」包含的圓善理想（即在世上實現大同世界）放失掉了。故此，愚意以為，王門後學之不足並不在未重視《易傳》、《中庸》，因之未能先從天命流行之體立性體，其弊端實在是於儒家大同世界之終極目的未能關注，故而對孔子哲學傳統中包含的圓善學說未能善紹。

120 牟宗三著：《心體與性體》（一），《牟宗三先生全集》第5冊，頁187。

應用範圍而區分為截然不同的領域，但並非對立的隔絕的兩個世界。重要的是，人以溝通兩界為己任，人不會因阻礙和限制就放棄其意志自由之本質，因著「每一個人都應該使塵世上可能的圓善成為自己的終極目的」（Rel 6:6），這一道德法則無條件地頒布的命令，人類不會因艱難而永遠地丟掉圓善之理想。「圓善理想作為純粹理性最後目的之決定根據」，（A804/B832）人類因其理性之決定，不會因為現實道路的險阻而放棄它，反之，人類因其意志自由而必定要承擔這個使命。吾人可以說，人依循本心天理之命令必然要求在世上實現「德福一致」（修其天爵，而人爵從之）的大同世界，並視之為「天」所賦予的使命，以此將「德福一致」之圓滿的原型表象為「天」所命，從而無條件承擔這個使命，堅定地朝向「原型」而努力。唯獨懷著這道德的信念，人可不畏挫敗，不已地向世界大同之終極目的而趨。

「人因著其自由之自律，他是道德法則之主體，是神聖的。因而，在其個人中的人性（Menschheit in seiner Person）對於他必定是神聖的。」（KpV 5:87）「人按照自己的人格中的人性考量自己」，他就「神聖得足以不願意違背內在的法則」。（MS 6:379）但是，另一方面，人以感觸的身分看人自己，只作為自然存在的人，就他為「完全滿足自己的狀況所需要的東西」，亦即幸福而言，「它總是依待的」。（KpV 5:84）康德說：「因為本身為如此多的性好（Neigungen）刺激的人，雖然能夠有一種實踐的純粹的理性理念，但卻並非如此輕易地就能夠使其在自己的生活模式中具體地發揮作用。」（Gr 4:389）他在〈萬物的終結〉一文中說：「在人類的進步過程中，才能、技巧和趣味（連同其後果，即逸樂）的培養，自然而然地跑在道德發展的前面。」（KGS 8:332）在現實的世界，人類將道德發展棄之如敝屣，這種狀況不但對於道德，而且對於自然福祉都恰好是最負累和最危險

的。[121]幸福原則取代內在立法的自由原則被確立為原理,「其結果就是一切道德的安樂死(平和的死亡)。」(MS 6:378)

康德早就指出,他所處的那個時代,只是文明的時代,遠未達至道德化的時代。康德說:「道德這一理念也是屬於文化的;但我們使用這一理念卻僅僅限於求名欲與外表禮儀方貌似德行的東西,所以只不過成其為文明化而已。」(KGS 8:26)迄今人類歷史表現出:無法則的自由為我們準備著災禍的深淵,(KGS 8:25)各個國家之間的野蠻的自由造成戰爭的破壞,「各個國家把其全部力量用在它們那些徒勞而又殘暴的擴張計畫上。」(KGS 8:26)康德說:「因此,人們就不能預言,對我們的類來說如此自然的那種紛爭,是否最終會在一種還如此文明的狀態中而為我們準備好一個災禍的深淵;到那時它也許會又以野蠻的破壞再度消滅這種文明的狀態以及全部迄今為止在文化中的進步。」(KGS 8:25)他警告:「這種命運是人們在盲目的偶然性的統治之下所無法抵禦的。」(KGS 8:25)他說:「在此,我們終究不明白:對於我們這個如此以其優越性而自詡的物種,我們究竟該形成怎樣的一個概念。」(KGS 8:17)事實上,今天人類仍舊陷於命運的「盲目的偶然性」之中。

人類命運的「盲目的偶然性」,同樣體現於儒者莊嚴的歷史感中。此即孔子亦有嘆曰:「君子固亦窮乎!」(《孔子集語》第十三卷〈事譜〉下)孔子曰:「鳳鳥不至,河不出圖,吾已矣夫!」(《論語》〈子罕第九〉)「道不行,乘桴浮於海。」(《論語》〈公冶長第五〉)「道之將行也與?命也。道之將廢也與?命也。」(《論語》〈憲問第十四〉)

---

121 在〈世界公民觀點下的普遍歷史之理念〉一文中,康德說:「當我們看到人在世界的大舞臺上的所作所為,儘管在個人身上隨處都閃爍著智慧,可是我們卻發見,就其全體而論,一切歸根結柢都是由愚蠢、幼稚的虛榮,甚至還往往由幼稚的惡意和毀滅欲所交織成,我們就禁不住會有不滿之情。在此,我們終究不明白:對於我們這個如此以其優越性而自詡的物種,我們究竟該形成怎樣的一個概念。」(KGS 8:17)

並說：「朝聞道，夕死可矣！」（《論語》〈里仁第四〉）孟子說：「孔子進以禮，退以義，得之不得曰『有命』。」（《孟子》〈萬章章句上〉）孟子亦自嘆：「吾之不遇魯侯，天也。」（《孟子》〈梁惠王章句下〉）所以說：「君子創業垂統，為可繼也。若夫成功，則天也。」（同上）「天下有道，以道殉身；天下無道，以身殉道。未聞以道殉乎人者也。」（《孟子》〈盡心章句上〉）人類社會之現實狀況可知矣。

　　道德者生命之強度也就在理想與現實之間的張力中見出，此在孔子身上表現得極為強烈。此見於孔子常有慨嘆。不僅慨嘆道之不行，也慨嘆人生無常，而有德者竟早喪、患不治之疾而亡。《論語》記載：「顏淵死。子曰：『噫！天喪予！天喪予！』」（《論語》〈先進第十一〉）「伯牛有疾，子問之，自牖執其手，曰：『亡之，命矣夫！斯人也而有斯疾也！斯人也而有斯疾也！』」（《論語》〈雍也第六〉）司馬遷撰《史記》〈孔子世家〉記載：「子曰：『弗乎弗乎，君子病沒世而名不稱焉。吾道不行矣，吾何以自見於後世哉？』」可見孔子「志於道」（《論語》〈述而第七〉），其志極堅，而感慨「道不行」之情亦極深。

　　孟子後孔子幾近兩個世紀，[122]以孔子為「百世之師」（《孟子》〈盡心章句下〉），效法孔子周遊列國，求實現「平治天下」之弘道理想，有云：「夫天，未欲平治天下也；如欲平治天下，當今之世，舍我其誰也？」（《孟子》〈公孫丑章句下〉）如孔子，孟子弘道之志極堅，而命運感亦強烈。有云：「行不必果，惟義所在。」（《孟子》〈離婁章句下〉）「舜、禹、益相去久遠，其子之賢不肖，皆天也，非人之所能為也。莫之為而為者，天也，莫之致而至者，命也。」（《孟子》〈萬章章句上〉）「君子行法，以俟命而已矣。」（《孟子》〈盡心章句下〉）

---

122 孔子：西元前551至前479年。孟子：約西元前371至前289年。

　　孔子「踐仁知天」、孟子言「盡心知性知天」展示之形上學，固然根於對人自身的人格性的敬畏，對道德分定的義務感。但不能忽略，其中也包含著對統宇宙全體而言的「天」的敬畏，以及擔負命運的嚴肅感。在儒者莊嚴的宗教感中，「天」乃無以尚之者。吾人可以指出，孟子言「事天」，與康德論道德信仰中的「事奉上帝」有可相通處。依康德所論，道德信仰即「通透過遵守自己的一般義務來事奉上帝」，（Rel 6:134）他說：「真正的啟蒙是要將對上帝物神化的偽事奉轉變成一種自由的，從而也是道德的事奉。」（Rel 6:179）孟子言「存其心，養其性，所以事天也」，（《孟子》〈盡心章句上〉）就是表示通過存心養性的道德踐履來「事天」。孟子在言「盡心知性知天」，及「存心養性事天」之後，接著說：「殀壽不貳，修身以俟之，所以立命也。」（《孟子》〈盡心章句上〉）又說：「盡其道而死者，正命也。」（同上）關聯著德而言「立命」、「正命」，此中「命」不僅含一般命限意，更表示在「命限」中立與成其道德定分之義。儒者之道德使命感即含其中。

　　儒者並不忽視現實上的困難和障礙，藉著置定「天」而給自己一個向著王道大同之目標不停止地前進的命令，踐仁弘道的信念絕不動搖。此即孔子說：「君子無終食之間違仁；造次必於是，顛沛必於是。」（《論語》〈里仁第四〉）現實上，欺詐、暴行和不公義，如康德指出：這種事情的發生不可能不損害道德的存心，面對這種殘酷的現實，會因此視終極目的為「不可能而放棄掉」。[123]為了本心天理命令

---

123 康德說：「我們可以假定一個誠實的人（例如斯賓諾莎這樣的人），他堅持相信不存在一個上帝，〔……〕他只想無私地促成善，對此那神聖的法則給他的一切力量指明了方向；但是，他的努力是有局限的。」（KU 5:452）在這個世界上，「欺詐、暴行和嫉妒總是在他周圍橫行」，他遇到那些誠實的人，無論他們怎樣配享幸福，「仍然遭受貧困、疾病和夭亡這一切不幸，而且就一直這樣下去。直到一個遼闊的墓穴把他們全部吞噬掉（在這裡，正直還是不正直都是一回事）。」（KU 5:452）這種事情的發生不可能不損害道德的存心，面對這種殘酷的現實，「這個善

我們實現的王道大同理想不因此而被懷疑無效及受到削弱，儒者信仰「天」。用康德的話說：「這樣，他就必須在實踐方面，亦即至少為了對在道德上給他決定的終極目的的可能性形成一個概念，而假定一個道德的創世主的存在，亦即假定上帝的存在。」（KU 5:453）因著我本心天理作為定言律令毫不寬容地約束著我，我可以堅定地說：我意願有「天」，以堅定我內心「王道大同」之信念。[124]

毋寧說，「圓善」之提出是針對人以及人的整個類所處的道德狀態的不完滿性，甚至只是停在粗糙階段。康德及孔子傳統的形而上學既是實踐的智慧學，即其包含「圓善」之實現進程，亦即道德創造之歷史進程，必有一道德的歷史哲學。

「踐仁知天」、「盡心知性知天」展示的形而上學，即表示道德之踐履是以「人能弘道」、「平治天下」為終極目的。孔孟哲學包含著對世界道德目的之終極關懷，就其以實現統天地萬物而言的宇宙秩序為一個道德世界為終極目的而言，吾人可說，孔子哲學傳統有著「圓善」的理想；就其於弘道（即致力於在世界上實現「圓善」）的歷程中對承擔種種人力不可避免的限制與命運而言，「天」之意義可說與康德所論「圓善」的條件有相通處。

吾人可以指出，康德一系列作為其「歷史哲學」的論文，實在堪稱為指導歷史的哲學。吾人可視之為其形而上學的實踐運用。如雅斯培（K. Jaspers）說：「康德希望歷史學者能夠在他們逼向理念的態度的

良的人」（如斯賓諾莎這樣的人）會因此視終極目的為「不可能而放棄掉」，「或者他也想對他道德上的內在決定的召喚保持忠誠」？為了不讓道德法則提交給我們的理想終極目的被懷疑無效而受到削弱，〔……〕」（KU 5:452）

124 康德說：「既然已經承認純粹道德法則作為命令（不是作為明智的規則）毫不寬容地約束著每一個人，正直的人就完全可以說，我意願：有一個上帝，我在這個世界的存在，在與自然聯結之外仍然是一個純粹的知性世界裡的存在，最後，我的持存是無限的，我堅持這些並且絕不放棄這種信仰；因為這是我的關切不可避免地決定我的判斷而無需在意詭辯的唯一情形。」（KpV 5:143）

指引下去研究歷史事件。」[125]、「康德並沒有從事史料的考證研究，他只著手一種工作，讓其他人能夠在理性引導下探究歷史事實，以發現一種自然合目的性的軌跡。」[126]雅斯培恰當地指出黑格爾在其建構的普遍歷史中「沒有未來以及對自由的訴求」[127]。而康德在他那些關於歷史哲學的為數不多的短篇論文中卻真正地為我們提供了一個人類歷史之理念，它告訴我們人類基於意志之自由在朝向世界之終極目的的進程中將致力於創造什麼。康德說：「理性是一種要把它的全部力量的使用規律和目標都遠遠突出到自然本能之外的能力，並且它不知道自己的規劃有任何的界限。〔……〕理性需要有一系列也許是無法估計的世代，每一個世代都得把自己的啟蒙留傳給後一個世代，才能使它在我們人類身上的萌芽，最後發揮到充分與它的目標相稱的那種發展階段。」（KGS 8:19）人類必須有繼續不斷的啟蒙，透過不斷的啟蒙，「使那種受感性逼迫的社會整合終於轉變成一個道德的整體。」（KGS 8:21）康德的預告性人類史指示人類從原始狀態向文明化進展，再向道德化進展的方向。（KGS 8:26）正是基於他的自然目的與道德目的之間辯證的而又內在地一致的學說。在〈世界公民觀點下的普遍歷史理念〉[128]一文中，康德揭示：人類的意志自由畢竟依照自由之法則創造人類整體由壞到好的進步，從野蠻人的無目的狀態進展到文明化，最後還要達至道德化，儘管道德化仍言之過早。（KGS 8:26）

　　有學者責難康德未能解決自然與自由、實然與應然之間的矛盾。豈知康德批判工作正是要探究這完全異質異層的兩個領域如何可能諧和一致。只不過他反對哲學家獨斷地使用思辨的魔術棒將這二者的矛盾輕易勾消，而要求回歸到人類心靈機能的自我瞭解以認識這二者之

---

125 K. Jaspers, Die Grossen Philosophen. R. Piper & Co. Verlag, München, 1957. S.561.

126 K. Jaspers, Die Grossen Philosophen. S.584.

127 K. Jaspers, Die Grossen Philosophen. S.583.

128 Kant, "Idee zu einer allgemeinen Geschichte in weltbürgerlicher Absicht" (1784), KGS 8:15-31.

間的超越區分，以及在人自身的能力中找出這二者諧一之根源。康德如實地揭示：「一方面是人道在努力追求其道德的天職，另一方面則是它始終不變地在遵循其本性中所具備的野蠻的與動物性狀態的法則。」（KGS 8:116）「自然在我們身上為兩種不同的目的而奠定了兩種稟賦，亦即作為動物品種的人性以及作為道德品種的人性；〔……〕人類自身將會使自己突破他們自然稟賦的野蠻性的，但在超越它的時候人類卻須小心翼翼不要違背它。這種技巧，人類唯有在遲遲地經過了許多次失敗的嘗試以後才能夠獲得。」（KGS 8:117）

　　康德的圓善學說根據一個立足於人類作為現象的（受限制的）存在，同時作為智思物的（自由的）存在而作出。正是人以兩種身分看待自身，並以兩層觀點看世界，人即在二者之張力中間不已地奮鬥，並且，人類必須在二者之張力中間逐步擺脫野蠻的無法則的自由而實現道德法則下的自由，人類理性需要在歷史中一步步成熟而趨向道德的終極目的。康德的洞見在於：自然與自由、實然與應然之間的張力根源於人自身，而追求及達至二者之諧合的能量亦在人自身。同樣，孔子哲學傳統中，吾人亦可見到這種兩層觀點看人及看世界的理性思維模式，因之也包含著自由與自然、理想與現實之間的張力，由此顯「事天」、「畏天命」之宗教感，以及氣魄擔當的歷史感。

　　吾人已不厭其詳，論述了康德的形而上學，以及孔子哲學包含的形而上學與之相通之義。二者所以相通之根據，在此二者皆理性本性之學故也。無論二者表述方式有多大的不同，其發生的年代相去兩千餘年，且有著各自的歷史背景；但理性光明一旦發出，萬古如一日。此見人類理性之永恆。牟宗三先生把握住康德的根源洞識，以確立儒家道德的形上學，正是彰顯理性之光明。吾人承接牟先生之慧識，進一步論明儒家道德的形上學與康德實踐的形而上學通而為一，這一步工作可以說就是會通孔子哲學傳統與康德哲學而完成唯一的純粹哲學，亦即唯一的普遍的形而上學。此普遍的形而上學關涉於「人類的

本性之本質的目的」，即關聯於人類的終極目的，也就是關聯著人類
的永久和平與福祉。據此，吾人提出，儒家哲學研究之方向與前途必
須奠基於牟宗三哲學。

第二章
唯一的純粹的哲學與哲學觀點之多樣化

第一節　通過純粹理性批判說明只有唯一的純粹的哲學

　　根據上一節之討論，吾人提出，儒家道德的形上學與康德實踐的形而上學通而為一，堪稱為唯一的普遍的形而上學。依康德所論，「純粹的哲學，亦即作為形而上學。」（Gr 4:412）[1] 據此，吾人可說，康德所一直從事的批判哲學工程是一番重建哲學的艱鉅工作，同時也就是一項形而上學的根本改革。此番前無古人的改革同時也就是純粹哲學的首次確立，並且依其為理性本性之學而言是一建永建的。

　　儘管如所周知，自康德那個時代以來，所謂批判哲學之批判的聲音就不絕於耳。[2] 學者們質疑唯一的純粹哲學之可能性，他們各自固

1　康德說：「一切哲學，就其依據的是經驗的根據而言，人們可以把它們名為經驗的哲學，而把僅僅依先驗原則闡明其學說的哲學名為純粹的哲學。〔……〕如果它被限制在一定的知性對象上，就稱為形而上學。」（Gr 4:388）

2　康德說：「任何哲學的陳述都會在一些個別地方受到別人攻擊（因為它不可能像數學那樣防衛謹嚴），但其體系之結構作為統一體考慮，卻無絲毫危險，當體系新出現，只有少數精神通達的人通曉它；但若然由於一切革新對他們來說都是不適宜的，有興趣綜覽它的人就更少。如果人們隨處擇取片段文字割斷上下文之聯絡，而加以比較考訂，則表面上的矛盾必不少，尤其是以自由的表達方法進行的作品更是如此；在人云亦云的人眼中，這種表面上的矛盾有損作品之評價，但對於把握整體理念的人來說，此種矛盾極易解決。……而若有公正無偏，有洞識力，而且有真正通俗化能力之人士來從事此學說的解釋工作，則短時間內，也可以使它獲得陳述上所要求之優雅。」（Bxliv）

守自己的觀點，以各種舊有的理論為自己的寶庫。[3]他們以為任何一種哲學都不過是哲學家本人的主張，早晚要為另一種哲學體系所取代。誠然，如康德指出，在他的批判哲學出現之前，「長期以來大言不慚的人們的紙糊體系先後倒塌，而這些體系的追隨者們一哄而散。」（MS 6:208）康德見到這點，他說：「這是他們無法避免地要面對的命運。」（MS 6:208）

吾人可以如實說，無論在康德批判哲學之前，甚至之後，西方哲學舞臺上，形形色色的哲學學說體系如走馬燈般輪番上場，先後倒塌，一眾追隨者如鳥獸散。唯理論、觀念論與感覺論、經驗論雙方的爭辯持續不休，沒有方法可以一勞永逸地解決爭辯而使雙方都滿意。用康德的話說：「他們實在是空爭吵。」哲學領域裡還缺乏「可靠的衡量標準用以區別甚麼是真知灼見，甚麼是無稽之談。」（Proleg 4:256）此令「哲學」成為醜聞。如果哲學不能像其他科學一樣得到普遍的持久的承認，那麼，除了不學無術的人，有誰願意加入令人厭倦的永無休止的空爭吵呢？哲學一直不能走上一條確當的道路，此事實令嚴肅的哲學家康德耿耿於懷，為此決意以重建新的形而上學為己任。[4]康德的重建工作並非首先以一套哲學體系取代舊哲學，而是通過對純粹理性的全部能力作批判考量，摧毀舊哲學由獨斷的思維模式產生的種種虛幻，同時消解懷疑論對於哲學的毀壞。

3　如康德早已指出，對傳統形而上學的懷疑必定會冒犯一些人，「他們的全部財富也許就建築在這種自以為的寶貝上。」、「他們為他們的古老的財富而驕傲自滿，認為他們的財富是由於古老才是合法的。」（Proleg 4:256）

4　早在一七七三年底致馬庫斯・赫茨（Marcus Herz）的信中，康德就表明他希望「以一種長久不變的方式使哲學發生一種轉變」，並指出：「對於宗教和道德來說，這種轉變要遠為有利得多。」（KGS 10:144）而且他心中清楚，這種轉變將必將使「哲學」成為有價值的科學。他說：「同時還要使哲學獲得一個新的形象，這個形象將能夠吸引住矜持的數學家，使他們也認為哲學是可以研究的，而且也是值得研究的。」（KGS 10:144）

　　吾人可以指出，在康德批判哲學之後，人們仍然以為哲學不可能得到普遍的持久的承認，那就是完全無知於康德哲學。假若以哲學研究為本務的學者們願意承認哲學乃理性本性之學，而並非諸種個人觀點的組合。那麼，他們也必定能同意：「既然客觀地看只有一種人類的理性，就不能有多種的哲學，〔……〕。」（MS 6:207）

　　康德在批判工作一開始，就表明他的批判工作「並不是指對書籍或者系統的批評，而是就其獨立不依於一切經驗所可以追求的一切認識而言對理性機能一般的批判，通過這個批判找出理性的原則，從而按照原則裁決形而上學一般的可能性或不可能性，並決定它的起源、範圍和界線。」（Axii）「對理性機能一般的批判」，也就是理性之「自我認識的工作」，在《純粹的理性批判》第一版「序文」中，康德就說：

> 這個時代拒絕再以虛幻之知（Scheinwissen）來敷衍推宕，這是對理性的一種號召，要求它重新擔負起它最艱鉅的工作，即自我認識的工作，並且要它建立一個法庭，來保證理性合法的要求而駁回一切無根據的僭妄，其所用的方法並不是獨斷的命令而是依據理性自己永恆不變的法則，而這個法庭不過就是純粹的理性批判本身。（Axi-xii）

依據理性自己永恆不變的法則，建立「理性的法庭」，據此開闢一條科學的確當途徑，以重鑄形而上學，亦即重鑄純粹的哲學。這項艱鉅的重建，唯一可循的途徑就是對「那獨立不依於經驗而追求一切認識的理性機能一般」進行批判。「這種批判將裁決形而上學一般之可能或不可能，而且決定它的各種來源、範圍與限制——這一切皆依照原則而作成。」（Axii）

　　一經確定純粹的哲學（形而上學）無非是理性本性之學。那麼，

在這門學問中，「我們要處理的無非是理性本身以及理性的純粹的思維，對其詳盡的認識毋須求在遠處，因為我在我自身中就找到它們。」（Axiv）純粹的哲學（連同形而上學）作為「通貫整體」能夠成為「一門永久不變的科學」，端賴於康德經由純粹理性批判裁定「通過純粹的理性而掌握的全部東西」，並「按照系統排列」。（Axx）在這個領域，「除去一切經驗的質料與助力」，（Axiv）單考量理性本性。「在這裡沒有什麼東西能被我們遺漏，因為完全由理性自身產生的東西絕不能隱藏，當共同的原則發現出來之後，理性本身就會立刻把它暴露出來。這種認識的完整的統一性以及它只從純粹概念得出而絕不受任何經驗或特種的直觀（諸如可導致任何決定而擴大和增加經驗的那種直觀）所影響的事實，使這種無條件的完整性不僅是可實行，而且是必然的。」（Axx）

可以說，通過一種「純粹的理性自身之批判」，（Bxxxvii）康德成為讓形而上學（純粹的哲學）達到科學的尊嚴地位的第一人。如康德所揭明：他那個時代，甚至追溯到所有以前的時代，一直流行著獨斷的思維模式，（Bxxxvii）以致形而上學（純粹的哲學）「遠遠沒有踏上科學的確當的途徑，而只不過是在暗中胡亂摸索。」（Bvii）據此，若人們說康德批判哲學出現之前，西方哲學之場地「是無休止爭吵的戰場」，（Aviii）以致明智而務實的現代人早就對這門學問表示輕蔑，是合乎實情的。但是，只要吾人一旦認識到，人類畢竟不能一勞永逸地丟棄形而上學（純粹的哲學），也就是只要吾人體會到人類不能罔顧自己的理性，那麼，他就得承認，康德已然讓哲學成為一門確當而有尊嚴的科學。康德說：

> 這正是我們的理性的自然稟賦之目的和用途。我們的理性像生育了自己的親愛子女一樣，生了形而上學，而形而上學之產生，如同世界上每一其他東西，不是出於偶然，而是為了重大

目的而組織出來的原始的萌芽。〔……〕我們根本不能把它視為一種隨意拈來的產物，或者視為經驗進程中的一種偶然擴展。（形而上學與經驗完全不同。）（Proleg 4:353）

　　康德本人表明：「形而上學無非是我們通過純粹理性而掌握的全部東西按照系統排列的清單。」（Axx）他表示：這是唯一的一門科學，一旦經由批判而「達到一種完整性」，後人要做的工作就只不過是按照各自的選擇在教學方式上與之適應，而對於其內容不能有任何增益。（Axx）批判提出的一切原理其體系是完整的，各概念的整個綜和是窮盡無遺缺的，儘管把它們的分析做得同樣完整仍需要別人努力。（Axxi）依此，康德可以說：「我膽敢說，沒有一個形而上學的問題在這裡沒有得到解決，或者至少提供出解決問題的鑰匙。事實上，純粹的理性是一個如此完善的統一體，如果在它本身提出的問題中，即使有一個是它的原則所不足以解決的，我們就只得擯棄這原則。」（Axiii）「形而上學也有獨特的幸運，其他論究客體的理性科學Vernunftwissenschaft（邏輯學只研究思維一般之形式）皆沒有這種幸運，即一旦形而上學透過這批判而踏上一門科學的確當途徑，它就能夠完全把握屬於它的認識的全個場地，因而完成它的工作，並將它作為一種不能再有增加的資產遺留給後人，因為它所處理的只是原則及其使用之限制。因此，它作為基礎科學（Grundwissenschaft）也有負起實現這種完備性的義務，而對於它我們就必定能說：只要仍留下應該做的，那就算什麼也沒有完成。（Bxxiii-xxiv）[5]此即康德解釋說：

5　康蒲・史密斯（Norman kemp Smith）在其大作：*A Commentary to Kant's Critique of Pure Reason*，（London, 1918）中，引康德在《純粹的理性批判》第一、二版序言中這兩段話（Axiii 及Bxxiii- xxiv），他以為這表示出康德毫不加以掩飾的自負，「是叫一個現代的讀者有點吃驚的，像是意味著很類似沃爾夫氣概的一種超乎理性以外的態度。」（韋卓民譯：《康德〈純粹理性批判〉解義》，武漢市：華中師範大學出版社，2000年，頁76-77。）康蒲・史密斯顯然沒有注意到康德在序文中已經就哲學

在諸命題本身以及此諸命題之證明方面，正如該計畫之形式與完整方面，我不見有什麼可更變處。所以如此，這部分是由於在把它們供獻給公眾之前，我已使它們受長期的檢驗，部分是由於我們所要處理的東西的性質，即純粹思辨理性的本性，它包含一個真的結構，在此種結構中，每一東西是一「機件」，全體是為了每一個，而每一個亦是為了全體，是故即使是最小的不圓滿，不管它是錯誤，抑或是缺陷，亦必不可避免地在使用中洩露其自己。這個系統，如我所希望，將盡未來世保持此不可更變性。此不是自負使我有理由如此確信，而是透過「結果之同等」而實驗地得到的明據使我有理由如此確信，所謂「結果之同等」即是不管我們從純粹理性的最小成素進到它的全體，抑或是逆反之，從全體（因為這全體亦是通過純粹理性之終極意圖在實踐的東西中被給予）進到每一部分，結果皆相同。任何試想去更動哪怕是最小的部分，必立刻發生矛盾，不只是這個系統的矛盾，而且是普遍的人類理性矛盾。（Bxxxvii-xxxviii）

康德自信，經歷長達十二年年復一年地精心思索材料，（KGS 10:338）他對於人類認識力的體系已經達到完善的認識。[6]他說，「無論

（形而上學）作為一門學問的確定性不同於唯理論的獨斷作了具說服力的說明。康德指出：獨斷的唯理論之為擅斷，在於它沒有對於純粹的理性自己的能力作事前的批判便依照原則，單從概念去進行純粹知識，而不在於它要求理性在其純粹認識方面之斷然程序，因為那進程總是獨斷的。（Bxxxv）他恰當地提出：一門科學之能成其為科學端賴該門科學有其確定性。

6 在致伽爾韋（C. Garve）的信（1783年8月7日）中，康德提及他「十二年來年復一年地精心思索」，「腦中裝有整個體系」（KGS 10:338）；在致赫茲（M. Herz）的信（1772年2月21日）中說：「我已可以寫一部《純粹的理性批判》，〔……〕它包括理性認識的本性，也包括實踐認識的本性，我想先寫第一部分：形上學的根源、方法及界限，隨後再寫德性的純粹的原則。」（KGS 10:70）

我的作品命運如何，都會在人類認識中與我們關係最為密切的部分造成思維方式的完全轉變。就我這方面來說，我從未試圖製造幻象，想出虛假的論據，以便修補我的體系，而是寧願任時光流逝，以便達到一個能使我感到滿意的完善認識。我已經達到了這種認識，現在，雖然我有時也很想對我這部作品作一些小小補充和說明，但在主要問題上，我卻沒有發現什麼要改動的地方。」（KGS 10:269）純粹的理性科學是成體系的，唯有如此，才是持久的，而且是最為需要的。（Bxliii）

誠然，吾人知道，不少學者並不承認康德所揭明的「理性」，康德之後的西方哲學界依然只以「知性」來理解康德揭明的「理性」，因此，直至今日，哲學仍舊是一個戰事頻仍的戰場。用康德的話說，哲學工作者一如既往，「把工作變為兒戲，正確性變為意見，哲學變為個人的偏見。」（Bxxvii）

其實，康德本人亦估計到：「任何哲學的陳述都會在一些個別地方受到別人攻擊（因為它不可能像數學那樣防衛謹嚴）。」（Bxliv）但他同時已表明，「一門徹底有根據的形而上學作為科學」，一經「按照體系最嚴格的要求而斷然地發展出來」，（Bxxxvi）「其體系之結構作為統一體考慮，卻無絲毫危險。」（Bxliv）儘管康德也早已預料到「一切革新對人們來說都是不適宜的」，[7]他把學者們對他的不理解歸因於人們的「習慣思維模式」根本與批判哲學的新思維不能相應。[8]

7　康德說：「當體系新出現，只有少數精神通達的人通曉它；但若然由於一切革新對他們來說都是不適宜的，有興趣綜覽它的人就更少。如果人們隨處擇取片段文字割斷上下文之聯絡，而加以比較考訂，則表面上的矛盾必不少，尤其是以自由的表達方法進行的作品更是如此；在人云亦云的人眼中，這種表面上的矛盾有損作品之評價，但對於把握整體理念的人來說，此種矛盾極易解決。」（Bxliv）

8　在致蘭貝特（Johann Heinrich Lambert）的一封信（1765年12月31日）中，康德把人們因為不理解他而對他發出的責難和抨擊描述為「調皮鬼們的不斷嬉鬧和拙劣的著述家們令人疲倦的饒舌。」（KGS 10:56）他說：「錯誤的哲學是要在呆笨的百音盒發聲器中緩緩地死去的。假如它以深刻卻又是錯誤的沉思，以嚴格的方法為裝飾品進入墳墓，情況只能更糟糕。在真正的世界智慧重新興起之前，舊的世界智慧自行毀滅是十分必要的。」（KGS 10:57）

在致赫茨的信（1773年底）中康德表明，他一直擔心的並不是遭受反對，而是對他的學說的錯誤解釋，他說：「我發現，無論人們的表述如何流利、清晰，但只要違背了評論家的習慣思維模式，也照樣會被他們誤解。（KGS 10:214）在另一封信（1781年5月11日後）中，又說：「我們不能指望，人們的思維模式一下子就被引到至今為止完全不習慣的軌道上，因為需要時間來事先在其舊有的進程中，逐漸地消除舊的思維方式，並透過潛移默化的影響，使它轉入相反的方向。」（KGS 10:268）康德在書信中一再表露，他並不奢望學者們能夠在短時間內理解他的體系，他深知學術界的風氣，人們為建立體系的欲望著迷，（KGS 10:122）卻不願意費時去瞭解批判哲學。「一些卓越的人物害怕白費力氣」。（KGS 10:341）即使是批判的愛好者，要他們把一個如此抽象的研究當作一件他們自己的工作去做，會把許多人嚇退。（KGS 11:291）直到晚年，康德還在致基塞維特爾的信（1798年10月19日）中抱怨：「還有另一些人，他們也把自己奉獻給了批判哲學，然而，他們追求特異性的創新實在令人發笑。」（KGS 12:258）

不必諱言，康德哲學問世以來，一直遭受各種詰難，諸多誤解和曲解藉著長久的堅持成為「真理」，康德學界一直以來都被如此形成的諸多權威定見所主宰。[9]但愚意以為，康德之前，哲學界成為紛爭

---

9 筆者本人從事康德哲學研究及寫作四十餘年，對於康德學界種種流弊與困局有切身感受。每有論文、著作投稿於雜誌社、出版社，收到雜誌社、出版社寄來評審人意見書，總不免如康德當年慨嘆：「思維模式」的轉變真難！數十年來，評審人意見書收到不少，沒有一人是能夠回到康德本人的著作之瞭解來與本人對話的，更遑論說對康德批判哲學有通貫整體的把握。他們中有說：「康德是廢學。」也有把康德作為思想史來看，以為康德「經歷了各種各樣的變化」，並以之證明康德只是「不斷精進」。有評審人只視康德哲學的貢獻為方法論的，而完全無視康德提出的思維模式的徹底變革。無疑，評審人所持的這種偏見在康德學界早已成主流的說法，而根本就無視本人著作中與這種在現代科學主義大潮流下排斥形而上學（因而取消建基於人類理性的自律道德和純粹理性宗教）的權威見解作商榷的種種努力。吾人知道，英美康德學界（及後影響到漢語界康德研究）一度流行注目於《純粹的理性批

不休的戰場，禍根在理性本性未明而引發二律背反。而康德之後，學者們仍舊不能在任何一個哲學問題上達至共識，病源在學者們拒絕承認人類的理性，各自固執著由個人主觀立場而堅守的舊思維模式。雅斯培說：「現代的批評性嘗試企圖靠指出特定的錯誤來消滅康德哲學這一思想體系。」[10]此言發人深省。

　　無疑，康德對於傳統哲學（形而上學）的徹底變革冒犯了一大批固守舊思維模式的學者，尤其觸怒那些占據學術權威地位的教授們。他們從不理會批判哲學作為一個通貫整全的純粹的哲學（形而上學），甚至並無整全地把握康德哲學之意願，就專注於所謂「批判哲學之批判」，並聲稱此為一切康德學者之己任。[11]本人極之清楚，今日有誰膽敢提出首先要研究批判哲學作為一個通貫整全的純粹的哲學（形而上學），然後有資格談論對批判哲學之批評，必定要遭到某些學術權威的不屑。[12]

判》幾段文本：「這項批判是一部關於方法的書，而不是一個科學體系自身。」（Bxxii）就斷章取義地裁定康德也承認他自己在哲學上的貢獻只是「方法」上的，拙著《物自身與智思物——康德的形而上學》（頁4-5）已引康德本人《關於與費希特知識學關係的聲明》以指出，這種說法犯了抓其一點不及其餘的毛病，用康德的話說：「這種無理取鬧我實在是無法理解。」（KGS 12:20）其實，緊接著「這項批判是一部關於方法的書」一句後，康德就提出：「但是，儘管如此它仍然既在這門科學的界限方面、也在它的整個內部構造方面描繪了它的整個輪廓。」（Bxxii）斷章取義的學者們忽略了這極為重要的句子。若果在康德的三大批判完成之後，有人還要以為康德沒有一個體系，甚至還沒有規劃出形而上學，那麼，用康德的話說，那簡直是「無理取鬧」。

10 K. Jaspers, *Die Grossen Philosophen*. R. Piper & Co.Verlag, München, 1957. S.594.

11 拙著的一位評審人持這種觀點。他以為必須以「針對康德可爭議的論說」為己任，其審查意見一直都是停在對「方法」之要求，以及要求對康德哲學要有「反思和批判」，在其眼中，康德只是「自我批判的一個哲學家」，只是對自己作品「反思和批判」。

12 拙著的一位評審人批評本人「推崇」和「獨鍾康德」。不必諱言，本人尊敬康德哲學，但絕非如評審人所以為的那樣「推崇」康德個人，而是通過長期獨立研究之後對一個具客觀貢獻的哲學之肯認。並且，尊敬康德哲學，也並不表示「獨鍾」。作為

　　援用雅斯培的話：「對康德有敵意的批評者在暗地裡懷有一個動機：如果他們不想消滅自己的話，就得消滅康德。這就是說：有一些力量、生活方式、獲得基本知識的方式是不能夠吸收康德的哲學思想的。在這方面就會有一些缺乏見解的反對意見。[13]除了對康德有敵意的批評者，雅斯培又指出持世俗觀點者，他說：「哲學界的一些代表人物在今天持一種平庸的世俗觀點，即康德似乎失去了意義。」[14]雅斯培還指出德國觀念者，「他們在康德那裡看到了各種麻煩因為他們宣稱自己的原則是絕對的，並『克服了』康德。」[15]

　　事實上，時至今日，哲學界至今仍未能給出一個關於康德哲學的整體的藍本，甚至連康德使用的重要概念的整全涵義也未能得到確定，學者們談及康德哲學的時候未能達至柏拉圖哲學或亞里士多德哲學那樣的確定性與清晰性。依據康德學界之現狀，愚意以為，一切康德學者之己任當該在致力於康德哲學（即純粹的哲學，亦即普遍的形而上學）之通貫整全體系的確定性與清晰性。誠然，吾人無意阻止學者們以「批判哲學之批判」為己任，只是期望學界權威們尊重別人致力於闡明康德哲學為理性本性之學的通貫整體的努力。此乃學術自由應有之義。[16]

一個「個人」，康德有對，也會有不對。當我們尊敬康德哲學，是發自理性本性之肯斷，這個哲學與每一個人之實存相關，它不必亦不需要「推崇」和「獨鍾」。事實上，本人通過長達四十餘年的研究，理解到康德哲學對於人類終極目的之關懷，康德通過艱鉅的批判工程向我們展示的哲學是「關於人類理性的終極目的的一切認識和理性使用的科學」，（Logik 9:25）「是一切認識與人類理性的本質的（wesentlichen）目的之聯繫的科學」，（A839/B867）「是人類理性的圓滿充分發展」，（A851/B879）「保證科學共同制度的一般秩序、和諧，乃至它的安寧」，以免那些致力於科學的人忽視了「人類的首要目的，即全人類的福祉」。（A851/B879）

13 K. Jaspers, *Die Grossen Philosophen*. S.584.

14 同前註，S.586.

15 同前註，S.588.

16 在致伽爾韋（C. Garve）的信（1783年8月7日）中，康德提及「可能在背後隱藏著某個文人的詭計，試圖通過吹捧所有與自己著作的命題一致的東西，抨擊所有與他違

　　吾人一再申明闡揚康德批判哲學之意，絕非基於一己之喜好。而在深感人類高度文明化已如一列高速火車正馳向一個深淵之邊緣，此時此刻，康德提出的人類必須從文明化進至道德化的預告人類史當該為每一個人認真思考。也就是說，要有一個二十一世紀的哲學啟蒙，此「哲學」即康德經由三大批判建立的純粹的哲學，亦即可與孔子哲學通而為一的普遍的形而上學。愚意以為，人類要度過文明化陷入的危機，唯一的道路就是：克服舊有的思維模式，通過一場哲學啟蒙，讓每一個人發出自身理性之光明，並善於自己成熟地運用自己的理性。

　　現代文明崇尚科技至上，獨尊知性；而並未張開理性之眼。伴隨著高度知性文明，物質文明和消費主義顯示出無可替代的作用力。用康德的話說，就是「缺少一隻眼睛，亦即真正的哲學的眼睛」。（Anthro 7:227）高度的現代文明就像一個自負的獨眼巨人，以知性取代理性之名，隨之而來的結果就是摒棄人本有的理性在意欲機能中立法的能力，任由自利主義、功利主義橫行於世，物質至上、個人至上的原則騎刼著整個人類社會。事實上，現代文明未張開理性之眼，人類就缺乏一個全體一致的共同目標（終極目的），其結果就是任由偶然性支配社會，其前路堪虞而失去方向。

　　全人類每一位具反省力的有識之士，當不會對人類處境無動於衷。而本人呼籲二十一世紀哲學啟蒙正是對此而發。數十年致力於康德哲學與孔子哲學傳統研究，寫出兩部書：《孔子哲學傳統——理性文明與基礎哲學》、《康德的批判哲學——理性啟蒙與哲學重建》尋求到一個答案：唯一的純粹的哲學乃理性本性之學，此即康德哲學與孔子哲學傳統。吾名之為基礎哲學（Grundwissenschaft）。

背的東西，以此而在某個專業裡造成對所有著作家的統治權，〔……〕。」（KGS 10: 342）在致萊因霍爾德的信（1787年12月28與31日）中，康德提到學術界中司空見慣的結盟，他說：「學術界和政治界一樣，有戰爭、有結盟、有密謀，等等。我不能、也不願去參與這套把戲。」（KGS 10:515）今日康德學界的狀況同樣令人堪憂。

　　康德經由批判建立的純粹的哲學其基礎是一種宇宙概念（Welt-begriff: conceptus cosmicus），「宇宙概念」根本不同傳統上的學院概念。[17]康德在《邏輯學》[18]中指出：「依照宇宙概念，它（哲學）是關於人類的理性的最後的目的的科學。這個崇高的概念給哲學以尊嚴，即絕對的價值。」（Logik 9:24）正因此，康德能夠說：「唯有哲學才具有內在的價值，並且給予一切其他認識以價值。」（Logik 9:24）又說：「關涉到依照宇宙概念（in sensu cosmico）的哲學，人們可以名之為一門關於使用我們的理性的最高的格準的科學，〔……〕。這種意義上的哲學確實是一切認識和理性使用與人類的理性之終極目的之關聯的科學，此終極目的作為至上的目的，一切其他的目的是從屬的，並且必須在它裡面結合成一體。」（Logik 9:24）康德指明：在學院派的意義上，「哲學只關涉熟巧」，而關涉於宇宙概念，「哲學則關涉於可用性（Nützlichkeit）。，〔……〕。哲學則是智慧之學說，是理性的立法者，據此而言，哲學家不是理性技藝家，而是立法者。」（Logik 9:24）

　　其實，早在《純粹的理性批判》就論及依照宇宙概念的哲學（即純粹的哲學）。依康德，純粹的哲學「是關於一切認識與人類理性的本質的（wesentlichen）目的（人類理性的目的論）之聯繫的科學。」（A839/B867）並且，康德依此提出：「哲學家不是一個理性藝人，而是人類理性的立法者。」（A839/B867）此可見，經由批判而重建的純粹的哲學根本上區別於西方傳統上只是學院概念的哲學。

　　純粹的哲學，亦即人類理性之立法有兩個對象：「即自然與自由，

---

17 康德說：「迄今為止哲學的概念只不過是學院概念，也就是說，是關於僅僅被當作科學來尋求的一種認識體系的概念，所當作目的的無非是這種知識的系統的統一性，從而只是認識在邏輯上的完善性。但還有一種宇宙概念，〔……〕。」（A838/B866）

18 戈特勞布・本亞明・耶舍編。*Logik. Ein Handbuch zu Vorlesung*, 1800.

因而它不但包含著自然法則，而且包含著德性法則。」[19]（A840/B868）純粹的哲學既關聯著人類理性的本質目的，並且包含人類理性之立法，明乎此，則吾人不難明白，何故筆者一再強調，純粹的哲學是一個唯一的哲學系統，（A840/B868）而必須與形形色色的哲學流派區分開，也要與哲學史上諸如此類的「論」以及這種「主義」或那種「主義」區分開。[20]毋寧說，純粹的哲學作為「判斷一切哲學思維嘗試的原型」，它「判斷每一種其體系往往如此多種多樣並且如此多變的主觀的哲學」。（A838/B866）

　　本人提出「基礎哲學」，意謂為一切人類理性的本質的目的的活動奠基的哲學。亦即康德所建立的唯一的、作為原型的純粹的哲學。據此，本人提出「基礎哲學」是人類「尋根究極」的學問。從這個意義來看，我們就能指出：唯獨孔子傳統和康德真正地如理如實地解答了這個本質的哲學問題。概括地說，人類一切學問的根源歸於人本身的心靈機能，而且這個根源不是在心靈機能之經驗的性格，而是在其超越的性格。用康德的詞語講，就是自由意志。用孔子傳統的詞語講，就是孔子所言「仁」，即孟子所言「本心」。而人類終極目的就是康德所論圓善，以及就圓善實現於世上而言之目的王國、人類倫理共同體。依孔子哲學傳統而言，就是「天下平」、「大同世界」。

　　就理性完善的系統統一性而言，只能有一個唯一的最高目的，即「終極目的」。如康德所論明，終極目的「無非就是人的全部的定分，而關於這種定分的哲學就稱之為道德學。」（A840/B868）依此，康德指出：「由於道德哲學優越於理性的一切其他工作，在古人那裡，人們總是把哲學家同時並且尤其理解為道德學家。」（A840/B868）明乎

---

19 康德說：「一開始是區分開兩個彼此不同的體系的，但最後它們終究包含在一個唯一的哲學系統中。自然哲學討論的是『是甚麼的一切』，而道德哲學討論的是『那應當是甚麼者』。」（A840/B868）

20 康德提出：純粹的哲學「出自純粹的理性之認識」，以區別於「出自經驗的原則之理性認識」的經驗的哲學。（A840/B868）

此，則可指出，吾人提出二十一世紀哲學啟蒙，就是通過每一個人自覺運用自身的理性，而全人類趨向道德化，以聯結為道德的全體。事實上，人類進入文明化以來，個性與個體自由之覺醒已然確立為普遍的價值。人們面臨進一步的問題是：個性與共同性如何取得一致，每一個人的自由如何與他人的自由和諧共存。此問題就是：如何從文明化之成熟的知性進至理性的道德化。

　　二十一世紀啟蒙，是哲學的問題，同時就是道德的問題。據此，吾人有理由提出，牟宗三確立的儒家道德的形上學與康德實踐的形而上學通而為一，吾人可稱之為「基礎哲學」，必定為二十一世紀啟蒙奠基。於上一節已論，儒家道德的形上學與康德實踐的形而上學同為普遍的形而上學，它是唯一真實的形而上學。此形而上學「是純粹的理性之體系，即是一種在其系統的聯繫上，顯示純粹的理性發生的（真的或虛妄的）哲學認識的整體的科學」。（A840-841/B868-869）

第二節　從「道樞」見哲學之唯一性

　　如上文一再申述，吾人提出唯一的哲學，是就哲學之為理性之學而論的，亦即就人類「尋根究極」的活動而言者。依此義，哲學乃「人同此心，心同此理」之學，豈有多種多樣之理？！然當今世界流行多元主義，故人們多排斥純粹的哲學之唯一性，誤以為言哲學之唯一性必定有違「包容」、「多元」之現代精神。其實，如吾人一再申明，哲學之唯一性是據人類理性本性以及終極目的的共同性而論；並不排斥理性在經驗中、歷史中表現與運用的多樣性。用牟先生的話說：「這一個圓融的智慧義理本身是一個圓輪，亦是一個中心點，所謂『道樞』」。[21]「是以這圓輪子在其圓轉底過程中可容納一切開

---

21 牟宗三著：《心體與性體》（一），《牟宗三先生全集》第5冊，頁193。

合。」[22]先生解釋說：

> 說它是一個中心點，是說由此收攝一切，由此開發一切。……。
> 人生真理底最後立場是由實踐理性為中心而建立，……。宗教
> 信仰只是這中心底開合。中國儒家正是握住這「拱心石」的，而
> 宋、明儒之大宗則是盛弘這拱心石而充其極而達圓熟之境者。[23]

　　吾人亦可說，「基礎哲學」，即純粹的哲學，也就是儒家道德的形
上學與康德實踐的形而上學通而為一之普遍的形而上學，本身是一個
「圓輪」，即一個「中心點」，亦即「道樞」，可以容納人類經驗中一
切物事（罪惡除外），以及人類歷史進程中之開合。亦據此，吾人提
出，「基礎哲學」當該成為二十一世紀啟蒙哲學。

　　誠然，若學者們看不到理性之本性，甚至乾脆否認有共同的理
性，也不承認人類有一個終極目的，那麼，康德在他們眼中，就只會
是二百多年前一個哲學家，一個哲學史中的名字，而哲學史就只不過
是一個個哲學家跟影子搏鬥的一部流水帳。此所以不少學者直言康德
是過時的廢學。對於這一類學者，跟他們談康德根本就是白費力氣。

---

22 牟宗三著：《心體與性體》（一），《牟宗三先生全集》第5冊，頁195。牟先生說：「復
　　次，從正面踐仁盡性到圓熟之境，一切都平平，一切都落實，人若在此平平落實
　　處，只見到那形而下的器而膠著於事相上，則從負面來觀察人生，多從空、無一面
　　入，也是可以的；無卻那相對事相的執著、人為造作的不自然，而超顯那自然無為
　　的境界，這便是道家；空卻那事相緣起流轉的自性而當體證空，這便是佛教。因為
　　這負面的生命原也是那圓輪子所要化掉的。若執著於這從負面入手之所證而與那圓
　　輪子為對立，便不對。此是正負之開合。〔……〕。人若在此提不住，見不到是「知
　　體著見」，而只見到「抬頭舉目」之生理活動，如是，只去研究這生理活動本身也
　　可以，這便是所謂科學，但若在此執持只有這生理活動是真實，並無你所說的良知
　　本體，那便成了荒謬的唯物論，此即馬克斯（思）是也。」（同上揭書，頁194）並
　　且牟先生指出：「罪惡只能被消除，不能被容納。」（同上揭書，頁195）
23 牟宗三著：《心體與性體》（一），《牟宗三先生全集》第5冊，頁195。

但偏偏是這一類學者中不乏人又要抱著康德不放，大談「批判哲學之批判」。然吾人難免要問，既然這些學者在「何謂哲學」的根本問題上都不能站在康德的理性高度上，其所謂「批判」又如何能中肯綮？！

如吾人一再闡明，依康德，哲學不是關於那些人們對之一無所知的事物之輕易的玄想，哲學也不必宣稱對於總是無窮複雜的經驗世界包攬無遺。哲學實在說來是理性自知之學。而「我在我自己的『自我』之內就可碰見理性自身」。（康德語）理性自身提出的問題，理性自當都能解答。但康德以後，學者們看來不理會康德為「哲學」正名之舉，究其實，近代以來，時代之風氣壓根就否決理性。此所以，哲學家們異口同聲：「哲學無定義」、「哲學永遠在途中」、「哲學就是永遠地追問：什麼是哲學」。

但是，康德出來，「哲學」已經提昇至理性視野的高度，儘管哲學家們仍可依照個人喜好的視野來製造各式各樣的哲學觀點，哲學界仍可流行五花八門的哲學思想派別；然學者們一味主張哲學流派之多樣性，並排斥唯一的純粹的哲學，則是頭腦狹隘而偏頗的。

康德在《邏輯學》指出：我們想要對「哲學」下定義，必須首先研究不同的認識本身的特性。（Logik 9:22）並且，康德表明：哲學的認識屬於理性認識，「是出自原則」，（Logik 9:22）必須與歷史的認識區別開來，歷史的認識「是出自材料（Daten）」。（Logik 9:22）並且，康德指出：理性技藝家，或者愛意見者（Philodox），他們並不關注知識對人類的理性之最後的目的有何貢獻，只是為理性使用於各種隨意的目的提供規則。（Logik 9:24）反之，「實踐的哲學家，經由學說和榜樣之智慧之教師，是真正的哲學家。（Logik 9:24）康德說：

　　因為哲學是一種完美的智慧之理念，它給我們指出人類的理性
　　之最後的目的。（Logik 9:24）

固然，人類的知識豐富多樣，不必每一位從事哲學工作者皆必定要以純粹的哲學為務，大可以因各人的視野之不同而有各種哲學的觀點。康德就提出：「視野涉及對人能夠知道什麼、他可以知道什麼以及他應當知道什麼的評判和決定。」（Logik 9:41）我們的認識之視野[24]的決定大分三個方面：「一、在邏輯上按照與知性的關切之聯繫的能力或者認識力來決定」。（Logik 9:40）「我能夠知道什麼？」涉及這樣一種視野。「二、在美學上按照與情感的關切之聯繫的審美來決定」。（Logik 9:40）這樣一種視野涉及「對人可以知道什麼的評判和決定，（Logik 9:41）「三、實踐的視野」，即：「在實踐上依循於與意志之關切的聯繫中之用途來決定」。（Logik 9:41）這種視野「對我們的德性之認識具有實用的和重大的影響」。（Logik 9:42）並且，就關涉於與主體聯繫而言，康德區分開「普遍的和絕對的視野」與「特別的和有條件的視野（私人視野）。」（Logik 9:41）尤為重要的是，康德提出：「最後，我們也可以設想一個健全理性的視野和一個科學的視野，〔……〕以便根據它們來決定，我們能夠知道什麼和不能夠知道什麼。」（Logik 9:41）

依以上所述可清楚明白，吾人不必以為康德只承認理性的視野和純粹哲學。學者們亦無理由因著個人的視野而排斥理性的視野和純粹哲學。不過現實上，因時代精神要求「包容兼蓄」，影響及哲學界，也有學者以為提出理性本性之學（純粹哲學）的唯一性，對哲學觀點之多樣性有損害。李瑞全教授就批評康德之謂自己的哲學體系為「最後的哲學體系」是「慢語」，包含「哲學世界之大殺機」，[25]「無異謂

24　康德說：「視野可以理解為全部認識的量與主體的能力和目的的適應性。」（Logik 9:40）

25　「慢語」、「哲學世界之大殺機」，是李教授引用唐君毅先生語。見李瑞全著：〈學以成人與學以成教——唐君毅先生之哲學歸宿〉（《鵝湖學誌》第60期）李教授說：「當然也有如康德或黑格爾之謂自己的哲學體系已解決一切哲學問題，或為最後的哲學體系。唐先生以為此皆為『慢語』，並不能夠如實表現哲學之為一歷程的表現

哲學已到終結而不可能再進，反而使自己的哲學歸于死亡。」[26]吾人可指出，此種說法，其實出於誤解。看來，持這種說法的學者將康德由批判而建立的「純粹的哲學」視為一種從康德個人的、特別的和有條件的視野構建的體系，而忽略它是依據「普遍的和絕對的視野」、一個理性的視野和科學的視野來建立的。康德絕非自負地誇口自己發明一個「最後的哲學體系」，恰當地說，康德是揭明人類理性本性之學（純粹的哲學）是「一門永久不變的科學」；此唯一性、永久不變性乃是根於理性本性而有者，此乃理性本性之所在，同時就是哲學之尊嚴所在。

第三節　衡定理性本性之學為「道樞」與諸不同的哲學流派不衝突

康德在《邏輯學》中將「哲學」比喻為「好像是畫出科學的圓」，「然後各門科學得以通過它獲得秩序和連結。」（Logik 9:26）此所言「圓」，義同於牟先生所言「圓輪」、「中心點」，亦即「道樞」，在此「圓」之圓轉過程中，一切開合皆可容納其中。誠如唐君毅先生說「哲學為一歷程」，[27]然愚意以為哲學之表現為一歷程，並不妨礙吾

和意義。這種哲學觀點實含有一『哲學世界之大殺機』（頁26），因為，此即無異謂哲學已到終結而不可能再進，反而使自己的哲學歸於死亡。」（前揭文，頁9）

26 李瑞全著：〈學以成人與學以成教——唐君毅先生之哲學歸宿〉，頁9。

27 唐先生說：「西哲康德之自謂于昔之一切哲學問題皆已解決，黑格耳（爾）之謂其哲學為絕對精神之最後表現，皆為慢語。〔……〕。如知上來所謂哲學為一歷程之義，則終無人能作此慢語也。若有人能作此慢語，謂我將造一哲學，以囊括一切哲學，此即欲收盡一切哲學于此囊中而盡毀之，此乃一哲學世界之大殺機，而欲導致一切哲學之死亡者。」（唐君毅著：《生命存在與心靈境界》，臺北市：臺灣學生書局，1977年，頁26。）唐先生說：「西哲康德之自謂于昔之一切哲學問題皆已解決」，此說須加解釋，依康德實義，恰切地說，用康德本人的話說：「我膽敢說，沒有一個形而上學的問題在這裡沒有得到解決，或者至少提供出解決問題的鑰匙。事

人提出純粹的哲學為「道樞」，歷程之無窮開合、伸展，並不排斥「道樞」之唯一性、持久不變性。明乎此，則可見李教授批評康德之謂自己的哲學體系為「最後的哲學體系」，「無異謂哲學已到終結而不可能再進，反而使自己的哲學歸于死亡」，[28]乃主觀判斷之妄語。

李瑞全教授在其大作〈學以成人與學以成教——唐君毅先生之哲學歸宿〉一文中，依據其讀唐君毅先生著《生命存在與心靈境界》而提出：「哲學自是哲學家對於世界所知所感的反省而有的論述，無疑是心靈活動的產物。」[29]此說就「哲學家」個人的「所知所感的反省」而論一種「心靈活動的產物」而說「哲學」，可說是依照私人的視野而論。愚意以為，唐君毅先生《生命存在與心靈境界》所成的心靈境界學之大系統是就對每一個人有效的心靈活動的感通之通貫整體之考察而建立的，恐怕不能視為唐先生個人「對於世界所知所感的反省而有的論述」。然唐先生的心靈境界學畢竟不同於康德的批判哲學作為「人類心靈機能整體通貫的解剖工程」。心靈境界學僅僅論述「心

實上，純粹的理性是一個如此完善的統一體，如果在它本身提出的問題中，即使有一個是它的原則所不足以解決的，我們就只得擯棄這原則。」（Axiii）「形而上學也有獨特的幸運，其他論究客體的理性科學（Vernunftwissenschaft）（邏輯學只研究思維一般之形式）皆沒有這種幸運，即一旦形而上學通過這批判而踏上一門科學的確當途徑，它就能夠完全把握屬於它的認識的全個場地，因而完成它的工作，並將它作為一種不能再有增加的資產遺留給後人，因為它所處理的只是原則及其使用之限制。」（Axx）據此可知，康德並非自謂他個人憑著主觀的發明將一切哲學問題皆解決了，以致「造一哲學，以囊括一切哲學」，「收盡一切哲學于此囊中而盡毀之。」實情是：康德經由純粹的理性自身之批判，（Bxxxvii）也就是理性之「自我認識的工作」，即：就其獨立不依於一切經驗所可以追求的一切認識而言對理性機能一般的批判，通過這個批判找出理性的原則，從而按照原則裁決形而上學一般的可能性或不可能性，並決定它的起源、範圍和界線。（Axii）通過「對理性機能一般的批判」而確立體系之完整性，「這種無條件的完整性不僅是可實行，而且是必然的。」（Axx）明乎此，則可知，康德之宣稱絕非獨斷之自誇，而毋寧說，通過批判讓「哲學」在「理性之法庭」的保障下走上確當的途徑，並取得自身之尊嚴。

28 李瑞全：〈學以成人與學以成教——唐君毅先生之哲學歸宿〉，頁9。

29 同前註，頁6。

靈之諸方向（約有三）活動之所感通」，以及「感通之種種方式」。[30]
而康德則是批判地考察了「人類心靈機能活動之通貫整體」，作為「人類心靈機能整體通貫的解剖工程」，不僅是心靈「感通」之論述，而是考察了人類心靈機能的全部活動（包括超越的立法的活動，及經驗之使用兩層）。[31]三種認識力以各自不同的先驗原則分別在同一心靈的三種機能（認識機能、快樂與不快樂之情感、意欲機能）[32]中立法，三大批判分三步探明：知性立法下諸認識力關聯一致的活動；理性立法下諸意欲力關聯一致的活動；判斷力為其自身的立法下心靈諸能力和諧一致的結合活動。三種認識力就各自不同的立法而言，是互不干擾的，但它們並非分割的三種認識力，就它們在同一心靈中有著共同的根據而論，它們的立法活動構成一個人類心靈機能的通貫整體。就康德哲學包含對於人類心靈機能整體的通貫批判考察而言，它堪稱為

---

30 唐先生說：「今著此書，為欲明種種世間、出世間之境界（約有九），皆吾人生命存在與心靈之諸方向（約有三）活動之所感通，與此感通之種種方式相應；更求如實觀之，如實知之，以起真實行，以使吾人之生命存在，成真實存在，以立人極之哲學。」（唐君毅著：《生命存在與心靈境界》，頁1）

31 簡括地說，人類心靈有三種認識機能：知性、判斷力、理性，它們每一種（作為高級認識機能）都有自己的先驗原則。（KU 5:345）康德的批判工程就是因著人類心靈機能的認識力具有的這三種立法能力相應地劃分開三個部分：第一部分是理論哲學——自然概念之領域；第二部分是實踐哲學——自由概念之領域；第三部分是溝通自然與自由兩領域的媒介。在《判斷力批判》中，康德給出下表：

全部心之機能	認識機能	先驗原則	運用於
認識機能	知性	合法則性	自然
快樂與不快樂之情感	判斷力	合目的性	藝術
意欲機能	理性	終極目的	自由

（KU 5:198）

32 康德在致萊因霍爾德（Karl Leonhard Reinhold）的信（1787年12月31日）中提及這三種機能，說：「心靈有三種機能：認識機能、快樂與不快樂之情感、意欲機能。」並且指出：對這些機能的解析使他在人的心靈中發現一個體系。他說：「這個體系把我引上了這樣一條道路，它使我認識到哲學有三個部分，每個部分都有它自己的先驗原則。我們可以一一地列舉它們，可以確切地規定以這種方式可能的認識的範圍——理論哲學、目的論、實踐哲學。」（KGS 10:514-515）

「超越的心靈機能學」。這超越的心靈機能學建基於同一心靈機能的
諸能力之結合的事實上；並且建基於人類心靈機能的諸能力與客體
（包括外在給予的和它自身產生的客體）綜和統一的事實上。[33]

　　李瑞全教授提出：「唐先生的心靈九境的哲學規模，即構成此一
龐大的哲學體系。此哲學體系即是一無所不包的圓教系統。」[34]卻指
斥康德「使自己的哲學歸于死亡」。[35]豈知康德通過「人類心靈機能整
體通貫的解剖工程」揭明心靈諸機能之活動及諸心靈活動之和諧一
致，以奠定統一的哲學體系。此「心靈活動」即含唐先生「心靈境界
學」所論述「心靈之諸方向（約有三）活動之所感通」，而康德的工
作不止於對「心靈感通」之論述，而是包含心靈之立法能力、使用原
則及範圍，及至諸心靈機能關聯一體之活動一步一步作出批判考察而
作出。據此，吾人可說，康德哲學作為理性本性之學，它奠基於「人
類心靈機能整體通貫的解剖工程」，它就是關於「人」依據理性在天
地間「自我置定（Selbstsetzung）」，以及創造天地萬物為一體的道德
世界的哲學體系。

　　究其實，學者們不滿康德提出「純粹的哲學」（形而上學）的持
久不變性，他們誤以為凡提出普遍的持久不變的哲學體系必定是從個
人觀點出發的，因而是自誇的、排他的。他們拒絕承認，哲學能夠像
其他科學一樣得到普遍的持久的承認。李杜教授就持這種見解，認為
牟先生的「道德的形而上學」，「只是一派之學」。[36]在其大作〈由牟宗
三先生的「客觀的瞭解與中國文化之再造」而評及道德的形而上學〉

---

33 詳論見拙著：《康德的批判哲學──理性啟蒙與哲學重建》（臺北市：里仁書局，
　　2014年）上篇「康德哲學──人類心靈機能整體通貫的解剖工程」。

34 李瑞全：〈學以成人與學以成教──唐君毅先生之哲學歸宿〉，頁7。

35 李瑞全：〈學以成人與學以成教──唐君毅先生之哲學歸宿〉，頁9。

36 李杜著：《中國古代天道思想論》（臺北市：藍燈文化事業公司，1992年），附篇
　　〈由牟宗三先生的「客觀的瞭解與中國文化之再造」而評及道德的形而上學〉（以
　　下簡稱「李文」）前揭書，頁264。

一文中，他說：「對儒學或中國文化的瞭解，不可以有客觀的必然性的瞭解。」[37]批評牟先生在演講上使用「客觀的瞭解」一語，以為那「只是就其所建立的瞭解系統而說的客觀必然」。[38]在李教授看來，「主張一系統說的人，實不可以據此而批評主張不同系統的人。若要以此去批評別人，其客觀性即無效。」[39]愚意以為，究其實，李教授不承認哲學作為理性本性之學必然有客觀判準，故而主觀地認為，不同的系統只不過「表示了個人的意見」。[40]以致李教授認為：「牟先生的說法只是一種說法，而不要只以其說去說儒學、中國文化或哲學。」[41]甚至從牟先生所著的《現象與物自身》摘取片言隻語，然後以一己成見改頭換面。《現象與物自身》一書說：「不覺則已，一覺就是這一套，不能有其他的更替」[42]，又說：「如是，我們只有一個哲學原型。」[43]依上文下理，是指康德哲學及儒家圓教之為「哲學原型」

37 同前註，頁263。

38 同前註。

39 同前註。

40 同前註。李瑞全教授在其著：〈學以成人與學以成教——唐君毅先生之哲學歸宿〉一文中亦表達了同樣的主張，他說：「不同的哲學體系在內容上的基本差別則是由於哲學家所運用的基本概念的不同所造成。哲學雖然追求普遍性與永恆性，但此由遍觀遍運所成的哲學系統卻不免排拒他人以不同的概念所成的遍觀遍運的系統，因而常有互相批評和否定。此在西方哲學的發展中，如理性主義與經驗主義之互相排拒，特別明顯。」（前揭文，頁9。）愚意以為，李瑞全教授看來看不到康德批判哲學已論明理性主義與經驗主義之二律背反的根源在它們都誤用了理性，二者都沒有正確地使用概念。本人同意康德指明，二律背反只有通過對理性本身之批判才能夠得到裁定與解決。而不是如李教授所說，由於哲學家個人「心靈之自覺與自我超越的表現，因而心靈的思辨可以不斷突破哲學的一偏的排他性，而形成一更高一層的哲學。此突破即成就哲學的哲學，而哲學的哲學仍是哲學，只是一更廣包和圓融的哲學體系。」（前揭文，頁7。）理由是：若無經由批判確立的理性之法庭，吾人無法裁定一個哲學家藉著自身「心靈之自覺與自我超越」如何就是「更高一層的哲學」，也無判準裁定其是否堪稱一個「廣包和圓融的哲學體系」。

41 李杜著：《中國古代天道思想論》，頁263。

42 牟宗三著：《現象與物自身》，《牟宗三先生全集》第21冊，頁483。

43 同前註，頁468。

而言。李杜教授卻解讀為牟先生自誇「其說」。[44]

　　吾人已於本章第二節「牟宗三確立的儒家道德的形上學與康德實踐的形而上學通而為一」詳論：儒家的形而上學與康德的形而上學同為理性本性之學。牟宗三先生依據康德自由意志之根源洞識，會通孔孟言「本心」、「仁」，並揭示孔子「踐仁知天」，孟子「盡心知性知天」展示的道德的形而上學，其義與康德批判地確立的實踐的形而上學相通，二者同為理性本性之學。此所謂理性本性之學，即依據人類共同的理性而有其確定標準、衡量尺度及使用的，能夠得到普遍、持久承認的學問。吾人於上文亦一再申述，牟先生確立「道德的形上學」，以此從哲學之高度與深度為儒家義理性格作客觀之衡定。依此，確定了孔子哲學傳統之端緒，及其傳承系譜。並且，一旦衡定孔子哲學傳統為「道德的形上學」，即區別於僅僅為「倫理學」、「人文主義」、「精神人文主義」等說法，而確立其為純粹的哲學（理性本性之學）而立於世界哲學之頂峰。用牟先生本人的話說，就是：「契入中華民族文化生命命脈的內部，然後把這個生命表現出來。」[45]

　　一旦論明孔子哲學傳統為尋根究極之學，端緒在八個字：「仁者人也」、「人能弘道」，則吾人可確認，中華民族文化生命命脈緊繫於此，中華民族依其生命體而當有的發展方向亦在此。吾人提出二十一世紀啟蒙，為此啟蒙奠基的哲學亦在於此。明乎此，則可知吾人何以

44　李杜著：《中國古代天道思想論》，頁250-251。

45　第二屆儒學國際會議（一九九二年十二月）前夕，受臺灣「鵝湖」朋友所託訪問牟師，牟師特別談及「中國文化發展中的大綜和與中西傳統的融會」。牟先生說：「通過長時期的工作，寫出這幾部書，契入中華民族文化生命命脈的內部，然後把這個生命表現出來。這樣表現出來，『文化生命命脈』就不只是一句空洞的大話，這樣才能夠講往外開的問題。我們講往外開，開什麼東西呢？當年黃梨洲、王船山要求從內聖開外王，那是十七、十八世紀。到現代，我們就是要求跟西方的文化傳統相結合，要求一個大綜和。」是次訪問記錄即以此為題發表於十二月二十日、二十一日臺北聯合報副刊。並收入楊祖漢主編「第二屆當代新儒學國際學術會議論文集之二」（臺北市：文津出版社印行，1994年，頁8。）

提出儒家哲學研究之方向與前途必須奠基於牟宗三哲學。

　　誠然，吾人標舉孔子哲學傳統為二十一世紀啟蒙奠基，並不意謂要排斥各種各樣視野所形成的不同的哲學流派或精神的心靈學、倫理學、品格修養學、行為規範學。關於「中國傳統文化的特質」，民國以來，學界有各種講法，梁啟超、錢穆、熊十力、牟宗三等先賢之說廣為流傳。此後又有湯一介先生提出「普遍和諧」之說[46]、杜維明先生提出「精神人文主義」。此種種說皆有其見地。吾人現今提出牟宗三先生所論「儒家的道德的形而上學」為「中華民族文化生命命脈」，是要從粹純哲學之維度，亦即從「健全理性的視野」、也就是「普遍的和絕對的視野」（Logik 9:41）立說。粹純哲學依據的是宇宙的概念。此並不排斥其他依據各自的視野和維度而建立的學說。[47]

---

46 湯一介先生說：「把追求『普遍和諧』作為中國文化的特點，我認為也許更能全面地體現中國文化的本質。」（湯一介著：《中國傳統文化的特質》，上海市：上海教育出版社，頁150。）

47 杜維明先生爭取到第二十四屆世界哲學大會在北京召開，本是令人欣喜的大事。然得知此次大會以「學以成人」作為此屆大會的主題，未免有失望、唏噓之嘆。故撰文〈何謂「哲學」？哲學何為？〉，擲拙文以某學誌，收到「評審意見」，評審人直斥本人「狂妄自以為是」，說：「學以成人」（learning to be human）不是哲學，則作者直是斥責天下之哲學工作者都不是搞哲學的！都無知於孔子或康德的哲學的意義，此實過於狂妄自以為是。」簡中恐怕有誤解處，又或一篇幾千字之感懷之作，所言有欠周全。惶恐之下請求撤回拙文。然本人之心意實在是期望：吾人不僅爭取到世界哲學大會到中國來舉辦，而且讓孔子所言「仁者人也」、「人能弘道」成為大會主題，讓中國哲學以純粹哲學之維度出現於世界哲學大會。如此，吾人才能真正自豪地說：「中國哲學已站立於世界哲學之林！」本人原意並非要談論「學以成人」不是哲學之一種，何況當今哲學界不承認有「何為哲學」之標準，誰有資格指斥別人「不是搞哲學」？！即使「不是搞哲學」恐怕也並不是什麼有損顏面的事吧。實情是，本人讀到杜維明先生撰〈8000人報名參加的世界哲學大會討論的竟是這麼兩個字：做人〉一文（光明日報，2018年8月11日。）杜先生本人說：「再過幾天，第二十四屆世界哲學大會就要在北京召開了。本屆大會的主題是『學以成人』。最早我的提議是用中文，就是『學做人』，英文翻譯為"Learning to Be Human"。在翻譯成英文以後再譯回中文的過程中，有中國學者認為應該用一個比較典雅的表達，覺得『學做人』太平實了，好像哲學性不強，就用了『學以成

　　簡而言之，牟宗三先生把握康德之最高洞識，以確立儒家的道德的形上學，首次將孔子傳統定在理性本性之學（純粹哲學）的高度。牟先生會通康德與孔子哲學傳統所展示的基礎哲學堪稱「尋根究極」之學，此「根」即仁、本心、自由意志，三者是一，皆為道德創造之實體。此「極」即「大同」、「人類倫理共同體」、「目的王國」。此種種名皆表示終極目的（圓善）實現於世界上。明乎此，則可知，「道德」並非如一些學者以為只涉及「應然」。[48]「道德」意指內在於人

『人』作為大會主題。」本人只是想善意地提出：吾人談論「學以成人」之前，必須從哲學上確定「人是什麼？」如康德所言，人們就連關於教育的理念也還在爭執不已，「人們甚至對人類的本性能夠達到的完善性根本沒有一個概念。」（KGS 9:445）那麼，依據什麼來在「學以成人」的討論中取得對話、互通之可能性呢？如果連「人」之概念也是不確定的，那麼，「學以成人」之研討就會難免與經驗上的，缺乏哲學維度的心理學的、倫理學的角度所討論者無法區分開來。

48 我們知道，學術界一直流行著一種成見，也就是只承認「實然」是有意義的，而「應當」則被貶為無謂之談。這種成見可以明確地追溯到黑格爾。黑格爾說：「概念所教導的也必然就是歷史所呈示的。當哲學把它的灰色描繪成灰色的時候，這一生活形態就變老了。……密納發的貓頭鷹要等黃昏到來，才會起飛。」（Hegel, *Die Wissenschaft der Logik*, S.28；中譯見：黑格爾著；賀麟譯：《小邏輯》，北京市：商務印書館，1997年，頁14。）一直以來，學術界總是有人出來指責康德從「應當」推論到「能夠」。利文斯頓（Livingston）在《現代基督教思想》一書中就對康德有這樣的詰難，李秋零先生中譯《單在理性界限內的宗教》之「中譯本導言」引述這種見解，批評康德宣稱：「義務命令我們這樣做，而義務也僅僅命令我們做自己力所能及的事情。」他們認為這句話證明康德採用了從「應當」推論到「能夠」的手法，究其實，這句話並不包含推論，而是指明「做自己力所能及的事情」乃「義務」本有之義。試問：在一個人自己力所能及之外的事情能夠被作為義務嗎？究其實，「應當」與「能夠」根本不會是一種推論的關係，恰當地理解，「應當」本身就必定包含「能夠」作為其本有之義。康德明確指出：「道德法則涉及的是我們知道處於我們力量中的東西。」（Rel 6:98）事實上，對康德持這樣一種誤解的學者總是固執著如黑格爾主張的那種觀點，他們只承認「實然」是有意義的，他們以為「能夠」只能以「實然」來決定，不願意承認有一種「能夠」是意指經由「應當」而成為「是」的能力。他們以這種頭腦想康德，難免要誤以為他在這個問題上採用了推論的方法。但「應當」本身就必定包含「能夠」，這一層意義並非由推論可得出，而是依據對於一個無條件的因果性（意志自由）之批判闡明而達致。康德提出，「某種行為是以這樣一種（智思的、不為感性所決定的）因果性為前提條件的，無論它

的、一切行為之超越根據，它是道德創造之實體。正是內在於人的道德創造實體，創造人作為道德存有（仁者人也），「應當是」也就意謂按照德性法則使自己「成為是」，這本身就包含依靠自身的意志之自由而「能夠是」。人自身立道德法則，他就因著道德法則的命令而「透過行動在世界上依照道德法則」（KU 5:453）致力於實現「圓善」。[49]此即「人能弘道」。

現在是現實的，還是僅僅被命令的，也就是客觀地實踐上必然的。」（KpV 5:104）重要的是：「現在，事情單單取決於這個能夠（Können）會轉變為是（Sein）。」（KpV 5:104）

49 康德指出：終極目的作為一個「只有理性才能思維、應當通過我們的行動在世界上依照道德法則予以實現的客體的概念」。（KU 5:453）他說：「應當由我們來實化的最高的終極目的，即我們唯獨因之才能夠甚至配得上是一個創造的終極目的者。」（KU 5:469）

第三章
牟宗三先生在世界哲學的位置及其哲學之推進

第一節　牟宗三哲學位於世界哲學之高峰

牟先生說：「西方哲學之高峰是康德。」[1]而牟宗三先生是立於康德哲學這高峰上，消化之而會通孔子哲學傳統，以決定孔子哲學傳統為一個道德的形上學之系譜。就牟先生此成就而言，吾人可說，牟宗三哲學乃位於世界哲學之高峰。另一方面，牟先生以其哲學家之強力的創造性，標舉天臺圓教之獨特模式為準，[2]據之建構出通儒釋道三家而成立的中國式「圓善論」的宏大系統。[3]牟先生受佛教哲學天臺

---

[1]　一九七九年，牟先生在臺大哲學社講「中國哲學未來之發展」，說：「中國哲學是否有未來，除了挺顯其自身的義理綱維之外還要看吾人能否如當初之消化佛教而亦能消化西方哲學。能消化即有未來之發展，否則，便沒有未來之可言。凡消化，必須從消化其高峰著手。西方哲學之高峰是康德。消化西方哲學必須從消化康德入手。在西方，亦實只有康德方是通中西文化之郵的最佳橋樑，而且是唯一的正途。西方哲學有三大支：柏拉圖代表一支，萊布尼茲（茨）以及羅素代表一支，康德代表一支。柏拉圖一支與萊布尼茲（茨）之形上學一面已消化於康德，唯萊氏與羅素之邏輯分析一套，則康德未及消化，故此步消化必須中國人自己來完成。《認識心之批判》一書，正是基於此一用心而撰成。再進一步，便是消化康德。《現象與物自身》一書，即意在勉盡此責。然此非一人之事，亦非一時可了，願天下有志者共相勉勵。」（蔡仁厚撰：《牟宗三先生學思年譜》，臺北市：臺灣學生書局，1996年，頁42-43。）

[2]　牟先生說：「但圓教之觀念即非易明者。此則西方哲學所無有也，儒、道兩家亦不全備也。唯佛家天臺宗彰顯之，此是其最大的貢獻。」（牟宗三著：《圓善論》〈序言〉，《牟宗三先生全集》第22冊，頁14。）

[3]　請讀牟先生著：《佛性與般若》、《現象與物自身》、《圓善論》。

宗啟發，從圓教講圓善，乃精神哲學之進路，宗旨在修養至心靈之最高境界。牟先生的「圓善論」所依據的圓教宗旨在：儒聖、真人、佛之圓境。此即牟先生說：「指導人通過實踐以純潔化人之生命而至其極者為教。」[4]牟先生依圓教宗旨而建構的東方式的圓善學說堪稱一個東方精神哲學之圓滿體系。愚意以為，牟先生此方面的成就當該與其會通康德而確立的儒家的道德的形上學之成就區分開來。如吾人一再申論，儒家的道德形上學（亦即孔子哲學傳統）包含一個「圓善說」，其義與康德的圓善學說相通。而牟先生建立的作為一個東方精神哲學之圓滿體系的「圓善論」根本不同於西方哲學傳統中討論的圓善問題，[5]也不同於康德之圓善學說體系。[6]

---

4 牟宗三著：《圓善論》〈序言〉，《牟宗三先生全集》第22冊，頁3。牟先生全句是：「凡足以啟發人之理性並指導人通過實踐以純潔化人之生命而至其極者為教。」愚意以為，佛家不必涉及「啟發人之理性」，而道家則不必涉及道德理性。故冒昧對先生語作刪減。

5 牟先生說：「但圓教之觀念即非易明者。此則西方哲學所無有也，儒、道兩家亦不全備也。唯佛家天臺宗彰顯之，此是其最大的貢獻。」（牟宗三著：《圓善論》〈序言〉，《牟宗三先生全集》第22冊，頁14。）實在說來，依圓教而論圓善，是東方的精神哲學所特顯。未見於西方哲學，亦未見於康德。

6 關此，詳論見拙文〈論孔子哲學傳統包含的圓善學說〉（2015年11月，於香港新亞研究所主辦「紀念牟宗三先生逝世二十週年國際學術研討會」宣讀，刊於《鵝湖月刊》，2017年7月。）略述其中要點如下：一、終極關心不同，牟先生的「圓善論」所依據的圓教宗旨在：儒聖、真人、佛之圓境。亦即「指導人通過實踐以純潔化人之生命而至其極者為教」。而康德圓善學說宗旨在：每一個人成就自身為道德者，以使圓善成為世界之終極目的，並且，人應當致力於圓善之實現於現實世界。康德此義通於孔子哲學傳統「仁者，人也」、「人能弘道」而實現世界大同。也就是以創造道德世界為終極關懷。二、依天臺圓教之義，牟先生解釋「德」：「將某種東西通過實踐而實有諸己謂之『得』。如此得之而純潔化人之感性生命便是『德』。」（牟宗三著：《圓善論》，《牟宗三先生全集》第22冊，頁263。）無疑，如此言「德」，適用於一般而言之德性、品德。但如此言「德」，顯然不同康德及儒家所言「道德」之義。康德說：「道德就是行為之關聯於意志自律，也就是說，關聯於藉意志之格準而成為可能的普遍立法。」（Gr 4:439）「道德在一切行為對於立法的聯繫中，惟有通過這種聯繫，一個目的王國始為可能。」（Gr 4:434）此即孟子言「仁義

　　唐君毅先生曾說：「此番與牟先生在臺相聚，忽有所感：讀他文章時，是肉身成道；見到他本人時，又是道成肉身。」[7]牟先生一生的事業正是如唐先生所言：在人類哲學、文化精神領域，「予一切有價值者皆發現其千古常新之性質」，「求與世界其他一切新知新學相配合，以期有所貢獻於真正的新中國，新亞洲，新世界。」[8]於拙文〈四因說演講錄序〉（1996年8月初）中，本人說：

> 如果說康德在消解理性的虛幻之工作中，教人懂得自省理性之本性及其運用的原則；那麼，可以說，牟老師畢生的工作就是以康德抉發的健全理性為慧眼，拆穿重重因習而起的語言魔瘴，解開種種計執而有的意識牢結，讓人類在歷史行程的每一特殊性中創發的智慧各各如其所如，安其所安，並由之揭示這種種姿彩無不源自一人類實踐智慧的大生命。無論是依中國智慧的傳統會通並消化康德，還是採取「四因說」的入路以論衡人類的五大系統，牟老師所作的皆非「比較哲學」。憑著綜合的心量、貫通的智慧，以理性把限制撐開，而透出共同性。每一哲學，不論東方與西方，只要能客觀化，皆是共同的，即是世界的，人類的。此乃牟老師的真知灼見。[9]

梁啟超說過：「康德者，非德國人，而世界之人也；非十八世紀之

禮智根於心」，（《孟子》〈盡心章句上〉）「由仁義行，非行仁義也」。（《孟子》〈離婁章句上〉）三、佛家乃為非存有而奮鬥者，（牟宗三先生語）即使發展至天臺圓教言「佛法身即九法界而成佛」、「涅槃法身德是就三千世間法而為法身德」，可說保住一切法，但仍只是消極地說的「保住」，依天臺圓教所言「德福一致」只是詭譎相即之一致，（參見牟宗三著：《圓善論》，《牟宗三先生全集》第22冊，頁271。）個人圓修下達致「神聖生命」呈現，存在面之福即隨之。

7　蔡仁厚撰：《牟宗三先生學思年譜》，頁21。

8　唐君毅：〈我所瞭解的新亞精神〉，《新亞校刊》創刊號，1952年6月。

9　牟宗三講演，盧雪崑整理：《四因說演講錄》，臺北市：鵝湖月刊出版社，1996年。

人，而百世之人也。」吾人亦可說：「牟宗三者，非中國人也，而世界之人也；非二十世紀之人，而百世之人也。」有人欲以「民族文化的救亡說」封限牟先生，差矣！牟先生時常感慨學風士習之苟偷鄙俗，知識分子僵化的心思只停留在平面的廣度的涉獵追逐，哲學或淪為愛意見，或淪為纖巧的理智的遊戲，純粹的哲學（形而上學）被貶為無用的廢詞。道術之裂，人類智慧生命的絕續、這一切引發了牟先生的「客觀悲情」，為人的命運激動不安，由之發悲心願力，以清澈明朗人類智慧生命為己任。此即唐先生說「肉身成道」。

牟先生的學問是擔載著「道」的。先生常說：這個時代的問題是哲學的問題，哲學的本分就是要為社會提出一個指導的方向。一切時代的問題，無論是發展國家的現代化問題，或是發達國家的後現代化問題，都是生命的問題。個人的生命與人類的生命，或悲或喜，這不能只看生命本身，須透到那潤澤生命的德性。此即孔子哲學傳統與康德通而為一的普遍的形而上學，亦即「實踐智慧學」、理性本性之學所解決的問題。如吾人一再申論，人類理性「尋根究極」之工作至此達至圓滿的解答。[10]正因此，吾人有理由標舉康德與孔子哲學傳統為恰切而圓滿地解答「尋根究極」問題之基礎哲學。此「根」為道德創

---

10 哲學作為「尋根究極之學」始於希臘，這是不必置疑的，但是，人們恐怕會忽略這樣一個事實：自古希臘肇始一種哲學思維活動以來，哲學的場地就一直是「無休止爭吵的戰場」（Aviii）。因此，康德完全有理由指責：傳統的形而上學（純粹的哲學）乃是虛幻知識（Scheinwissen）」。（Axi）自《純粹的理性批判》開始，康德所一直從事的批判哲學工程就是一項重建哲學（形而上學）的根本改革。如吾人已論明，此番改革恰當而圓滿地解答了「尋根究極」之哲學根本問題。在《純粹的理性批判》，康德揭發西方傳統哲學一直以來固守著的一個錯誤的思維定式：哲學家都以為「主客關係」是自明的，並以為我們的認識皆必須以對象為準，而一切我們認識的對象皆被視為物自身。（Bxvi；A271/B327）根源自這種錯誤的思維定式，哲學家們無法在「尋根究極」之哲學根本問題上走上確當的途徑。康德說：「如果沒有這些舊的體系的發現甚至失敗的嘗試，我們也不會在一個體系中達到整個哲學的真正原則的那種統一。」（MS 6:207）

造之實體，[11]此「極」為終極目的（圓善）。[12]牟宗三哲學亦正因其立

---

11 拙文〈何謂「哲學」？哲學何為？〉「評審意見」中，評審人問：「『精神人文主義』既包括『己』、『工夫』、『仁』、以及『精神人文主義』，何以這些都不算是哲學的範疇？『己』自是對自我的瞭解（下文作者所謂康德之說，也不過是對自己（理性表現）的瞭解，杜之說豈不可包括這對己的理性的瞭解？工夫自是中國哲學特別是儒家所最重視的課題（是成聖的問題），『仁』更明顯是孔子的核心哲學觀念，且是內在於己，外通於人、廣通萬物、上通天道，何以討論『仁』的論述不是『哲學』？」愚意以為，「己」、「工夫」、「仁」固然是儒家哲學的範疇。但並不等同說凡談論「己」、「工夫」、「仁」的學說都合於孔子哲學傳統，都屬於哲學。本人一再論孔子哲學傳統與康德通而為一而確立純粹的哲學（理性本性之學），其基本概念須是出自理性，也就是有其普遍性、純粹性，即是說不是或許也帶有哲學意味，卻混雜著經驗的、人類學的、心理學的概念。純粹的哲學概念是超越的，但不能是超絕的（transzendent）。總而言之，依孔子哲學傳統而言，「仁」之為「根」，在於其為道德創造之實體。

12 拙文〈何謂「哲學」？哲學何為？〉「評審意見」中，評審人問：「『精神人文主義』正是要內通於己，外通於人、廣通於『自然』、上通於天（超越性），何以不是作者所謂『尋根究極』之學？」愚意以為，評審人所云「超越性」（Transcendence）採用的是西方經院神學之意義。其實，康德通過批判結束 "transcendentia" 一詞一直以來被錯誤使用的混亂狀態，在《純粹的理性批判》中首次嚴格區分 "transzendental" 與 "transzendent"，他明文指出：「"transzendental" 這個詞並不意味著超過一切經驗的甚麼東西，而是指雖然是先驗的（a priori），然而卻僅僅是為了使經驗認識成為可能的東西說的。如果這些概念越出經驗範圍，它們的使用就叫做 "transzendent"，要把這種使用同內在的使用，即限制在經驗範圍之內的使用，區別開來。」（Proleg 4:374）（關此，詳論見拙文〈論 "transzendental" 一詞在康德哲學裡重新獲得上昇的維度和哲學概念的明晰性〉）但學者們大多並不理會康德的區分。在漢語學界，該二詞長久以來譯做「超越的」，而英文 "Transcendence" 一詞中譯做「超越者」（或超越界），幾成慣例。在基督教哲學、士林哲學之思路中寫作的學者自然是遵照經院哲學涵義來使用「超越的」（transcendentia）一詞的。事實上，若依照經院哲學涵義使用「超越的」（transcendentia）或「超越者」（Transcendence），那麼，這種意義的詞語根本不適用於孔子哲學，因為我們有足夠的理由指明孔子哲學是理性本性之學，而區別於不必依據理性而只依據「超越者」的意志與啟示的任何學理和教義。究其實，依康德的區分，當我們說「天」是超越的，就涵著說其是內在的。而依經院哲學之涵義來說「既超越又內在」，所謂「超越」，其實意是「超離」，意指「天」是超自然的，宇宙之外的最高者，而所謂「內在」，意指內在化於人心中，由之說「合一」。依此，吾人可指出，孔子哲學傳統並無這種「既超離又內在」義，而具有康德意義的「超越義」。歐洲啟蒙運動以來，西方流行的人文主義，反

於此「尋根究極」的高度上，而客觀地被肯定其於世界哲學之位置。

　　牟先生實踐的生命已然客觀化了。此所以吾人可說，每個人，當其憂先生所憂、思先生所思，皆「人同此心，心同此理」，相知相契。有學者以為：「牟先生的說法只是一種說法，而不要只以其說去說儒學、中國文化或哲學。」[13]差矣！豈知，當吾人尊崇孔子、康德、牟宗三，並非尊崇「個人」，而是尊崇經由他們而客觀化了的真智慧。這是儒者「希賢，希聖，希天」之本懷，是發自理性本性之肯斷與嚮往。而並非獨斷。究其實，那些心中沒有「賢」，沒有「聖」，不知何為「聖」、「賢」，內心根本缺乏人類理性本性之超越性的學究，對於理性本性之學的排斥所顯出的專橫獨斷，以及他們對自己鍾愛的經驗一元論、相對主義、歷史主義之執持所表現出來的盲目崇拜往往令人咋舌，只是他們自己不自知而已。

　　不必諱言，作為一個「個人」，一個具有其獨特運思的哲學家，牟先生所論不必是一切皆可為任何人接納的，其學問系統內也並非每一細節皆無可商榷地正確的。筆者本人就對牟先生的康德學提出過種種商榷意見。今天，吾人要承接牟先生的志業向前進，就是要契應牟先生把握到的包含於孔子哲學傳統與康德哲學中旳「客觀的、最高的而且是最根源的問題」。唯有站在這個高度上，吾人始能說與牟先生對話與商榷是有意義的。事實上，關於牟先生的康德學，愚意以為有若干

對神學專斷時期肯定一個超離的上帝與彼岸世界的信仰，以這種人文主義的觀點看待儒家入世精神而視之為「世俗的」，缺乏「超越性」。這種說法固然與孔子哲學傳統不相應。杜先生就說：「很多學者認為，中國文明對超越的突破和永恆未來的超越世界好像理解得不夠，或者沒有那麼大的興趣。」（杜維明撰〈8000人報名參加的世界哲學大會討論的竟是這麼兩個字：做人〉）但杜先生的精神人文主義提出「天人合一」，「天」理解為超自然的，看來是要回到一種類乎歐洲啟蒙運動之前的超離的終極信託。那也不合孔子哲學傳統言「天」所含的由道德伸展致的道德的宗教信仰；對「天」之終極信託恐怕根本不同於孔子及康德哲學中「究極」（即終極目的）之義。

13 李杜著：《中國古代天道思想論》，頁263。

可商榷處，透過討論，講清問題，以達至對康德哲學之通貫整體的把握，實在有利於吾人承繼牟先生一生為之奮鬥的中西哲學會通的事業。

第二節　關於牟先生的康德學之幾點意見

關於牟先生的康德學，筆者歷年來提出討論的問題，簡括來說，有以下幾點：

首先，關於在康德哲學中「意志自由」是否只是一設準的問題。
本人回應學界對康德哲學的批評，始於一九九七年發表拙著《意志與自由——康德道德哲學研究》[14]，其要旨就是為了回應康德學界流行的所謂「自由不能直觀則只是一空概念」的說法。並嘗試通貫康德三大批判而展示康德自由論證之整體，以見「意志自由」之真旨實義。二〇〇〇年，拙著《實踐主體與道德法則——康德實踐哲學研究》[15]出版，進一步就康德學界對康德實踐哲學的批評提出商榷。其中亦就康德學界流行的所謂「康德論道德法則只是形式」、「康德所論意志自由只是設準」提出駁論。
二〇〇五年九月「第七屆當代新儒家國際學術會議」。[16]提交大會的論文題為〈康德哲學與儒家哲學會通之問題〉。拙文對牟先生批評康德「不承認吾人可有智的直覺，而自由只是一設準」之說提出商榷。本人提出，康德堅持我們不能獨斷地發明一種知性的直觀來證實

---

14 盧雪崑著：《意志與自由——康德道德哲學研究》，臺北市：文史哲出版社，1997年。
15 盧雪崑著：《實踐主體與道德法則——康德實踐哲學研究》，香港：志蓮文化部出版社，2000年。
16 該次會議由武漢大學哲學系與臺灣鵝湖月刊社合辦。本人宣讀論文題為〈康德哲學與儒家哲學會通之問題〉。見會議印發的會議論文滙編，但未見收入主辦單位出版的論文集。拙文經修改，刊於《中國哲學》第26輯，北京市：中國社會科學出版社，2013年。

「自由」，就是要揭示出：我們只能經由道德的進路證成「超越的自由」，只能經由意志自立道德法則以及在現實行動中依據道德法則而行，我們才能夠在道德踐履的實事中當即感受到意志的自由。這正是牟先生所言「自由底透露必通過道德法則始可能」[17]，於此，牟先生亦並不主張離開道德法則而可有一種先於道德心的「智的直覺」。牟先生言「明覺之自我立法，其立之，即是覺之，它是在覺中立」[18]，此正是康德論「自由經由道德法則呈現自己」（KpV 5:4）。

　　早在《純粹的理性批判》，康德就提示，在我們的純粹理性使用中有先驗地確立，並與我們的實存相關的法則，這就是道德法則；並且，正是這法則之意識首次對我呈現那種不平凡的機能，這不平凡機能就是意志自由。不過，這個重要的洞見要等到進一步對實踐理性機能作出批判考察，才能批判地證成。[19]批判工程甫開始，康德就洞見到意志自由乃其整個哲學體系之拱心石，不過，他並沒有將這一根源洞見以「自明的」方式獨斷地宣稱出來，而是經由三大批判逐步展開對「意志自由」之縝密周全的推證。依康德，一個批判的時代，一切都必須受到批判，[20]即使根源的真實的洞見亦要經由批判的考察，「絕

---

17 同前註，頁117。

18 同前註，頁78。

19 康德說：「在適當時候，也就是將來不是在經驗中，而是在純粹的理性使用的某些（不只是邏輯的規律）而且是先驗地確立的，與我們的實存相關的法則中，可以發見有根據把我們自己視為在關於我們自己的存在中先驗地立法者，以及是自身決定此實存者，那麼，就會因此揭示（entdecken）某種自發性，藉此，我們的真實性（Wirklichkeit）就會獨立不依於經驗的直觀之條件而為可決定的，而且我們覺察到，在我的存在之意識中含有某種先驗的東西，可以用來決定我們的實存。……道德法則之意識首次對我呈現（offenbart）那種不平凡的機能，在這不平凡的機能裡面，有一個我的實存之分定的原則，誠然它是一個純粹理智的原則。……我們需要感觸的直觀來賦予知性概念（本體、原因等）以其意義，……然而我畢竟有正當理由，在實踐的使用中按照在理論上使用時的類比意義，把這些概念應用於自由及自由之主體。」（B430-431）

20 在《純粹的理性批判》第一版〈序〉中，康德就說：「我們的時代在特別程度上是

對必須有一種對於它們的推證是可能的」。[21]康德提出：哲學的原理作為論證的原理總是要求一種推證，「無論它們是如何確定都永遠不能自稱是自明的。」（A733/B761）「甚至數學的可能性在超越的哲學中也必須予以證明。」（A733/B761）

簡括地說，首先，《純粹的理性批判》通過批判解決二律背反，其中第三背反之解答即得出結論：「出自自由的因果性與自然至少並不相衝突。」（A558/B586）[22]早在《純粹的理性批判》第二版「序」中，康德就表明其經由「超越的感性論」而作成顯相與物自身之超越區分，其中最重要的成果就是說明了「意志自由」與自然因果性並不相衝突。假若同一物「一方面作為經驗對象，另一方面作為物自身」之超越區分未曾經由「超越的感性論」而作成，那麼，自然的因果性和自然法則就必然會絕對地適用於一切物。並且，對於同一個人的心靈我們就不能說心靈的意志是自由的，同時又還是服從自然必然性的。（Bxxvii）但我們依照「超越感性論」所達成的結論，從兩種不

　　一個批判的時代，一切都必須受到批判。宗教想憑藉它的神聖性和立法性，想憑藉它的尊嚴，企圖避免批判，可是，這樣一來，它們恰恰就引起別人對它們正當的懷疑，而不能要求人家真誠的尊敬了。」（Axi）

21　康德說：「純粹理性之種種理念固然不允許有如範疇所允許的那種推證。但是，如果此等理念應該至少有某種哪怕是不決定的客觀的有效性，而不是只表象為純然的空洞的思想物（Gedankendinge: entia rationis ratiocinantis），那麼，就絕對必須有一種對於它們的推證是可能的，即使承認此推證是如何之大異於人們對範疇所能夠採取的那種推證。這就是純粹的理性批判工作的完成，而我們現在就要從事之。」（A669-670/B697-698）

22　在一七九八年九月二十一日致克里斯蒂安·伽爾韋（Christian Garve）的信中，康德表明：正是二律背反把他從獨斷的迷夢中喚醒。（KGS 12:258）康德說：「我的出發點不是對上帝存在、心靈不朽等等的研究，而是純粹理性的二律背反：『世界有一個開端，世界沒有一個開端』，等等，直到第四個二律背反：『人有自由；以及相反地：沒有任何自由，在人那裡，一切都是自然的必然性。』（案：在《純粹的理性批判》中，這是第三個二律背反。）正是這個二律背反，把我從獨斷的迷夢中喚醒，使我轉到對理性本身的批判上來，以便消除理性似乎與它自身矛盾這種怪事。」（KGS 12: 257-258）

同的意義對待客體，也就是既作為顯相，又作為物自身，那麼，同一個意志被想為在顯相（可見的行動）中必然遵循自然法則，因而是不自由的，但在另一方面又被想為屬於物自身而不服從自然法則，因而是自由的，在這裡不會發生矛盾。（Bxxviii）

值得提請注意，《純粹的理性批判》只是對「意志自由」作為超越的理念而作考論，也就是說，只限於理論哲學而論。正如康德本人在這個批判中已表明，此外，必須進至實踐哲學中進行推證，包括純粹實踐理性原理推證（由道德法則與意志自由之推證組成），以及圓善概念的推證。[23]吾人亦可稱為對「意志自由」之道德進路的推證，

康德在《純粹的理性批判》就表示出他洞察到理性有兩種完全不同的使用，即：思辨的使用與實踐的使用，前者只能是軌約的，理性的真實使用必須在後者中尋求。據此，他亦已提出自然哲學與道德哲學之區分。（A840/B868）他已然洞見到：道德哲學從其在人類心靈機能中的根源，以及其概念和原則與有效使用範圍，都與自然哲學完全不同。明乎此，我們就能夠明白，何以康德要在《純粹的理性批判》之外，獨立地進行實踐理性之批判，以奠立道德哲學之基礎。此正表明，早在撰寫《純粹的理性批判》之時，康德本人就完全清楚道德哲學在他的批判哲學整體中的獨立而優越的地位。

關於「意志自由」之實踐的證明，即道德進路的推證，康德是透過《基礎》一書，以及《實踐的理性批判》，乃至《判斷力批判》，而逐步開展，最後完成一個縝密周全的論證整體。首先，如康德本人表明，《基礎》（1785年）一書僅僅是「先導論文」，[24]採用「分析方

---

23 關於圓善概念的推證，詳論可參見拙著：《康德的自由學說》第六章「自由與純粹實踐理性之客體」，臺北市：里仁書局，2009年。

24 《基礎》之〈序〉中，康德自己就說明：他在這本書中先引入一些全新的考論（這些全新的考論會令讀者困擾而麻煩），以便日後正式從事實踐性批判的工作時，可無需附加這些必要的精微討論。（Gr 4:392）

法」，[25]因之，僅僅作為「先導論文」，（Gr 4:391）而與《實踐的理性批判》相關。《基礎》是《實踐的理性批判》的一個預備工作，（Gr 4：392）康德本人表明：「目前這部《基礎》只提出並且確立道德最高原則，單就這一點便構成一項就其意圖而言是完整的工作，並且是須與其他一切德性之研究分開的工作。（Gr 4:392）並且，康德本人提醒：若只停在道德法則之先驗性的說明，而不進而對實踐機能進行批判考察，以證明純粹實踐理性綜和使用之可能性，則道德也許不過是幻覺物而已。（Gr 4:445）康德於《基礎》第三章（最後一章）展示了這種批判的諸要點，但正式的批判工作有待於《實踐的理性批判》。

在《基礎》一書，於道德最高原則之提出及確立的過程中，康德提出：自由之理念與道德法則是交互性概念（Wechselbegriffe）。我們好像只在自由之理念中預設道德法則，（Gr 4:449）或反過來，設若我們的意志自立道德法則，則我們把意志之自由歸屬給我們自己。（Gr 4:450）正如康德坦然承認，這似乎隱藏有一循環。但事實上並無循環可言，因為康德已明言，此二者是交互性概念，任何一方都不能用來作為解釋另一方之根據。（Gr 4:450）必須要從《基礎》的道德概念分析進至《實踐的理性批判》對實踐理性機能作出批判的考察，始正式展開自由之超越推證。在這個批判裡，康德重提在《基礎》中提出過的著名的「交互性概念」的說法，他說：「由此可見，自由和無條件的實踐法則是相互引導（weisen）也相互返回（zurück）的。」（KpV 5:29）又說：道德法則唯有在與意志自由的關聯中才是可能的，而在設定自由之後就是必然的，或者反過來說：自由之所以是必然的，乃是因為這些道德法則作為實踐的設準是必然的。（KpV 5:46）顯見，康德以意志自由與道德法則是交互性概念，亦即互為設準作為自由之超越推證的前提。依照康德的論證策略，只要論明道德

---

25 康德本人表明，該書第一章與第二章，「單純是分析的。」（Gr 4:445）

法則（純粹實踐理性的法則）是純粹理性獨有的事實，則因著此前已
論明意志自由與道德法則之交互性（互相涵蘊），自由的客觀實在性
隨之得到闡明。此即康德言「道德法則自身被明示為自由的推證之原
則。」（KpV 5:48）究其實，康德對於自由之超越推證，就是關於意
志自由的客觀實在性之闡明，這任務唯獨經由意志自由與道德法則的
關係之考論而達成。[26]

　　但是，不少學者以《基礎》取代批判書本身，誤以為《基礎》本
身就是康德對自由之獨立推證，據之就以為康德視「自由」只是設
準。即使關於《實踐的理性批判》，他們也只是關注「設準」說，而
完全忽略康德在該批判中對「意志自由」作出縝密周全的論證。因著
這樣一種割裂肢解的解讀，「自由」被認為只是純然的理念，只是一
個虛擬（Fiktion）[27]，以為康德「視『意志自由』為一假定，為一
『設準』。」[28]進而又認為「意志自由」在康德哲學中只是闇冥的彼
岸。[29]如此一來，求真求實的哲學家康德就被貶為運用虛擬手法的發
明家。

　　牟先生最初在《心體與性體》（一）批評康德，說：「他視『意志
自由』為一假定，為一『設準』。」[30]直至《現象與物自身》仍堅持這
種見解，儘管此時先生已注意到康德論「意志自由由道德法則而顯
露」，但仍認為：「自由縱使我們通過道德法則而可以清楚地意識到
它，吾仍說它是一個冥闇的彼岸——無智的直覺以朗現之，它就是冥
闇，冥闇就是彼岸，不真能成為內在的，雖然康德可以說它在實踐的

---

26 請參閱拙著：《康德的自由學說》（2009年）第四章「意志自由與道德法則——自由
　之超越推證」

27 花亨格（H.Vaihinger）是這種說法的首創者。詳見其著作：*Die Philosophie des Als
　Ob*, Felix Meiner Verlag Leipzig, 1927, S.648.

28 見牟宗三著：《心體與性體》（一），《牟宗三先生全集》第5冊，頁137。

29 見牟宗三著：《現象與物自身》，《牟宗三先生全集》第21冊，頁64。

30 牟宗三著：《心體與性體》（一），《牟宗三先生全集》第5冊，頁137。

目的上而可為內在的，這其實是一種虛的內在。」[31]顯然，牟先生認為問題的關鍵在：必須承認吾人可有智的直覺，自由才可不是一設準，而是一朗現，吾人才可說它有客觀地必是定是的確定性。牟先生說：「意志自由雖由道德法則而顯露，然而它仍是一設準。……因為吾人對之無直覺（感性的直覺不能及，又無智的直覺以及之）。因此，它仍是主觀地就實踐理性之道德法則之必須如此這般而被肯斷，即在實踐上邏輯地逼迫著吾人必須肯斷意志是自由的，否則無條件的道德法則無由建立。……意志自由是一個不能直覺地被建立的概念，可是它是理性底全部系統底拱心石。」[32]

　　愚意以為，事實上，牟先生並未進入康德的論述脈絡中，而是有自己的一套思路。先生有一基本主張：「凡是具體的內容與真實的意義都在直覺中呈現」，因而認為康德既說物自身「不是感觸直覺底對象，而又不能說它是什麼直覺底對象（因為吾人無其他直覺故），則它便無具體的內容與真實的意義。」[33]先生這一思路其實可追溯至《認識心之批判》，在「本體論的構造」那一章裡，先生說：「吾人於經驗統覺，理解及智的直覺三階段皆可言『凡存在即被知』（凡存在的是現實的）與『凡現實的是合理的』兩主斷。……欲達到此兩主斷之最後而客觀的極成，吾人亦必須向後翻，翻至一絕對真實之本體概念。」[34]此即先生所言「絕對本體的邏輯構造」，先生接著指出：這邏輯的構造「所決定之本體概念是否能有真實性或客觀妥實性，視其後來是否能滿足直覺構造之條件。……邏輯構造與直覺構造是揣思本體之雙軌。」[35]

---

31 牟宗三著：《現象與物自身》，《牟宗三先生全集》第21冊，頁64。

32 同上註，頁54。

33 同上註，頁9。

34 牟宗三著：《認識心之批判》（下冊）（臺北市：臺灣學生書局，1990年），頁257。

35 同前註，頁260。

　　依牟先生的想法：我們要能夠直覺地構造「絕對本體」，必須承認人可有智的直覺。超越的區分就基於感觸直覺（有限心）與智的直覺（無限心）之區分，據此言有限心所對為現象，無限心所對為物自身。如此一來，先生認為超越區分之充分證成關鍵在能否肯定人可有智的直覺。愚意以為，兩種根本不同的直觀產生現象與物自身之區分的講法，必導致根本不同的兩個世界之區分的主張。而康德批判哲學正是要從根源上顛覆西方哲學中兩個世界的觀點。依康德，同一心靈，因著其認識機能與意欲機能的區分而有認識領域（現象界）與實踐領域（物自身，智思界，即道德界）的區分，前者是知性立法的，而後者是理性立法的。兩個領域因其立法不同而區分開來，但並非兩個不同世界，因其根源自同一心靈故也。且康德在最後一個批判論明，兩大領域因著判斷力之合目的性原則而通而為一，成一道德的目的王國。三大批判致力於論明：意志自由作為人的道德主體，在一切東西中唯有人之主體作為物自身（睿智者）考量，就著其意志自由連同其因果性的法則（道德法則）說，它是決定地和確然地被認識（bestimmt und assertorisch erkannt）。（KpV 5:105）因著意志自由，我們人自己屬於感觸界者之同時亦屬於超感觸界，這是可以積極地被認知的。（KpV 5:105）

　　德性原理乃是「一條從因果性的決定中排除一切感性條件的客觀的因果性原理」，「它早已存在於一切人的理性中，與人的本質（Wesen）融為一體。」（KpV 5:105）因此，道德法則堪稱為一條「實存的法則」，它是人的實存之定分的法則，憑著人自立並自我遵循道德法則，人就決定地和確然地認識到自己既屬於感觸界同時又屬於智性界者的我自身。（KpV 5:105）依康德所論，自由之理念是超感觸東西中唯一的概念，其客觀的實在性（憑藉在它之中被思想的因果性）是通過它在自然中可能的結果而在自然身上得到證明的。（KU 5:474）據此，康德就能夠提出：道德法則作為自由之推證原則。明乎此，吾

人則無理由以為「意志自由雖由道德法則而顯露，然而它仍是一設準」[36]。吾人亦無理由以為依康德只是「在實踐上邏輯地逼迫著吾人必須肯斷意志是自由的，否則無條件的道德法則無由建立」[37]。事實上，康德已論明：理性呈現道德法則作為一條完全獨立不依於感觸的條件的決定原則，而這法則是當我們因著我們的理性而為自己追溯意志的格準時我們能直接意識到的。（KpV 5:29）一旦我們為自己擬定了意志的格準，我們立刻就直接意識到道德法則首先展現在我們面前。（KpV 5:29）此即康德說：道德法則是理性事實。並提出：「道德法則逕直導致自由概念」，「若無道德法則及與之一起的實踐理性把這個自由概念強加給我們，就沒有人敢於冒險將自由引入科學中。」（KpV 5:30）道德法則，即基礎法則（Grundgesetzes）之意識為「純粹理性的獨有事實」，「純粹理性藉此宣布自己是根源地立法的。」（KpV 5:31）《實踐的理性批判》的一項重要工作就是通過對實踐理性之批判揭明：理性是意志立法之機能。明乎此，則吾人無理由以為康德為了建立道德法則而「在實踐上邏輯地逼迫著」必須「肯斷意志是自由」。[38]

---

36 牟先生語，見牟宗三著：《現象與物自身》，《牟宗三先生全集》第21冊，頁54。

37 同前註。

38 同前註。愚意以為，牟先生將康德在關於「自由」之整體推證中使用設準作為論證策略的一個步驟視為「自由」之獨立推證。故依據道德法則與自由互為設準，就以為康德只是為了建立道德法則，而邏輯地逼迫著「必須肯斷意志是自由的」。事實上，如吾人已論明，經由《實踐的理性批判》之「純粹的實踐的理性之分解部」，康德說明了純粹理性自己頒布道德法則的事實。這個理性的事實以系定理出之，那就是：「純粹理性是就自身而言單獨地實踐的，以及給予（人）一條我們名之為德性法則的普遍法則。」（KpV 5:31）一旦說明了道德法則作為理性的事實，則因著道德法則與自由互相涵蘊，「自由」亦立即得到證明。此即康德指出：道德法則及與之一起的實踐理性出來，把自由概念加予我們。（KpV 5:30）康德說：「如無道德法則，自由原本是不會被認知的。」（KpV 5:30）他舉例：一個人即使面臨處死的威脅，他也能拒絕作偽證以誣告他人。儘管他不敢肯定他會如何做，但是必定毫不猶豫地承認，拒絕作偽證對於他終究是可能的。依此康德說：「因此他就判定，他

　　第二，就牟先生批評康德「不承認吾人可有智的直覺」提出商榷。

　　牟先生反覆表明他在「智的直覺」這個關鍵問題上對康德的不滿。在《現象與物自身》一書中先生說：「意志自由雖由道德法則而顯露，然而它仍是一設準。……因為吾人對之無直覺（感性的直覺不能及，又無智的直覺以及之）。」[39]依先生之見，康德由「自由」契接價值意味的物自身，這是超越區分之正途。但是，意志自由「無智的直覺以朗現之，它就是冥闇，冥闇就是彼岸。」[40]

　　牟先生認為超越區分之充分證成關鍵在能否肯定人可有智的直覺。先生起初在《認識心之批判》一書展示「直覺地構造絕對本體」的思路，及後，在《智的直覺與中國哲學》及《現象與物自身》二書中從中國哲學儒釋道三家詳實地說明人可有智的直覺。牟先生對中國哲學的精熟及對儒釋道三家根源智慧之洞識，無人能出其右。無人能否定牟先生由中國哲學建立的智的直覺說之重大貢獻。但是，愚意以為，有必要明確地將中國哲學所含的「智的直覺」與康德批判哲學中所言「理智的直觀」區別開。[41]

　　若就儒家所論「本心明覺」言一種「智的直覺」，吾人可以說，那是就實踐理性在意欲機能中立法而論對道德法則之直接意識，同時

之所以能做某事，是由於他意識到他應當作這事，並且在自身中認識到自由，如無道德法則，自由原本是不會被認知的。」（KpV 5:30）「所以道德法則就逕直導致（führt）自由概念。」（KpV 5:30）理由是：「理性把道德法則展現為一種不讓任何感取的條件占上風的、確實完全獨立不依於這些感取的條件的決定根據。」（KpV 5:30）「德性首先給我們揭示了自由概念。」（KpV 5:30）明乎此，則吾人必不會倒轉過來，以為要建立道德法則才必須被迫設定自由。

39 牟宗三著：《現象與物自身》，《牟宗三先生全集》第21冊，頁54。

40 同前註，頁64。

41 究其實，也必須將「由儒家道德本體所發智的直覺」與「釋道玄智之智的直覺」嚴格區別開。吾人可說，就儒家所論「本心明覺」言一種「智的直覺」，實在是就實踐理性在其中立法的意欲機能（意志自由）而論，就釋道玄智而言一種「智的直覺」，則是就認識機能可擺脫感性條件的限制而有其獨立的純粹活動，而顯一種消極的智照。關此，詳論見拙文：〈康德哲學與儒家哲學會通之問題〉，《中國哲學》第26輯。

就是對意志自由之意識。此言「智的直覺」並非就認識機能而言一種知性的直觀能力，故此必須與康德所言「理智的直觀」區別開來。明乎此，則可知，牟先生依中國哲學而論的「人可有智的直覺」與康德依批判而提出的「人不能有理智的直觀」是根本不同的哲學問題。

　　康德所言「理智的直觀」（intellektuell[e] Anschauung），其意指一種不同於人所具有的知性之能力，它可被設想為一種積極的認識能力，「一種並不伴隨任何感官的而僅僅通過純粹知性而來的直觀」。（A854/B881）在康德的批判哲學中，所謂的「理智的直觀」只不過是我們能思之而沒有矛盾而已，我們對之不能形成絲毫概念。儘管人們可以想上帝有這種「理智的直觀」，正如人們可以想上帝是全知的。牟先生中譯 "intellektuell[e] Anschauung" 為「智的直覺」，如此一來就將其本人所言「智的直覺」與康德所言「理智的直觀」混同了。但吾人實在不能拿虛擬地歸於上帝的一種僅僅可允許無矛盾地思想的「理智的直觀」與中國哲學的「智的直覺」混為一談。

　　牟先生未注意到英文中泛論的 "intuition" 根本不等同康德所論 "Anschauung"。[42]康德學界中 "Anschauung" 英譯為 "intuition"，中譯有譯做「直覺」，也有譯做「直觀」。為了區分開 "Anschauung" 與 "Intuition"，本人譯 "Anschauung" 為「直觀」，而譯 "Intuition" 為「直覺」。此外，當牟先生將 "intellektuell[e] Anschauung" 譯做「智的直覺」，他並沒有區分 "intellektuell" 與 "intelligibel"。本人譯前者為「理智的」，後者為「智性的」，以作區分。[43]明乎此，則牟先生所言「智

42　詳論請參閱拙著：《物自身與智思物——康德的形而上學》（2010年），頁23。

43　"intellektuell" 譯做「理智的」，"intelligibel" 譯做「智性的」。不能以前者代替後者。有中譯本二詞皆譯做「知性的」，欠妥。康德明示：「我們必不可使用『理智的世界』一詞以代替『智性的世界』（mundus intelligibilis）一詞，就像德人的解釋中所常作的那樣。因為只有諸認識才是理智的或是感取的（sensitiv）。那『只能是這一種直觀模式或另一種直觀模式的對象』的客體必須被稱為智性的或感觸的（intelligibel order sensibel），儘管這很刺耳。」（B312）

的直覺」，譯做德文當該是 "intelligibel Intuition"，而並非康德所言 "intellektuell[e] Anschauung"。

究其實，牟先生並未有採納康德於《純粹的理性批判》之「超越感性部」中經由對「感性」之批判考察而對「直觀」（Anschauung）所下的定義。牟先生將康德哲學中 "Anschauung" 一詞譯做「直覺」。依牟先生，何謂「直覺」？「直覺，就概念的思想說，它是具體化原則（principle of concretion）：就事物之存在說，如果它是感觸的直覺，則它是認知的呈現原則[44]（principle of cognitive presentation）（此時它是接受的，不是創造的，亦須有思想之統一，而統一須假乎概念），如果它是智的直覺，則它是存有論的（創造的）實現原則（principle of ontological or creative actualization）。」[45]而依康德批判的結論，直觀只在對象被給予我們時才發生；而且對象之給予於我們僅是在心依一定方式被刺激時才是可能的。（A19/B33）康德明示：「單只是這感性才給我們提供直觀。」（A19/B33）他說：「通過我們所依以為對象所刺激的模式而獲得表象的能力（接受性），就稱為感性。對象借助感性而被給予我們，而且單只是這感性才給我們提供直觀。」（A19/B33）並論明：「無論一種認識以什麼模式以及何種方法與對象聯繫，其所由以直接聯繫於對象者，以及一切思維作為一種方法以得其聯繫於對象者，就是直觀。但直觀只在對象被給予我們時才發生；而且對象之給予於我們僅是在心依一定方式被刺激時才是可能的。」（A19/B33）依康德對「感性」之批判考察，「顯相是能直接給予我們的唯一對象，

---

44 牟先生就認知言「呈現原則」，吾人知道，在牟先生的學統中，有著名的「良知是呈現原則」一說，為免混淆，本人建議，認知處為展現原則，與良知處言「呈現原則」區分開。牟先生不區分darstellen（展現）與offenbaren（呈現），二詞皆譯做「呈現」。若吾人將二詞區分開來，則當說良知不是「展現原則」時，並不妨礙說良知是「呈現原則」。

45 牟宗三著：《智的直覺與中國哲學》，《牟宗三先生全集》第20冊，頁237。

而在顯相中，直接與對象相關者稱為直觀。」（A108-109）直觀「直接與對象聯繫而且是個別的，……」（A320/B377）

　　依以上所述，則可知，經康德批判考察裁定：直觀只在對象被給予我們時才發生，對象借助感性被給予我們，因此，單只是感性才給我們提供直觀。此所以康德提出：人不能有理智的直觀。但牟先生對「人不能有理智的直觀」極為不滿。並以為當有「智的直覺」，它作為「存有論的（創造的）實現原則」，而與作為認知的呈現原則的感觸的直覺區分開。愚意以為，依牟先生所論，既然「感觸的直覺」與其言「智的直覺」所屬分際不同（一屬感觸的，另一屬智的），且其原則亦根本不同（一是認知的，另一是存有論的創造的），不宜二者混稱「直覺」，可稱前者為「感觸的直觀」，以此表明牟先生言「直覺」根本與批判哲學言「直觀」不同，故亦不可將「智的直覺」混同批判哲學所言「理智的直觀」。

　　康德在《純粹的理性批判》經由對人類心靈之認識力的考察，嚴格區分感性與知性這兩種來自我們的心（Gemüts）的認識之不同的基本源泉，前者是接受表象的能力（對印象的接受性），後者是透過這些表象認識一個對象的能力（概念的自發性）。（A50/B74）「感性僅含有我們為物所觸動（因而是被動的）時才產生表象」，知性儘管是自發的，「但它藉其活動所形成的概念只是用來將感性表象歸諸規則之下，且藉此將它們統一於一個意識中，如果沒有感性的運用，知性將完全無所思考。」（Gr 4:452）依據這個區分，康德揭示：「我們的本性導致了直觀永遠只能是感性的」（A51/B75），而「知性不能直觀任何東西」。（A51/B75）感性與知性這兩種能力「任何一種都不能優先於另一種」，「這兩種能力也不能交換它們的功能。」（A51/B75）康德一方面將感性與知性之認識限制在現象界，另方面揭發知性離開感性而產生種種空洞表象之可能性，由此說明了人類哲學史上種種虛擬的可能性之根源。因著我們的直觀只能是感觸的、派生的，我們便會去

假定一種完全不同的直觀，那就是假想一種直觀是知性的、根源的，即假想一種理智的直觀。知性也可以有其純然思維之物，即智思物。譬如，在自然神學裡，我們就假設「上帝」作為根源的東西，並假設上帝有一種根源的直觀——理智的直觀。（B71-73）但「假想」之為假想僅僅意謂人們可思想之而無矛盾而已。人類的認識力根本無智的直觀以達到物自身（智思物）。據此，康德揭破了西方哲學傳統中形形色色臆測的理智體系製造虛幻之根源，這些體系就是通過發明特種的知性的直觀力來宣稱人類能夠認識超感觸物。[46]

---

46 唯理論哲學家主張直觀是人的理智的一種活動，笛卡兒就認為直觀是從理性的靈光中降生的；斯賓諾莎認為通過直觀才能使人認識無限的實體；萊布尼茨則把認識自明的理性真理的能力稱之為直觀，諸如此類。鮮有學者能理解康德堅持「人不能有理智的直觀」之重要意義。在康德那個時代，就有不少德國哲學家提出形形色色的理智直觀學說，以圖修正康德的批判哲學。耶可比（Jacobi）主張「理性即是直接的知識（unmittelbaren Wissen）」，提出一種對於上帝為對象的理智的直觀。（參見黑格爾著《小邏輯》，頁63、65）「對於耶可比的超自然的感覺主義來說，『理性』意味著關於超感的東西的直接感覺，意味著關於上帝、自由、道德和靈魂不朽的直接感覺。」（Windelband-Heimsoeth, *Lehrbuch der Geschichte der Philosophie*, J. C. B. Mohr (Paul Siebeck) Tübingen, 1957, s.495. 中譯參見：羅德仁譯：《哲學史教程》下卷，北京市：商務印書館，1996，頁793。）謝林（Schelling）提出「一個絕對單純，絕對同一的東西不能通過描述，不能用概念來理解或言傳，而只能被直觀。這樣一種直觀就是一切哲學的官能（Organ）。但是，這種直觀不是感性的，而是理智的。」（F. W. J. Schelling, *System des transzendentalen Idealismus* 1800), s.296. 中譯參見：謝林著，梁志學、石泉譯：《先驗唯心論體系》，北京市：商務印書館，1997年，頁274。）費希特在《倫理學體系》（*Das System der Sittenlehre nach den Prinzipien der Wissenschaftslehre*, 1798）中提出：「思維正是對於思維者本身作為睿智者（Intelligens）所具有的規定性的直接意識，……。一種直接的意識叫做直觀；既然在這裡沒有任何物質性的持續存在是借助於感受被直觀的，而是睿智者直接作為睿智者被直觀，並且只有睿智者被直觀，所以這種直觀就有理由叫做理智的直觀。」（Fichtes Werke IV, s.47. 中譯參見：費希特著，梁志學、李理譯《倫理學體系》，北京市：中國社會科學院出版社，1995年，頁48。）在《全部知識學的基礎》（*Grundlage der gesamten Wissenschaftslehre*, 1794）中說：「知識學以自由的內部的直觀能力為前提。」（Fichtes Werke I, S.88）黑格爾提出：「自為的理念（Idee, welcher für sich ist）按照它同它自己的統一性來看，就是直觀。」G. W. F. Hegel, Werke 8, *Enzyklopädie der*

依據康德之批判，恰恰因為人不能有理智的直觀，「顯相與物自身之超越區分」才得以確立。假若人們以兩種根源不同的直觀來劃分顯相與物自身，那麼，這種劃分就會是截然二分的，即超離的，而不是康德提所言「超越的」。

在康德體系中，「理智的直觀」表示感性與知性這兩種認識能力合一不分，若人的直觀是理智的，那就意味著人的知性不必經由與感性合作，即不必以時空之形式而能接受外在客體，那麼，人能憑理智的直觀就可以認識上帝、靈魂不滅以及積極地考量之自由，乃至其他超感觸的東西；康德的批判工作就會是不必要的，並且也就不必提出要轉至實踐領域去以意志自由為拱心石而建立關於超感觸界之認識。康德否定人有理智的直觀，是批判哲學的重要貢獻，據此，康德有效地揭穿舊有形而上學中理智論的哲學家（Intellektualphilosophen）所製造的形形色色的虛幻。[47]並且提出：必須轉至實踐的領域（自由的領域、道德的領域）去尋求對於超感觸物（物自身、智思物）之認識的可能性。事實上，透過《實踐的理性批判》，康德確立了物自身之場地，明確地提出，「自由概念在它的客體中表象物自身，但卻不是在直觀中表象的。」（KU 5:175）以此區別於「自然概念在直觀中表象其對象」，但只是「表象為純然的顯相」（KU 5:175）。前者是：「通過自由概念來立法，這是由理性而發生的，並且是純然實踐的。」（KU 5:174）後者是：「透過知性發生的，並且是理論的。」（KU 5:174）

---

philosophischen Wissenschaften im Grundrisse (1830), Erster Teil, Die Wissenschaft der Logik Mit den mündlichen Zusätzen (Suhrkamp 1970), §244。中譯參考賀麟譯：《小邏輯》，北京市：商務印書館，1997年。）

47 在《純粹的理性批判》之「超越的方法論」第四章「純粹理性的歷史」中，康德指出柏拉圖以降一切智論哲學家的弊病，那就是他們認為「在感官中所有的無非是幻象（Schein），只有知性才認識真的東西（Wahre）」，他們「要求真的對象只是智性的（intelligible），並主張一種並不伴隨任何感官的而僅僅通過純粹知性而來的直觀」。（A854/B881）

　　總而言之，康德憑著批判地揭明「人不能有理智的直觀」，堵塞了一切只憑知性而妄圖認識超感觸物的幻想。但康德並非要主張人對任何超感觸物皆不可認識，而是通過批判指明：一切超感觸東西中唯有「意志自由」是可以不超出我們自己之外而能夠找到的「無條件的東西和智性者（Intelligibele）」。（KpV 5:105）自由之因果性就是人作為物自身而言的因果性。人在自身的道德踐履中自會領悟，他的整個理性能力裡面唯獨實踐能力幫助他越出感觸界而獲得關於超感觸的秩序和聯結的認識，認識到他自己的人格性（Persönlichkeit）屬於純粹的知性界（Verstandeswelt），甚至也認識到他作為物自身如何能夠在智性界活動的方式之決定。（KpV 5:106）

　　唯獨我們人的主體一方面認識到自己是依照感觸界的決定而活動，另方面通過道德法則將自己決定為智性的者（有自由能力）（KpV 5:105）。吾人可說，人的主體（意志自由）作為物自身，唯獨經由道德法則，而並不能也不需要依靠任何直觀來證明其實在性及獲得認識。一旦確立了超越的自由概念，其餘先驗的實踐的概念其所表示的超感觸東西作為物自身（如心靈不朽、上帝，以及圓善）都在與「自由之最高原則的聯繫中立刻成為一些認識，而並不需要等待直觀以便去獲得意義」。（KpV 5:66）它們都是在，且唯有在與意志自由一起，處於與道德法則之聯繫中，始獲得客觀的實在性。康德建立了自由範疇（Kategorien der Freiheit），並指出其對「那些作為自然範疇的理論的概念」具有明顯的優越性。（KpV 5:65）他說：「自由範疇涉及一個自由的抉意的決定（對於這抉意誠然不能有任何與之符合一致的直觀，但是它先驗地就有一條純粹的實踐法則作為根據，……。）」（KpV 5:65）在實踐的認識中，自由範疇是就理性使用而言的「實踐的成素概念（Elementarbegriffe）」，是「不以感性為條件的，唯獨由道法則來決定的範疇。

　　康德對自由範疇之闡明，如其對自然範疇之推證，說明了「這些

範疇並沒有經驗的起源」，它們是先驗地「有自己的位置和來源」。
（KpV 5:141）並且，「因為範疇獨立不依於對象的直觀而與對象一般
相關聯，所以，雖然它們只有運用於經驗的對象才能成就理論的認
識，卻在運用於通過純粹實踐理性被給予的對象時，仍然還充任關於
超感觸物的決定的思想。」（KpV 5:141）康德說：「就範疇應該被運
用於那些理念而言，雖然不可能在直觀中給予它們以任何客體；但
是，它們畢竟是通過實踐理性在圓善的概念中毫無疑問地呈現出來
（darbietet）的一個客體。」（KpV 5:136）「這樣一個客體是現實的，
從而範疇作為一種純然的思維模式在這裡不是空洞的，而是有意義
的。」（KpV 5:136）經由對自由範疇之闡明，康德就阻止了人們像獨
斷的唯理主義者那樣，把它們看做「天生而有的（für angeboren zu
halten）」（KpV 5:141），以致把超感觸機能視為不需要努力的「本
能」，並指出這種超感觸機能需要經由「後天獲得」（für erworben
halt）。（KpV 5:141）

「沒有範疇，就不能思想任何對象。」（KpV 5:136）範疇下開經
驗界，即自然概念之領域；上通超感觸界，即自由概念之領域。依據
原則建立的範疇體系（包括自然範疇和自由範疇）是整個哲學體系的
認識論基礎。康德一再強調，不可能在直觀中給予範疇以任何客體。
以此阻止任何企圖發明特種直觀以建立超感觸物（包括形上學的本
體）理論而製造越界的僭妄。[48]在漫長的西方哲學史中，正是這種僭
妄使哲學及神學「成為充滿幻影的魔術燈」（KpV 5:141）。

如上已論，康德提出「人不能有理智的直觀」，是要阻止哲學家
們發明特種直觀來認識超感觸物，進而建立形上學的本體。但康德並
不因此而像經驗論者那樣否決一切超感觸物之認識，也並不主張取消
形上學的實體，而是經由批判，如理如實地提出：關於超感觸物（物

---

48 亦因此故，愚意以為，牟先生認為超越區分之充分證成關鍵在能否肯定人可有智的
直覺，以及「直覺地構造絕對本體」的思路，實有可商榷之餘地。

自身）之認識，乃至形上學的實體之建立，唯獨藉著意志自由連同其法則（道德法則）始能確立。此即康德嚴格區分開自然概念的領域和自由概念的領域，（KU 5:174）亦即，「哲學也相應地區分為理論的哲學和實踐的哲學。」（KU 5:174）。但如吾人所知，康德學界的權威見解都不理解，或根本拒絕康德的區分，不少學者仍然堅持要求實踐的領域（道德領域）也必須有「直觀之證明」；究其實，他們是不承認實踐的哲學在理論的哲學之外有其獨立性。

　　吾人必須指明，正確把握實踐理性批判的課題，並細心地把握這個課題與純粹思辨理性批判課題的區別，這對於我們是否有資格評判康德從事的道德論證乃是一個極為重要的關鍵。不少康德專家忽略這個關鍵，因之，總是要求康德在實踐領域進行的推證，同樣要嚴格地以範疇推證為標準；又或者以為康德既宣稱「自由之概念的實在的可能性通過道德法則而呈現，是唯一一個理性的理念其可能性先驗地認識」，那麼，康德就得證明我們對「自由」有直觀；[49]甚至要求純粹實踐理性事實也必須如同在說數學和自然科學是事實那樣，得到同樣的證明。[50]

---

49 伍德持這種說法，他給出的理由是：康德使用「認識」（Erkenntnis）一詞恰切地說是「把直觀帶到概念下」，（A51/B75）「當展示概念的一個對象可以在直觀中被給予，這個概念的實在的可能性才被認識。」（A219-222/B266-273）因此，「自由之概念不能適合這個可能性的先驗認識的要求。」（Herausgegeben von Otfried Höffe, *Kant: Kritik der Praktischen Vernunft*, p.29.）顯然，伍德心目中的「認識」一詞只限於康德在「超越的分解論」僅就自然之範疇而論的「理論認識」。伍德他們不能瞭解，康德對「理論的認識」作出限制，正是為的要轉而經由「實踐的認識」去探究超感觸界。因為唯獨進至「實踐的認識」，我們才不必依賴直觀，並不必像「理論的認識」那樣需要感性直觀與概念相應。詳論參見拙著：《物自身與智思物──康德的形而上學》（2010年），頁447-449。

50 德國哲學家柯亨（Hermann Cohen）持這種主張，他認為，康德說道德法則是事實，是在數學和自然科學是「事實」這種意義上的「事實」，那麼，必須提供同一類型的證明。（Hermann Cohen, *Kants Begründung der Ethik*, Berlin: Dümmler, 1877, S.224.）貝克引用了柯亨這個說法，（見Beck, *Commentary*, p.168.中譯頁205。）貝

　　事實上，康德經由批判證立意志自由作為人的真實自我而開闢出一條全新的堪稱科學的形而上學之道路，箇中包含著的新哲學思維和新道德思維根本上難以為固執著舊思維模式的學者們所接受，因此，我們毫不訝異，在否決「人的物自身身分作為人的真實自我」這一點上，唯理論的哲學家與其宿敵經驗論哲學家緊密聯手，他們一致傾心於經驗的倫理學，而排拒道德的形而上學。實在說來，牟先生對於康德學界長久以來對「物自身不可知」的詰難所困擾，因而想到以「人可有智的直覺」來補救康德。儘管如吾人已一再論明，牟先生所言「智的直覺」根本不同康德所論人所不能有的「理智的直觀」，也沒有補救可言。但值得提請注意，牟先生的智的直覺學說根本不同於康德學界中種種企圖以「理智的直觀」來擊倒康德批判哲學的說法。

　　上文已提及，牟先生「直覺」與「直觀」不分，先生言「感觸的直覺」，其實即康德言「感觸的直觀」。而當先生言「人可有智的直覺」，所言「直覺」絕非康德言「直觀」之義。[51] 又，牟先生「展現」與「呈現」不分，故而，當康德論自由不能在直觀中展現，就被解讀為自由不能呈現。[52] 依此可指出，只要吾人恰當地區分開「直覺」與

克受到柯亨這個主張的影響。愚意以為，柯亨及其追隨者的說法是武斷的，道德領域與自然領域分明是異質的兩論域，前者關涉意欲機能，而後者關涉認識機能。《純粹的理性批判》顯示思辨理性沒有直觀不能知道任何事實，那是就自然領域而立論。轉至道德領域而論「理性事實」，這「事實」指純粹實踐理性立法以決定意志，乃至經由踐履產生對象、實現對象，而並不必經由直觀去認識對象。這是康德反覆說明了的。關此，詳論可參見拙著《康德的自由學說》（2009年），頁551-561。

51 牟先生說：「知性是辨解的，而非直覺的；直覺是感觸的，而非理智的。知性只能思，而不能供給雜多，直覺能供給雜多，直覺能供給雜多，而又不能思。」（牟宗三著：《智的直覺與中國哲學》，《牟宗三先生全集》第20冊，頁190。）此處可見，牟先生言「直覺」即康德所論「直觀」；但先生所言「智的直覺」，其中「直覺」與康德所論「直觀」混為一談，故對康德所論「人沒有理智的直觀」產生誤解。

52 牟宗三先生說：「他（康德）只有這一種呈現之意義。」（牟宗三著：《心體與性體》（一），《牟宗三先生全集》第5冊，頁180）並提出：「除因感觸直覺而呈現外，還有一種因實踐而呈現。」（同前）

「直觀」，以及「展現」與「呈現」，則可發見牟先生提出「吾人可有智的直覺」，有其獨到的貢獻。

首先，牟先生指出：智的直覺所以可能之根據在道德。先生說：

> 智的直覺所以可能之根據，其直接而恰當的答覆是在道德。如果道德不是一個空觀念，而是一真實的呈現，是實有其事，則必須肯認一個能發布定然命令的道德本心。這道德本心底肯認不只是一設準的肯認，而且其本身就是一種呈現，而且在人類處真能呈現這本心。本心呈現，智的直覺即出現，因而道德的形上學亦可能。[53]

牟先生從「一個能發布定然命令的道德本心」來說明道德「是一真實的呈現」。此義通於康德論自由通過純粹的實踐理性發布道德法則而呈現自身。如吾人已論明，依康德，理性在意志中立法的直接意識，可說是一種智性的直覺；亦即道德法則之意識。一般所謂道德意識含義模糊。依康德確切地說，道德意識即道德法則之意識。牟先生透過發布道德法則的本心來指出其中即含一「智的直覺」，同樣標出道德法則之意識。

康德所言「直接意識到道德法則」、「逕直導致自由概念」，就表示一種直接的道德覺識。此可通於孟子引伊尹言「使先知覺後知，使先覺覺後覺」（《孟子》〈萬章章句上〉），此中言「覺」之首出義、根本義當該意指本心對自立天理之自我活動之覺識。這種道德覺識是智性的，用陽明的詞語說，可稱之為本心良知之「明覺」，但值得注意，此「明覺」不能等同於「覺情」[54]，更不能視之為「理智的直

---

53 牟宗三著：《智的直覺與中國哲學》（臺北市：臺灣商務印書館，1971年），頁346。
54 「明覺」包含「覺情」，但其首出義，根本義不基於「情」，而在其為對本心自我立法活動之覺識。牟師宗三先生論智的直覺是一「心覺覺情」，說：「它使普遍法則總

觀」。若依康德，吾人就道德法則之意識而言一種「智性的直覺」，
那是可允許的。康德在《判斷力批判》中就提出「直覺」（Intuitive）
有兩種方式：規模性的（schematische）或象徵性的。感取的直觀
（sinnliche Anschauung）是規模性的。（KU 5:351-352）並指明：當概
念是一個「唯有理性能思之，而且沒有任何感觸的直觀能與之適合」
的概念時，則真實化是象徵性的（symbolic）。（KU 5:351）「象徵的表
象模式只不過是直覺的表象模式的一種罷了。」（KU 5:351）[55]依此，
吾人可說，牟先生依儒家道德心而揭明的「智的直覺」即康德所論象
徵性的直覺。

在其明覺覺情之感應之機上呈現」。（牟宗三著：《現象與物自身》臺北市：臺灣學
生書局，1971年，頁78；《牟宗三先生全集》第21冊，頁81。）我們可以指出，此
「覺情」通於康德所論尊敬法則之意識。但必須提請注意，不能視「覺情」為本心
自身。牟先生說：「自由自律的意志就是道德覺情底本質作用，它就是心。」「自由
自律的意志就是『道德覺情』這個『本心』。」（同前揭書，頁80、81）看來是將
「覺情」（智的直覺）等同本心。並且，我們必須指出，本心立法不能說成「明覺」
（智的直覺）之自我立法。牟先生說：「明覺之自我立法，其立之，即是覺之，它
是在覺中立。」（同前揭書，頁81）看來主張「明覺」自我立法。我們說本心經由
諸道德覺識呈露自身，但不能說通過智的直覺以知本心。更不能以為人有一種智的
直覺的機能先行於本心而覺本心、萬物、天。牟先生說：「試設想我們實可有一種
智的直覺，我們以此直覺覺物自體，覺真我（真主體，如自由意志等），覺單一而
不滅的靈魂，覺絕對存有（上帝等），我們在此直覺之朗現上，豈尚須於干範疇來
決定嗎？」（牟宗三著：《智的直覺與中國哲學》，頁120）看來先生主張智的直覺覺
物自體。牟先生作為一個富創造性的哲學家，自造哲學系統，自當有其獨特之貢
獻，然不必據之推翻康德。

55 康德提出：一切生動描繪（Hypotyposis）作為感性化（Versinnlichung）可有兩種方
　　式：一、當相應於知性所掌握的概念的那直觀是先驗地被給與時，是規模的
　　（schematic）；二、當概念是一個唯有理性能思之，而且沒有任何感取的直觀能與
　　之適合的概念時，則是象徵的（symbolic）。（KU 5:351）他說：「如果人們把『象徵
　　的』一詞與直覺的（intuitiven）表象模式對立起來，那麼，這就是對這個詞的一種
　　雖然被近代邏輯學家接受了，但卻是意義顛倒了的，不正確的使用。因為象徵的表
　　象模式只不過是直覺的表象模式的一種罷了。」（KU 5:351）直覺的表象模式「可
　　以被劃分為規模的表象模式和象徵的表象模式。（KU 5:351）

　　牟宗三先生在《智的直覺與中國哲學》一書中恰切地指出：「康德說法中的自由意志必須看成是本心仁體底心能。」[56]並說：「當本心仁體或視為本心仁體之本質作用（功能良能 essential function）的自由意志發布無條件的定然命令時，即它自給其自己一道德法則時，乃是它自身之不容已，此即為『心即理』義。」[57]此見出牟先生之洞識力，以此奠定了孔子哲學傳統與康德哲學會通的基石。不過，牟先生批評康德「把心之明覺義與活動義完全從意志上脫落下來」，「而意志亦只成一個乾枯的抽象的理性體，而不知意志活動就是本心仁體之明覺活動。」[58]但依吾人一再論明，意志活動不會是不活動的理性體。[59]

　　康德把直觀從知性領域排除出去，並恰當地把它限制在感性領域，他使用 "Anschauung" 一詞專門指人的認識機能對於感觸客體之間直接的、非概念的關係，而與一般所言涵義寬泛的直覺（Intuition）區別開。一般言「直覺」指沒有經過推理、辨解過程而直接獲得認識的能力。[60]

　　依康德所論，不能在直觀中構造地展現的「自由」是如何獲得其作為「可認識的事物」（erkennbare Ding）（KU 5:467）、「事實」（Tatsachen: res facti）、「可知的東西」（scibilia）（KU 5:468）之確證的呢？那是經由自由意志自立道德法則及由依據道德法則而產生的道德行為之結果顯現於經驗世界中而確證的。儘管康德強調，「自由」不能在直觀中展現，但可承認「自由」作為「唯獨理性才能思維而沒

56　牟宗三著：《智的直覺與中國哲學》，頁60。

57　同前註。

58　牟宗三著：《智的直覺與中國哲學》，頁194。

59　關此，詳論請參見拙著《康德的自由學說》，臺北市：里仁書局，2009年。

60　諸如：唯理論哲學家主張直覺是人的理智的一種活動，笛卡兒就認為直覺是從理性的靈光中降生的；斯賓諾莎認為通過直覺才能使人認識無限的實體；萊布尼茨（茲）則把認識自明的理性真理的能力稱之為直覺。此外，還有美學家主張直覺就是創造活動（克羅齊）。諸如此類。

有任何感觸的直觀能與之適合的一個概念」於道德法則之意識中有一種象徵性的直覺。

　　儘管我們不能對於超越的自由有直觀，但我們依據只能產生於自由的道德法則及道德法則致生的道德行為這些理性的事實即可確證自由的實存。在康德的體系中，唯獨意志自由是呈現原則。純粹意志（純粹實踐理性）在立法的道德活動中呈現其自由之屬性，並因著自由自律之創生性而創造並實現其客體，由此可論「意志自由」不僅是呈現原則，而且是創造原則、實現原則。理性的實踐活動不是純理活動，而是心靈的意志活動，這活動同時是創造的、實現的。就同一理性而區分開理論的使用與實踐的使用，而且將理性的真實的使用規定在實踐理性上，這是康德的重大貢獻。

　　「意志自由」不僅是呈現原則，而且是創造原則、實現原則。事實上，「意志自由」就實存於唯一道德主體之體證中，在真實化、充實化中呈現自身。此即牟先生說：

> 性體心體乃至意志自由就是這樣在體證中、在真實化、充實化中而成為真實生命之系統裡得到其本身的絕對必然性。……。這不是普通所說的神秘主義，乃是實踐理性之實踐的必然。若說是直覺，則凡體證皆是直覺。但若不知其來歷、問題與境界之何所是，冒然憑空說某某是直覺主義，某某是理性主義，皆是不知甘苦的妄說。若只講成是直覺主義，乃是極大的誤解。[61]

　　牟先生也說：「使真正道德可能的自由意志亦不是眼前呈現的事物。」[62]可見，先生也並不主張「自由意志」是眼前展現的事物。只

---

61 牟宗三著：《心體與性體》（一），《牟宗三先生全集》第5冊，頁177。
62 牟宗三著：《智的直覺與中國哲學》，頁364。

要吾人將先生所言「智的直覺」與康德所論「理智的直觀」區分開，
則先生與康德之論可同時成立。

最後，吾人須注意，牟先生建立的智的直覺學說體系，見諸於先
生的「圓善論」中，有另一種獨特的貢獻。愚意以為，牟先生「圓善
論」中的智的直覺學說體系，所論「智的直覺」當該與其於道德主體
而言的「智的直覺」區分開來瞭解。

愚意以為，牟先生提出「吾人可有智的直覺」，句中「可有」確
實可圈可點。此言「可有」區別於孟子言本心「我固有之也」。著實
說，「可有」意味著必須經由工夫而達至。用牟先生的話說，是要經
過「轉識成智」。牟先生明文指出「至少亦在轉出『智的直覺』下，
始可成聖、真人、和佛」。[63]依此義可見，先生建立的「圓善論」中，
就儒、釋、道三教而論「通過實踐以純潔化人之生命而至其極者」[64]
（成聖、真人、和佛）所言「智的直覺」，與先生就儒家道德意識而
論的「智的直覺」並不相同。前者依據通過工夫達至「成聖、真人、
和佛」之境而言；後者是依據每一個人本心立普遍法則而呈現的直接
的道德法則意識而論。故此，愚意以為，吾人可將牟先生所論「智的
直覺」劃分開兩部分，一是作為對道德法則之直接覺識而言的「智的
直覺」，此歸於儒家的道德的形而上學；另一為依佛教「轉識成智」
的基本智慧而論，[65]可歸於牟先生的精神哲學（圓善論）。

---

63 牟先生說：「例如聖人、真人、佛，都是具有無限性，至少亦在轉出『智的直覺』
下，始可成聖、真人、和佛；而且亦可視聖、真人、佛為一無限的存在；而這無限
的存在亦不同於上帝。」（牟宗三著：《現象與物自身》，《牟宗三先生全集》第21
冊，頁28。）

64 牟宗三著：《圓善論》〈序言〉，《牟宗三先生全集》第22冊，頁3。

65 牟先生說：「照佛教的講法，生命都在識這個範圍，《成唯識論》講阿賴耶識就是幫
助你瞭解生命。但是，《成唯識論》固然是講阿賴耶識，但佛教的基本智慧是轉識
成智，轉識成智才能開大教。講識是分解地講，完全從負面說，你不能把識看成是
正面的講法，要轉識成智呀。」《周易大義》第二講，《鵝湖月刊》總第379期。

事實上，牟先生並不只從「轉識成智」言「智的直覺」，也從「本心呈現」說。牟先生明文指出：「本心呈現，智的直覺即出現，因而道德的形上學亦可能。」[66]又說：「我今從上面說起，意即先由吾人的道德意識顯露一自由無限心，由此說智的直覺。」[67]愚意以為，從「本心呈現」說一種「智的直覺」，必須與從「轉識成智」所言「智的直覺」區別開。前者不是如後者那樣通過工夫發布「轉識成智」而可獲得，而是每一個人所固有，因「本心」我固有之也，本心呈現而言之「智的直覺」同樣我固有之也。

第三，關於「執」與「無執」的區分及兩層存有論。

牟先生在《現象與物自身》一書批評康德未能對其提出的超越區分作出充分證成，先生說：「現象與物自身（物之在其自己）之超越的區分只是隨文點到，未曾事先予以清楚而明確的證成。……以如此重大之義理，就一系統言，如此基本之前提，而卻事先不提出來予以釐清，這在表達方式上是有缺憾的。」[68]從先生的批評看來，先生是要求從定義、自明的前提之確定開始。而這恰恰就是康德所要反對的舊有的獨斷方法。康德表明：「在哲學裡，精確而明晰的定義應該在研究的結尾，而不能在其開始。」（A731/B759）

愚意以為，牟先生本人提出的「現象」與「物自身」的區分是非批判的。也就是說，並沒有通過對人的心靈機能作整體通貫之批判考察，而是依據識心之「執」與無限心之「無執」的對立二分而作出的。牟先生說：「有限心與無限心底對照根本即是執與無執底對照。

---

66 牟宗三著：《智的直覺與中國哲學》，頁364。
67 牟宗三著：《現象與物自身》〈序〉，《牟宗三先生全集》第21冊，頁8。
68 牟宗三著：《現象與物自身》，《牟宗三先生全集》第21冊，頁1。愚意以為，牟先生並不措意康德的批判工作，先生嫌其「強探力索」，以致認為是不必要的；因此，先生視康德在批判考察中漸次展開之說明與推證工作為只是「隨文點到」，而不作為通貫整體之系統來看待。

此對照在吾人身上可建立，因此吾人有標準作『超越的區分』，而此超越的區分即在此對照下可充分證成而不搖動。」[69]

究其實，牟先生並不在意康德哲學那種步步考察、步步確立的批判進程。而事實上，康德之超越區分是通貫第一批判對認識力作批判考察以作出「顯相與物自身的超越區別」及將「所有對象一般區分為現象與智思物」，而奠定的。超越區分一旦證成，就運用於康德哲學之整全體系。這在牟先生看來，實在是「強探力索」。

康德本人在《純粹的理性批判》第二版〈序〉中表明：顯相（Erscheinung）與物自身（Ding an sich selbst）之超越區分，以及現象（Phänomena）與智思物（Noumena）之超越區分作為其哥白尼式革命的一個基本觀點，在批判工作開始時是當作假然的一個假設提出的，而「超越的感性部」對空間、時間之表象之性狀的闡述，以及「超越的分解論」對知性概念之闡述就是要為這個觀點提供必然性的證明。（Bxxii）康德又指出：心理學之誤推以及純粹理性的背反對於「顯相的超越的觀念性」，從而也就是對於「顯相與物自身之超越區分」供給了間接的證明。[70]

簡括來說，康德之超越區分的直接證明包括兩部分。一、顯相（Erscheinung）與物自身（Dinge an sich selbst）之超越區分。顯現與物自身之超越區分通過「超越的感性部」而得到說明，那就是經由時間、空間之表象的本性之考論而必然地證明了的。康德說明了「時間和空間，一併說來，是一切感觸直觀之純粹形式」，（A38/B55）也就是說，「它們只使用於作為顯相考量的對象，它們並不展現物自身。只有前者是它們的妥效性之唯一的場地；假如我們越過這場地，則沒有客觀的使用能由它們而被作成。」（A39/B56）二、一切對象一般區

---

69 牟宗三著：《現象與物自身》，《牟宗三先生全集》第21冊，頁116。

70 康德說：「這一種證明乃即是那應可說服『不以超越的感性論（transzendentale Ästhetik）中所給的直接證明為滿意』的任何人，以使之信服的一種證明。」（A506/B534）

分為現象（Phänomena）與智思物（Noumena）。諸顯現就其按照範疇之統一而被思為對象而言，它們就被名曰「現象」。（A248）範疇是將直觀的雜多綜合為統一體的知性之純粹概念。直觀和概念這兩者構成一切我們的認識之成素，它們從我們的心（Gemüts）的兩個基本源泉（感性與知性）而生出。

　　事實上，牟先生並未關注康德經由對空間、時間之表象之性狀的闡述，以及對知性概念之闡述而作出的「顯相與物自身之超越區分」，以及「一切對象一般區分為現象與智思物」。先生只是籠統地提出「現象」與「物自身」之區分，並不依隨康德分「顯相」與「現象」，也不分「物自身」與「智思物」，因先生之區分並非依據對人的認識力之考察而作出，而是有自己的思路，那就是：同一物，對有限心而言，為現象；對無限心而言，為物自身。先生在《現象與物自身》一書中說：「具體而現實的存在就是我所覺知的，依存於心的，不為我知，必為汝所知，不為有限心所知，必為無限心所知，若完全不為任何心靈所覺知，那必不是一具體而現實的存在（巴克萊）。」[71]依據貝（巴）克萊「人的有限心」與「上帝的無限心」的說法作出「對人類的有限心為現象」與「對上帝的無限心而言為物自身」之二分。進一步，依據佛家對人的認識力所採取的態度而立：「識」乃「執」，是成聖、真人、佛所要通過工夫發布而去除的：無限智心是「無執」，乃是離認識力之「執」而為言者。此所以，依牟先生之思路，聖人、真人、佛要過一般人的生活，即要「留惑潤生」，亦由此而需要有「坎陷」之過程。[72]牟先生之倒轉康德及一般人之通途，先

---

71 牟宗三著：《現象與物自身》，《牟宗三先生全集》第21冊，頁3。

72 牟先生以菩薩「留惑潤生」來講菩薩「自由無限心」之「自我坎陷」。（《中國哲學十九講》，《牟宗三先生全集》第29冊，頁299-300。）又以「聖人若要作總統，也必須離開聖人的身分而遵守作總統辦政事的軌則法度」，來講「聖人的『自我坎陷』」。（同前揭書，頁279）

從上面講「自由無限心」（聖人、真人、佛之圓境），然後以「留惑潤生」來講「自由無限心」經由自我坎陷轉為知性。此即牟先生依據「識心」之「執」，與無限智心之「無執」的對反來作出「現象」與「物自身」之區分的思路。此即牟先生依天臺宗而提出「一心開二門」為「共同的架構」。

　　牟先生依據自己的思路作出「現象」與「物自身」之區分。以此作出兩層存有論：「執的存有論」與「無執的存有論」，為其「圓善論」奠基。無疑，牟先生的「圓善論」體系博大精深，依據佛家圓教義的圓善而論儒釋道三教合一，立精神哲學之共同模型。[73]此種「圓善論」是東方精神哲學，而西方所未見有。牟先生自道：「吾茲所言並非往時三教合一之說，乃是異而知其通，睽而知其類。立一共同之模型，而見其不相為礙耳。此是此時代應有的消融與判教。」[74]明乎此，則吾人不必以康德批判哲學來評論牟先生的「圓善論」。亦正因此，吾人提出，有必要將牟先生所論儒家的道德的形而上學與其「圓善論」體系區分開來。依東方精神哲學而言，「執」與「無執」之對反以說明精神修養之法門，牟先生據此佛家智慧而作出兩層存有論：「執的存有論」與「無執的存有論」，為其「圓善論」奠基，並提出以天臺宗「一心開二門」為「共同的架構」，實在承天臺「判教之智慧而通儒釋道三教建立起一個「圓善論」體系。此體系無疑是精深而有獨到貢獻的。就牟先生此「圓善論」體系本身而言，其種種說法與立論吾人不必置喙。

　　然愚意以為，「執」與「無執」、「執的存有論」與「無執的存有

---

73 牟先生著名的「一心開二門」說，援用的是佛教「執」與「無執」而建立兩層存有論：「執的存有論」與「無執」的存有論。原本為非存有而奮鬥的佛學，「執」（定相緣起）與「無執」（空卻定相而為空如無相的緣起），不但講出一種存有論，且以「一心開二門」為「共同的架構」。（《中國哲學之會通十四講》，臺北市：臺灣學生書局，1990年，頁95。）

74 牟宗三著：《現象與物自身》〈序〉，《牟宗三先生全集》第21冊，頁20。

論」、「一心開二門」等，均不能與批判哲學混為一談，更不能與孔子哲學傳統的道德形上學混而不分。儘管依牟先生，由最高的儒家聖人之精神境界而論，可言「無執」的自由無限心，同於釋、道；以開「真如門」，而以「執」的「生滅門」對反。但孔子哲學傳統之儒家言「仁」、「本心」並非由「執」與「無執」所能說明。「仁」、「本心」同於康德批判哲學之「自由意志」（純粹的實踐理性）乃人類心靈稟具的普遍立法機能，人因著依其立道德法則（天理）而行，則創造自身為道德的實存同時創造世界為道德的世界，故「仁」、「本心」，同於「自由意志」，乃道德的創造實體，即：唯一的普遍的實踐的形而上學之實體，此根本不同釋、道言「道心」、「真常心」。牟先生說：

> 基本的存有論（fundamental ontology）就只能從本心、道心、或真常心處建立。本心、道心、或真常心是「實有體」；實踐而證現這實有體是「實有用」（本實有體起用）；成聖、成真人、成佛以取得實有性即無限性，這便是「實有果」（本實有體起實踐用而成的果）。體、用、果便是「基本存有論」底全部內容。[75]

依上引文可見，牟先生以本心、道心、真常心為「實有體」建立一種「基本的存有論」。然愚意以為，儒家所言「本心」之為「實有體」，顯然不同釋、道之「道心」、「真常心」之為「實有體」，牟先生本人亦很清楚，釋、道之「道心」、「真常心」不能言「道德」，也不能言積極的「創造」。據此，吾人或可指出，牟先生以本心、道心、真常心為「實有體」，是就「成聖、成真人、成佛」以取得「實有

---

75 牟宗三著：《智的直覺與中國哲學》，頁347-348。

性」而言，據此而立的一種「基本的存有論」當該是境界形態的，或曰僅就東方精神哲學而立論的。此必須與孔子哲學傳統及康德哲學顯示的普遍的實踐的形而上學所由以奠基的道德的創生的存有論區別開來。依後者，並非就個人「成聖、成真人、成佛」之根據而言「實有體」，而是就每一個人稟具的本心（自由意志）而言的道德創造實體，以建立存有論，是道德的、創造的。

依道德的存有論，道德創造實體（本心、自由意志）之本質義乃立普遍法則以於實踐中創造道德世界，而不必在於「執」與「無執」。道德創造的結果落在世界中，即自由因果性與自然因果性結合，也可以說，自由因果性之作用與認識力結合而產生結果落在經驗界中。所成經驗界亦並非「執」。依康德的批判哲學，知性立法的「自然」並非「執」，而是具經驗實在性的現象，其為現象，故也不必能立一個真實的存有論。毋寧說，康德經由批判推翻傳統西方哲學中以純粹的知性概念冒充存有論概念而製造的獨斷的本體宇宙論，他就破除了知性之計執性。因此，吾人有理由指出，經康德批判之後，經由知性之「執」而成「存有論」就是不合法的。若必要於此講一種"ontology"，頂多權且可論一個軌約的本體論，以區別於純粹的知性概念冒充存有論概念而製造的獨斷的「存有論」。故此，無所謂兩層存有論，沒有兩個分立的主體，亦沒有「生滅門」與「真如門」之二分。依康德，乃是依人類心靈機能的認識機能與意欲機能的不同立法而分開自然領域與自由領域，以此區分開現象界與智思界。前者具經驗的實在性，非如幻如化；後者具道德實踐的真實性，其超越性必落實於經驗界而有效，二者是同一個世界，並非由「執」的主體與「無執」的主體建立兩個對立的世界。道德創造的主體（本心、自由意志）之因果性必定要落到（或用牟先生的詞語曰「坎陷」）現象界中在經驗中有效，也就是與認識機能結合而起作用。然並非道德主體「坎陷」自己來轉出認識力。固然，牟先生可就「成聖、成真人、成

佛」達至的最高境界言「無執」、「智的直覺」，而就其由最高境界落到經驗界而言「坎陷」，需要知識以「留惑潤生」。然愚意以為，吾人須清楚，此所論的一套乃就精神發展而言，因牟先生之「坎陷」說包含的「辯證法」實在只能就精神發展歷程而言，絕不能就道德的實體本身言「辯證」。牟先生晚年批評黑格爾是禍根，就是指黑格爾就實有言「辯證」。

依以上所論，吾人可明，牟先生所論「一心開二門」為「共同的架構」。若就其依「成聖、成真人、成佛」而建立之圓善說體系而論，吾人不必置喙。然就中西哲學會通而統而言之，愚意以為，此精巧繁富之體系有必要與孔子踐仁知天、孟子盡心知性知天及康德所論那樣「與道德實踐使人成一道德的存在生關係」之形而上學區別開來討論。又，牟先生說：

> 對無限心（智心）而言，為物自身；對認知心（識心，有限心）而言，為現象。由前者，成無執的（本體界的）存有論。由後者，成執的（現象界的）存有論。此兩層存有論是在成聖，成佛，成真人底實踐中帶出來的。就宗極言，是成聖、成佛、成真人：人雖有限而可無限。就哲學言，是兩層存有論，亦曰實踐的形上學。此是哲學之基型（或原型）。[76]

依上引文，吾人可指出，牟先生所立「兩層存有論」並不能說是「自道德的進路入」。「成佛，成真人底實踐」固然明白地並非道德進路，即便「成聖」乃道德之事，然套在「執」與「無執」之對反中所論「成聖」，看來並非道德的進路，而是工夫進路。此外，牟先生所言「兩層存有論，亦曰實踐的形上學。此是哲學之基型（或原型）」，

---

76 牟宗三著：《現象與物自身》，《牟宗三先生全集》第21冊，序17。

依愚見，有可商榷餘地。依天臺「一心開二門」之進路，誠然可說為東方精神哲學的「普遍性的共同模型」，但不能說是哲學之基型（或原型）。

事實上，牟先生本人也很清楚，「哲學之原型」是指「人類理性的自然與自由之兩層立法」。[77]而吾人清楚，「兩層立法」是康德批判哲學之模式，而釋、道皆無人類心靈主體立法之洞見。先生說：

> 我們依聖人底盈教所決定的哲學原型不過就是兩層存有論：執的存有論與無執的存有論，並通此兩層存有論而為一整一系統。此是決定哲學原型底唯一真正途徑。由此途徑所朗現地決定的哲學原型正合乎康德所說「哲學是把一切知識關聯到人類理性底本質目的之學」，也就是展露「人類理性底兩層立法」之學。[78]

依上引文，吾人清楚可見，牟先生依「聖人盈教」而言的「哲學原型」是契接康德所論「哲學原型」的，要旨在揭示「人類理性底本質目的」，也就是展露「人類理性底兩層立法」。明乎此，則吾人必須將「哲學原型」與先生依「一心開二門」而言「普遍性的共同模型」區別開來。儘管牟先生本人有時是二者不分的。先生論及一心開二門的架構的重要性，說：

> 我們可以把它看成是一個有普遍性的共同模型，可以適用於儒釋道三教，甚至亦可籠罩及康德的系統。[79]

---

77 牟宗三著：《現象與物自身》，《牟宗三先生全集》第21冊，頁480。

78 同前註，頁465-466。

79 牟宗三著：《中國哲學十九講》，《牟宗三先生全集》第29冊，頁301。

　　佛教大乘起信論言一心開二門，其實中西哲學都是一心開二門，此為共同的哲學架構（philosophical frame）。依佛教本身的說法，所謂二門，一是真如門，一是生滅門。真如門就相當於康德所說的智思界（noumena），生滅門就相當於其所說的感觸界（phenomena）。[80]

　　愚意以為，牟先生認為「一心開二門」的架構「可籠罩及康德的系統」，此說可商榷。簡言之，「一心開二門」中，所謂「一心」是指「如來藏自性清淨心，也就是指超越的真常心」。[81]而依康德「兩重立法」之哲學原型，乃是同一心靈機能，因其知性於認識機能中立法與理性於意欲機能中立法之不同而區分開自然領域（感觸界）與自由領域（智思界）。並且，「一心開二門」中，「真如門」並非道德創造地開出，即便可言之為「智思界」亦只是消極的，並不像康德「兩層立法」之哲學原型中所開的「智思界」為積極地道德創造的自由領域，即道德世界。如吾人前面相關章節已反覆申論，唯獨孔子哲學傳統同於康德「兩層立法」所展示的由道德主體奠基的實踐的形而上學。[82]亦唯此堪稱「哲學原型」。

　　本人提出「基礎哲學」，意謂為一切人類理性的本質的目的活動奠基的哲學。亦即康德所建立的唯一的、作為原型的純粹的哲學。據此，本人提出「基礎哲學」是人類「尋根究極」的學問。從這個意義來看，我們就能指出：唯獨孔子傳統和康德真正地如理如實地解答了

---

80 牟宗三著：《中西哲學之會通十四講》，《牟宗三先生全集》第30冊，頁95 。

81 牟宗三著：《中國哲學十九講》，《牟宗三先生全集》第29冊，頁294。

82 牟先生本人說：「如果實踐理性充其極而達致『道德的形上學』之完成（在中國是儒家的形態，……）」（牟宗三著：《心體與性體》，《牟宗三先生全集》第5冊，頁160-161。）又說：「人生真理底最後立場是由實踐理性為中心而建立，從知性，從審美，俱不能達到這最後的立場。……中國儒家正是握住這『拱心石』的，而宋、明儒之大宗則是盛弘這拱心石而充其極而達圓熟之境者。」（同前揭書，頁162）

這個本質的哲學問題。概括地說，人類一切學問的根源歸於人本身的心靈機能，而且這個根源不是在心靈機能之經驗的性格，而是在其超越的性格。用康德的詞語講，就是自由意志。用孔子傳統的詞語講，就是孔子所言「仁」，即孟子所言「本心」，「仁者人也」。而人類終極目的就是康德所論圓善，以及就圓善實現於世上而言之目的王國、人類倫理共同體。依孔子哲學傳統而言，就是「天下平」、「大同世界」，「人能弘道」。

　　第四，關於「從上面說下來」及潛存自存的「天」。

　　愚意以為，當吾人討論儒家的道德的形而上學，必須依據康德批判哲學而進行。因科學的普遍的形而上學只有唯一的一種故也。此義已於前面相關章節論明。牟先生本人在《現象與物自身》之〈序〉中說：「我現在這部書不是從下面說上去，乃是從上面說下來。」[83]並自道：「吾可倒轉康德表達的程序，寬說，甚至倒轉一般人之通途。」[84]、「先說德行，後說知識。」[85]愚意以為，這種「倒轉一般人之通途」的思路用於道德的形而上學之建立，會產生一些問題。

　　牟先生依據孔子「踐仁知天」、孟子「盡心知性知天」建立儒家的道德的形而上學。「踐仁知天」、「盡心知性知天」即表示「從下面說上去」的思路。[86]從人的道德實踐活動（踐仁、盡心）說起，而並非先從上面（成聖、真人、佛而可有的）自由無限心說起。並且，也

---

83 牟宗三著：《現象與物自身》，《牟宗三先生全集》第21冊，頁6。

84 同前註，頁23。

85 同前註。

86 如康德所論，「超越的理念僅僅有助於在條件序列中直至無條件者，亦即直至原則的上升。」（A337/B394）他指明，「就向有條件者的下降而言」，所形成的一個理念只是「一個思想物」，「這樣一個概念不是超越的理念。」（A337/B394）他舉例：「如果我們關於（進展的）這樣一種綜和的絕對的綜體──例如關於世界一切未來的變化的整個序列──形成一個理念，這就是一個思想物」，「它只是任意地設想出來的。」（A337/B394）

不是先肯定「潛存自存」的「天」，而毋寧說，通過踐仁、盡心而顯人的道德主體之絕對普遍性、必然性，以及神聖性，以此絕對普遍性、必然性，以及神聖性產生「天」之概念及決定其內容。此即康德所論通過道德產生最高者（上帝）之概念，即從道德伸展至宗教。

　　依孔孟義理，聖人與一般人皆是「人」，都有大體與小體，都要服從自由法則與自然法則。孟子說：「聖人與我同類者。」（《孟子》〈告子章句上〉）孔子說：「下學而上達。」（《論語》〈憲問第十四〉）聖人與一般人一樣，既有感性之身分，同時稟具超感觸的（道德的）身分，二者並存不悖。故知識與道德，自然與自由並非對立的關係。自由法則並非與自然法則對反，而是主宰自然之雜多，以達至自由與自然之和諧一致。[87]

　　孟子說：「從其大體為大人」，（《孟子》〈告子章句上〉）並不意謂要求鄙棄小體，孟子提出：「人之於身也，兼所愛。兼所愛，則兼所養也。無尺寸之膚不愛焉，則無尺寸之膚不養也。所以考其善不善者，豈有他哉？於己取之而已矣。體有貴賤，有小大。無以小害大，無以賤害貴。養其小者為小人，養其大者為大人。」（《孟子》〈告子章句上〉）孟子所言「兼所愛，則兼所養」即康德提出：「一個被造物的全部自然稟賦都注定了終究是要充分地並且合目的地發展出來的。」（命題一）（KGS 8:18）如康德指出：「惡的根據不能像人們通常所說明的那樣，被放在人的感性以及由此產生的自然偏好之中。」（Rel 6:34）「自然的性好就其自身來看是善的，也就是說，是不能拒斥的。企圖根除性好，不僅是徒勞，而且也是有害的和應予譴責的。

---

87 康德就如理如實地指出：「理性在思辨的意圖上，見出自然必然性之路比自由之路更為平坦和適用得多」（Gr 4:455），因為自然必然性總是能夠在經驗中得到證明的，假若自由真的如一些學者以為的那樣對反於自然，則自由只能被放棄。但康德已指出，異質的東西（邏輯上相反），現實上不一定是對反的，而可以是先驗地綜和的。

毋寧說，人們只需要抑制它們，以便它們互相之間不自相磨擦，而是能夠被導向在一個整體中的被稱做是幸福的和諧。」（Rel 6:58）孟子言「從其大體為大人」，用康德的話說，人是善的還是惡的，就看他在把各種動機納入自己的格準時，是否顛倒了它們的道德次序。[88]（Rel 6:36）

　　本心良知、意志自由固然是超越的，不從經驗而有，然亦並非與經驗隔絕的；其依道德法則（天理）起作用，必然落實於經驗中，亦即必然要與認識力結合的。故此，並不會發生需要本心良知、意志自由坎陷到經驗界而產生知識的問題。如吾人已一再論，依據儒家與康德的形而上學，道德歸理性立法之意欲機能，屬自由概念之領域（即實踐的領域）；自然歸知性立法之機能，屬自然概念之領域（即理論的領域）。二者因不同的機能及其立法之不同而區分開，但並非對立割裂之二分。康德在《判斷力批判》中明確指出：知性與理性以各自不同的法權管轄的是「同一的經驗領土」，並且這兩種法權之所專屬的機能是「共存於同一主體內而無矛盾的」（KU 5:175）。明乎此，則不會以為認識由良知坎陷而有，也不必以為知識乃「識心」之執。吾人說，道德絕沒有經驗的根源，故並不由知識而有；但並非要否決道德之發用於經驗界，必須要結合認識力，亦需要有知識。此即陽明說：「良知不由見聞而有，而見聞莫非良知之用，故良知不滯於見聞，而亦不離於見聞。」（王陽明《傳習錄》中，〈答歐陽崇一〉，第166條）

　　孔孟哲學中「本心」（仁），亦即康德所論「意志自由」乃是唯一

---

88 康德說：「人（即使是最邪惡的人）都不會以叛逆的方式廢棄道德法則，道德法則是出於人的道德稟賦的。」（Rel 6:36）道德之事就是依據「行為格準符合於一普遍法則」而行其所當行。康德又說：「如果人把感性的動機作為本身獨立自足地決定抉意，以之納入自己的格準，而不把道德法則（這是他在自身就擁有的）放在心上，那麼，他就是惡的。」（Rel 6:36）

超感觸東西，其客觀的實在性通過其在自然中可能的結果而在自然身上得到證明。它是人的高層意欲機能，因而是在意志中立普遍法則的，故作為自由的因果性而起創造的作用。唯獨「本心」（仁）、「意志自由」作為道德主體，其在創造人自身為道德實存及世界為道德世界之不已進程中，顯其絕對的普遍性、必然性，以及神聖性，道德始必然擴展至唯一真正的純粹理性的宗教。

　　前面第一章第三節〈論牟宗三確立的儒家道德的形上學與康德實踐的形而上學通而為一〉已論，儒家與康德的形而上學共通之處在以道德主體作為唯一真實的創造實體。此實體之充其極在儒家言「性」，在康德言道德主體之持存性，而稱為「心靈不朽」；其客觀性、絕對性、神聖性充極擴展至道德目的論中一個「最高者」，儒家稱為「天」，康德稱為「上帝」。此即儒家與康德的形而上學包含道德的宗教。在道德的宗教中，最高者（儒家為天、康德稱為上帝）之概念唯獨出自對道德法則的意識及由道德法則要求實現圓善於世界上，理性要假定一種力量的需求，（Rel 6:104）人不能亦不需要知道此最高者是否在人及世界之外潛存自存。每一個人都能夠從自身出發，憑藉他自己的理性認識作為他的宗教的基礎的上帝（或曰天）之意志，這對道德的信仰就足夠了。因為在純粹的道德的宗教中，上帝（或曰天）作為一個普遍備受崇敬的道德的世界統治者，無非就是「倫理共同體的一個共同的立法者」，（Rel 6:99）其立法亦無非是共同體中每一成員之普遍立法。吾人根本不能亦不需要對其自身知道些什麼。更不需要發明什麼直觀來看見它，它作為目的原因所發生的作用，而並非作為有效因（實在的原因）而發生作用。明乎此，則可知，若人們要知道有一個外在的上帝（天）作為最高的絕對權威始產生對上帝（天）之信仰，則不可能是道德的宗教信仰，[89]而只是形形色色的歷

89　康德說：「沒有人能誇口說他知道有上帝和來生；如果他真知道，他就是我一直要尋找的人。因為一切與純粹理性的對象有關的認識都是能夠傳達的。」（A829/B857）

史性的信仰中的一種。而依康德所論，一切歷史性的信仰中，所謂對最高的絕對權威之事奉，無論表現得如何虔敬、貌似篤實，皆是偽事奉。依理性而言，歷史性的信仰只是偶然的、情緒的、心理的。

依儒家的道德的形而上學，可以指出：通過道德進路確立「天」的概念，並非要把「道德的根據推給上天」。[90]用康德的話說，「天」的概念之確立並不是「為了德性而必要的」，（KU 5:451）相反，「它是由於德性而必要的。」（KU 5:451）本心是「人能弘道」的客觀根據，此客觀根據「首先就直接在我們的力量中」。（KpV 5:119）本心之天理是實現及促進「人能弘道」的動力法則。我們根據本心、天理包含的普遍必然性、絕對無條件的律令及「人能弘道」之終極目的確立「天」的概念，可以說，「天」是就主觀而言的條件，「而不是就客體而言被認識到的必然性。」（KpV 5:11）也就是說，「天」是由於道德之要求而確立，並不能誤解為「天」是道德的根據。我們只能說，若人沒有道德，則根本不能產生「天」的決定的概念，但不能說沒有「天」的概念，則沒有道德。恐怕吾人也不能說「本心」只是主觀原則，而潛存自存的「天」才是客觀原則。而毋寧說，唯獨「本心」既是主體而可言其原則為主觀原則；同時此主體之立普遍法則，即具客觀性，故亦可言其原則為客觀原則。恐怕吾人無理由就「本心」與「天」來區分開主觀原則與客觀原則。依康德批判哲學所論明，吾人不能就外在客體之自身而論客觀性及客觀原則。明乎此，吾人不能以為「本心」為主觀的一方，而「天」為客觀的另一方，然後通過實踐而論兩方合一。此即明道說：「便說『合天人』，合天人已是為不知者引而致之。天人無間。」（《二程全書》〈遺書第六〉）「若不一本，則安得『先天而天弗違，後天而奉天時』？」（《二程全書》〈遺書第二

---

90 楊澤波教授認為儒家「以天論德」，「將道德的根據推給上天」，（楊澤波著：《牟宗三三系論論衡》，上海市：復旦大學出版社，2006年，頁119。）「天道作為性體的來源」、「天道是性體的原因」。（同上揭書，頁103）

上〉）我們恐怕也找不到文獻根據說明孔孟所言「天」是一個人只能與之「遙對」的超絕者。[91]也並非要先立「天」為形上的實體，然後把它收進來作為人自己的性。[92]

依批判哲學之理性的道德的思維模式，「最高者」（上帝、天）不僅僅是思辨理性的一個預設，進一步就理性之實踐使用而言，它是一個「設準」，「就主體遵守它客觀的實踐的法則而言的一種必然的認定。」（KpV 5:11）是「真正的和無條件的理性必然性」。（KpV 5:11）

91　從西方哲學傳統來看，在有神論中，"Transcendence"（德文 Transzendenz）可以說是意指「不同於世界的自覺的存在」。（參見文德爾班《哲學史教程》。Wilhelm Windelband, *Lehrbuch der Geschichte der Philosophie,* 15.Ausg., revidiert von Heinz Heimsoeth, Tübingen, 1957. S.124. 中譯：文德爾班著，羅達仁譯：《哲學史教程》〔上、下卷〕，北京市：商務印書館，1996年，頁197。）"Transcendence" 一詞學界一般譯做「超越者」，本人譯做「超絕者」，以依照康德哲學將 "transzendent" 與 "transzendental" 嚴格區別開。學界所論外在的神「超越而內在」，其意謂將「超絕者」內化於人心。而依康德使用 "transzendental"（超越的）一詞，本身就涵著「內在的」之義。所謂「超越而內在」就顯得畫蛇添足了。愚意以為，"transzendent" 譯做「超離的」，有一個好處，也就是從字面上就能反映 "transzendent" 一詞所包含的「外在的」之義，當有人意圖藉著偷換手法把「內在的」連接在 "transzendent" 一詞上，他在中譯時就得說「超離而內在」，其中矛盾就不揭自明了。詳論見拙文〈論 "transzendental" 一詞在康德哲學裡重新獲得上昇的維度和哲學概念的明晰性〉（香港新亞研究所：《新亞學報》第32卷，2015年5月號）。

92　在《中國哲學的特質》（臺北市：臺灣學生書局，1963年）中，牟先生使用「超越的」，注明乃是 "transcendent" 一詞。（見上揭書，頁35）可以指出，此處先生並未依照康德嚴格區分 "transzendental" 與 "transzendent" 之義來使用「超越的」一詞。先生使用「內在的」，亦非康德所用 "immanent" 一詞的意思。康德所用 "immanent" 意指：在經驗中有效。依康德，「超越的」（transzendental）就意謂先驗的而又在經驗中有效。實在說來，牟先生在《中國哲學的特質》中使用「內在的」，雖然注明是 "immanent" 一詞，並且說：「『超越的』（transcendent）與『內在的』是相反字。」（同上揭書，頁35）但先生顯然並非依康德使用 "immanent" 一詞的意義，先生本人解釋所言「內在的」，說：「內在的遙契，不是把天命、天道推遠，而是一方把它收進來作為自己的性，一方又把它轉化而為形上的實體。」（同上揭書，頁35）由此來看，先生所言「內在的」是意指：收歸人的主體內部。用康德的詞語是 "inner"，中譯「內部的」。先生之意是：外在的形上的實體（天）內心化、內在化。

當吾人視之為思辨理性的一個預設，意謂它不能有直觀中的證明；但不能僅據此就說它僅僅是一個思想上的觀念，是缺乏實在性的。[93]因為在實踐中，「最高者」（上帝、天）是與人的道德主體（本心、意志自由）及其立法的聯繫中得到持存（Bestand）和客觀的實在性的。（KpV 5:4）明乎此，則吾人不會輕蔑地說「借天為用」。[94]吾人實在沒有理由主張非得承認知道「最高者」（上帝、天）乃外在實存的東西，[95]也沒有理由以為除非是直觀中存在的東西，否則不具有實在性。除了在道德實踐中體證道德主體，從而伸展至「最高者」（上帝、天），吾人也不能隨意言「體悟」形上實體。[96]

---

93 謝文郁教授說：「人們往往把這個『天』理解為一種思想上的預設。作為一個預設，天是一個完善的存在。但是，在哲學上，預設指向的東西僅僅是一個思想上的觀念，是缺乏實在性的。而且，我們也可以把它預設為一個惡的存在。預設僅僅提供一個觀念，但不涉及實在性問題。」（林安梧、謝文郁：〈《中庸》是一個圓融周浹的儒教教化系統？〉，見儒家網，發表於孔子二五七〇年歲次己亥十月初六日癸卯，原載《周易研究》2019年第1期）謝教授對於「預設」的說法有欠粗疏，以致其對「天」之理解也太偏、太狹窄。其說值得商榷。

94 楊澤波教授說：「儒家『以天論德』，將道德的根據推給上天，說到底不過是借天為說而已。」（楊澤波著：《牟宗三三系論論衡》，頁119）

95 張晚林教授說：「楊澤波就認為儒學是『借天為說』，『天』實際上是不存在的；盧雪崑則認為，儒學所說的『天』乃是人之道德實存之絕對性，並沒有一個超越於人之外的『天』。若『天』真如這兩位學者之所說，那麼，儒學就只能是一種道德學，而不可能是一種宗教。」（張晚林：〈論作為「宗教動力學」的儒學——從牟宗三「道德的形上學」與「三系說」切入〉，《「百年儒學走向」國際學術研討會論文集》，百年儒學走向牟宗三先生誕辰一一〇週年紀念大會，2019年7月13-14日，儒家文明協同創新中心、山東大學儒學高等研究院主辦，頁575。）張教授將本人所論與楊教授「借天為說」等同，恐怕未能周全把握本人關於純粹的理性的宗教乃從道德伸展至的論說。依楊教授「借天為說」，「天」乃情識作用的產物，屬心理學範圍之論。本人論「天」是從道德伸展至宗教而論的，屬道德的宗教範圍之論。儘管吾人不能肯斷人之外有「天」，但並不妨礙吾人信仰「天」為「就主體遵守它客觀的實踐的法則而言的一種必然的認定。」（KpV 5:11）是「真正的和無條件的理性必然性」。（KpV 5:11）

96 有學者喜言「體悟」，似乎凡通過修養工夫或精神昇華皆可宣稱「體悟」到一種「形上實體」之存在。如此一來，信仰猶太教者可宣稱「體悟」到耶和華之存在，

孔子「踐仁知天」，孟子「盡心知性知天」，皆表示從道德主體及其實踐活動伸展至「天」。吾人無文獻根據證明孔子、孟子主張知道外在實存的天，而毋寧說，表示一種人自身與「天」之間的道德的關聯。此即與康德的道德的宗教思維模式若合乎節。這種模式見於孔子。孔子曰：「祭神如神在。」（《論語》〈八佾第三〉）「務民之義，敬鬼神而遠之，可謂知矣。」（《論語》〈雍也第六〉）據孫星衍輯《孔子集語卷二》〈孝本二〉記載：子貢問孔子：「死人有知無知也？」孔子答：「賜欲知死人有知將無知也，死除自知之，猶未晚也。」依此想來，若有人問孔子：「有一『天』外在於人而實存乎？」想必孔子也會答：「吾不知也。」此即孔子曰：「知之為知之，不知為不知，是知也。」（《論語》〈為政第二〉）「蓋有不知而作之者，我無是也。」（《論語》〈述而第七〉）如吾人一再申論，孔子哲學傳統包含的純粹道德的宗教通於康德所論理性的宗教，其理性的道德思維模式令其根本與形形色色歷史性的信仰區別開。

不必諱言，「天」是人自立天理，循天理而行所伸展至的一種「必要的認定」。在孔子傳統中，「天」之信仰並不來源自對一個外在的最高者崇敬之情感或恐懼心理。但這種「必要的認定」並不因此而純然是「主觀的」，這種「必要性」其所由之而產生的決定根據是「客觀的」，因為它產生自道德法則。故此，當吾人指出「天」不能是任何直觀的對象，它離開與道德之關聯則無客觀實在性，此並不等同把「天」虛位化。在這種道德的信仰中，「天」作為根源於本心天理的道德信念，是「真實而又無條件的」。人崇敬「天」，根源自對人自身道德主體（人格性）及其所立道德法則之神聖性的崇敬。而絕非出自純然主觀的情感或心理作用。不過，有學者並不注意或根本否認

信仰伊斯蘭教者可宣稱「體悟」到真主之存在，信仰基督教者可宣稱「體悟」到上帝存在，撒滿教也宣稱「體悟」到牛頭神之親臨。愚意以為，諸如此類之「體悟」必須與道德「體證」區分開，道德「體證」乃依據於道德主體之道德立法活動。

人自身的道德主體，故難免將「天」視為一個外在的對象，僅僅在人視這個外在對象本事和能力都比我們人大，它就在敬畏情感中呈現。[97]進而，又從人們對這個外在權威的情感是「實實在在的」跳躍到一個結論：「一個偉大的存在就已經確定了。」[98]

———————————

[97] 謝文郁教授就認為《中庸》首句「天命之謂性」中的天純然是「敬畏情感」，他說：「我認為，『天命之謂性』中的天是在敬畏情感中呈現的。也就是說，《中庸》作者，以及歷代的讀者，當他們談到『天命之謂性』的時候是帶著對『天』的一種敬畏情感的。我們通常說『敬天』。這種敬天情感是很獨特的。我們可以對這種情感做一些簡單的分析。在最原始的意義上，我說，我尊重你、我敬重你、或我敬仰你，表明你在德性、能力等方面都高過我。我不可能敬重一位比我的能力低下的人，或者比我的品格低下的人。相反，一個各方面不如我的人，我是不會敬重他的。我敬重的一定是比我高的。對於比我高的人，我之所以敬他，乃是他能夠做很多我做不了的事情。而且，由於他本事大，他還可以用他的本事和能力來傷害我。這是我們使用『敬』這個詞來指稱的那種情感所隱含的內容。」（林安梧、謝文郁：〈《中庸》是一個圓融周浹的儒教教化系統？〉）愚意以為，看來謝教授是落到他個人的基督教立場來解讀孔子哲學傳統中的「天」。時常在基督教的布道會上，人們聽到牧師宣講：上帝是全能的，人是卑小無能的。人崇敬全能的主。然吾人一再申論，孔子之徒「畏天」並非因其自身無能，而臣服全能的天。若人自身不是作為道德主體而為神聖的，具道德創造能力的，則人不會產生「天」之信仰，也無由產生「畏天」之情感。康德說：「對於一個我親自見到的品格端正的卑微的平民，我自覺不如，我的內心向他鞠躬，……他的榜樣將一條法則立在我的面前，當我拿它與我的舉止相比較時，它平伏了我的自負，並且通過這個在我面前證實了的事實，我看到這條法則是能夠遵循和實行的。縱然我可能同時意識到甚至我自己同樣品格端正，而這敬重依然不變。」（KpV 5:77）孔子之徒崇敬有德者亦如是，是根源自其自身的道德法則意識，而並非如謝教授所言由於崇敬對象「他本事大」。孔子之徒「畏天」也並非如謝教授所言出於希望「我就能夠借助他的力量」，以及由於懼怕的因素，害怕「對撞的結果就一定是我收到損害」。

[98] 謝文郁教授說：「也許，有人問，你憑什麼說天是一種偉大的力量。對於這樣的問題，對於那些不在敬天情感的人來說也許是一個意義的問題。但是，在我的敬天情感中，這個問題是無效的。在敬天中，天的作為一個偉大的存在就已經確定了。敬天情感是我談論天的基礎和前提。只要我的敬天情感還在，天就是一種實實在在的偉大力量。實際上，只要分享了敬天情感，就不會提出這樣的問題。由此看來，《中庸》的『天命之謂性』這句話中的『天』是在敬天情感中談論的。作為起點，『天』不是一種預設，而是在敬天情感中被認定為實實在在的存在，是一種偉大的存在。」（林安梧、謝文郁：〈《中庸》是一個圓融周浹的儒教教化系統？〉）愚意以為，謝教授從一個人懷有「敬天情感」，或曰崇敬任何最高權威的情感為前提，固

　　人類自原始時代以來，就有多種多樣的信仰。但正如康德一再指出，形形色色的歷史信仰不能混同真正的純粹的宗教。在人類的歷史中，最初因為「恐懼」而造出許多鬼神（諸守護神），（KU 5:447）人們為著各種意圖策劃出有關於世界原因的內部性狀的荒誕背理的說法。（KU 5:458）但是，「只有理性因著其道德原則才第一次產生了上帝之概念。」（KU 5:447）離開人的意志之自由，我們無法為自己構成一個「道德的創造主」之概念。只有意志自由產生「按照道德法則治理世界的一個至上原因」之原理，按照這原理，「自然有可能與我們內心的道德法則相一致」。（KU 5:458）

　　康德說：「孤立無助的人受到自然的、來自對自己的無能的意識的恐懼所迫，崇敬強大的、不可見的東西，這並不是與一種宗教同時開始旳，而是從對上帝（或者偶像）的一種奴性的事奉開始。」（Rel 6:175-176）人們時常將對其傳統中的各種「神」或偶像的崇敬及奴性的事奉誤作為「宗教」。但是，如康德指出：「他們根本不知道也不要求任何宗教。規章性的教會信仰就是他們對宗教這個詞所理解的一切。」（Rel 6:108）理由是：「只有一種（真正的）宗教；但卻可以有多種多樣的信仰。」（Rel 6:107）事實上，多數人只知道自己的教會或教派社團的信仰，而不知道也不想理解「宗教」。[99]謝文郁教授認為「敬天」包含了「希望和畏懼這兩種傾向」。[100]愚意以為，他是以

　　然可說，這種情感在任何崇拜者本人來說都是「實實在在的」。任何歷史性的、習俗的信仰中都可找到這方面的事例。但謝教授進而說這是「一種偉大的存在」，就顯然不是在作哲學思考和說明，而是像牧師在說教。

99 康德說：「因此，說這個人具有這種或那種（猶太教的、穆罕默德教的、基督教的、天主教的、路德教的）信仰，要比說他屬於這種或那種宗教更為恰當。……一般人在任何時候都把它理解為自己所明白的教會信仰，而並未把它理解為在裡面隱藏著的宗教，它取決於道德存心。就大多數人而言，說他們認信這個或那個宗教，實在是太抬舉他們了，因為他們根本不知道也不要求任何宗教。規章性的教會信仰就是他們對宗教這個詞所理解的一切。」（Rel 6:108）

100 謝文郁教授說：「因此，我在敬他的時候還是帶著懼怕的因素。可見，敬這種情感

習俗信仰的觀點來解說「敬天」，而根本不理解孔子哲學傳統中「畏天命」源自道德的宗教。

　　第五，康德是「重理賤情」嗎？

　　自從席勒誤以為康德視愛與義務對立，隨後，黑格爾把康德所論「道德」曲解為「冷酷無情的人格」[101]，並嘲諷說：「冷冰冰的義務是天啟給予理性的腸胃中最後的沒有消化的硬塊。」[102]、「重理賤情」成了一個黏貼在康德道德哲學上的權威標籤，此後，眾多學者津津樂道地追隨這種成見，其中備受注目的德國現象學倫理學家馬克思・舍勒（Max Scheler）更判定康德只是「形式主義的倫理學」[103]。

內在地包含了希望和畏懼這兩種傾向。或者說，『敬天』裡面有三個因素：尊他為大而望與之相向但畏與之對抗。這裡的『天』指向一種自行其道而巨大無比的力量。所以，我們敬天，同時希望按照天所安排的秩序去做，同時畏懼違反他的命定秩序。顯然，『天命之謂性』這句話其實是在敬天情感中被理解的。在敬天情感中，人希望與之一致而懼怕與之對抗。這種希望和懼怕就成了人的生存的起點，並轉化為一種認識論問題：認識並遵守天的命定。不難指出，在這裡，『天』在敬天情感中是實實在在的。尋找『天意』並遵循『天命』就是人的生存的起點性要求。」（林安梧、謝文郁：〈《中庸》是一個圓融周浹的儒教教化系統？〉）愚意以為，謝教授以「希望和畏懼」，以及「尋找『天意』並遵循『天命』」來解說「天命之謂性」這句話，完全是個人發揮的，其隱含的是基督教思路。究其實，吾人沒有根據以為《中庸》作者主張有一個名為「天」的「偉大的存在」，如謝教授所云「命定秩序」。依孔子哲學傳統，道德秩序即宇宙秩序，皆根自人的道德主體（本心）。本人解說《中庸》「天命之謂性」：以「必然之分定」而言性也。「天命之謂性」理解為「必然之分定叫做性」，意同孟子言大體「天之所與我者」、「分定固也」，不必意指有一「天」在下命令以為「性」。詳論請參見拙著《孔子哲學傳統——理性文明與基礎哲學》（臺北市：里仁書局，2014年）第三章。

101 Hegel, *Grundlinien der Philosophie des Rechts*, S.91；中譯頁43。

102 Hegel, *Vorlesungen über die Geschichte der Philosophie*, S.593；中譯頁291。

103 舍勒在其倫理學代表作《倫理學中的形式主義和材質的價值倫理學》（*Der Formalismus in der Ethik und die materiale Wertethik*, 1913）中，提出要克服康德的形式化倫理學，他批評康德製造了倫理價值形式與倫理價值內容之間的截然對立，並提出一種「先驗的意向性體驗」之「價值感」取代康德的純粹實踐理性立法。

在他們充滿曲解與偏見的目光中，康德的道德哲學淪為只包含形式原則而無視材質原則和情感的空洞系統。這些權威人物備受追捧的見解有著共同的特色，那就是以簡單化和對立割裂的手段製造一個他們心目中的「康德」，然後向他發動攻擊。「賤情」！這無疑是最具殺傷力的武器，它有效地掩蓋了攻擊者與被攻擊者之間的真正分歧。

究其實，康德與他的攻擊者之間的根本分歧在：在道德之事中，道德立法的機能是純粹實踐理性，還是情感，換句話說，就是理性直接決定意志，還是情感決定意志，而並非理性與情感孰貴孰賤的問題，亦並非是否要從道德實踐之事中將情感排除乾淨的問題。事實上，康德的道德哲學並不輕忽情感的要素，他只是如理論明：情感（無論自然情感還是道德情感）絕不能作為道德法則的根據，相反，單單直接通過理性的意志決定才是道德情感的根據。情感主義倫理學家指責康德「重理賤情」，其要害在他們拒不承認康德提出的「理性自身就能是實踐的」，他們所理解的「理性」只能是技術理性，只能為實現目的提供有效的手段，而不能決定目的；因之，他們提出的道德原則是以目的為首出，而目的的決定在「心靈結構中的道德感」。[104]

眾多康德專家限於西方哲學傳統的舊式思維方式去設想「理性」，因而完全不能理解康德的洞見：純粹實踐理性無非是「理性在其中立法的意欲機能」。漢學界中也流行一種偏見，那就是看不到、甚至否認本心之普遍立法義，把孔子傳統哲學視作只是個人修身養性之學、僅僅是一種倫理學，把本心（仁）理解為只是心理學的、甚而只是情感意義的。如此一來，由於學者們把每一個人自身具有的在意欲機能中立法的能力否決掉，他們就把道德連根鏟除。

不少學者並不理解康德為「理性」正名的深刻意義及重大貢獻。[105]

---

104 詳論見拙著：《康德的自由學說》（2009年）。

105 如果我們嘗試從辭源學的視野，一瞥「理性」一詞在西方哲學史中使用的含義之變遷，馬上會發現，歷來哲學家們對理性的理解都各持己見。柏拉圖以為人類理性

康德革新了傳統對「理性」的舊觀點，[106]同時也就扭轉了西方傳統中只視「意志」、「情感」為心理學意義的觀點。當康德批判地揭明：意志無非是理性立法的機能，他就提出了純粹意志的概念，並嚴格地與傳統中「一般而言的人類意願的活動和條件」（Gr 4:390）區別開。並且，當他批判地揭明：道德法則是道德情感的根據，亦即：「單單直接通過理性而作成的意志決定」是道德的愉悅之情的根據，「這種決定一

「必須千辛萬苦地通過回憶（這回憶稱為哲學）去喚回舊有的、如今已極其模糊的理念」，（A313/B370）並以之製造出一個孤立於可感的現象界之外的可知的理型世界。亞里士多德則致力於消除這種二元對立，將理性理解為「人類靈魂特有的形式」，並開啟了西方哲學史上以概念、判斷、推理等思維形式歸屬理性的理論認識傳統。但亞里士多德的經驗論立場畢竟無法解答由理性自身的本性提出的種種問題，「因為理性所使用的原理既然超出一切可能經驗的界限，就不再承認經驗的試金石。」（Aviii）如此一來，人類理性陷入獨斷唯理論與獨斷經驗論的無休止紛爭的困境中。直至中世紀神權時代，基督教神學出來，「理性」變成一種對於神意和最高的普遍原則的理解力，而不容置辯。不過，歐洲啟蒙運動一舉粉碎了「理性」曾擁有過的魅力及神秘力量。康德出來，經由三大批判對歷來西方學者對於「理性」認識所處的蒙昧狀態和二律背反的困局作出周全考察，從而為理性正名：理性作為一種自然機能，乃係每一個人所稟有的心靈機能，一方面，它作為心靈機能中認識機能的最高認識力，起到把感性與知性的綜和活動帶至最高統一的軌約作用，另一方面，它的真實使用在於在意欲機能中立普遍法則，因而作為心靈機能中的高層意欲機能。

106 楊澤波教授以為康德的道德哲學是以西方哲學的理性傳統為背景，「本質上屬於智性倫理，智性為了保證道德律的客觀性、普遍性，是不能講情感的。」（見楊澤波著：《牟宗三三系論論衡》，頁253。）他並未見到康德已破除西方傳統對「理性」產生的偏見，批判地摒棄「理性」（頭腦）與「心」（意欲、情感）二分之傳統思維模式。康德論同一理性區分開理論使用與實踐使用，純粹實踐理性是高層意欲機能，高層意欲機能就包含道德情感。純粹實踐理性（即道德主體）是理性立法下認識力、意欲、情感通貫關聯的心靈機能活動。楊教授將康德所論理性獨立不依於情感而頒布道德法則，曲解成康德因為「屬於智性倫理」而「不能講情感的」。究其實，他把純粹實踐理性誤解為思辨理性，又自造「智性」一詞以名之。如我們已申論，康德所論「人的智性的本性」（intelligibelen Natur）（KpV 5:153）意指我們的本性的道德分定，（KpV 5:122）是我們的意志自由自律和不依於整個自然的機械性之獨立性及心靈偉大。（KpV 5:153）楊教授所謂智性、仁性，完全是自造新辭，違離康德批判哲學太遠。

向是意欲機能的一種純粹實踐的決定，而不是感性的（ästhetische）決定」，（KpV 5:116）他就將道德情感從根源上與感性決定的、情緒的（pathologisch）情感，以及先行於道德法則的情感（諸如同情、好心腸的關心）區別開。依以上所論可見，康德通過批判考察提出「純粹意志」、「道德情感」，從傳統上囿於心理學意義的層次提昇至與理性立法關聯一體的維度而考論人類心靈機能的意欲與情感活動。他通過《實踐的理性批判》提供給我們的是：以理性在意欲機能中立法而發動的理性、意欲機能（包括立法則的意志和訂立格準的抉意）、情感（包括對道德法則的尊敬、興趣，以及由對道德法則的感受性）的通貫一體的活動。此可會通我們依孟子所揭明：本心立理義，即悅理義，理義對我們人類有效，它引起興趣，因為它來自本心之立法。本心的活動是理、意、情通貫一體的綜和活動。孟子言「理義」（天理）是無條件的命令，用康德的話說：它成為定言律令，正是由於普遍立法，「它不以任何興趣為根據。」（Gr 4:432）倒是理義（天理）是意志的一個「充分的決定根據」、「理義悅我心」的純粹的直接的興趣才得以產生。儘管這純粹的興趣能夠成為一種決定意志的原因，但要注意，因為這興趣根於理義（天理），因而不能誤以為它是離開理義而獨自作為原因，而毋寧說，理義本身是意志的充分的決定根據。

　　牟先生以「意志自律」會通儒家「心即理」，這是先生的重要貢獻。但是，先生在對於「理性」之理解上，卻仍然遵循西方傳統哲學的舊觀點，以為凡言「理性」，即與「情感」對立二分；於西方傳統哲學的舊觀點，心與理二分，只情感屬「心」，而理性「只是理」。故此，牟先生批評康德「尊性卑心賤情。」[107] 愚意以為，實在是牟先生仍然留在西方傳統哲學的舊觀點想理性，而未能注意康德論實踐理性

---

107 牟先生說：「康德的境界，是類乎尊性卑心賤情。」（牟宗三著：《心體與性體》（一），《牟宗三先生全集》第5冊，頁133。）

之深意。究其實，當康德提出理性在意欲機能中立法，他就揭明了在實踐使用中的「理性」，它就不只是傳統上僅作為思辨、推理之用的「理性」，而是一種高層的意欲機能，並因而包含目的之能，以及因著與目的之關聯而同時包含情感。明乎此，則吾人不會以為康德提出「意志不外是實踐理性」（Gr 4：412）[108]，就是把活動的「意志」變為不活動的「理」。[109] 恰恰相反，康德提出實踐理性是要揭明「理性」不僅是傳統意義上不活動的理，而且是包含因果性法則的活動的意志。純粹實踐理性就是在心靈機能之意欲機能中立法的能力。此即康德說：「理性之因果性我們名之為意志」。（Gr 4:458）

如前所述，康德關於「意志」、「理性」通過批判考察，作出的闡明都是革新性的，他通過認識機能與意欲機能而探究其深藏的根基，揭明通二者而為言的一種與目的之實現聯結在一起的先驗的愉快之情感。此即《判斷力批判》的工作。然學者們一方面固執著西方哲學傳統中「意志」與「理性」二分，也就是「心」與「理」二分，「情」與

---

108 康德說：「每一個自然事物皆依照法則而活動，唯獨一個有理性者有依照法則之表象，即依照原則而行動的機能，這個機能就是意志，而從法則推導出行動需要理性，所以意志不外是實踐理性。」（Gr 4:412）「意志被思為是一種符合某種法則之表象來決定自己去行動的機能。這樣一種機能只能在有理性者中被發見。」（Gr 4:427）

109 牟先生在《實踐的理性批判》第一部卷一第三章「純粹實踐理性底動力」譯文中有一長注，批評康德把自由意志「看成是理性，又把這只是理性的自律意志（自由意志）看成是個必然的預設、設準，而無智的直覺以朗現之」。（康德著，牟宗三譯注：《康德的道德哲學》，臺北市：臺灣學生書局，1982年，頁261。）先生又批評康德「把自由意志只看成一個理性體，……而忘記意志活動就是一種心能」。（牟宗三著：《智的直覺與中國哲學》，頁194-195。）這種批評後來成為《現象與物自身》的主導線索。毋庸諱言，這種批評如果成立，康德的自由學說乃至其全部道德哲學全成空話，而牟先生所建立的中西哲學會通之橋樑亦因而難免失去堅實的基礎。不過，如吾人已一再申論，康德一再地表明意志是心靈的意欲機能，他指出意志是實踐理性，並非要把意志貶為「只是理性」，而是要彰顯意志的立法活動。意志活動是實踐哲學之事，而非理論哲學之事。說意志而不活動是不可能的，只是無稽之談。

「理」二分。另方面因著不通貫的思想而障礙他們對康德的道德情感論說的瞭解。

學術界一直流行將康德的道德情感說與英國道德感學派混為一談，並把康德所論道德情感貶為純然的實然層的情感，然後妄加批評。究其實，從醞釀期開始，康德就著力考察「情感」在倫理活動中擔當的角色，一方面考量理性主義倫理學，發現這一學派所提出的道德原則只不過是抽象演繹的空洞重言，另方面也考量了道德感學派，指出這一派學說以人心的道德感取直接作出道德判斷，那只不過是貌似恰當的理由（KGS 2:311）。康德並不安心於確信情感在道德中作為一個獨立因素，同時也不滿意窩爾夫（Christian Wolff）式的套套邏輯的理性形式原則。他克服這兩派的片面性，並確立他自己獨特的理性（意志）立法形式與情感動力之先驗綜和的道路。在批判期著作《德性形而上學之基礎》、《實踐的理性批判》、《德性形而上學》三書，康德從諸層多角度研究「道德情感」之能力及其在道德活動中之動力作用與表現，更在《判斷力批判》探究出道德情感在人類心靈中的超越根源——心靈之普遍的可傳通性。

康德的批判系統是經由長期深思熟慮之後才提供給我們的一個通貫一體的系統。經過一段長時期的審慎考量，在他最終確立的道德哲學系統中，他並非簡單地將外在的理性主義的形式原則與內在的道德情感的材質原則混雜一起以作為倫理體系的基礎，也並非簡單地二者只取其一。我們見到的是一個在複雜的多重綜和中展示的統一體，在這個統一體中，心靈機能的三個基本要素——認知機能、意欲機能，以及作為欲望機能之內部根據的快樂與不快樂之情感——有著一個共同的根源，並且每一種成素本身都有某種成素包藏在另一成素之中。當康德提出意志即實踐理性，他實在已結合了認知機能與欲望機能而揭示出一個實踐立法機能。而在倫理立法（義務立法）這一層，康德提出尊敬法則，即結合了欲望機能與情感。最後，在《判斷力批判》

中，經由揭示快樂與不快樂之情必然地與欲望機能結合在一起，康德說明了道德情感之超越的根源。事實上，康德對「情感」的探究較之於對原則的研究實在更曲折、更費煞苦心，在他的每一部道德哲學論著中分別討論其諸含義的一面。若不能把握知、情、意關聯一體的脈絡，實不能瞭解康德「道德情感學說」之要旨及其深刻而豐富的含義。[110]

最後，我們不能忽略：理性立法（道德法則）「在主體和主體的感性上的運用」，（KpV 5:16）以及「伴隨著道德法則的強制力量的情感」，（MS 6:406）在理性立法下意欲機能的通貫活動中，情感乃是不可缺少的元素。儘管如所周知，康德一再論及「情感不能作為實踐原則之根據」。在《基礎》中，他說：「當那些無思想的人甚至在僅關乎普遍的法則的問題中，也認為可以由感受（Fühlen）得到幫助時，訴諸道德情感是何等膚淺之舉。」（Gr 4:442）「在程度上天然地千差萬別的情感，它對於善與惡罕能供給一個同一的標準，甚至任何人也根本不能以其自己的情感為他人作有效的判斷。」（Gr 4:442）但是，值得注意：康德極力反對「視情感作為實踐原則之根據」的膚淺的情感主義倫理學，其要旨是要清除「以情感作為意志的決定根據」的錯誤主張，以確當地建立純粹實踐理性「自己頒布命令的威權就是最高的立法」（Gr 4:441）的地位。也就是說，在德性學說的研究中，首先要從事的工作就是批判地揭明：「單獨理性對於意欲機能先驗地立法」，據此，道德的最高原則得以堅固地確立。在這個確立道德原則的首出工作中，康德無疑毋須探討「快樂和不快樂之情感有何基礎，由這些

---

110 可參考拙著：《實踐主體與道德法則——康德實踐哲學研究》（香港：志蓮靜苑文化部出版，2000年），第五章〈康德道德情感說之要旨及其豐富含義〉、《康德的自由學說》（2009年），第三篇第三章之〈四、康德是「重理賤情」嗎？〉、《康德的批判哲學——理性啟蒙與哲學重建》（2014年），第十二章〈通過人類心靈機能通貫一體的活動說明情感在康德哲學中的位置〉、《孔子哲學傳統——理性文明與基礎哲學》（2014年），第六章第一節〈孔孟哲學是情感主義倫理學嗎？〉。

情感如何產生意欲（Begierden）和性好（Neigungen）」等問題。（Gr 4:427）不過，絕不能由之推論到康德要把「情感」（包括道德情感）從德性體系中排除出去。[111]

第六，關於「心」與「性」。

牟先生指出孟子「以心說性」，此乃深中肯綮之說。先生說：「孟子一下從我們的性講，既然是性，它就要表現。而且這個『性』從心講，心是能活動的，活動才有力量。」（孟五，16）

孟子「以心說性」，須加說明，此中「心」意指「本心」，乃指人的道德主體，亦即道德創造之能。此中「性」意指道德性，即人的真實性，用康德的話講就是「真我」、智思者身分的「我」。此即孟子說：「乃若其情，則可以為善矣，乃所謂善也。」（《孟子》〈告子章句上〉）「乃若」，發語詞。「情」，實也。也就是說：人「可以為善」之實，就是所謂性「善」。現實上，人有不善的行為，不能歸罪於人的能力，此即孟子對公都子指出：「若夫為不善，非才之罪也。」（同前）「才」，能力。在孟子該段文之語脈中，意指「良能」，亦即「性」。事實上，即使一般的理解，也沒有理由將行不善或原罪視作人的機能；而毋寧說，人之所以行不善是人放失自身本有的良能所致。明乎此即可知，孟子「以心說性」，意即：以本心（人的道德心），即道德行為（為善）之能力來說吾人之真實性之「性」。依此，吾人可指出，孟子「以心說性」之理路與康德從「意志自由」（道德行為之超越根據），亦即人的心靈之高層意欲機能，論人的超感觸的本性，人的智思身分的「真我」之理路若合符節。

但牟先生並沒有注意康德從人的心靈之高層意欲機能論「意志自由」，也不承認康德論人的超感觸的本性是真實的。何以牟先生不以康德所論人的超感觸的本性為人的「性」呢？究其實，是牟先生以為

---

111 詳論見拙著：《康德的自由學說》（2009年），頁194-199。

康德只把「意志自由」視為「設準」。先生說「在康德那裡，自由意志只是一種假設，乃是無法證實的『理性體』。」[112]不過，前面相關章節已一再申論，所謂康德論「意志自由」只是一個「設準」，乃是康德學界以不通貫的頭腦讀康德所產生的誤解。此誤解一旦消除，則吾人必定能見到，依康德，自由意志乃理性在其中立法的意欲機能，是人的心靈的高層能力，據此論人的依道德法則而實存之本性，康德稱之為人的超感觸的本性、智思身分的「真我」。在這個層次言「性」，「性」作為道德創造性，必定是純粹的「善」。此與孟子言「性善」之理路相通。

此外，牟先生因為沒有視康德所論「自由意志」為人之真性，故而只注目於康德著述中討論「人性底特殊屬性」，並且，視康德對於感性、知性、理性之批判考察為將「人性」視為「只是人類所具有的諸般自然機能」，如此一來，康德通過對感性、知性、理性之批判考察而尋求科學地確立對「超感觸物」（包括人的超感觸之真我）之實踐認識的宗旨就被忽略了。牟先生說：

> 照正宗的儒家說，一看到康德講這樣的意志，他們馬上就能默契首肯，而且必須視為我們的心體性體之一德。其所以肯定這樣性體心體之為真實的，之為人人所皆固有的「性」，其密意即在能使這樣的意志成為真實的、呈現的。（這是正宗儒家講「性」的密意）但是康德卻未注意這一層。（康德後的發展卻是向此趨，見下第三節）康德所說的人性只是人類所具有的諸般自然機能，如感性、知性、理性等是，即他所說的「人性底特殊屬性」、「人性底特殊構造」、「人類之特殊的自然特徵」、「脾性、性好、性向」諸詞所表示的人性，但卻未以他由講道

---

112 牟宗三著：《智的直覺與中國哲學》，頁194。

德逼至的自律、自由的意志為人的性，故視之為假設而落了空，成為人類理性所不能及、知識所不能至的隔絕領域。[113]

如今，吾人回到康德批判哲學之通貫整全的進展脈絡來如理如實瞭解康德論「自由意志」之根本義與周全義。此已見於前面相關章節，於此不再重複贅述。總而言之，一旦清楚明瞭，康德所論「自由意志」乃道德法則之存在根據，它於頒發道德法則中呈露自身，並透過推動人的道德實踐而在經驗中證實自身。那麼，吾人則可如牟先生所言，吾人「肯定這樣性體心體之為真實的，之為人人所皆固有的『性』」，也可以說：吾人肯定「自由意志」之為真實的，之為人人所皆固有的「性」。

再者，吾人亦不必如牟先生那樣，只視康德所論「良心」為其「心論」。究其實，牟先生所言「心體」，依康德批判哲學之考察來看，乃是人類心靈之高層意欲機能，此機能乃統於意欲機能中立法的理性、意志（連同抉意）、道德情感，及良心而為言者。故此，吾人研究康德的道德的「心論」，必須統理性、意志、情感及良心而論。牟先生說：

> 康德講那麼一大套，講 will，就是不喜歡講「心」。他講的 will 就是實踐理性。到講心，講良心的時候就旁落。依康德說，良心也不是義務的客觀基礎，不是道德的客觀基礎。你說康德的好處，那是凌空地架起來。但是，凌空架起來，不能落實，究竟還是空。空了，這個道德沒有用了。所以，道德必須有一個落實的地方，而能夠真有力量顯出來。要不然，你這個道德永遠不能顯。道德不能顯，你講這一套幹甚麼？要有力量

---

113 牟宗三著：《心體與性體》（一），《牟宗三先生全集》第5冊，頁141-142。

顯出來，就一定要從「心」講，孟子的好處就在這個地方。這就是與康德作比較。（總351，16）

如今，吾人論明，康德論「意志不外就是實踐理性」，其意並非把「意志」講成只是「理」。相反，他是通過對理性之實踐使用的考察，揭明實踐理性在意欲機能中立法，它就是高層的意欲機能，它就包含著意志之特種因果性，即自由因果性。道德之根據就在這自由因果性，自由因果性本身就是產生道德行為的力量，並且是產生終極目的（圓善）並推動人致力實現的力量。只要吾人論明，康德講「心」，並不只是講「良心」，那麼，吾人可發覺，康德之「心靈」考論實在與孔子哲學傳統之言「心」有共通處。

講清楚康德關聯於道德而對「心靈」所作考論是統理性、意志、情感及良心而論的綜和通貫體系，則吾人亦能明白康德論「良心」在其整體論證中的位置和作用。不會以為康德「到講心，講良心的時候就旁落」。（總351，16）牟先生批評康德，說：「依康德說，良心也不是義務的客觀基礎，不是道德的客觀基礎。」究其實，先生以康德所論「良心」等同儒家所言「心體」，依之以為康德主張道德心不能是道德的客觀基礎。但如吾人一再申論，依康德所論，意志自由即儒家所言「心體」，以其立普遍法則而為道德的客觀基礎。

吾人不能因為康德提出「良心」不是道德的客觀基礎，就認為康德講道德「不能落實，究竟還是空」。（總351，16）依康德，唯獨「意志自由」因著其立法性而作為道德的客觀基礎，「良心」並不是立法的機能，因而並不作為道德的客觀基礎，其理甚明。愚意以為，牟先生並沒有措意康德本人對「良心」所作出的周全考論，只是注目於康德說「良心也不是義務的客觀基礎，不是道德的客觀基礎」，就認為康德「講良心的時候就旁落」。現在，吾人可就康德本人對「良心」所作出的周全考論略述如下：

康德在《德性形而上學》一書中，首先指出：良心是置於「人心對義務概念一般的感受性的感性的預備概念（ästhetische Vorbegriffe）」，吾人不能以康德言「良心」為一個感性的預備概念則認定康德的良心概念是感性的，因而就是經驗的、形而下的，因為如康德早在《純粹的理性批判》已聲明他是依超越的意義而使用 "ästhetische" 這個名稱的。[114]（A21/B36）並且，康德接下來就表明，「良心」，還包括其餘諸「道德情感」，它們不僅是感性的，而且是「先在的（vorhergehende）」，「經由義務概念激發的自然的人心稟賦（預先準備好的，praedispositio）」，「是使每一個人能承擔義務的力量」，「對於這些稟賦的意識不是出自經驗的起源，而只能來自道德法則之意識，作為道德法則在人心中起作用的結果。」（MS 6:399）

人在具體行動中難免會犯錯，但只要道德法則在心中，他自己馬上就能覺察到，在這裡，「良心」作為「人的一個內部法庭之意識」立刻起作用。在《倫理學演講錄》中康德說：「我們的良心是依據道德法則的立法權威的一種直覺裁判。……如果我們感受到良心的力量，它們的宣判是有效的。隨之而來有兩個結果：首先表現在道德的悔過，第二是依照良心之裁決而行動。」（Ethik 144）「良心是我們內部的神聖的裁判庭的表象：它以神聖和純粹的法則衡量我們的存心與行為。我們不能欺騙它，最後，我們不能逃避它，因為它如神聖的無限力量總是與我們一起。因此，良心是我們內部神聖的司法官，我們

---

114 關於感性之先驗成素之揭明，可說是康德對於西方傳統唯理論貶視「感性」的思維的徹底顛覆。如德國學者奧特弗里德・赫費提出：「超越的感性論」屬於《純粹的理性批判》中「最具獨創性的部分」。（Otfried Höffe: *Immanuel Kant*. Verlag C. H. Beck, München 1983. S.74. 中譯見：奧特弗里德・赫費著、鄭伊倩譯：《康德——生平、著作與影響》，北京市：人民出版社，2007年，頁6）依康德的批判考察，感性有其純粹的先驗形式，以取得與知性一起成為我們的認識從心發生的兩個基本來源之一。（A50/B74）康德說：「對於導論或者預先提醒來說，看來有必要指出的僅僅是人類的認識有兩根主幹，也就是感性和知性，它們也許出自一個共同的、但不為我們認知的根。對象通過感性被給予我們，但通過知性被思維。」（A15/B29）

不能損害或傷害它。」（Ethik 133）「良心與天性的良心是同義詞。」（Ethik 133）在《宗教》一書中說：「我們也可以這樣定義良心：它是自己裁判自己的道德的判斷力。」（Rel 6:186）「良心在最複雜的道德裁決中作為指引。」（Rel 6:185）[115]

現實上，人作為有理性者當他做出每一個違反道德法則的行為時，他能夠正當地說：這個行為他原本能夠放棄不做。（KpV 5:98）我們心中事實上有一種稱為良心的奇妙能力的判決，（KpV 5:98）無論我們可以為違反道德法則的行為找到什麼藉口，總不能免於自責。我們在每一次回想這些行為時生起悔恨之情。（KpV 5:98）即使被人們看作天生的惡棍，也要為其違反道德法則而受到譴責，甚至他們自己也自知此譴責是應當的。（KpV 5:100）康德在《判斷力批判》中說：

> 當人類開始反省到是與非時，……，一個不可免的判斷即必然地為人們所觸及，此判斷即是：「一個人行為是否光明正大抑或虛偽，是否公道抑或強橫，這絕不會是一回事，縱使其臨終之時，至少就人眼前所能見及者而言，其德行並未使其受到報賞，其犯罪亦並未使其受到懲罰。那好像是人們已覺察到在人們心內有一種聲音說，事情必定不是這樣的。（KU 6:458）

人們心內的這種聲音，即是「良心」。也就是《實踐的理性批判》中所言「理性聲音」[116]，（KpV 5:35）它是「對純粹的道德法則

---

115 康德的良心說詳論可參見拙著：《實踐主體與道德法則——康德實踐哲學研究》（2000年）第四章〈論「良心」在實踐主體中的監察作用與裁決功能〉，頁71-110。

116 在「註釋二」中，康德說：如果使個人的幸福原則成為意志的決定根據，那麼這正是德性原則的對立面。假若在關聯於意志中理性的聲音（Stimme der Vernunft）不是如此明白，如此不可轉移，甚至最平庸的人都聽得如此清楚，這種矛盾就會將德性完全毀滅。（KpV 5:35）

的無限尊崇」。[117]（KpV 5:80）《德性形而上學》一書中言「良心的聲音」。（MS 6:438）

　　我們見到，康德在人類道德生活的根源之追溯中歸結到這樣一種「內心的聲音」。對於那些不滿意康德在建立道德原則之系統時排除感性因素的學者說來，恐怕要驚訝不已，又要以為康德轉變觀點，前後不一致了。其實康德已經在《判斷力批判》中藉著對反省判斷力之分析告知我們，主觀感受性也有其先驗原理，只不過因其缺乏立法能力而不能有它自己的獨立領域而已，但它卻隱藏在自然領域與自由領域兩大界域之基礎下面而作為兩界域的共同的深層地基。

　　實在說來，康德從未忽略感性先驗原理的作用，在思辨理性之批判中首先研究先驗的感性部，那是眾所周知的。就是在實踐哲學領域，康德也一再提醒不能沒有類比於感性部的部分，實踐理性之批判工作就包括情感及主觀動力的部分。只不過在實踐領域考察進行的順序跟《純粹的理性批判》恰好相反，當首先考察先驗原則的系統時，情感及動力的因素不得不暫時擱置不論。明乎此，則吾人不會將康德考察道德原則時排除感性影響視為「賤情」。

　　事實上，在《實踐的理性批判》之〈引言〉中，康德已經表示：實踐的理性之批判考察「必須以一種經驗上無條件的因果性之原理來開始」，「在此以後，我們始可嘗試去建立我們的關於這樣一種意志之決定根據方面的概念，進而去建立其應用於對象，以及最後去建立其應用於主體及主體之感性。」[118]（KpV 5:16）在「純粹的實踐理性之動力」章討論純粹的實踐的理性對於感性的關係，以及其對於感性的

---

117 康德指出，有一種東西是對純粹的道德法則的無限尊崇，就像實踐的理性把它表象給我們遵循它，而實踐的理性的聲音甚至使最大膽的惡徒感到戰慄。（KpV 5:80）

118 對應純粹理性之批判的超越感性部（Transcendental Aesthetic），實踐的理性之批判也有一個超越的感性部，不過，康德認為「感性部」這名稱用於純粹的實踐理性並不是十分恰當，故而採用了「純粹實踐理性之動力」的題稱。

必然影響，這影響是先驗地可認知的。該章探討了對道德法則之尊敬，並論明，「這種情感沒有經驗的起源。」（KpV 5:73）「對道德法則的尊敬是一種通過智性的根據起作用的情感，這情感是唯一的（einzige）我們完全先驗地認識的情感，並且我們能洞見（einsehen）其必然性。」（KpV 5:73）雖然康德在「動力章」中並未標出「良心」之概念作專門研究，但康德在該章已論及「理性的聲音」，以及「先驗地認識的情感」，可說都與日後於《德性形而上學》、《宗教》、《倫理學演講錄》專門探究「良心」相關。

在《德性形而上學》，康德明確指出：良心即裁判地活動的實踐理性。（MS 6:400）康德說：「良心是這樣的實踐理性，即：在每一法則之情形中，此實踐理性在一個人面前為獲免或定罪而執持此人之義務。」（MS 6:400）「良心是每一個人作為道德存有皆根源上即有之於其自身內的。」（MS 6:400）[119]明乎此，吾人沒有理由忽略康德以「裁判地活動的實踐理性」言「良心」之義，只以康德所言「良心」（Gewissen）為「旁落」的「心論」，而把實踐理性視為「只是理」，從而誤以為康德析心與理為二。

「良心是一不可免的事實。」（MS 6:400）沒有一個人會是「無良心」者，通常所謂「無良心」只不過是一種「不注意良心裁判」的癖性。（MS 6:400）並且，也沒有「錯誤的良心」這回事。此如同王陽明云：「良知在人，隨你如何不能泯滅，雖盜賊亦自知不當為盜，喚他做賊，他還忸怩。」（《傳習錄下》，第185條）。「良心」是最後的純一的，你的良心與我的良心是一，而真誠（Wahrhaftigkeit）、正直（Aufrichtigkeit）是唯一的「良心的根據」。（Rel 6:190）

---

119 康德說：「良心亦不是可以被獲得的東西，而且沒有任何去獲得一種良心之義務。但是，每一個人，作為德性的（本質）者，皆根源上在自身中有這良心。被迫著去有一良心，這必等於說在一義務下去承認諸義務。因為良心是這樣的實踐理性，即：在每一法則之情形中，都告誡人有作出赦免或者宣判的義務的實踐理性。」（MS 6:400）

　　依康德的說統，良心並不作客觀的知解的判斷，它只執持著道德法則（即天理），在最複雜的道德裁決中作為指引。（Rel 6:185）「良心是依據道德法則裁判自己的本能（Instinkt），它不僅是一種能力，而且是一本能，它的判斷不是邏輯的，而是裁判的。」（Ethik 129）「良心是對我們自己的道德義務的直接意識。」（Rel 6:185）從良心的感受性而言，它是主觀的，主觀的良心因其執持道德法則作裁決故，又因其乃道德義務的直接意識故，它同時又是客觀的、普遍的。依康德，吾人不能設想一個背離道德法則的良心，同時也不能設想離開良心而有實踐真實性的道德法則。此如儒家也可有分解言之，客觀地言「天理」，主觀地言「本心」，此並不礙圓融一體說，本心只是天理。主觀的「本心」本身即含客觀性、普遍有效性。若「本心」無客觀性，則亦不會有本心頒發的「天理」。

　　在《德性形而上學》題為「人對生而為自身之審判者自身的義務」（Von der Pflicht des Menschen gegen sich selbst, als den angebornen Richter über sich）一章中論及「良心」之功能，可概括為以下三種：

　　一、在關聯於良心之事中，人在作出決定之前總是想到一個「警醒的良心」。（MS 6:440）

　　在《倫理學演講錄》一書中，康德提出：「行動之前，良心有足夠的力量勸助一個人免於犯罪」。（Ethik 134）這裡並不絕對地要知道關於所有可能的行為以及它們是對的或錯的。那種判斷是知性的判斷的事。這裡要求的是一個良心的設準，它是一個道德的原理（moralischer Grundsatz）：「一個人不應冒然去做不義的任何事。」（Rel 6:185）也就是說：「意識到我想做的行為正當，這是無條件的義務」（Rel 6:185）。由是觀之，良心不外是一種義務的意識，這種意識與道德法則之意識是一而不能有二，同是純粹實踐理性的事實。

二、當行動已作成，在良心中的起訴人（Ankler）首先到來，隨同到來的是辯護人（Anwalt），二者之間的對抗按照嚴格的法權來裁決。（MS 6:440）

如果一個人不注意良心的裁判，就是說他沒有運用過他的實踐裁判力，那麼，對於他而言，既無所謂對，亦無所謂錯。但是，一個人行動總應當意識到「他已依照自己的良心而活動」，則就有罪或無罪而言，良心不由自主地而且必不可免地要說話。康德說：「良心有力量對抗我們的意志而把我們傳召到審判席，並依據我們的行為之正直或不正直作出裁判。」（Ethik 144）「在人中，一個內部的法庭（在它面前，人的思想互相起訴或辯護）之意識就是良心。」（MS 6:438）又說：「良心是對於一切自由的活動的內部的審判者（innere Richter）。」（MS 6:439）

康德以一個普通法庭比喻良心的法庭：我們發現一個起訴人在我們心中，除非同時有一個法則，否則這個起訴人是沒有地位的，這法則基於理性，而不基於情感，這法則是廉潔的不能爭辯地公正和純粹的。這就是道德法則。並且，在我們之內有一個法官，他判罰或開釋。（Ethik 139）依康德所論，「良心的法庭」上，起訴人與法庭皆是我們自己的良心。這起訴人康德在《實踐的理性批判》中稱之為「內部的起訴人」，並說，這內部的起訴人就是我們叫做「良心」的奇異機能。（KpV 5:98）這一切都是在「同一個人」的內部的良心法庭內發生的，「自我，既是起訴人但也是被告，是同一個人。」（MS 6:439）正因此，為了避免理性陷入自身矛盾，我們視自己的「立法的主體」為一個不同於我們作為感取者的他者。康德指明：這個「他者」無非是：「作為道德的、從自由概念出發的立法的主體，其中人服從於一種他自己為自己立的法則（作為智思物的人，homo noumenon）。」（MS 6:439）孔子哲學傳統言「良知」之良心義中也可見出有這種「內部的良心法庭」的意思，如劉蕺山說：「心是鑒察官，謂之良知

最有權。人但隨俗習非因而行有不慊，此時鑒察仍是井井卻已做主不得。」（《劉子全書》卷之二，〈學言下〉）只不過，在儒家的說統中，「良知」與「良心」大多是並不分別說的。

　　三、良心以正義的力量對人加予裁決，或賞或罰，它是一種對抗人之中的壞原則影響的力量。（MS 6:440）

　　此義亦見於儒家言「慎獨」。《大學》云：「所謂誠其意者，毋自欺也。如惡惡臭，如好好色。此之謂自謙。故君子必慎其獨也」，「曾子曰，十目所視，十手所指，其嚴乎」。《中庸》亦云：「道也者，不可須臾離也。可離非道也。是故君子戒慎乎其所不睹，恐懼乎其所不聞。莫見乎隱，莫顯乎微。故君子慎其獨也。」王陽明言良知：「無事時固是獨知，有事時亦是獨知。」（《傳習錄上》）「只此良知無不俱足」、「良知只是一箇良知，而善惡自辨，更有何善惡可思。」（《傳習錄中》）亦不過康德言「良心」之義。只不過，在儒家的說統中，立法之「良知」與作為法庭的「良心」大多是並不分別說的。

　　以上所述「良心」諸義既明，則吾人沒有理由以為康德所言「良心」屬感性，就是歸於在現象與物自身之區分中的現象層，並因而判定康德所言「良心」與道德法則（理）是二，而不能一。[120] 依前面一再申論，康德明說「良心」是實踐理性，固然，吾人可分論主觀言之或客觀言之，然既同是理性，即基於同一機能。吾人只能說同一機能而其運用有別，而不能說「良心」與立法主體各自指涉不同的實踐主體。我們沒有文獻的證據表明康德將「良心」與「道德立法主體」割裂為二。康德說良心是對於道德法則之感受性，他的意思也只是實踐主體自己感受自己所立法則，良心是為自己而律，而絕不是由外於自

---

120 牟先生認為康德言「良心」只是心靈之感受性底主觀條件，而不是道德底客觀條件，顯然良心與法則是二，不是一。（見康德著、牟宗三譯註：《康德的道德哲學》，1982年，頁449。）

己的什麼立法主體而律。這是康德的自律學說包含之義。

然則，牟先生何以批評康德「良心說」為「析心與理為二」呢？

牟宗三先生譯出《德性形而上學》一書中專論「良心」的兩小節，並隨文點說，多有讚詞。牟先生說：「康德以法庭底情形比喻良心之裁判。……良知也可以比喻為一個內部法庭之意識，良知底裁判（良知之獨知）亦如一內部的法官。至此為止，康德所說的良心與陽明所說的良知完全相同。」[121]又說：「康德說沒有『錯誤的良心』，此義亦精。……依陽明，這層意思是對的，但尚不止於此。」那麼，牟先生批評康德「良心說」為「析心與理為二」理據何在？愚意以為，吾人必須將康德分說的良心諸義還原為統一體來瞭解，並且還要進一步將良心復歸於實踐主體諸機能之統一體來瞭解。以此就牟先生提出的問題作深一步探究。是有必要的。

牟先生批評康德「析心與理為二」，依據在康德言「良心」只是對於道德法則之感受性，而不是道德的客觀基礎。然愚意以為，僅憑康德言「良心」並不能決定其道德學說屬「心即理」，抑或屬「析心與理為二」，理由在：「心即理」（即康德言「意志自律」之根本義在：「理」（天理、道德法則）由道德主體立，此立法的道德主體即心靈的高層意欲機能，名為純粹的意志，亦稱為純粹的實踐理性。康德批判地揭明，理性在意欲機能中立普遍法則，此即論明純粹的實踐理性（即純粹的意志）就是立法的道德主體。此見康德道德學說屬「心即理」，用康德的詞語，就是「意志自律」。至於康德分解地論道德主體包含的其他成素（良心、情感）不能作為道德法則之根據，對康德之為「意志自律」完全不構成影響。

何謂「合心與理而為一」？陽明亦有云：

---

121 康德著，牟宗三譯註：《康德的道德哲學》，頁450。

> 吾心之良知，即所謂「天理」也。致吾心之「天理」於事事物
> 物，則事事物物皆得其理矣。致吾心之良知者，致知也。事事
> 物物皆得其理者，格物也。是合心與理而為一者也。(《傳習錄
> 中》)

依據陽明之說衡量康德，康德所言「道德法則」(即天理) 並非就外在的事物上求，而是由我們人的道德主體所自立。道德主體是超越的，只能是一，分解言之，可就其立法作用稱之為立法主體 (純粹的實踐理性、純粹意志、自由意志)；也可就其充作法則之內在守護者而稱之為良心。依康德，亦可說致依據道德法則而活動的良心於事事物物，則事事物皆得其理。由此亦可說心與理合而為一。

關於何謂「析心與理而為二」，陽明有云：

> 朱子所謂格物云者，在即物而窮其理也。即物窮理是就事事物
> 物上求其所謂定理者也，是以吾心而求理於事事物物之中，析
> 心與理而為二矣。——。夫析心與理而為二，此告子義外之說，
> 孟子之所深闢也。(《傳習錄中》)

吾人熟知，康德道德哲學的根源洞見在揭明道德法則由人的道德主體立，又，康德提出「由義務行，非行義務也」，在在顯出，吾人根本無理由將康德說成「類乎朱子」，也不能說康德是意志自律與朱子意志他律的「居間形態」。真理解康德所論「意志自律」者，必知非「意志自律」，即「意志他律」，並無所謂「居間形態」。道德法則 (天理) 乃道德主體自立，抑或外在決定，二者截然區別開，絕無模稜兩可之理。

在康德的說統中，道德法則是「理」，但是，立道德法則的等同於純粹意志的實踐理性就不能視為「只是理」。依康德，實踐主體的

立法活動屬高級的心靈機能，就其為主體立法之能而言，其義等同儒家所言超越義的「心」，就其所立客觀法則而言，其義等同儒家所言「天理」之「理」，心與理原是一事。而康德所言執持著道德法則之「良心」也不能外於這立法的實踐主體，它與立法的意志（實踐理性）不能有二，而只能是屬於同一根源的心靈機能的兩種能力。離開立法之能，良心失卻依據；離開良心，立法之能亦不得為自律之能。依儒家義理亦如是。分說，言天理，言仁心，而因著「無心外之理」，分說的「理」與「心」不能有二，只能是一。故此，孔孟雖未言「心即理」，吾人也能領悟象山、陽明直說「心即理」乃本孔孟之旨。

在康德的說統中，道德法則並非知解理性的抽象思考形式，也不是在人們心靈之外另有根源的他律之理。當康德把意志等同實踐理性，就是說當康德揭示出理性在思辨使用之外實有另一實踐的使用，就涵著說理性的原則（道德法則）本身是有實踐力量的，它的根源在人的心靈中。而道德法則的力量就體現在我們的良心的權威中。孟子言「心之官則思」（《孟子》告子上），思是思個天理。又言「義理悅我心」，心悅也是悅個天理。分說，能思能悅是心，所思所悅是理，一本地說，理自心發，心就是理。依康德的說統，實可說實踐理性所思是道德法則，而良心所悅是道德法則，所思所悅是一。假若我們把康德分別言的純粹意志（純粹實踐理性）立法活動與良心之活動通貫起來以整一的心靈主體活動視之，則我們可領悟到，純粹實踐理性與良心合一的心靈主體等同孟子所言「本心」。但如果把「良心」從實踐主體分割出去，把良心視為感性的心，以實踐理性（純粹意志）只是理，以這種思路解說康德，難免要把康德的道德學曲解為一個「析心與理為二」的系統。實在說來，康德費大力氣扭轉他律道德的方向，其要旨就在要從「析心與理為二」轉至「合心與理為一」。蓋因為自律道德的本質意義就在合心與理為一，一個析心與理為二的系統同時又是自律道德的系統，那是自相矛盾的。

　　究其實，學界流行一種思路：理性只是「理」，並無活動性，與活動的「心」截然二分。若如此，豈可言「心即理」？學者們以這樣一種舊思維去想康德，就難免以為康德析心與理為二了。

　　不必諱言，眾多康德專家限於西方哲學傳統的舊式思維去設想「理性」，因而完全不能理解康德的洞見：純粹實踐理性無非是「理性在其中立法的意欲機能」。自康德提出真正的啟蒙以來，學術界的主流見解仍然看不到，或根本拒絕接受這樣的事實：人的理性機能的真實使用在於「自立普遍法則」，也就是在意欲機能中自立道德法則。理性乃是人自身稟具的自然機能，絕非什麼超自然的特種力量。理性根本就是每一個人自身具有的在意欲機能中立法的能力。漢學界中也流行一種偏見，那就是看不到、甚至否認本心之普遍立法義，把孔子傳統哲學視作只是個人修身養性之學、僅僅是一種倫理學，把本心（人心之仁）理解為只是心理學的、甚而只是情感意義的。如此一來，由於學者們把每一個人自身具有的在意欲機能中立法的能力否決掉，他們就把道德連根鏟除。

　　康德將理性關聯於意欲機能而界說「意志」，就是說，意志不外就是理性在意欲機能方面的使用，此即是理性之實踐的使用。在一般的倫理學著作中，意志只不過是合理的欲望，對康德而言，這種沿用已久的關於意志的舊有界說顯然貧乏無力，他洞見到意志不單是欲望，意志實是立法的實踐理性。康德批判地證明純粹實踐理性就是立道德法則的自由意志，我們由此可指出，康德所言純粹實踐理性（自由意志）就涵著作為道德實踐根據的道德心義，實踐理性作為在人類心靈機能中與意欲力合而為一的機能，其首要作用是為人的行為立普遍法則。作為最高認識力的理性因著與意欲機能綜和，它就從原來只是「但理」的不具推動力的思辨理性進而為自身就是作用因的實踐理性。純粹實踐理性既是立道德法則的意志（心），又是道德法則本身（理），純粹實踐理性（意志自由）與無條件的實踐法則（道德法則）

互相涵蘊。（KpV 5:29）而這正是儒者所言「心即理」之根本義。

　　究其實，學者們之所以對康德的道德學說有諸多誤解，緣於一種理性與感性割裂、超越與經驗割裂、現象界與智思界割裂的不通貫的思維方式，故而未能理解康德論「超越的」即含著在經驗中使用的有效性，正因此，他們製造超越與經驗割裂，並將割裂的見解歸於康德；並因而不能把握康德步步分解同時步步超越綜和的新思維，以此將超越的分解視為一盤割裂紛陳的雜碎，而看不到康德經由批判考察提供的是一個通貫整全的心靈機能之整體。事實上，康德以超越之分解的進路精密地逐步剖解人的心靈之意欲機能的活動，首先揭示道德立法之主體（自由意志），繼而考察立德性格準之自由抉意，再論感受道德法則之「良心」。依康德的批判考察，主體（人）依其超感觸的本性，亦即「在純粹實踐理性的自律之下」認識自己，也就是作為道德主體，在超感觸秩序的一切活動中視自身為知性界一份子。也就是說，道德主體不僅就意志立法而言是自由的，其訂立格準的意志也是自由的，其存心也是道德的，其良心作為監察與裁決機能，「良心是依據道德法則的立法權威的一種直覺裁判。」（Ethik 142）「它以法則之神聖性和純粹性評價我們的存心和行為。」（Ethik 146）「良心就是這樣的實踐理性，在每一法則的任何事例中，為赦免或者判罪而在一個人面前執持此人之義務。」（MS 6:400）也就是說，良心使屬於智性界的道德法則在道德的踐履中成為具體地可認知。良心並不作客觀的知解的判斷，它只涉及主體自身作出的判斷，「以其自己之活動來激發道德情感。」（MS 6:400）在這個意義上，康德說它「是作為義務概念的感受性（Empfänglichkeit）的主觀條件」。（MS 6:399）但他同時明確表示：「這種根源的理智的及道德的稟賦（因著它是義務表象）〔Diese ursprgliche intellektuelle und [weilsie Pflichtvorstellung ist] moralische Anlage〕名為良心。」（MS 6:438）明乎此，我們就根本沒有理由以為康德僅僅以理性立形式法則作為道德主體，而能綜和地把

握康德經由全部批判工程向我們展示的「在純粹實踐理性的自律之下」的主體（人）的諸機能的關聯一體的道德活動。

如雅斯培恰切地指出：「人們總是把康德的思想單純化以便於瞭解，然後再否定所瞭解的東西。事實上，康德對其基本概念，即使只是簡單的說明，也是非常複雜難懂的，這一點他自己也充分瞭解。」[122]此所以康德提醒讀者切忌採用「不通貫的思路」。（KpV 5:10）事實上，康德的批評者正是犯上簡單化毛病，這些毛病表現於不通貫的思路，而歸根究柢又在於未能理解康德著名的「智思物（Noumenon）與現象（Phanomenon）之超越區分」，錯把這種依據兩方面觀點而作出的區分視為「二元間架」，並按照自己設想的二元世界（「知性世界」與「感性世界」二分）及二元主體（理性我與感性我截然二分）的框架套在康德身上。

李明輝教授就是以一種二元主體觀的眼光看康德，據之批評：「在康德底主體性架構中，理性我與感性我截然二分，兩者處於一種永遠的緊張狀態中。」[123]又說：「康德將一切感性排除於道德主體之外，故在他的哲學系統中，道德主體對於感性主體而言，始終是個異己物。」[124]究其實，這種割裂二分只存在於他自己的頭腦中。如我們一再申論，康德的實踐主體學說是純粹哲學的，也就是說，它不處理倫理學的經驗部分，但我們不能據此以為這個實踐主體學說與經驗世界不相干，相反，如我們所論明，康德從事的超越證明正是要闡釋其在經驗中的客觀有效性；並且，這個實踐主體學說嚴格制止經驗的部分與先驗而純粹的部分混雜，但這絕不表示它只關涉理性，而將自由抉意、良心、道德情感一概排除於外，我們不能誤解康德的實踐主體

---

122 Jaspers-Karl, *Die Grossen Philosophen*, S.438. 中譯參見：賴顯邦譯《康德》，頁97-98。

123 李明輝：〈孟子的四端之心與康德的道德情感〉，《鵝湖月刊》，1989年9月號。

124 李明輝著：《四端與七情——關於道德情感的比較哲學探討》（臺北市：臺灣大學出版中心，2005年），頁41。

學說製造所謂「理性主體」與「感性主體」之二元架構。在康德的實踐主體學說中，首先對主體（人）的超感觸的本性作考量，它與同一個主體（人）依其感取的本性考量並不相互干擾。並且，無論是依超感觸的本性作考量，還是依感取的本性考量，都是同一個主體（人），而且都是就其全部心靈機能之通貫一體的活動作考量的。這兩種考量的區分無非是兩種不同法則下的實存的區分，康德已批判地論明，自由法則以及自由法則下的實存與自然法則以及自然法則下的實存是各自成立、互不干擾的，但重要的是，道德法則所提薦的「目的」必定要實現於感觸界，（KU 5:176）也就是說：「應當按照自由之形式法則在世界中產生結果。」（KU 5:195）人的道德實踐的一切努力就是要在現實世界實現自由合目的性與自然合目的性之結合。依據人的道德分定，「他作為睿智者（Intelligenz）才是真正的自我（相反於僅僅作為他自己的顯相）。」（Gr 4:457）「法則對我們人類有效，所以它使我們感興趣。因為它根源於我們的作為睿智者之意志，因而根源自我們真正的自我。」（Gr 4:461）而人的德行就是致力於讓自身的感取本性與「真正的自我」和諧一致。明乎此，我們就不會以二元主體的頭腦去想康德，也不會埋怨：「理性我與感性我截然二分，兩者處於一種永遠的緊張狀態中」，「道德主體對於感性主體而言，始終是個異己物。」康德本人明確指出：「在同一人類行為的自由與物理必然之間並無真的（wahrer）矛盾，因為它既不能放棄自然之概念，也不能放棄自由之概念。」（Gr 4:456）「二者不僅能夠極融洽地並存，而且必須被思想為在同一主體中必然地結合在一起。」（Gr 4:456）人們時常以為自然和自由之間必定存在緊張和對立，但康德指出這是出於一種誤解，他說：「阻抗或者促進並不存於自然和自由之間，而是存於作為顯相的前者和後者的作為感觸界中的顯相之結果之間。」（KU 5:195）

康德從兩方面觀點分別考量人，一方面考察其「以經驗為條件的法則下的實存」，另一方面考察「他們依照獨立於一切經驗條件因而

屬於純粹理性的自律的法則的實存。」（KpV 5:43）這兩方面的考察皆通貫同一主體（人）的全部心靈機能而進行，絕非將「自由法則下的實存」只視為理性我，而將「自然法則下的實存」視為感性我，因而也絕沒有所謂「理性我與感性我截然二分」。依康德考論，當人視自身為「自由法則下的實存」，亦即「作為睿智者（Intelligenz）才是真正的自我」，依此，他的理性「獨立不依於感性」而立法，道德法則直接地定言地應用在他身上，感觸界的全部本性（性好與嗜欲）便不能損害他作為一睿智者的意願（Wollens）之法則，他亦不認那些性好與嗜欲可歸於他的真正的自我。（Gr 4:457-458）在這裡，感性必定與理性立法相諧和。另一方面，當人視自身為「自然法則下的實存」，他的全部心靈機能皆依照「以經驗為條件的法則」而活動。而現實上的人既作為「自然法則下的實存」，同時視自身為「自由法則下的實存」，而前者隸屬於後者卻不會受到損害；就此而論，自由法則（亦可說立法的道德主體）對人有一種強制，約束人的感觸本性以防止其無度膨脹，而不傷害人的感性。只有當感觸本性企圖僭妄地要求主宰權，感性才會使自己成為道德主體之異己之物，因而使自己陷於與理性的緊張狀態中。[125]

學者們若固守著西方傳統哲學中二元世界及二元主體對立的思維，未能見及康德徹底顛覆傳統的新思維，則很難避免以鄙視「感性」，而高抬「理性」的頭腦想康德。豈知，康德關於時間空間之先驗性之論說，以及道德哲學中對於道德法則之「感受性」及「情感」之闡明，顯示出與西方傳統中獨斷唯理論低貶「感性」相反的「超越的感性論」。吾人可說，康德對人類感性機能之縝密周全考察堪稱為批判哲學之顛覆性革命中最具創闢性的部分之一。[126]康德摒棄傳統唯

---

125 詳論見拙著：《康德的批判哲學——理性啟蒙與哲學重建》（2014年），第十二章〈通過人類心靈機能通貫一體的活動說明情感在康德哲學中的位置〉。

126 德國學者奧特弗里德·赫費提出：「超越的感性論」屬於《純粹的理性批判》中

理論那種貶視感性的獨斷態度，在《純粹的理性批判》，他就以揭示感性中包含獨立於經驗的成素而顯示批判哲學的創闢性洞見。他提出，「僅僅是人類的認識有兩根主幹，也就是感性和知性，它們也許出自一個共同的、但不為我們認知的根。」（A15/B29）康德經由批判工程如實給予感性的地位，是任何感覺論者無法比喻的，亦唯有批判工作能使哲學如理地擺脫貶視感性的唯理論之桎梏。

康德並不像他身處的那個時代的唯理論者那樣，把感性只視為模糊的表象。[127]康德在《實用人類學》第一部分第八節「為感性辯護」一開首說：「每個人都對知性表現出一切尊敬，把知性名為高級的認識機能，……但感性卻處在壞名聲中。」（KGS 7:143）他針對三條控告為感性辯護：一、「感取（Sinne）並不發生錯亂」；（KGS 7:144）二、「感取並不掌控知性」；（KGS 7:145）三、「感取並不騙人」。（KGS 7:146）

康德批判地揭明，在理論認識領域，感性是人類的認識兩根主幹之一。而在實踐認識領域，對道德法則之感受性與情感構成不可或缺的部分。只要吾人能如實把握康德知、情、意諸心靈機能超越綜和地

「最具獨創性的部分」。（Otfried Höffe: Immanuel Kant. Verlag C. H. Beck, München 1983. S.74. 中譯見：奧特弗里德・赫費著、鄭伊倩譯：《康德——生平、著作與影響》，頁60。）康德從分析感覺、經驗直觀的表象而一直挖掘至其可能之先驗根據——感性的純粹形式，揭明感性和知性在同一認識活動中如何協同一致地起作用。「感取一點也沒有能力思想，知性一點也沒有能力直觀。」（A51/B75）「儘管只有從它們互相結合才能產生認識，但我們也不能因此把它們的參與（Anteil）相互混淆，而是有重大的理由慎重地把它們分開並相互區別。」（A51/B75）同樣，我們可以指出，康德的道德情感論從道德情感之著見一直挖掘至其可能之先驗根據——意欲機能的一種純粹實踐的決定，以此揭明純粹實踐理性（即純粹意志）與情感在同一道德主體中如何協同一致地活動。

127 康德說：「把感性僅僅置定為表象的模糊性，而把理智置定為表象的清晰性，並由此用意識的一種純然形式的（邏輯學的）區別來取代不僅涉及思維的純然形式，而且涉及其內容的實在的（心理學的）區別，這是萊布尼茨——吳爾夫學派的一大錯誤。」（Anthro 7:140）

結合的統一體系，則能消除所謂「理性主體與感性主體」二分、「析心與理為二」等誤解。

　　最後，關於牟先生「以心著性」的說法。無疑，「以心著性」說乃牟先生心性論的一個具獨創性的見解。然愚意以為，此見解之思路並不完全遵從孟子「以心說性」的理路。因「以心著性」含著心、性分說之思維故也。儘管依牟先生所論，先「分說」，最後仍是合一。然吾人看來，「以心著性」說之不同於「以心說性」的理路畢竟是明顯的。

　　吾人熟知，牟先生提出「以心著性」，是依據於橫渠、五峰、蕺山言「成性」。牟先生以其敏銳的哲學洞察力，點出「成性」義乃五峰、蕺山繼承北宋前三家（濂溪、橫渠、明道）而成一區別於程朱、陸王的系統之「獨特之本質的標識」。[128]先生一貫以「形著」義解「成性」。先生引〈誠明篇〉言「故舍曰善而曰『成之者性』」那一句，作解釋說：「『成之者性也』，依橫渠此解，即是從彰著的『成』上、『盡』上說具體呈現之性也。」[129]這個地方可說是先生首次提出「彰著」義，並首次指明「成」是對本體論地說的性體之本然自存而言，先生說：「在化『氣之偏』中而不斷地繼其善之表現以彰著地成其性，即在此『成』處說性，故曰『成之者性』。『成』是對本體論地說的性體之本然自存而言。不經過化氣之工夫以盡性，則性只是本體論地本然自存。」[130]

　　然愚意以為，橫渠不必有「盡性」與「盡心」分說的意思。並且，所言「性」也是從定然之分定言。事實上，若把「性」理解為存在的物之存在性，那麼，恐怕無法說明何以「盡心」就能「知性」。明乎此，我們可以說，橫渠言「成性」，通孟子所言「盡心」，可以說

128　牟宗三著：《心體與性體》（二），《牟宗三先生全集》第6冊，頁531。
129　牟宗三著：《心體與性體》（一），《牟宗三先生全集》第5冊，頁539。
130　牟宗三著：《心體與性體》（一），《牟宗三先生全集》第5冊，頁538。

是對「盡其心者，知其性」之說明，而不必是「以心著性」之意。亦即不必有心、性分言之意，若橫渠有心、性對言之意，依以「性」說明「道」的理路，他好應該順著《易傳》原文之意而從「成道」言性，為何要轉而言「成性」呢？為何不依《易傳》原意從「繼道」言善，而要轉而從「繼善」而言「能至於成性也」呢？又，〈誠明篇〉呼應孔子「人能弘道」而言「心能盡性」，「盡性」意同「成性」，「成性」就是在「盡性」中成。據之，我們也可以指出，「成性」是從「心」上說。[131]

橫渠一再言「成性而後聖」（《正蒙》〈神化篇〉）、「大能成性之謂聖」（〈中正篇〉）、「成性聖矣」（〈大易篇〉），又言「必學至如天，則能成性」（《經學理窟》），可知其言「成性」意指充盡地實現性，亦即「盡性」，而不必意在表示「潛存的性」要通過「心」來形著。「盡性」就踐履過程之不已言，此過程也就是「盡心」，而橫渠本人就明文提出「心能盡性」（〈誠明篇〉）；橫渠屢關聯著「聖」而言「成性」，又以「必學至如天」言「成性」，更顯出「成性」就「心能盡性」達至之圓滿成果言。依此可說，橫渠言「成性」並不是說明《易傳》，而是對孟子所言「盡心則知性知天」作說明。橫渠本人於〈大心篇〉明文提及孟子語，並說：「聖人盡性，不以見聞梏其心」，又以「有外之心，不足以合天心」（〈大心篇〉）來說明何以說盡心則知天。

我們很難說，橫渠本人果真以「本體論地本然自存」之義來說「性」。從橫渠論「性」、「成性」的文句來看，儘管橫渠統萬物為一體而言「性」，不過我們寧可說，這是一種道德目的論下的說法，亦即這種說法只有在「心能盡性，『人能弘道』」（〈誠明篇〉）的前提下才成立；若離開「心能盡性」，我們不知道什麼是「萬物一體」，橫渠不必認為於「能盡性」之「心」外有本然自存之「性」。依此，我們

---

131 橫渠言「成性」文句見拙著《孔子哲學傳統──理性文明與基礎哲學》（2014年），頁245-246。

可以說，橫渠論「性」、「成性」乃是對孟子所言「盡心則知性知天」作說明。孟子何以能言「盡其心者」就「知其性」呢？橫渠以「心能盡性」說明之，也就是從「心」之充盡之「能」來言「性」，「心」與「性」乃是兩個交互說明的詞。又，孟子何以能言「知其性」就「知天」呢？橫渠以「成性」說明「知其性」，「知其性」字面意義是「知他的性」，也就是就人的《中庸》至誠能盡人之性；能盡人之性，則能盡物之性的意思來理解，[132]「性而言，但加入成性」是成就人之性與物之性；心能盡性，盡人之性則能盡物之性，故「成性」包含「心」、「性」之絕對普遍必然性，此所以孟子能言「知其性，則知天」。

　　橫渠著《正蒙》一書結合《易傳》、《中庸》「天」、「天道」及「性」而立言，並以之融入孔孟「踐仁知天」、「盡心知性知天」之義理規模中，起到一種對孔孟所言「性」、「天」作出說明之功。但吾人恐怕不能據此以為橫渠「只依據《易傳》、《中庸》而立道體、性體」為首出。事實上，橫渠言「性」並不停在《易傳》從「乾道變化」說萬物各得正定其性命，甚至恐怕也不是「以天命實體說性體」，[133]倒不如說，他是通過「性者，萬物之一源」、「天所性者，通極於道」、「不能無感者謂性」，以至「盡性而天」（〈誠明篇〉）、「仁通極其性」（〈至當篇〉），來說明只是宇宙論地言之的「天」、「道」、「天道」。我們未嘗不可以說，橫渠已意識到純宇宙論而言的「天」、「道」、「天道」並不著實，他在〈天道篇〉就說：「形而上者，得意斯得名，得名斯得象；不得名，非得象者也。」橫渠提出「成性」，亦正表明他

---

132 《中庸》云：「唯天下至誠，為能盡其性；能盡其性，則能盡人之性；能盡人之性，則能盡物之性；能盡物之性，則可以贊天地之化育；可以贊天地之化育，則可以與天地參矣。」（第22章）

133 依牟宗三先生所論，天道實體內在於各個體而為其性，「宋明儒則顯明地如此表示」。（牟宗三著：《心體與性體》（一），《牟宗三先生全集》第5冊，頁19。）此理路先生又說為「從上面由道體說性體」，「直下從『實體』處說」。（同前揭書，頁38）「客觀地自天道建立性體」。（同前揭書，頁579）

已著眼於「仁」、「本心」，而不以純然本體宇宙論之思路言「天」、「道」。立於「仁」、「本心」而言「天」、「道」，其立論始能歸於實。橫渠言「天」、「道」、「神」亦不離孔子所言「仁」。同樣，五峰、蕺山立說所本雖不僅依據孔孟，也言及《中庸》、《易傳》，但不能說他們於孟子「盡心知性知天」規模之外另成一以《易傳》、《中庸》為綱，客觀地講性、主觀地講心的主客分言的模式。愚意以為，五峰、蕺山系具其獨特性格而有以區別於象山、陽明系者在：象山、陽明對於孟子自「盡心」言「性」並未措意，[134]而蕺山承橫渠、五峰言「成性」，正在要就「性」在「盡心」中成以及「天」在盡心成性之進程中的獨立作用作出解析性說明。而並不在於五峰、蕺山要心、性分立，而言「以心著性」；蕺山批評「尊心而賤性」，然其意並非要離開心之尊而先設性之尊。

關於蕺山「先設性天之尊」一說，吾人恐怕不能提出文獻上的根據。五峰、蕺山並無超離「心」之外而立自存、潛存之「性」、「天」為實體的做法。

吾人可指出，牟先生對於孔孟形上義理有一種強烈的問題意識，那就是：依先生之思路，孔子之仁、孟子之心性屬主觀面，孔、孟皆「未說天即是形而上的『於穆不已』之實體」，而且，孔子「亦未說仁的內容意義與此實體為同一而可以證實此實體之實義」，而孟子「亦未將心性同一於此實體」。[135]也就是說，孔、孟之道規仍只是敞開了主觀面的仁、心性與客觀面的「於穆不已」之創生實體圓滿合一之門，但未能說完成了這二者之圓滿合一。儘管先生也表明：「聖人的宇宙情懷必然涵著一種向超越方面的滲透」，「仁與內在心性之絕對

---

134 象山、陽明系之貢獻有進於明道者，在於對「心」之創造實體義之闡發與確定，並最後完成道德形而上學系統；但陽明仍有其不足，他立說之精彩突顯在本心良知之為創造實體的說明，「性」、「天」在「心」之籠罩下，缺乏獨立的解析性說明。

135 牟宗三著：《心體與性體》（二），《牟宗三先生全集》第6冊，頁524。

普遍必然涵著向超越方面之伸展，因而亦必涵著一『道德的形上學』之要求。」[136]但是，依牟先生之見，孔、孟敞開了的門，要進一步由《中庸》、《易傳》「積極地以圓滿合一完成之」，在孔、孟那裡涵的道德的形上學之「要求」必須有待《中庸》、《易傳》完成。

　　但愚意以為，孔、孟之道規不僅「只是敞開了主觀面的仁、心性與客觀面的『於穆不已』之創生實體圓滿合一之門」，如前面相關章節已一再論明，孔子「踐仁知天」、孟子「盡心知性知天」確立了儒家道德的形而上學之宏規。此意亦見於牟先生演講錄《先秦儒學大義》第三講。然則，何以牟先生在《心體與性體》提出《中庸》、《易傳》「圓滿頂峰」說？[137]據此，牟先生提出：「北宋諸儒下屆朱子以《中庸》、《易傳》為經，以《論》、《孟》為緯。」[138]並且，以此為「經」而論五峰、蕺山承北宋三家而成一系統之獨特性格，並以此區別於象山、陽明系之「以《論》、《孟》攝《易》、《庸》而以《論》、《孟》為主者」。[139]

　　觀牟先生所論，可見出先生有一個明顯的問題意識，那就是：依照西方傳統的形而上學，必須確立一個外在的所謂客觀的「形而上的實體」。而牟先生認為孔、孟皆「未說天即是形而上的『於穆不已』之實體」，故此，先生以為《中庸》、《易傳》首言道體、性體，正好補孔孟之未言而堪稱為儒家道德的形上學之「圓滿頂峰」。

　　可以指出，牟先生「《中庸》、《易傳》圓滿頂峰」說的立論依據在：「客觀地言之曰性，主觀地言之曰心。」[140]先生說：「性是客觀

136 牟宗三著：《心體與性體》（二），《牟宗三先生全集》第6冊，頁525。

137 牟先生提出「《中庸》、《易傳》圓滿頂峰」說，見牟宗三著：《心體與性體》（一），《牟宗三先生全集》第5冊，頁46、52。關此，《心體與性體》其餘各冊均多有申論。

138 牟宗三著：《心體與性體》（一），《牟宗三先生全集》第5冊，頁448。

139 同前註，頁52。

140 牟宗三著：《心體與性體》（一），《牟宗三先生全集》第5冊，頁42。先生說：「自

性原則，心是主觀性原則。」[141]又說：「性為客觀性原則，自性原則。……心是形著原則。」[142]依此，先生區分開：客觀面言的「天」、「天道」、「天命」與主觀面言的「仁」、「心」；[143]並提出：「唯自『於穆不已』之體言性，與孟子自人之『內在道德性』言性，其進路並不相同，因而其初始所呈現之性體之意味並不甚相同。」[144]由此可見牟先生主、客二分的思路。

因著客觀面與主觀面之分立。牟先生就面對一個這樣的問題：「設客觀方面綜曰性體，主觀方面綜曰心體，此兩真體如何能相入而為一耶？」[145]並且，先生清楚認識到：「天下不會有兩個真體」，並意識到如明道那樣，「在融會的認識上說『一本』，只是直下圓頓地言之，人亦嫌籠統。」[146]並明文表示：「既有主客觀言之之異，即應說明其如何能相契入而真為一。此非只是『即是即是』之平說方式能

『在其自己』而言，曰性；自其通過『對其自己』之自覺而有真實而具體的彰顯呈現而言則曰心。」（同前揭書，頁42）可見先生「主、客」分立的思路依據黑格爾。然愚意以為，儒家言心、性是一，而不能分立；因為於實踐領域，創造實體不能有二。用康德的話說，只能講「超越的一元」，二元論只是經驗的，理論的認識才需要有「主、客」區分之預設。

141 牟先生說：「性是客觀性原則，心是主觀性原則，客觀性原則就是粉筆所以能挺立起來成其為粉筆的根據。」（牟宗三主講，盧雪崑整理：〈宋明理學演講錄（四）〉，收入牟宗三著：《宋明儒學的問題與發展》，頁203。）

142 牟宗三著：《心體與性體》（二），《牟宗三先生全集》第6冊，頁455。

143 牟先生說：「以孔子聖者之襟懷以及其歷史文化意識（文統意識）之強，自不能無此超越意識，故無理由不繼承下來。但孔子不以三代王者政權得失意識中的帝、天、天命為已足，其對於人類之絕大的貢獻是暫時撒開客觀面的帝、天、天命、而不言（但不是否定），而自主觀面開啟道德價值之源、德性生命之門以言『仁』。」（牟宗三著：《心體與性體》（一），《牟宗三先生全集》第5冊，頁23。）

144 牟宗三著：《心體與性體》（二），《牟宗三先生全集》第6冊，頁480。根據這種區分，牟先生提出「五峰、蕺山系（承周濂溪、張橫渠、程明道而開出）」與「象山、陽明系」之劃分。（見牟宗三著：《心體與性體》（一），《牟宗三先生全集》第5冊，頁52。）

145 牟宗三著：《心體與性體》（二），《牟宗三先生全集》第6冊，頁528。

146 同前註。

盡，亦非只是直下圓頓地說之所能盡。」[147]

　　愚意以為，若依據客觀面與主觀面分立的思路來建構形而上學，如西方哲學傳統中，首先立一形而上的客體為最高者，然後通過內心化的手續言主客合一。此種思維已經為康德批判地否決了。吾人意想再沿這樣的路以建立形而上學，必然要碰上主、客如何合一的難題。

　　依先生所論，「《中庸》、《易傳》之言道體、性體是『本體宇宙論地』言之，客觀地言之，而孔子言仁，孟子言心性，則是道德踐履地言之，主觀地言之。」[148]然依愚見，究其實，在儒家道德的形上學中，本心（仁）是唯一的道德創造實體，唯獨首先論明本心（仁）依其自身之普遍立法而呈露自身為一種獨立不依於自然因果性的特種因果性，它被證明為道德世界（自然法則與自由法則結合的世界）的創生實體，隨之，「天」（我們視之為道德世界之「最高者」）始因著與本心（仁）連在一起而取得其決定的意義和客觀實在性。孔孟哲學本有的本心（仁）固然是人之「內在道德性」，但本心（仁）作為人之道德主體而具有統萬物一體而為言的創造性，必充盡致作為自然與自由合一的道德世界之創造實體，依此而真實地被證明為唯一的「形而上的創生實體」。唯獨依據本心（仁）之為人之真性，我們可說「性體」同一於唯一的「形而上的創生實體」（本心），並且，亦唯獨依據本心（仁）循本心之天理而起創造之普遍必然性及與萬物一體，由之說，「此天之所與我者」，「盡心知性知天」，我們始可說「天」同一於唯一的「形而上的創生實體」（本心），並標舉之為萬物一體之道德世界之「最高者」。也就是說，唯獨本心（仁）經由本心之天理作憑證而被證明為唯一的「形而上的創生實體」，其餘所言天、天命、天道、乾元、性命、易、於穆不已、純亦不已，乃至太極、太虛、太和、誠、神、寂感真幾等等，始能因著其與本心（仁）及本心之天理關聯在一

---

147 同前註。
148 同前註。

起而獲得其「獨立的意義以為體」。依我們以上所論，孔孟言仁、心性扎根於本心天理，也就是奠基於一種人自身稟具的創造道德世界的因果性之機能，據此而言「性」，雖字面是就人稟具此「性」而言，但孟子既言「此天之所與我者」、「萬物皆備於我」、「上下與天地同流」，我們也不必理解孟子專指人而論「性」，若專指人而論「性」，孟子亦無由說盡心知性則知天。孔孟義理不能理解為只是一種主觀而言之道德實踐，孔孟哲學言「仁者，人也」、「仁，人心也。」、「人能弘道」、「踐仁知天」、「盡心知性知天」，本身就包含一個道德的形上學之規模。孔孟言性之進路固然與《中庸》、《易傳》不同，尤其與《易傳》不同，孟子自本心（仁）連同本心之天理而道德創造地言之，而《中庸》雖未從本心（仁）之進路言性，但其言「誠」合內外之道，總天地萬物而言定然的分定（天命）之謂性，亦可說與孟子從「此天之所與我者」言性相合，而《易傳》從「乾道變化」說萬物各得正定其性命，雖未能達到孟子從本心（仁）之道德創造性言「性」之深度，但自有其宇宙論之旨趣，且亦與孟子所論並行不悖。

事實上，經康德批判裁定，除了證明純粹實踐理性自身是實踐的，亦即證明「意志自由」是理性事實，也就是證明了道德世界之實現的根據和動力，因而唯獨純粹實踐理性（意志自由）堪稱真實的形而上學之實體，我們才能夠據之建立一個確定的真實的形而上學，若只通過理性之思辨使用而思想一個「最高者」（即使是道德的最高者），充其量只能建立一個發揮軌約作用的思辨形而上學。同理，唯獨孔孟哲學確立了仁、本心作為道德世界之實現的根據和動力，並以此為人之為人之實存之「性」，並因其作為一個統天地萬物為一體的道德世界之創造的實體，我們可名之曰「天」，據此，我們才能夠建立一個道德的形而上學。依此而論，《中庸》所言「性」、「天」乃是闡發孔子義理，並不獨立成一系統；《易傳》雖然有一個獨自成立的本體宇宙論，且能配以聖人之「盛德大業」以證之，亦即「聖者的生

命或人格」、「因宇宙的情懷，而達至其形上的意義」，[149]但若離開孔孟言「仁」、「本心」，並不能獨立成一個道德的形而上學。

依以上所論，吾人可把《中庸》、《易傳》收歸孔孟「心、性、天一」之道德的形上學之規模裡，也就是說，以孔孟為綱，以決定《中庸》、《易傳》而收攝之。而關於宋明儒義理之發展，亦依據其對於孔孟確立的形上學之規模所作的理解和說明而論；據此，五峰、蕺山系與象山、陽明系之劃分也不以《中庸》、《易傳》與孔孟之區分為依據，而是以其對孟子之理解和說明各有殊勝之處為依據。總的來說，象山、陽明系揭明「心即理」，以此標示出儒家之道德的形上學的義理核心；而五峰、蕺山系之獨特貢獻在提出「成性」，要點在通過盡心來說明盡性、成性，以闡釋「盡心」何以「知性」、「成性」，乃至可以說心與性天是一。愚意以為，《中庸》、《易傳》所言性體、道體，並不能以西方傳統形而上學中外在的「實體」一詞視之，而毋寧說可以理解為康德所論「綜體」，也就是人自身之理性的統一性把現象世界的有限性擴展至的「絕對無條件者」，它對人的實踐活動起到指導作用，故稱之為「軌約原則」，而不能誤以為有任何構造的、決定的作用。《易傳》並沒有妄作一種外在實體來操控人類的活動。《易傳》言「誠」、「神」、「幾」已落實到人的實踐活動而言「心」，儘管畢竟未如孟子揭明內在於人的道德創造的真實機能——本心。事實上，《易傳》言「大哉乾元，萬物資始」、「乾道變化，各正性命」，毋寧說是設定「乾元」作為宇宙萬物為一體的統一性的根據，我們沒有理由認為《易傳》有把自然的形而上稟賦引向實體化的企圖。《易傳》以「乾元」、「道」表徵「生生不息」之創生原則，並以人的「盛

---

149 參見：牟宗三著：《心體與性體》（一），《牟宗三先生全集》第5冊，頁121。如牟先生所言，聖人道德意識所貫注的宇宙情懷「達致其形上的意義」，然我們還是要指出，道德的形上學仍然不能依聖人之情懷的形上意義而建立，而必定要依據每一個人之本心「仁」（聖人與我同類者）來確立道德的形上學。

德大業」類比之，但並不能以西方哲學中「實體」一詞視之。《中庸》引《詩》〈周頌·維天之命〉「維天之命，於穆不已」，表示「天之所以為天」之深奧的，不可探測，在這裡，並沒有「於穆不已」之天命實體被論及。牟先生也說：「『天命之謂性』不能直解為『於穆不已』之天命實體即叫做是性。」[150]《中庸》首章言「天命之謂性」，意謂定然之分定叫做「性」，此句中「命」是「分定」的意思，而不是「命令」的意思，並非意指天所命令叫做「性」，故此，並沒有「天命實體」之意。吾人一再申論，《中庸》、《易傳》所言「天」之為「形上天」的真正含義，不能是西方傳統哲學中所謂「形而上學意義的實體」。牟先生在《心體與性體》（一）〈綜論〉也表示：「《中庸》說『天命之謂性』，但未顯明表示天所命於吾人之性其內容的意義完全等同於那『天命不已』之實體，或『天命不已』之實體內在於個體即是個體之性。」[151]，「《易傳》說『乾道變化，各正性命』（〈乾象傳〉），此字面的意思只表示在乾道（天道）變化底過程中各個體皆得正定其性命，未顯明地表示此所正之『性』即是乾道實體或『為物不貳，生物不測』之天道實體內在於各個體而為其性，所正之『命』亦即是此實體所定之命。」[152]不過，牟先生接著提出：「宋明儒則顯明地如此表示。」[153]先生說：「北宋三家即承《中庸》、《易傳》之圓滿發展，而以《中庸》、《易傳》為首出，從此頂峰上言道體、性體。」[154]牟先生明確表示，五峰、蕺山承北宋濂溪、橫渠、明道，不

---

150 牟宗三著：《心體與性體》（一），《牟宗三先生全集》第5冊，頁32。不過，牟先生補充說：「然『天所命而定然如此』之性，如進一步看其『內容的意義』，亦實涵此義。」又說：「依《中庸》後半部言『誠』，本是內外不隔，主客觀為一，而自絕對超然的立場上以言之的，此即『誠體』即同於『於穆不已』之天命實體也。」（同前揭書）

151 牟宗三著：《心體與性體》（一），《牟宗三先生全集》第5冊，頁19。

152 同前註。

153 同前註。

154 牟宗三著：《心體與性體》（二），《牟宗三先生全集》第5冊，頁527。

管他們本人自覺與否，都是由《中庸》、《易傳》之路言『於穆不已』
之創生實體。除了在《心體與性體》（一）〈綜論〉承認《中庸》、《易
傳》未顯明地如此表示天道實體，及由此實體以說「性體」之外，牟
先生在第一冊〈分論〉已表明：「就先秦儒家之發展說，是先有孟
子，然後再澈至《中庸》、《易傳》之境。而澈至《中庸》、《易傳》之
境，始有客觀地自天道建立性體之一義。」[155]自此以後，先生即以此
為「綱」而論五峰、蕺山承北宋三家而成一系統之獨特性格，並以此
區別於象山、陽明系之「以《論》、《孟》攝《易》、《庸》而以
《論》、《孟》為主者」。[156]牟先生明文指出：「諦者先分開自『於穆不
已』之體言性與自『內在道德性』言性之不同，前者是形而上地（本
體宇宙論地）統體言之，後者則是經由道德自覺而道德實踐地言
之。」[157]、「唯自『於穆不已』之體言性，與孟子自人之『內在道德
性』言性，其進路並不相同，因而其初始所呈現之性體之意味亦並不
甚相同。（只是其初所呈現之意味由進路不同而決定者有不同，並非
其內容的意義最終亦不同。）」[158]然愚意以為，先本體宇宙論地自
「於穆不已」之體言性，自天道實體建立性體，此進路頂多可建構一
思辨形而上學，然後以人的道德大業證之，而並不能建立一真實的道
德的形上學。如前文一再申論，真實的道德的形上學唯獨首先確立道
德創造之實體，此即孔孟所言仁體、本心，即「內在道德性」；此
「內在道德性」不能視為只是主觀的，它是本心、仁體，是創造人為
道德實存及創造世界為道德世界之創造實體，即於道德目的論下伸展
至「天」為統天地萬物而為言的形上學的創造實體。如吾人一再論
明，於道德的形而上學，為其奠基的唯一真實的創造實體是道德主

---

155 牟宗三著：《心體與性體》（一），《牟宗三先生全集》第5冊，頁579。
156 牟宗三著：《心體與性體》（一），《牟宗三先生全集》第5冊，頁52。
157 牟宗三著：《心體與性體》（二），《牟宗三先生全集》第5冊，頁482。
158 牟宗三著：《心體與性體》（二），《牟宗三先生全集》第5冊，頁480。

體，道德主體既是主觀的，同時因著其絕對普遍性又堪稱是客觀的。不能也不必先於道德主體而尋求一外在的客體以為客觀性。並且，客觀原則就包含在道德主體的主觀原則中，不必作主觀原則與客觀原則之分割。於道德的形而上學，唯獨即主觀即客觀的道德主體之充盡伸展，故無所謂主客如何合一的問題。究其實，吾人恐怕找不到文本上的根據確指《易傳》本身言「乾道」是意指現實上果真有一個創造的「實體」在主宰著萬物之「始」、「生」，因而也就說不上有真正的形而上學實體被說及。牟先生用「道體」一詞，不過，我們可用先生的話來理解，該詞「不能當作一個獨立的物體看」，「但卻可以當作有獨立意義的本體看」，「指點一個獨立的意義以為體」。[159] 再者，吾人也恐怕找不到文本上的根據確指北宋諸儒下屆五峰、蕺山以《中庸》、《易傳》為綱，而不是遵循孔孟「踐仁知天」、「盡心知性知天」之宏規。也恐怕找不到文本上的根據指出宋明儒則顯明地如此表示一個「『於穆不已』之天命實體」，把天道確立為「形而上的創生實體」，並由此實體以說「性體」。事實上，牟先生對宋明儒作出義理衡定並恰切地提出三系說的依據在孔孟「踐仁知天」、「盡心知性知天」之道規，亦即在孔孟言仁、本心、性、天；而不在《中庸》、《易傳》，儘管牟先生對《中庸》、《易傳》的本體宇宙論多有讚美之詞。

第七，關聯於人類終極目的而確立的「圓善」學說與牟先生依中國哲學而建立的「圓善論」之區分。

吾人已論明，康德的實踐的形上學包含著一個人類終極目的的「圓善」學，故此亦可稱之為實踐的智慧學；同樣，儒家的道德的形而上學作為實踐的智慧學也包含一個「圓善」學，此「圓善」學不同於牟先生創建的圓善論體系。因此，愚意以為，吾人有必要依照康德

---

159 牟宗三著：《心體與性體》（一），《牟宗三先生全集》第5冊，頁494。

實踐智慧學之理路而論一個以「大同」為終極目的，以「仁者人也」、「人能弘道」為綱的儒家的「圓善」學。[160]

多年來研讀康德，有感於學界之於康德圓善學說之概論恐怕與康德本人之宗旨有相當距離。從眾多的哲學概論書中，我們總能見到種種關於康德以上帝保障德福一致的說法，而諸如此類說法又總是以基督教信仰中人格化的造物主的「上帝」來解讀康德，致使康德的圓善學說在讀者眼中成為情識泛濫之「戲論」。康德整全的圓善學說被斷章取義，多方曲解，解釋成一個乞求神恩來分派幸福的戲論。漢學界依照外國康德專家「幸福分配論」、「神恩論」等說法來理解康德的圓善學說，難免令人大感困惑。[161]

現在，吾人必須擺脫所謂上帝分配幸福的「圓善」戲論，回到作為理性的理想之圓善概念，以及通貫於康德整全哲學體系而確立的圓善學說，以見「圓善」之為理性本性的目的——終極目的，在「人」的整個類之意志自由的活動之不已進程中趨向完全得到發展，也就是說，圓善之理想即是：在「人」的整個類中，培育每一個人自由地運用身上的理性的自然稟賦，以致力在世界上創造出「一個作為由於我們的參與而可能的圓善的世界」。

事實上，如所周知，無論康德或儒家，從來沒有主張依個人而言，德行必定伴隨著相配稱的幸福。恰恰相反，二者都明確表示：道德是「由義務行」（即「由仁義行」），從根本上說，依循道德法則（天

---

160 關此，詳論見拙文：〈論孔子哲學傳統包含的圓善學說〉，2015年11月，於香港新亞研究所主辦「紀念牟宗三先生逝世二十週年國際學術研討會」宣讀。刊於臺灣《鵝湖月刊》2017年7月號，總第505號。

161 牟宗三先生就被這種講法困惑，故說：「因為人之德與有關於其『存在』（即物理的自然）的福既不能相諧一，何以與人絕異的神智神意就能超越而外在地使之相諧一，這是很難索解的。」（牟宗三著：《圓善論》，《牟宗三先生全集》第22冊，頁235。）又說：「若說這是神的事，祂自能使你的德福相配稱，你只要信祂祈禱祂就可以了。若如此，這等於未說明。」（同前揭書，頁236）

理）而行就足夠了，絲毫不計及是否得有幸福。明乎此，則無理由將一種就個人而言要求「德福一致」的主張歸於康德，吾人實在沒有理由將康德的圓善學說與通俗的因果報應說相提並論。而毋寧說，依康德的「圓善」說，道德法則經由無偏私的理性導至圓善的第二個元素的可能性，「也就是與德性切合的幸福的可能性。」（KpV 5:124）這「圓善的第二個元素」就是「上帝存在」之設準。[162]但是，我們不能因此認為康德主張有一個上帝在我們人類之外掌管幸福的分配。儘管在與基督教學說相關之論說中康德確實有述及「全能的幸福分配者」，（KpV 5:128）但我們必須注意到，康德本人在一系列著作中告誡說：「把幸福原則附會在上帝身上，說成是祂的誡命的最高條件」，那是不純正的宗教理念。（Rel 6:51）「知道上帝為他的永福在做或已做了什麼，並不是根本的，因而也不是對每個人都必要的。但是知道為了配得上這種援助，每個人自己必須做些什麼，倒是重要的，對每個人都必要的。」（Rel 6:52）那圓善的概念其實存也是通過我們的實踐理性而可能，（KpV 5:109）圓善的概念及由之引出的作為「德福一致」之條件的「上帝存在」之設準都只來自道德的原理。（KpV 5:132）

康德解釋說：「在最高的對我們而言是實踐的，也就是因我們的意志而成為現實的善中，德行和幸福被思為必然地相結合。」（KpV 5:113）「通過意志自由產生圓善，這是先驗地（在道德上）必然的。」（KpV 5:113）據此可知，圓善是由人自身之意志自由所產生。依孔子哲學傳統，就是：「明明德」，以「止於至善」。通過「盡心」，即本心之擴充不已而致力「天下平」之理想的道德世界之實現。明乎此，則可知，「德行和幸福被思為必然地相結合」，乃是人自身之意志自由所產生，而由道德法則（天理）命令著要將「德福一致」實現於世界上。

---

162 在《實踐的理性批判》之「純粹實踐理性設準之二：上帝存在」那一節中，康德通過「德福一致」問題的討論提出「上帝存在」之設準。

吾人必須排除康德學界長久以來流行的「幸福分配論」、「神恩論」、「因果報應論」，回到康德圓善學說的真旨實義，始有望依據康德批判哲學之理路來建立儒家的圓善說體系。

康德說：「道德法則作為至上的條件已經包含在圓善的概念裡面。」（KpV 5:109）「唯有道德法則必須被看作是使圓善及其實現或促進成為客體的根據。」（KpV 5:109）「道德法則要求在一個世界裡可能的圓善實存。」（KpV 5:134）也就是說，「道德法則首先自己得到證明，並且被證明有正當的理由作為直接的意志決定根據」之後，圓善這客體才可能「作為對象向先驗決定的意志表象出來」。（KpV 5:64）同樣，依孔子哲學傳統，本心之天理為首出，每一個人依循根於本心之天理而行，成就自己為道德的實存，同時致力於「天下平」之實現於世界上。依照孟子，「本心」即人之「大體」，是人成就自身為道德的實存，以及實現世界為道德的世界的創造實體。

康德和儒家都強調道德之純粹性，然不能據之誤以為此即排斥「幸福」之獨立意義。依照孟子，「本心」即人之「大體」，是人成就自身為道德的實存，以及實現世界為道德的世界的創造實體。另一方面，孟子亦兼論人之「小體」，孟子曰：「人之於身也，兼所愛。兼所愛，則兼所養也。無尺寸之膚不愛焉，則無尺寸之膚不養也。所以考其善不善者，豈有他哉？於己取之而已矣。體有貴賤，有小大。無以小害大，無以賤害貴。養其小者為小人，養其大者為大人。」（《孟子》〈告子章句上〉）依此，我們可以說，德行和幸福的結合，表現在孟子言大體與小體的結合。孟子說：「生，亦我所欲也；義，亦我所欲也，二者不可得兼，舍生而取義者也。」（《孟子》〈告子章句上〉）「先立乎其大者，則其小者弗能奪也。」（《孟子》〈告子章句上〉）此即康德提出：如果德行和幸福在一個人格中共同構成對圓善的擁有，此中「幸福」，「是在任何時候都以道德上的合乎法則的行為為前提條件。」（KpV 5:111）因此，只有在實踐的原理中，德行和作為德行的

後果而與德行相配稱的幸福之間，「一種自然的和必要的結合至少可以思想為可能的。」（KpV 5:119）「與此相反，謀求幸福的原理不能夠產生德性。」（KpV 5:119）

孟子與康德都肯定幸福有其獨立意義，幸福構成圓善的第二個要素，儘管是在一種「隸屬的關係」中，（KpV 5:119）亦即：幸福以道德為前提條件。《大學》亦云：「德潤身，富潤屋。」橫渠〈西銘〉云：「富貴福澤將厚吾生也，貧賤憂戚庸玉汝於成也。」既然人一方面依自然法則而實存，此即作為小體，那麼，成為幸福的，這必然是每一個人的要求，「因而也是他的意欲機能的一個不可避免的決定根據。」（KpV 5:25）這種要求涉及「他的意欲機能的材質」的需要，「由此他為了對自己的狀態感到滿意而需要的東西就得到了決定。」（KpV 5:25）儘管另一方面，人依道德法則而實存，此即作為大體，他認識到自身人格性之尊嚴，亦即認識到自己真正的自我是自立普遍法則自己遵循法則的道德主體。

從超感觸的觀點論「大體」，而從感觸的觀點論「小體」，就此而論，二者並行不悖；但本心之天理實行之結果落在感觸界，就必然要對「小體」有影響，在這個地方，自然就對按照道德法則的因果性設置障礙或促進。（KU 5:195）此所以康德明確指出：存心的德性作為原因，而與作為感觸界中的結果的幸福之結合，「在一個僅僅是感觸的客體的自然中永遠只是偶然地發生的，而且不能達到圓善。」（KpV 5:115）此即孟子說：「求之有道，得之有命，是求無益于得也，求在外者也。」（《孟子》〈盡心章句上〉）「莫非命也，順受其正。」（同上）幸福乃「得之有命」之事，故云：「殀壽不貳，修身以俟之，所以立命也」（同上），此與德行「求有益于得也，求在我者也」完全不同。孔子說：「富與貴是人之所欲也，不以其道得之，不處也；貧與賤是人之所惡也，不以其道得之，不去也。」（《論語》〈里仁第四〉）又說：「富而可求也，雖執鞭之士，吾亦為之。如不可求，從吾所

好。」（《論語》〈述而第七〉）朱注云：「楊氏曰：『君子非惡富貴而不求，以其在天，無可求之道也。』」（朱熹《四書集注》）又，子夏曰：「商聞之矣：蓋聞之夫子。死生有命，富貴在天。命稟於有生之初，非今所能移；天莫之為而為，非我所能必，但當順受而已。」（《論語》〈顏淵第十二〉）

「死生有命，富貴在天」，表明幸福之得失不在人自身的掌握中，有德者並非不追求幸福，而是不能為求福而違背天理天道。幸福屬於「命」，可見現實上，德行與幸福是遠不一致的。不難見出，「德福一致」的問題在圓善學說中作為「引子」而提出，但「圓善」之為理性的理想，其哲學原理並非關涉現實上如何與德合比例地分配福的問題，而是關於「終極目的」（自然的合目的性與自由的合目的性諧和）在世界上實現如何可能的問題。

學者們在檢討康德「德福一致」命題之時，將討論的焦點置放於現實上幸福之分配如何與德行合比例的問題，完全離開了康德本人的論題。究其實，作為圓善學說之「引子」而提出的「德福一致」的先驗綜和命題，是在實踐的原理中考論的，儘管最初提出「德福一致」的討論是從一般而言的幸福因德而獲得公平分配的問題開始，但只要關於這個問題之意識是與理性相關，它就與通俗的心理學意義的因果報應說根本不同。

我們可以指出，康德早在《純粹的理性批判》之「超越的方法論」第二章第二節「圓善理想作為純粹理性最後目的之決定根據」中，就表示：「一個與道德相結合成正比的幸福的系統」可以設想為必然的，那是「在一個道德的世界裡」，在道德的世界裡，有理性者在道德原則的指導下「本身就會是其自己的、同時也是別人的持久福祉的創造者」。（A809/B837）這「道德的世界」的實現依據這樣的條件：「即每一個人都做他應當作的。」（A810/B838）此即表示，如果每一個人都依其純粹實踐理性自立之普遍法則而行，則人創造德福一

致的道德世界。

孟子說：「有天爵者，有人爵者。仁義忠信，樂善不倦，此天爵也；公卿大夫，此人爵也。古之人修其天爵，而人爵從之。今之人修其天爵，以要人爵；既得人爵，而棄其天爵，則惑之甚者也，終亦必亡而已矣。」（《孟子》〈告子章句上〉）此中所言「古之人修其天爵，而人爵從之」，可以說是表示一個德福一致的道德世界。但現實上，「人修其天爵，以要人爵」、「此之謂失其本心」。「放其心而不知求」，「則其違禽獸不遠矣。」（《孟子》〈告子章句上〉）人皆有四端之心，本心之天理在人心，萬古一日。但人卻並非總是依照本心之天理而行。這就是康德如實指出：「人的本性雖然高貴」，但同時卻太軟弱。人作為一個同時具有感性生命的有理性者，「就他為完全滿足自己的狀況所需要的東西而言，它總是依待的，所以，他總是不能完全去除依賴於物理條件的意欲和性好，不會自發地與源泉完全不同的道德法則一致。」（KpV 5:84）純粹理性的實踐使用不像腳的使用那樣，憑著經常練習就自動發生。（KpV 5:162）

毋寧說，「圓善」之提出是針對人以及人的整個類所處的道德狀態的不完滿性，甚至只是停在粗糙階段。純粹實踐理性是人的心靈中在意欲機能中立法的機能，也就是孟子所言「本心」，人皆有之。純粹實踐理性獨自「給予（人）一條我們名之為德性法則的普遍法則」。（KpV 5:31）也就是本心獨自頒布天理，天理根於每一個人的本心，不需要被教成。如康德批判地揭明：一旦我們為自己擬定了意志之格準，我們就直接意識到道德法則，[163]正因著純粹實踐理性（本心）是人的心靈的超感觸的機能，它單獨自身決定的意志產生純粹實踐理性的對象（圓善）並促成其成為現實，正是理性提出的終極目的

---

163 康德說：「由此可見，自由和無條件的實踐法則是相互引導（weisen）也相互返回（zurück）的。」（KpV 5:29）這就表示說，「自由」與「無條件的實踐法則」二者在實踐之事中是同一回事，因此，只要證明其一為真，另一亦同時為真。

（圓善）之實現，使意志自由充極擴展致一個道德的目的論。亦即：本心之擴充就包含於盡心之不已進程而達至「至善」之追求。據此可知，圓善是理性的理想，其在世界上之實現的條件是：每一個人都依循道德法則而行。但是，現實上，人可以於天理視而不見、於良心之呼聲聽而不聞，儘管天理、良心在人終究不能泯滅。如孟子說，人總有夜氣存的時候。[164]但現實的狀況，並不是每一個人任何時候都遵循道德法則而行，即使一個人自己嚴格地依從道德法則以為其行為的格準，但他不能預計他人也必如此，並且也不能預期自然方面將有助於他對於幸福的期望（Gr 4:438-439）。正因此，康德提出：「德福一致」及「圓善」作為理性的理想，依照純然的自然進程是無法指望達到的。

依康德《實踐的理性批判》論明，圓善之概念建基於意志自由及其自立的道德法則之上。[165]「圓善總是一個道德地決定的意志的必然的最高的目的，是實踐理性的一個真正的客體。」（KpV 5:115）道德法則導致圓善的第一和主要的部分，「亦即德性的必然完備性」，「就導致了不朽的設準」（KpV 5:124）。並且，道德法則導致圓善的第二個元素的可能性，「也就是與德性相配稱的幸福的可能性」，也就是說，導向「上帝的實存」的設準（KpV 5:124）。

依孔子哲學傳統，我們可以指出，「德性的必然完備性」，也就是

---

164 孟子曰：「雖存乎人者，豈無仁義之心哉？其所以放其良心者，亦猶斧斤之於木也，旦旦而伐之，可以為美乎？其日夜之所息，平旦之氣，其好惡與人相近也者幾希，則其旦晝之所為，有梏亡之矣。梏之反覆，則其夜氣不足以存；夜氣不足以存，則其違禽獸不遠矣。人見其禽獸也，而以為未嘗有才焉者，是豈人之情也哉？」（《孟子》〈告子章句上〉）

165 儘管如我們已論及，早在寫作第一批判之時，康德已經對「圓善概念」包含的諸涵義有所提點，不過，在那個批判裡，圓善只是首先作為理念而提出，必須進至《實踐的理性批判》，圓善之概念才得以決定地建立起來，據此，它不再限於「只是理念」，而是通過實踐理性之批判證明了它的客觀實在性，亦即闡明：「圓善」成為現實的可能性和必然性。

「文王之德之純」，(《詩》〈周頌‧維天之命〉)「至誠盡性」，(《中庸》)孟子揭明本心之天理乃是道德之超越根據，於「盡心」之不已進程知性、知天，此即表示「盡心」之進程趨向「德性的必然完備性」。並且，依孔子哲學傳統，「幸福」作為道德的效果，並沒有落入二律背反之圈套來討論。也就是說，並沒有把「幸福」作為德性的酬報或因果報應夾雜到道德哲學中討論。究其實，所謂「德福一致」命題引起純粹實踐理性的二律背反，是西方哲學自古希臘始即困擾著哲學家的難題，康德之所以要關注這個問題完全是因為該二律背反打擊到「道德和幸福按照一條普遍的法則相結合」的客觀實在性[166]（KpV 5:124），也就是說，它打擊到圓善的可能性。如康德指出：無論是古代的哲學家還是近代的哲學家，都誤以為：「能夠在此生中（在感觸界中）發現了與德性有完全適當的比例的幸福，或者能夠勸說人們，說意識到了這種幸福。」（KpV 5:124）但在孔子哲學傳統中，從來就沒有落到感觸界中立論，宣稱德福之間有一種合比例的關係。依孔子傳統，感觸界中的存在並不是人的唯一實存方式，本心並不是被視為感觸界中的因果性，道德不是指行為規範、品德修養而言，而是本心（仁）作為創造本身，造就人自身以及世界為合道德目的的存在，亦即創造自身為道德的實存，同時創造世界為德福結合的道德的世界。本心（仁）的創造性就體現於以「圓善理想」為原型的創造活動中。依孔子哲學傳統，道德是成己成物之事，同時是「為萬世開太平」之事。

康德指出：道德法則就是圓善及其實現或促進的客觀根據。依孔子哲學傳統，本心之天理就是實現或促進圓善的客觀根據。孟子曰：

---

166 康德指出，在純粹實踐理性的二律背反中，「第一個命題，即對幸福的追求產生出有德性的存心的一個根據，是絕對錯誤的；但第二個命題，即德性的存心必然地產生幸福，則並不是絕對錯誤的，而是僅僅就德性的存心被視為感觸界中的因果性的形式而言，因而當我把感觸界中的存在當作有理性者的唯一實存方式時，才是錯誤的，因而只有條件地錯誤的。」（KpV 5:114）

「凡有四端於我者，知皆擴而充之矣，若火之始然，泉之始達。苟能充之，足以保四海；苟不充之，不足以事父母。」（《孟子》〈公孫丑章句上〉）五峰曰：「六君子盡心者也，故能立天下之大本。」（〈知言〉）陽明曰：「心盡而家以齊，國以治，天下以平。」（《王文成公全書》卷七〈重修山陰縣學記・乙酉〉）「盡心」即盡本心之天理之命令，自修身、齊家、治國、平天下，實乃實現或促進圓善的不已之進程。

就道德法則乃是圓善及其實現或促進的客觀根據而論，圓善的客觀根據「首先就直接在我們的力量中」（KpV 5:119）。此外，康德論及就主體遵循其客觀的然而實踐的法則而言能力不足所需要的補償，據此，康德提出上帝和心靈不朽兩個理念是圓善的條件，那是僅僅就主觀而言的兩個條件，「而不是就客體而言被認識到的必然性。」（KpV 5:11）

我們可以指出，依孔子哲學傳統，也就是依據孟子「盡心則知性知天」所展開的思路中，也能夠見出其中有類似康德所論「就主觀而言的條件」的思維。如蕺山說：「此心在人亦與之無始無終，不以生存，不以死亡。故曰：堯、舜其心至今在。」（《劉子全書》卷之十，〈學言上〉）所言「心」，「不以生存，不以死亡」，可以說與康德設定「心靈不朽」有異曲同工之妙。[167]橫渠也有說：「知死之不亡者，可與言性矣。」（《正蒙》〈太和篇〉）「心」不以生死論存亡，並非意謂肯斷有獨立於軀體之外的「心靈實體」，不可以西方哲學中那種於人死後脫離軀殼而獨存的「不滅的靈魂」視之。恰切地理解，可以藉康

---

167 依康德所論，在由道德法則決定的意志中，「存心（Gesinnungen）完全切合道德法則是圓善的至上的條件」（KpV 5:122），「亦即德性的必然完備性」（KpV 5:124），「它只有在一個向著那完全的切合性無窮地前進中才能夠見及」（KpV 5:122），「這種無窮地前進只有以延續的實存之無限和這同一有理性者之人格性（人們名之為心靈不朽）為前提條件才是可能的。這樣，圓善只有以心靈不朽為前提條件才在實踐上是可能的；從而，與道德法則不可分離地相聯結的這種心靈不朽，是純粹實踐理性的一個設準（所謂設準，我理解的是一種理論的、但本身不可證明的命題，它不可分離地附屬於無條件有效的先驗實踐法則）。」（KpV 5:122）

德圓善學說中所論「心靈不朽」來說明：它是就與天理（也就是「無條件有效的先驗實踐法則」）不可分離地相聯結的「本心」、「盡心以成性」而言之「心」、「性」而論，「不朽」意指「有理性者之人格性」；而並非作為理論上可證明的命題。

康德還提出，上帝的理念是「由道德法則來決定的意志」的必然客體（圓善）的第二個元素（也就是與德性切合的幸福的可能性）的條件（KpV 5:4）。關於這個「上帝存在」的設準在康德學界中引起的誤解及爭論恐怕令一般學子望而生畏[168]，現在，我們撇除諸多文字上的葛藤，擱置因信仰問題或思維習慣誘發的諸多所謂「康德難題」，同樣可以揭明：孔子哲學傳統中言「天」與康德所論「上帝」作為圓善的條件之間有著可交互說明的共通點。關此，前面相關章節已有詳論。

總而言之，「盡心知性知天」、「踐仁知天」即表示道德之踐履是以「人能弘道」、「平治天下」為終極目的。孔孟哲學包含著對世界道德目的之終極關懷，而根本上不同只關注個人彼岸終極依託的各種歷史性的信仰。就其以實現統天地萬物而為言的宇宙秩序為一個道德世界為終極目的而言，我們可以說，孔子哲學傳統與康德所論「圓善」理想有共同處；而就其於弘道（即致力於在世界上實現「圓善」）的歷程中對承擔種種人力不可避免的限制與命運而言，亦可說與康德所論「圓善」的條件有相通處。

儒家仁政王道的「大同社會」也就是康德所言「人類倫理共同體」。致力於在世界上實現圓善（終極目的），確切地說，就是在世界上實現「倫理共同體」，亦即將「單個的人的自身不足的力量聯合起來，共同發揮作用」，（Rel 6:98）為了同一個終極目的（圓善）聯合成為一個整體，成為一個善的人們的系統（einem System wohlgesinnter Menschen）」。（Rel 6:97-98）康德恰切地提出：「最高的德性的善並不

---

168 關於「上帝存在」的設準，詳論參見拙著：《物自身與智思物——康德的形而上學》（2010年），頁253-268。

能僅僅通過單個的人追求他自己的道德的圓滿來實現。」（Rel 6:97）
人們要聯合成一個倫理共同體，以避免「由於他們不一致而遠離善的
共同目的，彼此為對方造成重新落入惡的統治手中的危險」。（Rel
6:97）

　　大同世界，或曰倫理共同體，也可以稱為道德世界，它是一切人
遵循道德法則命令而聯合起來，於天造地設的世界中創造一個依道德
目的和秩序而成立的世界。王道之大同世界，乃踐仁弘道之終極目
標，此可以說就是康德所言「最好的世界」。在《實踐的理性批判》
中，康德說：「純粹實踐理性法則之下的判斷力規則是這樣的：問一
問你自己，如果你打算做的行為會透過自然法則而發生，而你自己本
身是這個自然的一部分，那麼你是否把它看作是通過你的意志而可能
的。」（KpV 5:69）並且，他指出：「事實上，每個人都在按照這條規
則來評判行為在道德上是善的還是惡的。」（KpV 5:69）這就是說，
道德上善還是惡的判斷涉及到人意願一個怎麼樣的「自然」，亦即涉
及到：「把一個可能的目的王國視作為一個自然王國。」（Gr 4:436）
一個人作為道德者不僅關心他自己個人的德行，還要關注他會在實踐
理性的指導下為自己創造一個怎麼樣的世界，而他自己作為一個成員
置於這一世界中。（Rel 6:5）

　　「道德」並不只是個人修心養性之學，道德是「弘道」。此即涵
著說：道德乃創造的預告的人類史之動源。本心之天理指導人成德不
是為著修德以求福，也不是為獲取通往極樂世界或彼岸天堂之保證，
而是朝向大同社會的實現，在世界上創造出「一個作為由於我們的參
與而可能的圓善的世界」。

　　第八，關於牟先生對形上學的理解及就其認為康德未能建立道德
的形上學的說法提出商榷。

　　於前面「牟宗三確立的儒家道德的形上學與康德實踐的形而上學

通而為一」一節中，吾人已論明牟先生確立「儒家道德的形上學」之最高的根源洞見及其重大貢獻。無疑，此乃牟學研究中最為關注的論題之一，這方面的研究成果豐富，大體對於牟先生確立的「儒家道德的形上學」有相應的周詳的陳述。然依愚見，這方面的研究主要停在依著牟先生立論而介述的階段。準確的介述固然是必不可少的第一步工作，學者們在這方面的工作無疑用力很深，貢獻很大。然愚意以為，須進一步，關於牟先生對形上學的理解，以及先生批評康德未能建立道德的形上學的說法，都需要有深入的研究，以期推進牟先生會通中西哲學之志業。

前面相關章節已反覆論明，牟先生建立儒家的道德的形上學，乃源於對康德之最高的根源慧識之契應而創發。儒家的道德的形上學與康德經由三大批判展示的實踐的形而上學通而為一，乃哲學原型之圓滿實現，此繫著人類理性之最高目的：世界「大同」，即康德言「目的王國」、「人類倫理共同體」。吾人若有志於接續牟先生會通中西哲學之志業，無疑必須以致力於此哲學原型之圓滿實現為己任。不必諱言，此會通工作仍有不少障礙要清除，首先就要清楚明白，牟先生並未給我們提供一個儒家與康德會通而成立的形而上學之整全系統。儘管先生已向吾人展示了其綱要，然而仍有太多關節處有待打通。其中固然有著因未能通貫把握康德三大批判而產生對康德的誤解，此外還應該看到，牟先生對形而上學的理解有意或無意地受到西方傳統中舊有形而上學思維的影響。

不必諱言，牟先生作為第一輩吸收西方哲學的學者，其對「形上學」的理解，很難避免以西方傳統舊形而上學的方式去想。如：牟先生以為康德關於形上學所規劃的一套是「超絕形上學」。先生說：「康德所意想的真正形上學是他所謂「超絕形上學（transcendent metaphysics），其內容是集中於自由意志、靈魂不滅、上帝存在這三者之處理。……。我們依據這個意思，把那『超絕形上學』轉為一個『道德

的形上學』（Moral metaphysics）。……這『道德的形上學』底主題，我們可就康德所說的『物自身』，自由意志，道德界與自然界之溝通，這三者而規劃之。這三者能成為完整的一套而真實地被建立起來，亦即道德的形上學之充分實現。」[169]吾人知道，康德批判工作的貢獻正在推翻西方傳統的「超絕形上學」，而展示一個堪稱科學的形而上學，其包含的三個理念（自由意志、上帝、心靈不朽）絕非「超絕的」，而是實踐地內在的、構造的。愚意以為，無論康德所論「上帝」、還是儒家所言「天」，吾人都找不出證據肯定其為「超絕的」。[170]此於前面相關章節已一再論明。明乎此，則可知，康德及儒家的形而上學都不能視之為「超絕形上學」。

接續康德的最高慧識建立一個道德的形上學體系無疑是牟先生之宏願，然亦不必諱言，關於牟先生對康德的誤解需要疏通，康德哲學之通貫整全的掌握，仍須後人鍥而不捨地努力。從學術界之現況看來，學者們關於牟先生之道德的形上學研究可說只停在先生所述說的基礎上，對於康德學界（包括牟先生）對康德的諸多批判不加思考，只是一味照著說。譬如，大陸學者程志華、史育華撰〈牟宗三哲學的問題及其解決──「道德的形上學」的義理骨幹〉一文提出：「牟宗

169　牟宗三著：《智的直覺與中國哲學》，頁346-347。又，牟宗三在《智的直覺與中國哲學》之〈序〉中就明確指出：「我此書仍歸於康德，順他的『超絕形上學』之領域以開『道德的形上學』，完成其所嚮往而未真能充分建立起者。」（前揭書，頁3）

170　吾人知道，牟先生認為孔子言「天」是超絕的。先生在《中國哲學的特質》一書中說：「孔子所說的天比較含有宗教上『人格神』（Personal God）的意味。而因宗教意識屬於超越的意識，我們可以稱這種遙契為『超越的』（transcendent）遙契。」（臺北市：臺灣學生書局，1963年，頁34-35）牟先生在後來的中譯本《純粹理性之批判》中，"transcendent" 一詞譯做「超離的」、「超絕的」。又，牟先生在《中國哲學的特質》中說：「『天命』的觀念表示在超越方面，冥冥之中有一標準在，這標準萬古不滅、萬古不變，使我們感到在它的制裁之下，在行為方面一點不應差忒或越軌。如果有『天命』的感覺，首先要有超越感（sense of transcendence），承認一超越之『存在』，然後可說。」（同前揭書，《牟宗三先生全集》第28冊，頁17。）從英譯見出，牟先生在這裡是主張「天命」是一種「超離的」（或曰「超絕的」）的感覺。

三的哲學具有明確而具體的問題意識，即康得雖意在建構一種作為『超絕的形上學』的『道德的形上學』，但實際上只建構起道德哲學即『道德底形上學』，並最終『滑入』『道德的神學』。」[171]顯然，程、史二先生所謂康德「意在建構一種作為『超絕的形上學』的『道德的形上學』」之說法，是照著牟先生之說而說，恐怕他們本人對康德的形而上學並無瞭解。他們批評康德「最終『滑入』『道德的神學』。」也是依牟先生之說而說，看來他們自己對康德三大批判展示的普遍的形而上學並無研究。事實上，拙著《物自身與智思物——康德的形而上學》（2010）已對康德的形而上學作出周詳的討論，只是令人遺憾的是，學者們一直以來大抵只遵照康德學界主流的權威定見立論，對拙著提出的討論不屑一顧。

牟先生明文說：「康德只有『道德底形上學』（＝道德之形上的解析）與『道德的神學』（moral theology），而卻並無『道德的形上學』（moral metaphysics）。」不必諱言，此說實乃由於未對康德批判哲學作通貫整全研究而做出的論斷。先生本人明白表示，他所以說「康德只有『道德底形上學』（＝道德之形上的解析）」只是根據康德的 *Grundlegung zur Metaphysik der Sitten* 一書，牟先生中譯為《道德底形上學之基本原理》。[172]依愚見，該書名當譯為《德性形上學的基礎》（簡稱《基礎》）沒錯，《基礎》一書作為康德後來撰寫的《德性形上學》之先導論文，其任務只是「道德之形上的解析」，但只據《基礎》一書就斷言「康德只有『道德底形上學』」，則顯然是誤判。[173]

---

171 程志華、史育華撰：〈牟宗三哲學的問題及其解決——「道德的形上學」的義理骨幹〉。收入《「百年儒學走向」國際學術研討會論文集》，（百年儒學走向牟宗三先生誕辰一一〇週年紀念大會，2019年7月13-14日，儒家文明協同創新中心、山東大學儒學高等研究院主辦），頁85。

172 後來出版的《康德的道德哲學》一書中，譯為《道德底形上學之基本原則》。（康德著，牟宗三譯註：《康德的道德哲學》。）

173 牟先生本人在《智的直覺與中國哲學》表明，他在《心體與性體》（綜論部）討論

又，牟先生斷言康德只有「道德的神學」，但吾人知道，依先生本人
表明，此說只依據《實踐的理性批判》而立論。[174]而吾人已一再申
論，康德的全新的形而上學是通貫三大批判而展示的，實在無理由只
停留在一個批判來論康德的形而上學整體。此外，牟先生視《實踐的
理性批判》一書僅為「道德的神學」之建立，恐怕有問題。吾人於前
面相關章節已論明該批判一個重要工作是完成對「意志自由」之論
證。並且，依康德，「神學」中兩個重要元素（上帝、心靈不朽）是
從道德伸展至純粹的理性宗教而包含的，根本不同於傳統的「神
學」，所論「道德的神學」絕不能當康德哲學體系之名，而只能收入
其形上學之體系中而為整體中一個細部。如吾人一再申論，康德哲學
體系堪稱一個普遍的形而上學之系統，而無理由視為僅僅是一個「道
德的神學」。

　　儘管吾人就牟先生對康德形而上學的種種批評提出商榷，然此並
不阻礙吾人接續牟先生的道德形而上學之慧識，恰恰相反，要接續先
生之慧命，也就並非照本宣科所能致。道德的形上學乃牟宗三哲學之
根本。誠然，不必諱言，吾人依此根本向前推進，仍有艱難的路要
走。吾人提出要消除牟先生對康德形而上學抱有的誤會，此絕非要否
定牟先生根據儒家哲學規劃出一套「道德的形上學」之重大貢獻。恰
恰相反，唯獨消除康德學界長久以來對康德形而上學的誤解，吾人始
能見出牟先生根據儒家哲學規劃出的「道德的形上學」實在與康德經
由三大批判展示的普遍的形而上學若合乎節。

康德的道德哲學處，「是就康德的《道德底形上學之基本原則》一書說。」先生
說：「《心體與性體》（綜論部）討論康德的道德哲學處，並未提到「智的直覺」，
這是該處之不足（這亦因該處的討論是就康德的《道德底形上學之基本原則》一
書說，而康德此書並無此詞故），故此書即可視作該處的討論之補充。」（牟宗三
著：《智的直覺與中國哲學》〈序〉，《牟宗三先生全集》第20冊，頁5。）

174 牟先生說：「《實踐理性批判》所建立的『道德的神學』（moral theology）。」見牟宗
三著：《心體與性體》（一），《牟宗三先生全集》第5冊，頁144。關此，前面有論。

　　吾人知道，牟宗三先生吸納康德道德哲學的根源洞識，籌劃出儒家的道德的形而上學之規模，此見於《心體與性體》（一）之〈綜論部〉。牟先生說：

> 康德建立起一個「道德的神學」（moral theology），但並無「道德的形上學」一詞。但雖無此詞，卻並非無此學之實。他由意志之自由自律來接近物自身（thing in itself），並由美學判斷來溝通道德界與自然界（存在界）。吾人以為此一套規劃即是一「道德的形上學」之內容。[175]

　　牟先生把握到道德的形上學之實在於：「意志之自由自律」，以及道德界與自然界（存在界）通而為一。儘管先生誤以為康德所言「意志自由」只是「設準」，並認為康德僅僅建立起一個「道德的神學」。而且，牟先生視《判斷力批判》為一部美學的書，故而認為康德「由美學判斷來溝通道德界與自然界（存在界）」。[176]然只要消除此等誤解，則吾人可以遵循牟先生根據儒家講出的一個「道德的形上學」來會通康德的形而上學新論，以收二者相得益彰之效。牟先生說：

> 但吾人亦同樣可依據康德之意志自由、物自身，以及道德界與自然界之合一，而規定出一個「道德的形上學」，而說宋明儒之「心性之學」若用今語言之，其為「道德哲學」正函一「道德的形上學」之充分完成，使宋明儒六百年所講者有一今語學術上更為清楚而確定之定位。[177]

---

175 牟宗三著：《心體與性體》（一），《牟宗三先生全集》第5冊，頁11。

176 然依愚見，康德藉美學判斷之考察揭明「合目的性原則」及進而通過「道德目的論」，以「終極目的」（圓善）溝通道德界與自然界。關此，前面相關章節已一再申論。

177 牟宗三著：《心體與性體》（一），《牟宗三先生全集》第5冊，頁13。

又，吾人熟知，牟先生援用「雲門三句」來表達儒家道德的形上學之綱要：

> 必須把一切外在對象的牽連斬斷，始能顯出意志底自律，照儒家說，始顯出性體心體底主宰性。這是「截斷眾流」句，就是本開頭所說的關於道德理性底第一義。其次，這為定然地真實的性體心體不只是人的性，不只是成就嚴整而純正的道德行為，而且直透至其形而上的宇宙論的意義，而為天地之性，而為宇宙萬物底實體本體，為寂感真幾、生化之理，這是「涵蓋乾坤」句，是道德理性底第二義。最後，這道德性的性體心體不只是在截斷眾流上只顯為定然命令之純形式義，只顯為道德法則之普遍性與必然性，而且還要在具體生活上通過實踐的體現工夫，所謂「盡性」，作具體而真實的表現，這就是「隨波逐流」句，是道德理性底第三義。這是儒家言道德理性充其極而為最完整的一個圓融的整體，是康德所不及的。道德性的實理天理之與實然自然相契合以及「道德的形上學」（不是「道德底形上學」）之澈底完成，都要靠這三義澈底透出而可能。[178]

無疑，牟先生所提出「道德的形上學」之澈底完成的三義，乃唯一的一個真正的形而上學所包含，若吾人能依據康德批判哲學通貫整體來把握康德展示的普遍的形而上學，必定能見到，康德規劃的形而上學亦不出此三義。此即牟先生說：「假若中國這一套之本義、實義，與深遠義能呈現出來，則我以為真能懂中國儒學者還是康德。」[179]

不必諱言，牟先生規劃道德的形上學，並不依循康德的批判之進路，而是採用直透本源的方式。但如吾人一再申明，二者同為理性本

---

178 牟宗三著：《心體與性體》（一），《牟宗三先生全集》第5冊，頁143。

179 牟宗三著：《智的直覺與中國哲學》〈序〉，頁4。

性之學，乃是唯一的普遍的形而上學，是基於人類共同的理性而尋根究極之學。此「根」用康德的詞語說是「意志自由」，用孔子哲學傳統的話說，就是仁（本心），乃人所共同的道德創造實體。此「極」乃康德言「圓善」（終極目的），以及其實現於世上，即在世界上實現「目的王國」、「人類倫理共同體」，也就是，人所共同的道德創造實體充其極創造自由與自然結合的道德世界。此即儒家言「天地萬物為一體」、「大同」。

第三節　牟宗三哲學的兩套系統：論牟先生的無限心大系統與其規劃的儒家道德的形上學為兩套不同的體系

　　但吾人注意到，《心體與性體》一書提出的道德的形上學之規劃，在《現象與物自身》一書有明顯的轉變。在該著作中，牟先生依據自己的思路（「對人類的有限心為現象」與「對無限心而言為物自身」之二分）作出「現象」與「物自身」之區分。並進一步，依據佛家對人的認識力所採取的態度而立：「識」乃「執」，是成聖、真人、佛所要通過工夫發布而去除的：無限智心是「無執」，乃是離認識力之「執」而言者。以此，通儒釋道三家而作出兩層存有論：「執的存有論」與「無執的存有論」，並建立一種通儒釋道三家而言的形而上學。牟先生名之為「實踐的形上學」。先生說：

　　道德是大宗，但還有兩個旁枝，一是道家，一是佛教。從道德上說智的直覺是正面說，佛家道家是負面說，即，從對於不自然與無常的痛苦感受而向上翻求「止」求「寂」以顯示。但這都是從人的實踐以建立或顯示智的直覺：儒家是從道德的實踐入手，佛道兩家是從求止求寂的實踐入手。其所成的形上學叫

做實踐的形上學：儒家是道德的形上學，佛道兩家是解脫的形
上學。形上學，經過西方傳統的紆曲探索以及康德的批判檢
定，就只剩下這實踐的形上學，而此卻一直為中國的哲學傳統
所表現。[180]

　　依愚見，經康德的批判檢定，從道德主體（自由意志）建立的形
而上學乃唯一的科學的真實的形而上學，牟先生於《心體與性體》一
書正是把握到康德的形上洞識，由本心仁體確立儒家的道德的形上
學。此論「儒家的道德的形上學」明顯與《現象與物自身》一書所建
立「實踐的形上學」不同。依康德，「實踐的」一詞嚴格的意義是
「道德的」。康德已論明：「一切被表象（vorgestellt wird）為經由意
志而成為可能（或必然）的東西，就叫做實踐上可能（或必然）
的。」（KU 5:172）但是，「就實踐而言，這還沒有規定那賦予意志的
因果性以規則的概念是自然之概念，或是自由之概念。但辨明後面這
點是根本性的。因為如果規定因果性的概念是一個自然概念，那麼這
些原則就是技術上實踐的；但是，如果規定因果性的概念是一個自由
概念，那麼這些原則就是道德上實踐的。……前一類原則屬於（作為
自然學說的）理論哲學，而後一類完全獨立地構成第二部分，也就是
（作為道德學說的）實踐哲學。」（KU 5:172）

　　牟先生本人也很清楚，「基本的存有論就只能就道德的形上學來
建立」，[181]但卻隨後加上括號，說：「若擴大概括佛道兩家說，則就道
德的形上學與解脫的形上學來建立，總之，是就實踐的形上學來建
立。」[182]愚意以為，牟先生於此建立的「實踐的形上學」必須與依儒
家與康德相通而確立的道德地實踐的形而上學區分開來。

---

180 牟宗三著：《智的直覺與中國哲學》，《牟宗三先生全集》第20冊，頁447-448。
181 同前註，頁347-348。
182 同前註。

　　吾人於前面已反覆申論，牟先生於《心體與性體》籌劃出儒家的
道德的形而上學之規模，其要點：「意志之自由自律」，以及道德界與
自然界（存在界）通而為一。用先生援用的「雲門三句」來表達：
「截斷眾流」句，就是關於道德理性底第一義。就是要「顯出意志底
自律，照儒家說，即顯出性體心體底主宰性」。「涵蓋乾坤」句，是道
德理性底第二義。就是「直透至其形而上的宇宙論的意義，而為天地
之性，而為宇宙萬物底實體本體」，「道德性的實理天理之與實然自然
相契」。「隨波逐流」句，是道德理性底第三義。就是「要在具體生活
上通過實踐的體現工夫」，「作具體而真實的表現」。[183]

　　然吾人注意到，牟先生於《現象與物自身》（1975）通儒釋道三
家而論「兩層存有論」，據之建立一個中國式的形而上學，顯然與先
前所建立「儒家的道德的形而上學」有不同。牟先生說：

> 此兩層存有論是在成聖、成佛、成真人底實踐中帶出來的。就
> 宗極言，是成聖、成佛、成真人：人雖有限而可無限。就哲學
> 言，是兩層存有論，亦即實踐的形而上學。此是哲學之基型
> （或原型）。於無執的存有論處，說經用（體用之用是經用）。
> 於執的存有論處，說權用，此是有而能無，無而能有的。[184]

　　吾人注意到，牟先生表明，其所立「兩層存有論」是在成聖、成
佛、成真人底實踐中帶出來的。先生就此「兩層存有論」建立一種形
而上學，而名之曰「實踐的形而上學」。先生此處言「實踐」指「成
聖，成佛，成真人底實踐」，也就是說，就「工夫」、「踐履」言，如
此言「實踐」無關於意志自由，故必須與康德所論「實踐」之為「道

183　牟先生「雲門三句」義，見牟宗三著：《心體與性體》（綜論部），《牟宗三先生全
　　　集》第5冊，頁143。
184　牟宗三著：《現象與物自身》〈序〉，《牟宗三先生全集》第21冊，頁17。

德實踐」區分開；先生此處通儒釋道而論一種「實踐的形而上學」亦有必要與儒家與康德相通而論的唯一的「實踐的形而上學」區分開。牟先生以此種「實踐的形而上學」為「哲學之基型（或原型）」，依愚見，吾人固然可以之為「成聖、成佛、成真人底實踐」之哲學的「原型」，但不能混同先生依儒家與康德相通而論的道德哲學之為「哲學原型」。前者乃依佛家「一心開二門」而通儒釋道三教而論一種「普遍性的共同模型」；後者則是基於理性本性而立的人類理性本質目的之學而為言，基本架構為「人類理性之兩層立法」，故是唯一的基礎的哲學之原型。牟先生本人論及「依聖人底盈教所決定的哲學原型」時就表示：「此是決定哲學原型底唯一真正途徑。由此途徑所朗現地決定的哲學原型正合乎康德所說『哲學是把一切知識關聯到人類理性底本質目的之學』，也就是展露『人類理性底兩層立法』之學。」[185]不過，愚意以為，牟先生依佛家「一心開二門」而論的「哲學之基型（或原型）」明顯並無關聯到人類理性之本質目的，更與「人類理性底兩層立法」不相干。並且，牟先生所論「兩層存有論」，應是啟發自佛家「執」與「無執」的思路；然依愚見，依儒家與康德相通而論的道德的形而上學，只有唯一的創造實體（本心仁體，或曰意志自由），即只有道德的存有論。依康德，現象界具經驗實在性，依儒家，現象界亦是實事，皆不必言「執」。並且，依康德，道德實體之超越性即涵著說超越之體即包含其在經驗中有效，同樣，儒家言體用，用不離體，超越之體之發用於經驗中見，於經驗中使用，固然必定有經驗的限制，此乃「體用」中包含之事，不必離開「體用」另說「權用」。

　　牟先生於《現象與物自身》一書論「本體界的實體（noumenal reality）」，此所言「實體」並不只就儒家之本心仁體而立論，而是通

185 牟宗三著：《現象與物自身》，《牟宗三先生全集》第21冊，頁482。

儒釋道而言。儘管先生首先提出「由道德的進路展露本體」。牟先生說：「我們由『存在的應當』之決定直接展露一超越的，道德的實體。此實體，我們直接名之曰知體，心體，或性體。意志自由即在此知體，心體，或性體處說，亦可以說它即是此知體，心體，或性體之本質的屬性。」[186]、「由知體之為道德的實體開道德界。」[187]、「由知體之為存有論的實體開存在界。」[188]吾人知道，先生所言開道德界同時開存在界的實體（知體）即本心仁體，乃道德的同時是存有論的實體。但牟先生進一步以佛家天臺宗為準，「從智上穩住法之『在其自己』」而論「本體界的存有論」。[189]以及從道家「虛無」之靜所生的明而朗現如相，「亦即因著『無』而穩住此如相之有」，據之論道家的無執的「本體界的存有論」。[190]依愚見，牟先生所論佛家及道家的無執的「本體界的存有論」與儒家的道德的存有論有很大不同。其實，牟先生本人很清楚箇中不同，先生明文說：

> 儒家立教本就是一個道德意識，無有如此明確而顯豁者。儒家不像佛家那樣從生滅流轉向上翻，亦不像道家那樣從「執、為」向上翻，而是直接由道德意識（慎獨）呈露形而上的實體（本體）的。[191]

牟先生很清楚，儒家之道德進路絕非「把眼前不道德的活動加以否定即可顯出道德」。[192]儒家的道德實體是「四無傍依而直接覿體挺

---

186 牟宗三著：《現象與物自身》，《牟宗三先生全集》第21冊，頁66。

187 同前註。

188 牟宗三著：《現象與物自身》，《牟宗三先生全集》第21冊，頁96。

189 牟宗三著：《現象與物自身》，《牟宗三先生全集》第21冊，頁445。

190 牟宗三著：《現象與物自身》，《牟宗三先生全集》第21冊，頁447。

191 牟宗三著：《現象與物自身》，《牟宗三先生全集》第21冊，頁451。

192 同前註。

立的，不是來回旋轉，馳騁妙談，以求解脫或滅度的。」[193]先生亦清楚，唯獨「進至道德實體之挺立這一種表詮，始能顯出道德意味的在其自己」。[194]先生明文指出：「依康德，這是『在其自己』之本義。而儒家正好能維持住這個本義，這是釋道兩家所不能至的。」[195]先生很清楚，釋道「由泯除識之執知這一種遮顯」雖然也可以說一種意義的「物自身」，但那並不是「道德意味的在其自己」。事實上，儒家道德意義之「物自身」屬自由概念的領域，指人自身為目的之智思界的身分，以及道德目的論下，天地萬物為「在其自己」之物。牟先生明確提出：「此如康德說視任何物，不但是人，其自身即為一目的，而不是一工具。視之為目的，它就是『在其自己』之物。此『在其自己』顯然有一豐富的道德意義。」[196]而牟先生依釋道兩家而論的「物自身」屬自然概念的領域，只是就「泯除識之執知」而遮顯。

　　然則，吾人可究問，牟先生何以及如何會通儒釋道而建立一「本體界的實體（noumenal reality）」呢？用牟先生自己的話說，是要「異而知其通，睽而知其類，立一共同之模型，而見其不相為礙耳。」[197]先生此番「消融與判教」實在是應時代之需。[198]而先生之建立此儒釋道的「共同之模型」，關鍵在「無限心」之提出，而「無限心」之確立又是由「智的直覺」之抉發開始的。

　　牟先生首先抉發「智的直覺」，於《智的直覺與中國哲學》一書系統地討論。該書〈序〉說：

　　　智的直覺之所以可能，須依中國哲學的傳統來建立。西方無此

193　同前註。
194　牟宗三著：《現象與物自身》，《牟宗三先生全集》第21冊，頁452。
195　同前註。
196　牟宗三著：《現象與物自身》，《牟宗三先生全集》第21冊，頁451。
197　牟宗三著：《現象與物自身》〈序〉，《牟宗三先生全集》第21冊，頁20。
198　同前註。

傳統，所以雖以康德智思猶無法覺其為可能。吾以為這影響太大，所以本書極力就中國哲學抉發其所含的智的直覺之意義，而即在其含有中以明此種直覺之可能。此書題名曰《智的直覺與中國哲學》。《心體與性體》（綜論部）討論康德的道德哲學處，並未提到「智的直覺」，這是該處之不足（這亦因該處的討論是就康德的《道德底形上學之基本原則》一書說，而康德此書並無此詞故），故此書即可視作該處的討論之補充。[199]

確實，繼《心體與性體》之後，牟先生學思之重點轉到「智的直覺」之思考，如先生本人指明，「此乃西方傳統所無」，「所以雖以康德智思猶無法覺其為可能」。由此可見，先生「智的直覺」之學思與西方傳統哲學無關，與康德批判哲學亦無實質關聯。而毋寧說，「智的直覺」之學思乃先生展開儒釋道三家之消融，亦即於中國哲學內從事判教之開始。

吾人可說，「就中國哲學抉發其所含的智的直覺之意義」，以補康德及西方傳統之不足，於規劃儒家的道德的形上學之後，成了先生又一個哲學使命。此後，從《智的直覺與中國哲學》，至《現象與物自身》，及最後撰《圓善論》，可說一脈相承。一步步抉發儒釋道三家所含的智的直覺之意義，進而確立儒釋道三家共通的「無限心」義，以立一唯一的「本體界的實體」（noumenal reality），並吸收佛家「一心開二門」（執與無執）以確立兩層存有論，以成一種中國式（或曰東方式）的「實踐的形上學」，最後，以佛家圓教講圓善，成一「圓善」大系統。此亦可稱為「智的直覺」說之大系統，或「無限心」說大系統。

---

199 牟宗三著：《智的直覺與中國哲學》〈序〉，《牟宗三先生全集》第20冊，頁5。《道德底形上學之基本原則》即：*Grundlegung zur Metaphysik der Sitten.* 此書名牟先生是意譯。

　　從牟先生「無限心」說大系統（即「圓善」大系統）之建構進程來看，先生從《心體與性體》時期受到康德《德性形而上學的基礎》啟發而規劃出儒家的道德的形上學，至《智的直覺與中國哲學》已見出其學思之關注點已轉至康德的《純粹的理性批判》，受到康德「顯相與物自身之區分」與「一切對象區分為現象與智思物」論說之影響，尤其受到康德論「人不能有理智的直觀」之刺激，開始著手建立「智的直覺」說之大系統。[200]此大系統源於康德哲學之刺激而起始，然卻與康德批判哲學無實質相關，因牟先生之論「現象與物自身之區分」及「智的直覺」究其實都與康德批判哲學不相同。（關此，已於前面一再申論）用牟先生自己的話說，他是「以中國的傳統哲學為說明此問題之標準。」[201]儘管牟先生說：「本書內容以康德的現象與物之在其自己之分為中心」，然究其實，先生提出的識心與無限心之二分、執的存有論與無執的存有論之二分，皆是以中國的傳統哲學為根據，以成聖、成真人、成佛之「踐履」為中心，而非以康德道德義之「實踐」為中心。儘管牟先生於《佛性與般若》一書〈序〉中表示：先寫成《才性與玄理》，後寫成《心體與性體》，「中間復寫成兩書一是《智的直覺與中國哲學》，一是《現象與物自身》，以明中西哲學會通之道。」[202]然愚意以為，唯獨先生規劃的儒家的道德的形而上學堪稱為「明中西哲學會通之道」。自《智的直覺與中國哲學》，至《現象與物自身》，及最後撰《圓善論》，乃是自通康德與儒家而立「道德的形而上學」之外另建一消融儒釋道三家，經由判教而成的「無限心」說大系統。此大系統無關於西方傳統哲學，也不能納入康德的批判哲

---

200 牟先生於一九六四年譯完康德《道德底形上學之基本原則》之後，就著手翻譯《純粹理性之批判》，翻譯過程中受到康德「超越的區分」及「智的直覺」說之刺激，見諸於《智的直覺與中國哲學》（1971年），及《現象與物自身》（1975年）二書。

201 牟宗三著：《現象與物自身》〈序〉，《牟宗三先生全集》第21冊，頁3。

202 牟宗三著：《佛性與般若》（上）〈序〉，《牟宗三先生全集》第3冊，頁9。

學範圍內。因康德的批判哲學乃就人類心靈機能之基礎力之考察而論，是就每一個人皆具有的稟賦而言的；而牟先生的「無限心」說大系統則是就「成聖、成佛、成真人」之踐履而論「無限心」之可能，並經由聖人、真人、佛之「無限心」證智的直覺，建立「圓教」，最後，「圓教成就圓善。」[203]

實在說來，牟先生經由「成聖、成佛、成真人」之踐履所論「圓教」，要旨在「個人內在生命之純潔化」。可謂「生命純潔化之踐履之學」，此學廣義地說，亦可算一種精神哲學，然不必就如西方哲學中如黑格爾所構建的那種外在的，主觀精神、客觀精神，絕對精神三分而論的精神發展體系。此「生命純潔化之踐履之學」乃西方所沒有，牟先生通儒釋道三家之「生命純潔化之踐履之學」而作周全的消融、判教，最終成一「圓教」說，並據之成就圓善說之大系統。無疑，此貢獻堪稱前無古人，後無來者。

然亦不必諱言，牟先生的無限心說、圓善說之大系統並不屬於批判哲學範圍，亦即不屬於依康德而論之嚴格意義的理性本性之學（純粹哲學）範圍。事實上，牟先生依儒釋道三家所抉發的「智的直覺」，根本不是康德認識論中所論一種接受力之形式，與「理智的直觀」並不相干。先生所論「唯一的『本體界的實體』」（noumenal reality），即無限心」[204]也不能混同於儒家通康德而言之「道德的創造實體」。先生成就的「圓善說」也與康德的「圓善論」不同。

牟先生於《現象與物自身》一書提出：「集中而實體化地展露一唯一的『本體界的實體』（noumenal reality），即無限心，……。」[205]無疑，於此，先生首先從儒家之言本心而論「無限心」，進而言「智的直覺」。先生說：「就道德意志而言，如果真是自由自律的，它就是

---

203 牟宗三著：《圓善論》，《牟宗三先生全集》第22冊，頁264。

204 牟宗三著：《現象與物自身》，《牟宗三先生全集》第21冊，頁46-47。

205 同前註。

無限心之作用。否則它必不是自由自律的。故自由自律即函『無限心』義。無限心即函其是一存有論的實體，是一創生之原則，實現之原則，故由之可開存在界也。」[206]於此，牟先生言一種「智的直覺」也是依儒家而論，先生說：「心外無物。在知體明覺之感應中，心與物一起朗現。即在此知體明覺之感應中含有一種智的直覺。」[207]又說：「吾人依此本心之自照而言智的直覺，……。」[208]

　　但吾人知道，於《現象與物自身》一書，牟先生並不只於就儒家論唯一的「本體界的實體」，而是通儒釋道三家而論。關鍵在：先生從本心仁體之為唯一的創造實體轉而論儒釋道三家共同的「無限心」之為唯一的「本體界的實體」。先生立論的根本在論明「無限心」為此三家共有，且同具「智的直覺」。並且，牟先生將康德所論「自由的意志」亦納入其中。先生說：「自由的意志就是無限心，否則不可說『自由』。智的直覺就是無限心底明覺作用。吾人說智的直覺朗現自由就等於說無限心底明覺作用反照其自己而使其自己如如朗現。」[209]儘管先生一再批評，說：「康德於『自由』未說為無限心，又不承認吾人可有智的直覺。」但馬上指出：「但這只是他的分析之不盡，非自由意志本身理應如此也。我們如果能確知其層面與範圍屬於本體界，則以儒家的自由無限心消融之，不為不合法。」[210]

　　誠然，若就儒家之本心仁體之為「自由無限心」，確實可通於康德所論「自由意志」；如吾人一再論明，康德所論人所不能有之「理智的直觀」並不同於牟先生所言「智的直覺」，若「智的直覺」意指本心仁體（即自由意志）自我立法之活動自身之覺識，則康德亦不必反對「人

---

206 牟宗三著：《現象與物自身》，《牟宗三先生全集》第21冊，頁102。

207 牟宗三著：《現象與物自身》，《牟宗三先生全集》第21冊，頁103。

208 牟宗三著：《現象與物自身》，《牟宗三先生全集》第21冊，頁106。

209 牟宗三著：《現象與物自身》，《牟宗三先生全集》第21冊，頁64。

210 牟宗三著：《現象與物自身》〈序〉，《牟宗三先生全集》第21冊，頁19。

可有智的直覺」，儘管康德並無專門考察「智的直覺」。實在說來，只有諸認識才或是理智的（intellektuell）或是感取的（sensitiv）。（B312）通俗的使用中廣泛被應用的「直覺」（Intuition），詞義甚寬鬆，可以是象徵性的，凡與辨解的東西相對反、不藉知性而具直接性者則可謂「直覺」。此所以，「直覺」不列入康德的批判考察中。

不過，依愚見，若要通儒釋道三家與康德而論同一個「無限心」，以作為唯一的「本體界的實體」，則須有所說明，要與儒家通康德而論的道德實體有所區別。前面已引牟先生說：「自由自律即函『無限心』義。無限心即函其是一存有論的實體，是一創生之原則，實現之原則，故由之可開存在界也。」[211]依先生此論，「自由自律」是無限心之作用。而吾人知道，依康德，「自由自律」之根本義在「意志立法」。於此，吾人可究問：釋道二家言「無限心」豈包含「意志立法」作用？豈可為堪稱「創生之原則，實現之原則」的「存有論的實體」？

牟先生說：「我今從上面說起，意即先由吾人的道德意識顯露一自由的無限心，由此說智的直覺。自由的無限心既是道德的實體，由此開道德界，又是形而上的實體，由此開存在界。」[212]吾人可見，先生此言「自由的無限心」與其論儒家的道德的形上學時所論「道德的創生實體」相同。但此言「自由的無限心」義顯然與牟先生依釋道二家所言「自由的無限心」義不同。關此，牟先生答辯，說：「儒、釋、道三家同顯無限心，無限心不能有衝突。」[213]又說：「然其為『自由』則一也。」[214]但吾人仍可說，唯獨儒家所言本心為理性立法的道德的形上實體，其為「無限」是意志自由之創造的無限，其為

---

211 牟宗三著：《現象與物自身》，《牟宗三先生全集》第21冊，頁102。

212 牟宗三著：《現象與物自身》〈序〉，《牟宗三先生全集》第21冊，頁8。

213 牟宗三著：《現象與物自身》，《牟宗三先生全集》第21冊，頁10。

214 牟宗三著：《現象與物自身》，《牟宗三先生全集》第21冊，頁12。

「自由」是本心立法的積極的「自由」，故屬自由概念之領域。釋、道二家所言「照心」，依據先生於《認識心之批判》所論，其所顯「無限」是「非限即無限」，是自認識之心（即理解活動）之有限之坎陷相之否定、跳出來而言無限。[215]仍屬認識心之活動。其「自由」只是就破除理解之限制與固執而顯的消極義的自由。「因直覺之照射，而可透至無窮無盡，因而可以引出一圓滿無限義，然此無限繫屬於主觀之照射」，「則此無限即不得客觀之證實，吾人對之並無一客觀而確定之概念，是則只有主觀的直覺意義，而無客觀的理性意義。」[216]可見釋、道二家所言「照心」不屬於自由概念之領域，即見不可與儒家所言本心之為自由無限心混淆。

　　但牟先生的理由是：「不管是佛家的般若智心，抑或是道家的道心，抑或是儒家的知體明覺，它們皆是無限心。同一無限心而有不同的說法，這不同的說法不能形成不相容；它們只是同一無限心底不同意義。」[217]誠如牟先生所說：「無限心不能有衝突。」[218]吾人不必以為釋、道二家所言「無限心」義與儒家不同，就是互相衝突。籠統地說「儒、釋、道三家皆言『自由』」亦無不可，然儒家本心仁體立法的積極的「自由」義顯然與釋、道二家所言「無限心」之「自由」義有不同。

　　吾人固然可依「自由」之消極義來說明釋道二家所含「無限心」之自由義，據之泛論儒釋道三家與康德哲學同具一個「無限心」；然吾人清楚，儒家之本心仁體通康德之自由意志而為唯一的創造實體，其根本在自由之積極義（即其普遍立法義）。此乃儒家與康德根本區別於釋道二家之關鍵所在。吾人從認識角度看，固然可持「不同通孔

215　牟宗三著：《佛性與般若》（上），《牟宗三先生全集》第3冊，頁642。
216　牟宗三著：《佛性與般若》（上），《牟宗三先生全集》第3冊，頁662。
217　牟宗三著：《現象與物自身》，《牟宗三先生全集》第21冊，頁465。
218　牟宗三著：《現象與物自身》，《牟宗三先生全集》第21冊，頁10。

看同一真理的觀點」，以泛論同一個「無限心」有不同的說法、具種種不同意義。然愚意以為，從道德的形上學之層次說，本心仁體通康德之自由意志而為唯一的創造實體，它是道德實踐地呈現的、唯一的；並無所謂通過不同通孔去認識就有不同的說法與意義。

儒家與康德通而成立的唯一的普遍的形而上學（牟先生稱之為「道德的形而上學」）依據於道德主體創造的實事實理，並無「執」與「無執」對反的兩層存有論，而只能論唯一一個道德的存有論，亦只能確立唯一一個根於道德主體的形而上學。

誠然，學者們可從種種視野、多重角度論形形色色的形而上學，諸如：西方傳統的「思辨的形而上學」、中國傳統的「觀解的形上學」、「體證的形上學」、「境界的形上學」，等等。然此種種都並非由唯一道德主體確立的、即根於道德創造實體而建立的、康德稱之為唯一堪稱科學的形而上學。因此故，愚意以為，牟先生於《現象與物自身》一書，提出通儒釋道三家共同的「無限心」之為唯一的「本體界的實體」而建立一種「實踐的形而上學」，固然有其學思的依據，據之而成就的「無限心」說大系統有著不可替代的貢獻；然並不能取代其確立的「儒家的道德的形上學」於純粹哲學（唯一科學的形而上學）之貢獻，也不能替代其會通儒家與康德而規劃出的中西哲學會通之方向。牟先生一生作出的兩大方面貢獻必須區分開來。

牟宗三先生依儒學而建立的「道德的形而上學」，以及康德批判地展示的「純粹理性實踐使用的形而上學」，都從根柢上不同西方傳統的舊形而上學，以及中國傳統中種種境界形態的形上學。牟先生說：「從『道德的進路』入，以『由道德性當身』所見的本源（心性）滲透至宇宙之本源，此就是由道德而進至形而上學了，但卻是由『道德的進路』入，故曰『道德的形而上學』。」[219]此中言「以『由

---

219 牟宗三著：《心體與性體》（一），《牟宗三先生全集》第5冊，頁145。

道德性當身』所見的本源（心性）滲透至宇宙之本源」，亦即康德通過批判證明「意志自由」作為道德主體乃造化之終極目的，即統天地萬物於道德目的論下的道德創造之實體。這種實踐的形而上學是與人類的福祉相關聯的。

　　人類不能離開道德的形而上學，因為只有通過道德的形而上學，人才能夠認識到自身的純粹實踐理性（本心、仁），亦即意志自由，乃是人的道德的實存之「真我」。據此，我們能夠彰顯自律道德，即孔子哲學傳統之「成人之教」，以擺脫舊習俗的他律道德，避免將道德貶為只是修心養性之學。並且，通過道德的形而上學，人能夠認識到必須通過人自身的道德創造為自己開創一個怎樣的社會，人類才能夠從文明化進展至道德化，也就是建立人類倫理共同體，以保障人類的福祉與永久和平。此即孔子哲學傳統之「王道之學」。

　　明乎此，則可知，實踐理性充其極而達至「道德的形上學」之完成，是一個圓融的智慧。用牟先生的話說，「這一個圓融的智慧義理本身是一個圓輪，亦是一個中心點，所謂『道樞』。」[220]吾人見出儒家通康德而成立的唯一的普遍的形上學是一個「圓輪」、「道樞」，既為「圓輪」、「道樞」，就可容納一切開合。如牟先生的說：「這圓輪子在其圓轉底過程中可容納一切開合，……。說它是一個中心點，是說由此收攝一切，由此開發一切。」[221]吾人標舉牟先生規劃的儒家的道德形上學為「圓輪」、「道樞」，此並不與釋道二家有衝突，並不妨礙牟先生另一方面透過消融與判教通儒釋道三家而立「無限心」說大系統。只須講明言說分際與層次，則二者並不相礙。牟先生就說：「從正面踐仁盡性到圓熟之境，一切都平平，一切都落實，人若在此平平落實處，只見到那形而下的器而膠著於事相上，則從負面來觀察人

220　牟宗三著：《心體與性體》（一），《牟宗三先生全集》第5冊，頁193。
221　牟宗三著：《心體與性體》（一），《牟宗三先生全集》第5冊，頁195。

生，多從空、無一面入，也是可以的；無卻那相對事相的執著、人為造作的不自然，而超顯那自然無為的境界，這便是道家；空卻那事相緣起流轉的自性而當體證空，這便是佛教。因為這負面的生命原也是那圓輪子所要化掉的。若執著於這從負面入手之所證而與那圓輪子為對立，便不對。此是正負之開合。」[222]可見牟先生對於儒釋道三家分判得極透徹。先生說：

> 人生真理底最後立場是由實踐理性為中心而建立，從知性，從審美，俱不能達到這最後的立場。宗教信仰只是這中心底開合。中國儒家正是握住這「拱心石」的，而宋、明儒之大宗則是盛弘這拱心石而充其極而達圓熟之境者。[223]

依以上所論，吾人可知，牟先生經由《現象與物自身》一書建立通儒釋道三家的一個「自由無限心」之哲學體系，博大精深，於儒釋道三教之「消融與判教」以立一「共同之模型」上作出不可替代的貢獻。然吾人不必以此「自由無限心」之大系統取代儒家的道德的形上學，並且，據此「自由無限心」之大系統，進一步於《圓善論》一書經圓教而成就之「圓善說」大系統，也不能混同於儒家通康德之道德的形上學所包含的「圓善論」。

前面相關章節已一再論明，牟先生所抉發的「智的直覺」，是就儒、釋、道三教「通過實踐以純潔化人之生命而至其極者」[224]（成聖、真人、和佛）而言，即是依據通過踐履工夫達至「成聖、真人、和佛」之境而立論。此與先生就儒家依據每一個人本心仁體立普遍法則而呈現的直接的道德法則意識而論的「智的直覺」並不相同。牟先

---

222 牟宗三著：《心體與性體》（一），《牟宗三先生全集》第5冊，頁193-194。

223 牟宗三著：《心體與性體》（一），《牟宗三先生全集》第5冊，頁195。

224 牟宗三著：《圓善論》〈序言〉《牟宗三先生全集》第22冊，頁3。

生開始思考中國哲學中的「智的直覺」問題，是受到康德論「人不能有理智的直觀」之刺激而起的。牟先生首先在《智的直覺與中國哲學》一書展述了此思考，但並未止於分別論儒、釋、道三家含「智的直覺」，進一步，牟先生要通儒、釋、道三家而成一大系統，那就是《現象與物自身》的任務，關鍵在「無限心」之提出。於此，牟先生將「智的直覺」之開出歸根到「無限心」。先生說：「若在我們人身上能開出自由無限心，由此無限心即可開出智的直覺。」[225]由此見出，先生於此已明確，不能靠抉發中國哲學中所含「智的直覺」去證本心、道心、佛家的般若智心，而是要先開出本心、道心、般若智心（牟先生統稱為「無限心」），然後，「無限心即可開出智的直覺」。儘管先生偶爾有些話語看似主張先有「智的直覺」覺形上「實體」，[226]令人以為「智的直覺」為牟先生哲學系統的核心，有學者甚至據此以西方哲學中所謂「直覺主義」來評論牟先生。究其實，吾人須將「智的直覺」歸入牟先生的「無限心」大系統中討論。

　　牟先生於一九七二年著手寫《現象與物自身》，初稿完成於一九七三年夏。在該書之〈序〉中，先生說：「本書是吾所學知之綜消化，消化至此始得一比較妥貼之綜述。」[227]此可見，牟先生以「無限心」大系統為其「學知之綜消化」而建立的哲學體系。此體系之進路用牟先生本人的話說，是「從上面說下來」[228]、「倒轉康德表達的程

---

225 牟宗三著：《現象與物自身》〈序〉，《牟宗三先生全集》第21冊，頁18。

226 牟先生有時以「智的直覺」為首出，令人誤以為「智的直覺」先於本心、道心、如來藏自性清靜心。牟先生在《智的直覺與中國哲學》一書中說：「試設想我們實可有一種智的直覺，我們以此直覺覺物自體，覺真我（真主體，如自由意志等），覺單一而不滅的靈魂，覺絕對存有（上帝等），我們在此直覺之朗現上，豈尚須於範疇來決定嗎？」（牟宗三著：《智的直覺與中國哲學》，《牟宗三先生全集》第21冊，頁156。）

227 牟宗三著：《現象與物自身》，《牟宗三先生全集》第21冊，頁3。

228 牟宗三著：《現象與物自身》，《牟宗三先生全集》第21冊，頁6。

序，寬說，甚至倒轉一般人之通途。」[229]亦即：從上面講「自由無限心」（聖人、真人、佛之圓境），然後講「自由無限心」經由自我坎陷轉為知性。成「無執」與「執」兩層存有論，據之而立一種「實踐的形上學」。然如吾人一再申論，牟先生於《現象與物自身》一書論「無限心」為「唯一的『本體界的實體』」以建立的中國式的「實踐的形上學」，必須與先生於《心體與性體》一書規劃的以本心仁體為道德創造實體的形上學區別開來。也就是說，要將牟先生稱之為「唯一的『本體界的實體』」的「無限心」與同樣堪稱唯一的道德創造實體區分開來。

依愚見，本心仁體通康德之自由意志乃唯一的道德創造實體，此乃依康德批判哲學對人類心靈機能之考察而揭明的。然則，牟先生是如何提出「無限心」的呢？何以於本心仁體（自由意志）之為道德創造實體之外，又要提出「無限心」呢？

吾人已申明，牟先生「先由吾人的道德意識顯露一自由無限心」。[230]此言「無限心」與先生論本心仁體（自由意志）之為道德創造實體是完全相同的。只不過，牟先生進而提出，釋、道二家所言「照心」同樣是「無限心」。顯然，牟先生已提出了兩種不同意義的「無限心」（或者用牟先生本人的話說，「同一無限心而有不同的說法」，「它們只是同一無限心底不同意義。」）。並且，牟先生本人也清楚，釋、道二家所言「照心」，「只有主觀的直覺意義，而無客觀的理性意義。」[231]愚意以為，牟先生統本心、道心、佛家的般若智心，（先生提出甚至可包括自由意志），而立「無限心」，以建立「無執的存有論」，此思路看來近於西方傳統思辨形而上學中先從上面立一絕對的無限者的超絕的形上學之方式。吾人知道，此類「超絕的形上

---

229 牟宗三著：《現象與物自身》，《牟宗三先生全集》第21冊，頁23。

230 牟宗三著：《現象與物自身》〈序〉，《牟宗三先生全集》第21冊，頁8。

231 牟宗三著：《佛性與般若》（上），《牟宗三先生全集》第3冊，頁662。

學」已被康德之批判裁定為只能是軌約意義的，並且，康德已提出轉至實踐的領域（即自由概念的領域），基於意志自由始能建立唯一的科學的形上學。

固然，吾人不必反對牟先生通過其「無限心」大系統以建立一「超絕的形上學」，先生此「超絕的形上學」並非如西方哲學傳統的「超絕的形上學」那樣獨斷宣稱的，採用人格化、實體化的手段製造虛幻的；而是通過聖人、真人、佛之圓境證之。然而，愚意以為，仍須將這種「超絕的形上學」與儒家通康德而成就的以道德實體為根基的形而上學區別開來。依牟先生看來，康德是「由道德底形上學來契接那思辨形而上學中的『超絕的形上學』」，只不過「由實踐理性（理性之實踐的使用）來證成之」。[232]究其實，依康德的批判考察，西方傳統思辨形而上學獨斷的通過將理念實體化的手段建立形而上學實體的做法被裁決為非法的。康德並非主張由實踐理性來證成超絕的形上學，而是根本上宣告「超絕的形上學」為虛妄，提出到實踐的領域（即自由概念的領域），從人的道德主體（意志自由）發現唯一可能的形上學實體，並伸展到其餘兩個形而上學的理念（心靈不朽、上帝）以建立唯一的科學的形上學。

如前面已論，牟先生於《心體與性體》籌劃出儒家的道德的形而上學之規模，如牟先生本人表明，在這裡，他「是就康德的《道德底形上學之基本原則》一書說。」[233]也就是說，先生於此受到康德該書的啟發而構思其道德的形而上學。要點在：由康德所論「意志自律」見出「道德性當身之嚴整而純粹的意義」，以通儒家「性體心體底主

---

232 牟宗三著：《現象與物自身》，《牟宗三先生全集》第21冊，頁38。牟先生說：「他（康德）由道德底形上學來契接那思辨形而上學中的『超絕的形上學』（共三支）。超絕的形上學在思辨理性（理性之實踐的使用）中不能證成，此其所以為『超絕』，然而可由實踐理性（理性之實踐的使用）來證成之，因而可成為『內在的』（實踐地內在的，不是思辨地或觀解的或知識地內在的）。」

233 牟宗三著：《智的直覺與中國哲學》〈序〉，《牟宗三先生全集》第20冊，頁5。

宰性」，[234]據此奠定道德的形上學之根基。此即契接上康德「由『道德的進路』入」，「由道德而進至形上學。」[235]無疑，牟先生受康德意志自律說之影響至深，然刺激、啟發先生學思的並不止於康德的道德學說，隨著先生對中西哲學的逐一的客觀瞭解，其學思之關注點亦有變化。牟先生不僅寫成《心體與性體》（客觀瞭解儒家），又寫成《才性與玄理》、《佛性與般若》（客觀瞭解釋道二家）。其中又不間斷地翻譯康德的《實踐的理性批判》、《純粹的理性批判》。其中於康德二批判書翻譯過程中受到「現象與物自身之區分」之啟發，「圓善」問題的影響，以及「人不能有理智的直覺」問題之刺激，加之於撰寫《佛性與般若》過程中，對佛家「識心之執」、「轉識成智」、「一心開二門」、「除病不祛法」諸說法深有心得。吾人從牟先生對康德著作的逐步翻譯，以及對釋道二家之客觀瞭解，可見出先生從道德的形而上學之措思，轉到「無限心」之系統思考的軌跡。此所以牟先生以《現象與物自身》一書是其「所學知之綜消化」。不過愚意以為，確切地講，此書是《心體與性體》之後牟先生「所學知之綜消化」。

《現象與物自身》之核心在「無限心」，此與牟先生構思儒家的道德的形上學之核心在道德主體（本心仁體、意志自由自律）顯然有不同。先生在該書中表明：「直用本體、實體、體性、實性、真實、實有（存有論的實有）等詞，以指謂那唯一的本體（無限心）」[236]然吾人知道，牟先生亦視道德主體（本心仁體、意志自由自律）之為唯

---

234 牟先生說：「必須把一切外在對象的牽連斬斷，始能顯出意志底自律，照儒家說，始顯出性體心體底主宰性。這是『截斷眾流』句，就是本節開頭所說的關于道德理性底第一義。」（牟宗三著：《心體與性體》（一），《牟宗三先生全集》第5冊，頁143。

235 牟先生說：「以由『道德性當身』所見的本源（心性）滲透至宇宙之本源，此就是由道德而進至形上學了，但卻是由『道德的進路』入，故曰『道德的形上學』。」（牟宗三著：《心體與性體》（一），《牟宗三先生全集》第5冊，頁145。

236 牟宗三著：《現象與物自身》，《牟宗三先生全集》第21冊，頁47。

一的實體，亦同樣直用本體、實體、體性、實性、真實、實有等詞指謂之。那麼，吾人實在需要對此兩種唯一的實體作出說明。

依愚見，「無限心」與道德主體（自由主體）並非可以互換的二詞，牟先生可說「無限心」包含道德主體在內，但它不只是道德主體。那麼，此即表示：這是兩個不同的形上體系，吾人必須說明，何以此二形上體系可同時成立。

愚意以為，通儒家與康德而論的形而上學是以道德主體為唯一創造實體的形上學，是通中西哲學而為言的唯一的科學的普遍的形而上學，其關切在：人之為人何以及如何以自身之自由意志為創造實體以創造自身為道德存有，以及創造世界為道德世界。而以「無限心」為唯一的本體的形上學是中國式的（或曰東方式的）踐履的形上學，其關注在：「指導人通過實踐以純潔化人之生命。」[237]依據通過踐履工夫達至「成聖、真人、和佛」之境而立論，從上面立一絕對的無限心，通過聖人、真人、佛之圓境證之。

如前面已論明，牟先生於《心體與性體》提出：「道德的形上學」是「圓輪（道樞）」。牟先生說：「這一個圓融的智慧義理本身是一個圓輪，亦是一個中心點，所謂『道樞』。」[238]道家「無卻那相對事相的執著」，佛教「空卻那事相緣起流轉的自性而當體證空」，「這負面的生命原也是那圓輪子所要化掉的。」、「此是正負之開合。」[239]「以上是就圓輪說。說它是一個中心點，是說由此收攝一切，由此開發一切。」[240]先生恰切地指出：「人生真理底最後立場是由實踐理性為中心而建立」、「中國儒家正是握住這「拱心石」的。」[241]也就是

---

237 牟宗三著：《圓善論》〈序〉，《牟宗三先生全集》第22冊，頁3。

238 牟宗三著：《心體與性體》（一），《牟宗三先生全集》第5冊，頁193。

239 同前註，頁194。

240 同前註，頁195。

241 同前註。

說，儒家通康德而堪稱為唯一的普遍的形而上學，本身是一個「圓輪」（道樞）。亦即純粹的哲學——理性本性之學，亦可名之為「基礎哲學」。

至《現象與物自身》，牟先生建造「無限心」大系統，再沒有提及道德的形上學是「圓輪（道樞）」，而是主張：無限心「一義即通全蘊，全蘊盡收於此一義。」[242]儒家所言心體、性體、道體轉名為「性理性智」，[243]與道家所講玄理玄智及佛家所講空理空智通而為一言「自由無限心」。此「無限心」以「智心」言，故先生又名之為「無限智心」。牟先生說：「無論玄智，性智，或空智，都是自由無限心之作用。」[244]牟先生在《圓善論》一書中說：「無限智心一觀念，儒釋道三教皆有之，依儒家言，是本心或良知；依道家，是道心或玄智；依佛家言，是般若智或如來藏自性清靜心。」[245]在牟先生的「無限心」大系統中，儒家的道德形上學再不是居於「圓輪（道樞）」的位置，而是「無限心」之「無量豐富的意義」[246]中的一種。這個「無限心」大系統是一個判教的系統。在這個系統中，牟先生進行了判教：「儒是正盈，佛老是偏盈。」牟先生說：

> 因此，由離而盈，由盈而通。離盈是教，通非教也。此是此時代之判教。盈中有正盈與偏盈：儒是正盈，佛老是偏盈。正盈者能獨顯道德意識以成己成物也。偏盈者只遮顯空無以求滅度或求自得也。正備偏，偏不備正。故偏盈者未能至乎極圓也。[247]

---

242 牟宗三著：《現象與物自身》，《牟宗三先生全集》第21冊，頁471。

243 牟宗三著：《現象與物自身》〈序〉，《牟宗三先生全集》第21冊，頁16。

244 同前註。

245 牟宗三著：《圓善論》，《牟宗三先生全集》第22冊，頁248-249。

246 牟宗三著：《現象與物自身》，《牟宗三先生全集》第21冊，頁465。

247 牟宗三著：《現象與物自身》，《牟宗三先生全集》第21冊，頁471。

　　儘管在「無限心」大系統中，牟先生標明「儒是正盈」，但這個「正盈」並不被視為「圓輪」，而是諸圓盈教中的一種。固然，先生於此判教中一直沒有忘掉道德理性之優先性，始終強調「儒是正盈」，然吾人看來，於此判教大系統中，「無限心」之為「唯一的『本體界的實體』（noumenal reality）」[248]已然取代了本心仁體、自由意志之為唯一的創造實體的提法。

　　愚意以為，牟先生所言「唯一的『本體界的實體』」看來與本心仁體、自由意志之為唯一的「創造實體」，箇中「實體」一詞有不同意指。事實上，中西哲學史中，不同的哲學流派凡對超感觸者、無條件的根源者有所涉及的，都有使用「實體」、「本體」之類的詞，而其意指並不一樣。依吾人觀之，牟先生本人（自覺地或不自覺地）也有兩種意義使用「實體」一詞。此即是說，吾人要具體落實到每一個哲學體系中，始能把握「實體」一詞含有的確切意指。

　　如前面一再論明，牟先生於其規劃的儒家的道德的形上學中，所言本心仁體作為唯一的「創造實體」，其義通康德言「自由意志」。儘管康德並無「創造實體」這個名稱。不過，依康德所論，意志自由就是每一個人稟具的特殊因果性，「意志作為意欲機能，也就是世間種種自然原因之一」（KU 5:172），也就是說，它是每一個人稟具的心靈的意欲機能，當「決定意志之因果性的概念是一個自由概念」（KU 5:172），人的意志就呈現出自由之特性。[249]同樣，儒家言本心仁體就

248　牟宗三著：《現象與物自身》，《牟宗三先生全集》第21冊，頁46-47。

249　依康德所論，「意志作為意欲機能，也就是世間種種自然原因之一，也就是說：它是一種按照概念而起作用的原因。而一切被表象為經由意志而成為可能（或必然）的東西，就叫做實踐上可能（或必然）的。……而現在，這裡關涉到的實踐事務並未決定：那賦予意志之因果性以規則的概念是自然之概念，或是自由之概念。」（KU 5:172）「如果決定因果性的概念是一個自然概念，那麼這些原則就是技術地實踐的；但是，如果規定因果性的概念是一個自由概念，那麼這些原則就是道德地實踐的。」（KU 5:172）

每一個人固有的心靈的特殊因果（獨立不依於自然法則），即「自由」而言。每一個人稟具的特殊因果性（自由）連同其自立普遍法則（最高道德原則、天理）將人自身創造為「道德的實存」，並因著道德法則命令人要實現它所決定的意志的必然客體（圓善）於世界上，道德的人成為世界的終極目的，並將創造一個統天地萬物於道德目的論下的道德世界為使命。依此可見，意志自由從作為人類心靈的意欲機能的一種特殊的機能開始，「自由」一旦作為有理性者之物自身身分之特殊因果性之智性的特性，它就不局限於個體，它既宣示自身為一種超越自然法則之限制而創造第二自然（道德界）的能力，吾人就有根據如理如實地稱之為一個終極的創造實體。同樣，儒家言本心仁體也是從每一個人固有的心靈的特殊機能開始，經由「踐仁知天」、「盡心知性知天」顯出人將人自身創造為「道德的實存」，此即「仁者人也」（孔孟語），以及通過「人能弘道」（孔子語），創造大同（道德世界）。正依此義，牟先生稱本心仁體為「創造實體」。

再觀牟先生「無限心」大系統中所立「唯一的『本體界的實體』」（noumenal reality），「本體界的」（noumenal）依牟先實意當該是「智思界的」，以與先生等同「實體」的「本體」區分開。牟先生此言「無限心」並非從每個人稟具的道德創造機能開始，而是「從上面說起」，[250]「無限心只是總說而已。」牟先生說：

> 無限心就是這一意義，亦就是這無量意義，並不是離這一意義或這些意義而別有一個無限心。無限心只是總說而已。任一意義就是無限心自己。而任一意義皆通於其他意義而不相礙。[251]

250 牟宗三著：《現象與物自身》，《牟宗三先生全集》第21冊，頁465。

251 同前註。

　　以「一個獨立的意義以為體」是牟先生言「體」的一種說法，早在《心體與性體》就提出了：它「不能當作一個獨立的物體看，但卻可以當作有獨立意義的本體看。」、「此體是一、是全、是遍。」[252]事實上，於牟先生，無限心（智心）之意義是與有限心（識心、認知心）之對照（亦即執與無執之對照）而見的。牟先生強調，「無限心」通過聖人、真人、佛之圓修以達至圓境證之。而依儒釋道三教，人皆可成聖人、佛、真人，故吾人可說：牟先生「無限心」大系統根本在論明：眾生可以通過自己的踐履「體現無限心以上達天德」，「而成為無限者。」[253]

　　依以上所述，吾人可見，牟先生「無限心」大系統（通儒釋道三教而立的東方式的「實踐的形上學」）與其通儒家與康德而規劃的「道德的形上學」，二者立足的哲學問題不同，為系統奠基之「實體」其意指亦有別。後者以每一個人心靈稟具的意志自由為「創造實體」，以其創造之無限伸展至道德目的論下統天地萬物而為言的宇宙創造實體，此實體是經由人類心靈之批判考察揭明理性在意欲機能中普遍立法之能力及其道德創造作用而證明的，此即康德說：「在一切超感觸者中唯有人之主體作為物自身（睿智體）考量，就著其意志自由連同其因果性的法則（道德法則）而論，它是決定地和確然地被認識（bestimmt und assertorisch erkannt）。」（KpV 5:105）[254]以此創造

252　牟宗三著：《心體與性體》（一），《牟宗三先生全集》第5冊，頁470-471。牟先生論及「虛與神」時說：「虛與神雖不是一隔離的獨立物（independent entity），但卻是一獨立的意義（an independent meaning）。指點一個獨立的意義以為體，……。不能當作一個獨立的物體看，但卻可以當作有獨立意義的本體看。……復次，此體是一、是全、是遍。」

253　牟宗三著：《現象與物自身》，《牟宗三先生全集》第21冊，頁468-469。

254　康德又說：「單只是自由之概念允許我們可以不超出我們自己之外就能夠為有條件者和感性者找到無條件者（Unbedingte）和智性者（Intelligibele）。因為正是我們的理性自身它通過最高而無條件的實踐法則認識到自己以及意識到這法則的那個生物（Wesen）（我們自己的人格）是屬於純粹的知性界的，並且進一步連同認識

實體為奠基的形而上學關聯著人類致力於終極目的（圓善）實現於世界的目標，亦即包含著創造的道德的未來人類史。

而「無限心」大系統之宗極在：「成聖、成佛、成真人：人雖有限而可無限。」[255]就此宗極而言，論個人圓修下達至「神聖生命」之圓境，儒釋道三教通而立一共同模型，此乃牟先生「無限心」大系統之不可替代的貢獻。儘管吾人須注意，牟先生此系統中言「實體」與為道德的形上學奠基之「實體」，其義有不同；並且，「自由無限心」中「自由」、「無限」與儒家通康德之道德的形上學中所論意志之「自由」、「無限」義亦有區別。

牟先生「無限心」大系統中，「自由無限心」之通儒釋道三教而言之「自由」、「無限」，「自由」意指從「執」解脫而轉至「無執」而取得解脫與自在。牟先生說：「它們『在其自己之存在』是因著無限心體之在它們處著見而取得解脫與自在，因而取得一無限性之意義。」[256]「有限心與無限心底對照根本即是執與無執底對照。」[257]依牟先生所論，物之有限性無限性，「只在一機之轉：對無限心之無執而言，它即無限性，……；對有限心之執而言，它即決定是有限的，……。」[258]

比觀康德論意志自由，「自由」意指意志之特殊的因果性，「這種因果性能夠獨立不依於外來的決定的原因而起作用。」（Gr 4:446）「自由是一種因果性，而且這種因果性不同於自然的因果性，它不像自然因果作用那樣從屬於時間中決定它的另一個原因。」（A533/B561）「無限」意指：意志之自由「有力量來越過一切特定的限度」。（A317/

到本身能夠依以如此活動的那種模式之決定。這樣就可以理解為甚麼在全部理性的機能中只有實踐理性才可能幫助我們越過感觸界，並且使我們獲得有關一個超感觸的秩序和聯結的知識。」（KpV 5:105）

255 牟宗三著：《現象與物自身》〈序〉，《牟宗三先生全集》第21冊，頁17。

256 牟宗三著：《現象與物自身》，《牟宗三先生全集》第21冊，頁117。

257 牟宗三著：《現象與物自身》，《牟宗三先生全集》第21冊，頁116。

258 牟宗三著：《現象與物自身》，《牟宗三先生全集》第21冊，頁118。

B374）²⁵⁹「自由」作為每一個人的意志之特殊的因果性，而「無限」就是指這意志之自由「越過一切特定的限度」之力量而言。「意志作為意欲機能，因而作為自然機能。」（KU 5:172）意志作為人的心靈的意欲機能，也就是世間種種自然原因之一。（KU 5:172）人的意志作為原因，它屬於在條件系列裡的物本身，只是它的因果性（自由）被思為是智性的。（A561/B589）正是「因為意志並不僅僅從屬於自然概念，而且也從屬於自由概念」，（KU 5:172）「它的諸原則在與自由概念相關時」就是法則，它的因果性就不僅僅是自然因果性，並且也是自由因果性。此所以康德能夠說：「在一切超感觸者中唯有人之主體作為物自身（睿智體）考量，就著其意志自由連同其因果性的法則（道德法則）而論，它是決定地和確然地被認識（bestimmt und assertorisch erkannt）。」（KpV 5:105）「單只是自由之概念允許我們可以不超出我們自己之外就能夠為有條件者和感性者找到無條件者（Unbedingte）和智性者（Intelligibele）。」²⁶⁰（KpV 5:105）康德經由批判考察人的實踐的理性（意欲機能）揭明：人之主體作為物自身（睿智體）考量，即意志自由，乃唯一的可以不超出我們自己之外的無條件者和智性者。它作為形而上學之奠基，吾人可以說，它堪稱為唯一的「創造實體」，據之而成立的形而上學堪稱為科學的形而上學。

如拙文指出：「『道德世界』（目的王國、人類倫理共同體）作為預告的人類史向之而趨的人類理想世界之『原型』，不是想像力的理

---

259 康德說：「人所可能要停止在其上的最高程度是什麼，而且在理念與其實現之間還可能有多大的距離要存留下來，這些都是沒有人能夠——或應該——解答的問題。因為其結果是依靠於自由；而自由正是有力量來越過一切特定的限度的。」（A317/B374）

260 康德說：「因為正是我們的理性自身它通過最高而無條件的實踐法則認識到自己以及意識到這法則的那個生物（Wesen）（我們自己的人格）是屬於純粹的知性界的，並且進一步連同認識到本身能夠依以如此活動的那種模式之決定。」（KpV 5:105）

想（烏托邦），不是柏拉圖的『理型世界』，更不是海德格爾所謂『遺忘存有』的『永恆、非時間性的國度』；人類理想世界之『原型』，是由人的本心之仁（意志自由）連同其普遍立法而產生的，它就是人的一切現實活動向之而努力的模型，人以之檢查自己，以察看是接近它或是遠離了它，從而校正航向。人的本心（純粹實踐理性）並不是德國觀念論的『超越的主體性』，更不是什麼『絕對精神』，它是人的自然機能（意志）的超感觸的因果性，每一個人自身稟具這種機能，自身就能擴展它而體現自身為自由者（無限者）。明乎此，吾人則可明確區分開依康德通儒家而論每一個人自身稟具的自由因果性而體現人自身為道德創造之無限者，與牟先生通過聖人、真人、佛之圓境所論「對無限心之無執而言」之無限性，二者並不相同。依此，也就不必以為康德是要肯斷人的有限性而不承認「人雖有限而可無限」。

康德在《任何一種能夠作為科學出現的未來形而上學導論》（簡稱《導論》）（*Prolegomena zu einer jeden Künftigen Metaphysik die als Wissenschaft wird auftreten können*, 1783.）一書中表明：他要通過批判的工程確立「作為科學出現的未來形而上學」。無疑，康德完成了這個宏願。康德清楚，要讓形而上學走上一門科學的確當途徑，唯一可循的道路就是對「那獨立不依於經驗能夠追求的一切認識而言的理性機能一般」進行批判。（Axii）[261]此即表示，必須從人的「理性機能」本身尋找形而上學的根據，而不能到人之外去虛構形而上學之「實體」。康德從事理性的批判工作，就是要將人的形而上學的自然稟賦引導向一門作為科學的形而上學。[262]

---

261 康德提出：這種批判將裁決「形而上學一般之可能或不可能」，而且「決定它的各種源泉、範圍與界限，而這一切皆源於原則而產生。」（Axii）

262 康德在《純粹的理性批判》第二版〈序言〉中表明：一旦形而上學通過《純粹的理性批判》而踏上一門科學的確當道路，它就能夠完全把握屬於它的認識的全部場地，因而完成它的工作，並把它作為一種絕不能再有增加的遺產留給後世，因為它所處理的只是原則及其使用之限制。」（Bxxiii-xxiv）

　　誠然，人的形而上學的自然稟賦可產生形形色色的形而上學，哲學家可構想種種思辨的，或境界的形而上學；然不能據此否認經由對人類心靈機能通貫整體考察而確立的作為科學的唯一的形而上學。必須承認，儒家通康德而成立的形而上學乃「圓輪（道樞）」，「人生真理底最後立場」[263]它揭明本心仁體、意志自由乃是人的道德的實存之「真我」，作為道德主體乃造化之終極目的，即統天地萬物於道德目的論下的道德創造之實體。因此，它是與全人類的福祉相關聯的。

　　毫無疑問，牟先生牢牢地把握住儒家的道德的形上學，直至一九九二年（先生時已八十四歲），先生於譯註《判斷力之批判》上冊〈譯者之言〉中仍說：「中國儒家傳統無神學，但有一『踐仁知天』或『盡心知性知天』之道德的形上學。」[264]先生很清楚釋道二家與儒家之根本區別在「佛家、道家並不可說『道德的形上學』」。[265]不過牟先生強調：「不管是道德的實踐，抑或是『致虛守靜』以養生（即養性）之實踐，抑或是佛家解脫之實踐，總皆是從主體入，一皆示從主體決定客體也。」[266]然則，吾人可指出：牟先生「無限心」大系統通儒釋道三教而論，其根本關注在「從主體決定客體」之共通點，而不在「道德的形上學」。也可以說，在《現象與物自身》一書，即在「無限心」大系統中，先生論「儒是正盈」之「儒」乃指作為諸教中的一「教」而言。愚意以為，無論先生本人是否自覺，於「無限心」大系統中，儒家作為道德的形上學而堪稱「圓輪」（道樞）並不突出，而重在儒家聖人圓修之圓境。

---

263 牟宗三著：《心體與性體》（一），《牟宗三先生全集》第5冊，頁195。

264 康德著、牟宗三譯：《判斷力之批判》（上），《牟宗三先生全集》第13冊，頁4。

265 同前註，頁5。牟先生說：「道家亦無神學，但有一『玄智玄理表示『無』之智慧』之境界形態的形上學，此是由致虛守靜以養生之實踐之路入的。佛家亦無神學，但它有一識智對翻三德祕密藏圓教系統下的佛教式的存有論，此是由解脫之實踐工夫入。」

266 同前註。

「無限心」大系統作為一個判教系統，依牟先生的判教標準而論，儒家作為諸教之一「教」，有其限定相。用牟先生本人的話說：「凡教皆有限定相，亦即是一途之通路。」牟先生說：

> 無論離教盈教，就教說，皆有其限定相。此即必通過教之限定以彰顯無限也（此無限在離教為人格神，在盈教為無限心）。蓋成教的聖者之生命同時亦是一現實的生命，因此，他不能說盡一切話，他必在一定形態下表現道……。是以凡教皆有限定相，亦即是一途之通路。人總是通過一通路而彰顯那無限者。無限者通過一通路，通過一現實生命（一個體生命），而被彰顯，同時即被限定。[267]

但是，吾人有必要將作為諸教中的一「教」而言的儒家，與作為純粹哲學即「道德的形上學」之儒家區別開來。前面相關章節一再申論，通康德批判哲學而論儒家作為道德的形上學，此「道德的形上學」是通過康德的通貫整體的批判工程而展示的。它不是這種「教」或那種「教」，也不是哲學上的這種「論」或那種「論」，甚至也並非這種「系統」或那種「系統」。依康德，純粹的理性哲學，它關涉到一切純粹的先驗認識而研究理性之機能，而稱為批判。（A841/B869）通過「批判」裁決「形而上學一般之可能或不可能」，而且「決定它的各種源泉、範圍與界限，而這一切皆源於原則而產生。」（Axii）所謂「批判」並不意謂對諸教派、學說的衡定，而是「對於那冒昧而自恃的理性之批判」。（A850/B878）康德的批判工作作為形而上學的預備，是理性必須要做的「自我認識（Selbsterkenntnis）的工作」，這個工作要建立一個法庭，這個法庭一方面「在其合法要求方面保障理

性」，另一方面，「能夠不通過權威判決，而是依照理性的永恆的和不可改變的法則遣除一切無根據的自負。」（Axi）它的主要問題始終是：「離開一切經驗，知性和理性能夠認識的是什麼，及能認識多少。」（Axvii）因著研究理性之機能就必然關聯到人類心靈機能之通貫整體活動，因此，這個工作包括三大批判，它提供出一幅人類心靈機能活動（包括認識、情感、意欲三方面）高度複雜的精密解剖圖，同時也提供出一個純粹先驗認識的整全系統。康德三大批判展示的全新的形而上學建立在人類心靈機能之通貫整體活動之批判考察的牢固的基礎上，因而是任何時任何地對任何人有效的。

牟先生「無限心」大系統作為一個判教系統，吾人不應將「判教」與康德「批判」混為一談。實在說來，「無限心」並非作為人類心靈機能，它不是像康德所言「自由意志」那樣通過對人類心靈機能活動之考察而揭明的，每一個人稟具的。依牟先生所論，「無限心體」意謂以「一個獨立的意義以為體」。先生明文說：「無限心即是上帝。」[268]先生說：「說人格神亦可，說無限心亦可，即此兩者可相通也。說人格神只是一機相。」[269]種種圓盈教「皆表示通過自己的實踐可以朗現無限心」。[270]種種教之種種說法有不同，然指示人「以無限心為體而可成為無限者」之路，[271]「以無限心為體以條暢其生命而上達天德」，[272]則是共同的。各家各教有種種說法，各自有一途之通路，然一切存在「因著無限心體之在它們處著見」而成為「取得一無限意義的價值意味的存在」[273]，「亦是即有限而成為無限者。」[274]則

---

268 牟宗三著：《現象與物自身》，《牟宗三先生全集》第21冊，頁470。

269 同前註。

270 同前註。

271 牟宗三著：《現象與物自身》，《牟宗三先生全集》第21冊，頁468。

272 同前註。

273 牟宗三著：《現象與物自身》，《牟宗三先生全集》第21冊，頁117。

274 牟宗三著：《現象與物自身》，《牟宗三先生全集》第21冊，頁468。

是「無限心」大系統通一切教而彰顯者。此所以牟先生於《現象與物
自身》之〈序〉明示：「吾人必須依中國的傳統肯定『人雖有限而可
無限』以及『人可有智的直覺』這兩義。」[275]

　　吾人可說，牟先生「無限心」大系統通儒釋道三教實踐以達天德
而證「人雖有限而可無限」，是依中國的傳統而論的。雖然此問題之
提出是由牟先生翻譯康德《純粹的理性批判》所激發的，但「無限
心」大系統完全是中國式的（或曰東方式的），是一個個體生命純潔
化的圓修大系統。此在問題意識、哲學思維、哲學專詞之意義皆與康
德哲學不同，此所以，吾人可用牟先生的話說，「無限心」大系統是
要「見到中國哲學傳統之意義與價值以及時代之使命與新生，並見到
康德哲學之不足。」[276]據此，吾人可說，牟先生提出的中西哲學會通
（著實說是儒家哲學與康德哲學之會通）不在「無限心」大系統，[277]
而在先生規劃的「儒家的道德的形上學」。

---

275 牟宗三著：《現象與物自身》〈序〉，《牟宗三先生全集》第21冊，頁6。

276 同前註。

277 儘管牟先生本人說：「讀者讀《現象與物自身》，可解吾如何依中國傳統智慧消化
《第一批判》。」（康德著、牟宗三譯：《判斷力之批判》（上冊）〈譯者之言〉，《牟
宗三先生全集》第16冊，頁7。）「我們只剩下執與無執底對照。由執而說現象界
的存有論，此即康德分解部之所作。」（牟宗三著：《現象與物自身》，《牟宗三先
生全集》第21冊，頁330）愚意以為，恰切地說，所謂「現象界的存有論」，不過
意指「現象界的存在論」。先生又說：「本書依正盈之智慧方向，融攝康德，會通
偏盈，以立一各系統統一之軌轍。融攝康德者，吸收其分解部以成俗諦也。就此
而言執的存有論，亦曰現象界的存有論，此相應識心之執（知性連同感性）而言
也。」（同前揭書，頁471-472）然依愚見，《現象與物自身》之旨意在建立「無限
心」大系統，儘管書中花費數章來講康德《第一批判》分解部，但實意在論明
「知性之執」，以通佛教「執」的思理，而不在意康德分解部論知性立法以成現象
界之總集的創闢性識見，此乃著名的「知性為自然立法」，康德以知性立法確定了
現象的經驗的實在性，並非如幻如化之執。據此，愚意以為，《現象與物自身》之
作用並不在「融攝康德」。該書的真正作用在依「指導人通過實踐以純潔化人之生
命」的中國傳統智慧方向，通儒釋道三教而建立一個由聖人、真人、佛之圓境證
之的「無限心」大系統。

　　於《現象與物自身》一書建立「無限心」大系統之後，牟先生於翻譯康德《實踐的理性批判》過程中，受到其中論「圓善」問題之激發，決意從圓教伸展至圓善。吾人就此可說，「無限心」大系統伸展至包含「圓善論」，亦可說，牟先生最後完成了一個奠基於「無限心」而成立的「圓善論」大系統。

　　從《現象與物自身》至《圓善論》，亦即：「圓教成就圓善」。[278] 牟先生之思考「圓善」問題，雖說康德之「圓善論」是一個誘因，但愚意以為，此只是一個借機，「圓善」一詞在牟先生亦只是借用。實質上，先生的「圓善論」與「無限心」大系統一脈相連，其要旨在：「從圓教看圓善」。[279] 而康德之「圓善論」乃奠基於「意志自由」，由意志自由產生其客體「圓善」，以至通過道德法則命令人實現圓善（終極目的）於世界上而引申致道德的信仰（關於心靈不朽與上帝之信仰），據之可見，康德之「圓善論」乃其道德哲學之延伸，乃包含於其從道德進路所展示的形而上學中者。如前面相應章節已論，儒家的道德的形上學同樣包含一個康德義的「圓善論」。

　　「從圓教看圓善」，牟先生所言「教」是依中國哲學智慧的傳統說。先生於《圓善論》〈序〉中說：「籠統方便言之，凡聖人所說為教。即不說聖人，則如此說亦可：凡足以啟發人之理性並指導人通過實踐以純潔化人之生命而至其極者為教。」[280]「教」之此義已於《現象與物自身》說明：「這一切說法皆表示通過自己的實踐可以朗現無限心，故皆是圓盈教也。」[281]《圓善論》進一步論「圓教成就圓

278　牟宗三著：《圓善論》，《牟宗三先生全集》第22冊，頁264。一九七八年牟先生在臺大哲研所講課已提及要寫一部書叫做《圓善論》。在一九八三年出版的《中國哲學十九講》第十七講〈圓教與圓善〉表示：「關於最高善，我將來想寫一部書。……。在《現象與物自身》中還說得不夠，還沒有解決這個問題；那還只是一般性的思考。也許這部書就叫做《圓善論》，到時候會寫得比較清楚些。」

279　牟宗三著：《圓善論》〈序〉，《牟宗三先生全集》第22冊，頁11。

280　牟宗三著：《圓善論》〈序〉，《牟宗三先生全集》第22冊，頁3。

281　牟宗三著：《現象與物自身》，《牟宗三先生全集》第21冊，頁470。

善」，關鍵在說明：圓教使德福一致真實可能。牟先生說：

> 依基督教說，是上帝所創造的。但是上帝是一個體性的人格化
> 的無限存有，這不是東方宗教所取的途徑，因為其中有虛幻
> 故。因此，儒釋道三教捨上帝而言無限智心。此一無限智心有
> 所事事於「存在」，但這不是依上帝創造之之途徑而說。因
> 此，要想達到德福一致，必須確立無限智心。但光一無限智
> 心，雖可開德福一致之門，然尚不能真至德福一致。必須由無
> 限智心而至圓教始可真能使德福一致朗然在目。因此，德福一
> 致是教之極致之關節，而圓教就是使德福一致真實可能之究極
> 圓滿之教。德福一致是圓善，圓教成就圓善。[282]

牟先生明白表示，「孟子未視圓善為一問題而期解決之。視之為
一問題則來自西方，正式解答之則始自康德。」[283]不過，先生以為
「康德之解答是依據基督教傳統而作成者，而並非是一圓滿而真實之
解決。」[284]先生表示：「吾今依圓教義理解決之，則期予以圓滿而真
實之解決。」[285]先生本人很清楚：「圓教之觀念即非易明者。此則西
方哲學所無有也，儒、道兩家亦不全備也。唯佛家天臺宗彰顯之，此
是其最大的貢獻。此由判教而逼至者。」[286]顯見，牟先生之「圓教成

---

282 牟宗三著：《圓善論》，《牟宗三先生全集》第22冊，頁263-264。

283 牟宗三著：《圓善論》〈序〉，《牟宗三先生全集》第22冊，頁14。

284 同前註。

285 同前註。

286 同前註。牟先生說：「中國吸收佛教，其中義理紛然，判教即是一大學問，能判之
而彰顯圓教之何所是即是一大智慧。此則啟發於人類理性者既深且遠，而教內外
人士鮮能真切明之。智顗、荊溪、知禮實乃不可多得的大哲學家。吾以此智慧為
準，先疏通向、郭之注《莊》而確立道家之圓教，次疏通儒學之發展至王學之四
有四無，由之再回歸於明道之一本與胡五峰之同體異用，而確立儒家之圓教。圓
教確立，用於圓善，則圓善之圓滿而真實的解決即可得矣，此則不同於康德之解
答而有進於康德者。」

就圓善」的思理是源自天臺圓教,「圓教確立,用於圓善」,此所論「圓善」根本不同於康德所論「圓善」,牟先生本人就說:「由此圓教之顯出始可正式解答圓善之可能,此則不同於康德之解答。」[287]依愚見,既是兩種不同的解答,則無所謂是否「有進於康德」,也不必能以此就批評康德「並非是一圓滿而真實之解決」。是以,愚意以為,牟先生之《圓善論》雖由康德「圓善論」問題激發,然卻是完全不同的學說。吾人以其就先生之《圓善論》談論中西哲學之會通,倒不如以之談論儒釋道三教的融通更恰切些。亦更能見牟先生《圓善論》之重要的不可替代的意義與貢獻所在。

　　牟先生於《圓善論》講圓教與圓善,從《孟子》講起。先生在該書〈序〉中說:「我之講圓教與圓善是直接從《孟子》講起,我之這樣講起是取疏解經典之方式講,……。」[288]講《孟子》以明道德之真義實義——意志之自律。不過,牟先生明文表示:「圓滿的善,以前儒者不甚措意,孟子亦未積極考慮此問題而予以解答,此蓋由於先重『德』一面故。」[289]牟先生論「圓善」並不從《孟子》之言道德立論,而是從「圓教」立論。牟先生說:「圓教底意識是後來慢慢發展成的。儒家由孔子之仁開端,本有上下內外本末通而為一的粗略規模。道家老、莊亦有。然而圓教之所以為圓教之獨特模式卻必須首先見之於佛家天臺宗之判別、圓。」[290]吾人可見,於《圓善論》中,牟先生論「儒家圓教」關注點在「儒聖之圓境」,而不在意「道德」之真義實義於儒釋道三教之間的不同。先生視「圓善」問題僅在「德福一致如何可能」之解答,而「德福一致如何可能」又只落在就個體而論

---

287 牟宗三著:《圓善論》〈序〉,《牟宗三先生全集》第22冊,頁12。

288 同前註。

289 同前註。儘管牟先生也有提及「天爵、人爵亦是孟子所提出者,此示本有德福之兩面,此即可引至圓滿的善之考慮。」但先生並未就此論儒家的圓善說。

290 牟宗三著:《圓善論》〈序〉,《牟宗三先生全集》第22冊,頁12。

「德福一致如何可能」，故而只從圓教中個人達至德福「詭譎相即」而說「圓善」。如前面相關章節一再論明，「德福一致如何可能」之問題、只不過是康德借古希臘哲學家討論「圓善」之一個問題為引子，實質上，康德的圓善說之根本問題並不在解答個人如何可能達至「德福一致」的問題，而是「圓善」作為自由意志之客體，如何通過道德法則之命令以促使每一個人（乃至人類全體）致力於在世界上實現自由合目的性（德）與自然合目的性（福）諧和一致的道德王國。[291]於康德整全哲學體系而確立的圓善學說中，「圓善」之為理性本性的目的——終極目的，在「人」的整個類之意志自由的活動之不已進程中趨向完全得到發展。圓善之理想是：在「人」的整個類中，通過每一個人的意志自由，以致力在世界上創造出「一個作為由於我們的參與而可能的圓善的世界」。

吾人一再申明，牟先生之「圓善論」既不是西方傳統中那種「德福一致」問題的討論，也不是康德的圓善論。它是依中國傳統智慧方向，由天臺圓教啟發，而通過判教所創立的系統。[292]牟先生說：

---

291 牟先生說：「哲學之為智慧學（實踐的智慧論）——最高善論，這雖是哲學一詞之古義，然康德講最高善（圓滿的善）之可能卻不同於古人。他是從意志之自律（意志之立法性）講起，先明何謂善，然後再加上幸福講圓滿的善。此圓滿的善底可能性之解答是依據基督教傳統來解答的，即由肯定一人格神的上帝使德福一致為可能。」（牟宗三著：《圓善論》〈序〉，《牟宗三先生全集》第22冊，頁11。）牟先生有見及「康德講最高善（圓滿的善）之可能卻不同於古人」，並有見及康德「從意志之自律（意志之立法性）」先講明何謂善，極之恰當；然先生以為康德解答圓善問題「是依據基督教傳統來解答的，即由肯定一人格神的上帝使德福一致為可能」，則值得商榷。誠然，康德學界一直流行著對康德圓善學說的曲解，「幸福分配論」、「神恩論」等說法成為權威見解。學者們以基督教信仰中人格化的造物主的「上帝」來解讀康德，將所謂上帝分配幸福的「圓善」戲論加諸康德，以為康德乞求神恩來分派幸福，致使康德的圓善學說在讀者眼中成為情識泛濫之「戲論」。

292 牟先生說：「圓教底意識是後來慢慢發展成的。儒家由孔子之仁開端，本有上下內外本末通而為一的粗略規模。道家老、莊亦有。然而圓教之所以為圓教之獨特模式卻必須首先見之於佛家天臺宗之判別、圓。若以此為準而予以鄭重注意，則儒

有各種不同的教，在西方有耶教，在東方有儒釋道三教，每一
教是一系統。……然則於這些說法中，那一種說法是最圓滿的
說法而可稱為圓教呢？因此，這便有需於判教。那被判為圓教
者，我們如何能判之為圓教？現在，我們先就所說「教」之定
義立一大體之綱格以明在什麼關節上才可達至「教」之極致。
「依理性通過實踐以純潔化一己之生命」，這是教中的一主要部
分。……就是成德的一部分，不管這所成之「德」是什麼意義
的德，是儒家的，是道家的，仰（抑）或是佛家的。我們先獨
立地把這德訓為「德者得也」。將某種東西通過實踐而實有諸
己謂之「得」。如此得之而純潔化人之感性生命便是「德」。[293]

　　由以上引文可見，牟先生所說「教」之定義中首要部分是「成
德」，而所謂「成德」意指：「依理性通過實踐以純潔化一己之生
命」。值得注意，先生此處言「理性」實在是混合經驗的實踐理性與
純粹的實踐理性而不分，只以「純潔化一己之生命」而論的「實踐」
也是混合技術地實踐與道德的實踐而不分；故其所言「德」統儒釋道
三教而論，先生本人就指明他把德訓為「德者得也」。愚意以為，牟
先生此處「以純潔化一己之生命」、「德者得也」訓「德」，實在是就
個人德性修養而論，而與儒家通康德而訓「道德」不同。依孔孟哲
學，「道德」乃「己欲立而立人，己欲達而達人」、「成德」乃「仁者
人也」、「人能弘道」以創造大同世界。依康德，「道德就是行為之關

聖之圓境卻首先見之於王弼之聖人體無以及向、郭之注此等玄言雖是假託道家理
境以顯，然而圓境卻必須歸之於儒聖。由此即可以啟發出依儒家義理而說儒家之
圓教。依儒家義理而說儒家圓教必須順王學之致良知教而發展至王龍谿之『四
無』，再由此而回歸於明道之『一本』與胡五峰之『天理人欲同體異用』，始正式
顯出。由此圓教之顯出始可正式解答圓善之可能，此則不同於康德之解答。」（牟
宗三著：《圓善論》〈序〉，《牟宗三先生全集》第22冊，頁11-12。）

[293] 牟宗三著：《圓善論》，《牟宗三先生全集》第22冊，頁262-263。

聯於意志之自律，即是說，關聯於藉意志之格準而來的可能的普遍立法。」（Gr 4:439）而「成德」就是每個人成就自己為道德者，即：「依照獨立於一切經驗條件因而屬於純粹理性的自律的法則之實存」。（KpV 5:43）以區別於「以經驗為條件的法則下的實存」。（KpV 5:43）以及創造「一個單純依照純粹實踐法則的意志而可能的」自然整體，（KpV 5:44）即人類倫理共同體，康德又名之曰「目的王國」。

又，牟先生由天臺圓教啟發而通過判教所創立的圓善系統，其「圓善」關注解決個體如何達至「德福一致」的問題，核心在以圓修證圓善。牟先生本人就表示：此乃「德福一致」之圓善。[294]從個體圓修達至之「德福一致」，箇中所謂「福」有特別意指，牟先生明文表示：「『成德而期改善人之實際存在』這卻不是一分析命題。」[295]也就是說，牟先生言「德福一致」中「福」不同於一般而言之「福」，並不意指人之實際存在方面的改善而言。用牟先生的詞語說：「一切存在之狀態隨心轉，事事如意而無所謂不如意，這便是福。」[296]「德福渾是一事。」[297]牟先生名之曰「德福之詭譎的相即（德福同體）」。先生說：

> 德福之詭譎的相即（德福同體）是依圓聖言。一切圓聖皆是「天之戮民」，然其所受桎梏之戮（天刑）即是其福之所在，同時亦是其德之所在。蓋桎梏天刑即是其一切存在狀態之跡，即跡而冥之，跡即是其德之所在；跡隨本轉，則跡亦是其福之

---

294 牟宗三著：《圓善論》，《牟宗三先生全集》第22冊，頁295。

295 牟宗三著：《圓善論》，《牟宗三先生全集》第22冊，頁263。

296 牟宗三著：《圓善論》，《牟宗三先生全集》第22冊，頁316。

297 同前註。牟先生說：「因為在神感神應中，心意知物渾是一事。吾人之依心意知之自律天理而行即是德，而明覺之感應為物，物隨心轉，亦在天理中呈現，故物順心即是福。此亦可說德與福渾是一事。……。德與福通過這樣的詭譎的相即便形成德福渾是一事。

所在。故德即福，福即德，此「即」是詭譎的「相即」之即，
非分析關係，亦非綜和關係，蓋並非依靠什麼物事把它們兩者
綜和起來使之有必然聯繫也。[298]

依牟先生明示，「德福之詭譎的相即（德福同體）是依圓聖言。」、
「德福之詭譎的相即」，先生又名之為「跡本圓融之境界」，並指明：
「此跡本圓融之境界，依王弼、向秀、郭象之意，當寄託於堯舜或孔
子，此即其所以會通孔老之道。」[299]，「唯須知此跡本圓融之圓境，
雖說儒聖能有之，然並非依儒家義理而說者，乃只是依道家義理而說
者，故只可說這只是道家之圓境，—。」[300]牟先生本人很清楚，此圓
境「無對於一切存在作一存有論的根源的說明。故此亦可說只是一境
界形態之圓境」，[301]以區別於「實有形態之圓境」。[302]依牟先生所論，
依佛家義理而說，「般若智成全一切法」，也「只是般若智之作用的
圓，尚非存有論的圓，以般若學（空宗及《般若經》）對於法之存在
無根源的說明故。」[303]牟先生明白，佛道兩家俱只有作用層，而無創
生的存有層。[304]

---

298 牟宗三著：《圓善論》，《牟宗三先生全集》第22冊，頁296。

299 牟宗三著：《圓善論》，《牟宗三先生全集》第22冊，頁292。牟先生說：「跡本圓融者
謂之聖人。此一跡本之論，由魏晉始直貫至南北朝，乃四百年玄言之最高原則。」

300 牟宗三著：《圓善論》，《牟宗三先生全集》第22冊，頁293。

301 同前註。牟先生說：「此一圓境唯是就無限智心（玄智）之體化應務（亦曰體化合
變）與物無對（順物者與物無對）而成全一切跡用亦即保住一切存在而說，然而卻
無對於一切存在作一存有論的根源的說明。故此亦可說只是一境界形態之圓
境，……。」（同前揭書，頁293）

302 牟宗三著：《圓善論》，《牟宗三先生全集》第22冊，頁294。

303 同前註。

304 牟宗三著：《圓善論》，《牟宗三先生全集》第22冊，頁320。牟先生說：「是故佛道
兩家俱只有王陽明所謂『無心俱是實，有心俱是幻』之作用層，而無其所謂『有
心俱是實，無心俱是幻』之存有層。此存有層即是創生層，作用層是非創生層，
但可以成全而保住一切法之存在或萬物之存在。」

顯而易見，牟先生通儒釋道三教「圓境」成就圓善，其著意於三教可相通的「作用的圓」。表達出牟先生著意「解除後世儒者對於佛老之忌諱」之旨意。先生說：「吾人若不能洞曉道家『無』之性格與佛家般若之性格之共通性，則不能解除後世儒者對於佛老之忌諱，此忌諱是儒家義理開發之大障礙。」[305]牟先生於《現象與物自身》一書已經證立「三教皆有無限心」，「三教皆有智的直覺」，建立執的存有論與無執的存有論。至《圓善論》一書，進而將「圓善」套於無執的存有論中來處理。先生說：

> 那部書（案：指《現象與物自身》）從《純粹理性批判》講起，依中國哲學底智慧的方向，就著康德的現象與物自身之超越的區分，最後建立執的存有論與無執的存有論。本書則講圓教與圓善，故先以古人所理解的哲學——實踐的智慧學、最高善論，標之於此序，以實踐理性作開端，把圓滿的善（圓善）套於無執的存有論中來處理，即從圓教看圓善，此將使無執的存有論更為真切，使一完整的系統之完成更為真切。[306]

吾人可說，牟先生之「圓善論」關注於「德福一致」問題之解決，其中「德」訓為「德者得也」，「成德」指三教共通的圓修之境，屬於「無執的存有論」。而「福」乃「一切存在之狀態隨心轉」，故一切存在皆「無執的存有論」域之「物自身」之存在。此所以牟先生在《圓善論》〈序〉中說：「從圓教看圓善，此將使無執的存有論更為真切，使一完整的系統之完成更為真切。」而所謂「無執的存有論」通

---

305 牟宗三著：《圓善論》〈序〉，《牟宗三先生全集》第22冊，頁15。儘管牟先生同時不忘指出儒家與佛老之異，先生說：「吾人若不能瞭解儒家系統是縱貫縱講之創生系統，佛老是縱貫橫講之非創生系統，則不能瞭解三教之所以異。」然牟先生於其圓善論大系統中，並不著意於三教之異，是極之明顯的。
306 牟宗三著：《圓善論》〈序〉，《牟宗三先生全集》第22冊，頁11。

儒釋道三教而立，其奠基在通此三教而論的「無限心」。牟先生所言
「無限心」乃通三教而論的「無執的存有論」（牟先生又稱之為「實
踐的形上學」）的「本體界的實體」。不必置疑，最後完成於《圓善
論》的無限心大系統（中國式的「實踐的形上學」）是牟先生畢其一
生精力而作出的重大貢獻。如先生自道：「凡此皆經由長途跋涉，斬
荊截棘，而必然達到者。中經《才性與玄理》、《佛性與般若》（兩
冊）、《心體與性體》（三冊）、《從陸象山與劉蕺山》等書之寫作，以
及對康德之對比，始達到此必然的消融。」[307]牟先生念茲在茲，處處
見其融通儒釋道三教而彰顯中國傳統智慧之苦心。先生說：

> 吾人若不能證立三教皆有無限心之肯認，則不能證立三教皆有
> 智的直覺之肯認，此而不能被肯認，則必致使三教之宗趣，自
> 相剌謬。吾人若不能證立三教無限智心既是成德之根據亦是存
> 在之根據，則必不能預規圓教之規模，畀而圓善之可能亦不可
> 得而期矣。吾人若不能了然於分別說與非分別說之足以窮盡人
> 類理性之一切理境，而非分別說又有屬於「無限智心之融通淘
> 汰之作用（無）」者，又有屬於「存有論的法之存在」者（縱
> 貫縱講者與縱貫橫講者），則不能知何以必在兩義兼備之非分
> 別說中成立圓教，因而亦不能知何以必在此究極圓教中始得到
> 圓善問題之圓滿而真實之解決。[308]

儘管如吾人所見，牟先生證立三教無限智心，並經由「圓教成就
圓善」，「經由長途跋涉，斬荊截棘」，而達到的無限心大系統，其用
心、著力處在儒釋道三教之圓境。然依先生本人表白，其宏願不止於
中國傳統智慧之融通，而更有志於「窮盡人類理性之一切理境」。《現

---

307 牟宗三著：《圓善論》〈序〉，《牟宗三先生全集》第22冊，頁15。
308 同前註。

象與物自身》一書就表達過將康德納入無限心大系統的意願。該書花費三章來講康德《第一批判》分解部，先生認為：「由執而說現象界的存有論，此即康德分解部之所作。」[309]並明文表示：《現象與物自身》一書「依正盈之智慧方向，融攝康德，會通偏盈，以立一各系統統一之軌轍。」[310]牟先生作為一位創闢性的哲學家，固然可以「以康德的《純理批判》之分解部來充實」佛家所言那個「執」，而顯其獨特的見地；然恐怕不能「以佛家『執』之觀念來融攝康德所說的現象界」。[311]佛家不承認人的認知主體，不能講知性立法故也。

此外，牟先生固然可以規定其所立「無限心」為「無量豐富的意義」之總說，亦可說：「無限心本有無量豐富的意義，每一意義皆與其他意義相鎔融，相滲透，而不能形成其他意義底障礙。否則這一意義便不是無限心底意義。」[312]事實上，先生就是分別透過儒家聖人之圓境、道家真人之圓境、佛之圓境來證立「無限心」的，先生當然也可以說康德言「自由自律即函『無限心』」義。[313]依牟先生，自由無限心「雖有種種義，種種說，然而其實乃是相滲透而為一，無限心不能有二故，不能有礙故。」[314]此言不差。然既有「種種義，種種說」，則既可通諸義而立一「無限心」；亦須有依「教之入路」不同而分別說之義的分判，[315]尤其當該也有一從道德的形上學之層次說，標

---

309 牟宗三著：《現象與物自身》，《牟宗三先生全集》第21冊，頁330。

310 同前註，頁471-472。

311 牟先生說：「我們這一部工作是以佛家『執』之觀念來融攝康德所說的現象界，並以康德的《純理批判》之分解部來充實這個『執』，因為佛家言識心之執是泛心理主義的，重在說煩惱，認知主體不突顯故。」（牟宗三著：《現象與物自身》〈序〉，《牟宗三先生全集》第21冊，頁15。

312 牟宗三著：《現象與物自身》，《牟宗三先生全集》第21冊，頁465。

313 同前註，頁102。

314 牟宗三著：《現象與物自身》〈序〉，《牟宗三先生全集》第21冊，頁19。

315 牟先生論及真常心之為「無限心」時就提出：「……所謂真常心。而繫屬於這主體，我們就說空如無相的幻化緣起，而不能說實事實物。這種相對應而成的限定

明本心仁體通康德之自由意志而論的積極意義的（即立法的創造的）
「無限心」義，以別於其餘意義之「無限心」。

　　不必置疑，牟先生無限心大系統通過「無限心」諸義之相容而不
相礙，論明儒釋道三教融通無礙，其宏旨與貢獻無可替代。牟先生說：

> 無限心既意義相通而不相礙，則繫屬於道心玄智，便是萬物皆
> 自爾獨化；繫屬於般若智心，便是法法皆如；繫屬於知體明
> 覺，便是實事實物：凡此皆亦是相容而不相礙。然則這些差別
> 者皆是教之限定。而每一教皆顯示一無限心，則就無限心言，
> 便不能有限定。世人將無限心與教之限定同一化，遂起競爭而
> 互相排拒。是無異於既顯無限心而又使之成為有限也。[316]

　　思量先生所言，其憂慮於儒釋道三教「起競爭而互相排拒」之狀
況，憂心之情躍然紙上。先生深知「教之限定」，以「無限心」義統
三教，旨在顯「知限而不為其所限」。牟先生說：「然若知限而不為其
所限，則面對無限心，一義即通全蘊，而不排拒其他，全蘊即是一
義，……。」[317]牟先生深知「人之殊特」，很清楚「現實地說，人是
有限的」。[318]故此，先生強調：無限心「必通過教之限定而彰顯」。[319]
牟先生無限心大系統著意於要「依中國的傳統肯定『人雖有限而可無
限』」，[320]先生深知無限者總是「通過一現實生命（一個體生命），而

只是教之入路使然。但般若智心或真常心既是無限心，由一特定入路而呈現者，
則當其既呈現已，它便不能排拒其它意義，……。」（牟宗三著：《現象與物自
身》，《牟宗三先生全集》第21冊，頁465。）

316 牟宗三著：《現象與物自身》，《牟宗三先生全集》第21冊，頁466。
317 同前註。
318 同前註。
319 同前註。
320 牟宗三著：《現象與物自身》〈序〉，《牟宗三先生全集》第21冊，頁6。

被彰顯，同時即被限定。」[321]成教的聖者之生命既同時亦是一現實的
生命，「他不能說盡一切話，他必在一定形態下表現道」。[322]故此，先
生要以「無限心」彰顯那統種種教之種種義而言的「無量義，無量
德」。牟先生說：

> 無限心既朗現已，則就無限心言，它有無量義，無量德，相鎔
> 融，相滲透，而不相排拒。因此，雖知教之一途只彰顯一義，
> 然既是無限心，則其所彰顯之一義即不因教之限而自限，因
> 此，亦不執此一義而排他，因為若排他，即非無限心故。不但
> 此一義不排他，而且此一義即通全蘊，全蘊盡收於此一義。此
> 之謂圓盈教之大通，然須知此大通不是一個教，乃是各個圓盈
> 教者之通達。至此，教無教相，乃得意而忘教也。只是一真實
> 生命之作其所應作，一無限心之如如流行。此如如流行，此作
> 所應作，吾不知其是屬於儒教者，屬於佛教者，屬於道教者，
> 抑或是屬於耶教者。[323]

可見，牟先生無限心大系統雖以判教為進路，[324]然其旨意實在是

---

321 牟宗三著：《現象與物自身》，《牟宗三先生全集》第21冊，頁470。

322 同前註。

323 牟宗三著：《現象與物自身》，《牟宗三先生全集》第21冊，頁471。

324 牟先生於《現象與物自身》結尾，對判教有一總說：「因此，由離而盈，由盈而通。
離盈是教，通非教也。此是此時代之判教。盈中有正盈與偏盈：儒是正盈，佛老是
偏盈。正盈者能獨顯道德意識以成己成物也。偏盈者只遮顯空無以求滅度或求自得
也。正備偏，偏不備正。故偏盈者未能至乎極圓也。正盈中亦有圓與不圓：周、
張、明道、五峰、蕺山，以及陸、王，皆圓盈也；伊川與朱子則為不圓之正盈，
以心與理未能一故。偏盈中亦有圓與不圓：空宗、有空，是通教，華嚴是別教，
唯天臺是圓教。道家之老莊大端皆可至于圓，無甚差別也。唯於言詮上，莊子之
『調適而上遂』顯得更圓耳。相應離教而言者，康德近于正盈而未至也。以未能
依自由意志透顯無限心故；又不承認人可有智的直覺故；意志自由，靈魂不滅，
上帝存在，皆為設準故，又不能一故。」（《牟宗三先生全集》第21冊，頁471）

要透過「無限心」諸義之相容而不相礙，而達至「圓盈教之大通」。既達至「大通」，「教無教相，乃得意而忘教也。」

依上所述，牟先生無限心大系統以無限心之「無量義，無量德」彰顯「圓盈教之大通」，並「依中國的傳統肯定『人雖有限而可無限』」。其貢獻是不可替代的。但亦不必諱言，若吾人以為牟先生畢其一生精力而作出的無限心大系統，即以圓教成就圓善而立的「無執的存有論」（實踐的形上學）可收攝或取代牟先生規劃的儒家的道德的形上學，則差矣！愚意以為，非但不可替代，而是要提請注意：牟先生本人提出的中西文化大綜和、儒家哲學與康德全新的形而上學之會通，仍有待後人完成。吾人立志接續牟先生之中西哲學會通之志業，仍有很長的路要走。

事實上，牟先生一生不僅專注於儒釋道三教之融通，同時每時每刻心繫於康德哲學與儒家哲學之會通。儘管如前面相關章節所論，牟先生對於康德的批評有不少地方值得商榷，諸如意志自由只是一設準之問題、依賴上帝解決圓善之問題，意志自由、上帝、心靈不朽為三個散列的本體之問題，以及以美學批判來溝通道德界與自然界只是一旁溪曲徑，不能直貫下來的問題，等等，都需要後人繼續深入研究。先生在《智的直覺與中國哲學》一書〈序〉中說：

> 真切地譯就是真切地講習。能真切地譯與講習始能把康德的義理吸收到中國來，予以消化而充實自己。當年對於佛教也只是真切地譯與講習，所以中國人能消化而自己開宗。自民國以來，講康德的尚無人能作到我現在所作的這點區區工夫，亦無人能瞭解到我這點區區的瞭解。如果中國文字尚有其獨立的意義，如果中國文化尚有其獨立發展的必要，則以中文來譯述與講習乃為不可少。不同的語言文字有不同的啟發作用。[325]

---

325 牟宗三著：《智的直覺與中國哲學》〈序〉，《牟宗三先生全集》第20冊，頁6。

　　牟先生持續不懈譯述與講習康德哲學，完成三大批判之中譯。先生本人自道：「講康德的尚無人能作到我現在所作的這點區區工夫，亦無人能瞭解到我這點區區的瞭解。」此言恰切、中肯。儘管吾人可就牟先生的康德講述提出不少討論與商榷，然就康德哲學整體通貫系統之龐大，哲學概念之專門、精密，即便西方康德學界中仍流行諸多誤解，充斥著無休止的紛爭來看，吾人確實可說，講康德的尚無人能作到牟先生的程度，亦可說，大抵無人對康德的瞭解達到牟先生的深度。單憑牟先生契應康德之從道德進路建立形而上學的慧識，規劃出儒家的道德形上學，吾人即可說，牟先生於康德哲學及其與儒家哲學之會通作出了無人可匹比之貢獻。

　　如前面相關章節已申論，儒家通康德之從道德進路建立的形而上學乃「圓輪（道樞）」，此道樞之核心乃本心仁體、意志自由，即人的道德的實存之「真我」，此道德主體乃造化之終極目的，即統天地萬物於道德目的論下的道德創造之實體。道德法則命令：「每一個人都應該使塵世上可能的圓善成為自己的終極目的。」（Rel 6:6）故此，它與每一個人生活在其中的道德世界（目的王國、大同世界）相關，它是與人類的福祉相關聯的。比觀牟先生的無限心大系統（或曰圓善論系統），則其宗旨有不同，如前面一再申論，無限心大系統關切的問題是：如何「以無限心為體而可成為無限者」，其問題意識在：如何論明「人雖有限而可無限」以及「人可有智的直覺」。

　　通觀牟先生通儒釋道三教而立的「實踐的形上學」，亦即無限心大系統，其與先生通康德而立之儒家的道德形上學，實乃不同的兩個系統。牟先生提出：「無限智心既是成德之根據亦是存在之根據。」[326]先生以此為「預規圓教之規模，眔而圓善之可能」的根據。[327]然前面

---

326 牟宗三著：《圓善論》〈序〉，《牟宗三先生全集》第22冊，頁15。

327 牟先生說：「吾人若不能證立三教無限智心既是成德之根據亦是存在之根據，則必不能預規圓教之規模，眔而圓善之可能亦不可得而期矣。」（同前註。）

已論，牟先生該處言無限智心為「成德」、「德」之根據根本不同儒家的道德形上學中言本心仁體為「道德」之根據；言無限智心為存在之根據，簡中所謂「存在」單純是就「物自身」而言，並無關於現象世界之實事實物，故不同儒家的道德形上學中言本心仁體為創造的存在之根據。

　　又，依牟先生所論，「無限心即是上帝。說人格神亦可，說無限心亦可，即此兩者可相通也。」[328]若依康德第一批判之考察，牟先生所論不作「人格神」看的「上帝」（無限心），也就是不作歷史性的宗教中的「神」看，它只是一個理性的理想。它無非是理性所要求的「現象的可能性條件之絕對的完整」，「理性在諸條件之序列的後返地連續的綜和中所實際地尋求的無條件者」。（A418/B446）吾人思想一個無條件者、必然者作為顯相之根據，「但在這裡，這個必然者卻必須被思為完全在感觸界系列之外（作為世界以外的東西），而且必須純然地被思為智性的。」（A561/B589）儘管依牟先生所論，無限心是由成聖、成真人、成佛之圓境證立的。但畢竟不同儒家道德的形上學中「本心仁體」，康德形上學中「意志自由」。本心仁體、意志自由之為無限、之為無條件者，「只是它的因果性被思為智性的」，而它本身在我們之內、作為每一每人的稟賦而在條件的系列中起作用。（A561/B589）本心仁體、意志自由之屬於自由領域（智思界）與現象界之屬於自然領域（感觸界）只因其立法不同而被視為兩個截然不同的領域，而絕非兩個不同的世界。康德在《判斷力批判》就指明：兩種不同的立法是在一個而且是同一個經驗基地上起作用，（KU 5:175）而且兩種立法及其立法機能在同一個主體內並存著。（KU 5:175）「而自由概念應該把它的法則所賦予的目的在感觸界裡實現出來。」（KU 5:176）依康德，「自由」能夠通過道德法則而且按照道德法則在每一

---

328 牟宗三著：《現象與物自身》，《牟宗三先生全集》第21冊，頁470。

個人的現實行動中，因而就是在經驗中證實其為事實物。牟先生所論
「無限心」則屬於無執的存有層，它是由聖人、真人、佛之圓境證立
的，其對現象界（執的存在）起作用必須通過「坎陷」，轉出識心。
因「無執」與「執」是存有上根源不同的對立的兩個世界。

　　於無限心大系統之「無執的存有論」，固然可說「無限心即是上
帝。」然在儒家通康德的形而上學中，吾人不能說「意志自由是上
帝」。依康德所論，「有三個純粹的理性理念：上帝、自由與不朽。在
這三個理念中，自由之理念是超感觸東西的唯一概念，它的客觀的實
在性（憑藉在它之中被思想的因果性）通過它在自然中可能的結果而
在自然身上得到證明。」（KU 5:474）[329] 據此，康德如理如實地指
明：「那自由之理念使其他兩個理念（上帝、不朽）與自然相聯繫為
可能，並亦使此三個理念為了一個宗教而相互聯繫起來為可能。這
樣，我們自身內就具有一原則，它有能力把在我們之內的超感觸東西
之理念，而因之也把我們之外的超感觸東西之理念，決定為一種認
識，哪怕只在實踐的意圖中才是可能的。」（KU 5:474）顯然，依康
德所論，「意志自由」並不能等同「上帝」；「上帝」不過是因著「意
志自由」始能與自然相聯繫，也就是說，「上帝」是由「意志自由」
擴展至道德的宗教始獲得其內容。離開「意志自由」，吾人根本無法
對「上帝」之理念決定為一種認識，然此亦並非意謂「意志自由」與
「上帝」是可以交互為用的。[330] 同樣，吾人不能說「本心仁體是

---

329 康德經由《實踐的理性批判》闡明：道德法則揭明了屬於我們的意志（實踐理
　　性）機能有一種智性性格之因果性（自由），從我們知道的道德法則（KpV 5:4），
　　及其作用在感觸界產生的結果，康德就能夠說：「在思辨理性的一切理念中，自由
　　是唯一我們先驗地知道（a priori wissen）其可能性者。」（KpV 5:4）康德說：「唯
　　有自由概念允許我們無需逾出我們之外而為有條件者和感觸者尋得無條件者和智
　　性者（Intelligibele）。」（KpV 5:105）

330 意志自由產生圓善，並因著其普遍立法（道德法則）命令吾人在世界上實現圓
　　善，「道德法則其內在的實踐的必然性把我們引到一個獨立的原因或一個智慧的世

天」，「天」是由「踐仁」、「盡心知性」中伸展至的道德的「最高者」之理念，統天地萬物為一體而言的無限者、無條件者。離開「本心仁體」，吾人無法知「天」，然此亦並非意謂「本心仁體」與「天」是可以交互為用的。

依以上所論可見，牟先生之無限心大系統融通儒釋道三教，依中國傳統智慧彰顯「圓盈教之大通」，以及「人雖有限而可無限」之理境。其貢獻無人可匹比。然吾人仍須將此無限心大系統與先生規劃的儒家的道德的形上學區分開來，並正視就儒家的道德的形上學與康德從道德進路而展示的形而上學之會通而言，仍有許多工作要做。

吾人一再提出要將牟宗三先生哲學之成果分開兩大方面，也就是要將其「以儒家道德的形而上學為基石的純粹的哲學體系」與其「融通儒釋道三教的無限心大系統」區別開來。後者又稱為「圓善論」體系，此體系作為牟先生獨創的系統是圓滿自足的。前者是接上西方哲學的頂峰康德純粹哲學而確立儒家的道德的形而上學體系，堪稱一項致力於中西哲學系統大綜和的宏大事業，這項事業乃是康德批判地確立的理性本性之學（純粹的哲學）的接續與善紹。此純粹的哲學乃是宇宙性概念之體系，而非只限於學院概念；它關聯著人類的預告的道德史，通過揭明人類理性之稟賦而指示永久和平與全人類福祉的方向與前景。此純粹的哲學本人亦名之為「基礎哲學」，意即根本的不可離的哲學。亦正為此，吾人可提出，「牟宗三哲學開二十一世紀啟蒙哲學之先河」，並指明，儒家哲學研究之方向與前途必須奠基於牟宗三哲學。亦正因此，吾人提出，今天一切有識之士要接續牟先生開闢的中西哲學結合為一的宏大事業，務必契接先生提出的儒家的道德的形上學之洞識及規模，並且進而論明此形上學必包含一個「圓善」說

界統治者的預設」，（A818-819/B846-847）也就是設定「上帝」以作為一切人在其下致力於實現圓善之條件。但吾人不能據此把道德法則視為偶然的，以為一切派生自上帝的意志與命令。

而為實踐的智慧學。

牟先生之道德形而上學之通識與洞見接續著康德開闢與建立的理性本性之學，此通識與洞見正是二十一世紀人類發展急需要之純粹哲學的根基所在。愚意以為，康德開闢而牟宗三先生接續的哲學之宏偉大業，仍有長遠艱難的道路，有待一切關心人類前景的有識之士以慧命相續的信心與不撓的毅力接續前行。大陸上流行所謂「後牟宗三時代」的說法，近年來又有學者提出，牟宗三哲學「可以說已經終結了」。[331]差矣！陋矣！

---

331 楊澤波教授說：「牟宗三上述思想方法已經過時了，失去了進一步發展的潛力和可能。套用習慣性的哲學語，可以說已經『終結』了。本書書名《貢獻與終結》中的『終結』，就是針對這個問題而言的。」（楊澤波著：《貢獻與終結——牟宗三儒學思想研究》，上海市：上海人民出版社，2014年，頁35。）

第四章

就所謂「走下神壇的牟宗三」之說有感而發

第一節　答所謂「三重公案」

　　楊澤波教授著《走下神壇的牟宗三》，用意很明顯，用他本人的話說就是要「把牟宗三從神壇上請下來」。[1]愚意以為，此說法有主觀武斷之嫌。若說楊教授要表達他本人曾將牟先生捧上「神壇」，現在卻認為牟學可休矣，此純屬他個人之事，吾人不必置喙；然楊教授看來視之為客觀評判，則大有問題。牟先生被公認為一位具創闢性的哲學家，一位真正的哲學家，而不是空頭的哲學界學霸，他的位置就絕不會在「神壇」上。牟先生本人就說，「我一生都是做客觀瞭解。」（總389，7）牟先生自道：「我自己沒有憑空一套思想呀，我的思想都是從客觀瞭解裡面比對出來的。」[2]（總389，7）先生表明，客觀瞭解就是「要隨時修改、隨時正視，好好地瞭解。每一個觀點逐一衡量，看它哪一個觀點能站得住。」（總389，7）牟先生本人亦「隨時

1　楊澤波著：《走下神壇的牟宗三》，收入梁濤主編：《中國哲學新思叢書》（北京市：中國人民大學出版社，2018年），頁153。

2　牟先生說：「我寫那麼多的書，都是客觀瞭解呀。我自己沒有憑空一套思想呀，我的思想都是從客觀瞭解裡面比對出來的。第一步是比對，第二步是達到一定的結論，就是達到必然性。這就是客觀瞭解。因為我比較虛心，我沒有甚麼偏見，客觀瞭解方面的能力我比其他人強。我首先要瞭解你，我贊成不贊成是另一回事。因此不存偏見。譬如說，我不是佛弟子，但是我能客觀瞭解佛教。相信佛教的人也不一定瞭解到我這個程度。我也不一定是道家，但瞭解道家沒有超過我的。」（總389，7）

修改」自己的說法，吾人無理由以為牟先生是「神」，[3] 亦無根據認為牟先生的任一說法都是不容商榷的。[4] 事實上，牟先生亦並無以「學霸」自居。[5]

　　牟先生作為一個具創造性的哲學家，吾人不必以其所論是否與康德完全一致來作褒貶。先生之哲思及論說自有其啟發人的智慧與開發人的思考而不可替代者。現在，吾人提出以康德批判哲學為準，以移除儒家哲學與康德會通工作中已存在的障礙，實在是以推進牟先生指出的中西哲學會通之大業為目的的。唯確定此目的，吾人始能有望消解牟學界中種種疑問與詰難。

　　大陸學界有所謂「三重公案」的說法，用陳迎年教授的話說：「一九三三年『良知是個假設，還是個呈現？』的公案，經一九八一年『要康得（德），還是要黑格爾？』的公案，最後演化為一九九五年『牟宗三是理性主義，還是反理性主義？』」[6] 依愚見，此等「公

3　無疑，八十年代大陸文化冰封期結束之始，一批學者受到牟宗三哲學之前所未有的高度與精深的震撼，其中有人將牟先生神化，並不足為奇；然不能推斷到牟先生的位置在「神壇」上。

4　事實上，牟先生在生時，就有學者從各自的立場批評牟先生的學說。唐君毅先生的大弟子李杜教授就不時撰文批評牟先生，其大文〈由牟宗三先生的「客觀的瞭解與中國文化之再造」而評及道德的形而上學〉收入其著：《中國古代天道思想論》（臺北市：藍燈文化事業公司，1992年，頁193-272。）為附篇。該書出版於牟先生辭世之前三年，牟先生亦知道該文，該文對牟先生多所批評，甚至惡意詆詬（李杜從牟先生所著的《現象與物自身》摘取片言隻語，然後以一己成見改頭換面。《現象與物自身》，頁467。說：「不覺則已，一覺就是這一套，不能有其他的更替」，依上文下理，是指康德哲學及儒家圓教之為「哲學原型」而言。李杜先生卻偷換為牟先生自誇「其說」。）然牟先生並不以為忤。李教授站在其基督教立場，以歷史的宗教中的「上帝」等同儒家所言「天」。牟先生曾對吾等學子說，個人信奉基督教，此乃信仰自由，但有些基督教學者刻意以其信仰之「上帝」取代儒家所言「天」，遺害極大。牟先生並無點名批評，其態度是對事不對人。

5　學界中一些學霸盛氣凌人、欺壓後學、威懾學子以從己意，凡此種種，絕不見於牟先生身上。

6　陳迎年：〈一樁三重公案：牟宗三良知呈現是康得式的還是黑格爾式的？〉，《「百年

案」乃因「假問題」而生起，自當隨問題之澄清而了結。

關於第一個「公案」，實在是因為康德學界長久以來將康德言「意志自由」曲解為「只是一個假設」而生起的，吾人已一再論明，依康德，意志自由通過理性在意欲機能中立道德法則之立法活動立刻呈露自身；吾人亦可說，依孔子哲學傳統，本心於立天理之立法活動立刻呈露自身，並無主張先於本心而可有一種「理智的直觀」來將其呈現。[7]

關於第三個「公案」，愚意以為，牟宗三學說並非這種「主義」、那種「主義」，牟宗三哲學之根本乃是「理性本性之學」，於「理性本性之學」有實感者，豈會只專注於拿西方哲學史中的這種「主義」、那種「主義」來貼標籤？！

論到第二個「公案」，實在說來，乃是受西方學界一度流行的所謂「從康德到黑格爾持續發展」說法所影響。於拙著《物自身與智思物──康德的形而上學》（2010）中，本人就提出：「其實，康德本人早就劃清了批判哲學與德國觀念論的界線。」[8]那種「從康德到黑格爾持續發展」的說法只是站不住腳的成見。如迪特・亨利希（Dieter Henrich）在《康德與黑格爾之間──德國觀念論講演錄》一書中提出：「人們要走出那種『從康德到黑格爾持續進展』的成見。[9]」赫費在《康德》一書中直指：德國觀念論持久地改變了批判哲學，甚至為

儒學走向」國際學術研討會論文集》（百年儒學走向牟宗三先生誕辰一一○週年紀念大會，2019年7月13-14日，儒家文明協同創新中心、山東大學儒學高等研究院主辦），頁62。

7　牟先生本人亦清楚，先秦哲學中並無「智的直覺」之義。

8　盧雪崑著：《物自身與智思物──康德的形而上學》（臺北市：里仁書局，2010年），頁390。

9　Dieter Henrich: *Between Kant and Hegel*. ed. by David S. Pacini, Harvard, 2003. 亨利希著，彭文本譯《康德與黑格爾之間──德國觀念論講演錄》（臺北市：商周出版社，2006年），頁401。

某種對康德的持續性的誤解鋪平道路。[10]他說：

> 在黑格爾的學派中產生了一種從康德直到黑格爾發展的哲學史
> 的陳腔濫調，這一發展追隨一種內在的、實質性的和邏輯的必
> 然性，其中康德只不過是被費希特和謝林拾起，而直到黑格爾
> 才被引向圓滿完成的萌芽思想。在康德被貶為僅僅是黑格爾的
> 前階段的同時，黑格爾本身卻被視為觀念論之冠。[11]

　　拙著《康德的自由學說》（2009）已有專章論黑格爾對康德哲學
之摧毀性損害。[12]簡言之有如下幾點：首先，黑格爾對康德批判考察
人類心靈機能的工作及其根源洞識完全不能相應。康德洞見到：哲學
史上曠日持久的紛爭歸根究柢源自哲學家們從未有系統地考察人類心
靈機能的諸能力的先驗本性和原則，各自的有效範圍及相互間綜和統
一之關聯。康德對於人類心靈機能的批判考察工作，目的是經由批判
展示真正堪稱科學的哲學（形而上學）。但黑格爾以為康德的批判哲
學不過是在「考察自己的認識能力的限度」，而他恰恰在這點上一再
揶揄康德。[13]

10　Otfried Höffe, *Immanuel Kant*, Verlag C. H. Beck, München 2004. 赫費著、鄭伊倩譯：
　　《康德——生平、著作與影響》（北京市：人民出版社，2007年），頁266。

11　Otfried Höffe，Immanuel Kant，中譯頁269。

12　盧雪崑著：《康德的自由學說》，臺北市：里仁書局，2009年，第三篇第二章「評黑
　　格爾對康德自由學說的批評」。

13　關此，詳論見拙著：《康德的自由學說》。黑格爾以嘲笑的口吻說：「想要認識於人
　　們進行認識之前，其可笑實無異於某學究的聰明辦法，那就是沒有學會游泳之前，
　　切勿冒險下水。」（G. W. F. Hegel, Werke 8, Enzyklopädie der philosophischen Wissens-
　　chaften I, *Die Wissenschaft der Logik*, Suhrkamp Verlag Frankfurt am Main, 1970,
　　S.53. 中譯見黑格爾著；賀麟譯：《小邏輯》，北京市：商務印書館，1997年，頁
　　50。）又說：「考察認識能力就意味著認識這種能力。因此這種要求等於：在人認
　　識之前，他應該認識那認識能力。這和一個人在跳下水游泳之前，就想要先學習游
　　泳是同樣的可笑。」（同前揭書，S.334；中譯頁259）

　　黑格爾不滿康德的批判哲學「考察自己的認識能力的限度」，反對康德對思辨理性的限制。他標舉「無限的理性思維」，以區別於「單純的知性的思維」。他說：「無限思維一詞，對於那堅持新近一種看法，認為思維總是有限制的人們，也許會顯得驚異。但須知，思維的本質事實上本身就是無限的。」[14]他宣稱「思維自己在自己本身內，自己與自己本身相關聯，並且以自己本身為對象。……無限的或思辨的思維，一方面同樣是有規定的，但一方面即在規定和限制過程中就揚棄了規定和限制的缺陷。」[15]但是，思維何以及有何權利等同存在？黑格爾一無所說。他一味高揚「無限的理性思維」，對之卻無所規定。若無規定性，也就不可能有認識，套用黑格爾的話：「純粹的光明就是純粹的黑暗。」[16]、「一切牛在黑夜裡都是黑的」[17]難怪阿金（H. D. Aiken）在《思想體系的時代》一書第四章論及黑格爾時說：「黑格爾幾乎沒有說出他意指的東西是什麼」，儘管他的「以灰色描繪灰色」的文體出奇地誘人，但「從某種角度上看，黑格的哲學就是一場邏輯的惡夢，是名副其實的理性的放蕩。……這種體系應被叫做一部哲學的《神曲》。」[18]把黑格爾精心構作的邏輯體系放到康德經由人類心靈機能之批判考察而建立的理性法庭上，立刻就暴露出其獨斷性。[19]

　　德國觀念論者不滿康德的批判哲學對思辨理性的限制。康德限制直觀只是感性的，直觀與知性的區分以及二者相互關聯作用一起產生客觀的認識，這是康德認識論革新的要點。費希特反對這種限制，轉

14　Hegel, *Die Wissenschaft der Logik*, S.95；中譯頁96。

15　Hegel, *Die Wissenschaft der Logik*, S.95；中譯頁97。

16　Hegel, *Die Wissenschaft der Logik*, S.105；中譯頁108。

17　Hegel, *Vorlesungen über die Geschichte der Philosophie*, S.22；中譯頁10。

18　H. D. Aiken, *The Age of Ideology* (New York: New American Library, 1956) 中譯見阿金編著，王國良、李飛躍譯：《思想體系的時代》（北京市：光明日報出版社，1989年），頁65、69。

19　關此，詳論見拙著：《康德的自由學說》，頁316-317。

而主張直觀是思維的一種直接意識。他在《倫理學體系》（*Das System der Sittenlehre nach den Prinzipien der Wissenschaftslehre,* 1798）中提出：「思維正是對於能思物本身作為睿智者（Intelligens）所具有的規定性的直接意識，……。一種直接的意識叫做直觀；既然在這裡沒有任何物質性的持續存在是借助於感受被直觀的，而是睿智者直接作為睿智者被直觀，並且只有睿智者被直觀，所以這種直觀就有理由叫做理智的直觀。」[20] 在《全部知識學的基礎》（*Grundlage der gesamten Wissenschaftslehre,* 1794）中說：「知識學以自由的內部的直觀能力為前提。」[21]

康德徹底革新舊哲學思維，其轉捩點在揭明：人類認識的本務不是要達到對於客體之在其自身之性狀的認識，而是要認識客體與我們諸認識機能的關係。但德國觀念論者認為「物自身不可知」的限制是不必要的，黑格爾把康德所論「物自身」（Ding an sich selbst）偷換為「自在之物」（Ding-an-sich），把物自身視為「彼岸」，可見他與康德的物自身學說完全不相應。德國觀念論者聲稱要突破康德提出的「限制」，他們在感取直觀之外虛構一種知性直觀的能力而藉此幻想達到超感觸物的認識。這些不合法的獨斷前提一直作為哲學的牢固基礎，致使哲學界成為永無止境的糾紛的戰場。

黑格爾宣稱自己主張絕的理念論，而把康德貶為「粗淺的主觀的觀念論」。[22] 其實，康德在他自己的系統中使用「主觀的」（subjektiv）

---

20 Fichtes Werke IV, S.47. 中譯參見費希特著，梁志學、李理譯《倫理學體系》（北京市：中國社會科學院出版社，1995年），頁48。

21 Fichtes Werke I, S.88. 文德爾班在《哲學史教程》中恰當地指出：「知識學只從理智的直觀出發發展自己的認識，意識又只從意識對它自身行為認識的反思出發伴隨著這理智的直觀而進行自己獨特的活動。……整個存在只能被理解為智性的產物，而哲學知識的對象就是理性體系。」（Wilhelm Windelband, *Lehrbuch der G eschichte der Philosophie,* S.500. 中譯頁801）

22 Hegel, *Die Wissenschaft der Logik,* S.123；中譯頁128。

一詞並非指經驗上的特殊的偶然的東西，恰當說來，是指「主體性」：主體中包含的普遍性和必然性。也就是主客合一的主體中的客觀性。究其實，黑格爾指斥康德為主觀的觀念論，其意正在反對康德收歸主體論客觀性；反之，他主張「客觀性是指思想所把握的物自身」[23]，客觀性從客體說。康德的批判的觀念論批判地否決一般觀念論視理念為絕對實體的獨斷主張。而黑格爾不過是重新撿回已被康德駁倒的「理念的超越的實在性」的說法而已。[24]依康德的批判考論，單純理念的實在性是被否決了的。理念唯獨在與純粹實踐理性（意志自由）發生關聯中才能從軌約的轉成構造的，從而才能獲得實踐的客觀實在性。而黑格爾的絕對的觀念論卻主張「理念即是客體」[25]，

　　康德的批判考察達到這樣的結論：在純粹思辨方面，「理念甚至比範疇更遠離客觀的實在性」（A567/B595）；唯獨轉到實踐的領域，因著理性成為意欲機能中的立法能力，也就是依靠意志自由，作為原型的理念始獲得其客觀的實在性。[26]黑格爾恰恰與康德相反，他讓他的理念在他的邏輯體系及純思維的真空中飛翔，他排斥批判考察而獨斷地把理性拔高到前所未有的無限的高度。依黑格爾的絕對的觀念論，現象界只是絕對精神的自我開展的中介，甚至人的意志自由、道

---

23 Hegel, *Die Wissenschaft der Logik*, S.116；中譯頁120。

24 關此，詳論見拙著：《康德的自由學說》，頁319-320。

25 Hegel, *Die Wissenschaft der Logik,* S.388；中譯頁421。黑格爾說：「我們直接認識的事物並不只是就我們自己來說是現象，而且就其自身而言也只是現象。而且這些有限的事物自己特有的命運、它們的存在根據不是在它們自己本身內，而是在一個普遍神聖的理念裡。這種對於事物的看法，同樣也是觀念論，但有別於批判哲學那種的主觀的觀念論，而應稱為絕對的觀念論。」（同前揭書， S.122-123；中譯頁127），關此，詳論見拙著：《康德的自由學說》，頁321-322。

26 康德說：「人所可能要停止在其上的最高程度是什麼，而且在理念與其實現之間還可能有多大的距離要存留下來，這些都是沒有人能夠——或應該——解答的問題。因為其結果是依靠於自由；而自由正是有力量來越過一切特定的限度的。」（A317/B374）關此，詳論見拙著：《康德的自由學說》，頁324。

德的應當也不過是絕對精神自我開展中被揚棄的中介物。[27]

康德通過批判考察工作揭明，唯獨經由人的意志之自律證成「超越的自由」，並且，唯獨這「自由」有力量越過一切特定的限度（A317/B374），其充極發展必達至主體性與客觀性、絕對性合一的終極道德創生實體。離開人的意志自由之主體這根源的能力，而向外求一個外在客體的絕對性，那只能製造獨斷的虛妄。這是康德的根源洞見。遺憾的是，德國觀念論諸家無一能相應康德的根源慧識，黑格爾更是從根柢上貶斥康德的批判哲學，連同著也粗暴地毀壞康德的自由學說。

黑格爾以其絕對的理念論之主張抨擊康德所論自由只是主觀的，形式主義的，他批評康德將「自由」只限於作為一個抽象的空洞的形式主義的道德概念。這種曲解對後世學者產生既深且遠的影響。所謂自由是空洞的預設、闇冥的彼岸等學者們評論康德道德哲學的口頭禪，其源頭都可追究到黑格爾。黑格爾以為康德所言「道德」充其量只能算作「主觀的自由」，他不能接受康德哲學中包涵的這樣一種根源洞見：道德主體（即主體自由）自立道德法則，並在服從道德法則的行動中當即客觀化其自己；同時，主體自由連同自由之原則包含世界存在之終極目的，就此而言，超越的自由充極發展至其絕對意義。因而，主體的自由、客觀的自由、絕對的自由三者合一，皆是道德的。[28]

---

27 黑格爾的絕對的觀念論終究並不是要標榜空洞的抽象物或理想物，它高揚「理念」，不過是要服務於絕對精神——現存的基督宗教，以及建築在基督宗教上的客觀精神——國家！黑格爾說：天啟宗教表象的內容是絕對精神。（G. W. F. Hegel Werke 3, *Phänomenologie des Geistes*, Schrkamp Verlag Frankfurt am Main 1970, S.575. 中譯見黑格爾著，賀麟、王玖興譯：《精神現象學》下卷，北京市：商務印書館，1997年，頁258）關此，詳論見拙著：《康德的自由學說》，頁325-326。

28 依孔子哲學傳統，「道德的主體自由」使人成一「道德的存在」，由之而盡性盡倫，則不能不有客觀的意義與絕對的意義。主體的自由、客觀的自由、絕對的自由，一起呈現，一起皆是道德的。關此，詳論見拙著：《康德的自由學說》，頁349-350。

　　依黑格爾之見，在康德道德哲學系統中，「自由」充其量只是主體的自由，不能就現實世界作具體的分析，因而其普遍只是抽象的普遍，而不能達至具體的普遍；[29]依黑格爾看來，主體只能是純然主觀的、個人的；客觀性、普遍性、必然性不能植根於主體，而必須到外在客體中尋求。知康德批判哲學者，必知黑格爾此類批評全不相應。黑格爾於國家、政治、法律，以至歷史、習俗倫理言客觀精神；於宗教言絕對精神。他所論「客觀自由」、「絕對自由」不能在「主體自由」中有其根有所本。究其實，黑格爾論自由與道德毫不相干。[30]道德主體在其眼中被貶視為只是主觀的靜態的，不能有客觀的普遍的必然的意義，更不能有活動的創造性。道德主體在黑格爾心中並無位置，他不相信道德主體能有活動性創造性，不相信客觀性由主體決定而非由對象決定，拒絕肯認只能藉道德主體之創造性以肯定絕對實體的真實性，更不相信道德主體能綜和地轉回於經驗而成就「具體的普遍」。黑格爾主張到外在事物中去置定客觀的必然性；到「上帝的藍圖」、「絕對的精神」去安立絕對的形式。

　　德國觀念論者從費希特起到謝林，乃至黑格爾，他們只視康德為「哲學的曙光」，但不是哲學的完成。[31]他們提出要「擴展」和「完成」康德，完全是因為不滿意康德批判地作出「顯相與物自身之超越區分」及劃定「理論認識」的界限，他們都意圖放棄批判的方法而獨

---

29 黑格爾完全無視康德自由學說通過批判工作而達到的豐碩成果，難怪他在康德之後還要說：「所謂『自由』這個名詞，本身還是一個不確定的、籠統含混的名詞，並且它雖然代表最高無上的成就，它可以引起無限的誤解、混淆、錯誤。」（Hegel, *Vorlesungen über die Philosophie der Geschichte*, S.33；中譯頁20。）

30 黑格爾聲言只關心「道德的內容」，其實，他的主要觀點在如何藉著恢復法權（Rect）的刑罰化解行為與法則間的矛盾，他關心的只是政治的、社會的、倫理的規範手段。黑格爾抽掉道德主體而言之「政治之道」、「倫理生活」，實在稱不上「道德的內容」，因黑格爾不講道德，故亦無所謂道德內容。關此，詳論見拙著：《康德的自由學說》，頁352-353。

31 Otfried Höffe, *Immanuel Kant*，中譯頁266。

斷地建構「思辨的觀念論」。費希特廢棄了物自身，否決了顯相與物自身之超越區分，他也就連同著把批判哲學的「辯證論」都放棄了。在他的知識學中，辯證法成了一種思想的模式，關於心靈（作為自我注視）的基本規定的三段式。後來黑格爾發展他的辯證法，就是仿效這個模式：自在，自為及自在和自為。[32]整個思想被擠壓進一種三段式的模式裡，乃致用來作為套住歷史發展的框架，廣泛被利用的三段式的沒有思想性的外在化成為流行的哲學行話，這使哲學名譽掃地，誇誇其談，空無一物。[33]

事實上，德國觀念論者們提出的那些所謂推動著「批判哲學之批判」運動的問題根本上只是一些「假問題」，形形色色所謂「批判哲學之批判」也只不過是無休止的無的放矢。他們錯誤地以為康德要建構一個主體意識之思辨體系，視康德哲學只是一個單純理念論的系統。根本不能把握康德批判哲學之根源的最高的洞識與宗旨。依康德批判哲學，自我意識之闡釋以及超越的理念論之提出乃是作為建立結合在一個整體中的自然領域與自由領域之兩不同領域的預備工作，這個工作的要點在證成「顯相與物自身之超越區分」，以便合法地於自然概念之領域之外確立自由概念之領域；而不在建構一個主體意識之思辨體系，更不是要建構一個單純理念論的系統。康德的「超越的辯證論」揭明：理性的思辨使用只能思想無條件者，但絕不能認識無條件者。以此駁倒一切舊有的傳統的思辨形而上學，並為轉至理性的實踐使用，也就是轉至自由概念之領域（即道德的領域）去尋求真正的科學的形而上學掃除障礙。三大批判一步步分別考察了從一共同根據

---

32 Wilhelm Windelband, *Lehrbuch der Geschichte der Philosophie*, S.510. 中譯頁815。參閱E.v.Hartmann, Über die dialektische Methode, Berlin, 1868.

33 同前註。如亨利希恰當地指出：「在康德眼中，無論是費希特朝向思辨形而上學的發展，還是他對心靈的實證歷史的辯證建構，沒有一樣是可以容許的。」（亨利希著，彭文本譯：《康德與黑格爾之間》，頁32）

而來的諸種心靈機能，這些能力不是割裂分立的，而是肌理緊密地關聯為一有機整體的。追隨康德批判的解剖刀，我們能夠見到一幅有機整體的解剖圖，而整個體系都輻輳到一個終極根據——意志自由，及其最高原則——自由之原則。康德哲學體系的終極根據和最高原則並非作為絕對的預設一開始就獨斷地提出，而是經由全部批判工作而最終達至的。綜括地說，康德通過第一批判限制了理論認識，從而轉至理性與意欲機能結合的實踐領域去確立超感觸界的認識，也就是依實踐的進路建立科學的形而上學。在實踐領域，意欲機能實化理念，純粹實踐理性就有其真實的客體。純粹實踐理性（意志自由）立道德法則（自由之法則），同時產生其客體——圓善；並且因著圓善作為終極目的而促進及實現自由與自然結合的「目的秩序」——道德的秩序，亦即第二自然。唯獨人稟賦的意志自由，在關聯於自身的存在中完全先驗地立法，因而自身決定自我之實存，這個不平凡的機能使人獨立不依於經驗的直觀之條件而有「我的實存」之分定，因而堪稱人的真正主體。同時，它關聯到道德界的促進和實現，它就在實踐中被證明為創造第二自然的創生實體。[34]

　　以上不厭其詳，講明德國觀念論者損害康德批判哲學，尤以黑格爾之毀壞力最強，對後世康德學之迷失方向影響至深。吾人不必諱言，牟先生亦不能避免受到影響或刺激，諸如反對康德對認識力以及理論理性的限制，不滿「物自身不可知」，主張在感取直觀之外有一種知性直觀的能力達到超感觸物的認識。牟先生在《心體與性體》第一冊之〈綜論部〉引述謬勒（Müller）述介德國觀念論不滿康德論「人沒有理智的直觀」的幾段話，並表示有同感。[35]並且，先生明文表示：「我們所注意於這兩段話的是它表示著對於德國由康德而開的

---

34 關此，拙著：《物自身與智思物——康德的形而上學》上兩篇已經作出周詳討論。

35 詳論見拙文：〈理智的直觀與智的直覺〉，《新亞學報》第28卷（2010年3月號）。牟先生受到那些德國哲學家的影響，可見於《心體與性體》（一），綜論部，頁181-183。

理想主義傳統之簡括敘述。這敘述大體是對的，……。我們從這簡述中，很可以看出德國康德後理想主義底發展是向打通那一隔而期完成『道德的形上學』之方向趨。」[36]、「我的意思是如此：如果實踐理性充其極而達至「道德的形上學」之完成，（在中國是儒家的形態，在西方是德國理想主義的形態），……」[37]顯然，那個時期，牟先生接納了當時學界流行的所謂「從康德到黑格爾持續進展」的講法。對於當時流行的辯證法三段式牟先生也頗感興趣，時有引用費希特發明而黑格爾發展的所謂「自在，自為及自在和自為」。

　　牟先生作為第一輩引進西方哲學，並致力於中西哲學會通的哲學家，受到盛行一時的德國觀念論之影響，並不足為奇。牟先生晚年批評黑格爾是「禍根」，本人時常聽到牟先生指責黑格爾於「實有」上起「辯證」。先生清楚意識到，辯證法只能在精神發展之進程上講，不能在「實有」上講。學者們大多只注意牟先生在《現象與物自身》一書中論及「知性之辯證的開顯」時說：「此步開顯是辯證的（黑格爾的辯證）」。[38]卻鮮有注意到，牟先生晚年一再說：「黑格爾是禍根。」在〈超越的分解與辯證的綜和〉一文中，先生說：「唯有在工夫中才能引起黑格爾所說的『理性底詭譎』、『辯證的綜和』。存在本身無所謂詭譎，亦無所謂辯證。黑格爾最大的錯誤是在這裡有所混漫！西方哲學家對此早有不滿，如羅素即批評黑格爾把 thinking process 和 existent process 等同化」，「黑格爾的《大邏輯》從空洞的絕對存有，即上帝，開始起辯證」，並指出：「辯證的過程即是存在的過程，這就造成了最壞最危險的思想，足以擾亂天下。」，「則世界無不在鬥爭之紛擾中，這種思想便成大亂之源，此即孟子所謂『生於其心，發於其事，

---

36 牟宗三著：《心體與性體》（一）《牟宗三先生全集》第5冊，頁190。
37 同前註，頁194。
38 牟宗三著：《現象與物自身》，《牟宗三先生全集》第21冊，頁126。

害於其政。」[39]牟先生在譯註康德《純粹理性之批判》之〈譯者之言〉中說:「吾嘗謂康德後無善紹者。」[40]此〈譯者之言〉寫於一九八〇年,可見此時牟先生已放棄「從康德到黑格爾持續進展」的講法。

牟師宗三先生的哲學生命是創造性的。先生自道:「數誦以貫之,思索以通之」(《荀子》〈勸學篇〉)。[41]吾人可說,牟先生之哲學乃貫通古今中外諸哲人之慧解而創造性地成就。牟先生說:「吾愧不能如康德,四無傍依,獨立運思,直就理性之建構性以抒發其批判的哲學;吾只能誦數古人已有之慧解,思索以通之,然而亦不期然而竟達至消融康德之境使之百尺竿頭再進一步。」[42]可見,牟先生是以一種融會古人慧識而獨創系統的創造性的哲學家,在這個意義上,牟宗三哲學之創造型態不同於孔子,也不同於康德。孔子是仁者創闢的心靈,不需要思辨。[43]康德「四無傍依」,通過批判的解剖刀揭露其自身所處的西方傳統哲學舊有思維模式產生諸獨斷唯理論的虛幻,同時展示全新的純粹的哲學(形而上學)。康德的全部著作(三大批判,以及道德、宗教、歷史、政治、教育專著)皆基於建立一個科學的普遍的形而上學之宗旨而展開,其體系乃一個通貫整全的系統。吾人可說,康德是徹底顛覆西方傳統舊思維模式的創闢性哲學家。

牟宗三的哲學系統乃是貫通古今中外諸哲學慧識融會而成的一個創造性的體系,就具有兼容並蓄之特點。牟先生誦數中西諸哲人之慧

---

39 牟宗三:〈超越的分解與辯證的綜和〉,《牟宗三先生全集》第27冊,頁463。原載《鵝湖月刊》第19卷第4期,1993年10月號。

40 康德著、牟宗三譯註:《純粹理性之批判》(上)〈譯者之言〉,《牟宗三先生全集》第13冊,頁19。

41 牟宗三著:《圓善論》,《牟宗三先生全集》第22冊,頁15-16。

42 同前註。

43 用牟先生的話說,「它們是天地玄黃,首闢洪濛中的靈光、智慧」,是「直接的靈感的」、「簡易明白、精誠肯斷」(牟宗三著:《五十自述》,臺北市:鵝湖出版社,1989年,頁81-82)。

解，諸如：牟先生所論「邏輯構造」，似有羅素的影子。而言「凡存在即被知」，是引用貝克萊名言：「物體的存在（esse）就是被感知（percipi）。」吾人或可說，牟先生所論「天心」、「無限心」與「識心」二分，可追源於貝克萊（牟師譯「巴克萊」）[44]先生言「凡存在的是現實的」與「凡現實的是合理的」，又是來自黑格爾，在《現象與物自身》一書中，先生就表示：「由唯一的『本體界的實體』（無限心）辯證地（黑格爾義，非康德義）開顯一認知主體以證成『法定象界』。」[45]亦即《認識心之批判》中說：「識心則天心之自己坎陷而攝取命題。」[46]看來是援用了黑格爾絕對精神之辯證開顯說。牟先生對「自在，自為及自在和自為」的三分法，以及主觀原則與客觀原則分立，主觀、客觀、絕對三分的方法亦多有採納。又，牟先生有著名的「一心開二門」說，援用的是佛教「執」與「無執」而建立兩層存有論：「執的存有論」與「無執」的存有論。原本為非存有而奮鬥的佛家，「執」（定相緣起）與「無執」（空卻定相而為空如無相的緣起），不但講出一種存有論，且以「一心開二門」為中西哲學「共同的架

---

44 在《認識心之批判》中，先生說：「說其為現實，等於說其為被知。在全體呈現之範圍內，等於說在被知之範圍內。在此，吾人吸收巴克萊『存在即被知』之主斷。」（《牟宗三先生全集》第18冊，臺北市：聯經出版社，頁6）又說：「說『存在即被知』，在認識心上，只是一敞開之主斷，……此主斷在認識心上，不能有最後之極成，亦不能有客觀之證實。擔負此步極成或證實之責者乃在形上心之建立。」（同上揭書，頁59-60）這形上心在貝克萊就是「神心」，而在牟先生則名為「無限心」。牟先生在《現象與物自身》一書說：「具體而現實的存在就是我所覺知的，依存於心的，不為我知，必為汝所知，不為有限心所知，必為無限心所知，若完全不為任何心靈所覺知，那必不是一具體而真實的存在（巴克萊）。……巴克萊說『存在即被知』固然函著存在是主觀的，如辯士之所說，但重要的是在表示凡存在是具體而現實的存在，認知的心覺是一呈現原則，……。」（牟宗三著：《現象與物自身》，《牟宗三先生全集》第21冊，頁3-4）又說：「在巴克萊本人，他並不以為他所說的覺象是主觀的幻象，他以為這是客觀的實在，是上帝把它呈現於我們的心覺前的。」（同上揭書，頁328）

45 牟宗三著：《現象與物自身》，《牟宗三先生全集》第21冊，頁47。

46 牟宗三著：《認識心之批判》（下），《牟宗三先生全集》第19冊，頁702。

構」。[47]牟先生的哲學處處包容兼蓄，但吾人須肯定，牟先生的哲學生命並不是羅素、貝克萊、黑格爾、佛家的，而是孔子哲學傳統的，是接續康德的最高洞識的。

明乎此，則吾人可知，學者們所謂「牟先生是康德，還是黑格爾？」、「牟宗三是理性主義，還是反理性主義？」都是浮淺的假問題，皆未能相契於牟先生的哲學生命，若吾人於牟宗三哲學之最高的根源洞識有瞭解，能把握牟先生一生哲學奮鬥的目標與宗旨，則必會知牟先生哲學之命脈接通孔子哲學傳統與康德的實踐的形而上學。吾人不必諱言，牟先生受貝克萊、黑格爾、佛家等哲學之刺激或影響，所產生的見解不必與先生本人的道德形上學宗旨相合。誠然，先生該等見解有可以使吾人感到有與康德不相似處，但吾人首要之務是把握牟先生哲學之本質與宗旨。「不可浮光掠影，從枝末點滴上去妄肆譏議也」（牟先生語）[48]。為此故，吾人主張，將牟先生諸種誦數古哲而發的哲學見解與先生把握康德的最高慧識以通儒家哲學而建立的形上學系統區別開來研究。唯後者為吾人志于推進牟宗三哲學之要務。

第二節　師生慧命相續歷程之回顧

本人師從牟先生十八載，在先生的指導下完成碩士、博士學位，及博士後研究，這個過程是吸收的過程，接受哲學訓練、磨練基本功的過程。研習的專業在康德哲學及儒家哲學，此二者為本人跟從牟師學習之專業，亦可說正是牟先生哲學之核心，故在日漸之薰陶中，就培育出師生慧命相續之志願。跟從牟師的十八載，是一步一步進入先生哲學體系之堂奧的艱辛過程，竭力把握其中每一個關鍵詞及重要命

---

47 牟宗三著：《中國哲學之會通十四講》（臺北市：臺灣學生書局，1990年），頁95。
48 語見牟宗三著：《心體與性體》（一），《牟宗三先生全集》第5冊，頁47。

題，用牟先生的詞語說，這是客觀瞭解的工作，同時就是與牟師之哲學洞見與慧識相契接的過程。用一般人帶輕蔑味道的話說，就是「跟著講」。豈知，要跟上一個最高度哲學慧識而又極度複雜豐富的體系，準確地表述其中的概念與命題，絕非易事。故常暗中慶幸能有那一段「跟著講」的過程。若無這樣一段磨練，又如何有後續之師生慧命相續之前行？！豈能以淺薄的口吻斥之為「神化」、「個人崇拜」？！

　　牟先生辭世後，反覆聽牟師講課的錄音帶，在牟師講演整理過程中，不知不覺地習慣了在心中跟老師對話，從不間斷地思索先生對康德的批評。逐漸就形成一種對自己的要求，要接續牟先生會通中西哲學之志業，就要從糾正康德學界對康德批判哲學之諸多誤解與詰難著手。於一九九七年發表拙著《意志與自由——康德道德哲學研究》[49]，開始逐步回應學界對康德哲學的批評，同時也就是與牟先生對康德哲學的批評進行商榷。拙著《意志與自由》一開首就表示了要「跟隨康德走過系統的全過程」之決心，以克服康德學界長久以來因不通貫的頭腦而造成的種種曲解與詰難。「體會康德的整體觀點是一件艱難的工作。康德不採用首先建立命題的方式，甚至不喜為一個概念預先作出限定的定義（略）。他向讀者一步一步展開他的探索過程，經歷不同層面與觀點的考量，越過那通俗的經驗的概念設下的障礙，最後歸到一新的決定性的概念——先驗的概念，亦即理性的概念。除非鍥而不捨地跟隨康德走過系統的全過程，否則沒有人能說瞭解康德，哪怕是把握一個論旨，甚或只是體會一個概念也是辦不到的。」[50]

　　在拙著《意志與自由》中，通過論明先驗的實踐概念並不需要等待直覺（直觀）[51]以便去獲得意義。（KpV 5:5，66）首次回應康德學

---

49 盧雪崑著：《意志與自由——康德道德哲學研究》，臺北市：文史哲出版社，1997年。
50 盧雪崑著：《意志與自由——康德道德哲學研究》（1997年），上篇〈敘論〉。
51 "Anschauung" 在拙著：《意志與自由——康德道德哲學研究》中跟隨牟先生譯為「直覺」。此後著述中譯為「直觀」。

界流行的所謂「自由不能直觀則只是一空概念的說法。「康德在《純粹理性之批判》中堅稱：概念底客觀實在性之證明必須藉賴著相應於概念的直覺（直觀）而被作成。但是康德卻唯一特許『自由』之概念繞過『直覺（直觀）』而轉由道德法則中顯露，他在《實踐理性底批判》中提出：道德法則是自由的推證原則。康德在《實踐理性底批判》中告訴我們，自由底範疇作為先驗的實踐概念，它們在關聯於道德法則中立刻變成一些認知，而並不需要等待直覺（直觀）以便去獲得意義（KpV 5:5，66）。」[52]、「自由不能是一個經驗的概念，自由之實在性惟證之於服從道德法則之實踐之中。」[53]拙著首次提出：要消除康德學界流行的所謂「自由」只是一個空概念的錯誤見解，必須通貫康德三大批判而把握康德自由論證之整體。「首先，康德在《純粹理性之批判》中證明自由可充許被思想，由此說明道德世界之可能，而《實踐理性底批判》則反過來，通過說明道德法則是理性的事實，以推證自由之客觀實在性。最後，在《判斷力之批判》中通過目的論的法則，康德說明了自由的世界即道德的世界即絕對的價值世界，乃創造（宇宙本身）之終極目的。康德就是這樣經由他的三大批判，因著他的現象與物自身底超越之區分[54]的指引，為哲學，亦即為理性尋求絕對物之需要找到一個領域，這就是自由的領域，亦即道德的領域，價值的領域。依康德的洞見，自由與道德的人不可分。」[55]

通三大批判而闡明「自由」之真旨實義，則能明白，康德批判工

---

52 盧雪崑著：《意志與自由——康德道德哲學研究》（1997年），下篇「康德的自由學說」：1.3康德言「超越的自由」之諸意義概說，頁87-88。

53 盧雪崑著：《意志與自由——康德道德哲學研究》（1997年），下篇「康德的自由學說」：1.1自由是批判哲學底全部系統之拱心石，頁74。

54 「現象與物自身底超越之區分」是跟隨牟先生的說法。恰切地說當該是：「顯相與物自身的超越區別」以及將「所有對象一般區分為現象與智思物」。

55 盧雪崑著：《意志與自由——康德道德哲學研究》（1997年），下篇「康德的自由學說」：1.1自由是批判哲學底全部系統之拱心石，頁75。

作要彰顯的唯一的形而上學的實體是「自由」，依此可知，牟先生以為康德主張「散列的三個本體」是值得商榷的。[56]「通貫地瞭解康德的三大批判，當可肯斷：康德的哲學體系中並無多元世界，亦無多個本體。康德批判工作要彰顯的唯一真實的實體是『自由』，而人作為道德的存有，是唯一能在服從道德法則之行動中使『自由』真實化者。三大批判一步一步展示出理性之能力，從經驗的組織者，到行為之普遍法則之制訂者，最後，道德的目的論下，理性是一種顯示人為一道德的存有，同時展現一道德世界之真實性之創造力。」[57]明乎此，則不會視理性為「只是理」。

唯一真實的實體——意志自由——既確立，並在道德的目的論下擴展至統天地萬物而為言的道德的宇宙論，則康德哲學經由三大批判之通貫進程展示出一個真正的科學的普遍的形而上學。儘管康德並沒有像牟先生那樣使用「道德的形而上學」之名稱，然二者意旨相同。關此，前面第二節已有詳論。明乎此，吾人不必如牟先生那樣批評康德只有「道德底形而上學」及「道德的神學」，而沒有「道德的形而上學」。[58]拙著總結篇「康德哲學之根源洞見」就提出：

　　依康德之言，形而上學是一門與我們人類的本性相關的學問，它由理性自身之本性所規定。僅僅自然世界，並不需要有一形

---

56 牟先生認為，在康德的系統內「就上帝，不滅的靈魂，與自由意志，這三者而言，我們不知究竟誰是唯一的本體。因此，只可虛籠地把它們說為是『本體界』者，而不能著實地直說為是『本體』。」（牟宗三著：《現象與物自身》，《牟宗三先生全集》第21冊，頁46。）

57 盧雪崑著：《意志與自由——康德道德哲學研究》（1997年），總結篇「康德哲學之根源洞見」：「總3　一切可能形而上學之歸結」，頁202。

58 牟先生所論見牟宗三著：《心體與性體》（一），《牟宗三先生全集》第5冊，頁141、144。關此，前面第二節有詳論。無疑，康德提出「道德的神學」，徹底顛覆了西方傳統的「神學的道德學」，乃一項偉大貢獻，然吾人不能將「道德的神學」從康德的宗教學說及其實踐的形而上學割離開來看，以為康德就只有「道德的神學」。

而上學，唯有作為道德存有的人於自然世界之外開闢出一個道德的世界，才同時產生一形而上學。道德世界既是超感觸的，同時亦是真實的，道德存有的人就是這道德世界之創生實體。理性在服從自己頒發的道德法則之實踐中創造人為「道德的存有」，道德存有的人就是人的物自身，理性創造之，故亦能認識之。憑藉理性，人認識自己即創造自己，創造自己即認識自己。人開創道德世界即認識道德世界，在這個領域，創造之即認識之，並無認識論與本體論割裂的問題，亦無主客結合的問題。人作為有限的理性存有不能理解上帝創造的世界，但人有充分能力理解自己創造的世界。人作為道德的存有是道德世界的真實本體。至此，吾人可說，道德的形而上學是究極意義之形而上學，它堪稱為一門永久不變的學問。[59]

並且，拙著《意志與自由》已提出，「純粹實踐理性（自由意志）義同於儒家所言心即理之超越義的實體義的心。」吾人熟知，依牟先生之見，西方沒有真正的唯心論，而只有觀念論。然依拙著所論：

康德在理性之思辨使用之外突出理性之實踐使用之優越性，依此兩種使用之區分，吾人可說思辨理性是「理」，而不能視純粹實踐理性為只是理，純粹實踐理性（自由意志）立道德法則，因而創造一個道德世界，由此可說，純粹實踐理性（自由意志）義同於儒家所言心即理之超越義的實體義的心。它不是感觸直覺的「對象」，吾人亦不必以「對象」視之。它是一創造實體，吾人由其創造的結果以客觀地肯認它證實它，而不必

---

59 盧雪崑著：《意志與自由——康德道德哲學研究》（1997年），總結篇：「總3　一切可能形而上學之歸結」，頁202。

依賴直覺（直觀）與知性之作用客觀地決定它證明它（略）。
純粹實踐理性（自由意志）之意義明，則吾人應明，自由意志
之立法雖只是純然的形式，但這形式不僅具邏輯的性格，同時
具存有論的性格。有學者批評康德之「道德法則」僅從邏輯推
理引出（略）。並譏之為「空洞的形式」。殊不知，道德法則之
為道德法則不能不是形式，此在儒家與康德皆同。誤解所由
生，其蔽在只知邏輯意義的認識論意義的形式，而不知存有意
義的創造義的形式。道德法則之為形式屬後者而非前者也。[60]

　　愚意以為，吾人不能如一般康德專家慣常所做那樣，把康德套進
西方哲學傳統中舊有的這種「論」或那種「論」的圈套裡解讀。恰切
地說，在批判的體系中，「經驗的實在性」與「超越的觀念性」乃人
類心靈認識主體之一體二性，不能混同於西方哲學傳統中二者對立的
「經驗的實在論」與「超越的觀念論」。不能忽略，康德所論「超越
的觀念性」是必定於經驗中有效的，並且，「超越的觀念性」進至實
踐領域中「實化」（realisieren）。[61]
　　又，在拙著《意志與自由》中，首次提出，康德言「實踐的自
由」有兩義：意志之自由與抉意之自由。「康德從『意志底因果性』，
即從意志底立法性說『超越的自由』之實踐意義，這是『實踐的自

---

60 盧雪崑著：《意志與自由——康德道德哲學研究》（1997年），總結篇「康德哲學之
　　根源洞見」：「總3　一切可能形而上學之歸結」，頁207。道德法則之為形式，並非
　　邏輯意義的認識論意義的形式，而是存有意義的創造義的形式。若能明白此義，相
　　信牟先生也不會認為：「自由縱使我們通過道德法則而可以清楚地意識到它，吾仍
　　說它是一個冥闇的彼岸——無智的直覺以朗現之，它就是冥闇，冥闇就是彼岸，不
　　真能成為內在的，雖然康德可以說它在實踐的目的上而可為內在的，這其實是一種
　　虛的內在。」牟宗三著：《現象與物自身》，《牟宗三先生全集》第21冊，頁64。
61 牟先生有時也跟隨康德學界專家稱康德為「最大的經驗實在論者」，以及認為康德
　　是觀念論者。

由』的第一義。此外，康德說：『自由，依其實踐的意義而言，就是抉意（Willkür）之獨立不依於由感性衝動而來的迫束」（A534/B562）。這是康德關聯著抉意（Willkür）而言「超越的自由」之實踐意義，是『實踐的自由』兩義中之另一義。在康德的實踐哲學系統中，實踐之事關涉到意志（Wille）與抉意（Willkür）兩層作用，前者是頒布客觀原則之能，後者是決定主觀格準之能，因應這兩層作用之區分，亦相應地有兩義：意志之自由與抉意之自由。」[62]並且指出，"Wille"、"Willkür" 英譯存在的問題：

> Willkür一詞在康德道德哲學中占重要位置，然在諸種英譯本中得不到劃一的譯名，甚至同一譯者在康德的諸種著作的翻譯中所採用的譯名也先後不一致。在《原則》（《基礎》）一書中，康德兩次使用Willk，Abbott譯本分別譯作 "freedom of action"（註略）及 "involuntarily"（註略）。Abbott此譯致使康德在《原則》（《基礎》）一書中使用Willkür的原義失去，經Abbott的英譯而翻譯作中文，讀者當然不能從中譯本中捉到Willkür的影子。《原則》（《基礎》）一書這兩處Willkür，Paton譯作 "choice"，此譯較Abbott譯有改進。但是，choice仍然不能恰切地相稱地全盡Willkür的函義。
>
> 此後，在《實踐理性底批判》的英譯本中，Paton一貫地以choice譯Willkür。Abbott則譯Willkür作 "elective will"，譯wille作 "will" 或 "rational will"。M. Greene與H. Hudson合譯《宗教》一書，在第一版本中，Willkür一詞採用了四種英譯："choice"、"power of choice"、"will"、"volition"。該書再版之

---

62 盧雪崑著：《意志與自由——康德道德哲學研究》（1997年），下篇「康德的自由學說」：「1.3康德言「超越的自由」之諸意義概說」，頁186-87。

時，John R. Silber為此英譯第二版本寫了一篇推介，一，承認第一版本對 Willkür 一詞作多變的翻譯會誤導讀者。[63]

Willkür 一詞中譯為「意念」，如此一來，意念一詞劃歸感取界，「抉意之自由」之義則被忽略。牟先生的中譯亦如是，以致「把意志劃歸智思界，而意念一詞劃歸感取界，將意念與意志的區分簡單地等同現象與物自身的區分。」[64]為避免混淆，拙著以圖表標出康德論意志的基本架構。[65]

二〇〇〇年，拙著《實踐主體與道德法則——康德實踐哲學研究》[66]出版，乃是繼《意志與自由——康德道德哲學研究》後的研究成果，進一步就康德學界對康德實踐哲學的批評提出商榷。康德學界自黑格爾以降一直流行一種權威說法，以為康德論道德法則只是形式，批評康德所論意志自由只是「設準」，故而缺乏道德的動力。吾人熟知，牟先生亦持這種說法。拙著《實踐主體與道德法則》就這種權威定見提出商榷，要點在提出必須「通觀康德的實踐主體立法學說」，道德哲學作為理性之實踐使用的研究必須是對作為人類心靈之高級意欲機能活動的通貫整體研究，如下：

> 依康德的說統，高級的意欲機能包括自由意志、道德的存心、自由抉意。總說是一個意欲機能，從其活動層序分說，自由意

---

63 見盧雪崑著：《意志與自由——康德道德哲學研究》（1997年），上篇「康德的意志學說」結尾：康德專用語翻譯問題。頁9-11。為劃一 Wille 、Willkür 、Wollen 三詞的中譯，拙著對照德文本一律以「意志」譯「Wille」，以「抉意」譯「Willkür」，以「決意」譯 "Wollen"。

64 盧雪崑著：《意志與自由——康德道德哲學研究》（1997年），頁6。

65 同前註，頁7。

66 盧雪崑著：《實踐主體與道德法則——康德實踐哲學研究》，香港：志蓮文化部出版社，2000年。

志立道德底最高原則，意志自律是為抉意而律；自由抉意立德
行底最高原則，抉意自律是為行為而律。意志所立法則作為理
性供給自由抉意的純粹法則，必是抉意的內在決定根據。依康
德在 *Metaphysik der Sitten* 一書中所言，由於意欲的內在根據在
於主體的理性中，這種意欲機能便構成意志（MS 6:213）。在
這種意志下可包括抉意（Willkür），也可包括單純願望（blo β
Wunsch）的行動，這是就理性在它的活動中可以決定欲望的
能力而言。那種可以由純粹理性決定的抉意，構成了自由抉意
（MS 6:213）。依康德，意志與抉意構成意欲機能不可分的統
一體，它自身即包含有自求實現的力量。有學者將意志立法從
意欲機能之整體活動分割開，以此批評康德的立法主體只是立
法者，本身不含實現法則的力量。這種見解值得商榷。[67]

通觀康德的實踐主體立法學說，行為的道德性體現於高級意欲
機能之通貫活動中，而道德法則是貫徹始終地起作用的，它直
接地決定意志，同時存在於抉意獨立不依於經驗及一切性好而
選取格準的決定中。道德法則既是客觀的動因（Bewegungs-
grund），同時是主觀的動力（Triebfeder）。在主體的理性中有
其根據的意欲機能即是實踐理性，包含意志與抉意，既是立法
之能同時是實踐力量，自我立法自求踐履。一個只立法而無實
踐力量的意志，一個只是「空理」的意志，那不會是康德的意
思。[68]

拙著《實踐主體與道德法則》「康德實踐主體學說綜述」及「康

---

67 同前註，頁67-68。
68 同前註，頁68。

德的實踐主體立法學說」兩章，嘗試提出康德實踐主體立法通貫體系的一個綜說，茲概略引述如下：

> 康德依循著內心規劃好的藍圖，畢其一生地一步一步向讀者展示他在實踐領域探索的成果。康德從沒有就實踐主體的立法給出一個提綱挈領式的綜說，並且，實踐主體立法活動遠較知性立法活動錯綜複雜。這是為什麼學者們不難把握批判哲學中「知性為自然立法」的義蘊，卻在「實踐理性為行為立法」的理解上難以達成一致。評論家批評「知性為自然立法」大多是出於不能接納這種見解，但他們批評「理性為行為立法」卻是因為他們並未瞭解康德的主張是什麼。
>
> 在學術界有一種廣為學者們接納的見解，那就是將康德的理性立法學說簡化為「意志（Wille）立法」，隨之批評康德的道德主體立法只充作判斷原則而與踐履原則無關。這種見解顯然與康德就實踐主體立法活動所作的精微考察相距甚遠。康德道德哲學的批評者喜好採用簡單化的割截的手段將康德的實踐哲學歸約為幾個學術標籤，他們毫不惋惜地將康德苦心孤詣地從事的精密細微、絲絲入扣的超越分解工作一筆勾銷，連帶著也大刀闊斧地砍掉康德的批判精神。[69]

　　康德學界一個影響深且廣，又危害極大的權威說法，就是認為康德的道德學說是「空洞」的形式主義而沒有實踐動力。牟先生也一定程度受到這種說法的影響。究其實，此種對康德之誤解完全出自學者們將《德性形而上學的基礎》（簡稱《基礎》）與《實踐的理性批判》及其他相關著作割裂開來看待。吾不安於此，關此，於拙著《實踐主

---

69 盧雪崑著：《實踐主體與道德法則──康德實踐哲學研究》（2000年），頁51。

體與道德法則》作出回應：

　　康德一再提醒，在《原則》(《基礎》)這本著作中，最高的根本的道德原則只是因著普遍被接受的道德概念之發展而展示出（略），這步建立工作純然是分析的，非但不假借經驗，並且滌除一切經驗的屬於人類學的因素。《原則》(《基礎》)一書以「截斷眾流」(牟宗三先生語)的方式突顯道德之純粹性嚴整性，在當時哲學界來說，確實是一項全然不同的考論。依康德，道德作為德行的形上根據，首先歸屬於「理性存有」而不必從人類的特殊屬性作考量。康德主張，道德哲學不能從原則之應用於全部系統之適當性開始，雖然那樣做能帶來方便，但並不能證明原則的健全性（正確性、極成性），相反，這種對於原則的應用之關注足以阻礙我們嚴格地單就原則自身作考察及評估（Gr 4:392）。

康德將他在道德哲學領域中創發的一個哥白尼式革命只當作一「設想」而陳述於《原則》(《基礎》)中，以便引起注意。其實，康德在這本小書中已經告知我們，這個理性的「設想」將要在實踐理性之批判工作中被必然地證明，實在說來，除「純粹實踐理性之批判的考察」以外，德行底形上學並無其他基礎可言（Gr 4:391）。我們不能將《原則》(《基礎》)與《實踐理性底批判》及康德的其他著作割截開，而視《原則》(《基礎》)為康德道德哲學之全部。那在《原則》(《基礎》)中獨立不依於人類學的，也就是分析地建立的德行底最高原則，在《實踐理性之批判》中因著人類實踐理性實有自立道德法則之能而成為一「理性的事實」，「理性的事實」是就人類作為一「理性存有」而言。在《實踐理性之批判》中，康德的關切點是那獨立不依於經驗的並且是人類學的特殊屬性而成立的道德

原則如何作用於作為理性存有的人，也就是說，《原則》（《基礎》）中分析地建立的道德最高原則在《實踐理性之批判》中是批判地說明的人類純粹實踐理性底基本法則。

如果說康德在《原則》（《基礎》）中僅僅以「理性存有」之理念為依據建立道德法則，那是確實的。但是，若以為經《實踐理性之批判》考察而肯斷的同一於純粹實踐理性之基本原則的道德法則依然與人類的主體構造不相干，只是空洞的形式而沒有實踐力，那是對康德學說的扭曲。試想，如果康德的道德哲學果真是超乎人類本性的「自律」之空談，這樣一種學說能有半點價值嗎？「自律」而又不能是踐履原則，哪還算是自律嗎？康德必不會犯如此簡單的錯誤，錯誤恐怕只出在粗心的批評家們簡單的頭腦。事實上，康德在《原則》（《基礎》）一書中已強調「作為法則的格準之普遍性（道德）所以使我們感興趣是因為它對於作為人的我們是妥實的而然」，蓋因為道德在我們作為睿智體的意志（純粹實踐理性）中有其根源（Gr 4:449）。在《實踐理性之批判》中更明示道德法則作為純粹實踐理性之法則包含三性：既作為行動之一形式的決定原則，又是這行動底對象之一材質的而又是客觀的決定原則，同時它對於我們選擇格準的執意有一推動力，因而它亦是一主觀的決定原則。康德如是說：（略）（KpV 5:75）恰切地說，康德關切的是人類的超感觸的本性，他苦心孤詣所探究的是智思界的道德法則如何並為何與人類諸機能之先驗成素相關，以及「道德」作為智思界的理念如何關聯於人類主體構造而轉至德性（Tugend），並以此奠定倫理之形上基礎。[70]

---

70 盧雪崑著：《實踐主體與道德法則——康德實踐哲學研究》（2000年），頁54-57。

　　康德學界流行的錯誤做法就是抓住在《原則》(《基礎》)一書中，康德強調最高的根本的道德原則之建立工作純然是分析的，滌除一切經驗的屬於人類學的因素，就批評康德在道德實踐之事中排除良心、道德情感等因素。回應這些批評，拙著論明「實踐主體乃知情意合一的超越主體」，以此對康德學界將自由抉意 (freien Willkür)、良心、道德情感一概排除於康德的道德哲學之外的做法提出商榷：

　　　　如所周知，康德創闢超越的主體理論，在其道德哲學體系中，實踐主體就是人之為人的超越主體。但是，不是很多人留意到，這超越的主體是知、情、意合一的主體。最常見的曲解是只視康德所言立道德法則的純粹實踐理性（自由意志）為道德主體，而將自由抉意 (freien Willkür)、良心、道德情感一概排除于康德的道德哲學之外而誤置于實用的人類學。[71]

　　　　作為理性的事實，道德法則是康德道德論證的阿基米德支點，但是，建立道德底最高原則在康德的實踐哲學工作中只是一個起點，從這個起點出發還要經歷一段艱難曲折的路途，以便探明：有現象與物自身兩觀點以視其自己的人當其以物自身的身分視其自己（即視其自己為超感觸者），其主體之諸機能（包括知、情、意）之先驗綜和活動是如何可能以及如何進行的。這項工作的多面向不僅在《原則》(《基礎》)、《實踐理性底批判》、《道德形上學》三書中依次發展，並且包括《單在理性範圍內的宗教》（以下簡稱《宗教》）一書，甚至必須進至《判斷力之判斷》方可謂最後完成。[72]

---

71 同前註，頁43。
72 同前註，頁35。

就康德言抉意決定行為底格準，以及存心即格準之採用的主觀根據觀之（略），抉意及存心可有經驗的性格。人，作為也受感性影響的理性存有能夠作出與他自己的立法理性相違背的抉擇，這種情況經常在經驗中發生。人作為感取界的存在，他有一種任意選擇的能力，康德以 "sinnlichen Willkür" 稱之，就此而言，抉意與存心都是經驗的。但是，人作為智思界的存有，他必然地獨立不依於經驗條件及一切感性動力而決定一格準與意志所立道德法則相符合，這是自由抉意的能力，這能力不是感觸的經驗的。作為自由抉意之基本的主觀根據就是道德的存心（moralischeGesinnung），這道德的存心也不是感觸的經驗的。有學者抹掉自由抉意及道德存心作為先驗實踐主體這一層，並因此以為康德無法解釋作為智思界的道德法則如何能對行為產生影響力。依照他們的解說，康德的道德立法沒有踐履的力量，因而所謂自律也只成一個空頭的自律。一個空頭的自律毋寧只是一個假自律真他律。這種粗疏的解說對康德道德哲學危害之深，恐怕是學者們始料不及的。

在康德道德哲學的說統中，「抉意」這個概念地位很重要，它是人的智思界身分與感觸界身分之間的一個媒介概念。粗心的學者很容易違離康德原意而以自己的想法去詮解這個概念。康德似乎預料到這種曲解會發生，他在 "Metaphysik der Sitten" 一書中就特別指出：抉意自由（Freiheit der Willkür）不能界說為一種不重要的個人任性的自由（libertas）。[73]

良心的超越意義及其神聖性與純一性正彰顯康德哲學的根本精神——高揚個人內部的自由。由良心而彰顯的內部自由與由高

---

73 盧雪崑著：《實踐主體與道德法則——康德實踐哲學研究》（2000年），頁64-65。詳論見前揭書上篇第三章第三節「抉意自由與內在的理性立法相關聯」。

級意欲機能自立普遍法則而彰顯的立法自由關聯為一，構成主體自由的整全意義。

分解而言，立法的自由屬客觀的，而良心之內部自由屬主觀的。但康德的批判工作並非要停在主客二分上，他的哲學思考總是致力於超越二分而通往一致性。在實踐哲學的領域中，客觀的形式原則由理性供給；動力則關涉主體的感受性。而「良心」作為一種根源的先驗的能力，它上通道德法則與義務，下貫主體的感受性。透過「良心」的運用，我們能夠覺知道德法則之主客一致性以及實踐主體機能活動的一體性。

康德對於形式與材質，理性與感性分別考量，嚴加區分的方法，通常被誤解為二元對立的架構。持有這種見解的學者，依照傳統西方哲學中區分理型與質料的二元論詮解康德，依照這種傳統，形式與內容被視為兩種不同的存有原理，兩者間沒有共同的根源，也不可相互過轉。他們以這種思路去解說康德，當然不能把握康德的真義。又或者，他們雖然注意到康德採用了一種先驗綜和的新方法，但他們以為那是不可行的。黑格爾反對康德的良心說即屬後者。[74]

牟先生對康德的「良心說」也有所批評。牟先生認為康德言「良心」只是心靈之感受性底主觀條件，而不是道德底客觀條件，顯然良心與法則是二，不是一（康，頁449）。須知，牟先生對康德「良心說」的批評僅限於 *Metaphysik der Sitten* 一書中的兩小節，並且採用的是隨文點示的方式，而未有就該問題作系統的綜述。我們知道，康德哲學的特點是一詞多義，而且一詞之諸義在不同方面的考量甚至在不同的著作中漸次展示。

---

74 同前註，頁91-92。

我們要把握康德「良心說」之真義，必須將分說的良心諸義還原為統一體來瞭解，並且還要進一步將良心復歸於實踐主體諸機能之統一體來瞭解。鑒於以上兩個理由，我們就牟先生提出的問題作深一步探究，應是有益的。[75]

在康德的說統中，道德法則並非知解理性的抽象思考形式，也不是在人們心靈之外另有根源的他律之理。當康德把意志等同實踐理性，就是說當康德揭示出理性在思辨使用之外實有另一實踐的使用，就涵著說理性的原則（道德法則）本身是有實踐力量的，它的根源在人的心靈中。而道德法則的力量就體現在我們的良心的權威中。

孟子言「心之官則思」（《孟子》〈告子上〉），思是思個天理。又言「義理悅我心」，心悅也是悅個天理。分說，能思能悅是心，所思所悅是理，一本地說，理自心發，心就是理。依康德的說統，實可說實踐理性所思是道德法則，而良心所悅是道德法則，所思所悅是一。假若我們把康德分別言的純粹意志（純粹實踐理性）之立法活動與良心之活動通貫起來以整一的心靈主體活動視之，則我們可領悟到，純粹實踐理性與良心合一的心靈主體等同孟子所言「本心」。但如果把「良心」從實踐主體分割出去，把良心視為感性的心，以實踐理性（純粹意志）為只是理，以這種思路解說康德，難免要把康德的道德學曲解為一個「析心與理為二」的系統。實在說來，康德費大力氣扭轉他律道德的方向，其要旨就在要從析心與理為二轉至合心與理為一。蓋因為自律道德的本質意義就在合心與理為一，一個析心與理為二的系統同時又是道德自律的系統，那是自相矛盾的。[76]

---

75 同前註，頁106。

76 盧雪崑著：《實踐主體與道德法則——康德實踐哲學研究》（2000年），頁109-110。

　　康德經過一段長時期的審慎考量，在他最終確立的道德哲學系統中，他並非簡單地將外在的理性主義的形式原則與內在的道德情感的材質原則混雜一起以作為倫理體系的基礎，也並非簡單地二者只取其一。我們見到的是一個在複雜的多重綜和中展示的統一體，在這個統一體中，心靈機能的三個基本要素——認知機能、意欲機能，以及作為欲望機能之內部根據的快與不快之情感——有著一個共同的根源，並且每一種成素本身都有某種成素包藏在另一成素之中。當康德提出意志即實踐理性，他實在已結合了認知機能與欲望機能而揭示出一個實踐立法機能。而在倫理立法（義務立法）這一層，康德提出尊敬法則，即結合了高級的欲望機能與情感。最後，在《判斷力之批判》中，經由揭示快與不快之情必然地與欲望機能結合在一起（即情感是欲望機能之內部根據），康德得以藉先驗的主觀合目的性原則完成自然人至作為「道德存有」之人之過轉的說明。康德對「情感」之探究較之於對原則之研究更曲折更費煞苦心，在他的每一部道德哲學論著中分別討論其諸含義的一面。若不能把握知、情、意關聯一體的脈絡，實不能瞭解康德「道德情感說」之要旨及其深刻而豐富的含義。須知康德之學分解以立義，文理密察，氣命周到，機理分明，而又一氣貫通。其要義實不是囫圇吞棗、咬文嚼字、望文生意、斷章取義者所能把握。[77]

　　康德在其道德哲學系統中以道德法則為首出，粗心的批評家容

拙著第四章專門研究康德的「良心」學說，共六節：4.1 良心——人們心內的一種聲音、4.2 康德的「良心」概念、4.3「良心」之諸功能、4.4 關於黑格爾批評康德「形式主義良心觀」之我見、4.5 評叔本華對康德「良心說」之批評、4.6 論康德「良心說」並非「析心與理為二」。

77 盧雪崑著：《實踐主體與道德法則——康德實踐哲學研究》（2000年），頁115。

易因此發生聯想，以為康德高揚理論理性，而忽略道德情感
的重要性。康德之後，現象學倫理學的代表人物舍勒（Max
Scheler）就提出要克服康德的形式化倫理學，他在其代表作《倫
理學中的形式主義與非形式的價值倫理學》一書中批評康德錯
誤地製造了倫理價值形式與倫理價值內容之間的截然對立，又
批評康德把道德價值的主體只視為「應當法則」，而「應當法
則」只能是理性原則，只能從理性活動而來，不能從價值感而
來（略）。此諸多批評都是似是而非，其實與康德的問題並不
相干。康德分別考量形式與內容是批判的超越的分解工作的必
要程序，經由這程序要說明的是形式與內容的先驗綜和，絕非
要製造什麼「截然對立」。……。依照康德的意思，道德價值
的問題是行動者的內部自我立法的問題，也就是實踐主體之存
心問題。康德在《原則》（《基礎》）一書中還說：對道德法則
的尊敬才是那能給行為以道德價值的動力（Gr 4:440）。舍勒
卻將康德的問題簡化為只是一個空洞的形式原則。康德揭示出
價值感之先驗根據在主體的立法性，此洞見解開了道德情感何
以能有普遍妥效性之迷。而舍勒看來對康德的貢獻置若罔聞，
他提出一種「先天的意向性體驗」之「價值感」（略），實在是
將問題倒退到謎底揭曉之前。[78]

在康德的說統中，心靈諸機能（知、情、意）綜和活動是實踐
之事的一個事實，而道德哲學的任務旨在說明這個事實為何以
及如何可能。同樣，人作為「理性存有」，以及人作為具有人
類諸特殊屬性的存有是先驗地統一於每一個作為個體的人的實
踐活動之中，這也是實踐之事的一個事實，而道德哲學也必須

---

78 同前註，頁122-123。

對於這事實有一說明。[79]

拙著《實踐主體與道德法則》注意到，康德的道德哲學中一個重要的洞見，那就是：人「有兩個觀點由之以看自己」。並指出：康德學界流行一種誤解，就是將康德的「兩個觀點」說曲解為「兩個主體」、「兩個世界」，以致詰難康德將道德主體視為空洞的設準，指責康德道德哲學是「非人性的」、「非人類的」。

> 康德在《純粹理性之批判》中展示出「現象與物自身（智思物）之超越區分」的洞見，並在其道德哲學中進一步發展這一洞見，提出人「有兩個觀點由之以看自己，並由之以認知其機能底運用之法則，因而結果也就是由之以認知一切他的活動之法則」（Gr 4:452）。這就是說，人一方面當作一睿智體認其自己為屬於超感觸界，他是受制於道德法則的；另一方面就他屬感取界而言，他見其自己服從自然法則（Gr 4:452）。我們必須注意，康德是說我們有兩個觀點由之以看同一對象同一自己同一機能同一主體的活動，這個地方「同一」很重要，也就是說，康德並非主張心物二元，不是主張現象與物自身（智思物）二元，也不是以立道德法則的主體為物自身，以自由抉意、良心、對道德法則之尊敬為現象，更沒有將主體的不同機能割裂為對立主體性二元架構。康德所言「受制於道德法則的」人的物自身身分，不會僅僅是立道德法則的主體（自由意志、純粹實踐理性），當人以物自身觀點視其自己，則他以物

---

79 同前註，頁123-124。拙著：《實踐主體與道德法則——康德實踐哲學研究》第五章專門研究康德的「道德情感說」學說，共六節：5.1論「情感」不能作為實踐原則之基礎、5.2「道德情感」諸義之簡別、5.3論尊敬、5.4論動力、5.5論快樂或不快樂之情、5.6論「共感」。

自身觀點視其全部主體機能，不但他的意志受制於道德法則，
他的自由抉意、良心、情感皆受制於或受影響於道德法則。通
觀康德的批判工作，應該能見到康德的旨意，他提出現象與物
自身的超越區分，並非意在確立二元對立，恰恰相反，他旨在
探究在知解理性看來是互不相干的兩個領域，如何在實踐理性
中是先驗綜和地統一的。康德關心的是綜和統一，而不是對立
分裂。[80]

康德實踐哲學的任務就是要探究人以物自身身分視其自己因而
把自己昇舉為一睿智體，即昇舉為一道德的存有時，其諸機能
底運用法則及諸機能活動之間的整體通貫性。……。無疑，在
康德的說統中，實踐主體是超越的，就我們人的睿智體身分而
立論，但不意味說這主體只是一個虛的智思體。依康德的洞
見，人作為睿智體的存有是我們人自己理想地將自己運轉於智
思界（道德界），請注意！是我們人自己，是現實中同一個
人，因著理性的本性，必然地除感取的觀點外同時也以物自身
的觀點視其自己。康德哲學的批評者通常在這一點上誤解康
德，他們誤以為「理性的存有」、「作為睿智體的存有」在康德
的說統中只是一個設準，甚至認為康德的道德原理「對人性是
假的」。
無疑，康德在知識論中極力強調理性概念只是空概念，沒有經
驗的實在性，他斷然否決了知性可有直覺（直觀）的能力，因
而提出其著名的物自身不可知說。經康德的批判，那一切宣稱
理性可獲得超感觸對象的知識的學說，把理性視為獨斷似神諭
的學說，以及主張非實質的靈魂完全異類於實質的軀體而為一

---

80 盧雪崑著：《實踐主體與道德法則——康德實踐哲學研究》（2000年），頁43-45。

知覺實體的學說，皆被證明是錯誤的。這被譽為西方哲學的一項偉大功績。康德是那麼珍視這項功績，當他的研究邁進實踐哲學的領域，即使那已是完全不同的領域，因為在那裡，並非要去對外在的客體形成知識，而是要研究理性本身創造對象的能力、法則，及其界限。但康德仍要不厭其煩地聲明：任何實踐的概念若作為知解理性的命題，皆是不可理解的。自由之理念「如果理論的或知解的考量之，它必應是一超絕的概念」（略）。這種反覆的叮嚀，令本來就思路不清的評論家把這個理論上說的「不可理解」、「不可知」、「只是設準」誤以為實踐上也是虛的非真實的。忘記康德同時亦反覆強調：在實踐哲學的領域，實踐底概念經由服從道德法則的實踐活動而真實化。……。

簡而言之，在道德之事中，我們並非要知解地理解我們自己的真正自我，不是要問實際發生者之理由。也並非旨在要得到一些關於特定行為規範的知識，而是要依據理性法則創造我們自己的存在。道德法則是智思界的基本法則，它理想地把我們運轉於一個「超感觸的自然之系統」之中（KpV 5:43）。但道德法則不是一個思辨理性上的「空理」，而是實踐理性的一個事實，它是當我們為我們自己追溯意志之格言時能直接意識到的，對於作為理性存有的我們，這是千真萬確的事實。康德煞費苦心要說明的就是這事實為何及如何是可能的。

在康德漸次展開的精密而博大的道德哲學系統中，頭一階段（《實踐理性底批判》連同其先導論文《原則》〔《基礎》〕的工作是探究實踐理性之先驗原則。在這裡，康德反覆強調：「我們必不要使純粹實踐理性底諸原則依於人類理性底特殊本性」。就是說，道德底原則不能在受影響的一般而言的理性的人性觀中尋求，更不能在只能從經驗中得之的人性底知識中尋求。並一再提出：必須從純粹的理性中引申出道德底原則，把

它們呈現為純粹而無雜（Gr 4:411-）。康德採取的方法是真正的哲學方法，他關心的問題毫無疑問是真正的哲學問題。而批評家們總是從實用倫理學的角度，社會學的角度，甚或從行為科學的角度評判康德的工作，那種批評是毫不相干的。因此指責康德的道德哲學是「非人性的」、「非人類的」，更是驚人的曲解。[81]

　　拙著《實踐主體與道德法則》反覆指明，自康德那個時代開始，學者們就「以經由從思維中除掉特殊屬性的方法抽象出一個概念的思路」解說康德的實踐底概念，而完全看不到康德已超越出這種傳統知識論的窠臼。拙著提出：

　　康德道德學中「有理性者」、「睿智體的存有」並非一個經由思維所產生的超驗實體的抽象概念，康德所言道德原則也不是從邏輯程序推演出的合法則性的抽象概念。如果我們能去掉望文生義的陋習，而肯仔細研讀康德的著作，我們不難見到康德清楚確定地告訴我們，在他的道德哲學中，一切概念皆是實踐底概念，實踐底概念不同於知解的概念，它不從特殊的經驗歸納出，也不從思維的抽象而得到，它是從人類實有道德活動這一理性事實著手，解剖其所以可能的超越根據而得出。[82]

　　人不但有感性的本性；同時兼具超感觸的本性。前者是人的經驗性格；後者是人的睿智性格。這是康德對於人類本性整全之重要揭示。康德道德哲學的基礎就是人的超感觸的本性，就是

81 盧雪崑著：《實踐主體與道德法則——康德實踐哲學研究》（2000年），頁43-48。
82 盧雪崑著：《實踐主體與道德法則——康德實踐哲學研究》（2000年），頁49。

人的睿智性格，亦即是人的人格性。請注意！是人的！依康德，一切道德底概念皆「以巨大可讀的字句寫在人們的心靈中」（KGS 8:287）。[83]

依上所闡述，吾人實在沒有理由就像錄音機一般，重複播放著意志自由只是「設準」的老調子。明乎此，牟先生也不必以為康德不視意志自由為人的性。並且也不必對康德就理論上說的意志自由「不可理解」、物自身「不可知」那麼耿耿於懷。康德一個根源的洞識就在揭明：一切先驗的實踐的概念皆不依待直觀而獲得意義，而是在與自由之至上原則（即道德法則）的聯繫中立即就成為認識。（KpV 5:66）

本人著手撰寫《實踐主體與道德法則——康德實踐哲學研究》一書時，就清楚意識到：「以道德法則為首出」乃消除學者們所謂「意志自由只是預設」之詰難的關鍵所在。「康德的批判工作採用了一種全新的哲學論證方式。康德所以要革新傳統的哲學論證，旨在擺脫以未經推證的第一原則為邏輯前提而必然導致之獨斷主義。」[84]因此，拙著下篇「論道德法則」闡述康德之道德論證，以道德原則的解釋為要務，包括「道德原則之形而上的解釋」及「道德原則之超越的解釋」：

康德的道德論證包括兩部分，那就是道德原則之形而上的解釋（metaphysische Erterung）與道德原則之超越的解釋（transzendentalen Erterung）（略）。形而上的解釋是要展示「一個概念為先驗地被給與」；超越的解釋是要說明先驗地給與之概念實有客觀的妥效性。上章已闡述康德對道德原則所作的形上解釋，吾人可見，道德原則之形上解釋屬於《原則》（《基礎》）

83　盧雪崑著：《實踐主體與道德法則——康德實踐哲學研究》（2000年），頁50。
84　盧雪崑著：《實踐主體與道德法則——康德實踐哲學研究》（2000年），頁209。

一書的工作，它採用分析的方法，其特點是使用假設的陳述：
一、如果善的意志底概念、義務底概念是真的，則道德法則的
形式是什麼。二、如果定然律令底概念是真的，則其程式是什
麼。三、如果道德法則（意志自律）是真的，那麼，意志自由
必須被預設；或者倒轉來說，如果預設意志自由，則僅分析意
志自由底概念便可推出道德原則，這原則除意志自律外再沒有
什麼。

《原則》（《基礎》）的工作因著闡明道德之普遍通行的概念以
展示道德原則（意志自律）乃一切道德概念之基礎，而並未能
證明道德並非腦筋的製造物；只能先驗地建立起定然律令（即
道德律令）之程式，但仍未能解答定然律令作為一個先驗綜合
的實踐命題如何可能；只能展示意志自由與道德法則之相互涵
蘊關係，但單憑概念的分析，意志自由與道德法則二者皆不能
脫出循環論證而獲得肯斷。[85]

　　粗心的學者就停在《原則》（《基礎》）之形而上的解釋的工作
上，而忽略康德的道德論證包括兩部分，必須在形而上的解釋之後進
至超越的解釋：

超越的解釋相應於純粹實踐理性在實踐中的真實使用而作。道
德原則之超越解釋是要展示純粹理性實有能力給出道德法則，
它自身獨立不依於任何經驗的東西即能決定意志，並且，道德
法則事實上是行動的動力。用《原則》（《基礎》）一書第二節結
尾的話說，這工作是要對理性的實踐能力給一批判考察，以證
立「純粹實踐理性底綜和使用之可能性」（Gr 4:445）。用《實

---

85 盧雪崑著：《實踐主體與道德法則——康德實踐哲學研究》（2000年），頁273-274。

踐理性底批判》一書序言的話說，這工作是經由批判理性之全部的實踐機能，以展示純粹理性實是實踐的（KpV 5:3）。[86]

《實踐的理性批判》對理性的實踐能力作出批判考察，以此闡明了道德原則乃「理性的事實」。這個事實就是：「理性藉以決定意志去行動的德性原理中的自律。（KpV 5:42）據此，康德得以提出「道德原則乃自由之推證原則」，由之成功「自由」之推證。

> 純粹理性獨立不依於感性而供給道德法則，這法則直接而且定然地應用於作為一睿智體的人身上。這就是康德在《實踐理性底批判》中所言「道德法則是純粹理性的事實」。這「理性的事實」是康德道德論證的支點。
> 〔……〕理性的實踐機能（意志自由）不能經由知解理性推演出，就是說不能被解明，但它能在道德行動中被直接認知。在思辨哲學中，意志自由只是作為一個假設，但在實踐哲學中，一個自覺的理性存有必須必然地使用意志自由實踐地成為一切他的行為之條件（Gr 4:461）。就是說，在道德之形上解釋中提出的「自由之預設」在理性之實踐使用中立刻成為被認知的事實。這就是康德此後在《實踐理性底批判》中提出的「自由必須由道德法則推證」，於此，吾人見到單單概念分解而引出的「循環論證」得到消解。[87]

綜而言之，康德在《原則》（《基礎》）中已點示出道德論證的整體脈絡：

---

86 同前註，頁277。

87 盧雪崑著：《實踐主體與道德法則——康德實踐哲學研究》（2000年），頁303-304。

首先經由道德之形上解釋建立道德原則（意志自律），繼而由
自律推演出自由之預設，從這個「預設」過渡到實踐理性的批
判考察。這批判工作必須由先行給與的道德法則（作為理性事
實）而開始，進而由道德法則推證「自由」，因而展示純粹理
性實是實踐的，而實踐的動力就在道德法則中。「純粹的理性
事實」作為整個道德論證的基點，它不是經驗的事實，不能從
經驗引申出，也不能經由知解理性推演出。但是，普遍的人類
理性之實踐使用能堅定這論證之正確（Gr 4:454）。[88]

又，拙著《實踐主體與道德法則》指出，不乏康德專家儘管也能
支持康德道德律令學說，卻拒斥康德的形上智慧。在反形而上學的現
代哲學潮流中，康德的道德哲學之意義被貶低為只是理性思考對行為
的正當影響，其道德哲學同時包涵著的道德的形上學被作為包袱掉棄。

> 西德哥廷根大學帕齊克（Günther Patzig）教授在一九七四年舉
> 行的康德誕辰二五〇週年紀念會上發表演講辭，演講中肯定康
> 德道德律令學說之意義及深遠影響（帕齊克演講辭題為〈當前
> 倫理學討論中的定言令式〉（Der kategorische Imperativ in der
> Ethik-Diskussion），見李明輝譯《道德底形上學之基礎》附錄，
> 頁97-117）。……帕齊克教授對康德的道德律令學說有相應
> 的理解，但遺憾的是，他不能進一步契接康德之形上智慧。相
> 反，他在演講辭中提出要「脫離康德因時代底限制而加之於它
> 的形上學框架」（同前揭書，頁116），脫離「理性存有者與感性
> 存有者底雙重世界說（對康德而言，此說構成其學說底背景）
> 之形上學預設」（同前揭書，頁113）。如此一來，康德道德哲

---

88 同前註，頁305。

學之意義被貶低為只是理性思考對行為的正當影響，或者只是為「可理解的行為規範底證立」提供典範。

康德作出理性存有與感性存有之超越區分，從而正當地將道德安立於由理性存有聯結成之目的王國中，於此，康德由道德法則向吾人揭示出一個本體界的存有論，此表示康德的道德哲學同時涵著一個道德的形上學。[89]

又，拙著《實踐主體與道德法則——康德實踐哲學研究》提出「道德」與「倫理」、「德行」之區分乃康德道德哲學（亦即實踐的哲學）的創闢性的根源洞見。在《基礎》一書，康德就批評當時通俗的德性智慧，指出現存的倫理學狀況：「時而見到人的本性的特殊決定（但偶爾也見一般而言的有理性者之理念），時而見到圓滿性，時而見到幸福，在這裡見到道德的情感，在那裡見到對上帝的敬畏，這裡取一些，那裡取一些，構成奇妙的混合。」（Gr 4:410）人們只見到「在普通理性知識那裡混雜地把握的東西」，只是「考察意願一般以及在這種一般意義上屬於它的一切行動和條件」。（Gr 4:390）但是，就沒有人曾想到需要有一門「獨自達到全部的完備性」的「德性形而上學」完全分出來，（Gr 4:410）作為倫理學的基礎。康德明確指出：倫理學的經驗部分不能是道德哲學的本務，那把純粹原則與經驗原則混雜在一起者「不足以當哲學之名」。（Gr 4:390）「更不配稱為道德哲學。」（Gr 4:390）此所以，康德扭轉傳統，以「道德」（Moralität）為倫理德性（Sittlichkeit）及個人德行（Tugend）的超越根據。並明確提出，道德哲學必須考察「沒有任何經驗動機而完全依先驗原則而被決定，而我們可稱為純粹的意志的這樣一種意志。」（Gr 4:390）考察的是「一可能的純粹意志之理念與原則」。（Gr 4:390）

---

89 同前註，頁257-258。

由每一個人的意志自由而立的道德法則既是全部倫理、德行之超越根據，並且也作為德性的正確評斷的至上的規準（Gr 4:390）。明乎此，則吾人可理解，何以康德要將「道德」從全部倫理、德行獨立出來研究，也就是作為「德性形而上學」來研究。

> 康德的實踐哲學工作其題旨之高遠非一般倫理學所能及，其剖解之精心細密亦非比尋常，其隱晦難懂自然也是無可避免的事。難怪哲學家們批評康德的實踐哲學時，鮮有能不誤解康德。
> 我們注意到批評者總是以一般的倫理學為標準檢討康德的道德哲學，這種檢討是不能相應的。因為康德道德哲學的任務是要去查明倫理（習俗的道德）以及德行（個人的德性）的超越根據，康德苦心孤詣要找出的是倫理所以可能的先驗成素與先驗原則。而一般倫理學的任務是要提供一些規則，以便人們遵循這些規則去決定什麼行為是對的或什麼行為是錯的。顯而易見，如果人們要到康德的道德哲學體系中尋求決定具體行為對錯的經驗原則，他們是注定要失望的，但是，他們不能因此責怪康德只給出形式的原則而內容欠奉，更不應譏諷康德為無用的形式主義。只怪他們自己沒有弄懂康德道德哲學的用意在發掘超感觸者的作用，而實用性的問題恰當說來必須由屬於經驗科學的應用倫理學解答。[90]

> 黑格爾高揚倫理，因為黑氏看重經驗內容，在他眼中，道德是主觀的，抽象的，因而是空洞的，只有倫理是主客統一的。而依康德之見，道德是人類理性的一個超感觸的理念，它是倫理學的形上基礎，它不源自經驗卻是倫理經驗的先驗根據。康德

---

90 盧雪崑著：《實踐主體與道德法則──康德實踐哲學研究》（2000年），頁35-36。

並非要把倫理「公然取消，加以凌辱」，只不過康德提醒我們：倫理學的經驗部分不能是道德哲學的本務，那把純粹原則與經驗原則混雜在一起者「不足以當哲學之名」（Gr 4:390）。我們必須把道德基於其真純的原則上，雖然道德（Moral）在其應用於人時實有需於人類學，但我們卻必須首先把它當作形上學獨立地討論之（Gr 4:412）。[91]

在《法哲學原理》一書中，黑格爾還批評康德「固執單純的道德觀點而不使之向倫理的概念過渡」，指責康德把倫理科學「貶低為空虛的形式主義，把道德科學貶低為關於為義務而盡義務的修辭或演講」[92]。黑格爾的責難是不中肯的。如果康德真的要排除倫理學的內容而主張形式的倫理學，那麼康德無疑違反常識。但是，實在說來，康德只是主張在進入倫理學的經驗部分之前必須首先研究其所以可能的形上根據，這項工作康德稱之為純粹的道德哲學（reien Moralphilosophie），又稱之為德行（德性）[93]底形上學（Metaphysik der Sitten），僅僅在構造一個純粹的道德哲學中要把那「只是經驗的，並且是屬於人類學的每一東西完全滌清」（Gr 4:389）。

究其實，康德與黑格爾的分歧並不在一個重形式一個重內容。要點在：依康德的識見，實踐的客觀性就在每一個人自由自律的意志立法所同具的普遍必然性中，此即涵著說，實踐的客觀性在外在化社會化之先已經根源於實踐主體中，主客合一在主體見。此與孔子言「人而不仁如禮何」（《論語》〈八佾篇〉）意

---

91 同前註，頁37-38。

92 黑格爾著，范揚、張企泰譯：《法哲學原理》，北京市：商務印書館，1961年6月初版，頁137。

93 經再三思量，往後在本人的著述中，以「德性」譯 "Sitten"，以「德行」譯 "Tugend"。

義相通。倫理德行、禮儀規範是立法主體（仁）的外在化，其超越根據在主客合一的立法主體。但黑格爾就是信不過每一個人同具的立法主體，主體自身的立法既主觀而又具客觀的必然性，這在黑格爾看來是不可思議的。依康德之見，自由自律的意志立道德法則，此即儒家「本心即天理」之義，一切德行自本心出亦即自天理出。故陸象山云：「苟此心之存，則此理自明，當惻隱處自惻隱，當羞惡，當辭讓，是非在前，自能辨之」（《陸九淵集》卷34，北京市：中華書局，1980年標點本，頁396。）。此義也是黑格爾信不過的。在黑格爾眼中，道德法則只是應然的形式，人們關於應該做什麼的確定原則在這裡還不存在（黑格爾著，范揚、張企泰譯：《法哲學原理》，頁138。）在康德的說統中，道德法則自身即供給一實踐的動力，實踐的知識就是「關於『應當存在者』之知識」（A633/B661），康德說：「道德作為我們應該據以行動的無條件的命令法則的總體，其本身在客觀意義上已經就是一種實踐。在我們已經向這種義務概念承認其權威之後還要說我們不能做到，那就是顯然的荒謬」（KGS 8:370）。但在黑格爾看來，道德法則只是空洞的形式，僅僅作為概念認識的那種理性不能創造「是」，倒是「應然」必須從「是」中求。[94]

康德在《原則》（《基礎》）一書已經申明：倫理學（Ethik），或曰德行學（德性學）（Sittenlehre）必須區分開兩部分，一是經驗的部分，稱為實用的人類學（praktischen Anthropologie）；一是理性的部分，稱為道德哲學（Moralphilosophie），又曰德行（德性）底形上學（Metaphysik der Sitten）。（Gr 4:388，389）也就是說，道德哲學是一門對德行（德性）（Sitten）作形上解

---

94 盧雪崑著：《實踐主體與道德法則——康德實踐哲學研究》（2000年），頁39-41。

析的學問。對於德語系的學者來說，"Moral" 與 "Sitten" 之區分是清楚的，但是，在迻譯中，這兩個詞項的區別時常被忽視。譬如，"Metaphysik der Sitten" 在英譯本中譯作 "metaphysic of morals"，在中譯本中譯作「道德底形上學」。依康德原義，"Metaphysik der Sitten" 意指探究通常倫理德行之形上根據的學問，康德亦稱之為 "Moralphilosophie"（道德哲學），在中譯本中譯作「道德底形上學」可引致誤解。又，"Sittenlehre" 英譯本譯作 "moral philosophy"，中譯本譯作「道德哲學」）。"sittliche Weltweisheit" 與 "Moralphilosophie" 英譯本中不加區別地皆譯作 "moral philosophy"，而中譯本亦皆譯作「道德哲學」。此外，"moralische Gesetz" 與 "Sitten-gesetz" 不加區別地皆譯作 "moral law"，中譯皆譯作「道德法則」。同樣未見妥貼。在康德的說統中，"Sitten" 較近 "Ethik"，二詞都是經驗的，至少是經驗與理性混合的。"Moral"、"Moralit" 則是理性的概念。在譯本中嚴格標出這幾個詞項的區別是必要的。[95]

拙著《實踐主體與道德法則》中摘引康德文句，以清楚瞭解 "Moralität"、"Sitte"、"Tugend" 三詞項的確切含義。此三詞於該書中分別譯做「道德性」、「德行」。「德性」。經再三考量，此後著述中，"Moralität" 譯做「道德」、"Sitte" 譯做「德性」、"Tugend" 譯做「德行」。

關於道德性（Moralität），康德如是說：

道德性就是行為之關聯於意志底自律，即是說，關聯於藉意志之格準而來的可能的普遍立法。（Gr 4:439）

---

95 同前註。

道德性就是那「單在其下一理性的存有始能其自身即是一目
的」的條件。（Gr 4:435）

關於德性（德行）（Tugend），康德如是說：

〔……〕
有限的實踐理性所能作成的至多不過是去使一個人的諸格準朝
向道德法則所執持的模型而趨的無限進程成為確實的，這即是
德性（德行）。（KpV 5:32-33）

德性（德行）就是奮鬥中的道德存心（moralische Gesinnung）。
（KpV 5:84）

〔……〕

關於德行（德性）（Sitten），康德如是說：

德行（德性），Sitten 與拉丁語中 "Mores" 的意思是一樣的，僅
指規矩習慣（Manieren）和禮儀教養（Lebensart）。（MS 6:216）
〔……〕
由以上引文可窺見康德區分道德與德性及德行之苦心孤詣，其
意是要在習俗道德、禮儀規範之現象中發掘其形上根據。這根
據上溯到德行，再歸結到道德。依康德，作為智思界之理念的
「道德」即是德行（德性）的形上基礎。道德、德性、德行三
詞項之含義有別卻又指涉同一實踐活動，並非割截為三事。[96]

---

96 盧雪崑著：《實踐主體與道德法則——康德實踐哲學研究》（2000年），頁59-60。

恰切地說，康德關切的是人類的超感觸的本性，他苦心孤詣所探究的是智思界的道德法則如何並為何與人類諸機能之先驗成素相關，以及「道德」作為智思界的理念如何關聯於人類主體構造而轉至德性（Tugend），並以此奠定倫理之形上基礎。這項工作康德稱之為「道德哲學」，亦即 "Metaphysik der Sitten"。[97]

事實上，康德正有見於沒有一個哲學家能為個體道德以及社會道德制訂一套對治特殊情境之具體規定而不失道德之真義。凡涉及經驗地制約的格準，即使只為一簡單的目的，亦無法預先給出而對每一人每一時每一地而言皆是可能的。反之，定然的道德律令則「總是在每一個人的力量之中」，因而並不需要教導人們服從道德法則之方法，「因為在這方面，不管是什麼，凡他所願意去作的，他亦能夠作」（KpV 5:36-37）。此即孔子曰：「君子之於天下也，無適也，無莫也，義之與比」（《論語》〈為政篇〉）。康德之堅持道德法則只能是形式的而不能是材質的，吾人該驚覺道德之真諦：除肯認「人是創造者」、「人是絕對自由之存有」，否則不必言道德。明乎此，亦不必苦苦要求哲學家給出「道德律之內容」。要說這是理想主義，此理想乃理性的理想，非虛幻之烏托邦，因理想之實現在每一個人的能力中，問題是行，抑或不行而已。此即《詩經》〈大雅·烝民〉曰：「舉德輶毛」。孔子曰：「我欲仁斯仁至矣」（《論語》〈述而篇〉）。

康德以其確立的無經驗內容的道德律向吾人展示出一個真正自由人的世界，它高揚的是一個開放的主人道德，而摒棄一切限定的奴隸「道德」。[98]

---

97 同前註，頁57。

98 同前註，頁194-196。

黑格爾聲言只關心「道德的內容」，究其實，他的主要觀點在如何藉著恢復法權（Rect）的刑罰化解行為與法則間的矛盾（參閱 Hegel, *Grundlinien der Philosophie des Rechts*, §§83, 99 u.103.）。他關心的只是政治的、社會的、倫理的規範手段。黑格爾抽掉道德主體而言之「政治之道」、「倫理生活」，實在稱不上「道德的內容」，因黑格爾不講道德，故亦無所謂道德內容。黑格爾高揚的是知性主體與絕對客體，道德主體在其眼中被貶視為只是主觀的靜態的，不能有客觀的普遍的必然的意義，更不能有活動的創造性。道德主體在黑格爾心中並無位置，他不相信道德主體不落於經驗活動而能有活動性創造性，不相信客觀性由主體決定而非由對象決定，拒絕肯認只能藉道德主體之創造性以肯定絕對實體的真實性，更不相信道德主體能綜和地轉回於經驗而成就「具體的普遍」。黑格爾寧願回到「上帝的藍圖」、「絕對的精神」去安立絕對的形式，並回到外在對象中去安立客觀的必然性。一句話，黑格爾要否定的是康德彰顯的「道德理性乃創造世界之真實本體」的精神。[99]

黑格爾正是對康德的道德洞見大不以為然，他在《法哲學原理》一書中一再把康德的道德哲學貶為「空洞的形式主義」，他批評康德「固執單純的道德的觀點（moralischen Standpunkts）而不使之向倫理（Sittlichkeit）之概念過渡」，究其實，是黑格爾本人根本沒有「道德」。

繼《意志與自由》、《實踐主體與道德法則——康德實踐哲學研究》二書之後，本人一直致力於康德哲學之通貫研究，並就康德學界長久以來對康德批判哲學之詰難與誤解提出析疑與商榷。拙著《康德的自由學說》（2000）一開首就在「概說」中指明：「自由學說是康德

---

99 盧雪崑著：《實踐主體與道德法則——康德實踐哲學研究》（2000年），頁197-198。

批判哲學有機整體的一條主動脈。『超越的自由』標識著康德的創闢性洞見，其精微綿密的涵義在三大批判中一步一步漸次地通貫展開。在第一批判中，經由第三個二律背反的破解，康德揭發出過往傳統上對『自由』的諸種定義之不諦當，而首次指出：『超越的自由』是自由一詞之真義。……。僅就理性的思辨使用而論，『超越的自由』只是一個理念，它的作用只是軌約的。思辨理性只能懸擬地顯示此自由概念的可能性。（KpV 5:3-4）但是，我們不能在第一批判停止不前，而認為康德的『超越的自由』是一個懸擬的觀念，只能作為軌約原則而使用。因為康德還要進至純粹理性的實踐使用而闡明『超越的自由』的客觀的實在性。」（前揭書，頁1）康德在《實踐的理性批判》論明：純粹實踐理性與純粹意志是二而一的。（KpV 5:55）「這一等同是一項如理如實的發見，依此根源的洞見，理性不僅僅『只是理』，不僅僅只能創造一些超越的理念，這只是它的思辨使用而已。理性還是實踐的立法機能，以其所立道德法則而管轄自由的領域。（KU 5:174）純粹實踐理性就是純粹意志，就是我們的心能，而並非『但理』。只要我們能夠證明『超越的自由』是我們的純粹意志的特性，也就是表明唯獨純粹理性自身是無條件地實踐的，（KpV 5:16）那麼，在此實踐的機能上，『超越的自由』這個理念就成為內在的和構造的（immanent und konstitutiv）。（KpV 5:135）這正是《實踐的理性批判》的工作，……。」（前揭書，頁3-4）進至《判斷力批判》康德論及自由必然要產生影響於自然，並建立「道德的目的論」，「只有這樣，我們才有根據把世界中的萬事萬物看作是在一個道德目的因的系統中。由此，康德不但證成『超越的自由』是人的意志的一種機能，而且揭示『意志自由』是唯一能真實化的本體——於自然界之外開闢道德界，因而也就是道德的創造本體。」（前揭書，頁7-8）

拙著《康德的自由學說》第一篇漸次論明：就思辨理性而論「超越的自由」之宇宙論意義——自由理念的可能性（第二章）；自由與

意志——「意志自由」的先驗性之闡明（第三章）；意志自由與道德法則——自由之超越推證（第四章）；論意志自由作為人的超感觸的本性而堪稱人的真正主體——意志自由之存在論證（第五章）；自由與純粹實踐理性之客體（第六章）。第二篇研究康德建立在「超越的自由」基礎上的宗教學、德性學、教育學及政治歷史哲學，以闡明康德論意志自由之因果性作用見於經驗中，運用於政治、歷史、倫理、教育各領域。此兩篇可說構成「意志自由」之整全論證，還康德自由學說一個通貫整全的真相。經由此論證，愚意以為，學界長久以來所謂「意志自由」只是主觀的形式主義，只是空洞的概念，不過是闇冥的「彼岸」等詰難可休矣。拙著第三篇「析疑與辯難」，正是基於前兩篇之論述，反駁黑格爾及英語界學者對康德自由學說的批評。並且，逐一拆解後康德哲學針對康德而發的「假問題」：所謂「物自身的困難」、「智思物主義」之責難，以及關於「理論認識之界限」和「自由如何可能無法理解」及與此相關的諸問題。

拙著《物自身與智思物——康德的形而上學》（2010）則是針對康德學界忽略康德經由三大批判展示的一個構造的實踐形而上學之現狀而作。拙著首先論明康德為拯救形而上學而提出的「思維模式的變革」，並通過思辨批判證明顯相與物自身之超越區分及所有對象一般區分為現象與智思物。物自身與智思物學說作為康德形而上學新論的樞要，而康德學界長久以來關此紛爭不已，從未能達至確解。進而，通過實踐理性批判經由事實證實人作為物自身與作為顯相統一於同一主體中（第一篇下）。關鍵在論明：人之在其自身（作為睿智者）因著其意志自由而實踐地可認識（第四章），並且，因著「意志自由」而取得關於超感觸秩序的認識（第五章）。最後，論明自由意志之客體——終極目的（圓善），人作為道德的世界創造者之理念在道德的目的論中得到說明。也就是說，證明了「意志自由」（作為睿智者的人）乃創造人自身為道德之實存及世界為道德世界的「創造的實

體」，此即堪稱為唯一的通過人的實踐活動而可證實的形而上學的實體；進而，終極目的（圓善）必定要求設定一個道德世界之最高者，亦即目的王國之元首，名之為「上帝」，以便現實中的人在其下共同致力於圓善實現於世界上，因著在目的論的聯繫中，上帝概念之決定的意指與作用得到說明。依上所述，拙著論明，康德消解了舊有形而上學之虛幻，從軌約的思辨形而上學轉進至構造的實踐形而上學。此乃經由三大批判展示的一個依「道德」而建立及擴展致的「普遍的形而上學」。依此可說，拙著論述了康德形而上學新論展開之通貫進程。

　　二〇一四年，拙著《康德的批判哲學——理性啟蒙與哲學重建》出版，一開首就提出：「批判哲學的到來，是要以理性自身的法庭宣布傳統上舊的哲學體系的非法與虛妄，並且以一種全新的體系取而代之。事實上，我們不難見到，康德批判工程的全部努力都在揭出並摧毀整個西方傳統建立於其上的龐大基礎，這個固若金湯的基礎就是：「人對自身心靈機能的認識所處的蒙昧狀態。」（前揭書，導言）「康德揭發西方傳統哲學一直以來固守著的一個錯誤的思維定式：哲學家都以為「主客關係」是自明的，並以為我們的認識皆必須以對象為準，而一切我們認識的對象皆被視為物自身。（Bxvi；A271/B327）」（導言）拙著旨在展示一個「通貫整全、有機聯繫的康德哲學」，並以之化解學界長久堅執的種種所謂「康德哲學的難題」。上篇把康德於一系列著作中逐步完成的批判哲學如實地作為一個通貫整體而作出綜和之解釋，這項工作基於康德哲學作為「人類心靈機能整體通貫的解剖工程」而展開。（前揭書，第一章）第二章討論知性立法下諸認識力關聯一致的活動，論明唯獨知性立法下攝受力與表象力協同活動產生對象之認識，因而亦唯獨知性本身是自然法則的源泉。第三章討論理性立法下諸認識力與意欲機能及其結果情感關聯一致的活動，分析康德如何恰當地將理性立法作用與知性立法作用區別開，藉著揭明每一個人的理性本有在意欲機能中立法的能力，證明理性的法權是以

通過自由之概念而來的立法管轄超感觸界，這超感觸界屬於實踐的領域，即自由概念的領域。第四章討論判斷力為其自身立法下心靈諸機能活動的結合，分析康德尋找判斷力之超越原則的路徑及其對判斷力之超越原則（合目的性的原則）作出的推證。第五章探討康德建立的統一的哲學體系如何以心靈諸機能之和諧一致為奠基。討論康德提出的一種深層和諧，它作為人類心靈諸機能和諧一致的底據，並依照康德本人提示的三條線索檢視《判斷力批判》對於「自由概念的領域與自然概念的領域之和諧結合何以及如何可能？」所給出的解答。第六章討論目的秩序及其與自然秩序之結合一體。探究判斷力何以能夠作為不同的認識力間和諧一致的媒介，由之揭明一種主觀的普遍性，它能夠提供使自然秩序與目的秩序結合一體的可能性依據。

　　拙著下篇總論康德理性本性之學的創闢性洞見。第一章（全書第七章）為「理性」正名，闡明康德提出理性與知性之區分的根據及其於哲學之重建中的重要作用。第二章（全書第八章）為「認識」正本清源，通過批判揭明：人類認識根本上不是關於物自身的性狀的認識，而是關於能夠成為我們的認識客體的物（外在給予的物或理性自身產生的物）與我們的認識機能的關聯的認識。三大批判分別對我們心靈機能的三種高級的（即有立法能力的）認識力作出批判考察，在批判工作奠定的堅實基礎上建立起全新的人類認識的通貫整體，並建立起「從純粹理性而來的人類哲學認識」的兩大部分──「理論的認識」和「實踐的認識」。第三章（全書第九章）為道德尋根究極：從意志自由充極致一個道德的形而上學，分析康德根本扭轉西方傳統的全新的道德哲學。第四章（全書第十章）為「最後的大綜和：圓善在世間的實現及純粹理性宗教之確立」。第五章（全書第十一章）研究康德基於批判考察工作而提出的理念之實化學說及依據理念之實化而展示的一個預告的人類史之進程。本章分析康德建基於三大批判的成果而作出的一系列關於教化、人類倫理共同體及預告的人類史的論

文，論明康德為我們展示出一個「人成為人」以及「人類成為人類」的實現過程。這個實現的進程提出並解答：人如何作為一個類而致力於實現人整體的定分，亦即人如何以其一切機能蘊含的力量為實現自身的定分而奮鬥，並由之趨向一個平等分享的、人自身是目的的「目的王國」，亦即在世界上實現終極目的（圓善）。由此破除以為康德圓善說為「戲論」之誤解。第六章（全書第十二章），通過人類心靈機能通貫一體的活動說明情感在康德哲學中的位置。探究情感之普遍傳通性，以把握康德經由判斷力之批判而揭明的一種純粹的情感，它作為全部心靈活動的埋藏得很深的最初基礎。以此消除康德學界流行的所謂康德「賤情」之詰難。

《康德的批判哲學——理性啟蒙與哲學重建》一書全部努力都旨在說明：康德批判哲學之全部工作就在「理性啟蒙」，通過揭明人類理性之本性而重建哲學。哲學要成為一門有確定性的科學，它必須是理性本性之學。理性作為一種在人的意欲機能中立原則的機能，它同時就是一個以最高原則通貫地聯結人類心靈諸機能為一心靈活動整體的機能；並因著其立法而產生一種區別於自然因果性的自由因果性，由之產生世界創造之終極目的（圓善）並推動人類本身致力於把圓善實現於世界上。康德整個哲學體系的一個極為重要的核心：意欲機能既通認識力，亦通情感。由此揭示純粹實踐理性機能不僅是即心即理，而且即情。也就是說，康德的道德體系中所批判地探明的「道德主體」最終必定擴展至知、情、意合一的主體；道德的論證過程從每一個人的理性立普遍法則之純粹性開始，不過不能忽略，理性所立道德法則必定要落實在現實世界中有其實踐使用，道德主體就不僅限於立法作用而考論，它作為實踐主體必定是人之為人的超越主體，是人類心靈機能之認識機能、情感、意欲機能通貫一體的。並且，在康德哲學體系中，人的超感觸本性與其感觸本性之區分是批判地作出的，二者之間的區分是物自身與顯相之超越區分，後者以前者為根據而隸

屬於其下，人的超感觸本性堪稱人的真實的自我，「真實的自我」是超越而內在的，既不源自經驗而具有普遍必然性，又不離經驗而在經驗中起作用，因此，它不是一個思辨形而上學中空頭的「存在之存有性」，它必定是知、情、意一體的真實存在。

繼《康德的批判哲學》後，同年出版拙著《孔子哲學傳統——理性文明與基礎哲學》（2014）對於孔子哲學傳統作為「道德的形上學」作出系統的說明。其旨在論明：孔子哲學乃人類理性本性之學，此哲學傳統代表著人類的理性文明，此乃可經由康德批判哲學之本義來考察、說明的，故與康德哲學一同堪稱為「基礎哲學」。拙著第一章，論孔子哲學傳統包含的道德哲學及通過康德批判哲學作考量。第二章，論孔子哲學傳統心、性、天一之義及藉康德的形而上學新論作說明。第三章論述宋明儒承續孔孟道德的形上學之發展進程。第四章，論孔子哲學傳統與康德的實踐智慧學。

拙著最後一章「析疑與辯難」，就學界流行「孔孟哲學是情感主義倫理學」之說法提出商榷。以及就學界以為牟先生建造儒家的道德的形而上學的哲學系統乃是將儒家傳統智慧「知識化」之詰難作出回應。此項回應旨在解答「為何需要道德的形而上學」之問：

> 人類不能離開道德的形而上學，因為只有通過道德的形而上學，人才能夠認識到自身的純粹實踐理性（本心、仁），亦即意志自由，乃是人的道德的實存之「真我」。據此，我們能夠彰顯自律道德，即孔子哲學傳統之「成人之教」，以擺脫舊習俗的他律道德，避免將道德貶為只是修心養性之學。並且，通過道德的形而上學，人能夠認識到必須通過人自身的道德創造為自己開創一個怎樣的社會，人類才能夠從文明化進展致道德化，也就是建立人類倫理共同體，以保障人類的福祉和永久和

平。此即孔子哲學傳統之「王道之學」。[100]

　　此外，值得一提，《孔子哲學傳統》一書就牟先生提出的「以《中庸》、《易傳》為網，以《論》、《孟》為緯」[101]一說作出商榷。牟先生提出：要將「自『於穆不已』之體言性」與「自『內在道德性』言性」區分開。依先生所論，前者是《中庸》、《易傳》，乃「形而上地（本體宇宙論地）統體言之，後者則是孟子，「經由道德自覺而道德實踐地言之。」[102]牟先生說：「唯自『於穆不已』之體言性，與孟子自人之『內在道德性』言性，其進路並不相同，因而其初始所呈現之性體之意味亦並不甚相同。」[103]儘管牟先生隨即說明：「只是其初所呈現之意味由進路不同而決定者有不同，並非其內容的意義最終亦不同。」[104]然吾人恐怕仍要問：此「內容的意義」究竟由《中庸》、《易傳》決定？抑或由孔孟決定？

　　依愚見，如本人於前面所論明，真實的道德的形上學唯獨首先確立道德創造之實體，此即孔孟所言仁體、本心，即「內在道德性」；此「內在道德性」不能視為只是主觀的，它是本心、仁體，是創造人為道德實存及創造世界為道德世界之創造實體，即於道德目的論下伸展至「天」為統天地萬物而為言的形上學的創造實體。而《中庸》、《易傳》本體宇宙論地自「於穆不已」之體言性，自天道實體建立性體，此進路頂多可建構一思辨形而上學。如康德《純粹的理性批判》論明，「上帝」之本體論及宇宙論證明皆不成立，同理，單單《中庸》、《易傳》之本體宇宙論並不能確立一個真實的形上學的創造實

---

100 盧雪崑著：《孔子哲學傳統——理性文明與基礎哲學》，頁771。
101 牟宗三著：《心體與性體》（一），頁427。
102 牟宗三著：《心體與性體》（二），《牟宗三先生全集》第6冊，頁482。
103 牟宗三著：《心體與性體》（二），《牟宗三先生全集》第6冊，頁480。
104 同前註。

體。唯獨孔孟所言仁體、本心，以仁（本心）言性，及其充極擴充至
「天」，吾人能確認一個心、性、天一的創造實體。《中庸》、《易傳》
本體宇宙論進路言之的「性體」、「道體」，若非納入孔子「踐仁知
天」、孟子「盡心知性知天」之形而上學的宏規中，則只有軌約的意
義，而不能單獨確立為形上學的創造實體。

愚意以為，問題出在牟先生以為「天是甚麼意思，這在孔孟是不
太清楚的」，「只不過承認有這麼一個超越意識。」（總389，2）而依
吾人所一再論明，「天」在孔孟義理中，乃由「仁」之充其極，由
「盡心知性」而充極伸展至者。實質上，「內在道德性」本具之絕對
普遍性即確立其為心、性、天一的創造實體。無需《中庸》、《易傳》
本體宇宙論進路言之的「性體」、「道體」來補足。恰恰相反，若《中
庸》、《易傳》所言「性體」、「道體」離開孔孟言心、性、天一的創造
實體，吾人不清楚其真實的意思是甚麼。

依愚見，如吾人一再申論，孔子哲學傳統之道德的形而上學，通
於康德三大批判展示的普遍的形而上學，都是基於唯一的真實的道德
創造的「實體」（意志自由，或曰本心、仁體）而擴充至統天地萬物
為言的道體（天，或曰「上帝」）。「心體」、「性體」、「道體」三者是
一，皆歸於道德創造的「實體」（意志自由，或曰本心仁體）。此言「實
體」根本不同於西方傳統舊有形而上學中"substance"。康德《純粹
的理性批判》已論明："Substanz" 作為範疇，它是知性的概念，範疇
「總是需要有感取的形式，在此感取的形式中，它們決定一對象」，
（A288/B344）"Substanz" 英譯 "substance"，中文翻譯大多譯做「實
體」。這種翻譯與學者們將 "Substanz" 理解為形而上學的實體有關。
事實上，在西方傳統思辨的形而上學中，就是誤將 "Substanz/substance"
實體化。康德已批判地論明，這種實體化的方式製造出形而上學之虛
幻。康德指出，"Substanz" 作為範疇，「即能夠作為主詞，而絕不能
作為單純的謂詞而實存的某物的概念。」（B149）「對於它，除非經驗

的直觀提供我們以這方面運用的事例，我就根本不知道是否能有與此思想決定相應的任何物。」（B149）範疇是純粹的知性概念，「它們是純然的思想形式，還沒有決定的對象通過它們被認識。」（B150）康德提出：「時間本身是不變的和常住的，在顯相中與其相應的是在存在中不變者，即本體，⋯⋯。」（A143/B183）「因為一切產生和消失的因果性之第一的主體本身（在顯相之場地裡）不能產生和消失，這是一個確定的結論，它導致在存在中的經驗的必然性和持存性，從而也導致一個作為顯相的本體的概念。」（A205-296/B251）據此，康德斷定，在傳統的形而上學中，學者們將只作為範疇的「本體」實體化，視之為形而上學的實體，以此使形而上學處於獨斷主義的統治下，淪為「混沌和黑暗之母」（Ax）。

事實上，牟先生有見及 "substance" 跟中國人說本體不大一樣。先生說：「西方人講本體常體（substance）。本體是指立於背後常住不變者說。呈現於眼前的變來變去者，其背後一定有一個東西在那裡持續著而常住不變，那個不變的東西就是本體或常體（substance）。亞里斯（士）多德講十範疇，頭一個範疇就是 substance，這個跟中國人說本體不大一樣，理學家講本體講工夫，那個本體不是亞里斯（士）多德說的 substance。」[105]亞里士多德講十範疇，講本體、屬性，是實在論的講法。到康德講範疇是純然的思想形式，那不是實在論的講法。[106]為此故，吾人中譯 "substance" 為「本體」，而與形而上學之實體區分開。

牟先生說：「儒者所說之『性』即是能起道德創造之『性能』；如視為體，即是一能起道德創造之『創造實體』（Creative reality）。此不是一『類概念』，它有絕對的普遍性（性體無外、心體無外），惟在

---

105 牟宗三主講、盧雪崑整理：《四因說演講錄》，《牟宗三先生全集》第31冊，頁172。
106 同前註，頁173。

人而特顯耳，故即以此體為人之『性』。」[107]牟先生譯「實體」為 "reality"，此實體為創造的、形而上的，以區別於 "substance" 之為非實在論的範疇字。顯然，牟先生這是遵照康德的思路，而不同西方傳統中實在論的講法。依康德形而上學新論，唯獨意志自由堪稱創造的、形而上的實體。理由是：「自由之理念是唯一的一個超感觸者之概念，它的客觀的實在性（憑藉在它之中被思想的因果性）通過它在自然中可能的結果而在自然身上得到證明。」（KU 5:474）至於形上學的最高者，或曰元始者、根源者（「上帝」，或「天」），唯獨其作為自由意志之對象（圓善）之條件始在與意志自由之聯繫中得到支持，其本身不能作為真實起作用的創造實體。同樣，依孔孟之道德形而上學，唯獨本心（仁體）堪稱創造的、形而上的實體。「天」不能離開與本心（仁體）之必然聯繫而首先被確立為創造的、形而上的實體。因此，愚意以為，必須將《中庸》、《易傳》本體宇宙論言之的道體（牟先生又名之為「天命實體」[108]、「天命流行之體」[109]與道德的形而上學之實體區別開來。吾人固然可將《中庸》、《易傳》的本體宇宙論納入基於本心（仁體）而立的形而上學，但不宜獨立地首先依《中庸》、《易傳》立性體、道體，然後言心體與性體、道體合而為一以論孔子哲學傳統之道德的形而上學。

依以上所論，愚意以為，牟先生一方面恰切地提出從孔子「踐仁知天」、孟子「盡心知性知天」建立道德的形而上學之宏規；而另一方面又援用西方傳統中依理性之思辨使用而言的本體宇宙論的講法來講「道體」，並從道體講性體，這兩方面的講法實在需要區分開來，並作恰當說明。牟先生本人十分明確，依孔孟，「心即理」、「心即性」是大頭腦。從心說性，心就是性，離心無所謂性。但牟先生另一

---

107 牟宗三著：《心體與性體》（一），《牟宗三先生全集》第5冊，頁43。

108 牟宗三著：《心體與性體》（一），《牟宗三先生全集》第5冊，頁45。

109 牟宗三著：《心體與性體》（二），《牟宗三先生全集》第6冊，頁126-129。

方面卻從「『於穆不已』之天命實體言性」[110]，並提出「以性為首出」，先生說：「如以性為首出，則此本心即是彰著性之所以為性者。」[111]又說：「『心』亦必相應此『性體』義而成立。」[112]依牟先生此說之進路，是以道體，或曰「天命實體」為首出，據此言「性」，然後相應此「性體」義而言「心」，也就是「以心證性」。然依愚見，這種進路所論「道體」、「性體」並非道德的進路，而是近於西方思辨形而上學的本體宇宙論進路。依康德批判所論明，這種本體宇宙論進路所言「道體」、「性體」只能是範疇意義的本體、常住者、持存者、一切有條件者背後的無條件者，就是說只具軌約的作用，而絕不能實體化而為真實的形而上學之實體。唯獨道德的進路，亦即唯獨基於本心仁體（即意志自由）而言性，進而言「天」（或「上帝」），始能確立基於真實的道德創造的實體而言的唯一的普遍的形而上學。

牟先生說：

> 儒者所說之「性」即是能起道德創造之「性能」；如視為體，即是一能起道德創造之「創造實體」（Creative reality）。此不是一「類概念」，它有絕對的普遍性（性體無外、心體無外），惟在人而特顯耳，故即以此體為人之「性」。自其有絕對普遍性而言，則與天命實體通而為一。故就統天地萬物而為其體言，曰形而上的實體（道體〔Metaphysical reality〕），此則是能起宇宙生化之「創造實體」；就其具於個體之中而為其體言，則曰性體，此則是能起道德創造之「創造實體」，而由人能自覺地作道德實踐以證實之，此所以孟子言本心即性也。[113]

---

110 牟宗三著：《心體與性體》（一），《牟宗三先生全集》第5冊，頁45。

111 同前註，頁44。

112 同前註。

113 同前註，頁53。

　　牟先生所言「儒者所說之『性』即是能起道德創造之『性能』」；如視為體，即是一能起道德創造之『創造實體』」，此無疑是為儒家所言「性」作出恰切之哲學定義。然依愚見，先生進而說：「由人能自覺地作道德實踐以證實之，此所以孟子言本心即性也」，則有可商榷處。理由是，若吾人以「性」為首出，然後以「本心」證「性」，也就是「以性說心」、「以心證性」，用牟先生的詞語說，即「以心著性」，如此一來，恐怕與孟子「以心說性」、「本心即性」有所不同。簡而言之，依孟子，以「本心」為首出，以「本心」之道德創造性及其絕對的普遍性為「性」。接著，牟先生說：「故即以此體為人之『性』。自其有絕對普遍性而言，則與天命實體通而為一。」愚意以為，先生此說令人想到「性」與「天命實體」先是分立為二，然後「通而為一」。然依孟子，離開「本心」無從論「性」、「天」，「性」之為「性」，「天」之為「天」，只能依「本心」擴充以顯其絕對的普遍性及統天地萬物而為「創造實體」，即堪稱為「形而上的實體」。此本是牟先生依據孔孟「踐仁知天」、「盡心知性知天」確立儒家道德的形而上學之本意。因此故，吾人以為，可以將牟先生依據《中庸》、《易傳》自上而下本體宇宙論的講法與依據孔孟「踐仁知天」、「盡心知性知天」確立的道德的形而上學區分開來。將前者歸到後者；而非以前者為「綱」、為「圓滿頂峰」，後者只是證實前者。

　　二〇〇三年，五十週年新亞所慶前夕，撰文〈先師前賢之智慧日新又日新——五十所慶前夕憶唐牟二先生〉[114]。追思前賢先師，百感交雜。儒家說「生生不息」，在師生這方面說，就是「慧命相續」。人的自然生命是有限的，天賦再高也難免有未能充盡表現之遺憾[115]。學

<hr />

114 盧雪崑著：〈先師前賢之智慧日新又日新——五十所慶前夕憶唐牟二先生〉，臺灣《鵝湖月刊》2003年9月號，總第339號。

115 接續先師慧命，牟先生為我們立下榜樣。在《圓善論》序文之末，先生說：「吾不敢自謂能有真感、真明與真智，唯賴古德近師之教語以自砥勉耳。判教非易事，

生的職責之一就是接續老師的學問，在這個意義上說，學生的生命就是老師的生命的延續。這些年來，我一直在思考康德哲學中的問題，我總是問自己，如果老師在，他會怎樣反思，或會如何修正自己的說法。[116]拙文首次就學者們反對「物自身不可知」，不同意「人沒有理智的直觀」的說法提出商榷。指出他們從康德這兩個重要的洞見而假定康德是要肯斷人的有限性之說有不諦當。海德格爾大大發揮這種種說法。從牟先生著《智的直覺與中國哲學》，我們看到先生在這點上受到海德格的影響。「論到學者們對康德學說的錯誤假設，最要害者莫過於一口咬定康德的『意志自由』只是一假設，只是一虛概念。依據我自己研讀康德文本所得卻與這種公認的觀點不同，愈是深入到康德的通貫的整全系統，愈無法安於這種定說。」（見前揭文）

　　拙文指出，「實踐理性批判的工作是批判理性的全部實踐能力，由此闡明有純粹實踐理性，也就是說，說明純粹理性現實地是實踐的。憑藉純粹理性的實踐能力，也就肯定了超越的自由。依康德的說明，這種純粹理性的實踐能力就是產生一條無可置疑的法則（道德法則）的能力。在《實踐的理性批判》中，康德的論證策略是：道德法則是理性事實，而自由是道德法則的存在的根據（KpV 5:5，6）（就是說，除非意志自由，否則不能解釋道德法則如何能產生）。故此，自由通過道德法則而顯露（offenbaret），也就是說，道德法則是自由

　　熊先生之辨解，由於其所處之時之限制，不必能盡諦當，然要而言之，彼自有其真也。吾茲所述者，亦只承之而前進云爾。」（牟宗三著：《圓善論》〈序〉，《牟宗三先生全集》第22冊，頁18。）

116 牟師一生學思的進程就經歷過兩次大反思與轉進。這是牟師自己坦然公諸於世的。第一次是在大學三年級時遇見了熊十力先生，受到熊先生的感召，從抽象的、純理智的架構的思辨轉進到德性義理的學問，用先生自己的話說，就是「從外在化提升起來，而向內轉以正視生命。」（見牟宗三著：《五十自述》第五章）第二次是從僅瞭解康德的「知性之邏輯性格」，轉進至瞭解康德的「知性之存有論的性格」（見牟宗三著：《認識心之批判》之〈重印誌言〉）。

的認知的根據（KpV 5:5，6）（即：通過意志產生道德法則這事實，我們認識到我們的意志是自由的）。」

二〇〇五年九月「第七屆當代新儒家國際學術會議」。[117]提交大會的論文題為〈康德哲學與儒家哲學會通之問題〉。拙文開首就表明：

> 現在，我走的路是如康德作為批判哲學（即對人類心靈機能之先驗能力作系統考量）而擺出其通貫體系之整全，再考察中國哲學之諸學說在其中的位置。就是說，這個會通工作不僅僅是以中國哲學的圓融智慧為底據去消融康德，而是以康德批判哲學展示出的人類心靈機能先驗能力及全部理性原理之通貫整全的解剖圖作為依據，若果中國哲學諸學說正是人類心靈先驗能力與理性原則之體現，那麼，它必定能在康德的解剖圖中得到其恰當位置，並從而得到精確的說明。任何學說之確立必須預先經由批判工作作為其預備，以防止獨斷的虛妄及堵住從獨斷的懷疑而來的攻擊。這是康德捍衛哲學真知灼見之法門。[118]

拙文對牟先生批評康德「不承認吾人可有智的直覺，而自由只是一設準」之說提出商榷。本人提出，康德堅持我們不能獨斷地發明一種知性的直觀來證實「自由」，就是要揭示出：我們只能經由道德的進路證成「超越的自由」，唯獨經由意志自立道德法則以及在現實行動中依據道德法則而行，自由通過道德法則呈露自身，並在道德踐履的實事中證實其客觀實在性。拙文回應牟先生對康德的批評，提出

---

117 該次會議由武漢大學哲學系與臺灣鵝湖月刊社合辦。本人宣讀論文題為〈康德哲學與儒家哲學會通之問題〉。見會議印發的會議論文滙編，但未見收入主辦單位出版的論文集。拙文經修改，刊於《中國哲學》第26輯，北京市：中國社會科學出版社，2013年。

118 盧雪崑：〈康德哲學與儒家哲學會通之問題〉。

並論明：「作為物自身的超感觸者之決定──意志自由乃唯一可認識的超感觸基體」

　　誠然，吾人可說，牟先生認為康德所論「意志自由」只是一「設準」，受到西方康德學界成見之影響；然愚意以為，此恐怕與先生本人的思維方式亦有關。儘管無人能否定牟先生是對康德道德哲學之真知灼見有深刻契會的，但看來先生並不把握批判的思考方式，或者他嫌這種方式過分強探力索、苛察繳繞，對於康德的自由推證的整體論證鮮有興趣，對於康德的自由學說是採取隨文評說的方式。牟先生反對意志自由不能直觀的主張，先生對康德的不滿也集中在這一點上，認為如此一來，無論康德如何辯說，意志自由也終究只是一預設，一設準。拙文〈就牟宗三先生對康德自由學說之批評提出商榷〉[119]（2006）就此提出討論。要點在論明，「依牟先生之見，必須有直覺以朗現之，意志自由才能有客觀地必是定是的確定性。但是，假若康德聽到這種批評，他一定大不以為然。自由作為超感觸者不能有在直觀中的展現，這是批判哲學的根本立場。但是從實踐的觀點，我們可以經由道德法則之為理性事實來肯斷意志自由是客觀地必是定是地確定的。」（見前揭文：2006）「如果我們依照批判哲學的思維方式，馬上就要向牟先生發問：你提出的『智的直覺』是屬於人類心靈的哪一種機能呢？你只籠統說智的直覺是無限心的明覺作用，這樣籠統說的『心』是非批判的。依批判的思路，『心』這機能區分為認識能力、情感能力、意欲能力，而在認識方面又區分開感性與知性兩大成素，康德說人沒有理智的直觀，專指人的知性只能思想而不能直觀而言。這個區分是批判哲學的一大貢獻。觀牟先生之意，也並不是要主張人的知性能離開感性而獨自有直觀能力。然則，他欲以『智的直覺』來補救康德所言人所沒有的『理智的直觀』的做法是根本不對題的。」

---

119 該文於香港新亞研究所主辦「牟宗三哲學學術會議」宣讀，載香港新亞研究所《新亞學報》第24卷（2006年1月號）。

（見前揭文：2006）而重要的是，經由批判考察，「康德如理如實地區分開心靈的認識機能和意欲機能，並一再提醒，《純粹理性批判》探究的是認識機能的先驗原則，在那裡，理性的理論應用處理單純認識機能的對象，而《實踐理性批判》所探究的是意欲機能，在這裡並不要去認識外在的對象，而是處理意志決定的根據，意志是產生與表象相符合的對象，甚至決定自身而導致這些對象的一種機能（KpV 5:15）。因而直觀原則以及範疇之經驗使用的規定在這裡是不相干的。」（見前揭文：2006）明乎此，則吾人無理由於自由領域也要求在直觀中展現物件。[120]「康德堅持我們不能獨斷地發明一種知性的直觀來證實『自由』」，（見前揭文：2006）「強調道德法則為自由之推證原則，這是康德道德哲學區別於他律道德學的根源洞見，絕非將自由與道德法則打成兩截。當意志自我立道德法則，自發遵循道德法則而創發一行為時，我們就在直接意識道德法則的同時意識到自由。」（見前揭文：2006）

「自由範疇及實踐的基本概念皆不能被給予於直觀中，但是它們並不必等待直觀而獲得意義。」（見前揭文：2006）「那麼，不能在直觀中構造地展現的『自由』是如何獲得其作為『可認識的事物』（erkennbare Ding）（KU 5:467）、『事實』（Tatsachen: res facti）、『可認知的東西』（scibilia）（KU 5:468）之確證的呢？那是經由自由意志自立道德法則及由依據道德法則而產生的道德行為之結果顯現於經驗世界中而確證的。在這裡，我想簡要地指出康德關於自由推證所依據的一個根本原理，那就是力學的因果性原則。」（見前揭文：2006）力學的因果性原則乃「實現原則」。「康德批判工作要彰顯的唯一能真

---

120 牟先生之所以批評康德「意志自由亦只成一個乾枯的抽象的理性體」（氏著：《智的直覺與中國哲學》（1971年），頁194。），其實是只抓住康德說「意志自由不能有直觀中的展現」，而沒有注意到康德所言乃指「意志自由」不能像就認識機能而言的客體那樣在直觀中顯現；也沒有看到康德論「意志自由」在立法活動中呈現自身。

實化的本體是「自由」，而人作為道德者，是唯一能在服從道德法則之行動中使「自由」真實化者。」[121]（見前揭文：2006）

　　牟先生認為康德所論意志自由不能呈現，關鍵在不承認人可有「智的直覺」。依先生之見，康德由「自由」契接價值意味的物自身，這是超越區分之正途。但是，意志自由「無智的直覺以朗現之，它就是冥闇，冥闇就是彼岸。」、「它仍是一設準。」[122]事實上，牟先生並未進入康德的論述脈絡中，而是有自己的一套思路。先生有一基本主張：「凡是具體的內容與真實的意義都在直覺中呈現。」（拙文，2005）牟先生認為超越區分之充分證成關鍵在能否肯定人可有智的直覺。然依康德，超越區分是通過對人類心靈機能之通貫整體之考察而確立及證成的。拙文〈康德哲學與儒家哲學會通之問題〉就牟先生提出的「超越區分」問題而講明，康德顯現與物自身之超越區分首先於「超越的感性部」經由空間、時間的表象之本性的考論而提出並得到說明。進至「超越的分解部」，就知性限制感性，亦同時把限制置於其自己而作成「一切對象一般區分為現象（Phänomena）與智思物（Noumena）」。

　　依牟先生所論，現象與物自身之區分基於感觸的直覺與智的直覺之區分。吾人可指出，先生所言「感觸的直覺」即是康德批判哲學中所論感性所提供的「直觀」，而其所論「智的直覺」卻不是知性的直觀，即不是康德所論人所沒有的「理智的直觀」（intellektuell[e] Anschauung），而是一般指不依賴任何感取的直覺。[123]愚意以為，牟先生依「感觸的直覺」與獨立不依於感性而言的「智的直覺」的區分而論執與無執之區分，以及天臺宗「一心開二門」之生滅門與真如門

---

121 關於康德論觀念、理念之實化，詳論請參見拙著：《康德的批判哲學——理性啟蒙與哲學重建》（2015年），第十一章〈理念之實化與預告的人類史之進程〉。

122 牟宗三著：《現象與物自身》，《牟宗三先生全集》第21冊，頁54、64。

123 諸如：心理學言之的直覺、文學創作上的直覺、美學上的直覺，等等。

的區分，是恰當的。然不能以此區分混同康德批判地作出的超越區分。本人撰文〈理智的直觀與智的直覺〉[124]就專門就牟先生對康德否決人有知性的直觀能力所抱持的不滿作出分析，論明「康德在論及我們人類的感取直觀不過是顯相之表象時，虛擬地假設那麼一種理智的直觀。在『超越的分析論』論及我們的知性只能『思』的時候，康德也虛擬地假設一種直觀的知性」，「事實上，在康德的論說中，所謂的「理智的直觀」只不過是我們能思之而沒有矛盾而已，我們對之不能形成絲毫概念，甚至不能理解其可能性。」（前揭文，2010）根本與牟先生依中國傳統智慧所揭明之「智的直覺」不相干。並提出：「康德處於一個獨斷的傳統中，他必須否決人有知性的直觀能力，才能擊敗源遠流長的獨斷形而上學，打破從知識論、邏輯學論證超感觸者存在的困局，轉而從實踐領域以意志自由為拱心石而建構超感觸領域。康德致力於破除舊形而上學的虛幻，其中一個重要貢獻就是拆穿『理智的直觀』的虛假性，並推翻『以理智的直觀作為理念的實化原則』的獨斷手法。」（前揭文，2010）「許多學者不能理解康德堅持『人不能有理智的直觀』之重要意義，他們以為人的知性若無直觀的能力，一切我們的感取直觀不能及的事物就必然成為不可能，哲學所關注的終極根據和最高原則也無從談起。顯然，他們完全忽略了批判哲學已經作出理論哲學與實踐哲學的區分，並且已論明，哲學所關注的終極根據和最高原則之探究屬於實踐哲學，而在這個領域，實踐的認識並不必靠賴直觀。」（前揭文，2010）

　　拙文〈康德哲學與儒家哲學會通之問題〉還就牟先生批評康德不承認人的無限性而對「無限性」問題作出討論。愚意以為「先生把貝克萊『人的有限心』與『上帝的無限心』的說法套在康德上，因而將康德的超越區分理解為：對人類的有限心為現象；對上帝的無限心而

---

124 於香港新亞研究所舉辦「唐君毅、牟宗三先生百週年誕辰紀念國際學術研討會」宣讀。載香港新亞研究所《新亞學報》第28卷（2010年3月號）。

言為物自身。這種理解是值得商榷的。」（見前揭文：2005；2013）拙文提出：「牟先生不能承認『超越的感性論』及『超越的分解論』在康德超越區分學說中的奠基作用，細究其思路，關鍵在先生誤解康德對感性、知性作限制之意圖為肯斷『人是決定的有限』。先生批評說：『西方人（康德亦在內）是劃類底觀點：有限是有限，無限是無限。這是事實定命論底觀點。如是，人乃不可轉，而現象與物自身之分是超越的，又是主觀的，這超越義與主觀義乃不能充分被極成。』[125]」（見前揭文：2005；2013）依愚見，康德之堪稱為西方哲學傳統之顛覆者，其表現之一正在於他扭轉西方傳統「人是決定的有限定」之定命論觀點。「先生對康德的誤解明顯地受到海德格的影響。牟先生最先在《智的直覺與中國哲學》中譯出海德格（爾）《康德與形上學底問題》一書若干段落，在《現象與物自身》中再次引用其中一節，在那節裡，海德格提出：人類理性提出三個問題（我能知甚麼；我應作甚麼；我可希望甚麼），乃是因為它是有限的。他說：『不只是人類理性因著這三個問題而洩露了它的有限性，而且它的內部的業績亦就是關切於這種有限性的。……是為的要把一個人自己執持於這有限性中而使這種有限性成為確定的，……』[126]海德格（爾）的說法是以基督教傳統為依據，與作為啟蒙哲學家的康德是格格不入的。康德限制感性、知性於經驗領域，是要對顯理性的純粹自動性之無限作用；限制思辨理性於『消極的無限』，是要對顯純粹實踐理性自由自律的、創造的『積極的無限性』。」（見前揭文：2005；2013）「道德心之無限性本來就不離現實的有限性，此乃「人雖有限而可無限」之真義。也是批判哲學所意涵者。」（見前揭文：2005；2013）

此外，拙文〈康德哲學與儒家哲學會通之問題〉已嘗試「論儒家哲學之圓融智慧可經由康德批判哲學轉換成清晰的思想體系」。首論康

---

125 牟宗三著：《現象與物自身》，《牟宗三先生全集》第21冊，頁19-20。

126 牟先生引用該節，見：《現象與物自身》，《牟宗三先生全集》第21冊，頁25。

德「意志自由自律」即儒家「心即理」。「純粹實踐理性（自由意志）作為人的心靈的意欲機能，其首要作用是為人的行為立普遍法則，這正是儒家言本心自立道德法則之義。」（見前揭文：2005；2013）進而論康德言「道德之分定」即儒家「性善說」之「性」。「"Natur" 一詞通常意謂現實的感觸之自然、本性之義，而與『自由』相對立。但康德改變這種慣常用法，他將自由義、超感觸義引入了 "Natur"，區分開依照感性的（物理的）法則的自然與依照純粹實踐法則的意志而可能的自然（KpV 5:44）。並作出有理性者之感性的本性與其超感觸的本性之區別，以及意志服從自然法則與服從意志的自然法則之區別（KpV 5:44）。……。康德在人的感性之本性（sinnliche Natur）之外，彰顯人的超感觸之本性（übersinnliche Natur）（KpV 5:43）。這超感觸之本性又名曰「人的智思的本性」（intelligibelen Natur）（KpV 5:153）。康德指出：這超感觸之本性是我們的本性的道德的稟賦（moralischen Anlagen unserer Natur）（KpV 5:163），是我們的本性的道德分定（moralischen Bestimmung unserer Natur）（KpV 5:122）。……。康德提出，人的智思的本性是一個人（哪怕是最無教養與低劣的人）都能經由自我省察而證明：心靈的獨立性與心靈偉大，它是我們心的特質，是心靈對道德興趣的接受性，同時是德行的動力（KpV 5:153）。」（見前揭文：2005；2013）再而，將康德關於道德情感之諸多論說通貫整全地還原到其應有的統一體，以消除康德學界長久以來所謂康德「賤情」之詰難。「只要我們將康德關於道德情感之諸多論說通貫整全地還原到其應有的統一體，我們不難發現，康德並不『賤情』，而且可於康德所論『尊敬』、『道德興趣』找到與牟先生依儒家義理而論之本心覺情相通處。」（見前揭文：2005；2013）「學者們指責康德提出一個「賤情」的形式主義倫理學，這種偏見自黑格爾起，至舍勒，一直深受漢語界的康德專家們所賞識。他們以理性與感性截然二分、客觀與主觀截然二分的思維方式想康德，以為一提『主

觀的』、『感性的』，必是形而下的、含混的、無普遍性可言的。其實，康德批判哲學的革新性洞見正是針對這種獨斷唯理論的偏見，他以『超越的感性論』如實地揭示感性之純粹直觀的先驗性、普遍性，由之確立感性在認識中不可或缺的地位；同樣，在倫理學方面，他以其道德情感學說揭示一種主體情感的先驗性、普遍性，由之確立情感在實踐活動中的不可或缺的作用。」（見前揭文：2005；2013）最後，論明「康德的全部批判工作實在是針對舊有形而上學之獨斷虛幻而作」、「康德所反對的只是西方傳統中那種圍繞物之存在性而立論的靜態的存有論。」（見前揭文：2005；2013）「究其實，人們實在並未注意各批判著作各自的任務及其通貫聯繫，在判定康德沒有道德的形而上學之時，並未考慮《批判力批判》，對於《實踐理性批判》進行的自由之超越證成工作亦未注意。只是著眼康德論從「圓善」可引至道德的宗教，而未明「道德的宗教」在康德只不過是道德哲學中的一個附論而已。其實，在康德的體系中，上帝、靈魂不朽只是純然的智思物（Noumena），自由在理論理性之論域也是智思物，但進至實踐論域，自由作為人的智思身分之真我之意志因果性就不只是智思物，意志自由作為批判學體系之拱心石，它是有理性的道德者的真實機能，是創造自由與自然結合的第二自然之唯一真實的本體。」（見前揭文：2005；2013）「康德批判地步步逼顯出的正是如牟先生依儒家義理所闡發的道德的形而上學。」（見前揭文：2005；2013）但學者們對康德經由道德之進路建立形而上學之通貫整體缺乏通盤把握。牟先生就批評說：「康德只就其宗教傳統而建立『道德的神學』，卻未能四無傍依地就其所形式地透顯的實踐理性而充分展現一具體的『道德的形上學』。」[127]、「但是，學者們看來完全忽略批判哲學的一個重要主題：意志自由作為人之超感觸身分的真我的本性，是宇宙創化的終極

---

127 牟宗三著：《心體與性體》（一），《牟宗三先生全集》第5冊，頁145。

目的，同時就是道德目的論下實現自然合目的性與自由合目的性之諧和的動源，這就包含一個以具創發第二自然之創造性的意志自由為本體的宇宙論。康德在《純粹的理性批判》論證了自由之可能性，在《實踐的理性批判》進一步證成自由乃人的高級意欲機能（即具自律性的機能）之真實屬性，又在《德性形而上學》具體展示這自律性之機能在人類現實社會活動中之表現，最後在《判斷力批判》中確立它在宇宙創化中之創造性地位。這就是一個道德的本體宇宙論，也就是一個道德的形而上學。這與牟先生由儒家義理所闡發的道德形而上學完全相合。」（見前揭文：2005；2013）

於「第八屆當代新儒學國際學術會議」（2009年），宣讀論文〈從牟宗三先生提出「中西文化系統的大綜和」引發的哲學思考〉，[128]就牟先生晚年向吾人提出「中西文化系統的大綜和」的任務作出思考，指出：「現在，我們提出『通過康德實現中西哲學的大綜和』，這就意味著問題的根本轉變：我們不再以西方傳統作為參照系，而是要以康德批判地確立的理性法庭作準來顧看我們自己的傳統；今天，我們需要解答的問題是：如何通過康德對西方傳統的批判的徹底扭轉而與中國哲學的根源智慧相遇合。」（見前揭文：2009；2010）「我們必須如實地視康德為徹底的啟蒙者——一位對西方傳統作出深刻反思和批判的革新者和創闢者，也就是說，我們不能如一般康德專家慣常所做那樣，把康德套進西方哲學傳統中舊有的這種『論』或那種『論』的圈套裡解讀，而是必須見到：康德與西方傳統的關係乃是全新的思維模式取代舊有的思維模式；新世界智慧取代舊世界智慧；新哲學體系取代舊哲學體系的根本對治的關係。」（見前揭文：2009；2010）「唯賴康德的批判成果，我們首次對『哲學作為一門可靠的科學』獲得確當

---

128 於臺灣中央大學諸單位合辦「第八屆當代新儒學國際學術會議」宣讀。載臺灣《鵝湖月刊》，2010年1月號。

的規定；亦唯賴康德建立的理性法庭，我們得以見出西方學界長久以來以思辨哲學、甚或僅僅以邏輯學、知識論及方法論獨占哲學之名的做法是不足取的，據之宣稱『中國沒有哲學』也不過是一種無知的偏見。」（見前揭文：2009；2010）「康德處於一個獨斷的傳統中，他必須通過艱鉅的批判工作，對人類心靈機能作出通貫整全的考量，一步步突破傳統中一直以來從知識論、邏輯學、思辨理性推理論證超感觸物（乃至混同超自然物）實存的羅網，轉而從實踐領域以意志自由為拱心石而建構超感觸界。恰恰就在康德對西方傳統的根本扭轉上，我們見到：中國哲學（肇發於華夏三代以孔子為代表的由仁心發端而充極至宇宙的實踐智慧學，以及源自老莊的道家的理性的生命智慧學）正堪稱為真正的哲學。哲學要成為一門確定的科學──代表人類理性立法的、『關於一切認識與人類理性的主要目的之關係的科學』（A839/B867），亦即『為天地立心，為生民立命，為萬世開太平』（張載語）之學，唯賴歸到康德哲學和中國哲學共同標示的方向和道路上。亦唯至此，吾人方可說真正把握到牟先生提出通過康德實現中西文化大綜和的深刻意義。」（見前揭文：2009；2010）

拙文已提出，吾人要實現牟先生提出通過康德實現中西文化大綜和的任務，首要工作是要探明：「康德全部的批判工作都關聯到『意志自由』作為唯一真實本體之確立與證成。『超越的自由』標識著康德的創闢性洞見，其精微綿密的涵義在三大批判中一步一步漸次地通貫展開。」（見前揭文：2009；2010）而不能停留在長久以來康德學界流行的所謂康德言「意志自由」只是一「設準」的權威見解上。據此，吾人始能進一步論明：「意志自由的人（作為道德主體）乃造化之終極目的，意志自由也就是人創造第二自然（道德世界）的能力。在我們自身內，我們發現一道德的目的論。（KU 5:447）道德目的論完全由我們自己關涉於目的及相關法則，因而並不需要任何我們自身以外的知性的原因來說明其內在而固具的合法則性。（KU 5:447）人的存

在的內在的道德的目的分定（moralischen Zweckbestimmung）補充了自然知識所丟失的東西。（KU 5:447）道德的人是造化的終極目的，而道德的人之存在自身內在地就含有最高目的——圓善（KU 5:435）。圓善就是道德的人的終極目的，它是實踐理性的一個概念，它不能由任何經驗與料而被推斷出，也不能應用於自然之認識。我們是藉賴著以終極目的責成我們的那道德法則，把我們的力量指向那終極目的之實現。（KU 5:455）」（見前揭文：2009；2010）「可以說，康德的道德的形而上學是統合自然之合目的性與自由之合目的性而規劃出的，這個工作本身最終提供出一個以意志自由為真實本體的『道德的形而上學』。」（見前揭文：2009；2010）那時候，拙文就提出：「現在，我們實可比照康德建立及證成『意志自由』的進路，對『本心』、『仁心』作出形而上的和超越的闡明，以論明孔孟哲學的道德形而上學性格。」（見前揭文：2009；2010）「最後還有一點要論明：通過意志自由連同其自由之原則產生『圓善』對象，論人乃一切生物中唯一堪稱為『造化之終極目的者』，並由之論道德性必然充極發展至一個唯一可能的真正的宗教——純粹的道德的宗教。」（見前揭文：2009；2010）「我們不能尾隨康德專家們通常的做法，以康德所論及的『上帝設準說』、『道德的神學』取代康德徹底革新的整全的宗教學說。康德的上帝設準說是基於以『一種歷史性的信仰作為引導性的手段』（Rel 6:115）而提出的。他一再提醒，教會信仰必須包含一個原則，就是能夠隨著時間的進展，通過越來越被接受的真正的啟蒙（一種從道德的自由產生的法則性），更換為一種自由信仰的形式，（Rel 6:123）不斷地迫近純粹的宗教信仰，以便最終能夠去除那種引導性的手段。（Rel 6:115）康德對人的宗教意識之考量從歷史信仰之道德根源開始，他首先依於那根源提出上帝設準說。可以說，在他的上帝設準說中，康德考量的是一個需要設定『上帝存在』的信仰，那是一個適應於人類德性與宗教之現狀的一個引導性手段。而康德給予『宗教』的真正的意義卻要

求最後放棄這個引導性手段。」（見前揭文：2009；2010）「康德的宗教學說從人類已有的歷史性信仰之探究開始，最後歸到純粹的道德的宗教，並以此為人類指示出一場未來的宗教革命——從建基於歷史信仰的有爭議的教會最終過渡到全人類唯一的一種真正的宗教。[129]純粹的道德的宗教的實現必是一切單純崇拜和誡命的宗教之壽終正寢。（Rel 6:84）至此，我們見到，通過康德的批判，那種以西方傳統的歷史信仰為唯一真正宗教的偏見再也站不住腳了；相反，依康德所論，我們可如理如實地指出：孔子『仁教』正正堪稱那由康德論明的『唯一的純粹的道德的宗教』。」（見前揭文：2009；2010）

　　自從就牟先生提出「中西文化系統的大綜和」的任務作出思考，本人就一直探究如何通過康德對西方傳統的批判的徹底扭轉而接上中國哲學的根源智慧。先後撰〈試通過康德的宗教理論說明孔子哲學傳統包含純粹的理性宗教〉[130]（2012）。

　　〈就對於孔子哲學傳統作道德的形上學之闡釋提幾點意見〉[131]（2013）〈論孔子哲學傳統包含的圓善學說〉[132]（2015），二〇一五年撰〈論 "transzendental" 一詞在康德哲學裡重新獲得上升的維度和哲學概念的明晰性〉[133]一文，論明：依康德，「"transzendental" 這個詞並不意味著超過一切經驗的甚麼東西，而是指雖然是先驗的（a priori），然

---

129 康德指出：「只有一種（真正的）宗教；但卻可以有多種多樣的信仰。」（Rel 6:107）他說：「說這個人具有這種或那種（猶太教的、穆罕默德教的、基督教的、天主教的、路德教的）信仰，要比說他屬於這種或那種宗教更為恰當。……一般人在任何時候都把它理解為自己所明白的教會信仰，而並未把它理解為在裡面隱藏著的宗教，它取決於道德存心。就大多數人而言，說它們認信這個或那個宗教，實在是太抬舉他們了，因為他們根本不知道也不要求任何宗教。規章性的教會信仰就是他們對宗教這個詞所理解的一切。」（Rel 6:108）

130 2012年9月，於臺灣中央大學主辦「當代儒學國際學術會議」宣讀。

131 2013年9月於深圳大學諸單位合辦「第十屆當代新儒學國際學術會議」宣讀。

132 2015年11月，於香港新亞研究所主辦「紀念牟宗三先生逝世二十週年國際學術研討會」宣讀。刊於臺灣《鵝湖月刊》2017年7月號，總第505號。

133 香港新亞研究所《新亞學報》第32卷，2015年5月號。

而卻僅僅是為了使經驗認識成為可能的東西說的。如果這些概念越出經驗範圍，它們的使用就叫做 "transzendent"，要把這種使用同內在的使用，即限制在經驗範圍之內的使用，區別開來。」（Proleg 4:374）並指出：「在漢語學界，該二詞長久以來譯做『超越的』，而英文 "Transcendence" 一詞中譯做『超越者』（或超越界），幾成慣例。」（見前揭文：2015）唯獨講明康德批判地提出的 "transzendental"（超越的）一詞的確切意義及其重要地位，而與西方傳統的 "transzendent"（超絕的）之意思根本區別開，當我們說「天」是超越的，就涵著說其是內在的。我們依康德意義的「超越義」理解孔子哲學傳統，則不會以「既超離又內在」義來解說「天」。（見前揭文：2015）

於牟先生逝世二十週年的學術會議上，宣讀所撰拙文〈汲汲遑遑──在先師開闢的道路上前行〉（2015）[134]，回顧數十年追隨牟師志業，從未停止思考及探究先生吸納康德而論「自律道德」及「道德的形而上學」之哲學問題。「數十年自覺『自律道德』及『道德的形而上學』乃先生確立為純粹哲學之根本，也是先生哲學體系之所繫。儘管關於先生就這兩個奠基性命題作出的證明並非每一步皆無疑問。事實上，本人意識到，牟師融通古今中外諸哲人之慧解而創立的『牟宗三哲學』是無法亦步亦趨的。」（見前揭文：2015；2017）

「牟宗三的哲學系統乃是貫通古今中外諸哲學慧識融會而成的一個創造性的體系，就此堪兼容並蓄之特點而觀，它與依理性之本性批判地對人類心靈整體活動作通貫考察的康德哲學相輝映，而又大異其趣。先生貢獻給世人的不是一些可估量的哲學知識，要接續先生之慧命，也並非照本宣科所能致。要獨立地在老師開闢的哲學道路上前行，時常有步履維艱的沉重。」（見前揭文：2015；2017）如前面相關章節已論明，牟先生一生之哲學貢獻可區分開兩方面：一是消融儒

---

134 2015年10月，於臺灣師範大學諸單位合辦「第十一屆（當代新儒學）紀念牟宗三先生逝世二十週年國際學術會議」宣讀，刊於臺灣《鵝湖月刊》2017年7月號。

釋道三家，經由判教而建立「無限心」大系統，以成就「圓善」體系。另一是吸納康德道德哲學的根源洞識，規劃出儒家的道德的形而上學。

「牟宗三先生吸納康德道德哲學的根源洞識，建造出儒家的道德的形而上學的哲學系統。先生的工作在學術界發生深刻和重大影響，而不必諱言，同時也引起所謂儒家傳統智慧「知識化」之詰難。大陸學者鄭家棟教授在其大作《當代新儒學論衡》一書的〈沒有聖賢的時代——代序論〉中說：「知識化的儒學所關注的是本體而非工夫，是系統的整全而非實踐的篤實，『工夫』反成為了可有可無的東西。知識化將使儒學偏離其作為聖學的整體精神。」[135]（見前揭文：2015；2017）「依愚見，學者們所以會對牟先生產生誤解，以為先生所作儒家哲學與康德哲學會通的工作是『知識化』、『格義化』，歸根究柢，恐怕在於他們未有對康德哲學作為批判哲學來瞭解，並且也沒有對儒家作為哲學來瞭解。在他們眼中，康德哲學與西方主張『兩個世界』的獨斷唯理論並無分別[136]，而孔孟學則只是『修心養性』之學，充其

---

135 鄭家棟著：《當代新儒學論衡》（臺北縣：桂冠圖書公司，1995年），頁5。

136 袁保新教授說：「康德哲學作為西方近代哲學的產物，一方面背負著西方古典哲學思維最原始的烙印，即：將世界斷成為兩橛，永恆的非時間領域及變動的時間領域；另一方面又未加反省的接受了近代西方文明諸多二分性的預設，如：心／物二分，價值／事實二分，理性／感性二分等。」（《鵝湖月刊》，2008年6月號，總第396號，頁14-15）教授對康德哲學的批評當然並非他個人的一己之見，而是學界中一種流行已久的說法。李澤厚教授在為鄭家棟著《當代新儒學論衡》一書所作〈序〉中就說：「康德承續西方『兩個世界』的傳統，強調區分本體與現象界。」（前揭書，序2）李教授把康德全新的批判的「兩觀點」與西方獨斷唯理論的「兩個世界」傳統混為一談。康德的批判要求人脫離舊思維的獨斷的非科學的狀態，除非依循批判哲學的道路實行思維方式的革新，絕無法遏止頭腦虛幻物的產生。但如我們所見，西方傳統的思維模式並沒有因為康德批判哲學而壽終正寢，相反，自從康德那個時代開始，眾多康德專家都是帶著「一個在舊世界智慧中酣睡的頭腦」來閱讀康德，哪怕時代風氣對「一元論」、「二元論」變得疏遠，甚至棄之如敝屣，康德哲學的批評家們仍然難以脫掉舊式元哲學的有色眼鏡，因

量不過是『內聖心性』學、『聖學』[137]。他們只看到中國哲學與康德哲學於『言說方式』上的不同[138]，根本不問及其哲學之核心。」（見前揭文：2015；2017）

　　學者們大多習慣只視儒家為個人修養之學、社會倫理學，一種中國式的人文主義；即使有從精神層面、甚而從超絕性去解說儒家所言心、性、天。但鮮有如牟先生那樣從純粹的哲學（理性本性之學）講儒家學問，人們或誤以為那是知識化，遠離實踐工夫、違背聖人之學的精神。豈知，儒家聖人之學要旨在「仁者人也」、「人能弘道」，是包含一個道德的人類史為指向的。「也就是我們開始要思考預告的人類史（德性史），這種道德的人類史就必定要建基於基礎哲學。明乎此，我們就不會誤以為『道德的形而上學』只是一套知識化的系統。」（見前揭文：2015；2017）

第三節　要承接牟宗三哲學，必須善紹牟先生規劃的儒家道德的形上學

　　道德的形而上學（無論是康德經由三大批判而規劃的，還是牟宗三先生依據儒家智慧而建立的）堪稱基礎哲學，它基於對人的心靈機能之通貫整全考察而於一切人之間可普遍傳達，用孔子哲學的話說，仁、本心是於一切人中隨機指點的，「人同此心，心同此理」，是可普遍傳達的。簡括來說，道德的形而上學包含兩個核心論題：一、用康德的話表達，就是：人以「意志自由」而成為道德者乃人的真我；用

　　之，弔詭地，他們竟然從顛覆傳統哲學二元對立思維模式的康德哲學中看到一大堆「二元分裂」，而遠遠離開康德哲學的智慧。

137 語見李澤厚教授為鄭家棟著《當代新儒學論衡》一書所作〈序〉，（前揭書，序3）及鄭家棟教授語見其《當代新儒學論衡》，頁6。

138 此論見袁保新著：〈一九一二年——兼序《從海德格、老子、孟子到當代新儒家》〉，頁13。

孔子哲學表達，就是：「仁者人也」。二、用康德的話表達，就是：道德目的論下天地萬物隸屬於人作為創造之終極目的，人作為道德者創造「道德世界」（目的王國、人類倫理共同體），而天地萬物關聯一體成宇宙之大全；用孔子哲學表達，就是：「人能弘道」，人之仁心以萬物為一體，以實現世界大同。用牟先生的話說：「兩層立法皆建體立極之學也。立此骨幹導人類精神於正途，莫急於此世。」[139]

　　牟先生曾慨嘆，雖將康德著作譯成中文，「人亦不懂」，「蓋以此概念語言太專門故，全部批判哲學之義理之最後的諧和統一太深奧故。」[140]牟先生之著作何嘗又不是號稱「難懂」，其中專門詞語也不少。愚意以為，此哲學之為哲學也，非如一般通俗文化，易於上手。事實上，純粹的哲學作為一門以人類理性本性之自我瞭解為根本而綜和所有人類心靈機能活動的學問，其豐富義涵交織在一個人類心靈機能活動高度複雜的網絡中。康德本人就指明：「達到如此高度的研究是不能以通俗性作為開端的。」（KGS 10:339）純粹的哲學作為各種各樣的哲學（經驗的、精神的、生命的）之根基，它就不能以「通俗化」為本務。如康德說：「它始終自是一門有益於公眾但非公眾所知的科學，也就是理性批判的保管人；因為批判絕不能成為通俗的，但它也沒有必要通俗化，正如維護有用的真理中的精細論證任何時候都不能投合常情，精細的反駁同樣很少進入一般人的意識。」（Bxxxiv）

　　實在說來，並非每一個人都必須從事純粹的哲學，甚至可以說，只有極少數人從事純粹的哲學則足矣。但據此以為純粹的哲學乃少數人之學，則謬矣！儘管它並非公眾所知的科學，卻是有益於公眾的，甚至可以說，它指示及保障人類確當地行走在以意志自由為動源的道德人類史的軌道上，朝向全人類永久和平和福祉行進。

---

139 康德著、牟宗三譯：《判斷力之批判》（上）〈譯者之言〉，《牟宗三先生全集》第16冊，頁6。

140 同前註，頁7。

　　學者們，若無對於「人類終極目的」之關懷，若只執持個人的視野，而排拒宇宙的視野（理性的視野），那麼，他們大可以不必費神去瞭解康德哲學體系的整全及細部，也不必費唇舌去討論牟宗三哲學。本人數十年致力於康德哲學與牟宗三哲學之研究，從不敢奢望得到學界權威認同。事實上，如前面憶述長期以來與牟先生之哲學問題作對話及商榷，但從來得不到學界之回應。諸如：凡論及康德「不承認吾人可有智的直覺，而自由只是一設準」，又或論到康德主張「人是決定的有限」、「康德只就其宗教傳統而建立『道德的神學』，卻未能展現一具體的『道德的形上學』」，乃至講到「康德乞求上帝來保障圓善實現」等等，學者們大抵按既定調子說話，仍百口一辭，千人同調，就像學術論壇上從來沒有盧雪崑這個人發出過不同的聲音。

　　本人一如既往，鍥而不捨，「知我者為我心憂，不知我者謂我何求。」（不只一次聽牟師如是說）實在並無取得學界認同之想，惟持守著一個心願：有朝一日，康德建立，牟先生善紹的純粹的哲學能得到有志於全人類邁向道德化以實現永久和平與福祉，並有魄力擔當的先知先覺者所把握，以運用於民族乃至全人類之盛德大業。於願足矣。[141]

---

141 事實上，唯獨憑著理性，人類才能夠離開「無法的和暴力的自然狀態」、「唯有法則的約束才能把我們的自由限制在能夠與任何一個他人的自由、並正是由此而與公共利益一致共存的地步。」（A752/B780）唯賴真正的啟蒙（理性之啟明），亦即啟發每一個人「以自己的理性不是被動地，而是任何時候自己立法」。（KU 5:294）人類才能夠在經歷了從原始野蠻至文明化的苦難進程之後，進展至道德化。迄今人類歷史表現出：無法則的自由為我們準備著災禍的深淵，（KGS 8:25）各個國家之間的野蠻的自由造成戰爭的破壞，「各個國家把其全部力量用在它們那些徒勞而又殘暴的擴張計畫上。」（KGS 8:26）康德說：「因此，人們就不能預言，對我們的類來說如此自然的那種紛爭，是否最終會在一種還如此文明的狀態中而為我們準備好一個災禍的深淵；到那時它也許會又以野蠻的破壞再度消滅這種文明的狀態以及全部迄今為止在文化中的進步。」（KGS 8:25）他警告：「這種命運是人們在盲目的偶然性的統治之下所無法抵禦的。」（KGS 8:25）人類必須有一個道德的預告史，以人自身的理性力量團結起來，致力於從文明化進至道德

　　在我看來，真正與哲學這門學問本質地相關的，就是孔子哲學傳統和康德哲學，二者通而為一，即純粹的哲學，亦可稱之為「基礎哲學」。[142]此基礎哲學作為人性之根、社會之本，它立於一種理性的、宇宙的視域，並不為一國、一族的利益及其歷史所拘限，也不受現實的得失計量所綑綁。而毋寧說，每一個民族乃至全人類要克服命運之偶然性，而創造道德人類史，不能離開此「基礎哲學」。每一個人透過自我教化與社會教化，從文明人進一步提昇至道德的人，必須經由此「基礎哲學」以啟蒙。一個朝向「終極目的」的未來世界，需要有領航者、先知先覺者，他們作為帶領一個民族乃至全世界之棟樑之材，必須經由此「基礎哲學」之養育。吾人可肯斷：若離開此「基礎哲學」，欲求民族生命之健旺、社會之和諧，不啻椽木求魚。若政治家們鼠目寸光、急功近利，全都沒有理性的、宇宙的視域，又豈能期望執一個民族乃至全世界之牛耳者能擔當起建立人類倫理共同體以保障全人類永久和平之重任？

　　明乎此，則可知，吾人無理由藉口純粹的哲學複雜艱深而棄之如敝屣。也當該明白，何以吾人一再申明，學者們要講清牟宗三哲學之體系及其貢獻，不能離開「基礎哲學」這個核心。人們宣稱要承接並推進牟宗三哲學，亦必須以是否善紹牟先生規劃的儒家的道德形上學為準。

化。正是為著人類整體的福祉和永久和平，人類要承擔起創造自身為道德者及實現一個道德世界的預告史之責任，而吾人通康德與牟宗三哲學而立之純粹的哲學正為此奠基。

142 籠統地說，我們可以將人們「尋根究極」的學問稱為「哲學」，以區別於一切擱置根源及終極問題不論，只研究時間空間中物事的科學。從這個意義來看，我們就能指出：唯獨孔子傳統和康德真正地如理如實地解答了這個本質的哲學問題。概括地說，人因其稟具自由意志」，用孔子哲學傳統的詞語來說，就是「本心」(仁)。此即孔子揭明：「仁者人也。」(見《中庸》第二十章) 並據此能提出：「人能弘道，非道弘人也。」(《論語》〈衛靈公第十五〉)「仁者人也」、「人能弘道」，即透極至人的終極關懷──大同 (依康德，即圓善、目的王國) 在人世間之實現。

第五章
關於牟宗三學面臨的處境及未來發展之我見

第一節　牟學界流行好議論而不中肯綮之風淺議

　　近些年，牟學界越來越多紛雜的聲音。除了一些一直以來對牟先生之學問持懷疑甚至詆詆的學者之外，還有早年用心於牟學的學者，甚至曾從學於牟先生者，陸續撰文「反思」。

　　一貫詰難牟先生哲學的學者，他們的立場與思想方式與牟先生根本不同，故對牟先生的哲學有諸多質疑、曲解，甚至惡意抨擊、詆詆，那並不足為奇。諸如，李澤厚教授以《批判哲學的批判》[1]一書聞名於學界，並得以稱為「康德學專家」，然其關注康德哲學，著眼點在針對「輕視和吞併感性現實的思辨哲學」，[2]他採取的是「康德與馬克思的循環往復」之立場，[3]而忽略作為康德哲學體系拱心石的「意志自由」，及由「意志自由」奠基的道德哲學，乃至由道德進路發展至的形而上學。因其固守如此一種反形而上學的立場，故與牟先生之康德學拮抗、牴觸，而對牟先生有種種抨擊、詆詆。李澤厚教授為鄭家棟的大作作〈序〉，文中指牟先生「想在現代中國建立一套『道德的形而上學』並以之解釋儒學傳統」，「是企圖重建某種知識／權力結構，來統攝人們，〔……〕」[4]。

1　李澤厚著：《批判哲學的批判》，合肥市：安徽文藝出版社，1994年。

2　同前註，頁426-427。

3　李澤厚著：《哲學答問錄》（合肥市：安徽文藝出版社，1994年），頁509。

4　鄭家棟著：《當代新儒學論衡》〈序〉（臺北縣：桂冠圖書公司，1995年），頁2-3。

　　熊十力、唐君毅、牟宗三等新儒家先賢接續孔子哲學傳統，致力於以近代哲學之洞識接通儒家根源智慧，以善紹儒家之盛德大業，並期孔子哲學傳統與世界文明融合以實現全人類美好的未來。一些學者缺乏理性的、宇宙的視野，只以知識的觀點看待哲學工作，故無法感受到新儒家諸先賢之胸懷，更看不到其哲學工作與民族乃至人類終極目的相連的宏旨。鄭家棟教授在其大作《當代新儒學論衡》一書的〈沒有聖賢的時代──代序論〉中說：「知識化的儒學所關注的是本體而非工夫，是系統的整全而非實踐的篤實，『工夫』反成為了可有可無的東西。知識化將使儒學偏離其作為聖學的整體精神。」[5]可說是這方面偏見之代言。

　　李澤厚教授進而詆詬牟先生「企圖重建某種知識／權力結構，來統攝人們」。直教人發「燕雀焉知鴻鵠之志哉」之嘆。李教授說：「牟先生沿此路數，想在現代中國建立一套『道德的形而上學』並以之解釋儒學傳統，這比陽明已更跨越了一步，是企圖重建某種知識／權力結構，來統攝人們，因之才有那個非常矯揉造作的所謂經良知『坎陷』由『內聖開外王』說。如果真能運作在現實層面，這將是一條走向反理性主義的危險之路（如有可能，容後再論）。」[6]前面相關章節一再論明：牟先生契接康德之洞識而規劃「儒家的道德的形上學」，其實義乃通康德所論「實踐的智慧學」，亦即理性本性之學，是與人類理性之本質目的相聯繫的。未知李教授何以從牟先生規劃之「儒家的道德的形而上學」見出反理性主義的危險。李教授將良知「坎陷」說、「內聖開外王」說，跟先生所論「儒家的道德的形而上學」混在

5　鄭家棟著：《當代新儒學論衡》，頁5。臺灣教授袁保新在〈一九一二年──兼序《從海德格、老子、孟子到當代新儒家》〉一文中提出同樣的見解，他以為自從一九一二年中國學制改革，近現代中國哲學就處於「『知識化』的轉型期」。（前揭文，臺灣《鵝湖月刊》，2008年6月號，總第396號，頁13。）

6　鄭家棟著：《當代新儒學論衡》〈序〉，頁3。

一起談論，亦見其對牟宗三哲學的瞭解極為馬虎，並未深入到牟宗三哲學體系之整體作細緻研究，更談不上把握其宗旨。只是浮面掠過，憑一己立場隨意發議論。實非一位嚴肅學者應有的態度。

李澤厚教授將黑格爾的「泛邏輯主義」、「唯智主義」聯想到牟先生的「儒家的道德的形而上學」上，是草率的。他將黑格爾的絕對的觀念論之龐大體系「為法西斯主義和帝國主義」作哲學上的理論準備，[7]比附到牟先生的「儒家的道德的形上學」規劃上，以詆訴其「企圖重建某種知識／權力結構，來統攝人們」。李教授隨意牽連，看來他本人並沒有亦無意願深入理解牟宗三哲學。事實上，如前面相關章節已論，牟先生的「儒家的道德的形而上學」，乃人類理性本性之學，它是扎根於道德主體（本心仁體，或曰自由意志）而通極於終極目的（大同世界，或曰道德世界、目的王國）。

儘管牟先生那一輩中國哲學家，率先吸收西方哲學，不免對西方哲學中各種學說產生興趣，受到各種刺激與啟發，先生本人就對西方哲學中之唯理論以及德國觀念論多有關注，並受其影響。學者們注意到牟先生對黑格爾有讚詞，實在不足為奇。但如本人一再提出，當吾人論及牟宗三哲學體系之特質時，必須要把握其整體脈絡及其哲學生命之宗極之旨，要將牟先生一生哲思中種種「說」與其完成的兩個體系（儒家的道德的形而上學之宏規及無限心大體系）關聯著考量，理清諸說在體系中的作用與位置。由體系決定諸說之意義。一些學者離開體系之整全與宗旨而孤立地、隨個人立場而議論牟先生之種種「說」，完全無益於牟宗三哲學之研究。

不必諱言，牟先生曾明文讚許德國觀念論，甚至曾誇讚黑格爾的絕對的觀念論。牟先生也曾以「絕對唯心論」來說自己的哲學，講主觀精神、客觀精神、絕對精神，令學者據之將其哲學與黑格爾相連。

---

7 同前註。

但是，如前面相關章節已論明，終究，吾人從牟宗三哲學體系之整全及其宗極之旨看，儒家的道德的形而上學之宏規顯然是依據於康德的意志自律自由，乃道德心之創造體系，而德國觀念論（包括黑格爾）根本不講甚至否認道德主體之創造性。[8]如吾人一再表明，牟先生一生的學思進程中，誦數古人之慧解，吸納古今中外諸哲學慧識，不斷接受啟發與刺激，產生種種「說」，其中有與其哲學生命宗極之旨相關者（如道德的形上學，以及無限心大系統），也有與特定的時代問題關聯者（如外王三書，即政治歷史哲學問題）。今天論承接牟先生之志業，愚意以為，不必再停於先生之種種「說」，而無休止糾結於枝末之爭論，而理應集中於牟先生之宗極之旨，並且，尤以接續其未完成的道德的形上學為要務。

不必諱言，牟先生的無限心大系統（亦即圓善體系）乍看與德國觀念論（尤其黑格爾）之論精神有貌似，牟先生亦曾引其為同道。然依愚見，二者實根本不同，因牟先生通儒釋道三教而論精神之圓境，儘管其可借用主觀精神、客觀精神、絕對精神等詞語，但其所論「精神」絕非德國觀念論（尤其黑格爾）之論精神為純粹之自我意識，而是通過實踐工夫成聖、真人、佛達至之圓境而言，吾人可名之為實踐精神。牟先生使用主觀、客觀、絕對等詞語，寧可說只是表達形式上的借用。先生並不像德國觀念論者那樣主張一種理念的自我意識的開展之學說，先生言主觀、客觀、絕對，以及自在、自為，但並不像費

8　牟先生批評伊川朱子系統「徹底是漸教，亦徹底是唯智主義的他律道德。」

8　可見牟先生契接康德意志自律之旨是極為明確的，吾人沒有理由將牟先生牽連到反對意志自律自由、奉行唯智主義的絕對的觀念的黑格爾身上。吾人不必諱言，牟先生對康德的若干批評看似跟西方康德專家甚至黑格爾對康德的攻擊相關，然牟先生批評康德出於善紹康德之用心，而根本不同黑格爾們是要從毀壞及徹底摧毀康德的批判哲學。關此，可參見拙著：《康德的自由學說》（2009年）第三篇「析疑與辯難」，第一章〈評黑格爾對康德自由學說的批評〉：第一節「超過還是摧毀」，第二節「評黑格爾貶斥康德所論自由只是主觀的形式主義」，第三節「關於『為義務而義務』及與之關聯的道德價值問題和情感問題」。

希特那樣「朝向思辨形而上學的發展」、「對心靈的實證歷史」作辯證建構，也不是像黑格爾利用沒有思想性的三段式辯證法作為套住精神、歷史發展的框架。

　　牟先生與康德一樣反對絕對的觀念論視理念為絕對實體及主張「理念即是客體」。依康德，就思辨理性而言，理念只是軌約的，並無實在性；理念唯獨於自由領域（道德領域）實化而為實在的、構造的。因此，吾人不能視康德像德國觀念論者那樣要建構一個主體意識之思辨體系，視哲學只是一個單純理念論的系統。而毋寧說，康德主張超越的心靈學，他不僅論心靈中理性之理念的軌約作用，更論明人類心靈之意欲機能中理性立法的道德創造之真實作用。其實牟先生本人就表示要將中國的唯心論與西方的觀念論（理念論）區別開來。牟先生說：「中國所講的心性之學才是真正的唯心論，但同時也是真正的實在論。」[9]

　　拙著不厭其詳，講明德國觀念論者損害康德批判哲學，尤以黑格爾之毀壞力為甚。不必諱言，牟先生亦不能避免受到影響或刺激，但重要的是，牟先生哲學之生命與宗極之旨通於康德，而相反於德國觀念論。於此，學者要有基本分別的能力。牟學界流行好議論，而不中肯綮之風。用牟先生的話說，就是缺乏「基本分別的能力」，「瞎攪

9　牟宗三著：《哲學研究的途徑》，《牟宗三先生全集》第27冊，頁359。又，牟先生說：「因為智心與物如同時呈現，智心是絕對的心，物如是絕對的實在，固同時是徹底的唯心論，同時亦即是徹底的實在論也。」（牟宗三：〈鵝湖之會〉，《牟宗三先生全集》第27冊，頁457。）牟先生說：「當年黃梨洲、王船山要求從內聖開外王，那是十七、十八世紀。到現代，我們就是要求跟西方的文化傳統相結合，要求一個大綜和。」（牟宗三：〈中國文化發展中的大綜和與中西傳統的融會〉，刊於十二月二十日、二十一日臺北聯合報副刊。楊祖漢主編《第二屆當代新儒學國際學術會議論文集之二》，臺北市：文津出版社印行，1994年，頁8。）先生又說：「大綜和代表的那個大的哲學系統，內部地講就是中國的唯心論系統；外部地講就是中西兩文化系統結合。以哲學系統講，我們最好用康德哲學做橋樑。吸收西方文化以重鑄中國哲學，把中國的義理撐起來，康德是最好的媒介。」（同前揭文，頁11）。

和」。沒有思考能力，根本不能談哲學問題，流於「瞎講」，隨意議論。[10]

牟先生作為哲學宇宙之巨人，中西哲學會通的開山祖，其於學界的影響是廣泛而持久的，然不必諱言，由於學者們普遍的「基本分別的能力」不足，思考能力弱，尤其純粹哲學訓練不足，牟宗三哲學研究並未能達到透入其宗極之旨的深度。儘管牟學界學者們接續不斷努力，研究論題很廣泛，遍及牟先生諸「說」，相關論文也數量很中，然至今仍未能對牟宗三哲學之體系形成確定的說法，於其宗極之旨更鮮有深度瞭解與契接。數十年來，追隨牟先生的學者不計其數，然而因與其宗極之旨瞭解不透徹或根本不相應，或無純粹哲學訓練，故只停留在牟先生的諸「說」之梳理上，不少學者更因尊崇而追隨，而始終因不能理解而背離。其中筆者所知者中至為突出者要算臺灣的杜保瑞教授，及大陸的楊澤波教授。

第二節　略論杜保瑞教授之「牟宗三儒學評議」根本與牟先生之哲學不相應

杜保瑞《牟宗三儒學評議》一書自道該書「代表了當代中國哲學研究者，對牟宗三先生的哲學創作，從學習模仿接收到質疑挑戰揚棄的一個過程，它是筆者從青年時期學習研讀牟宗三先生著作以來，從吸收養分以滋養成長到獨立思考而辯難否定的結果。」[11]杜教授說：

---

10 牟先生說：「學哲學要有這些基本分別的能力，要不然弄得亂七八糟，現在的人常都是瞎講的。」（總386，6）又說：「這需分辨清楚。你在這裡瞎攪和幹什麼呢？有人就這樣跟你詭辯，你毫無辦法。他一點思考能力也沒有，你簡直不能跟他談。現在的人連這點辨別能力也沒有。」（總386，8）不少學者從西方哲學界流行的學派中擷取一些說法，牽連到牟先生身上「瞎攪和」，就是缺乏基本分別的能力，沒有一點思考能力所致。

11 杜保瑞著：《牟宗三儒學評議》（北京市：新星出版社，2017年），〈緒論〉「一、從認同到否定的過程」。

「在過去十年間，牟宗三先生的哲學一度是所有中國哲學研究者必須攻堅的鉅作，筆者自己就是在對牟先生著作的閱讀吸收的過程中逐步成長起來的學術經歷，一方面經過了學生時期的成長歲月，至少十年以上，二方面在擔任教授之後，卻開始質疑牟先生的觀點，約近二十年。」[12]

在杜教授眼中，牟先生對當代中國哲學的貢獻不過是製造了「最龐大並抽象細密的」理論體系，其所以「奪人眼目」不過是「以其思辨力度之深邃奇詭」。[13]但如前面相關章節一再論明，牟先生確立的儒家的道德的形上學宏規乃通著人類終極目的的實踐的智慧學，其關切在：人之為人何以及如何以自身之自由意志為創造實體以創造自身為道德存有，以及創造世界為道德世界。而無限心大系統（圓善論系統）乃融通儒釋道三教，依中國傳統智慧彰顯「圓盈教之大通」，以及「人雖有限而可無限」之理境，它是一個個體生命純潔化的圓修大系統。其關注在：「指導人通過實踐以純潔化人之生命。」[14]牟先生一生之哲學生命貢獻於中國傳統智慧以及中西哲學之融通，及至「窮盡人類理性之一切理境」[15]。但杜教授看來對此毫無感覺，一無所知。在他眼中，牟先生「提出了分辨東西哲學特質的觀點，也提出了詮釋儒釋道三教異同的哲學觀點」，只是意圖使「儒家哲學成為古今中外最圓滿完美的哲學體系」，並以為此不過是「面對國族危難之下的積極反應」，「就是一定要將中國哲學在中西比較上站上勝點，又一定將儒學在三教辯證上高於道佛。」[16]令人不禁發「燕雀焉知鴻鵠之志哉」之嘆。

---

12 同前註。
13 同前註。杜保瑞說：「牟先生對當代中國哲學的貢獻，就在於創造出一套二十世紀最龐大並抽象細密的中國哲學理論體系，並以其思辨力度之深邃奇詭而奪人眼目，……。」
14 牟宗三著：《圓善論》〈序言〉，《牟宗三先生全集》第22冊，頁3。
15 牟宗三著：《圓善論》〈序〉，《牟宗三先生全集》第22冊，頁15。
16 杜保瑞著《牟宗三儒學評議》，〈緒論〉「一、從認同到否定的過程」。杜保瑞說：

　　杜教授主觀猜想：「牟先生一定要將中國哲學在中西比較上站上勝點，又一定將儒學在三教辯證上高於道佛。」隨後遽下判語：「但也正因如此，這就像莊子的『此亦一是非，彼亦一是非』、『是亦一無窮，非亦一無窮』的判斷上，那就是變成各說各話了。」如前面相關章節已論明，牟先生一生為中西哲學之會通而努力，其志在「窮盡人類理性之一切理境」，彰顯「圓盈教之大通」，於杜先生眼中卻成了是與非、高與下之意氣之爭。

　　莊子〈齊物論〉原文說：「彼是方生之說也。雖然，方生方死，方死方生；方可方不可，方不可方可。因是因非，因非因是。是以聖人不由，而照之於天，亦因是也。是亦彼也，彼亦是也。彼亦一是非，此亦一是非。果且有彼是乎哉，果且無彼是乎哉。彼是莫得其偶，謂之道樞。樞始得其環中，以應無窮。故曰莫若以明。」用牟先生的話說：「這一大段文章明顯是衝破二分法。」[17]、「就是要衝破二分法，這就是道樞。」[18]牟先生的哲學努力就是要彰顯「道樞」，「這就是莊子提供的『天』、『明』」[19]：「照之於天」、「莫若以明」。杜教授不解莊子原文之深意，摘取其中「彼亦一是非，此亦一是非」、「是亦一無窮，非亦一無窮」，牽連到牟先生身上，把牟先生嚴肅的學術研究詆詆為爭高下、講是講非。須知，莊子〈齊物論〉衝破二分法、泯除是非之紛爭，是針對世俗之種種成見而言，而要排除成見，泯除是非之紛爭，端賴「照之於天」、「莫若以明」，而並非要廢除真理。莊

　　「他（牟宗三）提出了分辨東西哲學特質的觀點，也提出了詮釋儒釋道三教異同的哲學觀點，在他的努力創造下，儒家哲學成為古今中外最圓滿完美的哲學體系。這個結論的獲得，正是緣於二十世紀的哲學家們在面對國族危難之下的積極反應，就是一定要將中國哲學在中西比較上站上勝點，又一定將儒學在三教辯證上高於道佛。」

17 牟先生主講、盧雪崑整理：《莊子〈齊物論〉講演錄》（四），《鵝湖月刊》第27卷第10期（總第322號），頁4-6。

18 同前註。

19 同前註。

子要泯除的是非，用牟先生的話說：「這種是非只屬於禮俗成套的系統，不能應用到邏輯、數學、自然科學，不能應用到良知天理，也不能應用到美學。」[20]

學者們，若對牟先生之哲學宗極之旨無瞭解，或根本無感覺、不相應，不必談論牟宗三哲學。

毫無疑問，依杜保瑞教授之言語看來，其心靈與頭腦都離開牟宗三哲學很遠。哪怕他一再表白，從青年時期就學習研讀牟宗三先生著作，「至少十年以上」。[21]他甚至說：「可以說，筆者的學術成長是伴隨著牟宗三哲學著作的消化而同時成長亦不為過。在這個意義上，筆者認為自己就是牟宗三哲學的弘揚者，雖然多半是站在批評反對的立場上，但以如此長時期的時間之投入，以及進行如此深入細密的討論，筆者對於弘揚牟宗三哲學而言，確有其功。」[22]但依愚見，一位學者根本不明牟先生之哲學宗極之旨，不能領會牟先生「為人類價值之標準與文化之方向而奮鬥以伸展理性」[23]之志業，那麼，他所謂的牟學研究無論多麼「細密」都必定是根本不對題的，其批評反對也必定是無的放矢，流於浮光掠影，只著眼枝末，抓住點滴妄肆譏議。用牟先生的話說，就是缺乏思考能力，根本不能談哲學問題，只是「瞎講」、「瞎攪和」。杜教授背離牟先生之志業，其所謂「消化」牟宗三哲學實有自吹之嫌，更遑論說「弘揚牟宗三哲學而言，確有其功」，真令人聽來咋舌。

杜教授說：「就這樣，筆者亦得同時重新撰寫自己的儒學詮釋專著，並且創造自己的中國哲學方法論解釋架構。」[24]愚意以為，杜教

---

20 同前註。

21 杜保瑞著：《牟宗三儒學評議》，〈緒論〉「一、從認同到否定的過程」。

22 同前註。

23 見蔡仁厚撰：《牟宗三先生學思年譜》（臺北市：臺灣學生書局，1996年），頁60。

24 杜保瑞著：《牟宗三儒學評議》，〈緒論〉「一、從認同到否定的過程」。

授固然可撰寫他自己的「儒學詮釋專著」，也可主張他自己的「中國
哲學方法論解釋架構」，作為學術界種種意見之一，那可以是無所謂
的，事實上，學界中就不乏種種「說」在論是非，爭高下。然哲學之
為理性本性之學，難道就只流於是非，高下之主觀議論？並無普遍之
標準？不能作理性上一致的客觀肯斷嗎？如牟先生說：「人生真理底
最後立場是由實踐理性為中心而建立。」

　　學者們，若不與牟先生一同站立在「人生真理底最後立場」上，
不必與牟先生對辯，也不必談論牟宗三哲學，遑論要妄議牟宗三哲學
之客觀價值。杜教授大談「方法論」，跟隨現代哲學講「解釋學」，也
講「問題意識」、「語意分析」，然依牟先生所言，現代哲學之無體、
無理、無力，無論其理論多麼工巧，根本與純粹哲學（理性本性之
學）毫不相涉，亦即與牟宗三哲學毫不相干。這種學者哪怕全副精力
投入於牟學中，必定也只是枉費精神，不會有實質貢獻。

　　杜保瑞教授自以為他自己「一方面指出牟先生的意見對於文本詮
釋上的出入，二方面指出牟先生的工作模式就方法論的解釋模型而言
多有可以改進之處。」[25]但依愚見，杜教授之所以對牟先生的文本詮
釋有意見完全因為他本人採取了完全不同的立場與觀點之故。其問題
意識、哲學之宗極之旨、哲學生命的型態皆根本與牟先生不同，則其
所謂對牟先生的「工作模式」、「方法論的解釋模型」有改進，可以說
完全是自說自話。誠然，學者們大可隨意建構自己的方法論、提出
各自的問題，然依其一己之見為標準以批評牟先生的哲學，則是不可
取的。

　　依愚見，杜教授及一眾牟先生的批評者，大抵都並未能恰切地視
牟先生哲學為純粹哲學（理性本性之學）之體系，故而亦不能把握到
牟先生提出自孔子一脈相承的儒家哲學傳統其共識在孔子踐仁知天、

---

25 杜保瑞著：《牟宗三儒學評議》，〈緒論〉「一、從認同到否定的過程」。

孟子盡心知性知天所顯示的道德的形上學。學者們固然可以從其各自的思想史、文化史的本務來研究經典，然他們無理由否認牟先生所論明儒家哲學傳統之共識，吾人有理由要求，他們要與牟先生對話與商榷，首先要具有與牟先生相同的宇宙視野（即理性的視野），與牟先生一樣以純粹哲學為本務。否則他們所謂對牟學的反思與批評全都不對題，白費唇舌。

　　譬如，杜保瑞教授大談「價值哲學的證立的方法論問題」、「形上學證立的方法論困境問題」，由此等問題又引出「宋明儒學方法論問題」。但吾人觀杜教授所論，其所論「價值哲學」、「形上學」都是依據傳統西方哲學之通論而論，就像完全無知於康德批判哲學已經徹底顛覆了西方哲學傳統。

　　依杜教授的說法，中國哲學僅為「人生哲學」，並且，他將人生哲學歸為「價值哲學」，進而又提出「價值命題的形上證成的境界說」。杜教授說：「由於中國哲學主要在探究人生的問題，體系的建構以確立人生理想為目標，理論的型態以能面對人生的問題為特徵，因此『功夫理論與境界哲學』一直是中國哲學體系中關鍵的兩個表達形式。」[26]無疑，中國哲學為「人生哲學」，在學界及大眾中都是廣泛被接受的說法，此說固然不必反對，但若說「中國哲學主要在探究人生的問題」，則嫌偏頗。吾人於前面相關章節已論明，若以康德批判哲學確立的純粹的哲學為準，以康德經由批判揭明的人類心靈機能體系來考論中國哲學，則可以說，唯獨孔子哲學傳統展示的踐仁知天、盡心知天的道德形上學能作為中國哲學之「道樞」。誠然，孔子哲學傳統包含有功夫理論與境界說，然孔子哲學傳統之為「道樞」並不在其中的功夫理論與境界說，而在其從道德進路建立的形上學，亦即根於本心仁體之創造性而朝向道德世界之建立以伸展至「天」的形上學。此道

---

26 杜保瑞：〈當代宋明儒學研究與中國形上學問題意識〉，《輔大哲學論集》第34期，頁147-192。參見杜保瑞著：《功夫理論與境界哲學》，北京市：華文出版社，1998年。

德形上學是經由「本心仁體」（即意志自由）之為人之實存（仁者人也）而證立的。此即牟先生所主張孔子哲學傳統為「道樞」之根本。

但是，杜保瑞教授對於牟先生哲學之宗旨毫無瞭解。他只是依據一般的中國哲學史來談論中國哲學。依據一般的中國哲學史來談論中國哲學，固然可以說「人生哲學」、「價值哲學」、「功夫論」、「境界哲學」等等。但據此講一套方法論，並以為可以藉此批評牟先生的方法論，甚至要取代牟先生的哲學體系，那是無理取鬧。

吾人於前面相關章節已論明，孔子哲學傳統之道德形上學是經由闡明道德主體（本心仁體）之為創造實體而證立的。而杜保瑞教授卻以為形上學建構的合法性只是作為人生哲學義理根據，他提出以「境界說」作為「價值命題的形上證成」的方法。豈知，所謂「價值命題的形上證成」不過是依西方哲學中的一種流派而說，此方法已經被康德批判哲學所推翻。依康德批判所揭明，唯獨純粹意志（善的意志）本身具有絕對價值，（Gr 4:394）而它是唯一可能的科學的真正的形而上學的根據。而形形色色的「價值哲學」中所謂「價值」只不過是相對價值。而杜教授所言「境界說」固然可形成一種境界的形而上學，然境界的形而上學充其量只是軌約的、思辨的，根本不能與儒家通康德而成立的道德的形上學相提並論。道德的形上學乃經由批判證實的唯一的普遍的形而上學，乃是道德主體（本心仁體）之創造性所必然伸展至的。

杜保瑞教授說：「事實上，筆者認為牟先生特有的哲學創作之所以能夠產生，便是在他針對宋明儒學各家理論都有創造性誤解及偏執性批判的討論中發展出來的，而本書各章節的寫作，除了藉由各章的討論建構共同的筆者對牟先生批評的固定意見之外，同時也是筆者為解救各家理論被牟先生偏頗地詮釋的重構之作。」[27]實情是杜教授並

---

27 杜保瑞著：《牟宗三儒學評議》，〈緒論〉「二、本書工作方式之說明」。

未能理解牟先生之哲學創造源自契應康德從道德進路建立形上學的慧識，故不能把握牟先生所揭明的孔子哲學傳統之共識。也就是說，杜教授未能以作為道樞的孔子哲學傳統為準來詮釋儒家之各派（包括宋明儒學各家理論），而是以泛論之「人生哲學」、「價值哲學」、「功夫論」、「境界哲學」來詮釋儒家各派、各家理論。杜教授以個人的立場作準來想出他自己的「宋明儒學方法論」及詮釋的重構，此或許作為學術界的諸多說法之一種是可以的，但以其一己之見而妄議牟先生「對宋明儒學各家理論都有創造性誤解及偏執性批判」，則是錯誤的。

　　杜保瑞教授指責牟先生「在對宋明各家的批評中」，「獨標他的道德的形上學意旨，竟至幾乎批判了宋明儒學史上的所有新儒學家學者的哲學理論。」[28]他批評說：「歸根結柢，就是哲學基本問題意識的混淆，亦即不分各種哲學問題而是以一套理論而綰合種種問題於一型之中，……。」[29]究其實，杜教授見不到孔子哲學傳統之共識，無知於此傳統為「道樞」之根本在道德的形上學。實在說來，杜教授本人的哲學問題意識是散列的、無中心的，亦即無「道樞」，只是將哲學史上出現過的問題散列在那裡，卻倒過來指責牟先生「以一套理論而綰合種種問題於一型之中」。前面章節已論明「唯一的純粹的哲學與哲學觀點之多樣化」的恰當關係。如所周知，牟先生已論明道德的形上學是一個圓融的智慧，「這一個圓融的智慧義理本身是一個圓輪，亦是一個中心點，所謂『道樞』。」[30]、「是以這圓輪子在其圓轉底過程中可容納一切開合。」[31]愚意以為，若杜教授要反對牟先生以道德的形上學為中

---

28 同前註。

29 同前註。

30 牟宗三著：《心體與性體》（一），《牟宗三先生全集》，頁193。

31 牟宗三著：《心體與性體》（一），《牟宗三先生全集》，頁195。牟先生說：「復次，從正面踐仁盡性以圓熟之境，一切都平平，一切都落實，人若在此平平落實處，只見到那形而下的器而膠著於事相上，則從負面來觀察人生，多從空、無一面入，也是可以的；無卻那相對事相的執著、人為造作的不自然，而超顯那自然無為的境

心、道樞，那麼，他要做的是要論明何以道德的形上學不能作為「道樞」，或者哲學根本沒有「道樞」，而不是只是抱持他個人的散列的觀點就主觀地對牟先生妄加指責。杜教授說：「筆者已經認定牟先生成見太重，以致所有的討論幾乎是藉著自下定義以批判各家，再經自圓其說以分辨系統，而非公平思考以創作理論，如此的工作態度，則其創作之成果，只有因不被超越而受到謬讚，卻不能因切中真相而貢獻卓越。」[32]杜教授如此主觀武斷、輕率妄議之言，直令人咋舌。究其實，杜教授不能理解牟先生所標舉的道樞與道樞中容納的一切開合之區分，以至於誤解牟先生「成見太重」、「藉著自下定義以批判各家」。

究其實，杜教授根本無知於康德經由批判工程已論明，唯一可能的科學的真正的形而上學唯獨植根於道德創造主體（意志自由、本心仁體），也就是說，唯一的普遍的形而上學只能從道德進路而建立。杜教授卻以為，形上學建構的合法性只是作為人生哲學義理根據。[33]他視形而上學為只為解決價值依據的問題。[34]實在說來，杜教授並無意於康德的批判哲學，也不瞭解康德批判哲學對於西方哲學傳統之徹

界，這便是道家；空卻那事相緣起流轉的自性而當體證空，這便是佛教。因為這負面的生命原也是那圓輪子所要化掉的。若執著於這從負面入手之所證而與那圓輪子為對立，便不對。此是正負之開合。……。人若在此提不住，見不到是「知體著見」，而只見到「抬頭舉目」之生理活動，如是，只去研究這生理活動本身也可以，這便是所謂科學，但若在此執持只有這生理活動是真實，並無你所說的良知本體，那便成了荒謬的唯物論，此即馬克斯是也。」（同上揭書，頁194）並且牟先生指出：「罪惡只能被消除，不能被容納。」（同上揭書，頁195）

32 杜保瑞著：《牟宗三儒學評議》，〈緒論〉「二、本書工作方式之說明」。

33 參見杜保瑞著《功夫理論與境界哲學》。

34 杜保瑞教授說：「儒學經由當代新儒家學者及眾多當代中國哲學學者的義理開發之後，對於終極價值的議定及證成皆有方法論詮釋體系的建構以為成果，儒學雖然不走宗教之路，但是作為人生哲學的價值依據的問題卻有理論與實際的落實。理論的落實表現在宋明儒學及當代新儒學的論理中，實際的落實表現在傳統中國人心的倫理價值信念中，儒學迄今仍是有生命力的中國文化主要傳統。」（見杜保瑞著：《功夫理論與境界哲學》）可見杜教授眼中，中國文化主要「傳統不過是人生哲學」、價值哲學。

底顛覆，並從根本上推翻了舊有的思辨形上學，他只是依循西方哲學中流行的價值論的說法來講形而上學。

　　杜保瑞教授說：「就價值哲學研究言，在西方哲學史中，價值信念最強盛，價值命題最突顯的哲學建構當屬中世紀哲學，……。」[35] 杜教授從價值問題建立形而上學，他引用鄔昆如著《中世哲學趣談》一書的觀點，提出「多瑪斯哲學」乃是「追求價值的人生哲學」，[36]並以為此通「價值中心的中國哲學的形上學體系」。杜教授也知道多瑪斯在「論證上帝存在」時卻用上了宇宙論及形上學，並且，他也知道牟先生說過「程朱之本質倫理」的形上學型態，就是多瑪斯型態的形上學。[37]但是，眾所周知，康德經由《純粹的理性批判》已否決由本體論及宇宙論「論證上帝存在」，以建立形而上學。[38]依康德之批判，

---

35 杜保瑞：〈當代宋明儒學研究與中國形上學問題意識〉，「二、本文的問題意識」。

36 杜保瑞教授說：「其中『多瑪斯哲學』乃天主教會為證立上帝信仰之作，藉由汲取亞理士多德哲學之長而建構的宗教哲學體系，既要論證上帝的存在，又要說明上帝的本質，還要說明人在宇宙中的地位，及在宗教活動中的道德價值原理，是為將人生哲學的問題藉由上帝信仰而證成的哲學體系，其中形上學、辯神論、人性論、倫理學的知識系統一個個建立起來。（參見鄔昆如著：《中世哲學趣談》，臺北市：東大圖書公司，1976年，頁178。）一樣是追求價值的人生哲學，……。」（杜保瑞：〈當代宋明儒學研究與中國形上學問題意識〉，「二、本文的問題意識」）

37 杜保瑞：〈當代宋明儒學研究與中國形上學問題意識〉，「二、本文的問題意識。」所引牟先生語見牟宗三主講：《中國哲學十九講》，《牟宗三先生全集》第29冊，頁404-405。

38 杜保瑞教授無視康德批判達至的成果，根本排拒從道德進路建立形而上學之慧識。他依循西方傳統舊有形而上學之道路，主張從本體論建立中國哲學的形上學，有所謂「實存性體」之學，以及「形上道體的抽象特徵」之學，其實只是沿襲西方傳統舊有形而上學之套路。杜教授說：「作者於分析中國哲學的基本哲學問題時，對於中國哲學的形上學中的本體論哲學問題再作了區分，認為中國哲學的本體論哲學問題涉及到對於『作為終極價值義涵』的探究的學問，此即『實存性體』之學，也涉及對於『形上道體的抽象特徵』的研究的學問，此即『抽象性徵』之學。」（杜保瑞：〈當代宋明儒學研究與中國形上學問題意識〉，「一、前言」，及見杜保瑞：〈中國哲學的基本哲學問題意識反省〉，《哲學論集》第33期，臺北縣：輔仁大學出版社，2000年。）

多瑪斯，以及朱子的他律道德的形上學型態，都是不合法的，或者說，只能是思辨的形而上學。[39]然而，杜教授看來並不理會康德經由批判對形而上學問題作出的裁決，執意主張多瑪斯及「程朱之學」的形上學建構，並提出要據之「重新定位價值中心的中國哲學的形上學體系」。[40]顯然，杜教授知道多瑪斯與朱子皆屬他律道德的形上學型態，但他堅持朱子的形上學型態通多瑪斯訴諸上帝的價值哲學，[41]並以此與牟宗三先生由道德的進路建立形上學的型態相抗衡。

---

39 杜保瑞教授說：「我們以為，建構上帝存在的形上學論證工作的理論意義，是一個藉由人類的思辨理性活動來進行對於心中已經視為實存的上帝的觀念的逼近。這樣的觀念的逼近之是否成功仍取決於理性能力對自身工作合法性的辯論，康德認為不合法，合不合法需有檢證標準，……。」（杜保瑞：〈當代宋明儒學研究與中國形上學問題意識〉，「三、勞思光先生詮釋宋明儒學所涉及的方法論問題」）吾人知道，康德《純粹的理性批判》是經由對理性機能之批判考量而對上帝存在的本體論證明及宇宙論證明作出否決的。康德經由批判將思辨形而上學裁定為只有軌約作用，是要轉至理性的實踐使用，亦即由道德進路確立形而上學。杜教授顯然無視康德徹底扭轉西方傳統舊有形而上學的貢獻，而固執著陳舊的獨斷形而上學的觀點。

40 杜保瑞：〈當代宋明儒學研究與中國形上學問題意識〉，「二、本文的問題意識」。杜文該處說：「牟宗三先生由道德的進路建立形上學，其所論及的『程朱之本質倫理』的形上學型態，似乎正與多瑪斯的思路是極為接近的，牟先生自己甚至就說這就是多瑪斯型態的形上學。勞思光先生排斥宇宙論及形上學，但是多瑪斯在『論證上帝存在』時卻全都用上了，這些理論現象背後的哲學問題意識的辨正是極有價值的，此一問題即是，作為人生哲學義理根據的形上學建構的合法性問題。如果多瑪斯的工作是有意義的，那麼為勞思光先生所批評的宋儒之宇宙論及形上學之路是否亦應有其合法性？以及牟宗三先生以為『別子為宗』的『程朱之學』的理論意義應如何界定？亦即我們應提出一套怎樣的方法論解釋體系，以重新定位價值中心的中國哲學的形上學體系？此即本文之問題意識。」

41 杜保瑞教授主張「以對上帝的信仰來作價值生活的目標」。他說：「於是上帝存在的問題仍是一理論上需要解決的問題，然而以上帝存在的信仰為中心的天主教哲學卻從來沒有停止過以對上帝的信仰來作價值生活的目標，並且天主教哲學作為人類價值哲學的一支，始終在人類文明史上有其地位，其對當代中國人而言，天主教的宗教價值觀亦確為儒釋道三教之外之另一獨立的價值體系，因此走形上學證立它在世界存在的哲學之路是確定天主教價值命題的理論上非作不可之事。」（杜保瑞：〈當代宋明儒學研究與中國形上學問題意識〉，「二、本文的問題意識」）

　　杜保瑞教授聲言「要將被牟先生曲解的宋明儒學各家理論再度還原真相，澄清其義，以回歸本旨。」[42]但究其實，杜教授本人執持多瑪斯，以及朱子的他律道德的形上學型態，據之反對牟先生所論明的道德的形上學，正是他個人的他律道德的立場，令其看來牟先生曲解了宋明儒學各家理論。但究其實，倒是他標舉他律道德為宋明儒學之正宗，正是從根本上歪曲了宋明儒學之本旨。其所謂「再度還原真相，澄清其義，以回歸本旨」，真是主觀的狂妄自大之言。

　　杜保瑞教授援用傅偉勳所論「先信仰再理解」的路數，[43]他說：「因此，認知到對於價值命題的確斷都是境界的呈顯而有的確斷，此亦即是價值命題的形上證成的特殊方式，此一方式即是價值命題的形上陳述是在陳述者的直入價值境界之中的言說，所以是先有境界才有形上學、世界觀的知識性陳述，此一『價值命題的形上證成的境界說』是解決其形上證立困境的方法論出路，此一方法論出路似乎回到了聖安塞爾姆的先信仰再理解的路數了。」[44]顯然，杜保瑞教授執持所謂「先有境界才有形上學」、「先信仰再理解」的觀點。他說：「但是實踐的本身是要有理論根據的，從方法論研究的進路來探究時，如何確立人生哲學的形上根據便是其中的關鍵問題。站在中西哲學比較的立場上看這個問題時，以上帝信仰為中心的士林哲學則是同樣地重視人生問題的哲學體系，士林哲學將終極價值的問題訴諸於對上帝的信仰，並由上帝的啟示作為價值的標的，這樣的義理型態在中國哲學的儒釋道三學中皆有相類似的理論議題。」[45]杜教授將一般論中國哲學為人生哲學與以上帝信仰為中心的士林哲學之為重視人生問題的哲學體系混為一談，其執持的立場顯而易見，有見及此，則杜教授之力詆牟先生之理性本性之學，就毫不奇怪了。

---

42 杜保瑞著：《牟宗三儒學評議》，〈緒論〉「二、本書工作方式之說明」。

43 參見傅偉勳著：《西洋哲學史》（臺北市：三民書局，1981年），頁193。

44 杜保瑞著：《牟宗三儒學評議》，〈緒論〉「二、本書工作方式之說明」。

45 杜保瑞：〈當代宋明儒學研究與中國形上學問題意識〉，「一、前言」。

　　杜保瑞教授將中國哲學的儒釋道三學定為價值哲學，並與天主教哲學相提並論。他說：「中國哲學的儒釋道三學及西洋哲學的天主教哲學皆是有著價值命題的哲學體系，這些有著價值命題的哲學體系的理論建立的終極目的皆是在提出價值原理以作為人存有者身體力行的方向目標者，這樣的評斷在中國哲學的儒釋道三學應該是沒有異議的，在天主教哲學的當代研究者心中應該是會引為同道的。」[46]顯見，杜教授只從價值哲學之觀點來看中國哲學，完成未能達到經康德批判而臻致的純粹哲學（形而上學）之高度。他對牟先生哲學的批評就顯得根本不相應。因兩人的視野完全不同，胸襟與宗旨亦不同。

　　杜保瑞教授自稱他的工作「始終是回歸哲學基本問題，以為文本之詮釋，藉由一套良好的解釋架構以為工具，再進行原典意旨的文本詮釋」，[47]但依吾人所見，他所主張的「哲學基本問題」不過是他本人依循西方獨斷論傳統而主觀訂立的，他依照個人選定的觀點與立場作準進行所謂「文本詮釋」，其「解釋架構」亦無可避免地只是用來將原典套入其既定框架中的工具。令人訝異的是，杜教授卻倒過來詆訴牟先生，他說：「牟先生是事先建立一套理論系統，然後將程朱陸王的哲學語句套用入內，因為他對各家的文本解讀，都只是不斷地套用在自己系統內的某種模型而已，先下定義以約定問題，再造理論以框限它說，這樣就幾乎要把整個宋明學各家的理論綑綁限制在他自己的問題意識和創造系統之內了。其結果，各家理論在認識上有偏差、在詮釋上有誤會、在理解上有錯謬，這樣的宋明儒學詮釋之作，究竟是創造新說有貢獻於儒家哲學？還是建立奇說有所框限於儒家哲學呢？」[48]

　　吾人一再申論，牟先生提出孔子哲學傳統之共識在道德的形而上

---

46 杜保瑞：〈當代宋明儒學研究與中國形上學問題意識〉，「八、價值哲學的形上證立的方法論困境的解決」。

47 杜保瑞著：《牟宗三儒學評議》，〈緒論〉「二、本書工作方式之說明」。

48 同前註。

學。此共識是依據於康德批判哲學之最高的根源洞見，以此共識為準對中國哲學各家義理性格作裁定，是客觀的。杜保瑞教授本人主張「一個以上帝信仰為中心的價值哲學」，堅持一個以上帝信仰為中心的價值哲學的形上根據的體系建構的意義，[49]他不能接納孔子哲學傳統之共識，這是很自然的事。但他以一己成見而想抹掉牟宗三哲學之客觀性，則是主觀獨斷至橫蠻霸道。

　　杜保瑞教授提出：「以功夫理論與境界哲學為中心的基本哲學問題詮釋法，重新議定牟先生儒佛詮釋體系的方法論意義，從而建立中國哲學詮釋體系的新視野。」[50]吾人不必反對杜教授依個人的觀點提出以「功夫理論與境界哲學」來詮釋中國哲學，但他據此否決牟先生依據純粹哲學（理性本性之學）之原型分判儒佛的詮釋體系，並自以為建立了「中國哲學詮釋體系的新視野」，則有隨意壓低他人以高抬自己之嫌。

　　杜教授未能理解道德主體（本心仁體、意志自由）之為道德創生實體之形上洞見，故而聲言要推翻牟先生在儒學詮釋系統內以道德創造實體根本區別於佛道的簡別依據。杜教授說：「牟先生在儒學詮釋系統內以道德意識為創生實體而有別於佛道的簡別模型，是基於現世實有的世界觀下的本體論的獨斷，簡別儒佛應正視宇宙論認知的差異

---

49 杜保瑞教授說：「以上帝存在的信仰為中心的天主教哲學卻從來沒有停止過以對上帝的信仰來作價值生活的目標，並且天主教哲學作為人類價值哲學的一支，始終在人類文明史上有其地位，就其對當代中國人而言，天主教的宗教價值觀亦確為儒釋道三教之外之另一獨立的價值體系，因此走形上學證立它在世界存在的哲學之路是確定天主教價值命題的理論上非作不可之事。問題只在，經過康德的批判哲學之後，一個以上帝信仰為中心的價值哲學，它的形上根據的體系建構的意義為何，需另作說明。」（杜保瑞：〈當代宋明儒學研究與中國形上學問題意識〉，「二、本文的問題意識」）

50 杜保瑞：〈從牟宗三哲學談儒佛會通的方法論探究〉「摘要」，見ntur.lib.ntu.te (1999), DoI:http://140.112.114.62/hand/e/246246/146527。

的事實，才可能準確地理解哲學體系同異之別的要義。」[51]究其實，杜教授本人未能理解牟先生所論創生實體乃道德主體，而誤以為只是一般泛論的「道德意識」，因此以為牟先生在儒學詮釋系統內所論「創生實體」是「基於現世實有的世界觀下的本體論的獨斷」。杜教授無知於牟先生高揚道德形上學之宗旨，以及依此道樞為準分判儒釋道，他提出依「宇宙論認知的差異」來「理解哲學體系同異之別」。杜教授個人固然可有他自己的說法，他個人可以從宇宙論的觀點立論，然杜教授個人的說法與牟先生的體系，孰低孰高、哪個是客觀準確的，哪個只是一己之見，並不是由教授個人說了算，終究有客觀裁斷。

杜保瑞教授將「儒佛會通」只視為「一個社會倫理的價值建構運動」，他說：「『儒佛會通』作為一個議題，在我們談論它之前，首先要界定討論的脈絡為何。我們認為，『儒佛會通』作為一個社會倫理的價值建構運動，就求同面而言，它是可以有著許多倫理德目上的溝通，……。」[52]杜教授本人表示，他提出一個「功夫理論與境界哲學為進路的基本哲學問題詮釋模型」，並聲言要「再次重構儒佛哲學之間的溝通與釐清」。[53]顯見，杜教授對中國哲學之詮釋採取的立場與依據都與牟先生根本不同，難怪他與牟先生的哲學格格不入。

杜教授本人執持功夫理論與境界哲學之觀點，而將牟先生的哲學理解為「一個論盡實有並為道德意識建立堅實地位的存有論」。他說：「牟先生的哲學基本路數其實仍然是一相當西方傳統的存有論進路之學，即以自亞里士多德的範疇學起家的客觀存有論之學，……。」[54]

---

51 同前註。

52 杜保瑞：〈從牟宗三哲學談儒佛會通的方法論探究〉，「前言」。

53 同前註。

54 杜保瑞：〈從牟宗三哲學談儒佛會通的方法論探究〉，「三、對牟先生中國哲學詮釋體系」的初步檢討」。杜先生說：「牟先生的哲學基本路數其實仍然是一相當西方傳統的存有論進路之學，即以自亞里士多德的範疇學起家的客觀存有論之學，即其自身所言之執的存有論、分解的進路、分別說、思辨哲學、內在形上學諸說者，只是

顯然，杜教授完全忽略了牟先生依據康德之形而上學之洞識而標舉的從道德進路建立的形上學，而將牟先生的哲學體系與「西方傳統的存有論」混為一談。吾人於前面相關章節已論，於牟先生的無限心體系中，牟先生論無執的存有論，確實可見有「西方傳統的存有論」方面之影響；並且，也有見論及儒家境界型態之處。但是，如吾人已論明，牟先生的無限心體系並不能取代牟先生規立的道德的形上學，唯獨後者能顯示牟先生的哲學之宗極之旨。並且，吾人亦已論明，無限心體系中所論「實踐的形上學」，此中「實踐的」乃只是「技術地實踐」，唯獨儒家的道德的形上學才稱得上依照康德之根源洞識而言的「道德地實踐」的形而上學。

杜保瑞教授說：「牟先生其實也清楚到從主體實踐的角度說起時，儒家哲學也是一種境界型態的形上學。」[55]吾人知道，牟先生確實表示，從修養上講，也就是廣義的實踐的意義上，儒家有境界型態的形而上學的意味。[56]但同時表明：「但儒家不只是個境界，它也有實有的意義；道家就只是境界型態，這就規定它系統性格的不同。」[57]然而，杜教授卻只說牟先生視「儒家哲學也是一種境界型態的形上學」，看來是刻意將牟先生高揚儒家的道德形上學之宗旨抹掉。他將牟先生所言「從修養上講」，偷換為「從主體實踐的角度說」。而他心

牟先生將中國儒釋道三學置於康德哲學所開啟的實踐進路之哲學，而重構一種存有論的表達方式，亦即無執的存有論、非分別說、實踐哲學、超越形上學等說者，關鍵即在這一系列的形上學建構是基於主體實踐活動下的義理進程，……。」看來，杜先生未能見到牟先生高揚從道德的進路建立形上學。杜先生所謂「康德哲學所開啟的實踐進路」，其所意謂的「實踐」只是技術地實踐，根本不同康德所開啟從道德的進路建立的形而上學。

55 同前註。

56 牟宗三先生說：「儒釋道三教都從修養上講，就是廣義的實踐的。……這種形而上學因為從主觀講，不從存在上講，所以我給它個名詞叫『境界型態的形而上學』，這是大分類。」牟宗三著：《中國哲學十九講》，《牟宗三先生全集》第29冊，頁102。

57 同前註。牟宗三先生說：「中國的形而上學，道家佛教儒家都有境界型態的形而上學的意味。」

目中「主體實踐」只意謂個人修養，亦即只從技術地實踐而言，而對儒家通於康德而言的道德實踐毫無所知。

究其實，杜教授本人屬意於境界型態的形上學，就獨斷地否決牟先生規劃的儒家的道德形上學，他說：「就儒釋道三學皆為一種境界型態的形上學而言，嚴格地說，這個形上學就是一個境界哲學，是說形上學在境界的展現中被實現了，因此在言說系統中的整體存在界的真相其實都是主體實踐後的境界把握，因此牟先生對於儒學體系中的以創生性說實有、以道德意志說創生的哲學詮釋完型之認定，其實是牟先生的一個獨斷。」[58]吾人已一再論明，孔子哲學傳統之為道德的形而上學，是依據於道德主體（本心仁體）之創造活動而規劃出來的，而並非如杜教授所主張的「在境界的展現中被實現」。因此，牟先生對於孔子哲學傳統中以道德主體之創造活動建立形而上學的哲學詮釋，其依據在康德的批判哲學，絕非如杜教授所指責是「一個獨斷」。

杜教授本人屬意於境界型態的形上學，就獨斷地宣稱：「如果我們再進一步地更徹底地論說儒學的實踐進路之義理性格的話，我們也要稱說，儒學也是一種實踐進路的境界型態之形上學，作為實踐進路的形上學是儒釋道三教的通式，是說它們都是從主體實踐活動的脈絡言說整體存在界的實相的義理型態，……。」[59]吾人於前面「牟宗三確立的儒家道德的形上學與康德實踐的形而上學通而為一」那一節中已論明，牟先生依據孔子踐仁知天、孟子「盡心知性知天」而論的道德的形而上學與康德經由批判展示的實踐的形而上學同為唯一的普遍的形而上學，二者同為理性本性之學，亦即純粹的哲學。康德批判地展示的實踐的形而上學，從道德主體（意志自由）立法而顯其為創造實體，既創造人自身為道德實存者，同時又創造圓善為人的終極目

58 杜保瑞：〈從牟宗三哲學談儒佛會通的方法論探究〉，「三、對牟先生中國哲學詮釋體系的初步檢討」。

59 同前註。

的。依康德義的實踐的形而上學，包含圓善（終極目的）並且包含促進圓善實現於世界，亦即創造道德的世界。依康德義而通儒家而言的實踐的形而上學乃唯一普遍的形而上學，它是一個「圓輪」，亦即「道樞」，此義的實踐的形而上學當該與牟先生另一方面就「成聖、成真人、成佛」達至的最高境界而論的「實踐的形上學」區別開來。

　　杜教授主張「世界不一定要實有」，[60]依據他個人的觀點，「一切中國哲學皆是境界哲學」，並以為牟先生應該發揮這種觀點而「未盡全發揮」之。[61]杜教授執持「世界不一定要實有」之見解，因此提出「以功夫理論與境界哲學為中心的基本哲學問題詮釋法」作為中國哲學的詮釋模型。[62]豈知，牟先生固然有通儒釋道而論境界哲學之慧識，而並不能據之抹掉牟先生對康德之最高的根源慧識之契應而建立儒家的道德的形上學之創造性貢獻。

　　吾人已反覆論明，牟先生依儒家與康德相通而確立的道德地實踐的形而上學是基於理性本性而立的人類理性本質目的之學而為言，是唯一的基礎的哲學之原型。此與牟先生通儒釋道三家共同的「無限心」之為唯一的「本體界的實體」而建立一種「實踐的形而上學」不同。牟先生依儒家與康德相通而確立的道德的形上學並不是已被康德批判所推翻的西方傳統的實有的形而上學。後者是獨斷的，乃一切虛幻之根源，而前者是以道德主體（本心仁體、意志自由）為「實有」所奠基的形而上學。世界若無道德主體為「實有」，即無絕對的價值，世界會淪為一片荒漠。

　　杜教授認為：「作為『境界哲學』的證成是只要有人在實踐中證成即已為證成，因為它已經在經驗世界中建立了一個真確的案例，它要建立更多的經驗世界的案例的可能性是存在的，這即是它的功夫修

60　同前註。

61　同前註。

62　同前註。

行法門的提供以及更多人存有者的確實踐履。」[63]這種與心理學、精神學相通的所謂親證的形上學在後現代流行，受到不少學者追捧。杜教授說：「只有訴諸同一個人存有者的同時進行親證實踐的實驗，在實驗中必然會有世界觀情狀的實感，即在這個實感中人存有者自作判斷從而自作抉擇。」[64]

吾人不必反對學界中形形色色的學說，也不必否認牟先生也有論儒釋道三家共同的境界形上學。學者們誠然可以主張價值哲學、境界的形上學、親證的實踐的形上學，種種哲學流派都有各自不同的旨趣，然吾人堅持以儒家通康德而確立的普遍的實踐的形而上學為哲學原型，因其繫著人類理性之最高目的：「目的王國」、「人類倫理共同體」。牟先生會通中西哲學之志業亦在此。此點堅持亦是必要而不可排斥的，不可隨意詆訴的。

學界中流行一種對牟先生哲學的不滿，那就是反對牟先生通儒家與康德而論道德的形上學，並標舉為哲學原型，而且以之為道樞，即以之為準以統一切哲學學說之分合。在某些學者看來，標舉道德的形上學為道樞，有違多元主義的原則。如所周知，牟先生判朱子為「別子為宗」引起學界強烈反響，為朱子翻案之聲不絕於耳。究其實，牟先生並非要否定朱子之學術貢獻，就朱子理學體系的建樹而論，朱子不失為中國哲學史上重要的大家，若依儒學之廣義，朱子亦不愧為偉大的儒者。然則，牟先生何以判朱子為「別子為宗」，吾人又憑什麼確定牟先生此判案鐵定不可翻？其判準即在道德的形上學，就在意志自由自律。杜保瑞教授說：「『程朱』之思路與道家抽象性徵的本體論哲學之思路及西洋哲學傳統中的存有學之思路如此接近，豈非正為此一哲學思路之重要性之明證，因此論於儒學之『嫡傳』與『別子』之

---

63 杜保瑞：〈當代宋明儒學研究與中國形上學問題意識〉，「八、價值哲學的形上證立的方法論困境的解決」。

64 同前註。

學之標準或不必定位於此。」[65]顯見，杜教授只是抱持西方傳統哲學中本體論、存有學之思路，而無知於依康德《純粹的理性批判》已裁定西方傳統哲學中本體論、宇宙論之進路僅屬思辨的形上學，只是軌約的，並且提出要轉進至理性的實踐的使用，亦即從道德的進路建立形而上學。牟先生正是契接上康德的根源洞見而標舉道德的形上學作為孔子哲學傳統之判準，而道德的形上學之根基在意志自由自律，合此判準，則為孔子哲學之「嫡傳」，不合者則為「別子」之學。

杜教授說：「以『程朱』為『別子』恐是將孔孟之學說小了的說法，以『周張陸王』為『嫡傳』之說者固然堅守了儒學價值立場，但在儒學面對道佛形上挑戰時恐未能開創護教辯證之功。」[66]顯然，杜教授忽視，或甚至是反對牟先生的道德的形上學之洞見，他以為將程朱「抽象性徵的本體論哲學」從孔子哲學傳統排除出去，那是把「孔孟之學的說小了」。在他看來，儒學之「嫡傳」與「別子」之標準定位於「西方哲學傳統中的存有學」，他提出，程朱「抽象性徵的本體論哲學」與西洋哲學傳統中的存有學之思路接近，「與西洋哲學史上的形上學問題意識或存有論問題意識幾乎是同樣的問題意識，這也與多瑪斯思考上帝的超越屬性中之為『一、真、善、美』之說者是同樣型態的問題意識者。」[67]可見，杜教授倒退到康德批判哲學之前的西方傳統哲學中本體論、宇宙論之套路作準來分判儒學之「嫡傳」與「別子」，並且，他並未有區分開一般泛言之「儒學」與孔子哲學傳統。

泛論之儒學，固然可包括荀子、漢儒、程朱，以及清儒等，但依據牟先生以道德的形上學（意志自由自律）為孔子哲學傳統之共識，則接續孔孟道德的形而上學之規模而一根而發有九大家：周敦頤、張

---

65 杜保瑞：〈當代宋明儒學研究與中國形上學問題意識〉，「六、宋明儒學形上思考的基本哲學問題意識之區分」。

66 同前註。

67 同前註。

載、程顥、胡宏、陸九淵、王守仁、劉宗周。此乃牟宗三先生經《心體與性體》三冊及《從陸象山到劉蕺山》四書依孔子哲學傳統之共識作出的客觀裁定。絕非如某些學者所猜想那樣，以某種哲學系統強加於研究對象，並非如杜保瑞教授所言「牟先生是事先建立一套理論系統」，然後將各家的文本「不斷地套用在自己系統內的某種模型」。[68] 究其實，牟先生是依據孔孟文本之深入研究，論明孔孟哲學踐仁知天、盡心知性知天展現之道德的形上學之大本，並客觀地判定此為孔子哲學傳統之共識，以之為準對儒學史中各家理論作出詮釋及客觀分判。豈是杜教授所謂「先下定義以約定問題，再造理論以框限它說」、「建立奇說有所框限於儒家哲學」[69]呢？！究其實，是杜教授只認西方傳統哲學中本體論、宇宙論之套路。杜教授將中國哲學史上儒家及道家中包含的本體論、宇宙論的旨趣與西洋哲學傳統中的存有學之思路，乃至「多瑪斯思考上帝的超越屬性」都視為「同樣型態的問題意識」，而武斷地拒斥牟先生的道德形上學之洞見，輕率地視為「建立奇說」。

事實上，中國學界多有從本體論、宇宙論的思路講解中國典籍，在中國哲學史上可說成為主流。然中國哲學中無論儒家或道家中表現的本體論、宇宙論的問題意識並非如杜教授以為那樣，與西洋哲學傳統中的存有學及「多瑪斯思考上帝的超越屬性」相同。眾所周知，康德已指出西方傳統的本體論、宇宙論透過實體化、人格化的手段製造

---

68 杜保瑞教授說：「牟先生是事先建立一套理論系統，然後將程朱陸王的哲學語句套用入內，因為他對各家的文本解讀，都只是不斷地套用在自己系統內的某種模型而已，先下定義以約定問題，再造理論以框限它說，這樣就幾乎要把整個宋明學各家的理論綑綁限制在他自己的問題意識和創造系統之內了。其結果，各家理論在認識上有偏差、在詮釋上有誤會、在理解上有錯謬，這樣的宋明儒學詮釋之作，究竟是創造新說有貢獻於儒家哲學？還是建立奇說有所框限於儒家哲學呢？」（杜保瑞著：《牟宗三儒學評議》，〈緒論〉「二、本書工作方式之說明」）

69 杜保瑞著：《牟宗三儒學評議》，〈緒論〉「二、本書工作方式之說明」。

出虛幻的思辨形而上學；而中國哲學中儒家之主流（如《中庸》、《易傳》）及道家展示的本體論、宇宙論並沒有西方傳統的本體論、宇宙論所犯的那種錯誤。吾人不必反對，只要能避免實體化的虛幻，中國哲學中本體論、宇宙論的思路仍不失為軌約的形而上學，作為理性的思辨使用是合法的。但無理由以此反對從理性的實踐的使用建立唯一的建基於道德主體的真實的形而上學。

　　總而言之，杜教授以及許多學者之所以對牟先生對儒道兩家之哲學詮釋多有不滿，其實在於他們執持著西方傳統獨斷的本體論、宇宙論思路講解儒道兩家之形上學，而對於康德顛覆西方傳統獨斷的形而上學，轉而從道德的進路展示形而上學的徹底革新的哲學思維毫無瞭解。誠然，吾人不必反對學者們走本體論、宇宙論之路來講一種儒道之哲學，只要避免西方傳統中獨斷的實體化、人格化，從思辨哲學之理路論儒道之形上學，亦不失為中國哲學詮釋方法的不可缺少的一種。但吾人一再論明，牟先生標舉道德的形上學為道樞，乃是從唯一的純粹的哲學之維度出發，也就是不停於學院概念，而是從宇宙概念的高度，即是關聯著人類理性的終極目的而論。此論並不排斥哲學觀點之多樣化。以道德的形上學為道樞亦絕不意謂對其他哲學學說開「殺機」，重要的是，道樞必須標明，而不得以「哲學觀點多樣化」及流行的多元化為藉口，抹殺道樞。因道樞緊緊著人類之前途與福祉故也，非只是精神之活動或思維之遊戲。

　　牟先生儘管判朱子為「別子為宗」，但並沒有否定其大理學家的地位。牟先生本人就說：

　　　　儘管我們說朱夫子的格物窮理之路不對，他過分重視「道問學」也不恰當，但他畢竟還是個大理學家。他的思路也有點類似柏拉圖的型態，但是中國學問所發展的方向與西方不同。儒家由孔孟開始，首先表現的是海德格（Heidegger）所謂的「方

向倫理」。《論語》、《孟子》、《中庸》、《易傳》都屬於方向倫
理，而後來的周廉溪、張橫渠、程明道、胡五峰、陸象山、王
陽明、劉蕺山所講的，也都是方向倫理。方向倫理在西方是由
康德開始的，康德以前的倫理學，海德格稱之為「本質倫
理」，這個名詞用得很恰當，後者是由本質方面來決定道德法
則，決定什麼是善；這正好是康德所要扭轉的。朱夫子講本質
倫理，重視客觀存有，這也不壞，也有其價值，正如柏拉圖、
聖多瑪在西方也有其價值一樣，但是儘管有價值，正確不正確
的是非標準仍然要分別，而不能含混。[70]

　　很清楚，牟先生表明之所以判朱子為「別子為宗」，理由在他講
本質倫理，此處所言「本質倫理」乃海德格之用詞，用康德本人的用
語，就是意志他律，亦即他律道德。如上引文所論，「本質倫理」（意
志他律）不是孔子哲學傳統之正宗，牟先生清楚指明儒家由孔孟開
始，首先表現的是「本質倫理」（用康德本人的用語，就是意志自
律），可以說，孔子哲學傳統之正宗在自律道德（意志自律），用象
山、陽明的話說，就是「心即理」，也就是天理發自本心。牟先生以
此為準，判荀子、伊川、朱子「不是正宗」，這判定是有客觀依據
的，因他們不能講「心即理」，也就是不承認理性在意欲機能中立
法。無論學者們如何想方設法為荀子、伊川、朱子辯護，多方強調他
們的價值，但如牟先生所言「正確不正確的是非標準仍然要分別，而
不能含混。」正宗與否，標準清楚明確，豈可以紫亂朱？！

---

70 牟宗三主講：《中國哲學十九講》，《牟宗三先生全集》第29冊，頁405-406。

第三節　就楊澤波教授所謂牟宗三儒學思想「終結」及其諸說作回應

　　除了如杜保瑞教授那樣的臺灣教授之外，本人所知還可屬大陸學者楊澤波教授，早年對牟先生崇敬有加，隨後因接不上牟先生之慧命而背離。楊教授曾自稱是牟宗三先生的私淑弟子。[71]他前後差不多二十年從事牟宗三研究，出版《貢獻與終結──牟宗三儒學思想研究》（五卷本）近三百萬字，將牟宗三儒學思想劃分為坎陷論、三系論、存有論、圓善論、合一論五個部分。並編製了牟宗三各個思想的學案，附在各卷論衡部分之後。不可說不認真。他自己以為：「我的牟宗三研究不是零打碎敲的，而是一個完整的系統，其中很多問題都帶有根本性，要對我的研究進行批評，同樣需要有整體性。這就需要一個消化的過程。」[72]然觀楊教授洋洋近三百萬字，只是將數十年來學界討論過的牟學中的問題分門別類，再加上個人的評論及私見，實在難以說成「一個完整的系統」。即便就知識的系統的統一性，亦即邏輯上的完善性來說也遠未能達到，遑論牟先生哲學體系就其哲學的概念不只是學院概念，而是宇宙概念而言，其成「一個完整的系統」，必須關聯到人類理性的立法及人類理性的本質的（wesentlichen）目的為樞紐。牟先生哲學體系作為「一個完整的系統」，是一個「整體」，用康德的話說，是「一種在其系統的聯繫上，顯示純粹的理性發生的（真的或虛妄的）哲學認識的整體」。（A840-841/B868-869）它是在「系統的統一性」中表述的哲學，從一個共同的原則（道德最

71　大陸上有一批稱為「六〇後學者」，大陸思想文化解禁之初，不乏有人當初對牟先生當作偶像崇拜，然終於因與牟先生之慧命無實存之感應，最終紛紛提出對牟宗三哲學的「反省」和「檢討」。楊澤波教授是其中一位。

72　見楊少涵教授對楊澤波教授的訪談錄，收入在楊澤波著，梁濤主編：《走下神壇的牟宗三》，北京市：中國人民大學出版社，2018年。

高原則、天理）出發，建基於同一的理性（本心仁體，或曰自由意志），以「完全的確實性來解答」相關聯的諸問題，它作為「完整的統一體」，人類心靈機能（知、情、意）之活動（條件、範圍與界線）在其中都得到決定。這個系統處理的是理性（本心仁體，或曰自由意志）及其終極目的，故此，用康德的話說，「它包含一個真的結構，在此種結構中，每一東西是一『機件』，全體是為了每一個，而每一個亦是為了全體，是故即使是最小的不圓滿，不管它是錯誤，抑或是缺陷，亦必不可避免地在使用中洩露其自己。這個系統，如我所希望，將盡未來世保持此不可更變性。」（Bxxxvii）「任何試想去更動哪怕是最小的部分，必立刻發生矛盾，不只是這個系統的矛盾，而且是普遍的人類理性矛盾。」（Bxxxviii）

　　楊澤波教授的《貢獻與終結──牟宗三儒學思想研究》體積龐大，儘管貌似有結構、分主題，然因其無知於牟先生之哲學體系為建基於理性（本心仁體，或曰自由意志）的完整的統一體，故實質仍不免流於零敲碎打。其編製的牟宗三思想學案，也只是依照他本人的主觀意見及學界討論過的牟學諸說，將牟先生的文句蒐集在一起。因而無助於接引人進入及理解牟先生之哲學體系。儘管楊教授對自己的大作評價極高。[73]

---

73 楊澤波教授說：「《貢獻與終結》出版後，一些牟門弟子跟我說，要寫文章進行商榷，我表示歡迎，以便共同推進牟宗三思想研究，但至今尚未看到他們的文章。與前些年過『熱』的局面相比，現在的確有點『冷』。對此，我一點都不失望。我一直有一個理念：好的東西自有人識貨。我相信我的牟宗三研究是認真之作、泣血之作，是好東西，不會缺少識貨人，只是條件不成熟，時機未到而已。」（見楊少涵教授對楊澤波教授的訪談錄，收入在楊澤波著，梁濤主編：《走下神壇的牟宗三》）如楊教授所言，牟學前些年在大陸確實有些「熱」，而現在的確「冷」了。愚意以為，應該是「冷」下來的時候了。淘汰掉「熱風」中形形色色潮流的跟隨者，留下與牟先生之哲學生命有存在實感之呼應者，真心實意跟隨牟先生志業艱苦地向前走。此乃好事。至於楊教授自以為他自己的大作是「好的東西」，只是無人識貨，本人不得不說，恐怕是楊教授過分自信。事實上，一直以來本人之著述中對楊教授

　　楊澤波教授像一些學者那樣，極為看重所謂「方法論」。無疑，方法論可說於現代哲學界日益流行。「方法」於哲學界提出，可追溯至康德，儘管現代哲學界流行的「方法論」與康德提出的「超越的方法論」並不是一碼事。依照康德，方法論的提出是針對西方哲學傳統上的獨斷論，要求「理性的一切步驟都處在其最明亮的光照下」。（A737/B765）就方法而言，「它就必須是一種按照原理進行的程序。」（A855/B883）康德說：「我把超越的方法學理解為對一個完備的純粹的理性體系的形式條件的規定。我們懷著這一意圖將探討純粹的理性之訓練、法規、建築術，最後還有歷史，〔……〕」（A708/B736）

　　康德在《純粹理性批判》第二版「序言」中說：「本批判是關於方法的一部著作，而不是科學本身的一種體系。」（Bxxii）康德「批判的方法」是「超越的批判」，「超越的批判是評判它們的機能本身。」（KU 5:286）康德從事全部認識機能之批判考察，而反對從「純粹的概念」去進行純粹的知識，「根據理性所選擇的思維客體之不同方法來衡量它自己的各種機能」、「窮盡地列舉出為自己提出任務的各種方式」，（Bxxiii）以規劃出整全的純粹哲學之體系。純粹哲學之體系「總是一致的」，那是通過把握「認識和與此認定相關的心力各要素的全貌」，以「正確地確定某個對象的研究方法」。（KGS 10:514）（An Carl Leonhard Reinhold. 28. u. 31. Dec. 1787. ）

　　康德的新思維方法是：「我們關於事物只能先驗地認識我們自己所置放於事物中者。」（Bxviii）傳統西方哲學假定：「一切我們的知識必須依照對象而定。」相反，康德提出：「對象必須依照我們的認識而定。」（Bxvi）所謂「批判的方法」就是考察理性達到「諸知識的方式和權利」，（Bxxxv）此關涉於「理性機能一般獨立不依於一切

有所批評，不過未知何故，楊教授就像不知有「盧雪崑」這個「牟門弟子」，他對本人提出的批評從來沒有回應。

經驗所可以追求的一切認識」，而對我們的理性機能作出批判，通過這個批判考察找出理性的原則，從而按照原則決定純粹旳哲學的「起源、範圍和界線」。（Axii）

現代哲學中流行的「方法論」與康德的新思維方法並不相干。形形色色的「方法論」實在說來僅僅是一種「術」：辯論的技巧，邏輯推理、邏輯思考與推演能力，以及語言分析、語意解釋等等。固然學者們可依個人的觀點而選取及主張某些「方法論」，然他們無知於牟先生的方法論從根本上說是與康德的新思維方法相通，故而以自己取用的「方法論」來批評牟先生的方法論，則有「瞎講」之嫌。

楊澤波教授自以為是地宣告牟先生的思想方法已經過時，究其實是他本人完全無知於康德的新思維方法。他在其著《貢獻與終結──牟宗三儒學思想研究》〈總序〉說：「我相信，牟宗三上述思想方法已經過時了，失去了進一步發展的潛力和可能。套習慣性的哲學術語，可以說已經『終結』了。本書書名《貢獻與終結》中的『終結』，就是針對這個問題而言的。」[74]楊教授本人採取經驗論的立場，追隨西方哲學中胡塞爾的現象學，儘管他也一再批評大陸高校的很多哲學系不像哲學系，更像歷史系。[75]但他本人卻仍然像不少經驗論者那樣，

---

74 楊澤波著：《貢獻與終結──牟宗三儒學思想研究》第一卷。
75 楊澤波教授說：「我對現在大陸高校哲學系的現象也不太滿意。現在不少學校的哲學系其實只是第二個歷史系，或打著哲學名號的歷史系。不管是老師還是學生，研究的只是文獻整理，只是歷史。這些研究當然有價值，但不能和哲學劃等號。前些日子遇到陳來，他講現在海外學者對大陸哲學界不理解，批評說，大陸有那麼多人，但很少出現原創性的思想。這種批評不能說沒有道理。復旦大學哲學學院也是如此。這些年哲學學院辦了國學班，收了一些對傳統文化感興趣的學生。這些學生底子不錯，也有熱情，但他們的思想重點大多放在了史料上。我多次講過，我對這些國學班的學生不滿，甚至非常不滿。按這種傾向發展，他們中或許有人能夠成為不錯的學問家，也會有作為、有貢獻，但不可能成為一流的哲學家。」（語見〈《走下神壇的牟宗三》對話復旦教授楊澤波：從牟宗三研究「冷」下來說起〉，此為楊少涵教授對楊澤波教授的訪談錄（以下簡稱〈訪談錄〉），收入楊澤波著：《走下神壇的牟宗三》，收入梁濤主編《中國哲學新思叢書》。）

未免流於心理學、社會學、思想史的層次來談論哲學問題。儘管他本人說：「哲學是人類對形上問題追問的反思，旨在解決人類存在的根本性問題，必須能夠引領時代。」[76]但他的經驗論的立場，令他的「形上問題追問」無法達到儒家通康德而臻至的形上學之高度，更遑論說能「解決人類存在的根本性問題」，以「引領時代」了。

　　牟先生一再強調要將嚴格的哲學方法運用於中國學問的研究。楊澤波教授固然可持有他自己所採用的方法，他可隨己意而追隨胡塞爾的現象學方法，但他詆訴牟先生的思想方法已經過時，顯然是主觀妄議。吾人熟知，牟先生契接康德從道德進路建立形而上學之慧識，一再批評西方哲人（康德除外）雖有種種進路與方法，但只是依著理論理性而開展的，故它們不與道德實踐發生關係。「故一方道德與宗教不能一，一方道德與形上學亦不能一。」[77]、「無論自何路入，皆非自道德的進路入，故其所講之實體、存有或本體皆只是一說明現象之哲學（形上學）概念，而不能與道德實踐使人成一道德的存在生關係者。」[78]

　　楊澤波教授說：「牟宗三儒學思想的缺陷在很大程度上源於其方法的不足。」[79]究其實，楊教授本人未能契應牟先生之道德形上學

---

76 同前註。

77 牟宗三著：《心體與性體》（一），《牟宗三先生全集》第5冊，頁41。

78 同前註。牟先生說：「彼方哲人言『實體』（reality）者多矣，……。大體或自知識論之路入，如羅素與柏拉圖；或自宇宙論之路入，如懷悌海與亞里士多德；或自本體論（存有論）之路入，如海德格與虎（胡）塞爾（E. Husserl）；或自生物學之路入，如柏格森與摩根（L. Morgan）；或自實用論（pragmatism）之路入，如杜威（J. Dewey）與席勒（F. C. S. Schiller）；或自獨斷的，純分析的形上學之路入，如斯頻諾薩（斯賓諾莎）（Spinoza）與來（萊）布尼茲（Leibniz）及笛卡兒（Descartes）。凡此等等皆有精巧繁富之理論，讀之可以益人心智，開發玄思。然無論是講實體，或是講存有，或是講本體（substance），皆無一有「性體」之觀念而言實體、存有或本體。」（牟宗三著：《心體與性體》（一），《牟宗三先生全集》第5冊，頁41）

79 楊澤波：〈牟宗三儒學思想的缺陷在於……〉，人大出版社學術守望者，2019年4月。楊澤波教授說：「牟宗三雖然做出了重要貢獻，但同任何一個重要哲學家一

慧識，只是依照西方哲學中的某種觀點，以及由這些觀點而形成的所謂「新方法」來看牟先生，故主觀地以為牟先生的思想有缺陷、方法有不足。他指牟先生「並沒有超越前人」，他給出的理由是：「良心本心是儒家心學的立論根基，歷史上儒學家們無不強調其重要性。孟子如此，象山如此，陽明如此，牟宗三也是如此。在這一點上，牟宗三並沒有超越前人。」[80]不必諱言，牟先生之儒家的道德形上學體系實在是承接孔孟開啟的哲學傳統，一脈相承、調適上遂，為此，楊教授指牟先生「並沒有超越前人」，可說並沒有說錯；然楊教授以此說：「牟宗三儒學思想方法的不足，首先要提到他對良心本心的認識過於陳舊。……。他的思維方式仍然是傳統的。」[81]則有妄議之嫌。須知，良心本心之為孔子哲學傳統的大根大本，其義自孔孟始至牟先生已為孔子哲學傳統一脈相承之共識，可謂「萬古如一日」，豈有如楊教授所言「過於陳舊」？！牟先生確然善紹孔子哲學傳統，然豈能據之批評「他的思維方式仍然是傳統的」、「陳舊」的？！吾人熟知，牟先生把握住康德道德哲學之根本，提出良心本心之本質義即康德所論自由意志。牟先生洞見到：「康德說法中的自由意志必須看成是本心仁體底心能。」[82]並且揭明孔子哲學傳統中的核心命題「心即理」義即康德所論意志之自律，先生說：「當本心仁體或視為本心仁體之本質作用（功能良能〔essential function〕）的自由意志發布無條件的定然命令時，即它自給其自己一道德法則時，乃是它自身之不容已，此即為『心即理』義。」[83]此顯見牟先生對孔子哲學傳統之本心仁體義之闡發有大貢獻，然亦是一根而發的慧命相續，並

樣，其思想也有缺陷。《貢獻與終結》各卷分別從不同方面對這些缺陷進行了分析。」

80 同前註。

81 楊澤波：〈牟宗三儒學思想的缺陷在於……〉。

82 牟宗三著：《智的直覺與中國哲學》，《牟宗三先生全集》第20冊，頁250。

83 同前註。

非什麼「超越前人」。

　　楊澤波教授說：「檢查牟宗三的相關論述，他只強調良心本心是大根大本、非常重要，教導人們必須按照它的要求去做等等，而未能對其做出深入的理論探討，有一個學理上的交代，不明白良心本心的真正來源和真實性質。我對牟宗三儒學思想有所不滿，就是從這裡開始的。」[84]他如此貶斥牟先生，就像他根本無知於牟先生於本心仁體義之闡發方面的貢獻。另一方面，他自誇「超越前人」，他說：「在我看來，按照古人的說法，縱然可以體會良心本心作為道德本體的重要，但一些深層次的理論問題，比如良心有無時間性、有無空間性、是不是可變的等，並沒有辦法得以解決。」[85]顯見，並非前人對於良心本心的真正來源和真實性質並無論及，而是楊教授本人不承認孔子哲學傳統之共識——本心仁體作為道德創造實體，乃是道德的形上學之大根大本，任何時任何地於任何人皆有效。

　　楊澤波教授提出良心本心是有時間性、有空間性、是可變的。他根本違離了孔子哲學傳統之道德的形上學之本旨。他說：「熊十力學說最明顯的特點是『貴在見體』，這個體即是道德本體。牟宗三受此影響，同樣大講本體。……。牟宗三大講本體，對於收拾人心、重建道德，發揮了很好的作用。但無論熊十力還是牟宗三，都沒有注意道德本體的時間性和空間性問題，有將道德本體絕對化的傾向。」[86]究其實，楊教授依照的是現代西方哲學中流行的海德格（爾）的存在哲學，以及胡塞爾的現象學。但如牟先生已恰切指出，康德之後，胡塞爾的現象學裡面也是沒有道德的問題，海德格（爾）的存在哲學也沒有道德的問題，英美是分析哲學，走的是分析的路。牟先生

84　楊澤波：〈牟宗三儒學思想的缺陷在於⋯⋯〉。

85　同前註。

86　見〈《走下神壇的牟宗三》對話復旦教授楊澤波：從牟宗三研究「冷」下來說起〉，收入楊澤波著《走下神壇的牟宗三》。

一再批評現代歐陸哲學是纖巧之學，「無體、無理、無力」。楊教授尾隨海德格（爾）、胡塞爾，大講本體的時間性和空間性，他所論的存有論、形而上學如海德格爾、胡塞爾所論，根本與道德不相干，用牟先生語中肯綮的話說：「皆只是一說明現象之哲學（形上學）概念，而不能與道德實踐使人成一道德的存在生關係者。」[87]

楊教授襲取現代西方哲學之某種說法，意圖篡改數千年來孔子哲學傳統之命脈，改寫孔子哲學傳統之道德形上學之共識。其狂妄自負，教人咋舌。楊教授私意以為「自海德格爾做出存在論的區分」，「此後再談沒有時間的本體，已經沒有了可能」。[88]吾人未知楊教授憑什麼僅據海德格（爾）之主張，就能邃下如此結論，並以此批評說：「無論是熊十力還是牟宗三，都沒有關注本體與時間的關係問題，好像孔子之仁，孟子之良心與時間完全沒有關係似的。」[89]並且主觀武斷地宣稱：「中西哲學發展的不同把我們逼上了一個尷尬的局面：如果堅守『十力學派』，很難適應西方哲學發展的趨勢；如果適應西方哲學的發展趨勢，不講本體，繼承『十力學派』又將成為一句空話。」[90]顯見，楊教授是受現代西方哲學潮流左右而說話，他心中所想是如何讓自己的思想適應這潮流，他所思所想不能接上熊先生、牟先生，那是必然的事；但他以現代西方哲學潮流為是，而以牟先生接續的孔子哲學傳統為非，則是大謬。如牟先生時常提點：講中國哲學「根據在整個中國傳統的經典」，「講了兩千多年，有共同瞭解嘛。」儒家哲學的共同理解就是孔子「踐仁知天」、孟子「盡心知性

---

87 牟宗三著：《心體與性體》（一），《牟宗三先生全集》第5冊，頁41。

88 楊澤波：〈「十力學派」遺留的一個問題及其解決辦法 —— 兼論儒家生生倫理學為什麼以「生生」為切入點〉，《「百年儒學走向」國際學術研討會論文集》，（百年儒學走向牟宗三先生誕辰一一〇週年紀念大會，2019年7月13-14日，儒家文明協同創新中心、山東大學儒學高等研究院主辦），頁485。

89 同前註。

90 同前註。

知天」。用牟先生的詞語說就是「道德的形上學」。「為什麼每一個時代對於儒家都有這樣共同的瞭解呢？當然有根據嘛。根據就是那些經典，這表示那時代的人對經典中每一個重要的句子都考量過了。宋明理學家為什麼那樣瞭解儒家呢？他們對於《論語》、《孟子》、《中庸》、《易傳》、《大學》這五部書中的那些重要句子都考量過了。他們從這裡面取得了共識，知道這裡面是些什麼問題。」（總383，2）但是，如牟先生指出：「現在對於儒家沒有共識」，（總383，2）像楊澤波教授一類的學者，「他們以為他們有從西方來的新觀點。」（總383，2）將孔子哲學傳統視為「陳舊」。他們把兩千多年來講的儒家哲學之傳統打掉，「自己成了真空」，（總383，2）用牟先生的話說：「這個時代的這種知識分子沒有良心。」（總383，2）

　　依孔子哲學傳統，「孔子之仁，孟子之良心」乃超越的道德的創造實體，其為體乃先於經驗，不落入時間空間而論，此即陽明說：「良知不由見聞而有，而見聞莫非良知之用，故良知不滯於見聞，而亦不離於見聞。」（王陽明《傳習錄》中，〈答歐陽崇一〉，第166條）豈是楊教授以為「孔子之仁，孟子之良心」既為實體，就「與時間完全沒有關係」？！

　　吾人已一再申論，孔子哲學通康德而成之從道德進路建立的形而上學，乃唯一純粹理性本性之學，此乃道樞，「萬古一日」，不可移易者。豈是楊教授所能撼動？！楊教授一方面低貶前賢，另方面標榜自己的「新方法」。難道他真以為哲學之創新就憑一個人有膽量批評前賢而標榜己說則可大功告成，是非對錯毫無判準？！

　　楊澤波教授說：「我在研究孟子的過程中發現了一種儒學研究的新方法，即所謂『三分法』。這屬於『立』。與此不同，牟宗三研究是對這種『三分法』的一種應用。換句話說，我是以自己的『三分法』為基礎來研究牟宗三儒學思想的。我對牟宗三坎陷論的評論、對三系

論的批評，都可以看到這個用心。這屬於『破』。」[91]楊教授對自己發明的「三分法」自視之高達到自鳴得意的地步，非但以之貶斥牟先生，且以為可藉此解決儒學思想領域的種種歷史之爭，甚至解決西方道德哲學中的重大難題。他說：「從這個角度出發，對於性善性惡、心學理學，孟子荀子、象山朱子，就會有一個全新的理解，不僅可以將其有機統合起來，告別性善與性惡、心學與理學孰是孰非的歷史之爭，而且可以為解決西方道德哲學中的某些重大難題提供有益的思路。從這個意義上說，『三分法』不僅是儒學的，而且是世界的。」[92]但吾人觀楊教授的「三分法」，難免令人目瞪口呆。

楊教授所謂「三分法」，「把人與道德相關的要素劃分為欲性、仁性、智性三個部分。」[93]他視倫理心境為「仁性」，人的生存為「欲性」，學習和認知的官能為「智性」，[94]吾人見到，這不過是一種散列的、無關聯的、對人類特殊構造的隨意條例。但楊教授卻自以為他的「三分法」克服了西方道德學說感性與理性兩分格局，就像他完全無知於康德通過三大批判而作出的人類心靈機能（知、情、意）的通貫整體的考論，如吾人一再論明：康德的道德哲學從根本上顛覆了西方哲學傳統感性與理性二分的架構。康德所論之純粹實踐理性，即純粹的意志，乃理性之實踐使用，正是康德揭明人類理性區分開理論的使用與實踐的使用，並論明理性之真實使用在實踐的使用，他就徹底推翻了西方傳統上理性與感性二分對立的思維模式，他論明理性之實踐使用就是在意欲機能中立法，並且作為目的之機能，目的就包含著情感，故在理性之實踐使用中，知性、情感、意欲機能三者是綜和一體

---

91 見〈《走下神壇的牟宗三》對話復旦教授楊澤波：從牟宗三研究「冷」下來說起〉，收入楊澤波著：《走下神壇的牟宗三》。

92 同前註。

93 楊澤波著：《孟子性善論研究（再修訂版）》〈第一版前言〉（上海市：上海人民出版社，2016年），頁6。

94 楊澤波著：《牟宗三三系論論衡》（上海市：復旦大學出版社，2006年），頁276。

的。於綜和一體中，知是實踐之知，情是道德感情，意是自由意志。同樣，如吾人在前面相關章節已論，孔子哲學傳統中，本心仁體通康德所論自由意志，即通純粹的實踐理性，也是知、情、意綜和一體的。

　　究其實，楊澤波教授只是仿效西方經驗倫理學的路數，或許受到休謨（Hume, David）的道德心理學化的思路影響，接過所謂「休謨倫理難題」[95]以攻擊康德。他以西方傳統上理性與感性對立的觀點來理解牟先生契接康德所論道德的理性（即純粹的實踐理性），以此批評說：「他（牟先生）儒學思想從整體上說仍然是一種兩分方法。所謂兩分方法，簡單說就是一種將人分為感性與理性兩個部分的方法。」[96]依愚見，楊教授看來並未親自進入康德的批判哲學體系從事深入研究，儘管他也隨處談論到康德，不過都是依照康德學界流行的觀點，落入對康德的種種偏見與曲解的羅網中。詰難康德高揚理性、貶斥感性就是其中一例。他說：「在兩分的架構下，感性是導致人們走向惡的力量，理性是引導人們走向善的力量；人們的任務就是運用理性的力量，制約惡，走向善。」[97]愚意以為，楊教授此說乃西方傳統倫理學中的一種慣有思路，用以套在顛覆傳統的康德道德哲學上，只能暴露出楊教授對康德哲學缺乏理解。吾人已一再論明，依康德，理性的真實使用在其實踐的使用，純粹的實踐理性作為在意欲機能中立普遍法則之能，它有一種意志之因果性，由之可見，理性是高層的意欲，並且，純粹的實踐理性作為目的之能，它產生終極目的，與合目的連在一起就產生快樂的情感。故康德體系中，理性不只是傳統中那種「理論理性」，它是與意欲及情感結合一體的。但是，楊教授尾隨眾多康德專家，限於西方哲學傳統的舊式思維方式去設想「理性」，忽視康德的洞見：純粹實踐理性無非是「理性在其中立法的意欲機能」。事實上，康德革新了傳統對「理性」的舊

95　楊澤波：〈牟宗三儒學思想的缺陷在於⋯⋯〉。

96　同前註。

97　同前註。

觀點，扭轉了西方傳統中只視「意志」、「情感」為心理學意義的舊思維模式。當康德經由批判提出：意志無非是理性立法的機能，亦即提出了純粹意志的概念，他就將理性與意欲機能結合在一起。又，當康德經由批判裁決：「單單直接通過理性而作成的意志決定」是道德的愉悅之情的根據，「這種決定一向是意欲機能的一種純粹實踐的決定，而不是感性的（ästhetische）決定」，（KpV 5:116）他就將理性、意欲機能、情感三者結合為一。依康德，純粹的實踐理性就是理性立法關聯一體的維度而考論的人類心靈機能的意欲與情感活動。

但是，楊教授看來對於康德所論實踐的理性毫無瞭解，他所談的只是西方傳統中所論的「理性」，以及康德學界中流行的所謂康德「賤情」。康德一再強調，要把任何情感之影響排除出主體立法機能之外，此乃基於立法機能要求的純粹性，但康德專家們卻以此誤解康德要否決情感在人類心靈主體機能中的位置，由之誤推到他要把情感排除於主體之外，輕率地判定康德把道德主體理解為純然的理性主體。[98]事實上，漢語界的康德研究長久以來為西方流行的權威成見所左右，尤其在詰難康德製造理性與情感二分這個說法上，漢語界的學者幾乎是眾口一詞。究其實，康德強調「情感不能作為實踐原則之根據」，也就是道德立法不能建基於情感，此乃康德道德哲學的洞識。學者們卻以傳統唯理論的理性與感性對立二分的思維模式來想康德。但只要康德的純粹情感論說得到正當的理解，就不會有任何理由指責康德忽略情感在哲學的實踐部分（道德哲學）中的作用。[99]

---

98 李明輝教授在《四端與七情——關於道德情感的比較哲學探討》（臺北市：臺大出版中心，2005年）一書中說：「康德此時所理解的『道德主體』是純然的理性主體，並不包含情感的因素。」（前揭書，頁8）

99 關此，詳論請參見拙著：《康德的批判哲學——理性啟蒙與哲學重建》（2014年），第十二章〈通過人類心靈機能通貫一體的活動說明情感在康德哲學中的位置〉，第一節「論一種純粹的情感作為全部心靈機能活動的最初基礎」，及第二節「駁所謂『康德製造理性與情感二分』」。

　　依照西方哲學的唯理論傳統,「形式的」就是純理的;情感只是心理學的,「在感官裡只有幻象」(A854/B882)。這種思維模式製造出理性與感性的根本割裂,由之製造出根本分割開的兩個世界——被宣稱為真的純理世界和被貶視為模糊的幻象的感官世界。康德一生批判工作的努力就是要揭露這種思維模式的虛幻性。遺憾的是,長久以來,學者們不理解康德的思維模式之革新,以傳統唯理論的舊思維模式解讀康德。究其實,看來是學者們根本不能理解康德「純粹舊實踐理性單獨自身直接決定意志」之洞見,也就是拒不承認理性作為道德立法的機能。事實上,康德道德哲學之顛覆西方傳統,其根本洞見在:以道德法則為首出,而絕不能以知識或情感作為道德之根據。而並非如康德專家們所曲解的那樣,要在道德實踐之事中排除知識與情感。

　　經由《實踐的理性批判》,康德批判地揭明道德法則(意志自律原則)在全部實踐機能活動中起作用。康德論明道德法則包含三性:形式義、客觀義、主觀義三者是一。[100]依據康德的批判考察,純粹實踐理性是立普遍的形式法則的機能,同時因著其在意志中立法決定行動,它就是產生行動的對象(善)的機能,並且因著其即是純粹意志而作為目的的機能,它產生終極目的,就必然「伴隨著對客體的純粹的理智的愉悅」,(KU 5:197)據之可說,它不包含任何作為手段的目的,自身就是產生道德動力與道德興趣的根源。只要通貫把握康德的批判哲學之整全體系,吾人不難見到,康德通過批判揭明,認識機能、快樂和不快之情感和意欲機能乃是我們人的「全部心之機能容許追溯到」的三種基礎能力;在分解中考察,它們是三種不同的機能,這三種機能的運用因著其所基於的高層認識機能(知性、判斷力、理

---

100 康德說:「道德法則通過純粹實踐理性乃是行動的形式的決定根據,一如它乃是在善與惡之名下行動的對象的雖材質卻又是純然客觀的決定根據,因而也就是這種行動的主觀的決定根據,即動力,因為它對於主體的感性施加了影響,產生一種促進法則去影響意志的情感。」(KpV 5:75)

性）的先驗原則之不同而各司其職；而就人的全部心力（包括先驗立法的三種認識機能及相應的諸心靈能力）構成一個通貫整體而論，每一種心力都是在心靈整體活動中協同一致的。

依康德的批判考察，理性作為最高的認識力固然在心靈主體機能活動中具有其統一綜和作用，但理性絕不能離開意欲機能和情感而有其真實的作用。假若學者們肯回到康德本人的文本，瞭解康德一步步向我們展開的哲思精微縝密、脈絡通貫整全的體系，完完全全地經歷那超越分解與綜和還原交錯進行的艱辛進程，而並非一味尾隨由權威專家以簡單粗暴的割截手法寫成的、甚至已進入哲學史的常識定見說話，定必能消除康德學界諸多偏見。

如吾人所見，楊澤波教授論康德之處，看來都是追隨著康德學界一直以來流行的權威定見，只依據二、三手材料說話，好些地方表達的觀點，僅僅是從牟先生或牟先生之弟子李明輝處直接搬過來，鮮見有進入到康德文本中對康德學界流行的既定講法作討論，更遑論說對康德的整全通貫體系有瞭解。

楊教授以其混合心理學、經驗的環境的倫理學、社會學、人類學而說的「三分方法」來談論「道德」。他說：「按照三分方法，道德結構由欲性、仁性、智性三個部分構成。欲性和智性居於兩端，仁性在其中間，負責傳遞資訊，是欲性和智性之間的橋樑。由於有了這個中間環節，凡是智性認識為正確的，仁性便會發出一種力量迫使人們必須去做；凡是智性認識為不正確的，仁性便會發出一種力量迫使人們必須去止。一旦聽從了仁性的命令，就會得到內心的滿足，體驗到道德的快樂。」[101]楊教授如此談論的「道德」根本不合康德所論自律道德，而康德已論明，唯獨自律道德乃「道德」之真義。究其實，楊教授根本不是從哲學維度論「道德」，其所談「道德」不過是經驗的環境的倫理或社會行為規範。

---

101 楊澤波：〈牟宗三儒學思想的缺陷在於……〉。

　　楊教授提出所謂「仁性」，只是在「欲性」和「智性」中間，「負責傳遞資訊」，此說根本違離孔子哲學傳統言「仁」之本義。吾人一再論明，「仁」於孔子哲學傳統中乃道德的形上學之創造實體，它與康德所論自由意志相通，即是在意欲機能中立法的純粹的實踐理性。他將天理自本心仁體出抹掉了，在他的「三分法」中，本心仁體之立法義抹掉了，亦即：本心仁體之為理性在意欲機能中立法（即「心即理」）的高層意欲機能義抹掉了。在他的「三分法」說法中，「欲性」不過是意謂「人的生存」[102]，就像他完全無知於康德所論高層的意欲機能。他所言「智性」意謂「學習和認知的官能」[103]，他說：「凡是智性認識為不正確的，仁性便會發出一種力量迫使人們必須去止。一旦聽從了仁性的命令，就會得到內心的滿足，體驗到道德的快樂。」[104]可見他以正確或不正確的認知為根據而論「道德」，而根本忽略本心仁體之立法性。究其實，他將「道德本心」理解為心理學意義的心，根本無知於孔子哲學傳統通康德而顯之「理性」義，其所謂「三分法」根本缺乏「理性」，其所言「智性」不過是管轄經驗領域的知性而已。

　　觀楊教授的「三分法」，根本無哲學概念之嚴格性可言。依愚見，標新立異、似是而非之論，夠不上一種哲學方法，甚至稱不上一種哲學見解。楊教授自稱：「我以時間性和空間性解讀儒家的道德本體，也就是孔子之仁、孟子之良心，……。」[105]看來正因為楊教授以現象的、經驗的觀點論「道德本體」，故而不能理解本心仁體作為道德的形上學之創生實體是超越的，意即先於經驗、不以時間和空間的觀點而論，而卻在經驗中有效的。因此他以心理學的角度來談論孔子

---

102 楊澤波著：《牟宗三三系論論衡》，頁276。

103 同前註。

104 楊澤波：〈牟宗三儒學思想的缺陷在於……〉。

105 見《《走下神壇的牟宗三》對話復旦教授楊澤波：從牟宗三研究「冷」下來說起〉，收入楊澤波著：《走下神壇的牟宗三》。

之仁、孟子之良心，並提出所謂「倫理心境」說。依楊教授看，孔孟之學只是根源於當時當地特殊的社會習俗，依賴先在的倫理心境，此倫理心境楊教授稱之為「仁性」，並以之解說孔子所言「仁」、孟所言「本心」。可見，楊教授並不從哲學之維度來談論儒家的道德本體。

　　楊澤波教授說：「孔子、孟子無不重視愛親敬長，根源全在於當時當地特殊的社會習俗，這種社會習俗在個人內心結晶成為『倫理心境』後，人們也就愛親敬長，樂此不彼。」[106]又說：「作為心體的道德本心不過是社會生活和理性思維在內心結晶而成的『倫理心境』，『倫理心境』在處理道德問題之前就已經存在了，是先在的，⋯⋯。」[107]由此可見，楊教授是將孔孟之學之為道德哲學與社會習俗史混為一談了。依社會習俗史的觀點而論，行為規範受制於當時當地特殊的社會條件；但孔子、孟子重視「愛親敬長」，並非社會習俗史的觀點。「愛親敬長」是人倫之常，倫常之為「常」在於其根自天理，即是基於理性在意欲機能中立法。理性立法就是不依時間、空間而移易，在一切時和地、於一切人皆有效。依社會習俗史的觀點，人不一定愛親敬長，現代人就時常不喜「愛親敬長」，但我們不能以人在現實中或在歷史的表現為口實否定倫常。倫常是人的實存的應當，即使人現實上或歷史中時常離開它，倫常都不因此而移易。此所以孟子說：「人之所不學而能者，其良能也；所不慮而知者，其良知也。孩提之童，無不知愛其親者；及其長也，無不知敬其兄也。親親，仁也；敬長，義也。無他，達之天下也。」（《孟子》〈盡心章句上〉）

　　楊教授把倫常解釋為歷史中表現的時移勢易的「社會習俗」，根本違背孔孟原義。又，他提出「倫理心境」的基礎是「人性中的自然生長傾向」。他說：「根據我這些年的研究，人之所以有良心，有兩個必不可少的原因：第一，來自人作為一種生物的先天稟賦，這種情況我

---

106 楊澤波著：《牟宗三三系論論衡》，頁98。
107 楊澤波著：《牟宗三三系論論衡》，頁98、167。

叫作『人性中的自然生長傾向』；第二，來自社會生活的影響和智性思維的內化，這種情況我稱為『倫理心境』。」[108]楊教授以環境影響及內化來解說孔子所言「仁」、孟所言「本心」，根本違離孔孟言本心仁體之「超越義」、「我固有之」之實體義，儘管他提出「人性中的自然生長傾向」來作為「倫理心境」的基礎，但他明白指出這種「自然生長傾向」是「一種生物的先天稟賦」，故其所謂「先天」只是就生物學而言，而非孔孟言本心仁體之存有意義之「先」。楊教授說：「『人性中的自然生長傾向』屬於人的自然屬性，『倫理心境』則屬於人的社會屬性。『人性中的自然生長傾向』是先天的，『倫理心境』則是後天的，但同時又具有先在性。」[109]楊教授也談論「先天」、「先在性」，但顯然是就生物學、心理學、社會學而言，根本未能形成哲學討論。

楊澤波教授表明，以「倫理心境」及「人性中的自然生長傾向」兩方面說明「何謂良心」是他「整個儒學研究的基石」。[110]此可見，他的儒學研究並非哲學的，儘管他也隨處採用從牟先生那裡拿來的詞語如「作為心體的道德本心」、「理性思維」等來講孔孟。但楊教授卻自以為只有以他的「新方法」來講「心學」始能解決王學流弊問題。[111]他說：「對良心本心的認識過於陳舊，極大地限制了牟宗三

---

108 楊澤波：〈牟宗三儒學思想的缺陷在於……〉。

109 同前註。楊澤波教授說：「『人性中的自然生長傾向』是『倫理心境』的基礎；沒有這個基礎，『倫理心境』便沒有一個附著之地，也無法說明『倫理心境』何以會對人有那麼大的吸引力。『倫理心境』是『人性中的自然生長傾向』的進一步發展；沒有這進一步的發展，人就不能與一般的動物相分離。」楊教授為其所言「倫理心境」給出一個生物學而言的先天為基礎，據此論人與動物之區分，此區分只是依生物學而作的劃類的區分，根本不同於孟子言「人禽之辨」作為哲學命題，標舉人之道德創造實體以區別於天地萬物。

110 楊澤波：〈牟宗三儒學思想的缺陷在於……〉。

111 楊澤波教授說：「蕺山為克服心學流弊，區分了心宗和性宗。心宗是主觀的，性宗是客觀的。心宗是良心本心，是『主觀之主』；性宗是天道性體，是『客觀之主』。一旦心宗出現流弊，就需要請出性宗幫忙。由於性宗是客觀性原則，有此作為保障，心宗就可以不再流向弊端了。牟宗三的這一思想顯然是順著蕺山講的。

對一些重要問題的解決力度。如何克服心學流弊，就很能說明問題。」[112]依愚見，王學流弊並非如楊教授以為的那樣「對良心本心的認識過於陳舊」，依孔子哲學傳統，本心仁體既是主觀的同時是客觀的、普遍必然的，並無心性二分。陽明「心學」以「心即理」為奠基，以奠定其接續孔子哲學傳統之正宗地位，王學流弊之出現，並不如楊教授所以為在於對本心仁體之認識陳舊。依愚見，王學之不足處在把握「盡心知性知天」之道德的形上學時，對於本心仁體之客觀的普遍必然性如何充盡至「性」、「天」缺乏充足說明。蕺山為補王學流弊，提出「性天之尊」，實在是與心體同尊，並沒有將「心宗」與「性宗」二分。蕺山的貢獻就在於對「盡心知性知天」作周全之說明。楊教授說：「在心學走向流弊的情況下，請出天道性體不可能從根本上解決問題。」[113]究其實，楊教授以其經驗論的眼光，混心理學、社會學、人類學於哲學問題中的研究方法，根本無法理解孔子哲學傳統之「盡心知性知天」之道德的形上學，他自誇其「三分法」沒有局限於傳統的說法，「並以此解決歷史上那些傳統方法無法解決的若干重大理論問題。」[114]只不過是自說自話而已。

　　總而言之，楊教授根本無意於孔孟文本的理解，只是先入為主地以他自己構想的「倫理心境」框架來套讀孔孟，根本不能認識到孔孟

蕺山之學在明末克服心學流弊方面確實有其貢獻，但這種辦法只能治表而不能治裡。如果能夠按照我的方法詮釋心學，那麼我們就會知道良心本心主要源於社會生活的影響和智性思維的內化，雖然歷史上總是將良心本心與上天聯繫在一起，但天道性體並不是客觀性的真正代表。在心學走向流弊的情況下，請出天道性體不可能從根本上解決問題。蕺山在明末那樣做尚可理解，亦有其功績。然而，三百年之後，牟宗三仍然沿用這一思路來對治這個問題，其思維方式就顯得過於落伍了，其客觀效果如何，當然也就值得懷疑了。」（楊澤波：〈牟宗三儒學思想的缺陷在於……〉）恰切地說，楊教授所謂「心學流弊」，是「王學流弊」。

112 楊澤波：〈牟宗三儒學思想的缺陷在於……〉。

113 同前註。

114 同前註。

言仁、本心表示人作為道德實存的「應當」。他執持著一種經驗論的思維模式，將「是」（歷史的和現實的）混同於道德的「應當」，故拒絕承認人的道德實存的「應當」並不由經驗歸納而來，而是每一個人稟具的本心之天理，哪怕人現實上的行為，乃至社會習俗違離它，都絲毫不影響其必然性、對一切人任何時任何地的普遍有效性。依楊教授「三分法」，「智性」通過學習和認知去認識「正確」或「不正確」，隨後「仁性」發出一種力量迫使人們必須去做或禁止做。可見，他忽略倫理規範之確立必須以一個純粹的道德哲學為基礎，他主張從學習和認知去認識「是」（歷史的和現實的）以推出倫理規範之原理。可以指出，楊教授從人類學、社會學的角度談論哲學，而這種試圖從現實上所是推導出道德實存的「應當」的頭腦是錯誤的、粗鄙的。

楊澤波教授拿他自鳴得意的「三分法」應用到其牟宗三研究的全部工作中，依其自道，其大作五卷本《貢獻與終結——牟宗三儒學思想研究》就是「三分法」應用的集大成。但如前面已論，楊教授的「三分法」根本非哲學的，用於牟宗三哲學體系的研究，必定是完全不相應的。他的牟宗三儒學思想研究劃分為「坎陷論」、「三系論」、「存有論」、「圓善論」、「合一論」，也不過是表示他個人的主觀說法而已。

楊澤波教授以「坎陷論」為其大作的第一卷，看來他極為重視牟先生的坎陷說。誠然，牟先生的坎陷說可說一直以來都是牟學界的熱門話題。然學者多從「外王學」角度說話，或只喜歡談論所謂「坎陷論」的黑格爾的背景。楊教授說：「以牟宗三晚期講康德較多，而認定坎陷論就是『康德式的』，與黑格爾沒有關係，也有失準確。更不要說，即使是後來以康德講『一心開二門』，牟宗三仍然沒有放棄黑格爾的背景。」[115]像大多數學者那樣，楊教授只是注目於牟先生的坎

---

115 楊澤波著：《貢獻與終結——牟宗三儒學思想研究》第一卷《坎陷論》，頁222。

陷說是「康德式的」抑或「黑格爾式的」，僅僅感興趣於此說在外王方面之應用，而鮮有關心坎陷說作為一種論理方法在牟先生獨有的學思中的理論根源，亦未能仔細區分牟先生在不同論域中使用坎陷說的不同意義。

　　愚意以為，牟先生的坎陷說不能簡單地歸為「康德式的」，或「黑格爾式的」。事實上，從牟先生最初於〈王陽明致良知教〉論「良知自己決定坎陷自己」[116]，至《認識心之批判》中提出：「識心則天心之自己坎陷而攝取命題。」[117]吾人已見到此坎陷說跟先生本人的思理緊密相關，根源在先生將形上實體視為超絕的，與形而下的現象界區分為上下兩個世界，這種思維模式不同於康德依人類心靈的不同立法（知性為自然立法與理性在意欲機能中立法）而揭明自然概念領域與自由概念領域之區分的批判的超越的方法，也並非黑格爾的絕對精神之實現，甚至也不等同於西方哲學傳統的唯理論，儘管牟先生採用一種從上至下的講法，[118]但牟先生首先從上建立的形上實體自始至終都是道德的、與人的道德實踐相關聯的，而並非純理的，此即與

---

116 牟宗三：〈王陽明致良知教（上）〉第三章〈政知疑難〉，《歷史與文化》第3期（1947年8月）。後收入《從陸象山到劉蕺山》，《牟宗三先生全集》第8冊，頁201-218。牟先生在所收入之該文後有一說明：「此文為吾前作《王陽明致良知教》一小冊中之一章，今摘取以為附錄，該書可作廢。」（同前揭書，頁218）

117 牟宗三著：《認識心之批判》（下），《牟宗三先生全集》第19冊，頁702。

118 依據康德的批判哲學所論明，我們不能首先獨斷地肯定一種絕對的無條件者，然後「向有條件者下降」（A337/B394），康德說：「如果事先以一個最高的進行安排的存在者為基礎，那麼，自然統一性實際上就被取消了。」（A693/B721）但吾人須明白，在原始儒家中，有自上言「天」、「道」之說法，如《易傳》之本體宇宙論就是「從宇宙說下來」，但在中國哲學傳統中，並沒有像西方傳統那樣，將自上言之「天」、「道」實體化、人格化，而是與「從人生說上去」同時呈現的。用牟先生的話說：「從宇宙說下來」與「從人生說上去」是「兩個來往」，「這兩個來往，在原始儒家是一下子同時呈現的，既不隔，亦不對立。無論從那一面說，都是通著彼面的，而且亦是了然於彼面的。」（牟宗三著：《五十自述》，《牟宗三先生全集》第32冊，頁92。）「不可像西方哲學那樣，視作對立的兩個途徑」。（同前揭書，頁93）

西方傳統的唯理論根本不同，也與黑格爾的絕對精神根本不同。牟先生本人表明：他常借用黑格爾的辭語，僅僅是「作詮表上之方便」，黑格爾精神哲學「其哲學內容與儒者成德之教」根本不同。[119]依牟先生之思路，形上實體是超絕的，如此一來，先生就要解決實體於上界如何能對下界（現象界）起作用的問題。先生一再言良知、天心之「坎陷其自己」，實在是面對著一個關於物的認識「如何能進入致良知教中」的哲學問題。

　　牟先生採用「自上而下」之方法，亦因之而有「坎陷」說，此方法一直至《現象與物自身》未有改變。[120]自〈王陽明致良知教〉第三章〈致知疑難〉（1947）明就良知而言「坎陷」的說法[121]，此後於《認

---

119 牟先生說：「黑格爾（Hegel）言精神哲學已佳矣。吾亦常借用其辭語以作詮表上之方便，如『真實主體性』、『在其自己』、『對其自己』、『具體的普遍』，等等。然此只是表示方法上之借用，非謂其哲學內容與儒者成德之教同也。彼只籠統言精神之發展，而總無『性』一核心觀念，故其全部哲學總不能落實、只展現而為一大邏輯學。……。然如不能落實于心性，以道德實踐證實之，則總不能順適調暢，只是一套生硬之哲學理論而已。」（牟宗三著：《心體與性體》（一），《牟宗三先生全集》第5冊，頁42。）

120 牟先生於一九七二年著手寫《現象與物自身》，初稿完成於一九七三年夏。在該書之〈序〉中，先生說：「本書是吾所學知之綜消化，消化至此始得一比較妥貼之綜述。」（《牟宗三先生全集》第21冊，頁3）又說：「我現在這部書不是從下面說上去，乃是從上面說下來。」先生給出理由：「因為如果對於我們的感性知性之認知機能，我們不能在主體方面引出一個對照，由此對照，來把這些認知機能予以價值上的決定，即把它們一封封住，單憑與上帝對照，則我們不能顯明豁然地知道這些認知機能只能知現象，而不能知物之在其自己。……。」（同前揭書，頁6-7）

121 《人文講習錄》（所記為牟先生一九五四年至一九五六年於臺灣師範學院校中社團「人文學社」的講演）中記載：「陳問梅問：先生所著之『致良知教』一書中謂『從良知即道心落下來成為認識的心』，是什麼意思？先生曰：講良知是向上走的。要求知識須將良知落下，即是使良知坎陷，作自覺的自我否定，變而為『識心』，……。」（牟宗三主講，蔡仁厚輯錄：《人文講習錄》，《牟宗三先生全集》第28冊，頁20-21。）該處言及「良知坎陷」是因同學問而答者，並非牟先生主動論及。

識心之批判》言「形上的心之坎陷」[122]、「天心之自己坎陷」[123]，於《政道與治道》言「道德理性之自我坎陷（自我否定）」[124]，於《現象與物自身》言「自由無限心之自我坎陷」[125]、「知體明覺」之「自我坎陷」[126]，這些講法都包含最早就良知而言「坎陷」之義，也就是：良知（亦即形上實體）落下來成為認識的心。[127]依牟先生之思路，「講良知是向上走的。要求知識須將良知落下，即是使良知坎陷，作自覺的自我否定，變而為『識心』，……。」[128]

吾人可見，牟先生提出坎陷說，旨在說明形上實體下落到現象界

---

122 「認識心之靜處而與物對，因而具有外在關係，吾人將溯其根源於形上的心之坎陷。吾在此預定：形上的心乃實現萬有者，主宰貫徹萬有，……。然形上的心坎陷其自己轉化而為識心，則即退處而與物對，只以覺照了別為性，不復如形上的心之為實現原則。」（牟宗三著：《認識心之批判》（上），《牟宗三先生全集》第18冊，頁13）

123 「本體之彰著於人性，由之而開為天心與識心，天心直繼本體，識心則天心之自己坎陷而攝取命題。由此自上而下之一串可以彰著人性。」（牟宗三著：《認識心之批判》（下），《牟宗三先生全集》第19冊，頁702）

124 「由動態的成德之道德理性轉為靜態的成知識之觀解理性。這一步轉，我們可以說是道德理性之自我坎陷（自我否定）：……。」（牟宗三著：《政道與治道》第三章〈理性的運用表現與架構表現〉，原載1955年10月號《民主評論》，《牟宗三先生全集》第10冊，頁64。）

125 「自由無限心既朗現，我們進而即由自由無限心開『知性』。這一步開顯名曰知性之辯證的開顯。知性，認知主體，是由自由無限心之自我坎陷而成，它本身本質上就是一種『執』。」（牟宗三著：《現象與物自身》，《牟宗三先生全集》第21冊，頁8-9）

126 「知體明覺不能永停在明覺之感應中，它必須自覺地自我否定（亦即自我坎陷），轉而為『知性』；此知性與物為對，始能使物成為『對象』，從而究知其曲折之相。它必須經由這一步自我坎陷，它始能充分實現其自己，此即所謂辯證的開顯。它經由自我坎陷轉為知性，它始能解決那屬於人的一切特殊問題，而其道德的心願亦始能暢達無阻。」（牟宗三著：《現象與物自身》，《牟宗三先生全集》第21冊，頁126）

127 《現象與物自身》一書言「知體明覺」就是「良知」，「天心」、「道德理性」、「自由無限心」如同「良知」，皆形上實體。只是「自由無限心」及「自由無限心之自我坎陷」擴展至合儒釋道而論。

128 牟宗三主講，蔡仁厚輯錄：《人文講習錄》，《牟宗三先生全集》第28冊，頁20-21。

而起作用。這一層意思當該是牟先生「坎陷說」之根本義。自最初提出「良知自己決定坎陷自己」，直至《現象與物自身》論「本體界的實體」，由之「開顯一認知主體以證成『法定象界』」。[129]此義皆清楚可見。愚意以為，自〈王陽明致良知教〉（1947）起，牟先生一直持有一個「超絕形上學」之思路：「超絕的真我」作為形上實體，與物無對，先生明文指出：必須預定其為「實現萬有者，主宰貫徹萬有」，為「實現原則」。[130]然此形上實體要實現自己，亦即要在現實中起作用，必須使物成為「對象」，此所以牟先生提出：此形上實體「必須自覺地自我否定（亦即自我坎陷），轉而為『知性』；此知性與物為對，始能使物成為『對象』，從而究知其曲折之相。」[131]形上實體在這一步自我坎陷中「充分實現其自己」，牟先生稱之為「辯證的開顯」。[132]並且，先生明確提出，形上實體必定要「經由自我坎陷轉為知性，它始能解決那屬於人的一切特殊問題，而其道德的心願亦始能暢達無阻」。[133]

關於形上實體如何於現象界起作用的問題，在孔孟那裡並不成一個問題，但在宋明理學裡已見有學者問及。譬如，《傳習錄》記載陽

---

129 牟宗三著：《現象與物自身》，《牟宗三先生全集》第21冊，頁46-47。

130 牟宗三著：《認識心之批判》（上），《牟宗三先生全集》第18冊，頁13。

131 牟宗三著：《現象與物自身》，《牟宗三先生全集》第21冊，頁126。牟先生論知性之曲屈性，說：「它總是有憑藉概念以形成一種『綜和統一』的作用。……，在此種方式下，它始能成功其知解底活動，也就是說，能有知識。這種作用或方式，我曾名之曰知性之曲屈性，此是相應英文"discursive"一詞而說。」（牟宗三著：《智的直覺與中國哲學》，《牟宗三先生全集》第20冊，頁191。）

132 同前註。此處所言「辯證」，牟先生明文指出：「此步開顯是辯證的（黑格爾的辯證）。」（牟宗三著：《現象與物自身》，《牟宗三先生全集》第21冊，頁126。）不過，愚意以為，牟先生此言意謂其採用「辯證」一詞乃依黑格爾，而吾人不能據此誤解牟先生的義理體系同於黑格爾。牟先生的關注在人的道德主體（良知天心），其學問的本質是道德形而上學的，而並非黑格爾的精神現象學。黑格爾根本否認人的道德主體，其所謂「辯證法」（否定之否定）是套在精神現象學上講的。

133 牟宗三著：《現象與物自身》，《牟宗三先生全集》第21冊，頁126。

明諸弟子問，多有於「良知」之外，還要追問「天下事理」，仍要說
「至善只求諸心。恐於天下事理，有不能盡」[134]、「至善亦須有從事
物上求者」[135]、「居敬窮理是兩事。先生以為一事。何如？」、「先儒
謂『一草一木亦皆有理。不可不察』」[136]。陽明諸弟子所問，就是執
意以為「致良知」之外，還需要問良知發用於現實時之「天下事
理」，致良知之外還要講求「窮理」。陽明答愛問，曰：「心即理也。
天下又有心外之事，心外之理乎？」[137]答鄭朝朔問，曰：「至善只是
此心純乎天理之極便是。更於事物上怎生求？」[138]答梁日孚問，曰：
「天地間只有此一事。安有兩事？」、「夫我則不暇。公且先去理會自
己性情。須能盡人之性，然後能盡物之性。」[139]

　　以上陽明與弟子的對答，見諸弟子心中橫亙著一個問題：「致良
知」、「居敬」之外，必定還要講求「格物窮理」。若用牟先生的話
說，就是良知要坎陷，落下來成為認識的心，以認識萬事萬物無窮複
雜之事理、物理。自然科學、政治架構皆歸入此範圍。但是，陽明明
顯不以為然，陽明答諸弟子問直截了當：「致良知之外無學矣。」[140]
此即先明「端緒」、「先立其大」，即孟子曰：「先立其大者，則其小者
不能奪也，此為大人而已矣。」（《孟子》〈告子章句上〉）若真能致良
知，自然能於現實發用中求事事物之理，道德學問本身不必加入「格

---

134 《傳習錄》（上），第3條，愛問。

135 《傳習錄》（上），第4條，鄭朝朔問。

136 《傳習錄》（上），第117條，梁日孚問。

137 《傳習錄》（上），第3條。

138 《傳習錄》（上），第4條。

139 《傳習錄》（上），第117條。

140 王陽明說：「愚不肖者，雖其蔽昧之極，良知又未嘗不存也。苟能致之，即與聖人
　　無異矣。此良知所以為聖愚之同具，而人皆可以為堯舜者，以此也。是故致良知
　　之外無學矣。自孔孟既沒，此學失傳幾千百年。賴天之靈，偶復有見，誠千古之
　　一快，百世以俟聖人而不惑者也。（王守仁撰，吳光、錢明、董平、姚延福編校：
　　《王陽明全集》卷8，〈書魏師孟卷‧乙酉〉，上海市：上海古籍出版社，1992年）

物窮理」，以防以紫亂朱，損害道德自身之純粹性。誠然，此不等同道德學問排斥「格物窮理」，與自然科學對立。依康德此乃兩立法不同之領域，道德乃自由概念之領域，「格物窮理」屬自然概念之領域，兩大領域並行不悖，不相混淆。道德主體之發用固然要落在自然概念之領域，凡落在自然概念之領域即必定依照自然法則，於此講「格物窮理」，並不妨礙陽明力斥朱子在講道德學問時重「格物窮理」。

　　依牟先生分析，王陽明所言致良知「是超越的工夫，只是個直道而行」[141]。但是，「在知識上說，識心與物理為二為內外，亦是大道大本之不直，而經過了一曲折。」[142]先生指明：「此個曲折的缺陷是不可少的，然而卻亦必須會歸於大道之直。」[143]牟先生一再言良知之天心之「坎陷其自己」，實在是面對著一個關於物的認識「如何能進入致良知教中」的哲學問題。於「致知疑難」章開首一段中，他反覆問：「惟是生活行為固物也。除此即無物可言乎？」[144]、「凡桌子椅子等等豈即非物耶？若亦是物，此將如何亦可云心外無物耶？此物豈非與吾心為對而為二乎？」[145]、「良知之天理流於生活行為中而貫之，亦流於桌子椅子中而成其為桌子椅子耶？」[146]牟先生深知「關於桌子椅子之一套與陽明子致良知之一套完全兩回事」，而這種知識之問題

---

141 牟宗三著：《王陽明致良知教》第五章〈工夫指點〉，《牟宗三先生全集》第8冊，頁67。

142 牟宗三著：《王陽明致良知教》第二章〈知行合一〉，《牟宗三先生全集》第8冊，頁36。

143 同前註。牟先生說：「因為一曲折，所以才有識心之用，才有物理可說，才有知識可成。知識實是在一曲中所成的，此雖不礙於為人為聖，或甚至此個曲折的缺陷是不可少的，然而卻亦必須會歸於大道之直。又須知此一曲，我的生命已經是物化了。知識必在物化中行。」

144 牟宗三著：《王陽明致良知教》第三章〈政知疑難〉，《歷史與文化》第3期（1947年8月）。後收入《從陸象山到劉蕺山》，《牟宗三先生全集》第8冊，頁202。

145 同前註，頁202。

146 同前註。

乃「為先哲所不措意者」[147]。為此，他提出：「而在眼前致良知中，總有桌子椅子一種物間隔而度不過，因而總有此遺漏而不能盡。吾人須有以說明之。看它如何能進入致良知之教義中。」[148]並指明：「此知識之一套，非良知天理所可給，須知之於外物而待學。因此，每一行為實是行為宇宙與知識宇宙兩者之融一。」[149]牟先生以良知之天心之「坎陷其自己」之思路融攝知識，其真實義在：「在行為宇宙中成就了知識宇宙，而復統攝了知識宇宙。」[150]

陽明「致良知教」並未措意知識問題，牟先生提出良知「坎陷其自己」，實可回應一直以來學界就致良知行為中所對「知識物」的問題。牟先生說：

> 在良知天理決定去成就「知親」這件行為中，良知天心即須同時決定坎陷其自己而為了別心以從事去了別「親」這個「知識物」。就在此副套之致良知行為中，天心即轉化為了別心。……。然在「知親」這件行為中，要去實實瞭解「親」這個「知識物」，則天心轉化為了別心，了別心即與「親」這個「知識物」為二為外。了別心是天心之坎陷，而二與內外即因此坎陷而置定。[151]

又說：

> 是以每一致良知行為中不但有一副套之致良知行為而去了別知識物，且每一致良知行為自身即可轉化為一知識物因而發出一

---

147 同前註，頁203。

148 同前註。

149 同前註，頁204。

150 牟宗三著：《王陽明致良知教》第三章〈政知疑難〉，《牟宗三先生全集》第8冊，頁206。

151 同前註，頁208。

致良知之行為而去知道這個知識物。是以每一致良知行為自身
有一雙重性：一是天心天理所決定斷制之行為系統，一是天心
自己決定坎陷自己所轉化之了別心所成之知識系統。此兩者在
每一致良知行為中是凝一的。譬如「事親」既是一行為系統，
而其自身亦復為一知識系統。蓋既要從事「事親」這件事，則
必須知道什麼是事親，如何去事親。這一個知道，便表示一個
知識系統。在知識系統中，「事親」便是一客物，而與了別心
為內外。此時良知之天心即決定坎陷其自己而為了別心。此種
坎陷亦是良知天理之不容已是良知天理發而為決定去知什麼是
事親如何去事親這個知識行為中必然有的坎陷。[152]

依以上所論，吾人當明白，牟先生之所以提出「坎陷說」，實在
是要回應形上實體與經驗知識二者之關聯問題。這一步有學理上的需
要，儘管道德本身不必夾帶自然概念領域的問題，故陽明言「致良
知」不談「格物窮理」不為少。然而，牟先生「坎陷說」，於形上實
體與經驗知識之關聯問題作解答，亦不為多。關鍵在切莫如一些學者
那樣，將牟先生所論道德主體必定要「經由自我坎陷轉為知性」，解
做要道德主體「讓開一步」、「不再發展自己」，始能開出知性。依牟
先生，同一形上的心、道德心「體化應務（亦曰體化合變）與物無對
（順物者與物無對）」；亦隨時應物，「即退處而與物對，只以覺照了
別為性。」[153]

牟先生明文指出：由本體而開為天心與識心。先生說：「本體之
彰著於人性，由之而開為天心與識心，天心直繼本體，識心則天心之
自己坎陷而攝取命題。由此自上而下之一串可以彰著人性。」[154]並

---

152 同前註，頁208-209。

153 同前註。

154 牟宗三著：《認識心之批判》（下），《牟宗三先生全集》第19冊，頁702。

且，牟先生表明：知識是致良知「其中之一分」、「繫於良知之天理，猶網之繫於綱。」[155]、「知識是良知之貫徹中逼出來的。」[156]若缺少良知「決定自己轉而為了別」這一迴環，它還是貫徹不下來。[157]明乎此，則吾人不會誤以為牟先生提出「坎陷說」是主張離形上的心、道德心而另起認識心。

　　牟先生一再提醒：「原來天心與了別心只是一心」、「此坎陷亦為良知天理之不容已，則了別心亦天心矣」。[158]牟先生表明：此坎陷是良知自己必須「決定自己轉而為了別。」[159]、「此亦是其天理中之一

---

155 牟宗三著：《王陽明致良知教》第三章〈政知疑難〉，《牟宗三先生全集》第8冊，頁206。牟先生說：「致良知乃是超越之一套，乃是籠罩者。在此籠罩而超越之一套中，知識是其中之一分。就此全套言，皆繫於良知之天理，猶網之繫於綱。從此言之，心外無物，心外無理。然而此全套中單單那一分卻是全套之出氣筒，卻是一個通孔。由此而可以通於外。在此而有內外之別，心理之二。此個通孔是不可少的。沒有它，吾人不能完成吾人之行為，不能達致良知天理於陽明所說之事事物物上而正之。是以此知識之一外乃所以成就行為宇宙之統於內。由孔而出之，始能自外而至之。（自外至者無主不止）」

156 牟宗三著：《王陽明致良知教》第三章〈政知疑難〉，《牟宗三先生全集》第8冊，頁212。

157 同前註。牟先生說：「知識是良知之貫徹中逼出來的。否則，無通氣處，便要窒死。良知天理自然要貫徹。不貫徹，只是物欲之間隔。若自其本性言，或吾人良知天理真實湧發時，它必然要貫徹，不待致而自致。致良知原為有物欲間隔者說。去其間隔而一旦發現出本性之真實無妄，則良知天理之真誠惻怛，或良知天理之善，自能不容已其湧發貫徹於事事物物。其湧發不容已，則其坎陷其自己而為了別心亦不容已，蓋此即其湧發貫徹歷程中之一迴環。若缺少此一迴環，它還是貫徹不下來。一有迴環，便成知識。」

158 牟宗三著：《王陽明致良知教》第三章〈政知疑難〉，《牟宗三先生全集》第8冊，頁209。牟先生說：「一成行為系統，便須主體化動態化，動態化而提之屬於主屬於能。既屬於能矣，自不能與心為對也，而此時之心即為一天心。原來天心與了別心只是一心。只為要成就這件事，天心不能一於天心，而必須坎陷其自己而為一了別心。而若此坎陷亦為良知天理之不容已，則了別心亦天心矣。」

159 牟宗三著：《王陽明致良知教》第三章〈政知疑難〉，《牟宗三先生全集》第8冊，頁206。牟先生說：「吾心之良知決定此行為之當否，在實現此行為中，固須一面致此良知，但即在致字上，吾心之良知亦須決定自己轉而為了別。此種轉化是良知自己決定坎陷自己：此亦是其天理中之一環。坎陷其自己而為了別以從物。從

環。」[160]、「坎陷其自己而為了別以從物。從物始能知物，知物始能
宰物。及其可以宰也，它復自坎陷中湧出其自己而復會物以歸己，成
為自己之所統與所攝。」[161]，「如是它無不自足，它自足而欣悅其自
己。此入虎穴得虎子之本領也。」[162]

　　實在說來，依牟先生所論，若沒有良知，則亦無以轉出知識，牟
先生主張「知識系統」乃是由良知天心坎陷自己所轉化出的了別心所
成，這一點是明確的；因此，我們沒有理由認為牟先生所論「良知坎
陷」是要主張取消良知的作用，哪怕是暫時的，甚或是一瞬間的。良
知天理不可須臾離也。明乎此，不能曲解牟先生言「坎陷」，是主張
形上實體、道德心「讓開一步」、「不再發展自己」。楊澤波教授曲解
牟先生「坎陷說」，他說：「根據我的分析，坎陷概念有三個最基本的
含義，即『讓開一步』、『下降凝聚』、『攝智歸仁』。」[163]楊教授就
「坎陷說」多番解說，要害在其言「讓開一步」，良知「不再發展自
己」。他說：「所謂『讓開一步』是說道德要來一個自我否定，暫時退
讓一下，不再發展自己，而是發展自己之外的內容。」[164]這種形上實
體、道德心「讓開一步」、「不再發展自己」之說，實在包含「道德無
力論」之禍心。[165]究其實，持此說的學者對道德心存成見，以為講

物始能知物，知物始能宰物。及其可以宰也，它復自坎陷中湧出其自己而復會物
以歸己，成為自己之所統與所攝。如是它無不自足，它自足而欣悅其自己。此入
虎穴得虎子之本領也。此方是融攝知識之真實義。在行為宇宙中成就了知識宇
宙，而復統攝了知識宇宙。」

160 同前註。

161 同前註。

162 同前註。

163 楊澤波：〈民主視野下的梁漱溟和牟宗三〉，《第十一屆當代新儒學國際學術會議論
　　文集》（2015年10月），頁453。

164 同前註。

165 楊澤波：〈坎陷開出民主不同理解九種——關於牟宗三坎陷開出民主論的不同理解
　　的評論〉一文，臚列出所謂「由良知坎陷開出民主」之說九種。表明的無非是
　　「道德」無用論。

「道德」是無用的。他們抱持著所謂「良知主觀獨斷」、「良知傲慢」等成見，[166]他們說「良知坎陷」意謂「良知」只是高談，現實上不起作用，必須讓開。並且，自覺不自覺地就拿牟先生所說「坎陷」作自己的成見之說詞。

新文化運動以來，國人倡導學習西方，發展科學與民主。學界流行一種說法，就是質疑中國傳統「德治」，視中國傳統文化為現代化之絆腳石。尤其在中國如何開出民主政治的問題上，學者們習慣於將批評的矛頭指向「仁政德治」，令人產生錯覺，以為孔孟所言「仁政德治」的政治與「民主政治」對立，不可並存。這些學者依據「道德無力論」來談「民主之開出」，甚至有人藉著扭曲牟宗三先生「良知坎陷」說來做論據，製造出他們自己的一套「通過坎陷，開出民主」的理論。楊澤波教授撰〈民主視野下的梁漱溟和牟宗三〉就提出「通過坎陷，開出民主」。[167]

不必諱言，若追溯先生產生「坎陷」說的問題意識，除了解答物的認識「如何能進入致良知教中」，還有另一問題，那就是如何對中國文化中「智」之性格作出哲學說明，以解答哲學與科學之融攝問題。牟先生醞釀《認識心之批判》，有一個哲學問題意識，那就是：中國文化傳統未能發展出科學，如何對此作哲學上的根源說明。此問題意識可以說是因應新文化運動倡導科學民主之潮流而生起的。牟先生一九四二年發表論文〈陰陽家與科學〉，發出其大哉問：「吾原本儒、道可以恢宏吾之形上文化之傳統，吾豈不可原本名、墨、陰陽之精神與其所考究之對象而恢宏吾之科學文化乎？」[168]先生說：「治史

---

166 時常聽到有學者說：「良知坎陷就是要讓開一步，不要以為自己都對，要包容。」究其實，這些學者本來就對儒家言「良知」心懷偏見，以為「良知傲慢」，主觀獨斷。

167 楊澤波：〈民主視野下的梁漱溟和牟宗三〉，《第十一屆當代新儒學國際學術會議論文集》（2015年10月），頁453。

168 牟宗三：〈陰陽家與科學〉，《理想與文化》第1期（1942年12月），頁14。收入《牟宗三先生早期文集》（上），《牟宗三先生全集》第25冊，頁352。

者，彰往察來，推原湮沒之跡而恢宏之。恢宏之者，使其與現代科學文化相啣接也。視吾今日之治科學，原來即為吾名、墨、陰陽精神之繼續光大而漸至於科學也。」[169]、「今之問題已為哲學與科學之融攝，端在如何恢宏科學學術以充實吾之形上文化之傳統，與夫如何恢宏吾之形上文化之傳統以融攝科學學術而使其滋長與光大。是則名、墨、陰陽之疏導為不容已也。」[170]牟先生回應現代化之科學學術要求以恢宏中華形上文化傳統之心之急切，溢於言表。此亦正是牟先生致力建立中國學術之學統之志業所在。

另，牟先生之「坎陷」說除多為學者討論的「良知坎陷」之外，還有就認識心「以覺照了別為性」而論的認識心之「坎陷」。此顯牟先生智的直覺說之根源，事實上，先生區分開智的直覺與感觸的直覺，可追溯至《認識心之批判》區分開「知性主體」與「道德主體」。[171]不過，如先生表明，該書並不及「道德主體之全體大用」。[172]事實上，《認識心之批判》是一本專門就「認識心」作分解考量，以探究知識之可能之書。牟先生說：「坎陷之辨解與躍起之寂照俱是認識心。」[173]

依先生之分解考量，認識心「以覺照了別為性」，即其性包含「覺照」與「了別」，「覺照」是「躍起之寂照」，「了別」是「坎陷之辨解」。牟先生說：

> 理解之根源實有其自發之創造性。唯因其限於經驗而發出格

---

169 同前註。

170 同前註。

171 於《認識心之批判》，牟先生明確提出：「主體有二：一曰知性主體，一曰道德主體。」但同時指明：「至於明德之學，即道德主體之全體大用，則將別見他書，此不能及。」（牟宗三著：《認識心之批判》（上）〈序言〉，《牟宗三先生全集》第18冊，頁13。）

172 見上註。

173 牟宗三著：《認識心之批判》（下），《牟宗三先生全集》第19冊，頁612。

度，遂由創造性而陷落於辨解性。蓋無辨解，則不能成知識
也。此理解之自發之創造性實是推動理解使其不安於辨解之陷
落之根源。……。上章末由直覺之湧現以攝無窮而知此創發之
根源實是發出直覺照射之根源。直覺之照射隨普遍命題之要求
成為滿類而實現或證實此滿類，而照射至無窮，是以知此直覺
之照射必在要跳出理解之辨解而破除其辨解性所成之限制或封
限，將陷於辨解歷程之理解而提起之而且推動之。[174]

牟先生所論「理解之根源實有其自發之創造性」，此義當該是牟先生
此後一直言「智的直覺」之根源。愚意以為，先生該處所論「理解」
並不等同康德所論知識論意義上的「知性」，因其「自發之創造性」
依先生所論「是推動理解使其不安於辨解之陷落之根源」。「理解」之
自身「實是發出直覺照射之根源」。此即牟先生著名的「智的直覺」
說的根源處。依牟先生，認識心原是「直覺照射之根源」，此即認識
心之「覺照」之性，陷於辨解歷程始有「了別」之性。牟先生說：
「吾人但見認識之心之坎陷，而在此坎陷中，一切活動皆是曲。吾人
即賴此坎陷中曲而能達之活動以得知識之完成。」[175]

據牟先生所論，「理解」陷落於辨解性以成「知識」，吾人由之
「見認識之心之坎陷」。牟先生提出：「坎陷與躍出是認識之心之二
相，亦即是其全相。」[176]、「從坎陷中躍出而成非坎陷相」，關鍵在
「依『直覺』之湧現而建立」。[177]從字面義看來，吾人可理解為「坎
陷」在先，而「躍出」在後。然愚意以為，牟先生亦多有明文示意：

---

174 同前註，頁603。

175 同前註，643。

176 同前註，頁642。牟先生於該處有一說明：「直覺的統覺與理解俱是認識之心之坎
陷。直覺的統覺雖直而無曲，卻亦是坎陷中之直而無曲。與此躍出之非坎陷相之
直而無曲異。」

177 同前註，頁642。

認識心之「覺照」之性為超越地在先。認識心（理解）有其自發之創
造性，「此創發之根源實是發出直覺照射之根源」。先生對「直覺照
射」多有所論，概要言之，「直覺之照射所函之滿證之絕對性以及認
識之心之絕對滿足皆在條件之解除上。此條件之解除名曰對於坎陷中
種種條件之否定。條件之否定而顯出之認識之心名曰寂靜之照心。此
即直覺之照射。此寂照之心因條件之解除而顯示，故其照射必是通透
全體之照射，亦就是通觀宇宙之全之照射。」[178]

　　牟先生區分「照心」（直心）與「曲心」，直心一直在背後，可說
是認識心之本根。先生說：「實則曲心活動之中，直心即在背後閃爍
而蠕動」，「由蠕動而湧現，由閃爍而明朗，此即吾人所謂由坎陷而躍
出」[179]牟先生一方面講認識之心之「直覺之照射」，另一方面講直心
「由坎陷而躍出」，二者皆為認識心本身之活動（正向與逆向）。「直
覺之照射」為正向活動，乃是「對於坎陷中種種條件之否定」，直覺
之照射函「滿證之絕對性」，「以及認識之心之絕對滿足」。[180]「非曲
即直」[181]，「必是認識之心由坎陷而躍出。」[182]，「由坎陷而躍出」為
反向活動，直心乃認識心之非坎陷相，「此非坎陷相乃直接對坎陷相
之否定而顯。」[183]認識心之坎陷相是「理解知識之不圓滿性」、[184]
「知識只有相對性，而無絕對性。」[185]認識心由坎陷而躍出，就是要
「擔當此絕對性之獲得」，[186]「求得圓滿性或絕對性」[187]。此論「認

---

178 同前註，頁647。

179 同前註，頁643。

180 同前註，頁647。

181 同前註，頁642。

182 同前註。

183 同前註。

184 同前註。

185 同前註，頁644。牟先生說：「知識只有相對性，而無絕對性。在坎陷中，無論如
　　何努力奮發，亦不能至此絕對性。」

186 同前註。

識心由坎陷而躍出」，即牟先生言「轉識成智」之義。

認識之心自坎陷中跳出來，而顯其「非坎陷相」，[188]「認識之心之躍出是其自身之滿足。即其獲得知識之絕對性時之滿足。」[189]牟先生又稱之為「智的具體體性學」[190]牟先生說：「吾人不可輕視此種躍進所成之寂照心及實境。有許多宗派大抵是就此或類乎此之方向線索而發揮其玄談。如莊子及佛家便是。」[191]，又說：「寂照心之中流轉苦海之否定而轉出」，「所謂轉識成智也。識即是生死流轉，智即是寂照心。」[192]該處牟先生從認識心「自坎陷中跳出來」言「轉識成智」，可說是先生日後提出「智的直覺」之根源，該處所論認識心之「坎陷」以成「知識」，其義亦同《現象與物自身》所論「由自由無限心開『知性』」[193]。儘管牟先生於《現象與物自身》建立的無限心大系統中，「智的直覺」統儒釋道三家而論，無限心亦不止於認識心之活動。而於《認識心之批判》，牟先生所論看來只就釋道二家而言，而並不論及儒家之道德主體。

依以上所論可見，牟先生提出「認識心之坎陷說」旨在通過「認

---

187 同前註，頁642。牟先生說：「如是，若欲求得圓滿性或絕對性，則必須自坎陷中跳出來，而從認識之心之非坎陷相方面以求之。此非坎陷相乃直接對坎陷相之否定而顯。」

188 同前註，頁649。牟先生說：「內破曲屈相，外破時空相。兩相破除，則認識之心即從坎陷中而解脫，故得清靜而寂照。」

189 同前註，頁644。

190 牟宗三著：《認識心之批判》（下），《牟宗三先生全集》第19冊，頁653。

191 同前註，頁654。牟先生說：「所謂般若智，無論說之如何甚深微妙，亦不出乎寂照心之分限」、「這一面純是識，否定識便是智。再無其他之問題。吾人所企求之歸宿以期統馭主宰此世界以及吾之生者，彼皆不曾措意及。故若順吾所說之知識言，則至乎寂照心之一照便了事。若順莊子所說之是非言，則至乎逍遙乘化之一齊便了事。」、「若順佛之生死流轉言，則至乎真如涅槃之一空便了事。」（同前揭書，頁655）

192 同前註，頁654。

193 牟宗三著：《現象與物自身》，《牟宗三先生全集》第21冊，頁8-9。

識心之坎陷」說明知識之可能與完成。「蓋無辨解，則不能成知識也。」依牟先生之思路，知識之可能是由認識（理解）之創造性而陷落於辨解性。依此可知，牟先生所論「認識心」、「理解」並非康德所論認識機能，並不等同於「知性」，牟先生所意謂之「知性」，是「認識心之坎陷」而成，故先生言「知性之曲屈性」[194]。牟先生說：「是以在此曲之活動中，吾人全不見認識之心之直相。而知識之成立單靠曲，是以認識之心之直相似於此而全無所用。此吾人所以名此時為坎陷也。以在坎陷，故認識之心之直覺相遂泯滅而不見。」[195]牟先生言「認識之心之直覺相」，可見，依牟先生，「認識心」本身不是辨解的，當其坎陷而成知性，「知性」才是辨解的。由此看來，有學者以為牟先生「藉『坎陷』討論的是知識論問題」[196]，值得商榷，恰切地說，牟先生的「認識心之坎陷說」乃是先生獨特的認識論，此認識論連同「智的直覺說」於牟先生之無限心大系統中占重要位置。牟先生無限心大系統中的認識論顯其個人獨到之運思，依愚見，學者們將牟先生的「認識心之坎陷說」與康德及黑格爾關聯著說，[197]實在是皮相之談。

　　楊澤波教授就以為「良知坎陷」只是牟先生藉以「解決如何以傳統為基礎開出科學和民主的問題」所想到的辦法而已。[198]他認為牟先

194　牟先生說：「它總是有憑藉概念以形成一種『綜和統一』的作用。……，在此種方式下，它始能成功其知解底活動，也就是說，能有知識。這種作用或方式，我曾名之曰知性之曲屈性，此是相應英文 "discursive" 一詞而說。」（牟宗三著：《智的直覺與中國哲學》，《牟宗三先生全集》第20冊，頁191。）

195　牟宗三著：《認識心之批判》（下），《牟宗三先生全集》第19冊，頁643。

196　此說見：張再林、張兵：〈身體的「空場」──牟宗三「存有論之謎」中的「不現」與「能現」〉，（《「百年儒學走向」國際學術研討會論文集》，百年儒學走向牟宗三先生誕辰一一○週年紀念大會，2019年7月13-14日，儒家文明協同創新中心、山東大學儒學高等研究院主辦），頁598。

197　此說見張再林、張兵：〈身體的「空場」──牟宗三「存有論之謎」中的「不現」與「能現」〉，同前註，頁598。

198　楊澤波：〈牟宗三儒學思想的缺陷在於……〉。

生坎陷論遇到很多困難，是因為牟先生將這一思想置於黑格爾及康德的學理背景之下。[199]如吾人已論，此種種說法不過是主觀意見，與牟先生本人的哲學問題意識並不相應。楊教授更以其所謂「三分法」作套路來談「坎陷」，自以為有補於牟先生「良知坎陷」說之不足。

楊教授提出「多重三分方法」，並自以為這是在研究坎陷論的過程中，對三分方法的一個推進。[200]他說：「之前的三分方法是單一的，只限于道德結構，現在則不僅被擴展到認知結構、審美結構，而且被擴展到生命範圍、社會範圍。我將這種擴展的三分方法叫作『多重三分方法』。依據這種方法，坎陷論所要表達的意思就不難理解了。」[201]楊教授所謂擴展到生命範圍、社會範圍，從「體欲、認知、道德三個層面」去談「坎陷論」，說什麼「依據這種方法，坎陷論所要表達的意思就不難理解了：我們文化的特點是道德發達，認知不發達，西方文化則相反，是認知發達，道德不發達（……）；科學和民主均與認知相關，在新的歷史條件下要開出科學和民主，補上這一課，當然就必須『讓開一步』，放下身段，不能再固守自己的優勢，而是發展自己不擅長的東西；……。」云云。吾人可指出，楊教授所

---

199 楊澤波說：「坎陷論遇到如此困難，一是因為牟宗三不正確地將這一思想置於黑格爾的學理背景之下，以絕對精神的辯證發展來說明坎陷，但坎陷與絕對精神並不是同一個問題，所以讀者難免產生疑惑。二是因為牟宗三儘管也曾將這一思想放在康德的學理背景下解釋，以實踐理性與理論理性的關係進行說明，但這種說明並不特別清楚，著筆也不是特別多。」（楊澤波：〈牟宗三儒學思想的缺陷在於……〉）

200 楊澤波：〈牟宗三儒學思想的缺陷在於……〉。

201 同前註。楊澤波說：「在我看來，人除了道德之外，還有認知，還有審美。道德有其結構，認知和審美同樣有其結構。與道德結構一樣，認知結構和審美結構都有類似三分的情況。道德結構、認知結構、審美結構並非雜亂無序，而是一個有機整體。我將這個有機整體稱為『生命層級構成』。生命層級構成有自下而上的三個層面，分別是體欲、認知、道德。不僅如此，如果將觀察視角進一步擴大，那麼不難發現，社會同樣包括體欲、認知、道德三個層面。將社會範圍內這三個層面綜合為一個有機整體，可以稱之為『社會層級構成』。這樣一來，三分方法的適用範圍就有了很大的擴展。」

謂生命範圍的三個結構（道德結構、認知結構、審美結構）並非哲學劃分，其所謂社會範圍的三個層面（體欲、認知、道德）同樣是非哲學的，甚至可說是隨意的，久缺學術嚴肅性。以此兒戲之談，豈可與牟先生「坎陷」說相比？！

　　牟先生「坎陷」說的問題意識既明，則吾人能肯定此「坎陷」說於牟宗三哲學體系中的導引作用為何，並能恰當地裁定其作為牟先生本人獨特的哲思而於哲學領域的貢獻。則吾人不會誤將牟先生「坎陷」說當作「道德無力」的補充，更不會斥之為多此一舉、「矯揉造作」。[202] 沒有人能抹殺先生「良知坎陷說」作為一種創闢性見解而於哲學界作出的獨到貢獻，不過，亦不必諱言，「良知坎陷說」採用從上而下的進路並不合一般人之通途。[203] 牟先生自道：「吾可倒轉康德表達的程序，寬說，甚至倒轉一般人之通途。」[204]、「先說德行，後說知識。」[205]

　　吾人不必否認，牟先生「坎陷說」連同其超絕形上學「倒轉康德表達的程序」，也就是，先從上面預定一形上實體（天心、道德心）[206]，後期稱之為「自由無限心」，而通過實踐（儒家之道德的實踐及釋道二家求止求寂的實踐）證此形上實體為真實。如前面相關章節已論，此思路直至《現象與物自身》建立無限心體系，正式統儒釋

---

202 李澤厚說：「牟先生沿此路數，想在現代中國建立一套『道德的形而上學』並以之解釋儒學傳統，這比陽明已更跨越了一步，是企圖重建某種知識／權力結構，來統攝人們，因之才有那個非常矯揉造作的所謂經良知『坎陷』由『內聖開外王』說。」（見鄭家棟著：《當代新儒學論衡》〈序〉，頁3。）

203 牟先生本人就說：「我現在這部書不是從下面說上去，乃是從上面說下來。」（牟宗三：《現象與物自身》〈序〉，《牟宗三先生全集》第21冊，頁6。）

204 同前註，頁23。

205 同前註。

206 牟先生說：「認識心之靜處而與物對，因而具有外在關係，吾人將溯其根源於形上的心之坎陷。吾在此預定：形上的心乃實現萬有者，主宰貫徹萬有，……。」牟宗三著：《認識心之批判》（上），《牟宗三先生全集》第18冊，頁13。

道而言「實踐的形上學」。「儒家是從道德的實踐入手，佛道兩家是從求止求寂的實踐入手。其所成的形上學叫做實踐的形上學：儒家是道德的形上學，佛道兩家是解脫的形上學。」[207]依照這種從上面預定一形上實體，而通過「成聖人、成佛，成真人底實踐」證實之思路，決定了牟先生需要有一「坎陷說」。先從上面講「自由無限心」，先講聖人、真人、佛之圓境，以證「自由無限心」為形上實體，然後從聖人、佛、真人之實踐不能離開現實世界，提出「自由無限心」必定要經由自我坎陷轉為知性。吾人見到，牟先生以「聖人若要作總統，也必須離開聖人的身分而遵守作總統辦政事的軌則法度」，來講「聖人的『自我坎陷』」。[208]又以菩薩「留惑潤生」來講菩薩「自由無限心」之「自我坎陷」。[209]

　　但如前面相關章節一再論明，牟先生「無限心」大系統，亦即通儒釋道三教而立的中國式的「實踐的形上學」與其通儒家與康德而規劃的「道德的形上學」，二者立足的哲學問題不同，為系統奠基之「實體」其意指亦有別。吾人須注意，先生於《心體與性體》一書規劃的以本心仁體為道德創造實體的形上學，通於康德以意志自由為道德創造實體展示的形上學。本心仁體、意志自由並非從上預定的形上實體，唯有本心仁體、意志自由乃每一個人自身之機能，故無需逾出我們之外而為道德創造實體，亦即無須自上預定一個形上實體。因此，於此通儒家與康德而從道德的道路展示的形上學，本身就包含本心仁體、意志自由之創造必然下貫經驗世界，此創造作用是超越的，而非像自上預定的形上實體那樣是超絕的。所謂超越的，也就表示，它沒有經驗的根源，並不由知識而有；但其發用於經驗界，必定內在於經驗而有效。依此批判的、超越的思路，不必設有形上實體之坎陷

---

207 牟宗三著：《智的直覺與中國哲學》，《牟宗三先生全集》第20冊，頁447-448。

208 牟宗三著：《中國哲學十九講》，《牟宗三先生全集》第29冊，頁279。

209 同前註，頁299-300。

一說以解決道德與知識關聯的問題。

依以上所論明，則可知，牟先生區分開「『我思』之我（認知主體）」與「智的直覺所相應的超絕的真我。」[210]並且，區分開「內在形上學」與「超絕形上學」。[211]自《認識心之批判》始，一直至《現象與物自身》建立無限心體系，牟先生使用「超絕的」（transzendent）與「內在的」相對的思路，這是清楚明確的。但如吾人一再提出，先生於《心體與性體》規劃從道德的進路建立儒家的形上學，其思路與其言「超絕形上學」之自上而下的思路不同。

牟先生契接康德意志自由及從道德的進路建立形上學的洞識，依孔孟義理言本心仁體為道德創造實體，從孔子言踐仁知天，孟子言盡心知性知天，本心仁體乃由其道德創造之普遍必然性而伸展至性、天，以顯其同時為統天地萬物而為言的形上實體。用牟先生的話說，本心仁體為道德主體，「同時亦充其極，因宇宙的情懷，而達至其形而上的意義。」[212]、「復同時即在踐仁盡性之工夫中而為具體的表現。」吾人可見，於此無必要言本心仁體之「自我坎陷」。事實上，牟先生亦並沒有在此道德的形上學思路上使用「坎陷」說。

聖人與一般人皆是「人」，孟子說：「聖人與我同類者。」（《孟子》〈告子章句上〉）人之為人，都要服從自由法則與自然法則。孔子說：「下學而上達。」（《論語》〈憲問第十四〉）聖人與一般人一樣，既有感性之身分，同時稟具超感觸的（道德的）身分，二者並存不悖。

---

210 牟先生說：「『我』之問題仍可分別建立為三個我：第一，『我思』之我（認知主體）；第二，感觸直覺所覺範疇所決定的現象的假我；第三，智的直覺所相應的超絕的真我。」（牟宗三著：《智的直覺與中國哲學》，《牟宗三先生全集》第20冊，頁220。）

211 牟先生說：「就『內在形上學的決定』說，『我思』之我這個對象須通過感觸直覺以及我思之我自身所設立的範疇（純粹概念）而被決定。就『超絕形上學的決定』說，則須通過智的直覺但不須通過範疇而被決定。」（牟宗三著：《智的直覺與中國哲學》，《牟宗三先生全集》第20冊，頁220。）

212 牟宗三著：《心體與性體》（一），《牟宗三先生全集》第5冊，頁116-117。

知識與道德，自然與自由並非對立的關係。自由法則並非與自然法則對反，而是主宰自然之雜多，以達至自由與自然之和諧一致。同樣，吾人可遵從康德批判哲學的講法，從人的心靈機能的兩種立法來揭明「知識」與「實踐」（即道德）兩個不同領域的根源、原理及範圍。

經由批判工程，康德得以劃分開「知性立法的自然概念之領域」與「理性立法的自由概念之領域」。我們一般所謂「知識」屬於前者範圍內，而「道德」屬後者，二者並行不悖。康德說：「只有兩種概念容許它們的對象之可能性有正好兩種原則，這就是自然概念和自由概念。」（KU 5:171）康德經由《純粹的理性批判》和《實踐的理性批判》分別確立了自然領域與自由領域，並且一再說明，每一領域都有自己獨特的立法。「知性先驗地為那作為一感取之客體的自然規立法則，以在一可能經驗中達到對於自然的知解的知識。理性先驗地為作為在主體中的超感觸者的自由以及自由之特種因果性規立法則，以達到無條件地實踐的認識。」（KU 5:195）由之，哲學劃分為原則方面完全不同的兩個部分，即理論的部分作為自然哲學，及實踐的部分作為道德哲學（因著理性按照自由概念之實踐的立法而這樣命名）。」（KU 5:171）最後，康德在《判斷力批判》中明確指出：知性與理性以各自不同的法權管轄的是「同一的經驗領土」，並且這兩種法權之所專屬的機能是「共存於同一主體內而無矛盾的」（KU 5:175）。這就向我們指明：自然科學的知識和道德哲學關涉的是同一主體活動的兩種不同能力，其結果終究是發生於同一經驗領土之事。[213] 在分別的考論中，兩個領域完全隔離開來。但康德揭明：自由之因果性因著通過自由並一致於自由的諸形式法則而在世界中產生結果，也就是由超感觸者產生一種帶有感性的後果，這就表明自由與自然的一種相關。事

---

213 康德一再強調兩個領域的區分，絕非要主張對立的二元世界，而是要一方面抵制那些只以自然、實然為唯一實在的淺薄主張，另方面反對將自然、實然貶為幻化不實而耽於超感觸世界之虛構。

實上，自由概念意想把其法則所提薦的終極目的（圓善）實現於感觸界。也就是說，人因著其意志自由實現自身為道德主體，同時就要求自己致力於將一個目的王國實現為自然王國。因此，依康德，問題是如何在實踐中致力於自由與自然之和諧一致，而不是視二者為對立物而要克服二者的矛盾。

可見，依康德從道德進路展示的形而上學，意志自由為道德創造實體，由其道德創造之普遍必然性，依其立普遍法則（道德法則）產生圓善（終極目的），則伸展至心靈不朽、上帝，以顯其同時為統天地萬物而道德目的論而言的形上實體。意志自由通孔子哲學傳統本心仁體，皆非自上自外預定之形上實體，而乃內在於每一個人的道德創造實體。康德經批判揭明，意志自由乃人的意欲機能，也就是世間種種自然原因之一，也就是說，它是一種按照概念而起作用的原因。」（KU 5:172）「它並不純然服從自然概念，而且也服從自由概念。」（KU 5:172）人依其智性界者的身分，自立並遵循道德法則而行，而且，人依其感觸界者的身分，依知性立法而照自然法則而行。人的道德踐履就是遵循道德法則而在世界中產生結果，實現自由與自然之綜和於經驗界。依照康德的理路，「知識」不必通過「良知坎陷」而成。從道德的進路建立形而上學，也就是從道德主體（本心仁體、意志自由）之創造之普遍必然性、無限性伸展至統天地萬物而言之最高者（天、上帝），以成自由與自然諧一的唯一的真實的形而上學，於此，沒有先預定一最高者的問題，也沒有道德主體與最高者如何合一的問題。

依以上所述，吾人得以明瞭牟先生之「坎陷說」於其學思上的根源、文化背景，及其涉及的領域，以此確定此「坎陷說」於「無限心」大系統（通儒釋道三教而立的中國式的「實踐的形上學」）中的重要作用。並且，吾人可理解，此「坎陷說」乃牟先生獨特的「超絕形上學」之自上而下的思路所必定有者。以此而觀，楊澤波教授著

《貢獻與終結——牟宗三儒學思想研究》第一卷《坎陷論》，實在未能深入牟先生哲學之特質，而流於浮光掠影，只從枝節點滴上議論，尤為甚者，妄自以其所謂「三分法」批判牟先生的「坎陷說」，掩蓋了其核心問題所在，以心理學之漫談取代了牟先生的哲學問題。因楊教授未能把握牟先生哲學之特質，更不能契應牟先生哲學生命之理性核心，故其五卷本大著第二卷《三系論》更是無的放矢，譏諷妄議。

牟先生《心體與性體》（三冊）連同《從陸象山到劉蕺山》乃牟先生確立孔子哲學傳統之鉅著。前面相關章節已一再申論，牟先生此四書乃「儒家哲學」研究之問鼎之作，它客觀地確立了指導性的標準，揭明儒家哲學之命脈在：孔子哲學傳統之道德的形而上學。據此為準，自孔子「踐仁知天」、孟子「盡心知性知天」之義理規模，及至宋明儒者接續孔孟此道德的形而上學之規模而一根而發的七大家：周敦頤、張載、程顥、胡宏、陸九淵、王守仁、劉宗周，確立為儒家哲學之正宗。

但楊澤波教授未能把握牟先生客觀地確立了的「儒家哲學」之共識，就像一些學者那樣，只立足於一般泛言之「儒學」，而根本忽視孔孟儒學之開一個哲學傳統，其共識在「道德的形上學」。如此一來，楊教授的《三系論》對於牟先生「三系說」的批評就根本不能相應於牟先生的哲學問題，無可避免地淪為隨一己私意妄作針砭之作。

楊澤波教授認為「牟宗三不恰當地判定伊川、朱子為旁出」[214]，依其所論，牟先生「三系說」不成立，因為牟先生「對良心本心的認識過於陳舊」[215]，「在於決定其儒學思想從整體上說仍然是一種兩分方法。」[216]吾人於前面相關章節論明，楊教授批評前賢「對良心本心的認識過於陳舊」，究其實，只是他本人不能接受孔子哲學傳統言道

---

214 楊澤波：〈牟宗三儒學思想的缺陷在於……〉。

215 同前註。

216 同前註。

德主體之共識，兼且缺乏純粹哲學之素養，其所謂「三分法」，視倫理心境為「仁性」，「以時間性和空間性解讀儒家的道德本體」，[217]如此一來，孔子言「仁」、孟子言「本心良知」之超越的道德主體性就根本抹掉了。他以心理學意義的心來理解孔子哲學傳統所言「良心本心」，根本缺乏孔子哲學傳統通康德而顯之「理性」義，無知於理性在意欲機能中立法（心即理）為孔子哲學傳統之命脈。

　　楊澤波教授毫無根據地批評牟先生用「兩分方法」研究儒學，他說：「所謂兩分方法，簡單說就是一種將人分為感性與理性兩個部分的方法。」[218]顯然，楊教授以西方傳統倫理學中的一種慣有思路以及西方哲學傳統中對理性的舊有認識來想牟先生，[219]完全無知於牟先生儒學之根本在道德的形上學。前面相關章節已一再論，牟先生之獨到貢獻在契接康德從道德進路建立形而上學，而康德的道德哲學是通過三大批判對人類心靈機能（知、情、意）作出通貫整體考論而建立的，經由康德的批判揭明的實踐主體是知、情、意統而為一的道德創造實體，由此，康德從根本上顛覆了西方哲學傳統感性與理性二分的架構。[220]

---

217 楊澤波說：「我以時間性和空間性解讀儒家的道德本體，也就是孔子之仁、孟子之良心，……。」（見〈《走下神壇的牟宗三》對話復旦教授楊澤波：從牟宗三研究「冷」下來說起〉，收入楊澤波著《走下神壇的牟宗三》。）

218 楊澤波：〈牟宗三儒學思想的缺陷在於……〉。楊澤波說：「近代以來，由於西方哲學的傳入，兩分方法作為一種思維模式進入人們的視野，人們開始不自覺地運用這種方法看待儒學、研究儒學，視其為理之當然，而未能對其加以反思，從而在研究中遇到了很多困難。牟宗三在儒家心性之學研究中存在的諸多缺陷，均與此有或緊或疏的關聯。」

219 楊澤波教授瞭解的「理性」只是西方傳統獨斷唯理中所論與感性對立的「理性」，卻無知於康德經由批判提出理性包括理論的使用與實踐的使用，即提出實踐理性與理論理性區分開。實踐理性之真實作用是在意欲機能中立法的，因而它是知、情、意綜和一體的。

220 看來，楊澤波教授對於康德的瞭解僅止於藉賴哲學概論書得到的知識，只停留在康德學界對康德的種種曲解及權威之成見中，而離康德批判哲學甚遠。

楊澤波教授說：「在我看來，自孔子創立儒學開始，儒學講道德就沒有把人簡單地劃分為感性、理性兩個部分，實際上堅持的是欲性、仁性、智性三分的格局。」[221]如吾人一再論明，吾人以孔子哲學傳統為儒學正宗，此傳統固然並不作感性、理性之二分，但絕非楊教授所論「欲性、仁性、智性三分」。前面相關章節已指出，楊教授所謂「三分法」之劃分只是隨意的，欠缺哲學區分之嚴格性，根本不相應於作為孔子哲學傳統之儒學。而楊教授卻自以為憑其「三分法」可以解決「孟子與荀子之爭、心學與理學之爭」。[222]其實只是他依照其隨意劃分的所謂「仁性倫理」與「智性倫理」，將孟子、心學歸入前者，而荀子、理學歸入後者，然後說「在孔子那裡」欲性、仁性、智性「三個部分齊備不欠」[223]，據之得出結論：孟子與荀子、心學與理學「都可以在孔子學理中找到根據，都有自己的合理性。」[224]並以此批評牟先生「不恰當地判定伊川、朱子為旁出」[225]。

依楊澤波教授所論，孔子創立儒學「實際上將人的道德結構分為欲性、仁性、智性三個部分」。[226]吾人已論明，楊教授此種區分是隨意的，欠缺學術之嚴格性，且將孔子哲學大根大本之「仁」，與孔子言「智」及其他，統通平列來看，完全無視經由前賢闡發，而由牟先生確定的孔子「踐仁知天」之道德的形上學之旨。

---

221 楊澤波：〈牟宗三儒學思想的缺陷在於……〉

222 同前註。

223 同前註。

224 同前註。

225 同前註。楊澤波說：「近代以來，由於西方哲學的傳入，兩分方法作為一種思維模式進入人們的視野，人們開始不自覺地運用這種方法看待儒學、研究儒學，視其為理之當然，而未能對其加以反思，從而在研究中遇到了很多困難。牟宗三在儒家心性之學研究中存在的諸多缺陷，均與此有或緊或疏的關聯。比如，牟宗三不恰當地判定伊川、朱子為旁出，就是這樣造成的。」看來楊教授完全不瞭解牟先生論儒家哲學之本旨在「道德的形上學」，而根本不是他所謂西方哲學的兩分方法。

226 同前註。

　　楊教授以為孔子儒學「將人的道德結構分為欲性、仁性、智性三個部分」，並提出：「在這三個部分中，仁性和智性都是道德的根據，相互補充，並不相互排斥，不能劃分正宗與旁出。儒學歷史上心學理學之爭儘管非常熱鬧，但都可以在孔子學理中找到根據，都有自己的合理性。象山、陽明來源於孔子的仁性，伊川、朱子來源於孔子的智性。」[227]如吾人已論明，楊教授所謂「仁性」根本違離孔子言仁之大根大本，言「智性」也不合孔子「仁智相彰」所言「智」之本旨；尤為甚者，他將「仁」與「智」分割而論。象山、陽明豈有只言「仁」而不言「智」？！牟先生判伊川、朱子之為旁出，又豈在其言「智」？！心學理學之爭要害何在？！依孔子，「道德的根據」何在？！在「仁」。凡將孔子言「仁」認壞了，即是旁出。楊教授本人連孔子言「仁」之大旨都違離了，又憑什麼能指責牟先生「強行劃分正宗與旁出」呢？！

　　楊澤波教授說：「牟宗三沒有看到這一層，強行劃分正宗與旁出，表面看界限分明、立意超拔，其實是以心學而不是以完整的孔子思想為標準的，而其思想基礎恰恰就是十分陳舊的兩分方法。」[228]楊教授本人製造「仁性」、「智性」分言，將孔子所言種種作孤詞立意、散列紛陳而宣稱為「完整的孔子思想」；反而倒過來將西方傳統中感性與理性二分的帽子扣在牟先生頭上。但吾人前面相關章節一再論明，牟先生的儒家哲學研究確立孔子哲學傳統自孔孟至宋明九子，乃經客觀瞭解，依循兩千多年來講的儒家哲學傳統之共識，會通康德論自律道德的根源洞見，而作出的客觀裁定。

　　牟先生已一再論明，儒家哲學傳統之共識在孔子踐仁知天、孟子盡心知性知天所顯示的道德的形上學。而儒家的道德的形上學關鍵在道德的創造主體之確立，此創造主體乃由自身立普遍法則（道德法

---

227 楊澤波：〈牟宗三儒學思想的缺陷在於……〉。
228 同前註。

則、天理）並依自立之普遍法則而行，據此創造人自身為道德之實存，以及創造世界為道德的世界。楊教授看不到儒家哲學傳統之共識，故亦不能接受牟先生以此共識為準裁定宋明九子為正宗，而伊川、朱子為旁出。

牟先生判朱子為「別子為宗」，先生批評朱子從孔子哲學傳統歧出，並非三言兩語，遽下判斷，而是以兩千多年講儒學之共識為準，且經由一部書（《心體與性體》第三冊）之分量對朱子學理的深入研究而作出的。先生對朱子的批評有幾個要點，如：「格物窮理之路不對，他過分重視『道問學』也不恰當。」[229]、「就知識上之是非而明辨之以決定吾人之行為是他律道德。」[230]、「對於形而上的真體只理解為『存有』（Being, ontological being）而不活動者（merely being but not at the same time activity）。」[231]千言萬語，諸般不對，歸到一點，就是朱子從孔孟開始的自律道德轉為他律道德。牟先生指出：「儒家一開始就出現了方向倫理，到朱夫子才出現本質倫理。」[232]牟先生說：

> 方向倫理在西方是由康德開始的；康德以前的倫理學，海德格

---

229 牟宗三主講：《中國哲學十九講》，《牟宗三先生全集》第29冊，頁405。

230 牟宗三著：《心體與性體》（三），《牟宗三先生全集》第7冊，頁440。

231 牟宗三著：《心體與性體》（一），《牟宗三先生全集》第5冊，頁62。牟先生提出「即活動即存有」，此說在牟學界有很大影響。然此說實義何在，一些學者只是望文生意，各自理解。楊澤波教授說：「牟宗三強調，有了心，理才能動起來」，「理中有了心，心悅理義，自然就有活動性。」（楊澤波：〈道德動力源自何處？──儒家生生倫理學關於道德動力問題的探索〉，《哲學研究》（京）2018年第20189期。）依楊教授此解說，牟先生所論「即活動即存有」，是主張將心加入理中，讓理有活動性。此解說分明析心與理為二，顯然曲解牟先生原義。依愚意，牟先生論「即活動即存有」之根據在「心即理」，意即：本心在立天理之活動中顯其為「存有」。牟先生批評朱子對於形而上的真體只理解為「只存有而不活動」，要害處在朱子不能講本心立天理之活動。

232 牟宗三主講：《中國哲學十九講》，頁404。

稱之為「本質倫理」，這個名詞用得很恰當，後者是由本質方面
來決定道德法則，決定什麼是善；這正好是康德所要扭轉的。
在西方，首先出現的是本質倫理，柏拉圖所講的就是本質倫
理，正如康德所說，是以存有論的圓滿（ontological perfec-
tion）來決定善，以存有來決定善。康德則反過來，不以存有
來決定善。因此由康德開始，才有方向倫理。但儒家一開始就
出現了方向倫理，到朱夫子才出現本質倫理，正好與西方的先
後次序相反。當然我們也可以說，在先秦時荀子就是講本質倫
理。但是荀子在先秦沒有取得正宗的地位，而後來的理學家也
不喜歡他，其實朱夫子應當喜歡荀子，因為他們都講本質倫
理，就儒家而言，這顯然不是正宗，但無論如何，講本質倫理
而成為柏拉圖或聖多瑪，也不容易。[233]

　　以上引文所言「本質倫理」、「方向倫理」乃海德格（爾）之用
詞，嚴格地說，用康德本人的用語，就是「他律道德」、「自律道
德」。牟先生所以判朱子為「別子為宗」，關鍵在朱子講他律道德。吾
人知道，牟先生一再論明，孔子哲學傳統之正宗在自律道德（意志自
律），用象山、陽明的話說，就是「心即理」，也就是天理發自本心。
牟先生以此為準，判荀子、伊川、朱子「不是正宗」，這判定是有客
觀依據的，因他們不能講「心即理」，用康德的話說，也就是不承認
理性在意欲機能中立法。

　　凡一種倫理學說不能講「心即理」，即不承認天理自本心立，
就屬於他律道德。楊澤波教授不能抓住他律道德之為他律之要害處，
他說：「牟宗三將朱子定性為道德他律，是一個嚴重的失誤。」[234]又
說：「牟宗三之所以以是否講知識作為判別自律和他律的標準，與其

233 同前註，頁404-405。
234 楊澤波：〈道德動力源自何處？──儒家生生倫理學關於道德動力問題的探索〉。

區分心體與性體有關。」[235]楊教授以是否講知識作為判別自律和他律的標準，並將這種觀點加諸牟先生，是錯誤的。依牟先生，程朱與陸王的根本區別不在學界一般所言「道問學」與「尊德性」的不同，陸王何嘗不「道問學」，程朱又豈是不「尊德性」？！程朱之為他律道德不在其講知識（道問學），而在於他們將道德與知識混為一談，不知道道德的根據在立普遍法則的道德主體（本心仁體），主張「理」自外求，所謂「格物窮理」，如此一來，孔子哲學傳統中天理自本心立之義抹掉了。此乃牟先生判程朱「別子為宗」之吃緊處。

楊澤波教授以為牟先生只是以是否講知識作為判別標準來講自律和他律，並認為，據此為準，康德也是「道德他律」。他說：「如果將道德他律的標準定在是否以知識講道德上，康德也將落入道德他律的陷阱，而不能成為他自己所崇尚的道德自律。嚴格來講，僅僅憑朱子重認知，以知識講道德而定其為道德他律，實在是出於理論上的誤會。」[236]楊教授生造所謂「智性道德自律」一詞，他說：「智性道德自律是運用理性的思辨能力，將『其然』上升為『所以然』從而抉發最高道德法則。」他將康德對道德之分析視為「以知識講道德」，將其自製的「智性道德自律」帽子蓋在康德頭上，並隨之把朱子與康德綑綁在一起。楊教授離開意志作為立法機能之根本義而漫談種種「道德自律」，發明所謂「智性道德自律」與「仁性道德自律」[237]之分別，將心學歸為後者。

楊教授就「學習和認知的官能」而言「智性」，[238]；又將「道德本心」視為心理學意義的「倫理心境」，提出其所謂「仁性」。[239]依照

---

235 同前註。

236 楊澤波著：《牟宗三三系論論衡》，頁317。

237 同前註，頁250-251。

238 同前註，頁276。

239 同前註，頁250-251。楊澤波說：「作為心體的道德本心不過是社會生活和理性思維在內心結晶而成的『倫理心境』，『倫理心境』在處理道德問題之前就已經存在了，是先在的，……。」（楊澤波著：《牟宗三三系論論衡》，頁98、167。）

他「仁性和智性都是道德根據」的講法，他將朱子與康德一併歸入「智性倫理」，兩人的學說都屬於「智性道德自律」。依其說法，程朱與陸王只不過是兩種不同型態的「道德自律」。如此一來，楊教授就自以為推翻了牟先生依據康德自律道德與他律道德之區分作準而裁定朱子「別子為宗」的論斷。

其實，楊教授所談「自律」根本與康德論「自律」之義毫不相干。依康德，就一般的心靈機能來說，把它們作為高層的機能，也就是包含自律的機能來考量，亦即這種機能是立法的。（KU 5:196）在實踐領域，亦即道德領域，純粹理性在意欲機能中立法，據此言「純粹的實踐理性之自律」，亦曰「意志自律」。康德說：「道德就是行為之關聯於意志自律，也就是說，關聯於藉意志之格準而成為可能的普遍立法。」（Gr 4:439）依照康德之意志自律說，人服從於法則，而他服從的法則就只是他自己訂立的同時也是普遍的法則。（Gr 4:432）理性把普遍法則先驗地規立給意欲機能，因此，「意志自律」無非是「純粹實踐理性之自律」，「亦即自由之自律」。（KpV 5:33）能恰切把握康德自律學說者，必能認識到，康德論自律道德，屬自由概念之領域，即道德哲學的問題。但楊教授以為康德「運用理性的思辨能力」、「從而抉發最高道德法則」，屬於「以知識講道德」，顯見其完全無知於康德批判哲學對於理性的思辨使用與實踐使用作出的區分，故將實踐認識與理論認識混為一談。楊教授跟許多學者一樣，以為康德在其道德哲學（實踐的哲學）中也使用分解以立義的方法，分析說明及超越的方法，就認為康德「以知識講道德」。究其實是他們本人無知於康德道德哲學中「實踐的認識」跟理論哲學中的知識根本不同。

楊澤波教授就把純粹實踐理性誤解為思辨理性，又自造「智性」一詞以名之。他將康德所批判地證明的實踐認識與理論知識混為一談，顯然，楊教授完全無知於康德所論「自律」只能就純粹實踐理性（即純粹意志）而言，「自律」是純粹實踐理性之自律，亦即意志自

律；其所謂「智性道德自律」根本是不通的自造之詞，最高道德法則也並不是如他所說的「將『其然』上升為『所以然』從而抉發」出來。康德通過《實踐的理性批判》對作為道德哲學（實踐認識）的軸心概念之「意志自由」給出證明，其關鍵在揭明：道德法則是首出的，是理性的事實；所言理性事實並非如楊教授所以為從「『其然』上升為『所以然』」而推想出來，而是理性在意欲機能中立普遍法則的事實。[240]康德經由對於實踐理性作出批判考察而揭明「每一個人的理性本有在意欲機能中立法的能力」，即證明了「意志自由」的實在性，它作為道德哲學之基石，就確定無疑地建立起來。

吾人一再論明，自律道德與他律道德之分水嶺在是否承認人的高層的意欲機能是立法的，用儒家哲學的話說，就是是否承認「心即理」。學界中流行討論誰屬「自律道德」的問題，許多學者並不抓住吃緊點，岔出去糾纏枝節問題紛爭不已。楊澤波教授除了誤以為康德「以知識講道德」，還曲解康德將情感「趕出了道德自律的陣營」。[241]他說：「康德清楚看到人對道德法則有敬畏之情，但無法解釋這種情感的原因，又因為情感是個體的，無法保障其普遍性，最後不得不將其趕出了道德自律的陣營。」[242]其實，康德強調：如果我們有高級的意欲機能，那麼，「純粹理性必須單獨自身唯一地是實踐的，這就是說，通過實踐規則的單純形式決定意志，而毋需設定任何情感。」

---

240 康德指明：「不能借助理性把道德法則想出來。」（Rel 6:27）

241 楊澤波：〈道德動力源自何處？——儒家生生倫理學關於道德動力問題的探索〉。楊澤波教授以為「康德清楚看到人對道德法則有敬畏之情，但無法解釋這種情感的原因」，看來他並未認真瞭解康德關於道德情感的周全而縝密的論說。（關此，拙著：《康德的批判哲學》，2014年，有詳論）簡略言之，依康德所論，「意志由法則直接決定以及對此決定之意識就稱為尊敬。」（Gr 4:401）人對道德法則之「尊敬」，「是對超出由性好所讚許的東西的一切價值的那種價值的尊崇」（Gr 4:403）。純粹實踐理性連同其所立道德法則就是產生道德動力與道德興趣的根源。

242 同前註。

（KpV 5:24）很清楚，康德強調道德立法不能基於任何情感，即使道德情感也不能作為道德法則的根據。但楊教授及許多學者卻曲解康德，指康德主張在道德哲學中將情感排除在外。究其實，諸如此類的所謂批判哲學之批判，皆缺乏哲學思考之嚴謹性，並未契接康德全新的哲學思維，更沒有深入康德批判哲學之整全系統，只抓住片言隻語，隨意聯想發揮。影響至深且廣者，無過於將康德強調道德法則的根據「毋需設定任何情感」，也就是道德主體立法單純依於理性之純粹性，曲解為康德道德哲學排除情感；將康德所論唯獨理性在意欲機能中立法，誤解為康德主張道德主體只是理，把道德主體理解為純然的理性主體。[243]而毫不理會康德已論明道德主體乃知、情、意綜和一體的道德創造實體。[244]

　　依康德所論，任何情感不能作為道德法則的根據，然對道德法則之尊敬是道德主體自我立法、自我遵循而實現道德行為的力量。正是人對自立普遍法則的「尊敬」之情，使其自立的道德法則本身就是道德行為的動力。康德論明：「尊敬的對象只是法則，而這法則是我們加諸我們自己。」（Gr 4:401）據此可說，法則連同尊敬「在我們自己之內」，「既不是懼怕，亦不是性好，但只是對於法則的尊敬才是那

243　李明輝著：《四端與七情——關於道德情感的比較哲學探討》，頁8。李明輝教授說：「康德此時所理解的『道德主體』是純然的理性主體，並不包含情感的因素。」事實上，漢語界的康德研究長久以來為西方流行的權威成見所左右，尤其在詰難康德製造理性與情感二分這個說法上，漢語界的學者幾乎是眾口一詞；我們見到，在是否能借用康德的「自律」概念來詮釋孟子思想的問題上，不少學者與李教授意見相左，但在以為康德主張一種形式主義的「道德唯理觀」這個問題上，他們卻見解一致。

244　依據康德的批判考察，純粹實踐理性作為道德主體，它不僅是立道德法則的機能，同時因著其在意志中立法決定行動，它就是產生行動的對象（善）的機能，並且因著其即是純粹意志而作為目的的機能，它產生終極目的，就必然「伴隨著對客體的純粹的理智的愉悅」（KU 5:197）。因此可見，純粹實踐理性連同其所立道德法則就是產生道德動力與道德興趣的根源。絕不能有先於理性立法的任何「道德感」可作為道德法則的根據。

「能給行為以道德價值」的動力。（Gr 4:439）並且，這對道德法則之尊敬就產生了對於遵循道德法則的一種「道德的興趣」，（KpV 5:80）這道德的興趣就「意謂著意志的一個動力」（KpV 5:79）

　　康德論明：主體（人）作為道德主體，對道德行動有一種興趣，「絕不是性好建議的，而是理性通過實踐法則絕對地命令和現實地產生的，因此也就有了一個完全獨特的名稱，即尊敬。」（KpV 5:81）正是道德法則本身是動力，「只要這法則讓我們覺察到我們自己的超感觸實存的崇高。」（KpV 5:88）它就造成我們對自己的道德定分的尊敬。「喚起尊敬的人格性之理念，把我們的本性（依照其分定）的莊嚴置於我們眼前。」（KpV 5:87）康德說：「人格性（Persönlichkeit）不過就是不依賴於整個自然的機械性之自由和獨立性，而這種自由和獨立性被看作是一個生物服從於特殊的，由他自己的理性所給出的純粹實踐法則的機能。」（KpV 5:87）人自立法則即自身尊敬法則，也就是自身尊敬自身之人格。此即孟子言「良貴」，[245]康德言人之「尊嚴」，此即道德法則（天理）之所以為內在於每一個人的道德動力。人自身尊敬法則，他的抉意就選取道德法則為行為之格準，以此顯露抉意自由和自律。由以上所論，即見：何以道德主體本身具有自我實現的力量。[246]

---

245 孟子言「良貴」，說：「欲貴者，人之同心也。人人有貴於己者，弗思耳。」（《孟子》〈告子章句上〉）

246 楊澤波教授也大談「道德動力」，批評康德因在道德哲學中排除情感。但吾人看來，楊教授對康德的批評只不過是接過他人的牙慧，他本人顯得對康德的道德情感說並無認真研究。至於他運用所謂「智性」、「仁性」二分來講「道德動力」，更是自造詞語，隨意標新立異。他說：「智性是人在道德領域中的一種認知能力，依靠這種能力，可以認識與道德相關的對象，也包括自己。借助智性，人們可以得出一個認識的結果，但無法決定自己必然依此而行。」（楊澤波：〈道德動力源自何處？——儒家生生倫理學關於道德動力問題的探索〉。）又說：「由於孔子心性之學中有仁性這個重要部分，智性就多了一種督促和鞭策的力量，凡是智性認識到屬於正確的，仁性就會迫使人必須按它的要求去行動。」（楊澤波，2014年，頁240）（同前揭文）。

　　每一個人的理性在其意欲機能中立普遍法則，康德說：「參與訂立普遍法則之特權是有理性者由於他自己在其自身即是一目的之本性而已經注定具有之的。正因為他在其自身即是一目的，他始在目的王國中是立法的，在一切自然法則方面是自由的，但只服從他為自己所立的法則。」（Gr 4:435）又說：「每個有理性者由於自身即是目的，就他所服從的任何法則而言，他必須能視他自己為普遍地立法的，因為正是他的格準之適合於普遍的立法彰顯他為在其自身即是目的。隨之，上說之立法之義涵蘊著他的尊嚴（特權）超乎一切純然的自然物，以及他必須總是從認他自己和同樣認每一其他有理性者皆為立法者（他們因此名為人格）的觀點來採用他的格準。」（Gr 4:438）

　　康德提出價格（相對的價值）與內在的價值（尊嚴）的區別。他說：「構成唯一能使某物其自身即是目的之條件者，不單有一相對的價值，即一價格，而且還具有一內在的價值，即尊嚴。現在，道德性是能使一個有理性者自身就是一目的之條件。因為僅經由道德他才可能是目的王國中的一個立法的成員。因此，德性以及有德性能力的人性是唯一有尊嚴者。」（Gr 4:435）正是人作為立法者，使人具有「超乎一切價格，因而無等值物的東西——尊嚴」。（Gr 4:434）

　　依康德所論，每一個人服從的任何法則乃是出自他自己為普遍地立法的，此即顯人的「尊嚴」。每一個人作為有理性者皆為立法者，康德名之為「人格」。何謂道德？康德說：「道德就是行為之關聯於意志自律，也就是說，關聯於藉意志之格準而成為可能的普遍立法。」（Gr 4:439）「意志自律必然與道德概念相聯繫，甚或毋寧說是道德之基礎。」（Gr 4:445）意志自律作為道德的最高原則，它是限制我們的行動的條件，（Gr 4:449）因著這一點，一個人顯其「尊嚴」，感到他自己的人格價值。

　　人皆有人格與尊嚴，因每一個人作為有理性者皆為立法者，亦即每一個人生而為道德的實存。若能把握康德此論，學者們還有理由問

「人何以要是道德的」嗎？[247]用孔孟的話說：「仁者人也」，無非是每個人自覺其本心（人心之仁），以顯自身之「良貴」。

依以上所論，吾人可見，康德對於人之作為道德的實存作出了深中肯綮的哲學說明。明乎此，則所謂「道德主義」的指責顯然毫無根據，「道德綁架」之說可休矣！人之作為道德的實存乃是由人的道德主體（本心仁體、自由意志）稟具自立普遍法則之機能而證實的，並且它與人類作為一個倫理共同體緊密相連，即與人類之終極目的（大同與永久和平）相關，亦即關係著人類的前途與命運。近世以來，社會流行一種反道德的潮流，現代社會厭棄道德的世俗之風已然早就成為一種主導的意識型態，人們以為「道德」壓制個人自由。楊澤波教授看來也反對這種反道德的潮流，他也談「人是一个道德的存在」。然遺憾的是，他完全無知於康德已在這方面有周致的哲學說明。

楊澤波教授提出所謂「生長傾向和倫理心境的這種雙重先在性決定了人是一個道德的存在。」[248]他說：「人之所以有良心，一是因為天生有一種自然生長的傾向，簡稱為『生長傾向』；二是受社會生活和智性思維的影響，在內心有一種結晶物，簡稱為『倫理心境』。」[249]

---

247 楊澤波教授引用威廉·K.弗蘭肯納（William K. Frankena）的論述，說：「弗蘭肯納談到，如果甲問，我為什麼要有道德呢？乙會說，這對群居的人們是必要的，否則社會就亂套了。甲會說，我承認人有道德對社會有好處，可我為什麼要有道德呢？對這一問題可以有兩種回答。從義務論意義上，乙可以說，這是你的義務，因為你是有理性的。但這顯然不能解決問題，因為如果甲知道自己是有理性的，就不會提出上述問題了。……。」（見楊澤波：〈道德動力源自何處？——儒家生生倫理學關於道德動力問題的探索〉。）究其實，楊澤波教授與弗蘭肯納二人皆未能從哲學上論明人作為有理者，即作為道德的實存。具體的個人固然可有「不知道自己是有理性的」，然人之作為有理者，即作為「道德的實存」，乃是經由康德批判考察而論明的，不會因有人無知於自己本有之理性，放失掉其道德稟賦，而可據之否定人的「道德的實存」之分定。如康德所言，一種機能不能以機能之失去而定義。
248 楊澤波：〈道德動力源自何處？——儒家生生倫理學關於道德動力問題的探索〉。
249 同前註。楊澤波說：「『人性中的自然生長傾向來自天生，是人的自然屬性；倫理心境來自社會生活和智性思維，來自後天養成，是人的社會屬性。人性中的自然

其所談「生長傾向」、「倫理心境」是環境影響論的、經驗主義的。楊教授以「生長傾向」、「倫理心境」來說明「人的良心本心是如何形成的，良心本心何以能夠成為道德根據的問題」，其所論並非孔子哲學傳統作為道德根據的立天理的道德主體（本心仁體）。

楊教授說：「倫理心境的一個核心特徵是具有先在性。」[250]但其所談「先在性」只是時間上的「先在」。他說：「這裡的『先在』有兩個所指。首先指生長傾向。人自作為有生命之物來到世間的那一刻起，便具有特定的傾向，這種傾向包含著基本的行為規範。遵從這些規範，人不僅可以成為自己，而且有利於自己的類的有效發展。……。其次指狹義的倫理心境。隨著人的不斷成長，社會生活中的行為模式必然對人產生影響，而智性思維的過程也會在人的內心留下印跡，從而形成某種心理的境況和境界。從來源上說，倫理心境來自於後天，但在處理倫理道德問題之前就已經存在了，所以又具有先在性。」[251]可見，楊教授所謂「先在性」是指個人心理的境況和境界於行為之先已存在，人的行為受社會上歷史中形成的基本的行為規範影響。由此可知，他所謂「人是道德的存在」、「人有道德的屬性」，[252]只不過是指人的「行為規範」而言，而根本與「道德」無關。

楊澤波教授不知「道德」為何物，口口聲聲談「道德」，其實只

生長傾向是性善論研究不可缺少的部分，沒有它，我們沒有辦法對人最初的向善動因以及倫理心境的附著之地等問題給出合理的說明，無助于將成就道德視為一個自然的過程；倫理心境是性善論研究最為重要的部分，是整個研究的樞紐，沒有它，我們也沒有辦法說明人的良心本心是如何形成的，良心本心何以能夠成為道德根據的問題。』」（楊澤波，2016年，頁97）

250 同前註。

251 同前註。

252 楊澤波說：「人的道德屬性，既決定於生長傾向，又決定於倫理心境。生長傾向為自然屬性，只是一種傾向而已，嚴格說來還無法用善惡表達，但它也有規則性，有特定意義的是與非。倫理心境是在生長傾向基礎上發展起來的，在決定人具有道德屬性方面的作用更為重要。因為倫理心境來自社會生活和智性思維，……。」

是講受社會生活影響，由歷史條件決定的「行為規範」。楊教授與許多國學專家一樣，將孔子哲學傳統曲解為只是經驗的、心理學的，無非是勸人行善的嘉言懿行的記錄，時移勢易的風俗倫理，只能經由個人工夫去體證，而不能有任何真正的哲學證明。他扭曲孔子哲學傳統通康德而彰顯的「道德」之義，卻大談「道德自律」，以為據之可推翻牟先生的「三系論」。差矣！謬矣！

楊澤波教授根本遠離牟宗三哲學之本旨，其大著《貢獻與終結——牟宗三儒學思想研究》第一卷《坎陷論》、第二卷《三系論》洋洋數十萬言，混淆視聽，皆成題外話，更有甚者，難免要背負破壞孔子哲學傳統之共識之惡名。至於楊澤波教授著《貢獻與終結——牟宗三儒學思想研究》第三卷《存有論》也免不了只是借題發揮其一己之見，談不上對牟先生之「存有論」有相應的系統的研究。

吾人於前面相關章節已論明，牟宗三哲學包含儒家的道德的形上學體系及無限心大系統。楊教授對於此兩大系統皆沒有認識，故未能就其中關聯的「存有論」問題作研究，而只是重複學界中流行的諸種「存有論」之說法，以申一己之私見。

楊澤波教授針對牟先生提出的「無執存有論」，他認為「無執存有論的失誤是由康德智的直覺問題引起的」。[253]依愚見，此乃似是而非之論。吾人於前面相關章節已論明，牟先生雖有以其所言「智的直覺」與康德言「理智的直觀」混淆之處。但只要學者們將二詞區分開，並不影響牟先生的「智的直覺」說於其無限心大系統中的重要地位。吾人實在沒有理由死抓住牟先生言「智的直覺」與康德言「理智的直觀」不同這一點，即抹掉牟先生「智的直覺」說在其哲學中的作用及貢獻。

楊澤波教授說：「智的直覺則是一種『本源性』的直覺，意即主

---

253 楊澤波：〈牟宗三無執存有論的誤區〉，人大出版社學術守望者，2019年3月14日。

體不需要對象的刺激，本身就可以提供質料雜多，形成認識，所以康德又將其稱為『本源的直觀（覺）』。」[254]顯見，楊教授以康德言「理智的直觀」來說牟先生所言「智的直覺」。其實，先生並無主張「智的直覺」可以提供質料雜多。楊教授未能把握牟先生的「智的直覺」說之本義，故而批評牟先生以「智的直覺」用於「覺他」。他說：「我們雖然可以對『真我』有智的直覺，但這並不能代表『覺他』的思維方式是智的直覺。」[255]

楊澤波教授說：「『覺他』的物件是外部物件，即所謂宇宙萬物。」[256]楊教授將牟先生所言以智的直覺「覺他」之物視為「外部物件」，甚至套用胡塞爾現象學來說，誤認之為「意向之物」。他說：「如果擺脫牟宗三設下的陷阱，擴大視野，那麼我們可以發現，『覺他』的思維方式其實與『胡塞爾現相學意向性的直接性』有一定的相通性。依據現相（象）學的基本原理，意識有其意向性，在指向一個物件的過程中，構形一個物件的存在。」[257]誠然，如楊教授說：「由於意識的指向與康德借助認識形式形成認識不同，所以其過程是直接進行的，不需要時空和範疇這些認識形式。」[258]但胡塞爾所論不需要借助時空和範疇的「意向之物」，根本不同牟先生於無限心大系統中對無限心而言「覺他」之物。牟先生說：「無限心既意義相通而不相礙，則繫屬於道心玄智，便是萬物皆自爾獨化；繫屬於般若智心，便是法法皆如；繫屬於知體明覺，便是實事實物：凡此皆亦是相容而不相礙。」[259]

「智的直覺」說於牟先生的學思進程中有諸種入路。總的說來，

---

254 同前註。
255 同前註。
256 同前註。
257 同前註。
258 同前註。
259 牟宗三著：《現象與物自身》，《牟宗三先生全集》第21冊，頁466。

除了吾人一再強調，要區分開「由儒家道德本體所發智的直覺」與「釋道玄智之智的直覺」，前者於道德主體之自我活動而顯道德覺識，後者就認識機能可擺脫感性條件的限制而有其獨立的純粹活動，而顯一種消極的智照。此外，從牟先生論「智的直覺」之思路應區別開三方面：首先，於牟先生規立的儒家的道德的形上學中，所論「本心明覺」言一種「智的直覺」，從「本心呈現」說。根本義在本心仁體立普遍法則（天理）所呈現之道德覺識，亦可說，就道德法則之意識而言一種「智性的直覺」。此即於道德主體之自我活動而言的「智的直覺」。其二，經過佛家所言「轉識成智」之入路而顯「智的直覺」。轉識成智就含著說要通過工夫發布、修行而顯。「在轉出『智的直覺』下，始可成聖、真人、和佛」。[260]其三，於牟先生建立的無限心大系統中，先生是經由「證立三教皆有無限心之肯認」，以「證立三教皆有智的直覺之肯認」。[261]於此，無執的存有層是由聖人、真人、佛之圓境證立的。

楊澤波教授未能通盤把握牟先生智的直覺說，也沒有深入到牟先生的學思進程中，區別不同入路來理解牟先生所言「智的直覺」，故此，他對於牟先生言「覺他」產生誤解，並由此以為「牟宗三關於無執存有即是智的直覺的存有」隱含著問題。他說：「我們雖然可以對『真我』有智的直覺，但這並不能代表『覺他』的思維方式是智的直覺。」[262]依照他的想法，牟先生言「覺他」，「是以道德之心『說明天地萬物之存在』，即道德之心可以將自己的價值和意義賦予外部物件。」愚意以為，楊教授這種說法有可商榷處，依牟先生規劃的儒家

---

260 牟先生說：「例如聖人、真人、佛，都是具有無限性，至少亦在轉出『智的直覺』下，始可成聖、真人、和佛；而且亦可視聖、真人、佛為一無限的存在；而這無限的存在亦不同於上帝。」（牟宗三著：《現象與物自身》，頁27。）

261 牟宗三著：《圓善論》〈序〉，《牟宗三先生全集》第22冊，頁15。

262 楊澤波：〈牟宗三無執存有論的誤區〉。

的道德的形上學，本心仁體（道德之心）創造萬物，此言「物」是依道德法則產生而關聯為一道德世界之物，故是物自身之物，而非如楊教授所說「外部物件」。因其對牟先生所言「覺他」之物持錯誤想法，視之為「外部物件」，故他提出「不需要通過認識形式這一中介」的說明不能用於「覺他」。他說：「從主體的角度看，這個過程可以說沒有『曲屈性』和『封限性』，但從客體的角度看，這個過程就是使物件處在一定的關係中，染上道德的色彩，從而失去物自身的地位，這同樣是一種『曲屈性』和『封限性』。所以，即使充分尊重牟宗三對康德『智的直覺』概念的詮釋，也很難說『覺他』的思維方式是智的直覺。」[263]

　　楊澤波教授根本對牟先生所論道德主體及其創造性缺乏理解，他只抓住「不需要借助時空和範疇」一點，竟以胡塞爾所論與道德毫不相干的「意向之物」來說事。難怪他會以為牟先生所論「覺他」，是「使物件處在一定的關係中，染上道德的色彩」。依牟先生所論，「覺他」是就道德心而論，「攝物歸心，不與心對」，並非如楊教授所說那樣「使物件處在一定的關係中」。牟先生說：「於智的直覺處，物既是內生的自在相，則是攝物歸心，不與心對，物只是知體之著見，即知體之顯發而明通：物處即知體流行處，知體流行處即物處，故冥冥而為一也。因此之故，物無對象義。亦因此故，物是『在其自己』之自在相，亦即如相，非『現象』相也。」[264]無論「自覺」或「覺他」，皆「視之為目的」，不作工具看，就是物自身。牟先生說：「此如康

---

263 同前註。楊澤波說：「那麼牟宗三關於無執存有即是智的直覺的存有所隱含的問題就顯現出來了。縱然我們可以證明道德之心創生存有並不需要借助認識形式，是直接的『看』、直接的創生，但也不能由此證明『覺他』的思維方式即是康德意義的智的直覺。牟宗三沒有看到這裡的區別，以為不需要時空和範疇這些認識形式，其思維方式就是智的直覺，大談『覺他』的思維方式即是康德所不承認的智的直覺，進而宣稱解決了康德的問題，超越了康德，終於鑄成大錯。」

264 牟宗三著：《現象與物自身》，《牟宗三先生全集》第21冊，頁104。

德說視任何物，不但是人，其自身即為一目的，而不是一工具。視之為目的，它就是『在其自己』之物。此『在其自己』顯然有一豐富的道德意義。」[265]

楊澤波教授對牟先生所論道德主體及其創造性缺乏理解，對牟先生就道德主體之創造性而論之物自身義亦根本無契應。他所理解的物自身義欠缺就道德哲學（實踐的領域）而論之義。依楊教授的見解，「康德所說的質料之源、真如之相、先驗理念的三種物自身當中，並不含有道德之心創生存有的那個物件。」[266]並以此說：「按照康德哲學的基本原則，牟宗三所說的由道德之心創生的存有物件能否被稱為物自身，必須打上一個大大的問號。」[267]吾人可指出，楊教授對康德所言物自身義之說法並不周全，也欠準確。

我們要達至「物自身」之完全的闡明，依照康德，遵循嚴格的哲學說明程序，必須首先瞭解它在「超越的感性論」中展示的意義，以及在「超越的分解論」中展示的意義，最後必須進致其實踐的意義及其在道德目的論中的意義。也就是說，要區分開於理論哲學而論之「物自身」義與實踐哲學而論之「物自身」義。楊教授僅就康德於理論哲學而論之「物自身」而說，且其說欠缺哲學說明之嚴格性，尤其錯誤的是忽略了康德於實踐哲學而論之「物自身」義，因而有「物自身當中，並不含有道德之心創生存有的那個物件」的錯誤見解。

簡括而言，於理論哲學而論，首先，同一客體（Objekt）取用兩層不同的意義去表明（lehrt），即被表明為在主體的直觀中顯現的「顯相」（Erscheinung）以及被表明為不在「直觀之」之模式中的物自身（Ding an sich selbst）。康德指明：物作為經驗對象與同一物作為物自身，這種區別是由於批判的工作而成為必然的。（Bxxvii）此項

---

265 牟宗三著：《現象與物自身》，《牟宗三先生全集》第21冊，頁451。
266 楊澤波：〈牟宗三無執存有論的誤區〉。
267 同前註。

批判的工作就是「超越的感性部」對「感性」作考量，也就是對空間、時間之表象之性狀的闡述。其二，區分感性、知性之對象與只是純然地思的對象，此即現象（Phänomena）與智思物（Noumena）之超越區分。「超越的分解部」對知性概念之闡述就是要為這個觀點提供必然性的證明。（Bxxii）經由「超越的分解部」提出純然知性所思的對象（智思物），此純然地思的對象可以指就顯相與物自身之區分中所言之「物自身」，也可以是「根本不是我們的感取之客體，而單純地透過知性而思想為對象的那些可能的物」。（B306）此純然「智思物」，康德也名為「物自身」。以上為《純粹的理性批判》就認識機能方面考量而論的「物自身」，只能有消極的意義。[268]吾人可說，消極意義的「物自身」作為康德的物自身學說的一個預備。誠然，這個預備工作絕非可有可無。康德將「物自身」的地位從自然概念之領域剔除，徹底推翻西方哲學傳統上以「物自身」冒充「自在之物」、「存有論的本體」的虛構妄作，得以從根柢上建立其全新的物自身學說；這個全新的學說扎根於道德哲學中，通過實踐理性之批判工作，歸到主體之意欲機能去尋求物自身概念的實在內容和確定意義。

　　康德論明物自身就我們的認識機能而言只能有消極的意義，其用心很明顯，他一方面是要挖掘出「超感觸的東西」之懸而未決的概念在我們的認識機能中產生之源頭，同時也就為進一步轉到同一心靈機能的另一種能力（意欲機能）去探究其積極意義作好預備。[269]康德於

---

268 詳論請參見拙著：《物自身與智思物──康德的形而上學》（2014年），第一章〈「物自身」的提出及其通過時空本性之考論而得到說明〉，第二章〈就感觸物（Sinnenwesen）的對象之在其自身而考論「物自身」〉，第三章〈智思物概念經由純粹知性之分解而提出〉。

269 康德表明：「僅僅對於我們所思的東西之認識，即對於客體之決定，才需要直觀。設若缺乏直觀，就主體能有理性使用來說，對於客體之思想還是有其真正而有用的後果。理性使用並非總是導致客體之決定，因而並非總是導致認識，而且也導致主體的決定，以及主體的意願（Wollen）之決定。」（B166）

《純粹的理性批判》論明「超感觸物至少是可思的」，此即為歸到主體之意欲機能去尋求超感觸者之可能性作出說明，以便進至實踐領域探明其決定之根據。

事實上，康德正是通過對於意欲機能之考量而賦予他的物自身學說積極而充分之意義。康德明確地提出，「自由概念在它的客體中表象物自身，但卻不是在直觀中表象的。」（KU 5:175）康德經由《實踐的理性批判》論明：人作為有理性者，其意志實具有一種獨立不依於一切外來的決定原因的特種因果性，那就是意志自由。這是由人自立並自我遵循道德法則的事實而充分證明的。儘管意志自由是人的心靈之意志的一種超感觸的特性，我們不能期望在直觀中認識之，也不能妄想發明一種理智的直觀來呈現之，不過，這裡不必等待直觀或神秘顯現，因為憑著它的作用及其在經驗界中產生的效果，我們就充分保證了它的實存，並且通過它產生的道德法則連同圓善實踐地決定地認識到超感觸界的秩序。最初通過每一個有理性者之意志自立普遍法則自我遵循的事實（Faktum）而證立的自由，是在所有「超感觸的東西」中唯一能得到證明的事實物（Tatsachen: scibile: res facti）。[270]

一旦證明「自由」作為有理性者之物自身身分之特殊因果性之智性的特性，康德即可據之確立從兩個方面考量人的學說，也就是，我們自己的主體一方面通過道德法則（因著自由）將自己決定為睿智者，這個睿智者就是作為物自身的人，另一方面認識到自己是依照感觸界中的決定而活動的，也就是作為顯相考量的人。康德說：「一方面，為了使自然法則應用於人類行為，必得把人作為顯相考量；另方面，應該把作為睿智者（Intelligenz）的人作為物自身考量，使人的因果性（即使人的意志）脫離感觸界的一切自然法則。」（Gr 4:459）

---

270 詳論請參見拙著：《物自身與智思物——康德的形而上學》（2014年），第一篇，下「通過實踐理性批判經由事實證實人作為物自身與作為顯相統一於同一主體中」。

通過《實踐的理性批判》，康德證明了：人除了稟有感觸的本性而作為「在以經驗為條件的法則之下的實存」之外，還稟具超感觸的本性（自由之因果性），「因而屬於純粹理性的自律的法則的實存」。（KpV 5:43）正是這個「自律的法則」為感觸界取得知性界的形式，「而並不損害感觸界的機械作用。」（KpV 5:43）由之，「人作為物自身（睿智者）之因果性」成為實踐地可認識。

意志自由連同其道德法則產生圓善（終極目的），人在致力於圓善之實現的進程中，就實踐地決定地認識到超感觸界的秩序及道德世界之物。道德世界之物屬自由概念的領域，於此，「物」是物自身之物，不在直觀中表象，而是由意志自由產生，因著與自由法則（道德法則）之關聯而取得其意義與內容。

楊澤波教授忽略了康德於實踐哲學而論之「物自身」義，完全無知於康德從顯相與物自身兩個方面考量人的學說，並不知道自由概念的領域裡，物自身之意義。因而有「物自身當中，並不含有道德之心創生存有的那個物件」的錯誤見解，據之批評牟先生，說：「儘管牟宗三非常看重自己關於道德之心可以創生物自身存有的這樣一套說法，但他所說的物自身與康德的物自身並不具有同質性。⋯⋯。牟宗三所說的由道德之心創生的存有物件能否被稱為物自身，必須打上一個大大的問號。」[271]

依以上所論可見，楊澤波教授對康德的物自身學說無確解，對牟先生的智的直覺說、物自身說亦只是主觀隨意地起議論，他以這兩方面的一己私見來批評牟先生的「無執的存有論」，他說：「牟宗三似乎沒有想到，道德之心創生存有雖然不是執於認識形式，但仍執于道德之心或道德意識。」[272]他將牟先生通康德而論的道德主體（本心仁

---

271 楊澤波：〈牟宗三無執存有論的誤區〉。
272 同前註。

體、意自由）的創造性曲解為「將道德之心的價值和意義投射到物件上」，他說：「人的境界達到一定高度後，確實會有『道德而無道德之相』的情況，但『道德而無道德之相』並不等於道德之心創生存有也是『無相』。道德之心創生存有，是將道德之心的價值和意義投射到物件上，使物件染上道德的色彩。這種使物件染上道德的色彩，從特定角度看，就是一種執。」[273]楊教授執持一種他個人的見解：「既然是存有就不能是無執，既然是無執就不能是存有。」依據他自己的這種看法，他說：「無執存有的說法原本就是自相矛盾的。」[274]並批評說：「牟宗三沒有清楚地分疏這裡的環節，將兩層存有規定為現相的存有和物自身的存有、執的存有和無執的存有，造成了理論上的混亂，直接干擾了人們對兩層存有這一十分有價值的理論模型的理解。」[275]

究其實，楊教授並沒有依循康德批判之進程，從人類心靈的認識機能及意欲機能兩個不同的能力之考量去研究康德的物自身學說，只是抓住是否「需要通過時空和範疇這些認識形式」這一點來談「物自身」。故而產生所謂「道德之心創生的根本就不是什麼物自身的存有，而只不過是一種『善相』」[276]的奇怪想法。並批評說：「由此說來，儘管牟宗三非常看重自己關於道德之心可以創生物自身存有的這樣一套說法，但他所說的物自身與康德的物自身並不具有同質性。」[277]

---

273 同前註。

274 同前註。

275 同前註。

276 同前註。楊澤波教授這種想法看來是從胡塞爾的現象學搬過來的。他說：「胡塞爾的現相學與康德的認識論有很大不同。胡塞爾強調，意識有其意向性，這種意向性因為不是康德意義的判斷，不需要通過時空和範疇這些認識形式，所以可以直接進行，但他從不將意向行為的對象叫作物自身，而是一以貫之地稱為現相。這是其理論被冠以『現相學』之名的根本原因。」然胡塞爾根本不談道德，楊教授以胡塞爾的現象學來理解牟先生的道德的存有論，難怪他有所謂「善相」之怪論。

277 同前註。

　　吾人可指出，牟先生所論道德主體為「獨個的完整的存在」，即「物自身」之存在。[278]而天地萬物在道德主體之「感應，潤澤，與明通中，而為自在的，自爾獨化，而化無化相」。[279]此義即牟先生所言「覺他」義，此義通康德所論，任何物，視之為目的，它就是「在其自己」之物。此即天地萬物為一體之道德目的論下的「物」。豈有所謂如楊澤波教授所言「只不過是一種『善相』」，「將道德之心的價值和意義投射到物件上，使物件染上道德的色彩」？！

　　楊澤波教授著《貢獻與終結──牟宗三儒學思想研究》第三卷《存有論》討論牟先生的存有論。此外，他還撰寫論文批評牟先生的存有論，以為「牟宗三最終將他的存有論安放在兩層存有論的架構之中」。[280]他表示：「我對牟宗三的兩層存有論評價很高。」[281]但他批評，說：「牟宗三關於兩層存有論的具體說法有一定的失誤。認知之心可以創生現相的存有，這一點沒有問題。問題在於，道德之心如何能夠創生物自身的存有？」[282]楊教授以為「道德之心創生的不過是一種新的現相，即所謂的『善相』。因此，兩層存有並不是現相的存有與物自身的存有，而是『識相』的存有和『善相』的存有。」[283]

　　前文已指出，楊澤波教授對於牟先生通康德而論的道德主體之創造性缺乏理解，故有所謂道德心產生「善相」，而並不產生道德存有之論。其實，楊教授對於「存有」之哲學意義根本無恰當的瞭解，並

278　牟先生說：「在人處，吾人通過吾人之道德意識即可呈露知體明覺之無限心，無限心呈露，則吾之獨個的完整的存在即是『物自身』之存在。」（牟宗三著：《現象與物自身》，《牟宗三先生全集》第20冊，頁122。）

279　牟先生說：「它們（案：物）只在知體明覺這無限心之感應，潤澤，與明通中，而為自在的，自爾獨化，而化無化相。……然而它們自己不能呈露無限心以自證其本來面目。」（牟宗三著：《現象與物自身》，《牟宗三先生全集》第20冊，頁124）。

280　楊澤波：〈牟宗三無執存有論的誤區〉。

281　同前註。

282　同前註。

283　同前註。

且，他並不把握「存有論」於西方哲學發展至康德發生徹底改變，更談不上認識這種改變對牟先生的影響。他所謂「現相的存有與物自身的存有」,「『識相』的存有和『善相』的存有」云云，都是隨意造詞。

楊澤波教授以「兩層存有論的架構」來講牟先生的「存有論」，儘管眾所周知，牟先生有著名的「兩層存有論」之說，但吾人見到，楊教授只是套用「兩層存有論」之詞，事實上，他本人混雜著人的生理的、心理的需要再套上一些哲學詞來談論的「兩層存有論」之說法，根本與牟先生「兩層存有論」系統之義不同。

楊澤波教授提出「存有論」作為牟宗三儒學思想「一以貫之的主脈」，[284]此說籠統說來不算錯。但「存有論」問題無論於中國哲學抑或西方哲學來看都有諸種說法，吾人要把握牟先生的「存有論」在其確立的哲學系統中的脈絡，就必須一方面研究中西哲學史上「存有論」之諸義，另方面探究清楚牟先生的「存有論」諸義，並且要將牟先生於道德的形上學中言「存有論」與其於無限心大系統所言「存有論」區分開來研究，此外，依愚見，牟先生就中國哲學中「本體宇宙論」包含的「存有論」亦須獨立討論。

楊教授說：「牟宗三最終將他的存有論安放在兩層存有論的架構之中。在他的思想體系中，人可以分為兩個層面：一是有限的層面，二是無限的層面。這兩個層面都可以創生存有。有限的層面創生現相的存有，即為執的存有；無限的層面創生物自身的存有，即為無執的存有。」[285]表面看來，楊教授也是主張兩個層面之區分，但他所作所謂「有限的層面」與「無限的層面」之區分並不是依於哲學上的根據而作出的，並不能作為兩層存有論的根據。他說：「因為我們如果對人的不同需要加以分析，那麼就會看到，人確實包含多個不同的層

---

284 楊澤波著：《貢獻與終結——牟宗三儒學思想研究》第三卷《存有論》，頁6。
285 楊澤波：〈牟宗三無執存有論的誤區〉。

面。在這多個不同的層面當中，最重要的是認知和道德這兩個層面。與認知相關的是認知之心，與道德相關是道德之心。認知之心和道德之心都可以創生存有，所以人至少可以有兩層不同的存有。」[286]可見，楊教授的區分是依據「人的不同需要加以分析」，從「人確實包含多個不同的層面」，而拿取其中兩個最重要的層面（認知層面和道德層面）來立論。他這種區分依人現實上生理的、心理的需要之多樣性而論，顯見並非哲學意義之區分。

吾人熟知，康德批判哲學作出的超越的區分，乃是通過對人類心靈機能之批判考察而立論的。康德通過批判確立其著名的「兩個觀點說」，以及「兩重立法說」，均建基於「超越的區分」。不過，康德並無「兩層不同的存有」，亦無「兩層存有論」之說。但康德從道德進路批判地展示的形上學就包含「道德的存有論」。前面相關章節已論，康德第一批判對認識力作批判考察以作出「顯相與物自身的超越區別」，以及將「所有對象一般區分為現象與智思物」，並裁定：在理論哲學（自然概念之領域），物自身、智思物只是限制的概念、消極的概念。顯相、現象只是經驗意義的存在，故不涉及「存有」問題。康德明文說：「存有論（Ontologie）的驕傲名字必須讓位給『純然的純粹的知性之分解』這個較謙遜的名稱。」（A247/B303）

經《純粹的理性批判》之「超越的分解部」，康德推翻西方傳統自亞里士多德的範疇學所言「範疇」之意義，康德經由批判裁定，「知性」是「對感性直觀對象進行思維的能力」，（A51/B75）範疇是「知性在其自身內先驗地含有的一切源初的純粹的綜和概念的清單」。（A80/B106）範疇只是純然的思想形式，它本身並不基於感性，範疇的這種純粹的使用之可能性僅僅產生出一個智思物之概念，它不是一物的任何決定的認識，而只是意指某物一般之思想。因為在這種

---

286 楊澤波：〈牟宗三無執存有論的誤區〉。

思想中我們抽掉了一切感取的直觀之形式。（A252）康德論明：「既然它們（僅僅作為純粹的範疇）不應該有經驗的使用，而且不能有超越的使用，所以，當人們把它們與一切感性分離開來時，它們就根本沒有任何使用了，亦即它們根本不能使用於任何所謂的對象；毋寧說，它們僅僅是在關涉於對象一般和思想中的知性使用的純粹的形式，但卻不能僅僅通過這形式思想或決定任何客體。」（A248/B305）康德說：「因為當範疇僅僅作為單純的邏輯功能，它固然表象一物之一般，但本身不能獨自給任何物提供決定的概念。」（Proleg 4:332）康德說：「如果我們僅僅通過純粹的知性概念來思想知性物，那麼我們所思想的實際上一點確定的東西都沒有，因而我們的概念就毫無意義。」（Proleg 4:355）由此可知，依康德，範疇與存在不相涉，其作用僅僅是使直觀成為認識，就是把它們作為表象與某個作為對象的東西相關聯並以此來決定這個對象。真正與物自身相關的是直觀。知性概念只是「總是能夠把適當地相應的經驗置放於其下」。（KU 5:432）知性的原理只是顯相之解釋原則，而並非其存在之原則。康德說：「純粹的知性原理僅僅在與感觸對象的可能經驗的普遍條件之聯繫中，但絕不能與物一般（不考慮我們如何能直觀它們的模式）相關。」（A246/B303）[287]

並且，依康德批判所裁定，超越的主體之實存不能從主體認識機能之活動推論出來。在《純粹的理性批判》之「純粹理性之誤推」章，康德論明「思維的我」不等同「我是一自存的物或本體（Substanz）」，（B407）康德明確反對把僅僅是「諸思想的綜和中的統一」的知性機能冒充作「作為超越的主體之本體性的東西」。他指出，把「只是意識之統一」冒充超越主體之本體性，那只是理性心理學中的辯證幻象，

---

287 康德已論明，我們對某物的認識恰切來說只是處理「某物對我們（依據我們的表象力之主觀的性狀）如何能是認識的客體，那麼，在這種情況下並不是概念與客體關聯在一起，而是單純概念與我們的認識機能及其使用能夠做成的給予的表象（在理論的或實踐的意圖）關聯在一起。」（KU 5:467）

這種幻象無非是一種物化意識（本體化的統覺）的偷換。[288]

康德通過對人的認識機能之批判考察裁定：認識機能與物之存有性並不相干，故人們試圖經由認識機能確立「存有論」只能製造種種虛妄學說。西方傳統形而上學發展到康德那個時代顯然已百孔千瘡。古老陳舊的獨斷論使形而上學成為「混沌和黑暗之母」。康德洞察到：時代對舊有形而上學的厭棄「顯然並非一時的輕率，而是時代成熟的判斷力的結果，這個時代拒絕再以幻象知識（Scheinwissen）來敷衍推宕」。（Axi）形而上學的獨斷論就是缺乏對純粹理性加以批判，就憑著一種空想的思辨理性提出對於超感觸的東西之認識。康德經由批判裁定：通過理性的思辨使用，我們充其量只能有一個軌約的思辨形而上學，任何依靠思辨理性而構作一個本體的構造之形而上學的企圖皆不可避免地要陷入辯證的虛幻之中。[289]

在一篇〈論萊布尼茲及吳爾夫時代的形而上學在德國之發展〉的文章[290]中，康德論及舊形而上學的第一期「在存有論的界線內」，依

---

288 詳論參見拙著《康德的自由學說》（2009年），第五章〈論意志自由作為人的超感觸的本性而堪稱人的真正主體──意志自由之存在論證〉第一節「引子：論超越的主體之實存不能從主體認識機能之活動推論出來」。

289 康德在《純粹的理性批判》之「超越的方法論」中將傳統上獨占形而上學之名的思辨理性的形而上學的全部體系分為四個主要構成部分：一、本體論；二、理性的自然科學；三、理性的宇宙論（包括理性的物理學和理性的心理學）；四、理性的神學。（A846/B874）事實上，經由《純粹的理性批判》之「超越的辯證論」，康德已經論明：全部思辨理性的形而上學唯一的用途只是消極的。康德說：「純粹的理性在其思辨使用上的一切綜和認識都是完全不可能的。」（A796/B824）「人類理性在它的純粹的使用上一無所成，而且甚至於還需要一種紀律以制止它的放縱，防止由此而給它帶來的錯覺。」（A795/B823）通過康德對於形而上學的革新，全部舊有的形而上學藉非法的實體化手段而製造的虛幻被清除，它們被劃歸於純粹理性的思辨使用。並且，純粹理性的思辨使用被限制為只是消極的。

290 Kant, Über die von der Königl.Akademie der Wissenschaften zur Berlin für das Jahr 1791 Ausgesetzte Preisfrage: Welches sind die wirklichen Fortschritte, die die Metaphysik seit Leibnizens und Wolfs Zeiten in Deutschland gemacht hat? (KGS 20:253-351) 在該文中，康德將舊形而上學的歷史劃分為三個階段：第一期在存有論的界線內；第二期是思辨理性的停滯期；第三期是實踐的獨斷完成期。

康德所論，第一期是理論的獨斷進展，此進展圍繞著一個核心問題：一個存在物如何構成。（KGS 20:281）古希臘起，哲學家通過 "einai" 的中性分詞 "on" 討論物之存在性，以此建立存有論（關於 "on" 的學說）。這種進路將系詞「是」與實存的涵義混而為一，又以本來只作為思想法則之矛盾律、同一律作為存有論證之基礎。此存有論（或曰本體論）開「概念之邏輯可能性混同實在之可能性」之先河，生出種種形而上學的虛幻主張。康德在《純粹的理性批判》指出：「"Sein" 不是實在的謂詞。」（A597/B625）一舉擊破舊存有論之虛妄。如所周知，康德於《純粹的理性批判》推翻了關於上帝存在之本體論證及宇宙論論證，西方傳統中舊存有論和舊宇宙論的說法就被裁定為不合法。

那麼，《純粹的理性批判》推翻了舊存有論和舊宇宙論，是否就表示康德一舉取消了存有論和宇宙論呢？事實上，這種見解在學術界頗流行。但是，持這種見解的學者顯然忽略了康德即使在《純粹的理性批判》中就已經提醒：

> 在適當時候，也就是將來不是在經驗中，而是在純粹理性使用的某些（不只是邏輯的規律）而且是先驗地確立的，與我們的實存相關的法則中，可以發現有根據把我們自己視為在關於我們自己的存在中先驗地立法者，以及是自身決定此實存者，那麼，就會因此揭示（entdecken）某種自發性，藉此，我們的真實性（Wirklichkeit）就會獨立不依於經驗的直觀之條件而為可決定的，而且我們覺察到，在我的存在之意識中含有某種先驗的東西，可以用來決定我們的實存。（B430-431）

事實上，只要我們通觀康德從道德進路展示形而上學的工作，恐怕就不能那麼輕率地斷言康德否決任何「存有論」。恰恰相反，吾人見到，康德放棄純然的思辨之路，而轉至純粹理性實踐使用的道路去

揭明一種「實存」，它就是人自身存在中先驗地立法者，即自由意志
（純粹的實踐理性），它使人的真實性獨立不依於經驗的直觀之條件
而為可決定的。[291]經由《實踐的理性批判》，康德在人的感取的本性
（sinnliche Natur）之外，彰顯人的超感取的本性（übersinnliche Natur）
（KpV 5:43）。康德論明：一方面人作為一個自然的生物（作為現象
的人）無疑是服從自然法則的，就此而言人的感取的本性，這種感取
的木性對於理性而言就是他律。（KpV 5:43）另一方面，人稟具超感
取的本性，超感觸的本性是指「依照獨立於一切經驗條件因而屬於純
粹理性的自律的法則之實存」。（KpV 5:43）康德說：「超感取的本
性，在我們能為自己造成這個概念而言，無非就是在純粹實踐理性之
自律下的本性。」（KpV 5:43）此即《純粹的理性批判》中就指出：
「道德法則之意識首次對我呈現（offenbart）那種不平凡的機能，在
這不平凡的機能裡面，有一個我的實存之分定的原則，誠然它是一個
純粹理智的原則。」（B430-431）此「不平凡的機能」，康德名之為
「自由之主體」（B431）。

　　於《實踐的理性批判》，康德經由對意欲機能之考量，因著純粹理
性與純粹意志之結合而論純粹的實踐理性及其自立道德法則之事實，
在這裡，康德通過人類道德實踐活動的事實（即意志自律的事實）證
明了自由因果性之客觀實在性，同時也就論明：自由因果性就是根源
活動之主體（人）作為物自身（睿智者）的因果性。由此揭示：在道
德的領域（自由概念之領域），「自由之理念」、「人類之理念」不是一
個待認識的對象，而是「創造者」，它在創造中顯示自己，從而獲得具
體的內容。並且裁定：意志自由作為人的真實存有性，它就是人的「真
我」。康德說：「因為道德法則源自我們的作為睿智者（Intelligenz）

---

291 康德說：「理性對於它有很大興趣的對象有預感，但當它踏上純然的思辨之路想要
　　接近這些對象，它們卻在它面前溜走了。也許理性可希望在給它剩下的唯一的道
　　路，也就是實踐的使用的道路上有較好的運氣。」（A796/B824）

之意志，因而源自我們真正的自我。而理性必然把一切純然顯相隸屬於物自身之性狀。」（Gr 4:461）

意志自由作為人的真實存有性，它就是人的「真我」，此乃經由它作為立道德法則之機能而證實的，並不需要有「決定其理論的客觀實在性的直觀」（KpV 5:56）；並且，一旦意志自由之因果性的客觀實在性被證明，其法則（道德法則）「提供一個絕對不是可以由感觸界的一切材料以及我們的理論的理性使用之全部範圍來說明的事實，這一事實展示一個純粹的知性界，乃至積極地決定它。」（KpV 5:43）也就是說，自由意志產生的客體（圓善）、此客體的條件（上帝和不朽之理念），以及道德目的論下的天地萬物，皆不必靠賴任何直觀，而作為自由概念之領域之物，在「與純粹意志的決定根據（道德法則）的必然聯結中」（KpV 5:56）獲得其客觀實在性及內容。

康德經由批判論明：道德法則之意識首次對每一個人呈現不平凡的機能（自由之主體），此機能創造人自身為道德主體，並創造一個與道德法則處於必然聯結中的道德世界。此即表示，康德的體系中包含一個經批判確立的、從道德的進路展示的「實有」，它堪稱為道德創造的實體。吾人即可認之為全新的「存有論」。即便康德並沒有使用「道德的存有論」這名稱，然吾人有理由指出，康德批判全進程展示的全新意義的「存有論」，與牟先生依儒家本心仁體而申論的「道德的存有論」若合符節，此即牟先生說：「此種存有論必須見本源。」[292]依牟先生與康德，道德的存有論之本源在「道德主體」，二者皆論明道德主體（儒家言本心仁體、康德言意志自由）以其普遍立法而為道德創造的實體，以此說明人之真實存有性，以及天地萬物為一體的道德目的論體系內之道德世界的真實存有性。

顯然，「道德的存有論」中，「存有」一詞不能再像傳統西方哲學

---

292 牟宗三：《圓善論》〈「存有論」一詞之附注〉，《牟宗三先生全集》第22冊，頁328。

中形而上學（本體宇宙論）那樣等於邏輯意義的「本體」（substance）。依照康德，唯獨道德創造的實體能夠為真實的「存有論」奠基；純粹的知性概念與客體的存有並不相干，它們只是綜和顯相之雜多而成現象的條件，故不能成一種存有論。

依康德所論：當自然法則在關涉於人類行為上有效，人必定必然被視為顯相；但是，當人的因果性（即其意志）可脫離感觸界的一切自然法則，我們應該思量他作為睿智者，也就是作為物自身。（Gr 4:459）若人只有現象之身分，天地萬物只是紛陳的自然物，那麼，宇宙中一切皆為偶然的存在，也就不會有什麼「存有論」。若人只有現象之身分，即便人以其知性就存在的物構成其可能性之條件，但也只是物之為現象的條件，並不及存在的物之存有性，故於此並不能講「存有論」。唯獨依人之物自身身分，其稟具的自由因果性始能奠定一真實的存有論。[293]

楊澤波教授無知於康德從顯相與物自身兩個方面考量人的學說，忽略了康德於實踐哲學而論之「物自身」義，故亦未能見到牟先生契接康德形而上學之洞識而規立儒家的道德的形上學所奠基於其上的道德的存有論。楊教授在其大作《貢獻與終結──牟宗三儒學思想研究》，第一卷「內容簡介」中總說牟先生的存有論，他說：「強調道德之心不僅可以創生道德善行，同時也可以賦予宇宙萬物以價值和意義的思想，是為『存有論』。」[294]但究其實，楊教授在其大作第三卷

---

293 康德說：「單只是自由之概念允許我們可以不超出我們自己之外就能夠為有條件者和感性者找到無條件者（Unbedingte）和智性者（Intelligibele）。因為正是我們的理性自身它通過最高而無條件的實踐法則認識到自己以及意識到這法則的那個生物（Wesen）（我們自己的人格）是屬於純粹的知性界的，並且進一步連同認識到本身能夠依以如此活動的那種模式之決定。這樣就可以理解為甚麼在全部理性的機能中只有實踐理性才可能幫助我們越過感觸界，並且使我們獲得有關一個超感觸的秩序和聯結的知識。」（KpV 5:105）

294 楊澤波著：《貢獻與終結──牟宗三儒學思想研究》第一卷《坎陷論》，內容簡介。

《存有論》中根本未接觸牟先生的道德的存有論。他僅僅見到牟先生論「兩層存有論」，卻未深入瞭解牟先生的哲學體系，只是套用「兩層存有論」之名，以發揮其個人的意見。他以「無執的存有論」去講「道德之心」之「創生」，但他所談道德之心「創生道德善行」，以及「道德之心的價值和意義投射到對象上，使對象染上道德的色彩」云云，根本與牟先生通康德而論的道德主體（本心仁體、意志自由）作為人的道德實存義不同，也根本未瞭解道德主體創造道德世界意義下的天地萬物之為物自身意義。

楊澤波教授以為「牟宗三關於兩層存有論的具體說法有一定的失誤」。[295]他說：「認知之心可以創生現相的存有，這一點沒有問題。問題在於，道德之心如何能夠創生物自身的存有？上面的分析已經證明，牟宗三所說的道德之心可以創生物自身的存有這種說法，不能成立。道德之心創生的不過是一種新的現相，即所謂的『善相』。因此，兩層存有並不是現相的存有與物自身的存有，而是『識相』的存有和『善相』的存有。」[296]楊教授所說「認知之心可以創生現相的存有，這一點沒有問題。」究其實，其所謂「認知之心可以創生現相」有問題，既不是康德的意思，也不是牟先生的意思，因認識心處不能講「創生」故，且依康德批判，於現象界不能建立存有論。楊教授所說「『識相』的存有和『善相』的存有」之兩層存有的講法只不過是他個人的意見，他宣稱其撰《存有論》一書目的在研究牟先生的存有論，但對牟先生所論「執的存有論」無相應瞭解，儘管他說他同意牟先生的「執的存有論」；至於他以所謂『善相』的存有」去反對牟先生所論「無執的存有論」，卻根本未見到牟先生所論「無執的存有論」關涉到的哲學問題。他說：「牟宗三所說的道德之心可以創生物

295 楊澤波：〈牟宗三無執存有論的誤區〉。
296 同前註。

自身的存有這種說法，不能成立。」云云，更是完全未跟隨牟先生的思路以展開，根本就不理會牟先生哲學之宗旨。

楊澤波教授說：「執的存有這一層沒有疑問，因為認知本身就是一種執，執於時空和範疇。問題出在無執上。牟宗三認為，道德之心創生存有不需要借助時空和範疇，所以相對於認知之心而言即是無執。」[297]楊教授只以是否「借助時空和範疇」來區分「執」與「無執」，並以這種個人的想法去想牟先生。誠然，牟先生有「時空和範疇」是「自發地由識心之執而起現」[298]的說法，但此義並非楊教授所說認知「執於時空和範疇」，依楊教授的講法，時空和範疇乃是識心自身之「起現」這層意思沒有了。尤為重要者，牟先生論「執的存有論」與「無執的存有論」之區分，要在有限心與無限心之區分，這要點被楊教授忽略了，如此一來，他就將牟先生所作區分誤認為認識論上的區分了。

前面相關章節已論，牟先生論「執的存有論」與「無執的存有論」之區分是無限心大系統中的哲學問題，並指明，此論必須與牟先生通康德之洞識，從道德進路建立儒家的道德的形上學系統區開來。也就是將「無執的存有論」與為儒家的道德的形上學奠基的「道德的存有論」作出區分。楊澤波教授所以說：「牟宗三所說的道德之心可以創生物自身的存有這種說法，不能成立。」完全是出於他根本不認牟先生的「道德的存有論」所致，他不認牟先生的道德的形上學，也就是無知於牟先生哲學的宗旨。

牟先生從道德進路建立儒家的道德的形上學系統，乃是經由《心體與性體》完成的，其中並沒有提出「執的存有論」與「無執的存有論」之二層存有論問題，儒家的道德的形上學通康德之形上學洞識，

297 同前註。

298 牟宗三著：《現象與物自身》，《牟宗三先生全集》第21冊，頁172。

其奠基於本心仁體，以本心仁體為道德的創造實體，故可說一個道德的存有論。如前面相關章節已論明，康德所論自由意志亦為道德的創造實體，亦可說一個道德的存有論。從道德進路建立的形上學，乃是唯一真實的形上學，它以道德的存有論為奠基。並且，前面相關章節已論明，從道德進路建立的形上學乃是「道樞」，用牟先生的話說：「由此收攝一切，由此開發一切。……人生真理底最後立場是由實踐理性為中心而建立，……。」[299]

　　論牟先生的存有論，而不知其道德的存有論，不能中其肯綮。不必諱言，牟先生的存有論不止「道德的存有論」一種講法，另有「執的存有論」與「無執的存有論」之二層存有論的講法，此外，還有依《易傳》、《中庸》而論的本體宇宙論的講法。況且，"ontology/ Ontologie" 之中譯問題有待研究，牟先生以「存有論」譯 "ontology/ Ontologie" 為主，儘管有時也譯為「存在論」、「本體論」、「萬有論」等等。先生本人並未有意識地區分各種不同的中譯名，事實上，學界亦無統一的中譯名。然依愚意，"ontology/ Ontologie" 可依其在哲學史中及在諸學派中之本義來作不同中譯之區分，起碼可區分為「存有論」、「存在論」、「本體論」：傳統西方哲學「本體宇宙論」中，"ontology/ Ontologie" 中譯為「本體論」，不宜譯做「存有論」，因為經康德批判，思辨的形而上學中的「本體宇宙論」，其中「本體」（Substanz）只是「超越的邏輯」中的邏輯字，只能有軌約意義，而與真實的「存有」無關，故不宜譯做「存有論」。中國哲學中《易傳》、《中庸》，及宋明儒中包含的「本體宇宙論」，儘管其義理隸屬於孔孟道德的形上學之下，然先立一形上本體（道體、天道流行之體）之思路類乎軌約意義的思辨的形而上學中的「本體宇宙論」，其所論本體離開本心仁體而言，並非真實的創造實體，故該處「本體論」不

299 牟宗三著：《心體與性體》（一），《牟宗三先生全集》第5冊，頁195。

宜譯做「存有論」。此外，海德格從「存在的入路」講形而上學，其所論包含的 "Ontologie" 當該譯做「存在論」，不宜譯做「存有論」。[300] 事實上，唯獨從道德進路建立的道德的形上學，其奠基於其上的道德主體（本心仁體、自由意志）堪稱為真實的創造實體，故可說包含一個道德的存有論。

　　依上所論，吾人必須嚴格將「存有論」之名歸於道德的形上學之下，其餘因其關涉一個思辨形上學之軌約義的「本體」，則名之為「本體論」，而因其關涉於「存在」而論者，則名之為「存在論」。以此避免因 "ontology/ Ontologie" 一詞翻譯上的問題引致無謂之糾纏。如此一來，吾人可因 "ontology/ Ontologie" 一詞在特定的學派中之使用而分別中譯為「存有論」、「本體論」、「存在論」。明乎此，則吾人可以指出，牟先生在《現象與物自身》建立的兩層存有論看來可改名為「兩層存在論」，以與牟先生在《心體與性體》建立的道德的形上學所奠基於其上的道德的存有論區別開來。

　　誠然，牟先生於《現象與物自身》建立「兩層存在論」，乃是通儒釋道三家之為一個無限心大系統而立論者，然其思路仍以儒家的「道德的存有論」為首出。可以說，依儒家，「道德的存有論」可包含牟先生所論「無執的存在論」，而釋道二家不能有「道德的存有論」，卻可有一個「無執的存在論」，此即可通儒釋道三家而論「無執

---

300 牟先生在《智的直覺與中國哲學》一書批評海德格，說：「由之開他所叫做的『基本存有論』。他的入路是契克伽德所供給的『存在的入路』，他的方法是胡塞爾所供給的『現象學的方法』。我不以為他的路是正確的。」（前揭書，《牟宗三先生全集》第20冊，頁6。）愚意以為，該處海德格的「基本存有論」譯為「基本存在論」為宜。牟先生很清楚，海德格根本未論及真實的「存有」，他說：「今海德格捨棄他的自由意志與物自身等而不講，割截了這個領域，而把存有論置於時間所籠罩的範圍內，這就叫做形上學之誤置。」（前揭書，《牟宗三先生全集》第20冊，頁7。）牟先生說：「割截而下委，輾轉糾纏於時間範圍內，以講那虛名無實的存有論，如海德格之所為。」（同前）又說：「存在的入路是可取的，但現象學的方法則不相應。」（同前）

的存在論」，並論「執的存在論」與「無執的存在論」之區分。

　　另，愚意以為，「執的存在論」之名較之「執的存有論」為合宜。牟先生很清楚，康德建立其「超越的哲學」以代替那「驕傲的存有論」，不過，先生說：「但是，存有論，若去其驕傲與專斷，而轉成『超越的哲學』，則此超越的哲學亦可名曰『存有論』，此名仍可保留。」[301]愚意以為，康德經批判以其「超越的哲學」取代傳統西方哲學舊有的「驕傲的存有論」，正是要推翻舊有的「存有論」以為純粹的知性概念本身能夠構成關於一個客體之在其自身的概念所製造的虛妄。故不宜將「超越的哲學」名為「存有論」。倒不如說，純粹的知性概念能夠構成關於現象存在可能之條件的「存在論」，亦可以稱之為「執的存在論」。純粹的知性概念，本身不過是邏輯功能，但作為這樣的功能卻不構成關於一個客體之在其自身的絲毫概念，故無關於「存有」。[302]況且，康德已經由批判裁定：「二元論只是經驗意義的。」（A379）「所謂兩種本體即能思維的本體和廣延的本體的交互作用乃依據一種粗糙的二元論。」（A392）他說：「如果如人們通常所作那樣，想要擴大二元論這個概念，而在超越意義上來理解二元論，那麼，二元論和與之相對的兩種理論──一為精神論（Pneumatismus），另一為唯物論（Materiatismus）──都不會有任何根據。」（A380）康德論明：物質與思維的超越意義上的二元對立製造出種種困難全都起源於不法假定的二元論的見解，經驗意義的二元是可化解的，我們不可視之為真正的絕對的二元分裂。此即是說，吾人區分「執的存在論」與「無執的存在論」只是經驗意義的，不能在超越意義上主張兩

---

301 牟宗三著：《現象與物自身》，《牟宗三先生全集》第21冊，頁35。

302 康德說：「這一個範疇體系之所以有別於舊的那種毫無原則的隨想，以及唯有它有資格配稱為哲學，實質就在於：純粹的知性概念的真正意義及其使用的條件就是由於這一體系才能夠得到準確的決定。因為這裡表現出，這些概念本身不過是一些邏輯功能，但作為這樣的功能卻不構成關於一個客體之在其自身的絲毫概念，而是需要感取的直觀來作為根據。」（Proleg 4:324）

種「存有」，亦即不能有兩種「存有論」。

牟先生著《圓善論》書末有一〈「存有論」一詞之附注〉，其中論及範疇，仍舊取亞里士多德義，依此義而言「存有論」，故亦仍舊取西方傳統舊有之義。牟先生說：「一個存在著的物是如何構成的呢？有些什麼特性、相樣，或徵象呢？這樣追究，如是遂標舉一些基本斷詞，由之以知一物之何所是，亞里士多德名之曰範疇。範疇者標識存在了的物之存在性之基本概念之謂也。存在了的物之存在性亦曰存有性或實有性。講此存有性者即名曰存有論。因此，範疇亦曰存有論的概念。範疇學即是存有論也。」可見，牟先生言「範疇」是以亞里士多德義。但吾人知道，依康德批判，範疇（純粹的知性概念）並不涉及存在了的物之存有性或實有性，而只是「知性在其自身內先驗地含有的綜和的一切根源的純粹概念」（A80/B106）。範疇只是純然的思想形式，其純粹使用之可能性產生出只作為一個界限概念的「智思物之概念」，範疇的經驗使用是使直觀成為認識，把它們作為表象與某個作為對象的東西相關聯並以此來決定這個對象，但範疇本身與作為對象的東西之存有性根本無關。當作範疇看的那個常住不變者——本體（substance），不能偷換成傳統西方哲學中獨斷形而上學的實體。

通過《純粹的理性批判》，康德抑制了知性的僭越自負，讓吾人清楚認識到：儘管知性能夠先驗地供給它所能認識的一切事物的可能性之條件，（KU 5:168）但我們需要感取的直觀來賦予知性概念以其意義，離開感性，知性不能決定一個外在的對象。

知性的僭越自負，用牟先生的詞語說就是「執」。先生敏銳地指出這一點。愚意以為，康德揭破傳統西方哲學中知性的僭越自負，此即破「執」，故吾人無理由將康德破「執」後建立的超越的哲學稱為「執的存有論」。明乎此，則吾人可知，牟先生無限心大系統中的「兩層存有論」，恰切地說實在只意指「兩層存在論」。前面相關章節已一再強調，吾人研究牟先生的哲學體系時有必要將無限心大系統與

道德的形上學系統區分開。後者與康德的形而上學相通，皆奠基於道德的存有論，不必以執與無執之二分來建立兩層存在論。實在說來，《現象與物自身》一書建立無限心大系統之要點在「依中國的傳統肯定『人雖有限而可無限』以及『人可有智的直覺』這兩義」[303]，故此，它是採用無限心與有限心分立之思路，而並非依從道德的進路，儘管吾人見到，《現象與物自身》一書第二章標題就是「德行底優先性」，第三章〈展露本體界的實體之道路〉，其中論「本體界的實體」是採取「道德的進路」，此處論「本體界的實體」是指儒家的「知體」（即良知明覺）說，章末提出「有限心與無限心底對照根本即是執與無執底對照。」然該處言「無限心」、「無執」是依儒家「自由自律的無限心之圓覺圓照」，或「知體明覺之神感神應」而論。[304]並未就釋道二家立論。故此，愚意以為，若從《現象與物自身》通儒釋道三教而建立一個由聖人、真人、佛之圓境證之的「無限心」大系統的目的而論，或可將該書論「知體」（即良知明覺）為道德創造實體的部分歸到儒家的道德的形上學去研究。而專就該書通儒釋道三教而提出的「實踐的形上學」[305]為依據，研究「在成聖、成佛、成真人底實踐中帶出來的」兩層存在論，以及奠基於其上的無限心大系統。

　　簡而言之，無限心大系統乃是依據儒釋道三教肯定「人雖有限而可無限」以確立「無限心」與「有限心」之區分，藉此論「執」與

---

303 牟宗三著：《現象與物自身》〈序〉，《牟宗三先生全集》第21冊，頁6。

304 牟宗三著：《現象與物自身》，《牟宗三先生全集》第21冊，頁118。牟先生說：「在自由自律的無限心之圓覺圓照下，或在知體明覺之神感神應下，一切存在皆是『在其自己』之存在。」

305 牟宗三著：《現象與物自身》〈序〉，《牟宗三先生全集》第21冊，頁17。牟先生說：「對無限心（智心）而言，為物自身；對認知心（識心，有限心）而言，為現象。由前者，成無執的（本體界的）存有論。由後者，成執的（現象界的）存有論。此兩層存有論是在成聖、成佛、成真人底實踐中帶出來的。就宗極言，是成聖、成佛、成真人：人雖有限而可無限。就哲學言，是兩層存有論，亦曰實踐的形上學。」

「無執」並據之建立「兩層存在論」，並依「無執的存在論」建立「實踐的形上學」。[306]首先，吾人見到《現象與物自身》一書第二章〈德行底優先性〉及第三章〈展露本體界的實體之道路〉，牟先生論「無限心」為「唯一的本體」，只就儒家「知體」（即良知明覺）立說。[307]並表明：「直用本體、實體、體性、實性、真實、實有（存有論的實有）等詞，以指謂那唯一的本體（無限心）。」[308]依牟先生所論，「『存在』是對知體明覺而為存在」[309]，「因此，知體之為存有論的實體，其所說明的存有即是『物之在其自己』之存有，在此，存有與存在是一。」[310]既然「存有與存在是一」，故可說，牟先生依儒家所論「存有論」與「存在論」是一。牟先生接著說：「因此，其所成的存有論是『本體界的存有論』，亦曰『無執的存有論』，此亦曰『道德的形上學』。『道德的形上學』云者，由道德意識所顯露的道德實體以說明萬物之存在也。」[311]依此可見，該處牟先生言「本體界的存有論」（又名「無執的存有論」），是就儒家的道德的形上學立論。牟先生說：「我們建立一圓教下的『道德的形上學』（實踐的形上學）——依道德的進路對於萬物之存在有所說明。……。『道德的形上學』重點在形上學，說明萬物的存在。此是唯一的一個可以充分證成的形上學。此獨一的形上學，我們將名之曰『本體界的存有論』，亦曰『無

---

306 此所言「實踐的形上學」其「實踐」義是依儒釋道三教「成聖、成佛、成真人」的實踐工夫而論，並非康德所專論的道德的實踐。

307 牟宗三著：《現象與物自身》，《牟宗三先生全集》第21冊，頁47。該處牟先生言「唯一的本體（無限心）」說：「此唯一的本體，以儒家為準，有種種名：心體、性體、仁體、誠體、神體、道體，知體，意體（獨體）：此皆是超越的，形而上的實體。」

308 牟宗三著：《現象與物自身》，《牟宗三先生全集》第21冊，頁47。

309 同前註，頁96。

310 同前註。

311 同前註。

執的存有論』。此將證成『物自身』之確義與實義。」[312]

　　牟先生提出：「集中而實體化地展露一唯一的『本體界的實體』（noumenal reality），即無限心，……。」[313]、「直用本體、實體、體性、實性、真實、實有（存有論的實有）等詞，以指謂那唯一的本體（無限心）。」[314]該處言「無限心」為「本體界的實體」，實義通儒家的道德的形上學，此言「本體界的實體」，是指儒家的「知體」（即良知明覺）說。第三章提出「有限心與無限心底對照根本即是執與無執底對照。」[315]該處言「無限心」、「無執」是在無限心大系統中依儒家「自由自律的無限心之圓覺圓照」，或「知體明覺之神感神應」而論。[316]牟先生就儒家言「執」，則是從「知體明覺之自覺地自我坎陷」而論。先生說：「知體明覺之自覺地自我坎陷即是其自覺地從無執轉為執。坎陷者下落而陷於執也。」[317]此見牟先生就儒家論「執」，乃是從無執轉出的。先生說：「識心由知體明覺之自我坎陷而成。由坎陷而停住，執持此停住而為一自己以與物為對，這便是識心。識者了別義。」[318]、「識心之執就是認知心之執性。」[319]

　　吾人見到，牟先生首先並且主要從儒家「知體明覺」論「無限

---

312 牟宗三著：《現象與物自身》，《牟宗三先生全集》第21冊，頁39。

313 牟宗三著：《現象與物自身》，《牟宗三先生全集》第21冊，頁46-47。牟先生該處言「本體界的實體」（noumenal reality），"noumenal" 中譯為「本體界的」，容易引起誤會，先生本人也說，「我們不能把 "Noumena" 一詞直譯為『本體』。因為我們通常想『本體』（不是當作範疇看的那個常體）是一，意即形而上的實體。」（同前）他也曾用「本自物界」來譯 "noumenal world"，牟先生說：「『本自物界』集中而總持言之，亦可曰『本體界』。」（同前）

314 牟宗三著：《現象與物自身》，《牟宗三先生全集》第21冊，頁47。

315 同前註，頁116。

316 同前註。牟先生說：「在自由自律的無限心之圓覺圓照下，或在知體明覺之神感神應下，一切存在皆是『在其自己』之存在。」

317 牟宗三著：《現象與物自身》，《牟宗三先生全集》第21冊，頁127。

318 同前註，頁171。

319 同前註。

心」、「無執」，以及從無執轉為執。但牟先生將其「無限心」，及「執與無執底對照」之論伸展到釋道兩家。儘管吾人見到，且牟先生本人也很清楚，同一「無限心」有不同的意義，以及若論「執與無執底對照」，釋道兩家與儒家有所不同。

　　牟先生明確表示同一無限心有不同的說法：「不管是佛家的般若智心，抑或是道家的道心，抑或是儒家的知體明覺，它們皆是無限心。同一無限心而有不同的說法，這不同的說法不能形成不相容；它們只是同一無限心底不同意義。」[320]並且，牟先生亦明文指出：儒家採取道德的進路，其形而上的實體直接由道德意識呈露，是「四無傍依而直接觀體挺立的」，「不像佛家那樣從生滅流轉向上翻，亦不像道家那樣從『執、為』向上翻」。[321]儒家之形而上的實體通「康德說吾人的實踐理性（即自由）」，所契接的「在其自己」是「有道德價值意味的，而不只是認識論上的有條件與無條件底直接對翻。」[322]唯獨依儒家義所言之「無限心」，它是「就道德意志而言」，「自由自律」就是它的作用，因此，它「是一存有論的實體，是一創生之原則，實現之原則」。[323]此義並不包含於依釋道二家所論「無限心」之義中。正因此，牟先生始可提出，儒家的道德的形上學「是唯一的一個可以充分證成的形上學」。[324]先生說：「此獨一的形上學，我們將名之曰『本體界的存有論』，亦曰『無執的存有論』。」[325]依此義，吾人有理由提

---

320 牟宗三著：《現象與物自身》，《牟宗三先生全集》第21冊，頁465。

321 同前註，頁451。

322 同前註。

323 牟宗三著：《現象與物自身》，《牟宗三先生全集》第21冊，頁102。牟先生說：「就道德意志而言，如果真是自由自律的，它就是無限心之作用。否則它必不是自由自律的。故自由自律即函『無限心』義。無限心即函其是一存有論的實體，是一創生之原則，實現之原則，故由之可開存在界也。」

324 牟宗三著：《現象與物自身》，《牟宗三先生全集》第21冊，頁39。

325 同前註。

出，必須將牟先生所規立的儒家的道德的形上學與先生通儒釋道三家
而論的「實踐的形上學」區別開來。就釋道二家所言「本體界的存有
論」（無執的存有論），其中所謂「存有論」，嚴格來說，宜改稱為
「存在論」。

何以牟先生於《現象與物自身》一書要以「無限心」為「唯一的
本體」，代替其在《心體與性體》規立的儒家的道德的形上學以本心
仁體為唯一的實體的說法呢？先生的用心很明顯，是要以「無限心」
來統儒釋道三家，另建立一種「實踐的形上學」，此「實踐的形上
學」即無限心大系統，「無限心」大系統乃通一切教而彰顯者。此大
系統顯然必須與儒家的道德的形上學區分開。如吾人已論明，「無限
心」大系統通儒釋道三教實踐以達天德而證「人雖有限而可無限」，
其包含的兩層「存在論」是依中國傳統中經修養實踐工夫而成聖，成
佛，成真人底實踐中帶出來的。

再次，吾人見到，牟先生論「執」與「無執」，就儒家言與就釋
道言有不同。依儒家言，「無執」、「無執的存有論」乃就「成己」、
「成物」立論。牟先生說：「就成己而言，是道德實踐；就成物而
言，是自我實踐之功化。即在此功化中含有一道德的形上學，即無執
的存有論。」[326]就儒家論，「見聞是通於良知而說」[327]，「並非抹殺見
聞之知本身獨自成一套也。」[328]、「儒家對於識知與知體明覺之知，
以及對於現象與物自身，並未曾嚴格劃分開，……。」[329]依儒家，
「繫屬於識心之執的執知（見聞之知）以及此知所知的對象俱有被肯
定的價值。」[330]牟先生說：「無而能有，則識心之執之出現是為的說

---

326 牟宗三著：《現象與物自身》，《牟宗三先生全集》第21冊，頁459。
327 同前註，頁464。
328 同前註，頁465。
329 同前註，頁464。
330 同前註。

明亦即成就科學知識。吾人於此不說煩惱。」[331]此乃就儒家說。

　　但依釋道二家言「無執」，「只遮顯空無以求滅度或求自得也。」[332]從佛家方面說「執相」、「遍計執」，「執」並非為的通過識心之執說明及成就科學知識，而是「煩惱之種子」[333]。「無執」通過去掉「執著」而顯。牟先生說：「去掉這種執著便是智知底無執，而無執顯露物自身，智知即純智無執地直接證應物自身。」[334]又說：「『緣起無性』之一層，亦仍可說物自身。無性而執其有定相既是執，則去掉此執而即如其無性而觀之，即，直證其無性之『如』相，那便是緣起物之在其自己，此即是無自己底自己。」[335]依佛家論兩層存有論，也是「執」與「不執」對言，牟先生說：「同一三千法，執即是現象界的存有論，不執就是本體界的存有論。……。『在其自己』之實相法底存有根本是在心寂三昧色寂三昧的智如不二下呈現。」[336]「『在其自己』之實相法底存有根本是在心寂三昧色寂三昧的智如不二下呈現。」[337]通過「心寂三昧色寂三昧」而言之「存有」不能有儒家從「道德心」說的道德性、創生性。此即牟先生指明：在佛家，無論那一宗，都不能顯創生義。[338]牟先生明文指出，就佛家言（以天臺宗為

---

331 同前註，頁183。

332 同前註，頁455。

333 同前註，頁183。

334 同前註，頁414。

335 同前註，頁415。

336 同前註，頁429。

337 同前註。

338 牟先生說：「在康德的說法中，智的直覺有創生義，而在天臺宗的性具系統下，則是即具即現，似乎不顯這創生義。在佛家，無論那一宗，都不能顯此義。從道德心說，例如陽明的知體明覺，則易顯此義。然雖不顯此義，而在心寂三昧色寂三昧中的一切法是『在其自己』之實相法，則無疑。這就是天臺宗的『本體界的存有論』，無執的存有論。同一三千法，執即是現象界的存有論，不執就是本體界的存有論。……。『在其自己』之實相法底存有根本是在心寂三昧色寂三昧的智如不二下呈現。」（牟宗三著：《現象與物自身》，《牟宗三先生全集》第21冊，頁429。）

準），「本體界的存有論」是「從智上穩住法之『在其自己』」而論，[339]並不能說實事實物。繫屬於真常心之為「無限心」，「我們就說空如無相的幻化緣起，而不能說實事實物。」[340]

從道家方面說「執」，「執」是「是非爭辯之種子」。[341]從「虛無」之靜所生的明而朗現如相，「亦即因著『無』而穩住此如相之有」，牟先生據此論道家的無執的「本體界的存有論」。[342]此處言「本體」，「是以『無』為本體。」[343]

就道家而論一種「無執的存有論」，乃是「有無兩者通而為一」而立說。牟先生說：「無限的有，無限的妙用，就是無。即以此無來維繫（所謂穩住）那在其自己之有。此有無兩者通而為一，便曰無執的存有論。」[344]又說：「和塵同光，同一委塵於光也。此即是光塵不二。在此光塵不二下，吾人穩住了塵之如相，此即是無執的存有論。」[345]並且，牟先生表明，道家之「無執的存有論」乃是「繫於無，明，至人，真人乃至天人等等而言也。」[346]

---

339 同前註，頁445。牟先生說：「須知，無論圓不圓，法身上的一切法皆是緣起法底實相：實相一相，所謂無相，亦即如相。此即緣起法之『在其自己』。此仍是從智上穩住法之『在其自己』，此即是『本體界的存有論』。以上就佛家言，以天臺宗為準。」

340 同前註，頁465。

341 同前註，頁183。

342 同前註，頁447。牟先生說：「此如相是因著『虛無』之靜（即莊子所謂止）所生的明而朗現，亦即因著『無』而穩住此如相之有。此亦是無執的，亦即本體界的存有論。」

343 同前註。牟先生說：「『存有』是就物之在其自己說。本體界中之『本體』，若實指而言之，便是以『無』為本體。」

344 同前註，頁447。

345 同前註。

346 同前註，頁450。牟先生說：「『為道日損，……』。『損』即是『致虛極』也。此是『為道』之方向，於此而有『無執的存有論』，此繫於無，明，至人，真人乃至天人等等而言也。」

　　依以上所述可知，牟先生本人很清楚，無論就「無限心」之義而言，抑或就兩層「存有論」之立論來看，釋道兩家與儒家都有著極為要緊的區別。牟先生清楚，「自由底透露必通過道德法則始可能。」[347] 唯獨儒家本心仁體經由其內在所立普遍法則（天理）顯露其「自由」，此「自由」乃實體義的，具創造性的道德意志之因果性，而區別於釋道二家之消極義之「自由」。可以說，牟先生清楚，唯獨儒家本心仁體堪稱真實的創造實體，故唯獨儒家的道德的形上學堪稱「道樞」，而釋道兩家是此「道樞」之開合。然則，牟先生通儒釋道三家而論「自由無限心」，據之提出通三家而論的「兩層存有論」，其意旨何在？是否要以「自由無限心」大系統取代或涵蓋儒家的道德的形上學？依愚見，否。儘管牟先生本人於《現象與物自身》〈序〉中表明：「本書是吾所學知之綜消化，消化至此始得一比較妥貼之綜述。」[348] 但事實上，儘管《現象與物自身》首先依儒家論「知體之為道德的實體」，以之立「無限心」義，並據之建立「兩層存有論」。然吾人見到，此書中，依儒家論「無執的存有論」以立「實踐的形上學」，跟牟先生依孔子「踐仁知天」，孟子「盡心知性知天」而規立的道德的形上學有不同，其中吃緊處在依儒家而立「實踐的形上學」，並沒有「天」的位置。於前面論儒家的道德的形上學之相關章節中，已論明，孟子言「盡心知性知天」展示「道德的形上學」之宏規，孟子「以心言性」，必從「盡心知性」充分伸展至「天」，始顯儒家的道德的形上學從道德進路入，而伸展至統道德秩序與宇宙秩序為一的最高者。吾人固然不能獨斷地妄測在人之外有一最高者（天），但本心仁體乃道德創生實體，其無限性、普遍必然性必定伸展至包含一最高者（天），此高者（天）作為一獨立的意義以為體，[349] 包含於道德創生實體中。

---

347 同前註，頁122。

348 牟宗三著：《現象與物自身》，《牟宗三先生全集》第21冊，頁3。

349 吾人可用牟先生的話來理解，「天」「不能當作一個獨立的物體看」，「但卻可以當

此即孔子言仁必伸展至「畏天命」，孟子言本心必伸展至「事天」，亦即康德言自由意志必由其必然客體（圓善）伸展至自然與向自由結合為一的「至上原因」（上帝）。「天」之實在性，正如康德所論「上帝」之實在性，「始終是在與道德的法則之實行相聯繫時（而不是為著思辨目的）被賦予的。」（KpV 5:138）總而言之，奠基於道德創生實體（本心仁體、自由意志）之形上學必然要從道德伸展至包含道德的宗教。吾人依孔孟言「天」是從道德伸展至宗教而論的，不可像楊澤波教授那樣，誤以為「不過是借天為說而已」。[350]

依以上所論，吾人可肯定，「自由無限心」大系統不能取代，也不能涵蓋儒家的道德的形上學。前者成就中國式的「實踐的形上學」，其思路並非純粹道德的，不是奠基於每一個人稟具的道德主體而伸展至的，而是先從上面立一絕對的無限心，然後通過聖人、真人、佛之圓修以達至圓境證之。用牟先生的話說，它是一種「超絕的形上學」。依此，牟先生統儒釋道三教之本心、真常心、道心而立「無限心」為「本自物界」的「本體」。儘管吾人見到，牟先生本人亦明白，本心不僅為「本自物界」的「本體」，且為真實的道德的創造實體，此根本區別於真常心、道心。不過，牟先生提出，要「異而知其通，睽而知其類，立一共同之模型，而見其不相為礙耳。」[351]牟先生說：「佛心不能排拒道德意義的知體明覺之感應。」[352]、「我們也不能說道心玄智必排拒般若智義及知體明覺義。」[353]、「你可以超自覺而渾化，然而不能排拒道德心。」[354]可見，牟先生通本心（知體明

作有獨立意義的本體看」，「指點一個獨立的意義以為體」。（牟宗三著：《心體與性體》（一），《牟宗三先生全集》第5冊，頁471。）

350 楊澤波著：《牟宗三三系論論衡》，頁119。

351 牟宗三著：《現象與物自身》〈序〉，《牟宗三先生全集》第21冊，頁20。

352 同前註，頁466。

353 同前註。

354 同前註。

覺）、真常心、道心而立「無限心」，以之為「本自物界」的「本體」，並不以是否「與道德實踐使人成一道德的存在生關係」為據。「無限心」並不像本心仁體那樣，以人的立普遍法則（天理）之機能立義，觀先生所論，「無限心」之確立是由「智的直覺」之抉發開始，故此，依牟先生，無限心即「智心」，此亦可解釋牟先生何以以儒家為準言「無限心」時，稱之為「知體明覺」，而很少言本心仁體。牟先生說：「我今從上面說起，意即先由吾人的道德意識顯露一自由無限心，由此說智的直覺。」[355]儘管「無限心」首先由道德意識顯露，但先生並不以「道德」為據立「無限心」，而是依「智的直覺」，即以「智心」立「無限心」。以此順理成章地以「智心」統知體明覺、真常心、道心而立「無限心」，並由聖人、真人、佛之圓境證立之。

依以上所論，吾人有理由提出，必須獨立研究牟先生規立的儒家的道德的形上學，並且，學者們研究牟先生的存有論，亦必須以道德的形上學所包含的道德的存有論為首要的研究任務。明乎此，則可知，楊澤波教授既不認牟先生的「道德的存有論」，那麼，他的《貢獻與終結——牟宗三儒學思想研究》第三卷《存有論》的價值就無可避免地要受到質疑。事實上，楊教授無知於牟先生以儒家的道德的形上學為道樞之真知灼見，故其五卷本大作《貢獻與終結》前三卷關於「坎陷論」、「三系論」、「存有論」，雖說看似對相關的哲學專詞都有諸多討論，但完全無關宏旨。關此，前面已論。至於第四卷《圓善論》、第五卷《合一論》，更因楊澤波教授本人對於康德哲學所持有的知識看來只是來自二手資料，全盤接收康德學界之權威定見，恐怕他本人並未深入康德哲學的整全體系，也談不上對康德的最高哲學洞識有所契應。故其種種說法只流於議論。

---

355 牟宗三著：《現象與物自身》〈序〉，《牟宗三先生全集》第21冊，頁8。

楊澤波教授說：「儒學在發展過程中雖然也會遇到德福關係問題，伯牛、顏淵的經歷即是這方面的實例，但儒家以更為徹底的人文主義為文化背景，而從不像康德那樣以設定一種超越力量的方式來解決這一問題。」[356]依楊教授之論，康德以設定一種超越力量的方式來解決德福關係問題，無疑，此乃是康德學界一直流行的權威說法，甚至也是牟先生之觀點，但依愚見，這種說法出自對康德圓善學說的嚴重誤解。前面「關聯於人類終極目的而確立的『圓善學說』與牟先生依中國哲學而建立的『圓善論』之區分」一段已論明，儒家道德形而上學（亦即孔子哲學傳統）包含一個「圓善說」，其義與康德的圓善學說相通。康德的圓善學說絕非旨在解決幸福如何與德性相配稱問題，而是探究終極目的（圓善）及其實現的問題；孔子哲學傳統包含的「圓善」問題絕不是楊教授所謂「徹底的人文主義」，而是「仁者人也」、「人能弘道」，即人作為道德主體實現「大同」（即圓善實現於世界）。康德也並沒有像楊教授所追隨的學術權威觀點那樣，「以設定一種超越力量的方式來解決德福關係問題」。吾人已論明，康德所論「上帝」與儒家的道德的形上學中「天」，其含義與作用相同。二者都不是預先設立一最高者（上帝、天）主宰幸福的分配，而是從道德主體（意志自由、本心仁體）依其立普遍法則（道德法則、天理）而必然產生的終極目的（圓善），並由圓善之為意志自由（本心仁體）之客體要於世界實現所必然伸展至「最高者」之意義。此中所論上帝、天，絕非外在於人的力量或實體，唯獨於與意志自由、本心仁體及其所立普遍法則之聯繫中，上帝、天始獲得其實在性及其內容與意義。[357]上帝、天，以獨立的意義以為體，此意義只包含於意志自由、

---

356 楊澤波：〈讀牟宗三《圓善論》的後半部分時我總是一頭霧水〉，人大出版社學術守望者，2019年2月28日。

357 關此，拙作〈論孔子哲學傳統包含的圓善學說〉（《鵝湖月刊》2017年7月號，總第505號）有詳論。未知楊澤波教授何以並無就拙作做回應。照理，在如此重大問題上出現不同的見解，不應視如不見，而只是依著權威定見說話。

本心仁體之為道德創造的實體中，離開此唯一的實體，絕無外在的上帝、天可以被證明為形上實體。

依以上所論，孔子「踐仁知天」、孟子「盡心知性知天」所展示的道德的形上學與康德從道德進路展開的形而上學相通，其中包含「上帝」、「天」之根本義亦相通，均無外在的超絕的實體義。並且，也不會如楊澤波教授所以為的「借天為說」，究其實，楊澤波教授本人視「天」（或上帝）乃情識作用的產物。而未能理解，「上帝」、「天」乃是作為從道德進路確立的道德的形上學之奠基的道德主體為實現其終極目的（圓善）而必然地伸展至者，其意義與真實作用是與道德主體之普遍必然性相連的。

並且，前面相關章節已論明，孔子哲學傳統通康德形而上學所包含的「最高者」（上帝、天）與傳統西方哲學中獨斷的「本體宇宙論」、思辨的形而上學中的外在的超絕的「最高者」（上帝）不同，也與中國哲學中諸種「本體宇宙論」（如僅從《中庸》、《易傳》建立的，或依道家而論的）所言「道體」、元始者有區別。有學者以為「沒有一個超越於人之外的『天』」，則「儒學就只能是一種道德學，而不可能是一種宗教。」[358]究其實，他們只是依照傳統之「歷史的宗教」來理解「宗教」，而對於康德通過其艱鉅的批判工程而確立的唯一真實的、可證立的純粹的理性的宗教（即道德的宗教）一無所知。依道德的宗教，儘管吾人不能肯斷人之外有一最高者（元始者，如「天」、「上帝」），但吾人信仰它為「就主體遵守其客觀的實踐的法則而言的一種必然的認定。」（KpV 5:11）是「真正的和無條件的理性必然性」。（KpV 5:11）

不必諱言，牟先生除依孔子「踐仁知天」、孟子「盡心知性知天」所展示的道德的形上學而論「天」之外，還依《中庸》、《易傳》

---

358 此說見張晚林著：〈論作為「宗教動力學」的儒學——從牟宗三「道德的形上學」與「三系說」切入〉,《「百年儒學走向」國際學術研討會論文集》，頁575。

所展示的「本體宇宙論」而言「道體」、「天命流行之體」。牟先生說：「『乃天命流行，生生不已之機』，此是從《詩》〈周頌〉『維天之命，於穆不已』而來。『流行』是從『於穆不已』說。此天之命之於穆不已地表示其命令之作用，便是宇宙之『實體』。剋就『於穆不已』言，此實體亦曰『天命流行之體』，言此『天命流行』即體也，即宇宙之實體也。」[359]顯見，牟先生此說乃從上面先設立一「實體」之進路。牟先生解釋說：「有此於穆不已之天之命，遂有萬物之『生生不已』。故此『天命流行之體』亦即萬物『生生不已之機』。『機』者機竅，機是關捩點。撥動此關捩點，則萬物遂得以生生而不已焉。故吾亦常說此『天命流行之體』即是一創造之真幾，或創生之實體（creative reality）。」[360]不必諱言，此論與孔子「踐仁知天」、孟子「盡心知性知天」從道德主體伸展至「天」有所不同。

但是，前面相關章節已論明，在中國哲學傳統中，並沒有像西方傳統那樣，將自上言之最高者、元始者（天、道）實體化、人格化，故無製造獨斷虛妄的弊端，而依康德批判所揭明，此種自上先設立一實體之進路，乃人類之自然的形上學趨向，只要將其限制於思辨理性的軌約作用之內，是可允許的。但有些學者不明就理，將牟先生自上面先設立道體的說法等同肯認一個外在實體，以為牟先生此論是「將天與人綑綁在一起」。楊澤波教授就批評牟先生說：「牟宗三大講天可以創生宇宙萬物的時候，很容易想到天通過氣化流行創生宇宙萬物之本身，而不能理解為道德之心賦予宇宙萬物道德的價值和意義，也就是所謂的道德存有論。」[361]並且，楊教授以為「將天與人綑綁在一起

---

359 牟宗三著：《心體與性體》（三），《牟宗三先生全集》第7冊，頁82。

360 同前註。

361 楊澤波：〈牟宗三的存有論思想與熊十力的關係〉，人大出版社學術守望者，2019年1月15日。

的做法」起自熊十力先生，[362]他批評說：「牟宗三超越存有論的問題即源於此。」[363]又說：「牟宗三清楚地意識到熊十力大講宇宙生化的做法所帶來的理論困難，不再著重從宇宙發生學的角度談論宇宙生化，但他並沒有因此從根本上放棄其師在這個方面的論說思路，仍然堅持以超越之天來講自己的存有論，將超越之天作為創生道德存有的主體，甚至將這一思想表達為天『心』。」[364]依愚見，實在是楊教授本人並未見到依據《中庸》、《易傳》而論的中國式的「本體宇宙論」不同於西方獨斷的「本體宇宙論」，於前者，並無肯斷離開人的道德實踐而有一外在的實體。且楊教授忽略牟先生從孔子「踐仁知天」、孟子「盡心知性知天」展示的道德的形上學而論「天」所包含的「道德存有論」，抓住牟先生另方面依據《中庸》、《易傳》「從上面由道體說性體」，「故直下從『實體』處說」[365]，通過自上而下的講法瞭解「甚麼是天」之思路，就誤以為牟先生「以超越之天來講自己的存有論，將超越之天作為創生道德存有的主體」。[366]

事實上，如吾人於前面相關章節已論明，牟先生依據《中庸》、《易傳》提出一個由道德大業證明的本體宇宙論，必須與先生依孔子「踐仁知天」、孟子「盡心知性知天」展示的道德的存有論區別開

---

362 同前註。楊澤波說：「熊十力哲學思想的一個重要特點是堅持天體道體與聖人之心為一。在熊十力看來，天與人為一不二，天體道體是一切存在的本體，聖人之心是人生命的本體，這二者雖有不同，但並無本質之別。在這種理論格局之下，本體既是人生的，同時也是天道的，既屬於道德之心，又屬於宇宙大化流行。但將天與人綑綁在一起的做法包含著一個困難，即無法確切說明這個創生的主體究竟是天還是人。」

363 同前註。

364 同前註。

365 牟先生說：「大抵先秦後期儒家通過《中庸》之性體與道體通而為一，必進而從上面由道體說性體也。此即是《易傳》之階段，此是最後之圓成，故直下從『實體』處說也。」（牟宗三著：《心體與性體》（一），《牟宗三先生全集》第5冊，頁35。）

366 同前註。

來。牟先生僅僅於儒家的道德的存有論中論及「創生道德存有的主體」，即本心仁體，而非什麼「超越之天」。至於先生由《中庸》、《易傳》展示的本體宇宙論，所言「道體」，可說是「超越之天」，但牟先生絕沒有如楊教授所言把「天」視為「創生道德存有的主體」。更無所謂「將天與人綑綁在一起的做法包含著一個困難，即無法確切說明這個創生的主體究竟是天還是人」的問題。依牟先生所論，自始至終，唯一的創生的主體是道德的，即本心仁體。

　　並且，吾人一再強調，牟先生所論儒家的道德的形上學與其由無限心大體系伸展至的圓善論體系必須區分為不同的系統。唯獨前者含心、性、天一的形上學的實體；而後者並不涉及「天」，因其宗旨在成聖、成真人、成佛之圓境故也。但是，楊澤波教授撰《貢獻與終結──牟宗三儒學思想研究》第四卷《圓善論》根本看不到牟先生的圓善論體系之意旨與作用並不同於康德的圓善學說。如前面相關章節已論，恰切地說，康德的圓善學說通儒家的道德的形上學所包含的心、性、天一之系統。而牟先生的圓善論體系跟康德的圓善學說並不相同，前者融通「指導人通過實踐以純潔化人之生命」的中國傳統智慧，乃是通儒釋道三教而建立的一個由聖人、真人、佛之圓境證之的「無限心」大系統；而後者是基於道德主體之形而上學所必然伸展至道德的宗教所包含者，也就是康德與儒家相通之形上學共同包含者。關此，前面「關聯於人類終極目的而確立的『圓善』學說與牟先生依中國哲學而建立的『圓善論』之區分」一節已有詳論。

　　事實上，康德全新的形而上學包含著一個人類終極目的的「圓善」學說，同樣，儒家的道德的形而上學包含著一個以「大同」為終極目的，以「仁者人也」、「人能弘道」為綱的「圓善」學說。只不過，長久以來，康德學界一直流行著對康德圓善學說的種種曲解。學者們錯誤地將康德圓善學說視為一種「關於以上帝保障德福一致的說法」，粗淺地將康德所論的「上帝」等同於基督教信仰中人格化的造

物主的「上帝」。如此一來，康德整全的圓善學說就被學者們肢解割裂，弄成一個乞求神恩來分派幸福的、情識泛濫之「戲論」。楊澤波教授如眾多漢學界學者一樣，一味追隨外國康德專家以「幸福分配論」、「神恩論」等說法來曲解康德的圓善學說。故此，他無知於儒家通康德的一個真正的圓善學說，也不能理解牟先生依中國傳統智慧而建立的圓善論。以致他說：「我讀《圓善論》常有一種感覺：讀其前半部分，特別是對《孟子》相關篇章的疏解，深感其中很多論述十分精當，超脫前人，令人興奮不已，但讀其後半部分，即關於以儒學思想解決圓善問題的那些論述，卻常常感到一頭霧水。」[367]

　　不必諱言，牟先生未見及康德的圓善學說。前面相關章節已論明，牟先生的「圓善論」不同於通儒家與康德而立的圓善學說。楊澤波教授既對康德圓善學說無研究，只是重複學界的流行說法；且不明牟先生具創闢性的圓善論之區別於康德圓善學說。難怪他說讀牟先生解決圓善問題的論述時「一頭霧水」。

　　至於楊教授的《貢獻與終結──牟宗三儒學思想研究》第五卷《合一論》，其中所談牟先生的「合一論」，同樣見出其關於康德哲學的知識只是取自一些康德專家的二手資料，而他本人看來並未真正從事康德哲學通貫整全的研究。楊教授說：「破除康德以判斷力溝通理論理性與實踐理性的做法，強調真善美原本就相即相融沒有罅隙，無須溝通的思想，是為『合一論』。」[368]由此可見，楊教授關於康德《判斷力批判》的知識只取自牟先生的說法，而且，他對於牟先生的說法也只是取其術語，跟著牟先生對康德的批評而依樣畫葫蘆，他本人對於《判斷力批判》一書看來並無研究。因此，他不明白，牟先生的「合一論」其實與康德的《判斷力批判》並不相干。故此，他不能指

---

367 楊澤波：〈讀牟宗三《圓善論》的後半部分時我總是一頭霧水〉。
368 楊澤波著：《貢獻與終結──牟宗三儒學思想研究》第一卷《坎陷論》內容簡介。

出牟先生的「合一論」之創闢性的獨到貢獻，同時也不能講出康德的
《判斷力批判》於康德批判哲學之整全系體中的地位與意義。

如所周知，牟先生撰一篇長文附於其翻譯的《判斷力批判》卷
首，題為「以合目的性之原則為審美判斷力之超越的原則之疑竇與商
榷」。由牟先生的商榷文可見，先生不同意《判斷力批判》「以合目的
性之原則為審美判斷力之超越的原則」。但是，吾人並不能以此為
據，認為牟先生「破除康德以判斷力溝通理論理性與實踐理性的做
法」，楊澤波教授持這種說法，並以此為牟先生「合一論」之根據。
這種說法是無根據的。

儘管吾人知道，牟先生於《心體與性體》論及儒家的道德的形上
學時，批評康德「強探力索」，說：「康德是以美的判斷之無所事事之
欣趣所預設的一個超越原理即『目的性原理』來溝通這兩個絕然不同
的世界的。這固是一個巧妙的構思，但卻是一種技巧的湊泊，不是一
種實理之直貫，因而亦不必真能溝通得起來。」[369]但此並不能如楊澤
波教授那樣歸結為牟先生「破除康德以判斷力溝通理論理性與實踐理
性的做法」。依愚見，楊教授只是撿拾牟先生批評康德之牙慧，他本
人既無深究牟先生與康德之異同，也對康德《判斷力批判》及其在康
德哲學體系中的作用缺乏研究。

不必諱言，牟先生並不關注康德的批判的方法，其立說的依據不
在對人類心靈機能作一通貫整體的考察。在先生看來，那未免「強探
力索」。不過，他說：「他（康德）這步步分解建構強探力索地前進卻
正是向儒家這個智慧形態而趨的。我看他的系統之最後圓熟的歸宿當
該是聖人的具體清澈精誠惻怛的圓而神之境。」[370]可以說，牟先生之
表述方式乃是「直透本源」，並不採用「步步分解建構」之路。此乃

---

369 牟宗三著：《心體與性體》（一），《牟宗三先生全集》第5冊，頁181。
370 同前註。

依於儒家智慧，證於「聖人的具體清澈精誠惻怛的圓而神之境」而可能者。然此表述方式之不同並不影響牟先生通儒家與康德而規劃一個道德的形上學。

牟先生於其商榷文中批評康德「以合目的性之原則為審美判斷力之超越的原則」，依愚見，箇中有誤解而要理清。究其實，牟先生的著眼點是：具體的審美判斷是如何發生的。而康德是要探究審美判斷之所以可能的一個先驗條件，由之揭明反思判斷力的超越根據。

若吾人探問的是「具體的審美判斷是如何發生的」，那麼，正如牟先生質問：「試看『這枝花是美的』這一美學判斷。在這一『自然之美』之對象中，有什麼『合目的性』存於其中呢？這一審美判斷表象什麼『合目的性』呢？……我不知合目的性原則在這裡究竟如何瞭解其切義。……『合目的性』原則如何進入這些『美的表象』呢？」[371] 確實，吾人在作出「這枝花是美的」判斷時，在作為「自然之美」之「對象」（花）中並不需要發現「合目的性」。不過，吾人須明白，康德《判斷力批判》並非一部經驗的美學著作，其意旨不在研究經驗中個別的審美判斷是依照什麼原則而作出；而是旨在揭明審美判斷一般是根於反省判斷力而作出的，而反省判斷力之能夠作出審美判斷，是因著其給自己所立合目的性原則。依此，吾人不能視《判斷力批判》為一部美學著作，而要恰切地視之為一部對人類心靈之判斷力之為己而律的批判考察的著作。

康德自己表明：「對作為美學的判斷力的審美力機能的研究，由於其並不是意在審美力的形成和培養，……而是純然在超越的意圖中從事，所以，我以為這一研究在關涉於審美力的形成和培養方面的缺乏可以得到寬容的評判。」（KU 5:170）誠然，任何一種美的景色或美的藝術品的具體判斷都是經驗的，正如牟先生所言，「美」是氣化

---

371 康德註，牟宗三譯註：《判斷力之批判》（上），《牟宗三先生全集》第16冊，頁15。

之多餘的光彩。[372]但康德批判工作的任務並不是要研究這些個別的審美判斷是如何進行的，因此並無先生所提出的「『合目的性』原則如何進入這些『美的表象』呢？」這樣的問題。

牟先生在商榷文中說：「『合目的性』是切合於『目的論的判斷』或『上帝存在之物理神學之證明』的，並不切合於『審美判斷』。」[373]不過，吾人知道，依康德，唯有對審美判斷所具有的邏輯特性作出解剖才足以作成合目的性原則之推證，此推證與目的論相關。依康德考論，合目的性原則只是主觀原則，我們不是拿合目的性原則作為審美規則來決定什麼是美。康德說：「不可能有任何客觀的審美規則來藉著概念去決定什麼是美。」（KU 5:231）康德一再強調，審美判斷是純然由主體的判斷力而發，合目的性原則是判斷力為自己而立，並非意指對象本身的合目的；「美」並非一個客體的謂述詞，而是主體對客體的一個審美表象。「美」若離開與主體的情感之相關，它自身就什麼也不是。（KU 5:218）康德本人已指出：唯有對審美判斷所具有的邏輯特性作出解剖才足以作成其推證，在這裡，抽掉審美判斷的一切內容，而單考量審美判斷的邏輯特性。康德一再論明：若不是審美力本身有合目的性的原則，根本就不會有審美表象。合目的性的原則根本不同「目的論的判斷」或「上帝存在之物理神學之證明」，這超越原則的推證在審美判斷的推證，而不與目的論相關。如果不是經由審美判斷的推證證成判斷力的超越原則，從而準備了一個自然目的概念，則無目的論判斷可言。（KU 5:193-194）康德說：「美學判斷應當純粹地（不與作為理性判斷的任何目的論判斷相混淆地）給出。」（KU 5:252）目的論的評判只有作為軌約的，它才屬於反思的判斷力，如果由此還有一個從自然的原因（如：上帝存在）推導出它的產

---

372 同前註。
373 同前註。

品的構造的原則，那麼，這樣的目的論判斷就不屬於反思的判斷力，而是隸屬決定的判斷。（KU 5:360-361）明乎此，吾人即清楚，康德於《判斷力批判》提出的「合目的性的原則」乃是經由對審美判斷作批判考察而作出推證的。由此看來，牟先生批評康德，認為「合目的性」並不切合於「審美判斷」，其實是先生本人視《判斷力批判》為一部美學概論的著作，而並未關注該批判的任務。事實上，《判斷力批判》揭明「美」與主體的情感相關，《判斷力批判》通過對於審美判斷之考察而揭明「快樂或不快樂之情感」的基礎，伴隨以愉快之情的表象其自身就是合目的性的「美學的表象」。（KU 5:189）康德經由審美判斷的推證證成判斷力的超越原則——合目的性原則，因之，即揭明判斷力自身包含的一個先驗的原則，此原則應用於「藝術」場地。（KU 5:197）

　　《判斷力批判》論明「判斷力通過自然的合目的性概念而把自然之概念和自由之概念間的媒介性概念提供給我們。」（KU 5:196）依康德所論，自然的合目的性概念乃是自然之概念和自由之概念間的媒介性概念，此乃於《判斷力批判》中經由批判揭明判斷力作為情感機能乃是認識機能與意欲機能的共同的最深根基而揭示的。即是說，康德《判斷力批判》媒介說的根本洞見在揭明：反思判斷力乃是溝通認識機能與意欲機能的情感機能，以此，判斷力之合目的性原則為媒介使自然之概念過渡到自由之概念為可能。然吾人知道，牟先生依此認為康德以美的判斷之「目的性原理」來溝通兩個絕然不同的世界。此說有可商榷處。

　　牟先生說：「依康德，屬於睿智界的『意志之因果性』（即意志之目的論的判斷）與自然系統之『自然因果性』，根本是兩個獨立的世界。」又說：「他（康德）的屬于純睿智界的意志之因果性與屬于感覺界的自然因果並非是直貫，乃是兩不相屬，而需有一第三者為媒介

以溝通之，這是他的哲學中之一套。」[374]愚意以為，牟先生此說將康德通過批判揭明人類心靈機能中知、情、意三種機能如何通貫一體地活動，理解為以「一第三者為媒介」來溝通兩個根本獨立的世界。誠然，康德經由《純粹的理性批判》確立了自然因果性的自然系統；又經由《實踐的理性批判》確立了意志之因果性的睿智界。前者為自然概念之領域，後者是自由概念之領域。儘管這兩個獨立的領域有其各自不同的立法，管轄的範圍不同，但並非兩個不同的世界。依康德，兩種不同的立法是在一個而且是同一個經驗基地上起作用，（KU 5:175）而且兩種立法機能（知性與理性）在同一個主體內並存著。（KU 5:175）尤為重要者，康德揭明：自由之因果性因著通過自由並一致於自由的諸形式法則而在世界中產生結果，此即表明自由與自然的一種相關。事實上，意志自由以其法則（道德法則）提薦終極目的（圓善），人類要致力於在世界上實現圓善，其行為落在自然界，必須依照自然之因果性。據此可說，意志之因果性與自然因果性有著直貫的關聯，用牟先生的詞語說，這是一種「實理之直貫」。明乎此，即可知，吾人不能說，康德是以美的判斷之「目的性原理」來溝通兩個絕然不同的世界，也不會像楊澤波教授那樣草率粗疏地以為「康德以判斷力溝通理論理性與實踐理性」。而毋寧說，依康德，知、情、意乃人類心靈機能的三種關聯一體地活動的機能，三大批判的工作是分別考察此三種機能，第一批判考察認識機能，以確立自然概念之領域；第二批判考察意欲機能，以確立自由概念之領域；第三批判考察情感機能，以挖掘出自然概念之領域與自由概念之領域的共同根基，並通過揭示出判斷力的合目的性原則，使終極目的之可能性被認識，也就揭明人類致力於在世界上實現圓善，達至自然合目的性與自由合

---

374 牟宗三著：《心體與性體》（一），《牟宗三先生全集》第5冊，頁179。

目的性之諧和一致的必然性。[375]此乃康德批判哲學總體工程之宗旨。

其實，依愚見，牟先生之所以會批評康德以美的判斷之超越原理（目的性原理）來溝通兩個絕然不同的世界，要緊處在先生誤以為康德視意志之因果性只是一預定之理念。[376]牟先生說：「如果意志之因果性只是一預定之理念，不是一呈現，它下不來，只憑一外鑠的第三者去湊泊它，亦未必能接得上，它還是下不來。如果它不是一預定之理念，而且是呈現之真實，則不需要一第三者去湊泊它，它還是下得來。它若下得來，即自然可與『自然系統』相接合。」[377]不過，如吾人於前面章節已論明，學界流行所謂康德言「意志自由」只是一設準的講法對康德有誤解，事實上，康德本人經由《實踐的理性批判》揭明，意志自由經由道德法則而呈現。意志自由乃理性於意欲機能中立法（即意志自律），此乃理性事實，依據此事實，康德進一步提出圓善作為自由意志產生的客體，正因著圓善作為終極目的，進至《判斷力批判》康德通過判斷力的合目的性原則，闡明「終極目的」何以可認識，以及自然合目的性與自由合目的性之諧和一致的必然性，此即揭明自由之因果性必然要產生結果於自然界，即與自然有著直貫的關聯。

牟先生說：「依康德，屬于睿智界的『意志之因果性』（即意志之目的論的判斷）與自然系統之『自然因果性』，根本是兩個獨立的世界。……。這兩個世界如何能接合呢？這在宋、明儒者的學問裡，本

---

375 關於康德所言「媒介性概念」，請細讀康德本人的話。康德說：「判斷力通過自然的合目的性概念而把自然之概念和自由之概念間的媒介性概念提供給我們，這媒介概念使得從純粹的理論理性過轉到純粹的實踐理性成為可能，並使從依據自然之概念而有的法則性過轉到依據自由之概念而有的終極目的成為可能；因為這樣一來，我們就認識到只有在自然中並與自然法則相諧和才能成為現實的那個終極目的之可能性。」（KU 5:196）

376 牟宗三著：《心體與性體》（一），《牟宗三先生全集》第5冊，頁182。

377 同前註。

不成問題。」[378]如前面已申論，康德有依知性立法與理性立法不同而各異的兩個領域，而並無「兩個獨立的世界」。依愚見，在康德批判哲學的通貫整全的體系裡，自然概念之領域與自由概念之領域的通而為一是經由批判證明的事實，此並非「成問題」之事，而毋寧說，此「事實」是需要通過對人類心靈機能之通貫一體活動予以闡明之事。

總而言之，儘管牟先生的「合一說」是在其翻譯的《判斷力批判》卷首所附的商榷文中提出的，然楊澤波教授提出「合一論」，以之為牟先生相應於《判斷力批判》而提出的學說，則值得商榷。依愚見，楊教授花大力氣撰五卷本《貢獻與終結──牟宗三儒學思想研究》，然其對牟先生之哲學生命並無契應，對牟先生的哲學系統無實質的理解，對牟先生的康德學也只是順著先生對康德的批評而說事，鮮見有深入康德的通貫體系而展開牟先生與康德之間的對話。[379]故此，楊教授自稱《貢獻與終結》五卷「站在總體的高度，對牟宗三儒學思想有一個通盤的瞭解」[380]，其實只是自以為是之言。儘管不乏大陸學者以為楊著「對牟宗三思想進行研究相對較為全面」，[381]依愚見，也只是從表面看而產生的假象。

事實上，如吾人前面所論，楊澤波教授的牟學研究只是談論到牟

---

378 同前註，頁180-181。

379 本人長期從事此方面的工作，出版專著，刊文於雜誌期刊，以及於學術會議發表論文。然未知何以學者們從未注意。就像楊澤波教授這樣一向於其相關論題中旁徵博引的學者，在其論及牟先生，以及牟先生與康德時，也就像學界從未有「盧雪崑」這個人一樣。至少就本人所知，從未有人就拙著提出的康德哲學問題、牟先生與康德的問題作回應，反駁或討論。

380 楊澤波著：《貢獻與終結──牟宗三儒學思想研究》第一卷《坎陷論》〈總序〉，頁40。

381 張再林、張兵撰〈身體的「空場」──牟宗三「存有論之謎」中的「不現」與「能現」〉（《「百年儒學走向」國際學術研討會論文集》，百年儒學走向牟宗三先生誕辰一一〇週年紀念大會，2019年7月13-14日，儒家文明協同創新中心、山東大學儒學高等研究院主辦），頁591。

先生的種種觀念，牟學界討論的種種問題，故從其涉及面來看「較為
全面」，實質上卻從未能對牟先生的哲學作出整體之綜覽。抓住牟先
生的一兩句話、某些專詞，而做主觀推論，往往以偏概全、隨意發
揮；又或抓住牟先生就某種情況與條件下的說法，張揚為牟先生的根
本宗旨。如此一來，吾人從楊教授《貢獻與終結》看不到對牟先生哲
學體系的分析，無論他對牟先生的懷疑、評判，或尾隨牟先生及學界
權威對康德的道說，均無深入哲學家本人的宗旨與思路以展開研究。
借用徐復觀先生的話說，這種所謂「研究」無可避免地流為「猜
度」，「這自然就容易作出指鹿為馬的研究結論」。[382]如徐先生指出，
這種學者實情是「常常會在精神的酩酊狀態下看問題；也在精神的酩
酊狀態下運用方法」。[383]用徐先生引黃勉齋〈朱熹行狀〉的話說：「謂
致知不以敬，則昏惑紛擾，無以察義理之歸」。歸根究柢，乃學者對
其研究對象未能存「敬」。[384]事實上，儘管楊澤波教授自道非常尊敬
牟先生，曾自稱是牟宗三先生的私淑弟子，然其對牟先生及其學問之
研究未能存「敬」，卻表現於其所作所為中，可說溢於言表。以致他
說出大言不慚的話：「我相信，牟宗三上述思想方法已經過時了，失

---

382 徐復觀著：《中國思想史論集》（臺北市：臺灣學生書局，1981年），頁6。徐復觀
　　先生說：「就研究思想史來說，首先是要很客觀的承認此一思想；當著手研究之
　　際，是要先順著前人的思想去思想，隨著前人思想之展開而展開；才能真正瞭解
　　他中間所含藏的問題，及其所經過的曲折；由此而提出懷疑、評判，才能與前人
　　思想的本身相應。否則僅能算是一種猜度。……。但一般人在實際上所以作不到
　　這一點，只是因為從各個人的主觀成見中，浮出一層薄霧，遮迷了自己的眼睛，
　　以致看不清對象；或者把自己的主觀成見，先塗在客觀的對象上面；把自己主觀
　　成見的活動，當作是客觀對象的活動。這自然就容易作出指鹿為馬的研究結論。」
　　（前揭書，頁5-6）
383 同前註，頁6。徐復觀先生說：「此種主觀成見的根源，是因為有種人在自我的欣
　　賞；陶醉中，把自己的分量，因感情的發酵而充分的漲大了；於是常常會在精神
　　的酩酊狀態下看問題；也在精神的酩酊狀態下運用方法；所以稍為有了一點聲名
　　地位的人；更易陷於這種酩酊狀態而不自覺。」
384 徐復觀著：《中國思想史論集》，頁5。

去了進一步發展的潛力和可能。套習慣性的哲學術語，可以說已經
『終結』了。本書書名《貢獻與終結》中的『終結』，就是針對這個
問題而言的。」[385]

結束語

　　不乏學者以為，每一位哲學家的學說最終都要成為過去。人們或
許會認為：楊澤波教授宣稱牟先生思想之「終結」，並無損於牟先生。
誠然，任何個人主觀針砭皆無法撼動一種成為客觀的哲學。但是，如
吾人一再申論，牟先生通康德之最高洞識而確立的道德的形上學，乃
道樞，它關聯著人類發展之前景，即包含著創造的道德的未來人類
史，也就是人類應當如何致力於終極目的（圓善）實現於世界的目
標。明乎此，則可知，破除牟先生思想「終結」論，實乃當務之急。

　　牟先生個人的某種說法可以是過時的，凡現實的人皆有限定，用
牟先生的話說，凡現實的人，「他既是一現實的人，他即不能把一切
話說盡了」。[386]然「就無限心言，便不能有限定。」[387]牟先生作為個
人，其論說固然會有錯，然經牟先生通康德與儒家之最高洞識而闡明
的形而上學，是道樞，也就是客觀化了的，即是世界的、人類的。此
所以，吾人可說，牟宗三哲學乃位於世界哲學之高峰，而吾人亦可
說，儒家哲學未來的發展，乃至人類道德史之前景，端繫於吾人如何
承接牟先生開闢的道路向前推進。

　　固然，當今之世，鮮有人關心人類「終極目的」，至於「道德的
未來人類史」對於多數人來說聞所未聞。不過，吾人或可問：如果現
實上世俗的目的就是人之全部目的，人類並無一個整體向之而趨的

---

385 楊澤波著：《貢獻與終結——牟宗三儒學思想研究》，〈總序〉。
386 牟宗三著：《現象與物自身》，《牟宗三先生全集》第21冊，頁469。
387 同前註，頁466。

「終極目的」，即並無一個道德的未來人類史，那麼，即是說，人的處境與安危完全繫於人的行為之偶然性上。但是，吾人要問：「偶然性」會為人類帶來永久和平與福祉嗎？抑或必然會將人類引向混亂與災難的深淵？

前面相關章節已論，人作為唯一稟具目的機能的物種，根於其理性立法之意志自由，必然產生終極目的（圓善）。此乃康德經由三大批判考察人類心靈機能而提出的結論。無論現實中，人們是否意識到自身的這種道德稟賦，以及人類整體之前途，從人作為有理性之存有而言，就必然要朝著這目標，儘管無法估計要經歷多少世代，人類始終要克服其理性不成熟之狀態，向著永久和平與全人類福祉之目標而趨。

致力於在世界上實現圓善（終極目的），依儒家「踐仁知天」、「盡心知性知天」之哲學傳統，就是「仁者人也」、「人能弘道」，即每一個人通過道德之踐履成就自己為道德存有，以致力於「大同」之實現。依康德所論，就是每一個人彰顯自身的意志自由，在世界上實現「倫理共同體」。「由於人們不一致而遠離善的共同目的，彼此為對方造成重新落入惡的統治手中的危險」。（Rel 6:97）因此，要將「單個的人的自身不足的力量聯合起來，共同發揮作用」，（Rel 6:98）為了同一個終極目的（圓善）聯合成為一個整體。

康德恰切地指出：道德上善還是惡的判斷涉及到人意願一個怎麼樣的「自然」，亦即涉及到：「把一個可能的目的王國視作為一個自然王國。」（Gr 4:436）每一個人不僅關心他自己個人的德行，而且關注「他會在實踐理性的指導下為自己創造一個怎麼樣的世界，而他自己作為一個成員置於這一世界中。」（Rel 6:5）此即是說，人只要、且必然會突破其理性不成熟的狀態，就無可避免地要求並參與創造一個道德世界，即大同世界，或曰倫理共同體。康德論明，一切人遵循道德法則命令而聯合起來，朝向終極目的之實現於世界，此乃由每一個

人稟具的理性本性所決定的。

誠然，當今之世，人類面臨的問題很多。人們不免懷疑：天下滔滔，空談「道樞」，實在迂闊無用。不必諱言，現實的種種難題與困局，需要人們實際地面對，然依愚見，哲學工作者無理由以此為藉口，丟掉自己的本務。[388]如前面相關章節已一再論明，哲學工作者之本務在彰顯人類理性，推動理性本性之學，為人類永久和平與全人類福祉的方向與前景奮鬥不已。

曾子曰：「士不可以不弘毅，任重而道遠。仁以為己任，不亦重乎？死而後已，不亦遠乎？」（《論語》〈泰伯第八〉）

錄曾子語與世人共勉。

---

388 「本務」者，用王陽明的話說：「終身居其職而不易」、「惟知同心一德」、「不以崇卑為輕重，勞逸為美惡」、「當是之時，天下之人熙熙皞皞，皆相視如一家之親。其才質之下者，則安其農、工、商、賈之分，各勤其業，以相生相養，而無有乎希高慕外之心。其才能之異，若皋、夔、稷、契者，則出而各效其能。」（《傳習錄》中，〈答顧東橋書〉，第141條）

康德著作引文來源及所採用的略縮語說明

KGS: Kants gesammelte Schriften（Königlich Preussischen Akadämie der Wissenschaften, 1922年）隨後之阿拉伯數字分別為卷數及頁數。例：Gr 4:387。

A/B: Kritik der reinen Vernunft (KGS 3 ,4).（A 即第一版，B 即第二版，不標卷數。）

Proleg: Prolegomena zu einer jeden Künftigen Metaphysik, die als Wissenschaft wird auftreten können (KGS 4).

Gr: Grundlegung zur Metaphysik der Sitten (KGS 4).

MAN: Metaphysische Anfangsgründe der Naturwissenschaft (KGS 4).

KpV: Kritik der praktischen Vernunft (KGS 5).

KU: Kritik der Urteilskraft (KGS 5).

MS: Die Metaphysik der Sitten (KGS 6).

Rel: Die Religion innerhalb der Grenzen der bloßen Vernunft (KGS 6).

Anthro: Anthropologie in pragmatischer Hinsicht (KGS 7).

Logik: Logik. Ein Handbuch zu Vorlesung (KGS 8).

Briefwechsel (KGS 10-13).

R: Reflexionen (KGS 17-19).

O.p.: Opus postumum (KGS 21,22).

Metaphysik Mrongovius (KGS 29).

Ethik: Eine Vorlesung über Ethik, Fischer Taschenbuch Verlag, 1990.

本書引康德語參考之中譯本

牟宗三譯註《純粹理性之批判》上、下冊　臺灣學生書局　1983年

牟宗三譯註《康德的道德哲學》（包括《道德底形上學之基本原則》
　　　　　及《實踐理性底批判》）　臺灣學生書局　1982年

牟宗三譯註《判斷力之批判》上、下冊　臺灣學生書局　1992年

李秋零譯　《道德形而上學》　中國人民大學出版社　2007

李秋零譯　《單純理性界限內的宗教》　香港漢語基督教文化研究所
　　　　　出版　1997年

李秋零譯　《康德書信百封》　上海人民出版社　1992年

李秋零譯　《康德著作全集》（第1卷至第9卷）　中國人民大學出版
　　　　　社　2004-2010年

李明輝譯　《道德底形上學之基礎》　聯經出版公司　1990年

李明輝譯　《康德歷史哲學論文集》　聯經出版公司　2002年

沈叔平譯　《法的形而上學原理》　北京商務印書館　1997年

何兆武譯　《歷史理性批判文集》　北京商務印書館　1997年

韋卓民譯　《純粹理性批判》　華中師範學院出版社　1991年

許景行譯　《邏輯學講義》　北京商務印書館　1991年

鄧曉芒譯　《純粹理性批判》　北京人民出版社　2002年

鄧曉芒譯　《實踐理性批判》　北京人民出版社　2002年

鄧曉芒譯　《判斷力批判》　北京人民出版社　2002年

鄧曉芒譯　《實用人類學》　上海人民出版社　2002年

韓水法譯　《實踐理性批判》　北京商務印書館出版　1999年

龐景仁譯　《任何一種能夠作為科學出現的未來形而上學導論》　北
　　　　　京商務印書館出版　1978年

參考文獻

一 中文文獻：

（一）古籍

阮元校刻 《十三經注疏》 臺北市 中華書局 1980年影印版

屈萬里註譯 《尚書今註今譯》 臺北市 臺灣商務書館 1969年

朱 熹 《詩經集註》 臺北市 萬卷樓圖書股份有限公司 1996年

朱 熹 《四書集註》 臺北市 藝文印書館 1956年

朱熹著，蘇勇校注 《周易本義》 北京大學出版社 1992年

黃宗羲撰，全祖望補 《宋元學案》 臺北市 臺灣商務印書館

周敦頤 《周子全書》 臺北市 臺灣商務印書館 1974年

張 載 《張子全書》 臺北市 臺灣商務印書館

張 載 《張載集》 北京市 中華書局 1978年

劉 璣 《正蒙會稿》 臺北市 臺灣商務印書館

程顥、程頤 《二程全書》（四部備要本） 臺北市 臺灣中華書局

程顥、程頤著，朱熹編：《河南程氏遺書》 臺北市 臺灣商務印書
　　　館 1978年

胡 宏 《胡宏集》 北京市 中華書局 1987年

陸九淵 《陸象山全集》 中國書店 1992年

陸九淵 《陸九淵集》 北京市 中華書局 1980年

黃宗羲 《明儒學案》（《四部備要》子部） 臺北市 臺灣中華書局
　　　1984年四版

王守仁　《王文成公全書》（明隆慶六年謝廷傑刻本　《四部叢刊》
　　　　初編集部）　上海商務印書館　1929年影印

王守仁撰，吳光、錢明、董平、姚延福編校　《王陽明全集》　上海
　　　　市　上海古籍出版社　1992年

王守仁撰　《陽明全書》（《四部備要》子部）　臺北市　臺灣中華書
　　　　局　1985年四版

王守仁撰，葉鈞點註　《傳習錄》　臺北市　臺灣商務印書館　1967年
（本書所標《傳習錄》條目編碼依照鄧艾民《傳習錄注疏》　臺北市
　　　　法嚴出版社　2000年）

劉宗周著，王有立主編　《劉子全書》（清、道光刊本影印）　臺灣
　　　　華文書局　1984年

劉宗周著，戴璉璋、吳光主編　《劉宗周全集》　臺北市　中央研究
　　　　院中國文哲研究所　1996年

（二）現代書籍

包姆嘉特納著，李明輝譯　《康德〈純粹理性批判〉導讀》　臺北市
　　　　聯經出版公司　1988年

古留加著，賈澤林、侯鴻勛、王炳文譯　《康德傳》　北京市　商務
　　　　印書館　1981年

史克魯坦著，蔡英文譯　《康德》　臺北市　聯經出版公司　1984年

牟宗三　《才性與玄理》　香港　人生出版社　1963年

牟宗三　《中西哲學之會通十四講》　臺北市　臺灣學生書局　1990年

牟宗三　《中國哲學十九講》　臺北市　臺灣學生書局　1997年

牟宗三　《中國哲學的特質》　臺北市　臺灣學生書局　1963年

牟宗三　《五十自述》　臺北市　鵝湖出版社　1989年

牟宗三　《心體與性體》（三冊）　臺北市　臺灣正中書局　1968年

牟宗三　《四因說演講錄》　臺北市　鵝湖月刊出版社　1997年

牟宗三　《牟宗三先生全集》　臺北市　聯經出版公司　2003年

牟宗三　《周易哲學演講錄》（盧雪崑記錄整理）　上海市　華東師範大學出版社　2004年

牟宗三　《周易哲學演講錄》（盧雪崑記錄整理）　收入《牟宗三先生全集》第31卷　臺北市　聯經出版公司　2003年

牟宗三　《從陸象山到劉蕺山》　臺北市　臺灣學生書局　1989年

牟宗三　《現象與物自身》　臺北市　臺灣學生書局　1990年

牟宗三　《智的直覺與中國哲學》　臺北市　商務印書館　1971年

牟宗三　《圓善論》　臺北市　臺灣學生書局　1985年

牟宗三　《認識心之批判》（上、下冊）　收入《牟宗三先生全集》卷18、19　香港　友聯出版社　1956、1957年

牟宗三　《邏輯典範》　收入《牟宗三先生全集》第11卷　香港　商務印書館　1941年

克隆納著、關子尹譯　《論康德與黑格爾》　臺北市　聯經出版公司　1985年

吳　震　《傳習錄精讀》　上海市　復旦大學出版社　2011年

李明輝　《四端與七情──關於道德情感的比較哲學探討》　臺北市　臺大出版中心　2005年

李明輝　《康德倫理學與孟子道德思考之重建》　臺北市　中央研究院中國文哲研究所　1994年

李明輝　《當代儒學的自我轉化》　北京市　中國社會科學出版社　2001年

李明輝　《儒家與康德》　臺北市　聯經出版公司　1990年

享利希著、彭文本譯　《康德與黑格爾之間──德國觀念論講演錄》　臺北市　商周出版社　2006年

東方朔　《劉蕺山哲學研究》　南京市　南京大學出版社　1997年

芭芭拉・赫爾曼著、陳虎平譯　《道德判斷的實踐》　北京市　東方出版社　2006年

阿利森著、陳虎平譯　《康德的自由理論》　遼寧教育出版社　2001年

唐文明　《隱秘的顛覆——牟宗三、康德與原始儒家》　北京市　三
　　　聯書店　2012年

唐君毅　《人生之體驗》　臺北市　臺灣學生書局　1982年

唐君毅　《中國哲學原論》（原性篇）　香港　新亞研究所　1966年

唐君毅　《中國哲學原論》（原教篇）　香港　新亞研究所　1975年

唐君毅　《中國哲學原論》（導論篇）　東方人文學會　1966年

孫國棟　《慕稼軒文存》（第二集）　香港　科華圖書出版公司
　　　2008年

庫恩著，黃添盛譯　《康德：一個哲學家的傳記》　臺北市　商周出
　　　版社　2005年

徐復觀　《中國人性論史・先秦篇》　臺北市　臺灣商務印書館
　　　1969年

徐復觀　《中國思想史論集續編》　臺北市　時報出版公司　1982年

桑木嚴翼著、余又蓀譯　《康德與現代哲學》　臺北市　臺灣商務印
　　　書館　1964年

海德格爾著、王慶節譯　《康德與形而上學疑難》　上海市　上海譯
　　　文出版社　2011年

秦家懿、孔漢思合著，吳華譯　《中國宗教與基督教》　香港　三聯
　　　書店　1989年

荊門市博物館編　《郭店楚墓竹簡》　北京市　文物出版社　1998年

康蒲・史密斯著、韋卓民譯　《康德〈純粹理性批判〉解義》　武漢
　　　市　華中師範大學出版社　2000年

陳嘉映主編　《普遍性種種》　北京市　華夏出版社　2013年

陳榮捷編著，楊儒賓、吳有能、朱榮貴、萬先法譯　《中國哲學文獻
　　　選編》　臺北市　巨流圖書公司　1993年

傅佩榮　《儒道天論發微》　北京市　中華書局　2010年

傅佩榮　《儒家哲學新論》　臺北市　葉強出版社　1993年

勞思光　《中國哲學史》第一冊　臺北市　三民書局　1981年

勞思光　《中國哲學史》第二冊　香港　崇基書局　1971年

勞思光　《中國哲學史》第三冊（上卷）　香港　友聯出版社　1980年

勞思光　《中國哲學史》第三冊（下卷）　臺北市　三民書局　1981年

勞思光　《新編中國哲學史》　臺北市　三民書局　1991年

雅斯培（Karl Jaspers）著、賴顯邦譯　《康德》　臺北市　久大文化
　　　公司　1992年

雅斯培著，李雪濤主譯　《大哲學家》　北京市　社會科學文獻出版
　　　社　2005年

雅斯培著、柯錦華等譯　《智慧之路》　北京市　中國國際廣播出版
　　　社　1988年

馮友蘭　《中國哲學史》　上海市　商務印書館　1946年

馮友蘭　《中國哲學史新編》　臺北市　藍燈文化事業公司　1991年

馮友蘭　《中國哲學簡史》　香港　三聯　2005年

黃振華著，李明輝編　《論康德哲學》　臺北市　時英出版社　2005年

楊祖漢　《當代儒學思辨錄》　臺北市　鵝湖出版社　1998年

熊十力　《讀經示要》　臺北市　廣文書局　1960年

劉易斯・貝克著，黃濤譯　《評康德的〈實踐理性批判〉》　上海市
　　　華東師範大學出版社　2011年

劉述先　《黃宗羲心學的定位》　臺北市　允晨文化實業公司　1986年

劉述先著，東方朔編　《儒家哲學研究——問題、方法及未來發展》
　　　上海市　上海古籍出版社　2010年

德勒茲著，張宇凌、關群德譯　《康德與柏格森解讀》　北京市　社
　　　會科學文獻出版社　2002年

蔡仁厚　《牟宗三先生學思年譜》　臺北市　臺灣學生書局　1996年

鄭　君　《康德學述》　臺北市　先知出版社　1974年

鄭家棟 《當代新儒學論衡》 臺北市 桂冠圖書公司 1995年

盧雪崑 《物自身與智思物——康德的形而上學》 臺北市 里仁書
局 2010年

盧雪崑 《康德的自由學說》 臺北市 里仁書局 2009年

盧雪崑 《康德的批判哲學——理性啟蒙與哲學重建》 臺北市 里
仁書局 2014年

盧雪崑 《通書太極圖說義理疏解》 臺北市 文史哲出版社 1997年

盧雪崑 《意志與自由——康德道德哲學研究》 臺北市 臺灣文史
哲出版社 1997年

盧雪崑 《實踐主體與道德法則——康德實踐哲學研究》 香港 志
蓮出版社 2000年

盧雪崑 《儒家的心性學與道德形上學》 臺北市 文津出版社
1991年

錢 穆 《中國學術思想史論叢》（三） 臺北市 東大圖書公司
1980年

顧史考 《郭店楚簡先秦儒書宏微觀》 上海市 上海古籍出版社
2012年

（三）期刊論文

牟宗三主講，盧雪崑整理 〈宋明理學演講錄〉 《鵝湖月刊》
1988年6月號至9月號（第13卷第12期至第14卷第3期）

牟宗三主講，盧雪崑整理 〈康德第三批判講演錄〉 《鵝湖月刊》
2000年9月號至2001年12月號

牟宗三主講，盧雪崑整理 〈莊子齊物論講演錄〉 《鵝湖月刊》
2002年1月號至2003年2月號

牟宗三主講，盧雪崑整理 〈康德道德哲學〉 《鵝湖月刊》 2005
年8月號至2006年2月號

牟宗三主講，盧雪崑整理　〈先秦哲學講演錄〉　《鵝湖月刊》
　　2007年1月號至3月號

牟宗三主講，盧雪崑整理　〈原始的型範〉　《鵝湖月刊》　2007年
　　5月號

牟宗三主講，盧雪崑整理　〈先秦儒學大義〉　《鵝湖月刊》　2007
　　年7月號至11月號

牟宗三主講，盧雪崑整理　〈實踐的智慧學〉（根據牟宗三先生演講
　　整理）　《鵝湖月刊》　2008年3月號

牟宗三主講，盧雪崑整理　〈康德美學演講錄〉　《鵝湖月刊》
　　2009年5月號至2010年1月號

袁保新　〈一九一二年──兼序《從海德格、老子、孟子到當代新儒
　　家》〉　《鵝湖月刊》2008年6月號　總396。

陳佳銘　〈劉蕺山的易學中之「以心著性」型態〉　《鵝湖月刊》第
　　35卷第4期　2009年10月　總號412

黃進興　〈所謂道德自主性：以西方觀念解釋中國思想之限制的例
　　證〉　《食貨》月刊　1984年10月

〈牟宗三先生對孔子的理解〉　《鵝湖月刊》　第28卷第10期

鄔昆如　〈從儒家與基督教的「悅樂」精神，看康德哲學〉　《哲學
　　與文化月刊》　2004年2月第31卷第2期（第357號）。

廖名春　〈帛書釋〈要〉〉　《中國文化》第10期　1994年

劉若韶　〈自律與他律──第二屆利氏學社研討會報導〉　《哲學與
　　文化》　1988年6月號

劉創馥　〈康德超驗哲學的自我認知問題〉　《國立臺灣大學哲學論
　　評》第35期　2004年

盧雪崑　〈從牟宗三先生思想談新儒家的時代使命〉載臺灣《鵝湖月
　　刊》　1983年3月號

盧雪崑　〈現代化之迷茫與儒家使命〉　（於國際中國哲學會與台灣

鵝湖月刊社合辦「當代新儒學國際研討會」宣讀　1990年）
收入《當代新儒學論文集》（外王篇）　臺灣文津出版社
1990年5月

盧雪崑　〈從牟宗三先生思想談新儒家的時代使命〉　臺灣《鵝湖月
　　　　刊》第8卷第11期

盧雪崑　〈論意志〉　《新亞學報》　第18期　香港新亞研究所
　　　　1997年6月

盧雪崑　〈唐先生與牟先生——紀念唐君毅先生逝世二十周年而作〉
　　　　《新亞研究所通訊季刊》第2期

盧雪崑　〈「牟宗三與當代新儒學國際學術會議」閉幕演講詞〉
　　　　《新亞研究所通訊季刊》第3期　1998年9月

盧雪崑　〈牟宗三先生對於康德哲學有一涵蓄的反向嗎？〉　於「牟
　　　　宗三與當代新儒學國際學術會議」宣讀，1998年9月　載香
　　　　港《新亞論叢》第2期　2000年4月。

盧雪崑　〈從赫爾德《論語言的起源》論及孟子的人禽之辨〉　提交
　　　　香港新亞研究所主辦「傳統儒學、現代儒學與中國現代化國
　　　　際研討會」　2001年11月　載《新亞論叢》第59號

盧雪崑　〈我在美因茲大學的日子裡〉　載臺灣《鵝湖月刊》總號第
　　　　331　2002年9月

盧雪崑　〈就牟宗三先生對康德自由學說之批評提出商榷〉　香港
　　　　《新亞學報》　2006年1月號。

盧雪崑　〈康德的形而上學新論〉　香港《新亞學報》　2007年1月號

盧雪崑　〈評黑格爾對康德自由學說的批評〉　香港《新亞學報》
　　　　2008年1月號

盧雪崑　〈從康德所論物自身不可知及超越的自由之宇宙論意義看道
　　　　家言道及道心之自由義〉　香港《新亞學報》　2009年2月號

盧雪崑　〈從牟宗三先生提出「中西文化系統的大綜和」引發的哲學
　　　　思考〉　《鵝湖月刊》　2010年1月號

盧雪崑 〈理智的直觀與智的直覺〉 載香港新亞研究所《新亞學報》 第28卷（2010年3月號）。

盧雪崑 〈康德哲學與儒家哲學會通之問題〉 《中國哲學》 第26輯，中國社會科學出版社 2013年

二 外文文獻

Allen Wood: "The Emptiness of the Moral Will", Monist, 1989.

Chan Wing-tsit, *A Source Book in Chinese Philosophy*, Princeton University Press 1963.

Die Grossen Philosophen, R. Piper & Co.Verlag, München, 1957.

Dieter Henrich: *Between Kant and Hegel*, ed., by David S. Pacini, Harvard, 2003.

H.E.Allison: *Kant's theory of freedom* , Cambridge University Press, 1990.

H.Vaihinger: *Die Philosophie des als ob*, Felix Meiner Verlay Leipzig, 1927.

Karl Jaspers: *Way to Wisdom — An Introduction to philosophy*, New Haven and London Yale University Press, 1954.

L. W. Beck: *A Comentary on Kant's Critique of Practical Reason*, The University of Chicago Press, 1960.

N. K. Smith: *A Commentary to Kant's Critique of Pure Reason*, London, 1918.

P.F.Strawson: *The Bounds of Sense*, London:Methuen, 1966.

Paton, *The Categorical Imperative: A Study in Kant's Moral Philosophy*, 3rd ed. London: Hutchinson, 1958.

The Actor and the Spectator, New Haven, CT: Yale University Press, 1975.

"Five Concepts of Freedom in Kant", in Philosophical Analysis and Reconstruction, a Festschrift to Stephan Körner, J. T. J. Srzednick, ed. Dordrecht: Martinus Nijoff, 1987.

哲學研究叢書・學術思想叢刊 0701025

牟宗三哲學：二十一世紀啟蒙哲學之先河

作　　者　盧雪崑
責任編輯　官欣安
特約校稿　林秋芬

發 行 人　林慶彰
總 經 理　梁錦興
總 編 輯　張晏瑞
編 輯 所　萬卷樓圖書股份有限公司
　　　　　臺北市羅斯福路二段 41 號 6 樓之 3
　　　　　電話 (02)23216565
　　　　　傳真 (02)23218698

發　　行　萬卷樓圖書股份有限公司
　　　　　臺北市羅斯福路二段 41 號 6 樓之 3
　　　　　電話 (02)23216565
　　　　　傳真 (02)23218698
　　　　　電郵 SERVICE@WANJUAN.COM.TW
香港經銷　香港聯合書刊物流有限公司
　　　　　電話 (852)21502100
　　　　　傳真 (852)23560735

ISBN 978-986-478-480-6
2021 年 9 月初版
定價：新臺幣 760 元

如何購買本書：
1. 劃撥購書，請透過以下郵政劃撥帳號：
　　帳號：15624015
　　戶名：萬卷樓圖書股份有限公司
2. 轉帳購書，請透過以下帳戶
　　合作金庫銀行　古亭分行
　　戶名：萬卷樓圖書股份有限公司
　　帳號：0877717092596
3. 網路購書，請透過萬卷樓網站
　　網址 WWW.WANJUAN.COM.TW
大量購書，請直接聯繫我們，將有專人為
您服務。客服：(02)23216565 分機 610

如有缺頁、破損或裝訂錯誤，請寄回更換
版權所有・翻印必究
Copyright©2021 by WanJuanLou Books CO., Ltd.
All Rights Reserved　　　　**Printed in Taiwan**

國家圖書館出版品預行編目資料

牟宗三哲學：二十一世紀啟蒙哲學之先河/
盧雪崑著. -- 初版. -- 臺北市：萬卷樓圖書
股份有限公司, 2021.09
面；　公分. -- (哲學研究叢書. 學術思想
叢刊；0701025)
ISBN 978-986-478-480-6(平裝)

1.牟宗三　2.哲學　3.學術思想
128.9　　　　　　　　　　　110009204